Tesla

Drakontos

Director:

José Manuel Sánchez Ron

Tesla

Inventor de la era eléctrica

W. Bernard Carlson

Traducción castellana de
Laura Sánchez Fernández

CRÍTICA

Obra editada en colaboración con Editorial Planeta – España

Título original: *Tesla. Inventor of the electrical age*

© 2013, Princeton University Press
© 2014, Laura Sánchez Fernández, de la traducción

© 2014, Editorial Planeta, S.A. – Barcelona, España
Crítica es un sello editorial de Editorial Planeta, S.A.

Derechos reservados

© 2015, Ediciones Culturales Paidós, S.A de C.V.
Bajo el sello editorial CRÍTICA M.R.
Avenida Presidente Masarik núm. 111, Piso 2
Colonia Polanco V Sección
Delegación Miguel Hidalgo
C.P. 11560, Ciudad de México
www.planetadelibros.com.mx
www.paidos.com.mx

Primera edición impresa en España: mayo de 2014
ISBN: 978-84-9892-717-7

Primera edición impresa en México: marzo de 2015
Décima primera reimpresión en México: febrero de 2018
ISBN: 978-607-8406-60-9

Impreso en los talleres de Litográfica Ingramex, S.A. de C.V.
Centeno núm. 162-1, colonia Granjas Esmeralda, Ciudad de México
Impreso en México – *Printed in Mexico*

A Jane, que ha tenido fe desde el primer momento.
Para Tom Hughes, a quien nunca se le podrá pagar
todo lo que se le debe.

Lista de ilustraciones

Hay algo en mí que podría ser ilusión, como pasa a menudo con la gente joven entusiasta, pero si tuviese la fortuna de lograr algunos de mis ideales, sería en nombre de toda la humanidad.

NIKOLA TESLA, 1892

Introducción

Cena en Delmonico's

Era una noche de verano calurosa en Nueva York en 1894 y el periodista había decidido que ya era hora de encontrarse con el Mago. El reportero, Arthur Brisbane, fue un prometedor periodista del *New York World* de Joseph Pulitzer. Había cubierto el misterio de Jack el Destripador en Londres, la huelga de Homestead en Pittsburgh y la primera ejecución por electrocución en Sing Sing. Brisbane tenía buen ojo para el detalle y podía contar una historia manteniendo intrigados a cientos de miles de lectores. Después trabajaría como editor para William Randolph Hearst en el *New York Journal*, ayudaría a empezar la guerra de Cuba y definiría tabloide en periodismo.[1]

Brisbane se especializó en escribir artículos para la edición dominical de *World*, y retrató a primeros ministros y a papas, a campeones de boxeo y a actrices. La gente le pedía una historia sobre un inventor, Nikola Tesla. Su nombre estaba en boca de todo el mundo: «... todos los científicos conocen su trabajo y cualquier tonto de la sociedad neoyorquina conoce su cara». No solo se usarían sus invenciones para generar electricidad en la nueva planta que se estaba construyendo en las cataratas del Niágara, sino que Tesla se había aplicado una descarga de 250.000 voltios a sí mismo para demostrar la seguridad de la corriente alterna (CA). Durante su demostración, Tesla se convirtió en «la más radiante criatura, con lenguas de luz en cada poro de su piel, desde la punta de sus dedos hasta el final de cada uno de los pelos de su cabeza» (imagen 0.1). Una docena de fuentes fiables habían dicho a Brisbane que «no

Imagen 0.1. «Mostrando al inventor (Tesla) en la gloria resplandeciente de infinidad de lenguas eléctricas tras haberse saturado a sí mismo con electricidad». De Arthur Brisbane «Our foremost electrician» (Nuestro más destacado ingeniero eléctrico), *New York World*, 22 de julio de 1894 en TC 9:44-48.

hay la menor duda de que es un gran hombre». «Nuestro más destacado ingeniero eléctrico», decía la gente, «Más grande que Edison».[2] Brisbane tenía curiosidad. ¿Quién era ese hombre? ¿Qué le motivaba? ¿Podría convertirse Tesla en una buena historia para miles de lectores?

El periodista había oído que el Mago cenaba con frecuencia en el Delmonico's, el restaurante más de moda de Manhattan, en Madison Square. El chef de Delmonico's había inventado platos que llevaban su firma, como langosta Newberg, pollo *à la King* y Alaska al horno. Pero más que por la comida que ofrecía, Delmonico's destacaba por ser el centro de reunión de la sociedad neoyorquina, el lugar para ver y ser visto. Allí era donde la vieja aristocracia, los cuatrocientos de Ward McAllister,* cenaba junto a los nuevos ricos de Wall Street y la prome-

---

* McAllister acuñó la expresión «los cuatrocientos». Según él, este era el número de gente en Nueva York que realmente importaba, la gente que se sentía cómo-

tedora clase media. Era donde tenían lugar bailes y cotillones, partidas de póquer y despedidas de soltero, almuerzos de señoras y cenas a la salida del teatro. Sin Delmonico's, como dijo el *New York Herald*, «toda la maquinaria social de entretenimiento se quedaría paralizada».[3] Evidentemente, pensó Brisbane, el Mago tenía tanta ambición como estilo. ¿Qué le motivaba?

Brisbane encontró a Tesla en Delmonico's avanzada esa noche de verano, hablando con Charles Delmonico, cuyos tíos abuelos suizos habían fundado el restaurante en 1831. Al haber vivido previamente en Praga, Budapest y París, a Tesla le resultaba fácil hablar con el cosmopolita Charley Delmonico. Lo más probable es que Tesla hubiese tenido un largo día de trabajo en su laboratorio del centro de la ciudad y hubiese hecho una pausa para cenar antes de volver a su hotel, el Gerlach, justo a la vuelta de la esquina.

El periodista asimiló cuidadosamente la apariencia física del Mago:

> Nikola Tesla es casi el más alto, casi el más delgado y seguro el más serio de los hombres que suelen ir a Delmonico's.
>
> Tiene los ojos situados muy atrás en su cabeza. Son bastante claros. Le pregunté cómo podía tener unos ojos tan claros y ser eslavo. Me dijo que sus ojos habían sido mucho más oscuros, pero que usar tanto su cerebro los había hecho de un color mucho más claro...
>
> Es muy delgado, mide más de seis pies de alto y pesa menos de ciento cuarenta libras. Tiene las manos muy grandes. Muchos hombres con talento las tienen así, Lincoln, por ejemplo. Sus pulgares son notablemente grandes, incluso para unas manos de ese tamaño. Son extraordinariamente grandes. Esto es una buena señal. El pulgar es la parte intelectual de la mano...
>
> Nikola Tesla tiene una cabeza que se despliega en la cima como un abanico. Su cabeza tiene la forma de una cucharilla. Su barbilla es tan puntiaguda como un picahielos. Su boca es demasiado pequeña. Su barbilla, aunque no es débil, no es lo suficientemente fuerte.

---

da en una sala de baile de la alta sociedad. «Si excedieras ese número —advertía—, invitarías a gente que no estaría cómoda en el salón de baile o que haría que otra gente no lo estuviera.» *(N. de la t.)*

Mientras estudiaba la apariencia externa de Tesla, Brisbane empezó a evaluar su perfil psicológico:

> Su cara no puede ser estudiada y juzgada como las caras de otros hombres, porque no trabaja en campos prácticos. Vive su vida en lo más alto de su cabeza, donde las ideas nacen, y ahí arriba tiene sitio de sobra. Su pelo es negro azabache y rizado. Se encorva; la mayoría de los hombres lo hacen cuando no hay sangre de vanidoso corriendo por sus venas. Vive dentro de sí mismo. Tiene un profundo interés en su propio trabajo. Posee ese amor propio y esa autoconfianza que normalmente van ligados al éxito. Y difiere de la mayoría de los hombres de los que se ha escrito y hablado en el hecho de que él tiene algo que decir.

Como otros periodistas, Brisbane recogió los datos habituales sobre sus antecedentes: que Tesla había nacido en 1856 en una familia serbia en Smiljan, un pequeño pueblo de montaña en la frontera militar del Imperio austrohúngaro (en la actual Croacia), que había empezado a inventar cosas desde niño y que había estudiado ingeniería en una escuela en Graz (Austria). Ansioso por progresar, Tesla había emigrado a América y llegado a Nueva York, sin un céntimo, en 1884.

Fue el meteórico ascenso de Tesla desde 1884 lo que dio lugar a una gran portada en el periódico. Después de trabajar brevemente para Edison, Tesla se aventuró solo, montó un laboratorio e inventó un nuevo motor de corriente alterna que usaba un campo magnético rotatorio. Aunque Tesla trató de explicar a Brisbane el principio tras el campo magnético rotatorio, el periodista había concluido que era «algo que podría describirse pero no entenderse». En su lugar, Brisbane resaltó cómo los emprendedores tras el monumental proyecto hidroeléctrico en el Niágara habían rechazado el sistema de corriente continua (CC) de Edison y en su lugar escogieron las ideas de Tesla para generar y transmitir energía eléctrica empleando un sistema polifásico de corriente alterna. El trabajo de Tesla en ingeniería eléctrica era ampliamente respetado, pero Brisbane bien podría haber añadido que Tesla había dado conferencias ante distinguidas organizaciones científicas y ser premiado con títulos honorarios por Columbia y Yale. En apenas diez años, el inventor sentado frente a Brisbane había pasado de estar sin un céntimo y ser un desconocido a convertirse en el inventor más destacado de América. Se trataba de una de las historias de mendigo a millonario más fabulosas.

Brisbane preguntó a Tesla acerca de sus planes de futuro, ya que el Mago tenía solo treinta y ocho años. Ah, «la electricidad del futuro» era un tema del que a Tesla le encantaba hablar:

> Cuando Tesla habla sobre los problemas eléctricos en los que está trabajando, se vuelve la persona más fascinante. Ni una sola palabra de lo que dice se puede entender. Divide el tiempo en billonésimas de segundo, y proporciona energía suficiente de la nada para hacer todo el trabajo en Estados Unidos. Cree que la electricidad solucionará el problema del trabajo... Con certeza, según las teorías de Tesla, el trabajo duro del futuro será pulsar botones eléctricos. Dentro de unos pocos siglos, los criminales serán sentenciados a pulsar quince botones eléctricos al día. Sus compañeros, que desde hace mucho abandonaron el trabajo, contemplarán sus esfuerzos con pena y horror.

Brisbane escuchó cautivado la descripción de Tesla sobre cómo estaba perfeccionando nuevas bombillas eléctricas usando CA de alta frecuencia para reemplazar las lámparas incandescentes de Edison. «El actual sistema incandescente, comparado con la idea de Tesla —pensó Brisbane—, es tan primitivo como un carro de bueyes con dos sólidas ruedas de madera comparadas con unas vías de tren modernas». Aunque el Mago todavía estaba más entusiasmado con sus ideas para la transmisión inalámbrica de electricidad y mensajes: «Podrías pensar que soy un soñador y otras cosas mucho peores —dijo—, si te dijera lo que realmente espero. Pero puedo decirte que ansío con confianza absoluta enviar mensajes a través de la tierra sin ningún cable. También tengo grandes esperanzas de transmitir fuerzas eléctricas en la misma onda sin pérdidas. En lo que se refiere a la transmisión de mensajes a través de la tierra, no tengo ninguna duda en predecir que será un éxito».

Durante horas el reportero habló con el Mago, ya que «todo lo que decía era interesante, tanto las cosas sobre electricidad como las otras». Tesla se refirió a su pasado serbio y su amor por la poesía. Le dijo a Brisbane que valoraba el trabajo duro, pero que el matrimonio y el amor interferían con el éxito. No creía en la telepatía o «electricidad física», pero estaba fascinado por el funcionamiento de la mente humana. «Hablé con Tesla de Smiljan —escribió Brisbane— hasta que la débil luz del día encontró a las señoras de la limpieza del Delmonico's fregando su suelo de mármol.» Se despidieron como amigos. Brisbane escribió una historia de primera página que hizo de Tesla un nombre familiar y se convirtió en uno de los editores de periódicos más poderosos en América.

Así que, ¿qué pasó con el Mago? Aunque no podía saberlo en ese momento, Tesla estaba en su cenit en ese verano de 1894. A lo largo de los últimos diez años, había disfrutado de su ascenso meteórico y gozaba de gran admiración entre sus compañeros ingenieros y científicos. Como proclamó el londinense *Electrical Engineer*, «ningún hombre de nuestra era ha logrado tal reputación científica de una sola tacada como este joven y talentoso ingeniero eléctrico».[4] Tanta genialidad, tanta promesa. ¿Qué pasó?

A lo largo de la siguiente década, de 1894 a 1904, Tesla continuó inventando, desarrollando un transformador de alta frecuencia y alta tensión (ahora conocido como «bobina de Tesla»), nuevas bombillas eléctricas, una combinación de una máquina de vapor y un generador eléctrico y un montón de artilugios diferentes. Cuando supo que Heinrich Hertz había detectado ondas electromagnéticas invisibles en 1885-1886, Tesla fue de los primeros en experimentar cómo usar estas ondas para crear nueva tecnología, incluyendo un increíble bote controlado por radio. El gran sueño de Tesla, por supuesto, era transmitir electricidad y mensajes a través de la tierra, y volver así obsoletas las redes eléctricas, telefónicas y de telégrafo que existían. Tratando de conseguir este sueño, construyó estaciones experimentales en Colorado Springs y Wardenclyffe (Long Island), siempre confiado en que su sistema era factible y que le lloverían millones de dólares. A pesar de que ya en 1899 Tesla predijo con osadía que transmitiría mensajes a través del Atlántico, en 1901 Guglielmo Marconi se le adelantó y pasó a los libros de historia como el inventor de la radio. Entre 1903 y 1905, Tesla ya no podía encontrar quien patrocinase sus inventos, tuvo problemas con su equipo y finalmente sufrió una crisis nerviosa. Aunque vivió hasta 1943, en 1904 los mejores días de Tesla ya habían quedado atrás. Como Laurence A. Hawkins escribió en 1903, «hace diez años, si a la opinión pública de este país se le hubiese pedido que nombrara al ingeniero eléctrico más prometedor, la respuesta habría sido sin duda Nikola Tesla. Hoy en día su nombre provoca pena, en el mejor de los casos, porque una promesa tan grande no haya sido satisfecha».[5]

Al escribir sobre Tesla, uno debe moverse entre las críticas injustas y el entusiasmo desmedido. Por un lado, podemos seguir el ejemplo de Hawkins y denigrar a Tesla por no completar sus inventos después de 1894, especialmente su plan para electricidad inalámbrica. Seguramente alguien tan determinado a buscar transmitir electricidad de modo inalámbrico y retar el *statu quo* de los grandes negocios y sistemas tecnológicos tenía que estar equivocado o loco. Ciertamente, Tesla tenía razón con la CA, pero seguro que se equivocó con la radio y ese es el motivo de que Marconi lo derrotara. Para mí, esta aproximación establece una dicotomía confusa; cuando los inventores tienen razón, se los proclama genios, y cuando se equivocan, deben de estar locos.

Por otro lado, resulta fácil rendir tributo a Tesla como una figura solo equiparable a la de Leonardo da Vinci en términos de virtuosidad tecnológica. Tesla tiene dedicados seguidores que creen que inventó sin ayuda la electricidad y la electrónica.[6] Como uno de ellos afirma en su página web: «Tesla inventó casi todo. Cuando trabajes con tu ordenador, acuérdate de Tesla. Su bobina de Tesla proporciona la alta tensión para el tubo catódico que usas. La electricidad de tu ordenador viene de un generador de CA diseñado por Tesla, se envía a través de un transformador de Tesla y llega a tu casa por medio de un sistema de energía trifásico de Tesla».[7] Estoy de acuerdo en que necesitamos entender cómo inventó Tesla estos artilugios clave y deberíamos evaluar su papel en la revolución eléctrica que reconfiguró la sociedad entre 1880 y 1920.[8] Pero al hacerlo, deberíamos evitar convertir a Tesla en un superhombre con poderes intelectuales fantásticos.[9]

Anteriores biógrafos de Tesla han tendido a ser de los que le rinden tributo.[10] En este libro quiero alcanzar un equilibrio entre el homenaje y la crítica a Tesla, que, como se ha indicado, tiene un ascenso espectacular (1884-1894) al que sigue un descenso de la misma proporción (1895-1905). La tarea de un biógrafo de Tesla es ensamblar su vida de modo que tanto el ascenso como el descenso tengan sentido. De hecho, los factores que dan lugar a un éxito personal deberían explicar también el fracaso de esa persona. Una medida para una correcta explicación histórica es la simetría, es decir, que el marco usado arroje luz tanto sobre el éxito como sobre el fracaso.

Además, mientras biógrafos anteriores se centraron principalmente en la personalidad de Tesla, este libro busca analizar tanto al hombre como su trabajo creativo. A lo largo del libro, trataré de responder a tres preguntas básicas: cómo inventaba Tesla, cómo funcionaban sus inventos y qué pasó cuando presentó sus inventos. Para responder estas preguntas, recurriré a la correspondencia de Tesla, registros de negocios, testimonios legales, publicaciones y artilugios que perviven. Es posible que algunos lectores les decepcione no encontrar aquí su historia favorita de Tesla y el hecho de que haya más discusiones técnicas de las que les gustaría. Sin embargo, como historiador, tengo que contar la historia de Tesla basándome en documentos, no en los deseos y sueños que nos gustaría proyectar en héroes como Tesla. Brisbane tenía razón al afirmar que el propósito de su historia era «descubrir por completo a este nuevo gran ingeniero eléctrico, para interesar a los americanos en la personalidad (de Tesla), de modo que pudieran estudiar sus logros futuros con el cuidado apropiado».

Conceptos y temas

Para contar la historia del ascenso y de la caída de Tesla, necesito un marco que me permita ensamblar las piezas de la historia entre sí. En concreto, como Tesla era un inventor, necesito un modo de pensar sobre los inventos. Desde mi perspectiva, asociar inventos con imponderables como genio, misterio y suerte es demasiado fácil; por el contrario, veo los inventos como un proceso que podemos analizar y comprender.[11]

La invención hace referencia a las actividades por las cuales individuos crean nuevos dispositivos o procesos que sirven a las necesidades y los deseos humanos. Para ello, con frecuencia un inventor debe investigar fenómenos en la naturaleza. En algunos casos, solo necesita observarla muy de cerca para descubrir qué es lo que funcionará, pero en otros casos deben ir averiguando nuevos conocimientos por la experimentación o la manipulación ingeniosa. Dado que la naturaleza no revela sus secretos fácilmente, uno podría decir que un inventor «negocia» con la naturaleza.[12]

Al mismo tiempo, inventar no es simplemente descubrir cómo hacer algo; un inventor también debe conectar su invento con la sociedad. En algunas situaciones, las necesidades son conocidas y la sociedad pronto acepta el nuevo invento. A mediados del siglo XIX, como las vías del tren necesitaban raíles más fuertes y los ejércitos perseguían cañones más potentes, la demanda para el nuevo proceso de fabricación de acero de Henry Bessemer en 1856 estaba lista. Sin embargo, en otras situaciones la necesidad no existe de antemano y un inventor debe convencer a la sociedad del valor de su invento. Por ejemplo, cuando Alexander Graham Bell inventó el teléfono en 1876, se encontró con poca gente dispuesta a comprar su invento; de hecho, Bell Telephone Company necesitó décadas para convencer a los americanos de que cada casa debía tener un teléfono. Bell y las compañías sucesoras tuvieron que inventar no solo el teléfono sino también una estrategia de *marketing* que reflejase el interés de los usuarios. En este sentido, los inventores «negocian» con la sociedad.[13]

Lo que hace los inventos interesantes es el hecho de que los inventores compartan al mismo tiempo el mundo natural y el social. Por un lado, deben estar dispuestos a enfrentarse con la naturaleza, averiguar que funcionará; por otro lado, también deben interactuar con la sociedad, intercambiar sus inventos por dinero, fama o recursos. Para tener éxito, los inventores deben ser creativos en ambos aspectos, en su negociación con la naturaleza y en su negociación con la sociedad.

Al moverse entre la naturaleza y la sociedad, los inventores desarrollan su propia visión del mundo y su método creativo, y reflejan su personalidad, educación, experiencia y contexto. Los inventores hallan sus propios medios para sondear a la naturaleza y dar forma a sus descubrimientos en dispositivos que funcionan, para finalmente convencer a otra gente de que sus creaciones son útiles o valiosas. A medida que se desarrolla la historia de Tesla, se observa que su estrategia estaba influida por su pasado religioso, sus amigos y patrocinadores y sus problemas con la depresión emocional. Como Thomas Hughes ha sugerido, los inventores, como los artistas, evolucionan en un estilo único.[14]

El estilo de Tesla como inventor puede describirse como una tensión entre las ideas y la ilusión. He tomado prestada esta tensión de *La república* de Platón y su alegoría de la caverna.[15] Platón elaboró esta alegoría para ilustrar la diferencia entre la ignorancia y el entendimiento, entre cómo la gente corriente y los filósofos perciben el mundo y la verdad. Para explicar cómo la gente corriente comprende la verdad de forma limitada, Platón imaginó un grupo de personas atrapadas en una caverna; estas personas permanecían encadenadas a sillas y sus cabezas se fijaban con unos soportes que les impedían girarse y ver cómo la luz (o verdad) entraba en la caverna. Atrapados de este modo, pasan sus vidas debatiendo sobre las sombras intermitentes proyectadas en la pared de gente y cosas que pasan por delante de un fuego que hay detrás de ellos. Por tanto, para Platón, la gente corriente solo podría lidiar con ilusiones. Por el contrario, para Platón, el filósofo era como un prisionero que, libre de cadenas, llegaba a entender que las sombras en la pared no eran del todo reales, ya que ahora podía percibir la verdadera forma de realidad, como el fuego y los objetos que se movían creaban las sombras. Los filósofos de Platón podían ver directamente el fuego, e incluso el sol que había fuera de la caverna, para conocer la verdad. Solo los filósofos, concluía Platón, podrían desentrañar las verdades universales, las ideas.

Como veremos, Tesla era como los filósofos de Platón, alguien que escogió salir a buscar las ideas y entenderlas. Como Tesla dijo a un biógrafo, a él le inspiraba una cita de sir Isaac Newton: «Simplemente mantengo el pensamiento ininterrumpidamente en mi imaginación hasta que se arroja una luz clara sobre mí».[16] Para aprovechar la naturaleza en sus inventos, Tesla invirtió mucho tiempo y mucha energía tratando de distinguir los principios fundamentales en los cuales basar un invento y luego trabajar para manifestar esas ideas en un dispositivo que funcionase. Con su motor de corriente alterna, la idea era el campo magnético rotatorio; de modo similar, la idea de la resonancia electromagnética es la que se encuentra tras sus artilugios relacionados con la energía eléctrica de radiodifusión sin cables.

En varias ocasiones, Tesla profundizaba en su aproximación a través de las ideas al invento. Así lo describió a sus compañeros ingenieros eléctricos cuando ganó la medalla Edison, en 1917:

Inconscientemente he desarrollado lo que considero un nuevo método de materializar conceptos inventivos e ideas, el cual es exactamente opuesto a lo puramente experimental, algo de lo que sin duda Edison es el mayor y más exitoso exponente. En el momento en que construyen un dispositivo para llevar a la práctica una idea cruda, inevitablemente se sienten cautivados por los detalles y los defectos del aparato. A medida que continúan mejorando y reconstruyendo, su capacidad de concentración disminuye y pierden visión del gran principio subyacente. Obtienen resultados, pero sacrificando la calidad.

Mi método es diferente. Yo no me doy prisa con el trabajo de construcción. Cuando tengo una idea, empiezo directamente a desarrollarla en mi mente. Cambio la estructura, hago mejoras, experimento, hago funcionar el dispositivo en mi cabeza. Para mí, es absolutamente lo mismo si manejo mi turbina en mi mente o si realmente la pruebo en mi taller. No hay diferencia, los resultados son los mismos. De este modo, como ven, puedo desarrollar y perfeccionar rápidamente un invento sin tocar nada. Cuando he llegado tan lejos que he puesto en el dispositivo todas las mejoras posibles que se me ocurren y puedo ver que no falla nada, entonces construyo este producto final en mi cerebro. Mi dispositivo siempre funciona como debería cuando lo concebí y mi experimento sale exactamente como lo planeé (añadiendo énfasis).[17]

Sospecho que Tesla llegó a esta aproximación con las ideas en parte a través de su pasado religioso. Como se revela en el capítulo 1, el padre y los tíos de Tesla eran todos sacerdotes en la Iglesia ortodoxa serbia y Tesla absorbió parte de esas creencias de la fe a través del Hijo de Dios, la Palabra o Logos; todo en la creación está dotado con un principio subyacente.[18] En este sentido, Tesla se parecía mucho al gran científico británico Michael Faraday, cuya investigación en electricidad y química estaba muy influenciada por sus creencias religiosas; Faraday era miembro de la Iglesia sandemaniana, una secta cristiana fundada en 1730 que le dio un fuerte sentido de la unidad de Dios y la naturaleza.[19]

Al hacer una aproximación a los inventos a través de las ideas, Tesla estaba exhibiendo lo que el economista Joseph Schumpeter llamó subjetivo, como opuesto a objetivo, la racionalidad (véase el capítulo 2). Para Schumpeter, los ingenieros y los directores técnicos elaboran innovaciones de incremento gradual saliendo y valorando necesidades existentes, mientras que los emprendedores y los inventores introducen innovaciones radicales y perturbadoras respondiendo a ideas que provienen de ellos.[20] Con la racionalidad objetiva, el individuo da forma a ideas en respuesta al mundo exterior (el mercado), mientras que con la racionalidad subjetiva el individuo remodela el mundo exterior conforme a sus ideas internas. Tanto con el campo magnético rotatorio como con la resonancia electromagnética, veremos que las ideas eran internas y que Tesla se esforzó en reordenar el mundo social para hacer de sus inventos una realidad.

El estilo de Tesla como un inventor idealista era similar y distinto al de otros inventores. Tesla se parecía mucho a Alexander Graham Bell, quien se describió a sí mismo como un «inventor teórico» que prefería dar forma y corregir las invenciones en su cabeza. Por el contrario, el estilo de Thomas Edison era casi opuesto: prefería desarrollar sus ideas de modo físico, ya fuese dibujando o manipulando artilugios en su mesa de trabajo.[21]

Una vez identificaba la idea tras el invento, Tesla estaba dispuesto a dejar constancia escrita de ello en un artículo o en una patente, y le proporcionaba gran satisfacción darlo a conocer al público. Sin embargo, Tesla no estaba especialmente interesado en los detalles prácticos de convertir sus inventos en productos rentables. Además, con frecuencia le exasperaba la gente corriente que no comprendía las ideas subyacentes en sus inventos, así que recurría a ilusiones para convencerlos del valor de sus creaciones. Tesla llegó a creer que al tiempo que identificaba la idea para el invento, también tenía que crear la ilusión correcta sobre los cambios excitantes y revolucionarios que su invento llevaría a la sociedad. A través de demostraciones, artículos técnicos y entrevistas en periódicos, Tesla buscaba capturar la imaginación del público, así como la de emprendedores que comprasen y desarrollasen sus inventos. Las ilusiones eran los medios con los que Tesla negociaba con la sociedad y aseguraba los recursos que necesitaba para convertir sus ideas en máquinas reales.

Al usar el término «ilusión» en este texto, debo destacar que Tesla no intentaba engañar a patrocinadores potenciales mintiendo o dando información poco precisa. Al contrario, la interacción entre el inventor y sus patrocinadores es análoga a la que tiene lugar entre un actor y su público; el actor puede decir cosas ciertas y hacer gestos ciertos, pero es el público quien interpreta las afirmaciones y gestos y modela una impresión. Con ello, los miembros del público fusionan lo que el intérprete hace con lo que ellos conocen de su cultura más amplia.[22] En sus conferencias públicas, Tesla proporcionaba a su audiencia justo el tipo correcto de información —una mezcla de magia, ciencia, hechos y comentarios sociales— de modo que sacaban la conclusión de que su invento cambiaría el mundo. Lo que Tesla hacía era animar a la gente a ver en sus inventos un nuevo mundo de posibilidades. A decir verdad, sostendría que todos los inventores y emprendedores tienen que generar ilusiones sobre sus creaciones, que nunca se puede saber por adelantado qué impacto tendrá un invento y, de ese modo, la discusión sobre una nueva tecnología con frecuencia despierta la ilusión. Como el escritor de ciencia ficción Arthur C. Clarke acertadamente apuntó, «cualquier tecnología lo suficientemente avanzada parecerá magia».[23]

Por tanto, los inventores tienen éxito empleando la naturaleza en un nuevo artilugio y conectando el artilugio a las esperanzas y deseos de la gente. Muchos inventores y emprendedores se esfuerzan en crear la ilusión correcta para tecnologías no probadas y planes de negocio innovadores, y Tesla resultaba extraordinario vinculando los inventos y los deseos culturales.[24] Por desgracia, durante la segunda década de su carrera (1894-1904), cuando estaba en la cima de su potencial creativo, Tesla se concentró más en crear ilusiones que en convertir sus ideas en máquinas que funcionasen. La historia de Tesla, como veremos, fue una lucha entre las ideas y la ilusión.

Una infancia ideal (1856-1878)

Nuestros primeros comportamientos son puramente instintivos,
iniciativas de una imaginación vívida e incontrolada. A medida que
crecemos razones más antiguas se reafirman y nos hacemos más
y más sistemáticos y diseñados. Pero aquellos impulsos tempranos,
aunque no inmediatamente productivos, son de los mejores
momentos y quizás den forma a nuestros propios destinos.

NIKOLA TESLA, *My Inventions* (1919)

Los inventores deben vivir con una tensión muy intensa. Por un lado, están en contacto con sus sentimientos internos, sus propias percepciones e impulsos —lo que Tesla llama las «iniciativas de una imaginación vívida e incontrolada»—, ya que con frecuencia estas son las fuentes de las nuevas ideas e invenciones. Por otro lado, los inventores pueden convertir su conocimiento de algo en un invento práctico únicamente conectándolo al amplio mundo de los mercados y las necesidades, y hacen esto mediante pensamiento sistemático y diseño. Los inventores deben fusionar lo subjetivo (lo que saben en su interior) con lo objetivo (lo que aprenden sobre el mundo exterior).[1] ¿Cómo aprendió Tesla en su infancia a cultivar su imaginación e impedir que la razón la oprimiera?

Somos capaces de investigar esta cuestión dominante sobre la tensión creativa porque Tesla describió su desarrollo emocional e intelectual en una autobiografía que publicó en 1919.[2] Pero antes de que podamos examinar su vida interior debemos empezar explorando dónde nació Tesla y quiénes fueron sus padres.

Extranjeros en una tierra extraña

Nikola Tesla nació en 1856 en Smiljan, en la provincia de Lika, en la actual Croacia. En esa época, Croacia era zona fronteriza militar del Imperio austrohúngaro y a veces se hacía referencia a esa área como Krajina. Sin embargo, tanto el padre de Tesla, Milutin, como la madre, Djuka, eran serbios, y Serbia se localiza más al sur en los Balcanes, en lo que era entonces el Imperio otomano. ¿Por qué la familia Tesla estaba viviendo en Croacia a mediados del siglo xix? ¿Cómo llevaban ser extranjeros en una tierra extraña?

Como el periodista Tim Judah ha observado, «los serbios siempre han sido gente que viaja constantemente».[3] Descendientes de eslavos que emigraron al sur desde lo que es hoy en día Alemania y Polonia, los serbios han viajado periódicamente a través de la península balcánica, a veces en búsqueda de mejores tierras de labranza y a veces en respuesta a la violencia y la invasión. Durante su época de mayor poder, en los siglos xv y xvi, los turcos otomanos se extendieron muy hacia el norte de la península balcánica y desplazaron a varias poblaciones cristianas. Los turcos expulsaron a los serbios de su tierra natal (ahora la moderna Serbia y parte de Kosovo) y como resultado algunos serbios emigraron a Croacia.[4] Ansiosas por defender su frontera balcánica de los turcos otomanos, las autoridades austriacas animaron a los serbios a establecerse en Croacia y unirse al ejército, ya que los serbios eran enemigos declarados de los turcos. A diferencia de otras partes del Imperio austriaco, Croacia estaba firmemente controlada por oficiales del ejército y uno de cada doce hombres en la región era requerido para servir en la institución armada. Como resultado, los austriacos llegaron a considerar Croacia como una fuente de tropas que usaron no solo para proteger su frontera balcánica sino también para luchar en otras guerras.[5]

Los antepasados de Tesla emigraron desde el oeste de Serbia a Lika en la última década del siglo xvii. Los serbios se esforzaron por labrar esta tierra difícil, montañosa y escasamente poblada. Según Tesla, el suelo era tan rocoso que los serbios de Lika solían decir que «cuando Dios distribuyó las rocas sobre la Tierra, las llevaba en un saco y el saco se rompió cuando estaba sobre nuestra tierra».[6]

En serbocroata el nombre de Tesla tiene un doble significado. Normalmente se refiere a una azuela o un hacha pequeña con un filo en ángulo recto con el mango. Sin embargo, también puede usarse para describir a una persona con dientes protuberantes, una característica facial común en la familia del inventor.

El abuelo de Tesla, también llamado Nikola, nació en 1789 en Lika. Durante su infancia, Croacia fue cedida a Napoleón por los austriacos y pasó a ser parte del Imperio francés como las provincias Ilirias.[7] Como otros serbios de Lika, el abuelo Nikola siguió una carrera militar; durante las guerras napoleónicas se unió al ejército francés y alcanzó el rango de sargento; se casó con Ana Kalinic, hija de un coronel.

Tras la derrota de Napoleón en 1815, las provincias Ilirias volvieron al Imperio austriaco. Para mantener a los turcos fuera y conservar un fuerte control sobre la población local de croatas y serbios, los austriacos continuaron manejando la provincia como una frontera militar. Aunque la religión oficial del Imperio austriaco era la católica romana, los austriacos permitieron a los serbios tener sus propias iglesias ortodoxas en Croacia.

En los años siguientes a las guerras napoleónicas, el abuelo Nikola volvió a Lika, donde hizo la transición para pasar de servir al ejército francés a servir al Imperio austriaco. Nikola y Ana tuvieron dos hijos, Milutin (1819-1879) y Josif, y tres hijas, Stanka, Janja y una cuyo nombre se ha perdido. Los dos hijos fueron enviados primero a una escuela pública germanohablante y luego a la Escuela de Entrenamiento de Oficiales del Ejército Austriaco (probablemente la Academia Militar Teresiana en Wiener Neustadt). Josif prosperó en este entorno y se convirtió en un profesor de la academia militar en Austria. Matemático dotado, Josif escribió varios trabajos sobre matemáticas.[8]

Al contrario que a su padre y su hermano, a Milutin no le atrajo la vida militar. Dejó la escuela tras una reprimenda por no mantener sus botones metálicos relucientes, y escogió convertirse en sacerdote de la Iglesia ortodoxa serbia. Milutin se matriculó en el seminario ortodoxo en Plaski y se graduó en 1845 como el mejor estudiante de su clase.

En 1847, Milutin se casó con Djuka (Georgina) Mandic (1822-1892), la hija de veinticinco años de un sacerdote, Nikola Mandic de

Gracac. Al igual que la familia Tesla siguió carreras militares, la mayoría de los hombres en el clan Mandic se unieron al clero; no solo el padre de Djuka era sacerdote, sino que también lo eran su abuelo y sus hermanos. Varios de los hermanos de Djuka tuvieron mucho éxito: su hermano Nikolai se convirtió en arzobispo de Sarajevo y obispo metropolitano de la Iglesia ortodoxa de Serbia, Pajo alcanzó el rango de coronel del personal general en el ejército austriaco y Trifun se convirtió en un conocido terrateniente y hotelero.[9]

Poco después de casarse con Djuka, Milutin fue asignado a una parroquia de cuarenta familias en Senj en la costa adriática de Croacia. Allí, en una iglesia de piedra sobre un acantilado escarpado, construyeron su hogar y nacieron tres niños: Dane (1848-1863), Angelina (nacida en 1850) y Milka (nacida en 1852).

En Senj, se esperaba a Milutin para reforzar la congregación así como para representar a los serbios ante «extranjeros y personas católicas». Alto y pálido, Milutin tenía unos pómulos marcados y una barba rala, lo que le otorgaba un aspecto serio. Su congregación lo consideró un orador energético, y por su sermón «Sobre el trabajo» fue premiado con la Faja Roja por su obispo. Como sacerdote joven e idealista, Milutin estaba dispuesto a retar a las autoridades austriacas. En 1848, le pidió al comandante local del ejército que permitiese a los soldados serbios asistir a los servicios ortodoxos los domingos; sin embargo, los austriacos se negaron e insistieron en que los serbios continuasen asistiendo a la misa católica.[10]

Quizás como reflejo de la experiencia de su padre en el ejército de Napoleón, la visión del mundo de Milutin combinaba pensamiento progresista y nacionalismo. A lo largo de los territorios conquistados por Napoleón, los franceses acabaron con las viejas ideas de feudalismo y monarquía absoluta, e introdujeron ciencia y racionalismo, promovieron la educación creando escuelas (*gymnasium*) y animaron a los grupos étnicos a soñar con su autonomía.[11] Por supuesto, ninguna de estas ideas habría sido bien aceptada por los austriacos o los turcos otomanos. Como otros serbios educados a mediados del siglo xix, Milutin creía que la condición de los serbios mejoraría solo si eran capaces de preservar sus tradiciones y crear sus propias naciones separadas tanto de austriacos como de turcos. Como Milutin escribió en una carta en 1852, «¡Por Dios! Nada es tan sagrado para mí como mi Iglesia y las leyes y costumbres de mis antepasados, y nada tan precioso como la libertad, el bienestar y el progreso de mi gente y mis hermanos, y por estas dos razones, por la Iglesia y la gente, donde quiera que esté, estaré listo para dar mi vida».[12]

A pesar de su entusiasmo, para Milutin Senj fue un destino difícil. Su salario apenas bastaba para llegar a fin de mes y el aire húmedo de la costa afectaba a su salud. En consecuencia, Milutin solicitó un traslado, y en 1852 fue enviado a la iglesia de los Santos Apóstoles Pedro y Pablo en Smiljan, en Lika.

En Smiljan, nombre que significa «el lugar de la albahaca», la familia de Tesla encontró un pueblo mucho más agradable. La parroquia de los Santos Apóstoles Pedro y Pablo atendía de setenta a ochenta familias (sobre mil personas); era un templo blanco situado a los pies de la montaña Bogdanic, al lado de un caudaloso riachuelo llamado Vaganac. Aunque pintoresca, la iglesia estaba aislada, con los vecinos más cercanos a más de tres kilómetros de distancia. Además de la iglesia, había

Imagen 1.1. Lugar de nacimiento de Tesla en Smiljan, en Lika, tal y como era en la década de los años treinta del siglo xx. De DKS, Instituto Smithsonian.

una excelente vivienda para la familia y un huerto de tierra fértil (imagen 1.1).[13] Para que Milutin pudiera visitar a las familias de toda la parroquia, un pachá turco de Bosnia le regaló un magnífico semental árabe como recompensa por ayudar a algunos musulmanes locales.[14]

En Smiljan, Djuka disponía de los recursos para crear un hogar confortable para su familia. «Mi madre era incansable», recuerda Tesla.

> Normalmente trabajaba desde las 4 de la mañana hasta las 11 de la noche. Desde las 4 a la hora del desayuno (las 6 de la mañana), mientras otros dormían, yo nunca cerraba los ojos para observar a mi madre con intenso placer mientras atendía rápidamente, algunas veces corriendo, a las muchas obligaciones que se imponía. Dirigía al servicio en el cuidado de nuestros animales domésticos, ordeñaba las vacas, realizaba todo tipo de trabajos sin ayuda, ponía la mesa, preparaba el desayuno para toda la familia. Solo cuando estaba listo para servirlo, se levantaba el resto de la familia. Después del desayuno todo el mundo seguía el ejemplo inspirador de mi madre. Todos hacían su trabajo diligentemente, lo disfrutaban y así lograban una dosis de alegría.[15]

Con la familia en las manos de la muy capaz Djuka, la salud de Milutin mejoró, y continuó predicando con entusiasmo. Milutin empezó a reunir una biblioteca con volúmenes de religión, matemáticas, ciencia y literatura en varias lenguas. Recitaba poesía con facilidad y presumía de poder recuperar algún clásico que se perdiera gracias a su memoria. La posesión más preciada de Milutin era una edición de *Sluzhebnik* o el libro serbio de la liturgia, impreso en Venecia en 1519. Tesla heredó este libro de su padre y lo llevó con él a América.[16]

Milutin también empezó a escribir artículos para varios periódicos y revistas serbias, incluyendo el *Diary* serbio de Novi Sad, el *Srbobran* publicado en Zagreb y una revista serbio-dálmata de Zadar. Preocupado por que el analfabetismo privase a los serbios de hacer progresos sociales y políticos, Milutin reclamaba una escuela donde a los serbios se les pudiese enseñar su propia lengua.[17] Por lo tanto, Milutin fue algo así como un reformador que buscaba modos de mejorar el día a día de su pueblo.

NIÑO DE LA LUZ

En medio de estas felices circunstancias en Smiljan nació Tesla, la medianoche entre el 9 y el 10 de julio de 1856 (calendario juliano).[18] La leyenda familiar dice que en ese momento había una violenta tormenta, lo cual asustaba a la matrona. Temerosa, la matrona dijo: «Será el hijo de una tormenta». En respuesta, la madre de Tesla replicó: «No, de la luz». Tesla fue bautizado en casa el día de su nacimiento, lo que sugiere que a la familia le preocupaba la debilidad del recién nacido. Como exige la ley austriaca, el infante fue reclutado por el primer regimiento de Lika, la novena compañía Medak, cuyo cuartel central estaba en Raduč, con las esperanzas de que podría servirles a partir de los quince años.[19] Como todo niño a una temprana edad, Tesla disfrutaba jugando con sus hermanos mayores, así como con su hermana pequeña, Marica (nacida en 1859). Juntos corrían por el camposanto o por la granja con las palomas, los pollos, los gansos y las ovejas que tenía la familia.[20] Pero la compañía favorita de Tesla era el gato negro de la familia, Macak, que seguía al joven Nikola a todas partes y junto al cual pasaba muchas horas felices revolcándose en la hierba.

Gracias a Macak Tesla tuvo su primer contacto con la electricidad una tarde seca de invierno. «Cuando acaricié la espalda de Macak —recordaba—, vi un milagro que me dejó sin palabras del asombro. La espalda de Macak era una sábana de luz y mi mano producía una lluvia de chispas lo suficientemente altas para que se oyesen por toda la casa.» Lleno de curiosidad preguntó a su padre qué provocaba las chispas. Desconcertado al principio, finalmente Milutin respondió: «Bien, no es otra cosa que electricidad, lo mismo que ves a través de los árboles en las tormentas». La respuesta de su padre, que equiparaba las chispas con los rayos, fascinó al joven. Como Tesla seguía acariciando a Macak, empezó a hacerse preguntas: «¿Es la naturaleza un gato gigantesco? Si es así, ¿quién acaricia su espalda? Solo puede ser Dios», concluyó.

A esta primera observación le siguió otro suceso notable. Cuando la habitación se volvía más oscura y las velas la iluminaban, Macak se levantó y dio unos pocos pasos. «Sacudió sus patas como si estuviese pisando un suelo mojado», recordaba Tesla en 1939,

Lo miraba atentamente. ¿Vi algo o fue una ilusión? Forcé mi vista y percibí claramente que su cuerpo estaba rodeado por un halo, ¡como la aureola de un santo!

No puedo exagerar el efecto que esta noche maravillosa tuvo sobre mi imaginación de niño. Día tras día me he preguntado a mí mismo qué es la electricidad y no encontré respuesta. Han pasado ochenta años desde esa vez y todavía me hago la misma pregunta, incapaz de responderla.[21]

Al igual que en la leyenda que dice que al joven James Watt le intrigaba cómo el vapor levantaba la tapa del hervidor, Macak el gato proporcionó las inspiración inicial a Tesla para pasar su vida estudiando la electricidad.

UNA IMAGINACIÓN ACTIVA

A una edad temprana, Tesla empezó a arreglar cosas, inspirado por su madre, Djuka. Mientras los campesinos de Lika usaban herramientas primitivas que no habían evolucionado durante siglos, Djuka fabricaba artefactos más útiles que le permitían llevar su casa más eficientemente. Como recuerda con orgullo su hijo:

Mi madre era una inventora de primera clase y, creo, habría logrado grandes cosas si no hubiese estado tan distante de la vida moderna y sus múltiples oportunidades. Ella inventó y construyó todo tipo de herramientas y artefactos y tejió los más refinados diseños con hilo que ella misma hilaba... Trabajaba incansablemente, desde el comienzo del día hasta bien avanzada la noche, y la mayoría de la ropa que vestíamos y los adornos de la casa eran producto de sus manos. Cuando pasaba de los sesenta años, sus dedos eran todavía lo suficientemente ligeros como para «atar tres nudos en una pestaña».[22]

Siguiendo el ejemplo de su madre, Tesla hizo cosas siendo muy joven. Una de sus invenciones tempranas requería el esfuerzo de, en palabras de Tesla, «emplear las energías de la naturaleza al servicio del hombre». Con la esperanza de crear una máquina voladora, Tesla fabricó un eje con cuatro rotores en un extremo y un disco en el otro. Intuitivamente pensaba que los rotores del eje podrían elevarse lo suficiente para transportar todo el artilugio por el aire, a modo de un helicóptero moderno. Para alimentar el dispositivo, Tesla planeaba amarrar abejones de mayo a los rotores hasta que un chico extraño, que era el hijo de un oficial retirado del ejército austriaco, apareció. Para disgusto de Tesla, el niño devoró los abejones de mayo. Tesla abandonó el proyecto y decidió no volver a tocar otro insecto en su vida.[23] A esta máquina voladora abortada le siguieron otros empeños creativos. Como muchos críos curiosos, Tesla desmontaba relojes mecánicos solo para descubrir lo difícil que era volver a montarlos. Hizo su propia espada de madera y se imaginó a sí mismo como un gran guerrero serbio. «En esa época estaba bajo la influencia de la poesía nacional serbia y admiraba las hazañas de los héroes», recuerda Tesla. «Solía pasar horas masacrando a mis enemigos bajo la forma de tallos de maíz, lo cual, además de arruinar la cosecha, me hacía ganarme una azotaina de mi madre.»[24]

Mientras externamente Tesla parecía ser el típico niño feliz, en su interior su poderosa imaginación a veces podía estar fuera de control. Como describió en un autobiografía: «... hasta los ocho años ... [m]is sentimientos eran como una montaña rusa y vibraban incesantemente entre los extremos. Mis deseos eran de una fuerza incontenible y, como las cabezas de hidra, se multiplicaban. Estaba oprimido por pensamientos de dolor en vida y muerte y temor religioso. Estaba influenciado por creencias de supersticiones y vivía temiendo constantemente el espíritu del demonio, de fantasmas y ogros y otros monstruos profanos de la oscuridad».

Todavía resulta más perturbador que a Tesla le costara distinguir imágenes de la realidad:

En mi infancia sufría una aflicción peculiar debido a la aparición de imágenes, con frecuencia acompañadas por fuertes destellos de luz, los cuales dañaban la visión de objetos reales e interferían con mi pensamiento y mi acción. Había imágenes de cosas y escenas que realmente había visto, nunca las había imaginado. Cuando se me decía una palabra, la imagen que le había asignado al objeto se aparecía vívidamente en mi visión y a veces me resultaba bastante difícil distinguir si lo que veía era tangible o no. Esto me provocó gran desasosiego y ansiedad... Parecían únicas, aunque yo estaba probablemente predispuesto, ya que sabía que mi hermano experimentaba un problema similar... Definitivamente, no eran alucinaciones como las que se producen en mentes enfermas y angustiadas; en lo referente a otros aspectos era normal y sereno. Para dar una idea de mi aflicción, supón que presencio un funeral o un espectáculo angustiante por el estilo. Entonces, de modo inevitable, en la calma de la noche, una imagen clara de la escena se proyectaría ante mis ojos y persistiría, a pesar de todos mis esfuerzos por apartarla. A veces incluso permanecería fija en el espacio aunque yo empujase mi mano a través de ella.[25]

Incapaz de controlar estas imágenes, Tesla se sentía débil e impotente.

UNA MUERTE EN LA FAMILIA

Como añadido a sus dificultades emocionales, Tesla vivió en la sombra de su hermano mayor, Dane, a quien sus padres consideraban extraordinariamente inteligente. Como hijo primogénito, se esperaba que Dane siguiese los pasos de su padre y sus tíos en el clero. Pero en 1863, el fogoso caballo árabe de su padre mató a Dane, y Nikola, de siete años, fue testigo de la tragedia.[26]

Desconsolado por la pérdida de su hijo favorito, Milutin desarraigó a la familia de Smiljan y se mudaron al pueblo cercano más grande, Gospić, la capital del condado de Lika-Senj, así como el centro administrativo para la frontera militar austriaca.[27] En ese destino, Milutin predicó durante los siguientes dieciséis años bajo la cúpula con forma de bulbo de la iglesia del Gran Mártir Jorge. Aunque continuó sus obligaciones pastorales y enseñó religión en las escuelas locales, Milutin escribió pocos artículos y aceptó pocas causas. Desarrolló «el extraño hábito de hablar consigo mismo y a menudo tenía animadas conversaciones y se permitía acaloradas discusiones» cambiando su voz, de modo que sonaba como si varias personas diferentes estuviesen hablando. Milutin nunca superó la muerte de Dane y prematuramente se empezó a llamarle «el viejo Milovan».[28]

Para Tesla, tanto la muerte de su hermano como el repentino traslado a Gospić fueron profundamente perturbadores. Amaba su hogar en el campo y echaba de menos ver a los animales de la granja. Acababa de finalizar su primer año en la escuela de Smiljan y estaba abrumado por el alboroto de una ciudad más grande. «En nuestra nueva casa, no era otra cosa sino un prisionero —escribió— observando a la gente extraña que veía a través de las persianas. Mi timidez era tal que hubiera preferido enfrentarme a un león rugiendo que a alguno de los tipos que paseaban por la ciudad.»[29] Tesla estaba tan orgulloso de su hogar en la aldea que cuando presentó sus primeras patentes en América se registró como procedente de Smiljan, en Lika, no de Gospić.

La repentina muerte de su hermano alteró irrevocablemente la relación de Tesla con sus progenitores, en particular con su padre. De duelo por Dane, en quien habían depositado todas sus esperanzas, Milutin y Djuka eran incapaces de apreciar lo prometedor que era su otro hijo. «Cualquier cosa respetable que hacía simplemente provocaba que mis padres sintiesen su pérdida más intensamente», recuerda Tesla. «De modo que crecí con poca confianza en mí mismo.» (A la familia de Alexander Graham Bell le afectó profundamente la repentina muerte en 1870 del hermano mayor y el hermano menor de Bell, Melville James y Ted; en este caso, la familia Bell se recobró depositando grandes expectativas en el hijo que quedaba.)[30] Como muchos niños, Tesla buscó recuperar el amor de sus padres esforzándose por ser perfecto. Con la esperanza ahora de que su segundo hijo se hiciese sacerdote, Milutin le instruyó con «todo tipo de ejercicios, como adivinar los pensamientos del otro, descubrir los defectos de algunas formas o expresiones, repetir frases largas o realizar cálculos mentales. Estas lecciones diarias tenían el propósito de fortalecer la memoria y la razón y especialmente desarrollar el sentido crítico, y fueron sin duda muy beneficiosas».[31] Aunque teniendo en cuenta el modo en que Tesla describió esos ejercicios en sus memorias, uno presiente que los realizó como un deber para con su padre.

Aproximadamente en esa época, Tesla descubrió los placeres de la lectura en la biblioteca de su padre. Pero a Milutin, en vez de agradarle el hecho de que su segundo hijo sintiese pasión por la lectura, le enfadaba. «No lo permitía y montaba en cólera cuando me pillaba haciéndolo», relató Tesla. «Escondió las velas cuando averiguó que había estado leyendo en secreto. No quería que dañase mi ojos.» Pero eso no detuvo a Tesla, quien a escondidas obtenía grasa y moldeaba sus propias velas. Con estas velas caseras, leía toda la noche, a menudo hasta el amanecer.[32]

Sin embargo, el peor momento con su padre llegó un domingo en el que Tesla estaba ayudando en la iglesia haciendo sonar las campanas. Como recuerda en su autobiografía, «Había una dama pudiente en la ciudad, una buena pero pomposa mujer, que solía venir a la iglesia maravillosamente pintada y vestida con una enorme cola y sirvientes. Un domingo acababa de hacer sonar la campana en el campanario y corría escaleras abajo cuando esta gran dama abandonaba el lugar. Salté sobre su cola. La arranqué con un fuerte sonido que sonó como bombardeo de fuego de mosquetería por reclutas sin entrenar. Mi padre estaba rojo de ira. Me dio un generoso bofetón en la cara, el único castigo corporal que me administró jamás, pero que casi puedo sentirlo todavía. La vergüenza y la confusión que siguieron son indescriptibles».[33]

Incapaz de agradar a su padre, Tesla «adquirió muchas aficiones, fobias y hábitos», o lo que ahora quizás se llamarían obsesiones. Desarrolló una aversión violenta a los pendientes y las perlas en mujeres, aunque toleraba otras joyas. Rechazaba tocar el pelo de otra gente y le perturbaban olores como el del alcanfor. «Cuando dejo caer pequeños cuadrados de papel en un plato lleno con líquido, siempre siento un gusto peculiar y espantoso en mi boca —indicó—, y contaba los pasos en mis paseos y calculaba los contenidos de los platos de sopa, tazas de café y piezas de comida, de otro modo mis comidas no eran placenteras. Todos los actos u operaciones repetidas que realizaba tenían que ser divisibles por tres y, si me equivocaba, sentía que tenía que hacer todo de nuevo, aunque costase horas.»[34] Estas obsesiones acosaron a Tesla a lo largo de toda su vida, y aunque se esforzaba en entender su causa, sin duda interferían en su relación con la gente.

UN ACTO DE VOLUNTAD

Con sus padres abstraídos por el dolor por Dane y su decepción con él, Tesla «estaba forzado a concentrar la atención sobre sí mismo» y se volvió introspectivo. Al principio le provocaba sufrimiento, pero pronto descubrió que ser capaz de ver dentro de sí mismo era una gran bendición y un medio para el éxito.

Mirando en su interior, Tesla experimentó un cambio profundo cuando tenía doce años. En el transcurso de sus lecturas, se encontró con una traducción serbia de una novela titulada *Abafi* (1836), del conocido escritor húngaro Miklós Jósika. Ambientada en Transilvania, de donde procedía Jósika, en el siglo XVI, esta novela histórica relataba las luchas del príncipe Segismundo Báthory (1572-1613), cómo defendió su principado contra los húngaros, turcos y austriacos. En este escenario —repleto de «castillos en ruinas, costumbres ancestrales, armaduras brillantes, pachás turcos e intensas intrigas en la corte»— Jósika introdujo en la ficción a un joven caballero, Olivér Abafi, que emerge como el héroe de la historia. Al principio Abafi es frívolo y rebelde, pero a medida que avanza la novela crece en talla moral, hasta finalmente sacrificarse a sí mismo por el príncipe y el país. Como un revisor contemporáneo observó, Jósika muestra a Abafi como «un hombre joven absorto por el libertinaje y amor por el placer, quien, por la firmeza de la voluntad y la energía de la resolución se ensalza a sí mismo como uno de los héroes más respetados y ejemplares de su país», para demostrar «que la inflexibilidad del propósito puede vencer todo».[35]

Inspirado por la transformación de Abafi, la novela despertó la fuerza de voluntad de Tesla, que se dio cuenta de que podía ejercitar el control sobre sus sentimientos. «Al principio mis resoluciones se desvanecían como la nieve en abril —recuerda—, pero después de poco tiempo conquisté mi debilidad y sentí un placer que nunca antes había experimentado, el de hacerlo como yo deseaba. Con el paso del tiempo este potente ejercicio mental se convirtió en una acción instintiva. Al comienzo mis deseos tenían que ser suaves, pero gradualmente deseo y voluntad aumentaron hasta ser idénticos.»[36]

A medida que desarrollaba su fuerza de voluntad, Tesla buscaba controlar las visiones que le habían estado perturbando. Estas visiones, apuntó Tesla, «normalmente ocurren cuando me encuentro en una situación peligrosa o de estrés, o cuando estoy muy entusiasmado. En algunas ocasiones, he visto todo el aire alrededor de mí llenarse con lenguas de fuego vivas». Para alejar estas imágenes que le atormentaban, Tesla había tratado de concentrarse en alguna otra cosa, pero como no había visto mucho mundo pronto se quedaba sin nada por lo que sustituirlas. Ahora, sin embargo, descubrió que era mejor trabajar con las imágenes, permitir a su imaginación vagar libremente y así canalizarlas.

> Luego, instintivamente, comencé a hacer excursiones a través de los límites de este pequeño mundo del cual tenía conocimiento, vi escenas nuevas. Al principio eran muy borrosas y tenues, y se iban cuando intentaba concentrar mi atención en ellas, pero después de un tiempo conseguí fijarlas, ganaron solidez y claridad y finalmente adquirieron la concreción de las cosas reales. Pronto descubrí que alcanzaba mi mejor consuelo si simplemente continuaba con mi visión más y más lejos, y obtenía impresiones nuevas cada vez, y de este modo empecé a viajar, por supuesto en mi mente. Cada noche (y a veces durante el día), cuando estaba solo, acometía mis viajes —ver nuevos lugares, ciudades y países—, vivía ahí, me encontraba con gente y hacía amigos y conocidos y, aunque increíble, es un hecho que los apreciaba tanto como los que tenía en la vida real y en absoluto eran menos intensos en sus manifestaciones.[37]

Aunque no se dio cuenta en ese momento, desarrollando este autocontrol y aprendiendo a canalizar esta imaginación poderosa, Tesla había empezado a adquirir las habilidades mentales que tan útiles le resultarían como inventor. No solo sería capaz de explorar libremente nuevas ideas en su mente, sino que también tendría la disciplina y la concentración que necesitaría para dar forma y corregir mentalmente estas ideas que pasarían a dispositivos reales (véase el capítulo 12).[38]

A la vez que aprendía a canalizar las imágenes, Tesla desarrolló su propia explicación racional para ellas. Había observado que con frecuencia las imágenes problemáticas parecían provenir no de sí mismo, sino que eran resultado de algo que había visto en el mundo. Al principio pensó que quizás se trataba de una coincidencia

> pero pronto me convencí a mí mismo de que no era así. Una impresión visual, recibida consciente o inconscientemente, invariablemente precedía la apariencia de la imagen. Gradualmente crecía en mí el deseo de averiguar cada vez qué provocaba que la imagen apareciese, y satisfa-

cer ese deseo pronto se convirtió en una necesidad. La siguiente observación que hice fue que, así como estas imágenes eran el resultado de algo que había visto, también los pensamientos que concebía eran sugeridos del mismo modo. De nuevo, experimenté el mismo deseo de localizar la imagen que causaba el pensamiento, y esta búsqueda de la impresión visual original pronto llegó a ser instintiva. Mi mente pasó a ser automática, por así decirlo, y en el curso de los años que siguieron, un acto casi inconsciente, adquirí la habilidad de localizar ... instantáneamente la impresión visual que había empezado el pensamiento.

Tras estas observaciones, Tesla decidió que todo pensamiento o acción que llevase a cabo, podría ser atribuido a algún tipo de estimulación externa, ser algo que había visto, oído, probado o tocado. Entonces concluyó que si esto era cierto era «un autómata dotado con el poder del movimiento, el cual simplemente respondía a estímulos externos sobre mis órganos de los sentidos, y pienso, actúo y me muevo en consecuencia». Aunque de carne y hueso, no era más que una máquina cuyos resultados estaban determinados por los que se le introducía, una «máquina de carne», como él mismo dijo una vez.[39] Como esta visión mecánica acababa con el libre albedrío o un alma, cabe preguntarse si Tesla alguna vez discutió esta teoría con su padre; estos puntos de vista sin duda habrían establecido mayor distanciamiento entre Milutin y su hijo.

A medida que Tesla ganaba control sobre su vida interior, también empezó a recurrir a un mundo más amplio y menos a su padre. Esto lo ilustra lo que sucedió cuando los ciudadanos de Gospić obtuvieron una nueva bomba de incendios. Bajo el liderazgo de un joven comerciante, los ciudadanos habían organizado con orgullo un desfile del cuerpo de bomberos a través de las calles y río abajo. Ahí, los dieciséis bomberos empezaron a bombear con intensidad las asas de la bomba arriba y abajo, a pesar de lo cual no salía nada de agua de la manguera. Mientas veía desarrollarse la escena, Tesla confesó: «Mi conocimiento del mecanismo era nulo y no sabía casi nada de la presión del aire, pero instintivamente intuí que era la manga de succión en el agua (es decir, el río) y me di cuenta de que lo tenía colapsado». Al observar que este bloqueo estaba causando el problema, Tesla se lanzó al agua y deshizo lo que estaba retorcido en la entrada de la manguera. Inmediatamente la bomba empezó a funcionar y el agua salió a borbotones de la manguera en el otro extremo. Agradecidos de su inestimable ayuda en aquella demostración, los bomberos subieron a hombros a Nikola y le aclamaron como a un héroe. Con esta experiencia Tesla aprendió que solucionar problemas técnicos le podía reportar reconocimiento y aprobación.[40]

Educación en el Gymnasium

Tan pronto llegaron a Gospić, Tesla asistió a la escuela local elemental o normal durante tres años. En una de las clases, encontró modelos para mostrar cómo funcionaban las ruedas hidráulicas y las turbinas. Fascinado por estos dispositivos, Tesla reprodujo varios y los probó en un riachuelo local. Mostró con orgullo estas ruedas a uno de sus tíos, que no apreció el ingenio mecánico del niño y le regañó por perder su tiempo con esas cosas. Sin embargo, Tesla continuó pensando en turbinas y cuando leyó una descripción de las cataratas del Niágara soñó con usar una rueda gigante para captar la energía de las cataratas. «Le dije a mi tío que iría a América y llevaría a cabo este plan —rememora Tesla— y treinta años más tarde yo vi mis ideas llevadas a cabo en el Niágara» (véase el capítulo 9).[41]

Con diez años, Tesla entró en el Real Gymnasium en Gospić, el equivalente del siglo xix a la secundaria. Como su padre y su tío Josif, Tesla destacó en matemáticas. Aprovechando su habilidad para visualizar cosas con su imaginación, rápidamente realizaba cálculos y provocaba las alabanzas de su profesor de matemáticas. Por el contrario, a Tesla le resultaba difícil la clase de dibujo obligatoria. Esto era sorprendente, porque los otros miembros de su familia dibujaban con facilidad. Tesla atribuyó esta dificultad a su preferencia por el pensamiento imperturbable. Además, Tesla era zurdo, lo cual podría haberle impedido ser capaz de realizar esas tareas, que a menudo estaban diseñadas para estudiantes diestros. Sus notas en dibujo eran tan bajas que su padre tuvo que interceder ante las autoridades en la escuela para que Tesla pudiese continuar estudiando allí. Por lo tanto, no sorprende que Tesla evitase hacer dibujos a lo largo de su carrera como inventor, incluso cuando estos le habrían ayudado a dar a conocer sus ideas a otra gente.[42]

Durante su segundo año en el Gymnasium de Gospić, Tesla empezó a obsesionarse con crear una máquina voladora. A menudo, en su imaginación, viajaba a lugares lejanos volando, pero no sabía cómo sucedía. Impresionado por cómo el vacío creado dentro de la bomba de incendios había sido capaz de elevar el agua desde el río y bombearla bajo presión en una manguera, Tesla lidiaba en su cabeza con un modo de combinar un vacío con el hecho de que el aire en la atmósfera esté bajo una presión de catorce libras por pulgada cuadrada (un kilogramo por centímetro cuadrado).[43] Tras semanas de ingeniería mental, Tesla elaboró un diseño que el biógrafo John O'Neill describió del siguiente modo:

> Estimó que la presión de catorce libras debería hacer girar un cilindro a una velocidad alta y que podría ingeniárselas para aprovecharse de esa presión rodeando medio cilindro con vacío y dejando la otra mitad de su superficie expuesta a la presión del aire. Construyó cuidadosamente una caja de madera. En un extremo había una abertura en la que se encajaba un cilindro con mucha precisión, de modo que la caja era hermética; y en un lado del cilindro, la arista de la caja hacía contacto en ángulo recto. En el otro lado del cilindro la caja hacía un contacto tangente, o llano. Este arreglo se hizo porque quería que la presión del aire se ejerciese en una tangente a la superficie del cilindro, una situación que sabía que se requeriría para producir la rotación. Si podía hacer que el cilindro girase, todo lo que tendría que hacer para volar sería unir una hélice a un eje del cilindro, sujetar con una correa la caja a su cuerpo y obtener de su caja de vacío energía continua que lo levantaría en el aire.[44]

Para probar esta idea, Tesla construyó cuidadosamente un modelo de madera. Cuando bombeaba el aire fuera del interior del cilindro, el eje se giraba ligeramente, lo que le volvía loco de alegría. «Ahora tenía algo concreto —escribió más tarde—, una máquina voladora con nada más que un eje rotatorio, alerones y ¡un vacío de energía ilimitada! A partir de ese momento, hice mis excursiones aéreas (imaginarias) diarias en un vehículo cómodo y lujoso que habría convenido al rey Salomón.» Por supuesto, ese artilugio habría sido una máquina de movimiento perpetuo. Años más tarde, Tesla se dio cuenta de que la presión atmosférica actuaba en ángulo recto con la superficie del cilindro y que el ligero efecto rotatorio que observó fue debido a un escape en su aparato. «Aunque este conocimiento lo obtuve de modo gradual, fue un duro golpe para mí», contó Tesla, indicando que realmente había esperado ser capaz de construir una máquina real que conectase sus sueños con la realidad.[45]

Tesla completó sus estudios en el Gymnasium de Gospić en 1870, pero tan pronto como lo hizo «... me postró una enfermedad peligrosa o, mejor dicho, una veintena de ellas, y mi condición se volvió tan desesperada que los médicos perdieron sus esperanzas conmigo».[46] Uno se pregunta si estos problemas imprecisos estaban relacionados con imágenes demasiado intensas, ya que fue alrededor de esta época (a la edad de 12 años) cuando Tesla los venció con una combinación de fuerza de voluntad y aprender a canalizar las imágenes.

Mientras se recuperaba de su enfermedad, Tesla leía constantemente. Debido a su apetito voraz por los libros, la biblioteca pública local envió a Tesla todos los volúmenes que no habían sido catalogados y le permitió leerlos y clasificarlos. Entre los libros nuevos que encontró había varias novelas de Mark Twain. Tesla las encontró diferentes a todo lo que había leído con anterioridad, «tan cautivadoras que me hacían olvidar completamente mi estado de desesperación».[47] Años más tarde Tesla se hizo amigo de Twain, y cuando le contó esta historia Twain rompió a llorar.

Cuando se repuso, Tesla reanudó sus estudios en el Real Gymnasium en Karlovac (o Carlstadt), en Croacia, donde vivió con la hermana de su padre, Stanka, y su marido, el coronel Bankovic, «un viejo veterano que había participado en muchas batallas». Situada en la confluencia de cuatro ríos, Karlovac era baja y pantanosa y Tesla contrajo la malaria, que hubo que tratar con abundantes cantidades de quinina.

Milutin no había dicho adiós a su determinación de tener un hijo que le siguiese en el sacerdocio y envió a su hijo a estudiar a Karlovac, de modo que pudiera prepararse para el seminario. Esta posibilidad aterrorizaba a Tesla, que en cambio cada vez se sintió más atraído por la física, en concreto por el estudio de la electricidad. En Karlovac, su profesor favorito era el profesor de física, que ilustraba sus clases con modelos para demostraciones, algunos de los cuales diseñaba él mismo. Entre ellos, a Tesla le cautivaba especialmente el radiómetro inventado por el científico británico William Crookes. Consistía en cuatro veletas de papel de aluminio sobre un pivote dentro de un bulbo de vacío. A Tesla le emocionaba ver girar las veletas rápidamente formando una luz viva. Al recordar a su profesor mostrando este notable artilugio, Tesla dijo: «Es imposible para mí expresar una idea adecuada de la intensidad del sentimiento que experimenté al ser testigo de sus exhibiciones de este misterioso fenómeno. Cada impresión producía miles de ecos en mi mente. Quería saber más de esta fuerza maravillosa». Leyó todo lo que pudo encontrar sobre electricidad y empezó a experimentar con baterías, bobinas de Ruhmkorff y generadores electrostáticos. Aunque adoraba estas investigaciones, Tesla sabía que sus padres querían que se hiciese sacerdote: «Me resigné a lo inevitable con un corazón lleno de dolor».[48]

UNA PROMESA DE SU PADRE

Una vez completados sus estudios en Karlovac, Tesla planeaba volver a casa, a Gospić, pero antes de que lo hiciese recibió un mensaje de su padre mandándole ir a una excursión de caza en la montañas. Teniendo en cuenta que su padre no aprobaba la caza, estas instrucciones desconcertaron a Tesla y decidió ignorarlas y volver a casa. Allí descubrió que su ciudad era presa de una epidemia de cólera, razón por la cual Milutin le había sugerido el viaje de caza. Una vez en casa, Tesla cayó enfermo, y durante nueve meses luchó por recuperarse, confinado en la cama y débil. Su situación empeoró, desarrolló «un edema, problemas pulmonares y todo tipo de enfermedades hasta que finalmente pidieron mi ataúd».[49]

Durante un momento particularmente malo, cuando parecía que Tesla estaba cercano a la muerte, su padre corrió a su lado y le animó a recabar fuerzas. Levantando la vista hacia la cara pálida y llena de ansiedad de su padre, Tesla dijo: «Quizás mejore si me dejas estudiar ingeniería». Aunque iba en contra de sus deseos, Milutin no quería perder otro hijo. «Irás a la mejor institución técnica del mundo», prometió solemnemente su padre, y Tesla confesaría: «Sabía que lo decía en serio. Mi mente se libró de un pesado lastre». Con la fortaleza de esta promesa, junto con la ayuda de una cura a base de hierbas —«una decocción amarga de un haba extraña»—, Tesla volvió a la vida «como otro Lázaro para sorpresa de todo el mundo».[50]

Aunque Tesla estaba ansioso por empezar sus estudios de ingeniería, él y su familia se enfrentaban ahora a otro impedimento: Tesla había alcanzado la edad en la cual, como serbio residente en Krajina, se esperaba que sirviese en el ejército austriaco durante tres años. Aunque podía haber conseguido que lo destinasen a uno de los regimientos de sus cuñados, Milutin estaba preocupado por si su hijo no era todavía lo suficientemente fuerte para sobrevivir a la vida en el ejército. En consecuencia, aunque evitar ser reclutado era una ofensa seria, Milutin decidió que Tesla debería desaparecer de Gospić y esconderse en las montañas mientras él y sus hermanos trazaban un plan para el futuro de su hijo. Durante nueve meses, desde el comienzo del otoño de 1874 hasta el verano siguiente, Tesla deambuló por las montañas de Croacia, «cargado con un traje de cazador y un fardo de libros».[51]

Recorriendo a pie el bosque, Tesla se hizo más fuerte física y mentalmente. Mientras caminaba, trabajó en varios inventos visionarios. Por ejemplo, desarrolló un plan por el cual enviaría cartas y paquetes entre continente a través de una tubería bajo el océano. El correo se pondría en un contenedor esférico y luego se dispararía a través de la tubería por medio de presión hidráulica. Aunque planeó cuidadosamente cómo su maquinaria bombeadora podía transmitir una velocidad alta al agua en la tubería, falló en no darse cuenta de que a mayor velocidad del fluido, mayor sería la resistencia de las paredes de la tubería al fluir del fluido; como resultado, se vio forzado a abandonar esta idea espléndida.

Otro plan envolvía la construcción de un anillo alrededor del ecuador terrestre para así mejorar los viajes con pasajeros. Aplicando las fuerzas de reacción adecuadas, pensaba Tesla, el anillo podría permanecer estacionario mientras la Tierra seguía rotando. La gente podría viajar a lo largo del anillo, esperar a que su destino apareciese debajo y entonces saltar de nuevo a la Tierra. Tesla creía que ese plan permitiría a la gente viajar a alrededor de mil millas en una hora, pero reconocía que sería imposible construir el anillo. Aunque estos planes eran poco factibles, revelaban que Tesla concebía, desde el principio, sistemas que abrazaban toda la Tierra, un tema destacado en su trabajo sobre transmisión inalámbrica de energía.

Para hacer aparecer estos planes, Tesla se dio cuenta del poder de su habilidad para generar imágenes mentales. No solo podía usar su imaginación para emprender viajes fantásticos, sino que también podía dirigir este talento para crear nuevas máquinas. «Observé que podía visualizar con la mayor de las facilidades», afirmó más tarde. «No necesitaba modelos, dibujos o experimentos. Podía imaginarlos todos en mi mente.» Además, para Tesla, trabajar con imágenes mentales quería decir que podía concentrarse en identificar y explorar la idea tras el invento.[52]

Pero ¿cómo sabía Tesla que era importante buscar la idea tras el invento? Sospecho que esta disposición para buscar la idea provenía de las creencias religiosas adquiridas de su padre y tíos en la Iglesia ortodoxa serbia.

Como todos los cristianos, los ortodoxos creen en la Trinidad, que Dios es tres personas en una: el Padre, el Hijo y el Espíritu Santo. Como en el cristianismo occidental, creen que a través del Hijo, «la Palabra se hizo carne y vivió entre nosotros» (Juan 1:14) y que a través de la Encarnación, Jesús vivió en la Tierra y murió por nuestros pecados. Sin embargo, en el cristianismo ortodoxo, el hecho de que el Hijo de Dios sea la Palabra tiene un significado más profundo; como explica el obispo Kallistos Ware:

La segunda persona de la Trinidad es el Hijo de Dios, su «Palabra» o Logos... Él es quien nace en la Tierra como hombre, de la Virgen María, en la ciudad de Belén. Pero como Palabra o Logos, también es un trabajo antes de la Encarnación. Él es el principio del orden y el propósito que impregna todas las cosas, aproximándolas a la unidad en Dios, y así transformando el universo en un «cosmos», un todo armonioso e integrado. El Creador-Logos ha impartido en cada cosa su propio *logos* morador o principio interior, lo cual hace que la cosa sea inequívocamente ella misma y al mismo tiempo atrae y dirige esa cosa hacia Dios.

Nuestra tarea humana como artesanos o productores es discernir esta morada del *logos* en cada cosa y volverla obvia, buscamos no dominar sino cooperar.[53]

Entonces, para los cristianos ortodoxos, el universo material no está solo ordenado, sino todo en él, lo natural y lo hecho por el hombre, tiene un principio divino subyacente, un logos que puede ser descubierto por los humanos. De hecho, uno de los modos en que los humanos pueden alabar a Dios, ya sea como artesanos, productores o inventores, es buscar el logos de todas las cosas. Por tanto, las creencias ortodoxas sobre el Hijo de Dios como la Palabra o Logos habrían motivado a Tesla a buscar la idea en sus inventos.

Sin lugar a dudas, aunque Tesla más tarde se llamaría a sí mismo cristiano, no parece que fuera a una iglesia ortodoxa o practicara su fe. Sin embargo, eso no quiere decir que su experiencia religiosa no tenga nada que ver en su aproximación a los inventos. De hecho, al crecer rodeado de sacerdotes ortodoxos (su padre y sus tíos), Tesla no podía evitar absorber algunos aspectos de su visión del mundo; su interés en encontrar la idea subyacente en cada invento tiene su raíz en su fe.

LECCIONES EN CASA

Cuando Tesla volvió a Gospić tras su estancia en las montañas, descubrió que su padre había mantenido su promesa y había obtenido para él una beca de la Autoridad Administrativa de la Frontera Militar (Grenz landsverwaltungsbehoerde). La beca pagaría 420 florines anuales durante tres años y permitiría a Tesla asistir a la Escuela Politécnica Joanneum en Graz (Austria). Una vez completados sus estudios, Tesla debería a la Autoridad Militar ocho años de servicio.[54]

Cuando Tesla se preparaba para dejar Gospić y empezar sus estudios en Graz, su madre le regaló un bolso de bandolera que ella misma había confeccionado. Bordado con mucho colorido y de modo muy bello, el bolso era típico de los textiles producidos en la provincia natal de Tesla de Lika. Tesla conservó este bolso como un tesoro y lo llevó consigo toda su vida.[55]

Del mismo modo que para Tesla este bolso era un recuerdo tangible de su familia y su tierra natal, podemos preguntar qué cosas intangibles llevó consigo cuando dejó su hogar para irse a Graz. Como serbios que vivían en la frontera militar austriaca, sus abuelos maternos y paternos habían aprendido cómo sobrevivir como extranjeros en tierra extraña, habían aprendido cómo hacer las paces con las autoridades austriacas colonizando las profesiones, el sacerdocio y lo militar, que estaban abiertas para ellos. Podemos ver que con estos antecedentes, Tesla estaría bien preparado para adaptarse a vivir en América, que tendría los recursos emocionales e intelectuales para ascender pronto como un inmigrante en Nueva York en la década de los ochenta del siglo xix. Al mismo tiempo, uno se pregunta si la experiencia de crecer en un grupo «de fuera» de Croacia también quería decir que Tesla aprendió a ser cauteloso y desconfiado alrededor de extraños y, por esa razón, con frecuencia como adulto escogía ser reservado.

De su madre y su padre, Tesla llevaba cualidades que le servirían como inventor. De su madre, heredó no solo el ingenio mecánico, sino también la conciencia de la satisfacción que provenía de crear cosas útiles. Aunque su relación con su padre era tensa, Tesla absorbió algunos de los valores de este como reformador social. En concreto, a medida que se hacía mayor, Tesla pasó a interesarse menos en conseguir dinero con sus inventos y a preocuparse más en que sus creaciones ayudaran a la humanidad. Muy parecido a su padre, que esperaba que la autonomía educativa y política mejoraría la vida de los serbios, Tesla llegó a creer que sus inventos, como el bote radiocontrolado y la electricidad inalámbrica, acabarían con las guerras y darían lugar a una nueva y próspera era.

Pero de su infancia, Tesla conservaría sobre todo las habilidades intelectuales esenciales para inventar. Había nacido con una imaginación visual increíblemente poderosa, tan poderosa que a veces no podía discernir entre las imágenes y la realidad. De adolescente, sin embargo, Tesla aprendió a controlar esta imaginación, a canalizarla y a dirigirla. Al principio, simplemente continuaba haciendo viajes en su mente, pero poco a poco descubrió que podía controlar su imaginación para concebir máquinas. Para ello, Tesla aprendió que tenía que hallar un equilibrio entre permitir a su imaginación correr libremente y controlarla, de modo que pudiese trabajar en los detalles de una máquina nueva. Además, utilizando sus antecedentes en la religión ortodoxa, sabía que tras el invento tenía que haber un principio subyacente: la idea. Emocionado por poder usar su imaginación para encontrar estos principios y concebir nueva tecnología, en su corazón Tesla sabía que quería ser inventor. Por tanto, mientras se colgaba su bolso de campesino sobre los hombros y partía hacia Graz, Tesla dejó su hogar en Lika con la herencia, las cualidades y las habilidades que le permitirían perseguir su sueño de ser un inventor.

Soñando con motores (1878-1882)

Tesla llegó a Graz en otoño de 1875, para empezar sus estudios en la Escuela Politécnica Joanneum. Fundada en 1811 como un regalo del archiduque Juan a los condes de Estiria (una provincia austriaca), en 1864 la Joanneum pasó a ser una Technische Hochschule. Junto con los institutos de Viena, Praga y Brno, era una de las cuatro escuelas del Imperio austriaco que ofrecía grados de ingeniería.[1]

Aunque la escuela ofrecía un curso de estudios en ingeniería civil, Tesla inicialmente se matriculó en matemáticas y física, con la intención de hacerse profesor.[2] Haciendo esto, habría estado siguiendo los pasos de su tío Josif y, de este modo, Tesla podría haber escogido matemáticas y física para agradar a su padre. A pesar de lo mucho que quería apoyar al hijo que le quedaba, a Milutin probablemente le resultaba duro imaginar qué haría Tesla como ingeniero, mientras que tal vez pensara que ser profesor o maestro de matemáticas sería una carrera más plausible.[3]

UNA INTRODUCCIÓN A LA ELECTRICIDAD

En la Joanneum, Tesla destacó en matemáticas, pero sus clases favoritas eran las de física dadas por el profesor Jacob Pöschl. «El profesor Pöschl —recuerda Tesla— era peculiar; se decía que había llevado el mismo abrigo durante veinte años. Pero el magnetismo personal del que carecía, lo compensaba la perfección de su exposición. Nunca lo vi errar con una palabra o un gesto, y sus demostraciones y experimentos resultaban de una precisión milimétrica.»[4]

En las clases de Pöschl, Tesla se introdujo de modo sistemático en la electricidad. Si Pöschl era un profesor de electricidad típico del siglo xix, bien podría haber proporcionado una visión histórica, empezando con la Grecia antigua y avanzando hasta los últimos desarrollos con dinamos y luz eléctrica. Para comprender los inventos eléctricos posteriores de Tesla, revisemos los principales temas justo como Pöschl haría para Tesla alrededor de 1876.

Aunque en la Grecia clásica eran conscientes de que la electricidad estática podía producirse frotando ámbar con seda, nuestra comprensión moderna de la electricidad data de finales del siglo xvii y del siglo xviii. Varios investigadores, como Henry Cavendish y Benjamin Franklin, estudiaron la electricidad estática. Estos filósofos naturalistas se concentraban en el modo en el que los diferentes cuerpos podían estar eléctricamente cargados y emitir chispas. A principios del siglo xix, la ciencia eléctrica se expandió enormemente del estudio de carga estática a investigar lo que entonces se llamaba «electricidad dinámica», o cómo la carga puede fluir a través de un conductor. Sobre la base del trabajo de Luigi Galvani, Alessandro Volta demostró en 1800 cómo se puede generar un flujo de carga alternando capas de dos tipos de metal con papeles empapados en ácido. En lo que se conoce como «pila», las capas de metal y papel empapado en ácido de Volta fueron la primera batería eléctrica. Mientras químicos y filósofos debatían enérgicamente qué causaba la electricidad que se producía en una pila de Volta, otros científicos la usaron para llevar a cabo nuevos experimentos.[5]

Entre estos científicos estaba Hans Christian Oersted, quien en 1820 descubrió la relación entre electricidad y magnetismo. Oersted conectó un alambre a una pila voltaica y luego una brújula magnética bajo el alambre. Para su sorpresa, la aguja de la brújula solo se desviaba cuando conectaba o desconectaba el alambre de la pila. Los experimentos de Oersted los repitió André-Marie Ampère, que estableció que era un flujo de carga, una corriente, lo que estaba interactuando con el magnetismo de la aguja y provocando el movimiento. Pero ¿cuál era la relación exacta entre la corriente, el magnetismo y el movimiento?

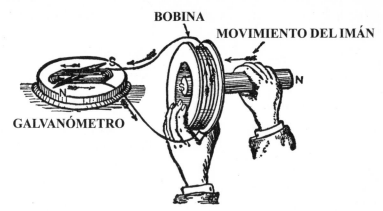

Imagen 2.1. Principio de inducción electromagnética de Faraday. Moviendo el imán con forma de eje dentro y fuera de la bobina, Faraday fue capaz de inducir una corriente eléctrica, lo que habría provocado que las agujas en el galvanómetro se moviesen una y otra vez. De *Hawkins Electrical Guide* (Nueva York: Theo. Audel, 1917), 1:131, figura 130.

En 1831, Michael Faraday respondió a esta pregunta. Usando una bobina con forma de anillo y un imán con forma de eje, Faraday probó las leyes de la inducción electromagnética. Faraday mostró que si uno mueve el imán dentro y fuera del anillo, se puede inducir o generar una corriente en la bobina anillo. A la inversa, si se envía una corriente a través de la bobina, el imán se movería (imagen 2.1). Sin embargo, para obtener cualquiera de los efectos, generar corriente o producir movimiento, la configuración de la bobina y del eje magnético tiene que ser en un ángulo recto entre ellos. De hecho, la corriente inducida estaría en un tercer ángulo recto, perpendicular a ambos, a la bobina y al imán. Los ingenieros en la actualidad se refieren a esto como la regla de la mano derecha (imagen 2.2).

Más adelante, Faraday se dio cuenta de la importancia de la observación de Oersted de que la aguja de la brújula solo se desviaba cuando la corriente se encendía o apagaba; cuando la corriente pasaba de modo constante a través del alambre, no había desviación. Faraday propuso la hipótesis de que tanto el imán como la bobina eléctrica estaban rodeadas de un campo electromagnético (a menudo representado como una serie de líneas de fuerza) y esa corriente o movimiento se producía

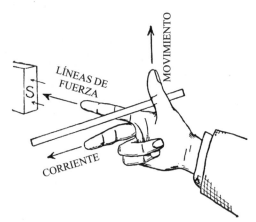

Imagen 2.2. Diagrama que ilustra la regla de la mano derecha.
Los ingenieros eléctricos usan esta regla para recordar cómo una corriente
eléctrica es inducida cuando un conductor se está moviendo a través de
un campo magnético. Si un conductor (como la barra que se muestra)
se mueve en la dirección del pulgar, corta a las líneas de fuerza del campo
magnético que están en la dirección del índice. La corriente producida
se moverá en el conductor en la dirección del dedo corazón.
De *Cyclopedia of Applied Electricity* (1905), Parte II, figura 5, p. 9.

cuando uno de estos campos estaba cambiando. Cuando se encendía o
apagaba la corriente en el alambre de Oersted, se daba energía o se la
quitaba al campo que rodeaba el alambre, y este cambio interactuaba
con el campo magnético que rodeaba a la aguja de la brújula, provocando que la aguja se moviese de un lado a otro. Como veremos, el
darse cuenta de que un campo cambiante puede inducir una corriente o
producir movimiento fue esencial para el trabajo de Tesla en motores.

Durante las décadas intermedias del siglo xix, resultó difícil para
los científicos apreciar por completo los matices de la teoría de Faraday. Sin embargo, observando los modelos pequeños que Faraday usaba para demostrar sus ideas, experimentadores y fabricantes de instrumentos comprendieron rápidamente la esencia de sus ideas y fabricaron
una variedad de generadores y motores. Para estos investigadores
prácticos, las leyes de Faraday de la inducción electromagnética se
reducían a esto: si se quiere construir un generador eléctrico, entonces

hay que mover un conductor a través de un campo magnético y en el conductor se induce una corriente. Del mismo modo, si se quiere hacer un motor eléctrico, entonces se usa una corriente eléctrica para producir un campo electromagnético que provocará que el imán o el conductor se muevan.[6]

Utilizando los descubrimientos de Faraday sobre la inducción, los experimentadores pronto añadieron varias características nuevas a los generadores y motores. Primero, para generar electricidad, quisieron usar un movimiento rotatorio, desde una manivela o una máquina de vapor. De manera inversa, buscaban un motor eléctrico que usase corriente eléctrica para producir un movimiento rotatorio. Segundo, los investigadores buscaron máquinas eléctricas que o bien producían o bien consumían una corriente similar a la que venía de una pila; querían trabajar con una corriente que poseyera un voltaje constante, o lo que se conoce como corriente continua (CC). Esta fascinación con la CC podría haberse fomentado por el desarrollo rápido en la década de los cuarenta y de los cincuenta del siglo XIX de los sistemas de telégrafo que enviaban señales al interrumpir la corriente continua.

Para asegurar ambas características, movimiento rotatorio y corriente continua, los experimentadores eléctricos utilizaron un conmutador. Tanto en generadores como en motores, normalmente hay dos conjuntos de bobinas electromagnéticas: un conjunto fijo, conocido como «bobina de campo» o «estátor», y un conjunto que rota, conocido como «rotor». Un conmutador es simplemente un dispositivo por el cual la corriente eléctrica se mueve dentro o fuera del rotor. Introducido por Hippolyte Pixii en París en 1832, el conmutador llega a ser una característica esencial de los motores y generadores CC (imagen 2.3).

Para entender cómo funciona un conmutador, necesitamos observar el mecanismo interno de, primero, un generador de CC y, luego, un motor (imagen 2.4). Siguiendo las leyes de Faraday de la inducción electromagnética, un generador produce corriente a medida que el rotor gira y atraviesa el campo magnético creado por las bobinas de campo. Si trazamos la ruta descrita por solo una vuelta de la bobina del rotor, veremos que cuando la vuelta va hacia abajo en el campo magnético inducirá un corriente que fluye en una dirección (como se espe-

 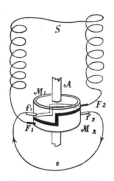

Imagen 2.3. Dinamo de Hippolyte Pixii con el primer conmutador de 1832. La imagen de la izquierda muestra la dinamo y la imagen de la derecha representa el conmutador en detalle. Para manejar esta dinamo, se gira la manivela en la parte baja de la máquina. Esto provoca que el imán con forma de herradura rote bajo los electroimanes de la parte de arriba de la máquina. A medida que el imán de herradura se mueve, su campo magnético induce una corriente en los electroimanes. Esta corriente fluye a través de los alambres en los soportes verticales de la máquina hacia el conmutador situado en el hueco entre la manivela y el imán de herradura.
La corriente eléctrica deja la dinamo a través de dos alambres rizados. Como se muestra en la imagen de la derecha, el conmutador se sitúa en el hueco A, el cual conecta la manivela y el engranaje de la parte baja de la dinamo con el imán rotatorio. El conmutador consiste en dos piezas huecas de metal cilíndricas ($M1$, $M2$) y cuatro muelles o escobillas de metal ($F1$, $F2$, $f1$ y $f2$). Las piezas polares $M1$ y $M2$ están eléctricamente aisladas entre sí, como muestra la línea negra entre ellas. S representa la ruta de la corriente de los dos electroimanes en la cima de la dinamo mientras que s representa el circuito fuera de la dinamo.
A medida que el eje A rota, las cuatro escobillas se deslizan a lo largo de la superficie de las piezas polares. A medida que el imán de herradura rota, induce una corriente en el circuito S que llega al conmutador vía $F1$ y $F2$.
La corriente que deja la dinamo la recogen las escobillas $f1$ y $f2$. Si las piezas polares $M1$ y $M2$ están situadas adecuadamente en el eje, entonces las escobillas $f1$ y $f2$ ignoran el aislamiento entre las piezas polares y en el momento exacto en que la dirección de la corriente se invierte en el circuito S. De este modo, el conmutador convertía la corriente alterna inducida por el imán de herradura en los electroimanes en una corriente continua.
De *Electricity in the Service of Man* (Londres, 1886) de Alfred Ritter von Urbanitzky, imágenes 213 y 214, pp. 228-229.

cifica en la regla de la mano derecha en la imagen 2.2). De modo similar, a medida que la vuelta continúa y se sigue girando, entonces irá hacia arriba a través del campo magnético e inducirá una corriente que fluirá en la dirección opuesta. Si se desea utilizar esta corriente alterna (CA), entonces simplemente se debe conectar un único colector en cada extremo del giro del rotor y guiar las corrientes fuera del generador. Sin embargo, si como muchos experimentadores del siglo xix se quiere una corriente continua, entonces hay que recoger toda la corriente que fluye en una dirección en uno de los terminales del generador y toda la corriente fluyendo en la dirección opuesta en el otro terminal. Esto se consigue colocando en el eje del rotor un conmutador que consiste en un cilindro mecánico dividido en segmentos aislados entre sí (imagen 2.5). Los contactos estacionarios o escobillas están en los lados opuestos de este cilindro y se colocan de modo que, cuando

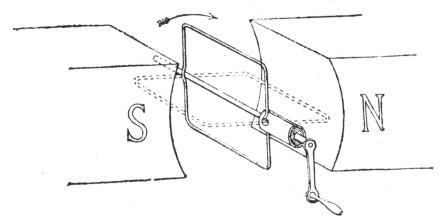

Imagen 2.4. Vista simplificada de un generador eléctrico. *N* y *S*
son los polos magnéticos del estátor. El rotor se muestra como la vuelta
cuadrada del alambre sujeto al eje y a la manivela. El conmutador son los
dos medios cilindros situados entre el cuadrado de alambre y la manivela.
Si se gira la manivela, el rotor girará en el campo magnético del estátor
y esto inducirá una corriente alterna en el rotor. Esta corriente fluirá
hacia el conmutador, donde se convertirá en una corriente continua.
De *Dynamo-Electric Machinery* 3.ª ed. (1888), de S. P. Thompson,
figura 10, p. 36.

la corriente generada en el rotor invierte su dirección, las conexiones con las escobillas también se invierten y la corriente distribuida por el generador va siempre en la misma dirección.

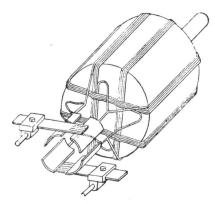

Imagen 2.5. Vista simplificada de un conmutador en un generador eléctrico. El conmutador consiste en las cuatro piezas polares que formarían un cilindro y dos escobillas horizontales. Normalmente, hay aislamiento entre las piezas polares, pero no se incluye en este diagrama. En esta vista, las cuatro piezas polares están conectadas a bobinas enrolladas alrededor de un rotor de tambor. A medida que el rotor rota en el campo magnético (no mostrado), se induce una corriente en las bobinas y fluye hacia las piezas polares. Las escobillas, tocando las piezas polares, recogen la corriente y la llevan fuera del generador.
Dynamo-Electric Machinery, 3.ª ed. (1888), de S. P. Thompson, imagen 25, p. 42.

En un motor de CC, un conmutador funciona de un modo bastante parecido, pero su trabajo es llevar corriente al rotor. A través del conmutador, podemos imaginar una corriente eléctrica fluyendo a través de un único anillo en la bobina del rotor, y esa corriente crea un campo electromagnético alrededor de ese anillo. Al mismo tiempo, también podemos enviar corriente a través de las bobinas de campo o del estátor del motor y crear otro campo electromagnético. Ahora bien, si se puede obtener un campo electromagnético alrededor del anillo del rotor en la misma dirección que el campo creado por las bobinas del estátor, entonces los dos campos se repelen y provocan que el rotor gire. (Recordemos que, en los imanes, polos opuestos se atraen y polos iguales se repelen.) Sin embargo, a medida que el anillo se mueve hacia el otro lado, necesitaremos una corriente fluyendo en una dirección opuesta para así crear un campo que repelerá el campo del estátor. Por tanto, para conseguir que el rotor rote continuamente, necesitamos invertir regularmente la corriente, de modo que porciones diferentes de las bobinas del rotor tengan sistemáticamente el campo adecuado y sean repelidas por el campo creado por las bobinas del estátor. Esta inversión de corriente la proporciona, de nuevo, el conmutador que funciona como un interruptor giratorio y envía corriente en la dirección apropiada a cada porción de la bobina del rotor.

Hemos detallado el funcionamiento de un conmutador en generadores y motores de CC porque son un elemento esencial para las máquinas eléctricas rotatorias. Sin embargo, los conmutadores eran (y seguirán siendo) el talón de Aquiles de las máquinas de CC; eran complicados de hacer y tendían a deteriorarse rápidamente. Los conmutadores también solían soltar chispas si había un aislamiento eléctrico insuficiente entre las partes o si las escobillas no eran ajustadas de modo adecuado y tocaban demasiadas partes a la vez. Como veremos, Tesla pronto decidió que los conmutadores eran el problema principal en la maquinaria eléctrica y se dispuso a eliminarlos.

EL RETO DE LOS CONMUTADORES CHISPEANTES

Fue durante una de las clases de Pöschl en 1876-1877 cuando Tesla se enfrentó por primera vez al reto de desarrollar un motor de CA.[7] La escuela acababa de adquirir un generador o dinamo de Gramme traído de París (imagen 2.6). Desarrollado por el fabricante de instrumentos belga Zenobe T. Gramme, esta máquina resultaba fascinante para los experimentadores eléctricos porque producía una corriente continua más fuerte y más estable. A finales de la década de los setenta del siglo XIX, las dinamos de Gramme eran usadas por varios inventores europeos para alimentar los primeros sistemas comerciales de iluminación con lámparas de arco eléctrico.[8]

El profesor Pöschl usaba su nueva dinamo de Gramme para enseñar a sus estudiantes cosas sobre la corriente eléctrica. Un uso popular
de la dinamo era demostrar cómo la electricidad podía transmitir energía a lo largo de cierta distancia. Esta característica la mostró por primera vez en la Exposición Universal de Viena de 1873 Hippolyte Fontaine, de la Gramme Company. Fontaine usó una dinamo de Gramme
para generar una corriente eléctrica que luego era enviada por cable a
otra dinamo, la cual actuaba como motor.[9] Los ingenieros eléctricos
estaban entusiasmados con esta demostración porque revelaba el potencial para usar motores eléctricos en fábricas y transporte. Hasta ese
momento, los motores eléctricos habían sido limitados porque se creía
que solo podían alimentarse con baterías caras, pero ahora Fontaine
había mostrado que podían funcionar con dinamos. Además, había

Imagen 2.6. Dinamo de Gramme para demostraciones en clase.
De *Electricity in the Service of Man* (Londres: Cassell, 1886), de Alfred
Ritter von Urbanitzky, imagen 232, p. 251.

probado que por primera vez esa energía podía transmitirse de un lugar a otro sin tener que usar barras, cinturones o cuerdas ineficientes para conectar una máquina de vapor con las máquinas. Ahora se podía tener un sistema de transmisión de energía eléctrica con el cual se podía generar electricidad donde fuese conveniente y luego consumir la energía donde fuese necesario.

Para demostrar la transmisión de energía eléctrica, Pöschl conectó su dinamo de Gramme a una pila para hacerla funcionar como un motor.[10] Aunque se puede hacer funcionar un generador de CC como un motor, se requiere un ajuste cuidadoso de las escobillas del conmutador para evitar las chispas. Pöschl tenía problemas ajustando las escobillas en la dinamo de Gramme. Tesla recuerda: «Mientras el profesor Pöschl estaba haciendo sus demostraciones, haciendo funcionar la máquina como un motor, las escobillas daban problemas, soltaban muchas chispas, y comenté que quizás fuese posible manejar el motor sin estas aplicaciones. Pero él me indicó que no podía hacerse y me hizo el honor de dar una clase sobre el tema, al final de la cual comentó: "Señor Tesla, quizá logre grandes cosas, pero sin duda nunca será eso. Sería el equivalente a convertir una fuerza atrayente constante, como la gravedad, en una acción rotatoria. Es un proyecto de un movimiento perpetuo, una idea imposible"».[11]

Aunque tal vez la intención del profesor hubiese sido buena al impedir que los comentarios de Tesla distrajesen a los otros estudiantes de comprender cómo funcionaba el motor, Pöschl usó la interrupción de Tesla para señalar algo más general. Los científicos e ingenieros del siglo XIX eran conscientes de que el movimiento rotatorio necesario para girar las máquinas de la revolución industrial no se hallaba fácilmente disponible en la naturaleza. Muchas fuerzas, como la gravedad, el magnetismo o las corrientes eléctricas, habitualmente se manifestaban como fuerzas lineales, en el sentido de que proporcionaban un empujón o una atracción en una única dirección. Para asegurar el deseado movimiento rotatorio a partir de estas fuerzas lineales, se necesitaba algún tipo de artilugio de conversión. Para ejemplos de estos artilugios de conversión, solo necesitamos observar cómo una rueda de molino transforma el flujo lineal de un río o cómo la manivela y el volante en una máquina de vapor convierten el movimiento que va de delante a atrás de un pistón en un movimiento rotatorio. Para Pöschl, el conmutador actuaba como un dispositivo de conversión, convirtiendo la corriente eléctrica lineal en una serie de pulsaciones alternas que hacían que el rotor rotase. Debido a que estos artilugios de conversión siempre absorbían algo de la energía que se estaba convirtiendo del movimiento lineal en el movimiento rotatorio, la idea de Tesla de un motor sin conmutador debió de parecerle a Pöschl un engaño a la naturaleza por parte de Tesla, y por tanto se refirió burlonamente al proyecto como de movimiento perpetuo.

Pöschl pensó que sus comentarios frenarían los impulsos de Tesla de fantasear, pero en vez de eso avivaron el fuego de la ambición. Al observar a las escobillas echar chispas y escuchar la reprimenda de Pöschl, Tesla sintió que le retaban. «El instinto —comentaría más tarde Tesla— es algo que trasciende al conocimiento. Tenemos, sin duda, ciertas fibras más finas que nos permiten percibir verdades cuando la deducción lógica o cualquier otro esfuerzo obstinado del cerebro no sirven. Durante un tiempo dudé, impresionado por la autoridad del profesor, pero pronto me convencí de que tenía razón y comencé la tarea con toda la confianza apasionada y sin límites de la juventud.»[12]

Ingeniería mental para un motor de CA

Para emprender el reto de construir un motor libre de chispas, Tesla abandonó sus planes de hacerse profesor y en su segundo año se cambió al programa de ingeniería de la Joanneum. Como era típico para las escuelas de ingeniería en Europa y América a finales de la década de los setenta del siglo XIX, este currículum no se centraba en ingeniería eléctrica sino en ingeniería civil. Cuando Tesla describió por primera vez su educación a los periodistas a finales de la década de los ochenta del siglo XIX, dijo que había sido educado en la Joanneum como un ingeniero civil.[13]

Aunque sus estudios en ingeniería podrían haber impulsado a Tesla a construir modelos de prueba de un motor y llevar a cabo experimentos, en su lugar escogió investigar los problemas en su imaginación. «Empecé visualizando primero en mi mente una máquina de corriente continua, la hice funcionar y seguí el flujo cambiante de las corrientes en el rotor. Luego imaginé un alternador (un generador de CA) e investigué, de manera semejante, el proceso que tenía lugar. A continuación visualicé sistemas compuestos de motores y generadores y los manejé de diferentes modos. Las imágenes que vi eran, para mí, totalmente reales y tangibles.»[14]

Vemos que Tesla necesitó dos pasos para conceptualizar su motor. Primero, aunque empezó pensando en una máquina de CC parecida a la dinamo de Gramme, decidió que la solución requeriría corriente alterna. Uno se pregunta por qué hizo este cambio de CC a CA, ya que la mayoría de los trabajos que se hacían en electricidad a finales de la década de los setenta del siglo XIX utilizaban corriente continua. En París, dos ingenieros eléctricos, Paul Jablochkoff y Dieudonné François Lontin, estaban usando CA para alimentar varias lámparas de arco eléctrico en un único circuito, pero no está claro que Tesla conociese su trabajo cuando era estudiante en Graz.[15]

En lugar de inspirarse en las máquinas que existían, Tesla decidió usar CA tras un escrutinio cuidadoso de cómo funcionaba un motor de CC. Como vimos antes, el rotor en un motor de CC gira porque, en cualquier momento dado, la corriente fluyendo a través de las bobinas del rotor produce un campo electromagnético que es opuesto al campo electromagnético establecido por la bobina del estátor. Para mantener el rotor girando, el conmutador invierte periódicamente la corriente fluyendo a través del bobinado del rotor; de la misma manera que una parte del rotor gira de un lado del campo magnético del estátor al otro, el conmutador automáticamente invierte la corriente, de modo que el campo electromagnético en esa parte del rotor es repelida por el campo del estátor. Ya que el campo del rotor se alternaba regularmente en un motor, pensó Tesla, ¿por qué no usar una corriente alterna, proporcionada por un generador, para producir este campo? Al usar CA, Tesla quizás pensase que las chispas del conmutador se reducirían, ya que el conmutador ya no necesitaría invertir la corriente que llegaba al rotor.

Segundo, además de escoger usar CA para su motor, Tesla decidió no centrarse solo en un motor: «... visualicé sistemas compuestos de motores y generadores». De nuevo, no está claro cómo un estudiante de ingeniería de segundo año sabía lo suficiente para hacer esto en 1878. En esa época, los inventores eléctricos estaban construyendo sistemas que combinaban dinamos y lámparas de arco eléctrico, pero no describían qué estaban haciendo en los sistemas diseñados. Sin embargo, es posible suponer que Tesla extrajo la idea de tratar el motor y el generador como un sistema a partir de lo que Pöschl le habría dicho sobre la demostración de Fontaine en Viena. Fontaine había transmitido energía al unir una dinamo y un motor, y quizás era el reto de unir estos dos dispositivos lo que fascinaba a Tesla. Tesla no estaba interesado en construir un motor que pudiese funcionar con una batería, sino que quería crear un motor que pudiese funcionar de manera eficiente con un generador. Como veremos, la decisión de Tesla de pensar en términos de sistemas significó que no se quedó bloqueado pensando en motores de un modo particular, ya que podía manipular no solo partes del motor sino componentes del sistema en el cual se encontraban. Pensar en el motor como parte de un sistema resultó primordial en su éxito final.

Pero para todas estas manipulaciones mentales, Tesla no podía inventarse un sistema factible. «Empecé a pensar y a trabajar en una máquina hecha según la idea que se me había ocurrido», recuerda Tesla. «Día y noche, año tras año, trabajé incesantemente.»[16]

PROBLEMAS INICIALES

Durante su primer año en la Joanneum, Tesla había sido un estudiante diligente. «Había decidido sorprender a mis padres —escribió Tesla— y durante todo el primer año empezaba mi trabajo de manera regular a las tres de la mañana y continuaba hasta las once de la noche, sin exceptuar domingos o festivos. Ya que la mayoría de mis compañeros estudiantes se tomaban las cosas con calma, como es natural, superé todas las expectativas. Durante ese año aprobé nueve exámenes y los profesores pensaron que merecía más que las calificaciones más altas.»

Armado con estos halagadores resultados en sus exámenes, Tesla volvió a casa, entusiasmado por mostrar a su padre lo que había logrado. Milutin, sin embargo, criticó estos logros. «Eso casi mató mi ambición», diría Tesla. Pero más tarde, tras la muerte de su padre, Tesla descubriría algo que le ayudaría a entender las críticas de su padre: «Me dolió encontrar un paquete de cartas en las cuales los profesores le habían escrito a él indicando que, a no ser que me retirara de la institución, moriría por exceso de trabajo». Temiendo perder a su segundo hijo debido al esfuerzo excesivo, el padre decidió disminuir el entusiasmo del joven por el estudio.[17]

La moderación de Milutin llevó a Tesla a hacerse algunas preguntas, como si había alguna recompensa emocional en estudiar tan duro y si quizás había más vida que el trabajo escolar. Según un antiguo compañero de cuarto, Kosta Kulišić, Tesla experimentó un cambio notorio en su actitud hacia el final de su segundo año en Graz. Un día, Tesla se encontró con un miembro de uno de los clubes culturales alemanes que estaba claramente celoso de que a un serbio le fuera tan bien en sus estudios. Golpeando ligeramente a Tesla en un hombro con su bastón, el estudiante alemán dijo: «Por qué perder el tiempo aquí, mejor ir a casa y "calentar la silla", así los profes pueden alabarte todavía más». En respuesta a este reto, Tesla no volvió a su cuarto a estudiar, sino que decidió que mostraría a sus compañeros estudiantes que podía irse de juerga igual que ellos. Tesla empezó a pasar tiempo con otros estudiantes en el Jardín Botánico, donde se quedaba hasta tarde fumando y bebiendo café en exceso. Aprendió a jugar al dominó y al ajedrez y se convirtió en un consumado jugador de billar. Pero, sobre todo, desarrolló una pasión por jugar a las cartas y apostar. «Sentarme a jugar a las cartas —dijo más tarde Tesla— era para mí la quintaesencia del placer.»[18]

Mucho más interesado en irse de juerga y apostar, Tesla volvió a Graz en el otoño de 1877 para un tercer año, pero dejó de asistir a las clases, y los registros universitarios indican que en la primavera de 1878 no estaba matriculado. Esto sin duda contribuyó a la cancelación de su beca militar. En septiembre de 1878, Tesla escribió al periódico proserbio en Novi Sad, el *Queen Bee,* para pedir ayuda en la obtención de otra beca y así poder continuar sus estudios de ingeniería en Viena o Brno. Tesla dijo al periódico que tuvo que renunciar a su beca militar debido a una enfermedad pero que ahora estaba libre «de la pesada obligación». Respecto a su cualificación, Tesla afirmó que podía hablar italiano, francés e inglés y firmó la carta como «Nikola Tesla, técnico».[19]

Pero el grupo proserbio que publicaba *Queen Bee* rechazó la petición de Tesla. Sin comunicárselo a su familia, dejó Graz en algún momento a finales de 1878 y se trasladó a Maribor, en la provincia austriaca de Estiria (en la actualidad, Eslovenia). Maribor estaba a 45 millas (72 kilómetros) de Graz y a 185 millas (298 kilómetros) de su familia en Gospić. En Maribor, Tesla encontró trabajo como diseñador en una tienda de herramientas regentada por el maestro Drusko. Por las tardes, Tesla pasaba su tiempo en un bar llamado El Campesino Feliz, situado cerca de la estación de tren. Por casualidad, su antiguo compañero de cuarto, Kulišić, tuvo que pasar por Maribor en enero de 1879 y se sorprendió al encontrar a Tesla sentado en El Campesino Feliz jugando a las cartas por dinero. Kulišić se tranquilizó al encontrar a su amigo vivo, ya que Tesla había estado bastante deprimido en Graz antes de desaparecer. Cuando Kulišić le preguntó si quería volver a Graz para completar sus estudios, Tesla respondió con frialdad: «Estoy bien aquí, trabajo para un ingeniero, recibo sesenta florines al mes y puedo ganar un poco más con cada proyecto acabado».[20]

Kulišić dejó a Tesla con sus cartas y trabajo de ingeniería, pero escribió a la familia de su compañero en Gospić, comunicándoles que Tesla estaba viviendo en Maribor. En marzo de 1879, Milutin fue a Maribor para implorar a su hijo que volviese y le propuso reanudar sus estudios en Praga. Milutin estaba especialmente enfadado por el hecho de que su hijo hubiese comenzado a apostar, una actividad que consideraba una pérdida sin sentido de tiempo y dinero. Cuando su padre se enfrentó a Tesla con relación a las apuestas, este le respondió: «Puedo parar cuando me apetezca, pero ¿merece la pena abandonar eso con lo cual adquiero las alegrías del paraíso?». Tesla desafió a su padre y rechazó volver a casa. Abatido, Milutin regresó a casa y enfermó gravemente.[21]

Unas cuantas semanas después de la visita de su padre, Tesla fue arrestado por la policía de Maribor por «vagabundo» y deportado a Gospić.[22] Afligido al ver a su hijo conducido por la policía, Milutin murió el 17 de abril de 1879 (calendario juliano) a la edad de sesenta años. Al día siguiente, sacerdotes de toda la región acudieron y ofrecieron a Milutin una «liturgia de funeral apta para un santo».[23]

Sin estar seguro de qué hacer, Tesla permaneció en Gospić tras la muerte de su padre y siguió apostando. Aunque su madre, Djuka, también estaba preocupada como su esposo, «sabía que la salvación de uno solo podía producirse a través de los esfuerzos propios», y planteó el asunto a Tesla de un modo diferente. Una tarde, cuando Tesla había perdido todo su dinero pero todavía quería seguir jugando, le dio un fajo de billetes y le dijo: «Vete y disfruta. Cuanto antes pierdas todo lo que posees, mejor será. Sé que lo superarás». Tesla respondió a las palabras de su madre afrontando su adicción al juego: «Conquisté mi pasión entonces y ahí... no solo vencí, sino que lo arranqué de mi corazón de modo que no quedase rastro del deseo».[24]

Finalmente Tesla decidió honrar los deseos de su padre y volver a la escuela de Praga. Para ello, se dirigió a sus tíos maternos, Petar y Pavle Mandic, que estuvieron de acuerdo en apoyarlo. Ir a Praga tenía sentido, ya que Tesla había decidido que ahora se instalaría en Austria, y en la Universidad de Praga podría estudiar más a fondo los idiomas que necesitaría para hacerse hueco en el Imperio austriaco. En enero de 1880, Tesla se mudó a Praga para matricularse en la Universidad Karl-Ferdinand. Aunque llegó demasiado tarde para matricularse en el trimestre de primavera, lo hizo en el verano y asistió a clases de matemáticas, física experimental y filosofía.[25]

Tesla también asistió a un curso especial con Carl Stumpf titulado «David Hume y la investigación del intelecto humano». Stumpf introdujo a Tesla en el concepto de mente como una *tabula rasa*, según el cual los humanos nacen con una mente en blanco que luego se moldea a lo largo de la vida a través de las percepciones sensoriales. Esto guardaba relación con nociones que ya había empezado a formular acerca del funcionamiento de su propia imaginación; más tarde recurriría a las ideas de Stumpf para desarrollar su autómata o bote radiocontrolado, a finales de la década de los noventa del siglo xix (véase el capítulo 12).[26]

En Praga, Tesla continuó dándole vueltas al problema de desarrollar un motor eléctrico. «La atmósfera de esa ciudad vieja e interesante favorecía los inventos», recuerda. «En todas partes se podía encontrar la compañía rica e inteligente de artistas hambrientos.»[27] Estimulado por ese entorno, recuerda Tesla, «hice un avance decidido, que consistía en separar el conmutador de la máquina y estudiar el fenómeno con este nuevo aspecto, pero todavía sin resultado».[28] Su idea consistía en situar el conmutador en soportes separados o pérgolas separadas de la estructura del motor, quizás pensando que podría eliminar las chispas al incrementar la distancia entre el rotor y el conmutador. Aunque esta línea de pensamiento no produjo un gran avance, el proceso de concebir estas máquinas ayudó a Tesla a comprender cómo funcionaban los motores. «Cada día imaginaba arreglos para este plan sin resultado —apuntó—, pero sintiendo que estaba acercándome a la solución.»[29]

Lucidez en Budapest

Mientras estuvo en Praga, los tíos maternos de Tesla financiaron su estancia, pero no podían mantenerlo para siempre como estudiante. Como expresaba un artículo biográfico temprano, en Praga Tesla «empezó a sentir aprietos y a crecer sin familiarizarse con la imagen de Francisco José I», el emperador austriaco en el poder cuyo retrato aparecía en las monedas. Finalmente, cuando el dinero de sus tíos dejó de llegar, «se convirtió en un ejemplo muy claro de pensamiento elevado y vida sencilla, pero se decidió a luchar y tenía la determinación de aguantar dependiendo solamente de sus propios recursos».[30] En enero de 1881, Tesla dejó Praga y se trasladó a Budapest.

Escogió Budapest porque había leído en un periódico de Praga que Tivadar Puskás había recibido la autorización de Thomas Edison para construir allí una central telefónica y que el proyecto fuese supervisado por su hermano, Ferenc. Como Ferenc había sido teniente en los húsares, la unidad de caballería ligera en la cual su tío Pavle había servido, Tesla pidió a su tío que lo recomendase a Ferenc, de modo que pudiera conseguir un trabajo ayudando a construir la nueva centralita.[31]

La familia Puskás formaba parte de la nobleza de Transilvania, y Tivadar había estudiado leyes y asignaturas técnicas cuando era joven. Promotor y emprendedor, Tivadar había viajado a América buscando oportunidades. Tras probar suerte con las minas de oro en Colorado, se había interesado en el telégrafo y en el teléfono.[32] En 1877, Puskás visitó a Edison en Menlo Park, donde causó bastante impacto llegando en un carruaje sofisticado y exhibiendo un fajo de miles de billetes de dólar. A Edison le gustó Puskás y le mostró todos sus inventos hasta ese momento, incluyendo el fonógrafo. Entusiasmado con todo lo que vio, Puskás se ofreció para obtener las patentes en Europa para el teléfono y el fonógrafo de Edison corriendo con los gastos a cambio de un interés de un veinteavo.[33] Con semejante acuerdo, cabe preguntarse si Puskás estaba timando a Edison o Edison estaba timando a Puskás. Puskás actuó como uno de los agentes de Edison en Europa durante muchos años y se implicó activamente en promocionar el teléfono, el fonógrafo y la luz eléctrica.

Puskás propuso a Edison la instalación de centralitas telefónicas en las principales ciudades europeas. Hasta esta época, Edison y Alexander Graham Bell habían pensado principalmente en instalar teléfonos en líneas privadas para unir dos ubicaciones, y a Edison le intrigaba el plan de Puskás de una central en la cual cientos de suscriptores pudiesen conectarse entre sí por medio de una centralita.[34] Con la bendición de Edison, Puskás montó una centralita telefónica en París en 1879. Ferenc, el hermano, ayudó con la centralita de París y luego volvió a casa en Budapest para instalar allí otra.

Pero Ferenc Puskás no fue capaz de contratar a Tesla de inmediato. Con toda probabilidad, a los hermanos Puskás les llevó tiempo obtener la financiación para la centralita en Budapest. En su lugar, gracias a la ayuda de los hermanos Puskás u otros amigos, Tesla fue contratado como diseñador en la oficina central de telégrafos del Gobierno húngaro. Aunque el sueldo semanal de cinco dólares era escaso, el puesto introdujo a Tesla en el trabajo eléctrico práctico. «Pronto me gané el interés del inspector jefe —recordaba más tarde Tesla—, y a partir de ahí fui contratado para hacer cálculos, diseños y valorar las conexiones con nuevas instalaciones.» A pesar de eso, a Tesla gran parte de su trabajo le pareció aburrido, pues requería más diseño rutinario y cálculos de los que le gustaría. Según un informe, «cuando había extraído varios cientos de miles de raíces cuadradas y cúbicas para el beneficio público, las limitaciones del puesto, financieras y de otro tipo, se hicieron dolorosamente obvias».[35]

Insatisfecho con su puesto en la oficina de telégrafos, Tesla se despidió y decidió concentrarse en los inventos. Como muchos inventores inexpertos, confiaba en que rápidamente desarrollaría un gran invento que le proporcionaría apoyo financiero. «Procedió de inmediato a hacer inventos —cuenta una historia posterior—, pero su valor era solo visible a los ojos de la fe y no le fueron de ayuda en su carrera hacia el éxito.»[36] Frustrado, Tesla sufrió una «completa crisis nerviosa» que le llevó a una profunda depresión.[37]

Convencido de que iba a morir, Tesla finalmente se recuperó con la ayuda de un nuevo amigo, Anthony Szigeti. En Budapest, «me puse en contacto con varios hombres jóvenes en quienes comencé a interesarme. Uno de ellos era Sigety [sic], un espécimen humano notable. Una gran cabeza con un bulto horrible en uno de los lados y una tez cetrina lo hacían terriblemente feo, pero del cuello para abajo su cuerpo podría haber servido para una estatua de Apolo». Szigeti «era un atleta de una potencia física extraordinaria, uno de los hombres más fuertes en Hungría. Me arrastró fuera de la habitación y me obligó a hacer ejercicio físico..., salvó mi vida».[38] Como Tesla, Szigeti disfrutaba del billar, pero también estaba interesado en los asuntos eléctricos y animaba a Tesla a continuar conceptualizando su motor. Con la ayuda de Szigeti, Tesla alcanzó:

[un] deseo potente de vivir y continuar con el trabajo... Mi salud volvió, y con ella la fuerza de la mente... Cuando emprendí la tarea, no fue con una determinación como la que los hombres a menudo tienen. Conmigo era un voto sagrado, una cuestión de vida o muerte. Sabía que perecería si fallaba... De vuelta en los profundos recovecos de la mente estaba la solución, pero todavía no podía darle una expresión visible.[39]

Para ayudar a Tesla a recuperar su fortaleza, Szigeti le convenció de que caminara con él todas las tardes por Városliget (el parque de la ciudad), y durante estas caminatas discutían las ideas de Tesla de un motor mejorado. En su autobiografía de 1919, Tesla afirma que la solución para su problema del motor le llegó durante uno de estos paseos como un momento eureka:

Una tarde, la cual está siempre presente en mi memoria, estaba disfrutando de un paseo con mi amigo por el parque de la ciudad y recitando poesía. A esa edad, sabía libros enteros de memoria, palabra por palabra. Uno de ellos era *Fausto* de Goethe. El sol se estaba poniendo y me recordó el pasaje glorioso:

El sol se aleja y cede, pero el día sobrevive,
pues aquél marcha hacia otro lugar donde animará nueva vida.
¡Cómo desearía que unas alas me elevaran del suelo
y pudiera acercarme a él más y más!

Es un hermoso sueño, pero él se escapa.
Ah, no es tan fácil que a las alas del alma
se añada otras del cuerpo.

Mientras pronunciaba estas palabras inspiradoras, la idea vino como un *flash* de luz y en un instante la verdad se reveló. Dibujé con un palo en la arena los diagramas mostrados seis años más tarde en mi discurso ante el Instituto Americano de Ingenieros Eléctricos (AIEE, por sus siglas en inglés, American Institute of Electrical Engineers) y mi camarada los comprendió perfectamente.[40] Las imágenes eran maravillosamente nítidas y claras y tenían la solidez del metal y la piedra, tanto que le dije: «Ve mi motor aquí, obsérvame darle la vuelta». No podía ni empezar a describir mis emociones.[41]

A través del imaginario de Goethe del sol retirándose y avanzando deprisa y de las alas invisibles elevando la mente pero no el cuerpo, Tesla concibió la idea de usar un campo magnético rotatorio en su motor.

A pesar de lo teatral de esta historia de puestas de sol y Goethe, debemos interpretar este momento con precaución. Sí es el modo en que Tesla narra el invento de su motor CA en su autobiografía de 1919, pero en el testimonio jurado de la patente dado en 1903 Tesla no dice nada sobre tener un momento eureka con Szigeti en el parque. Desde un punto de vista legal, habría sido útil establecer que el momento en el que tuvo lugar el invento fue en 1882, ya que eso habría respaldado el reclamo de Tesla de haber sido el primero en inventar un motor de CA.[42] En su lugar, el testimonio de la patente de Tesla sugiere que le llevó tiempo aclarar sus ideas. Además, teniendo en cuenta lo que Tesla parecía conocer en 1882, no es probable que comprendiese en Budapest todo lo que incluyó en su conferencia de 1888 en la AIEE.

Sin embargo, está claro que hizo un descubrimiento importante en Budapest. Basado en lo que sabía antes de Budapest y los experimentos que hizo posteriormente, en 1883 y 1887 (véanse los capítulos 3 y 4), su descubrimiento consistió en apreciar tres nuevos hechos relacionados. Primero, Tesla se dio cuenta de que podía hacer que el rotor en su motor girase sin hacerle llegar ninguna corriente, solo aprovechándose de las corrientes de Foucault inducidas. Segundo, advirtió que podía inducir corrientes de Foucault en el rotor creando un campo magnético rotatorio en los bobinados del estátor. Y tercero, Tesla tenía una corazonada de que de algún modo el campo magnético rotatorio podía producirse usando CA.

Para discutir estas nuevas percepciones que Tesla tuvo mientras caminaba por el parque, resulta útil hablar de un dispositivo que se discutía con frecuencia en los textos de electricidad del siglo xix, el del experimento de Arago. Aunque no hay evidencia de que Tesla conociese el experimento de Arago y lo usase en sus ideas sobre motores, este aparato puede ayudarnos a visualizar lo que Tesla logró en Budapest.[43]

En 1824, el científico francés François Arago se quedó fascinado por el comportamiento curioso de una brújula cuando uno hacía girar un disco de cobre bajo ella. Si el disco de cobre se giraba lo suficientemente rápido, la aguja de la brújula no solo dejaba de apuntar al norte, sino

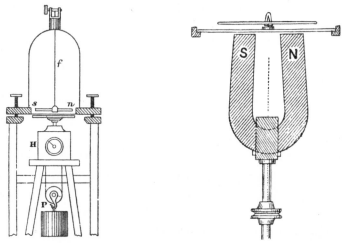

Imagen 2.7. Experimento de Arago (izquierda) y modificación de Babbage y Herschel (derecha).
De *Polyphase Electric Currents*, de S. P. Thompson, 2.ª ed. (1900), figuras 315 y 316, p. 423.

que también empezaba a rotar (imagen 2.7): Poco después de que Arago presentase su descubrimiento, Charles Babbage y Charles Herschel en Inglaterra demostraron el fenómeno inverso: si se rota un imán con forma de herradura bajo un disco de cobre en un pivote, el disco debería girar. Los filósofos naturalistas estaban confusos con el experimento de Arago y se preguntaban por la relación entre magnetismo y movimiento.

Al igual que con el desconcierto del experimento de Oersted, una vez más fue Faraday quien explicó el misterio del experimento de Arago: su movimiento era provocado por la inducción electromagnética. Por medio de la experimentación, Faraday demostró que mientras que el imán rota bajo el disco de cobre, el movimiento del campo magnético induce remolinos de corriente en el disco (imagen 2.8). Llamándolas «corrientes de Foucault», Faraday indicó que estas corrientes producían un campo eléctrico opuesto al campo magnético y, como resultado de esta repulsión, el disco de cobre se movía.[44]

Volviendo a Tesla, la primera nueva idea que probablemente tuvo en el parque en Budapest fue darse cuenta de que no tenía que hacer llegar ninguna corriente al rotor en su motor. De la misma manera que las corrientes torbellino provocadas por el disco de cobre en el experimento de Arago, a través de su propia ingeniería mental Tesla se dio cuenta de que el campo magnético del estátor en su motor podía inducir corrientes torbellino (corrientes de Foucault) en el rotor y hacer que

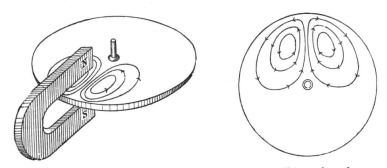

Imagen 2.8. Corrientes de Foucault en un disco girando
en un campo magnético.
De *Polyphase Electric Currents*, de S. P. Thompson, 2.ª ed. (1900),
figura 319, p. 425.

girase. Tomando prestado el imaginario de Goethe, las corrientes inducidas eran las alas invisibles que izarían el rotor y lo harían girando.

Como las corrientes se inducirían en el rotor, no había necesidad de usar un conmutador para hacer llegar las corrientes al rotor. Por tanto, realmente podía eliminar el conmutador y sus chispas. La decisión de Tesla de no alimentar con corrientes el rotor era una divergencia importante respecto a la práctica dominante, ya que la mayoría de los ingenieros eléctricos a principios de la década de los ochenta del siglo XIX asumían que uno necesitaba tener electroimanes tanto en el rotor como en el estátor para así conseguir que el motor produjese una fuerza mecánica o par motor significativa.[45]

Una vez que supo que las corrientes inducidas provocarían que el rotor girase, Tesla llegó rápidamente a su segunda y más importante apreciación: para producir corrientes en el rotor, se necesitaba un campo magnético rotatorio. Al igual que Babbage y Herschel habían girado un imán con forma de herradura bajo su disco de cobre, Tesla advirtió que la clave para su motor sería crear un campo magnético rotatorio en el bobinado del estátor. Cuando el campo magnético girase alrededor del disco de cobre rotor, debería provocar que el disco girase.

Para llegar a esta segunda percepción, es importante observar que Tesla lo hizo invirtiendo la práctica estándar. Hasta este momento, la mayoría de los expertos en electricidad habían diseñado motores de CC en los cuales el campo magnético del estátor se mantenía constante y los polos magnéticos en el rotor se cambiaban gracias a un conmutador. En su lugar, Tesla escogió hacer lo opuesto: en vez de cambiar los polos magnéticos en el rotor, ¿por qué no cambiar los polos magnéticos en el estátor? Tesla advirtió que si el campo magnético en el estátor rotaba, induciría un campo magnético opuesto en el rotor y así provocaría que este girase. Como veremos, esta inclinación a invertir la práctica estándar, a discrepar, era uno de los sellos del estilo de Tesla como inventor.

Sin embargo, a diferencia de Babbage y Herschel, Tesla no quería crear un campo magnético rotatorio girando mecánicamente un imán bajo el rotor; un motor eficiente convertía electricidad en movimiento, no movimiento en movimiento. Entonces, ¿cómo podía Tesla usar una corriente eléctrica para crear un campo magnético rotatorio?

Esto nos lleva a la tercera apreciación de Tesla en el parque. Sobre la base de su amplia ingeniería mental, Tesla tenía la corazonada de que de algún modo una o más corrientes alternas podrían usarse para crear un campo magnético rotatorio. Si fuese así, esta consideración habría ido en paralelo con la de un físico inglés, Walter Baily, quien en 1879 dio a conocer cómo había usado dos corrientes eléctricas para provocar que el disco del experimento de Arago rotase. En vez de un imán con forma de herradura, Baily colocó cuatro electroimanes bajo el disco de cobre (imagen 2.9). Baily unió las bobinas en serie, juntando una con la que estaba en diagonal con ella. Luego conectó cada par de electroimanes a un interruptor rotatorio que controlaba la corriente que llegaba desde dos pilas separadas a los pares de electroimanes. A medida que Baily rotaba su interruptor, los electroimanes recibían energía secuencial-mente para pasar a ser bien polo norte magnético, bien polo sur magné-tico, con el efecto de que el campo magnético bajo el disco de cobre rotaba. Como científico, Baily parecía haberse dado por satisfecho al comprobar que las corrientes eléctricas podían usarse para girar el disco del experimento de Arago, y consideró su motor un juguete científico.[46]

De nuevo, no hay evidencias de que Tesla conociese el motor de Baily cuando estaba en Budapest en 1882, aunque el motor de Baily nos ayuda a visualizar la apreciación significativa que Tesla tuvo a través de su pro-pia ingeniería mental, que es que debía de haber un modo de usar una o más corrientes alternas para crear un campo magnético rotatorio. Quizás tenía esta corazonada sobre usar corrientes alternas mientras reflexionaba sobre el imaginario de Goethe del sol retirándose y luego avanzando de-prisa. De hecho, es notable que Tesla llegase a esta percepción siendo un joven de veintiséis años y usando el poder de su imaginación y sin refe-rencias de dispositivos como el experimento de Arago o el motor de Baily.

Treinta años más tarde, cuando el litigio de las patentes estaba por todas partes y Tesla escribió sobre el invento de su motor en Budapest, insistió en que la idea le vino totalmente desarrollada: «Cuando una idea se presenta, es, como norma, cruda e imperfecta. Nacimiento, cre-cimiento y desarrollo son fases normales y naturales. Fue diferente con mi invento. En el preciso momento en el que fui consciente de él, lo vi totalmente desarrollado y perfeccionado... Mis imaginaciones eran equivalentes a realidades».[47]

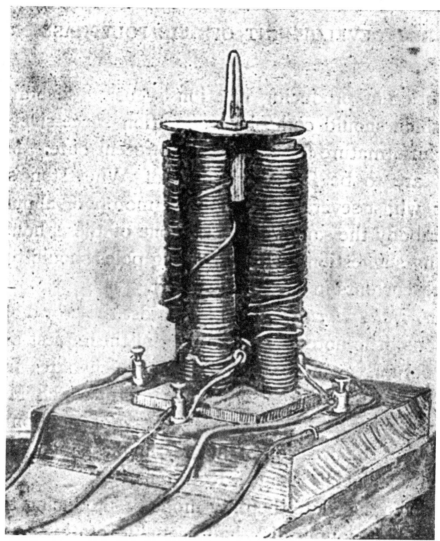

Imagen 2.9. Motor eléctrico de Baily de 1879.
De *Polyphase Electric Currents*, de S. P. Thompson, 2.ª ed. (1900),
figura 330, p. 438.

Sin embargo, a pesar de estas declaraciones, es probable que Tesla no comprendiese todo sobre su motor de CA en ese momento. En particular, seguramente no entendía cómo usar dos o más corrientes alternas. Dado que Tesla no tenía ninguna experiencia de primera mano construyendo máquinas eléctricas antes de su paseo en el parque, tal vez no supiese cómo construir un interruptor rotatorio como el de Baily para así controlar la corriente de las dos pilas. También creo que es dudoso que Tesla, o cualquier otro inventor eléctrico, comprendiese en 1882 cómo varias corrientes alternas con diferentes fases podían crear un campo magnético rotatorio.[48] En muchos aspectos los límites del descubrimiento de Tesla en Budapest solo se hacen claros cuando examinamos de cerca el primer motor que construyó en 1883 en Estrasburgo (véase el capítulo 3).

No obstante, el paseo en el parque en Budapest fue un punto de inflexión intelectual para Tesla. Ahí, con Szigeti a su lado, observando la puesta de sol, Tesla comprendió algo sobre cómo un campo magnético rotatorio podría usarse en un motor. Es más que probable que la visión fuese incompleta, pero Tesla percibió lo suficiente para saber que se trataba de algo grande. Había descubierto la primera gran idea de su carrera y estaba totalmente decidido a explotarla.

El paseo fue un punto de inflexión emocional para Tesla, ya que ahora conocía su ruta. En Budapest, había resuelto el problema planteado por el motor echando chispas de Pöschl y, al hacerlo, Tesla comenzó a convencerse de su propio potencial creativo. «Había llevado a cabo lo que había emprendido y me imaginé a mí mismo logrando riqueza y fama», escribió más tarde. «Pero más importante que todas estas cosas fue para mí la revelación de que era un inventor. Esto era lo que quería ser. Arquímedes era mi referente. Había admirado los trabajos de artistas, pero para mi mente solo eran sombras y apariencias. El inventor, creía, da al mundo sus creaciones que son palpables y tienen vida y funcionan.»[49]

DESTRUCCIÓN CREATIVA Y RACIONALIDAD SUBJETIVA

Antes dejamos a Tesla y Szigeti en el parque. Deberíamos detenernos un momento y reflexionar sobre la naturaleza de las percepciones de Tesla esa tarde, no solo desde un punto de vista técnico, sino también desde una perspectiva cognitiva. Para hacerlo, necesitamos conectar a

Tesla con las ideas del economista Joseph Schumpeter sobre la innovación y la destrucción creativa del capitalismo.

Schumpeter estaba fascinado con el papel que la innovación desarrolló en la economía moderna, y hacía énfasis en sus escritos en que había dos tipos de actividad innovadora. Por un lado, estaban las respuestas creativas de los emprendedores e inventores que introducían radicalmente nuevos productos, procesos y servicios y, al hacerlo, provocaban la destrucción creativa que Schumpeter consideraba una característica central del capitalismo. Más recientemente, Clayton Christensen ha descrito las respuestas creativas de Schumpeter como «innovaciones disruptivas», en el sentido de que empresas exclusivas a veces persiguen tecnologías que perturban el patrón de las industrias establecidas y alteran la vida diaria de los consumidores.[50]

Por otro lado, están las respuestas adaptativas de los gerentes e ingenieros que emprenden el trabajo continuo y de incremento gradual de establecer las estructuras corporativas, procedimientos de fabricación y planes de *marketing* que permiten que los productos y servicios se produzcan y consuman.[51] El éxito de cualquier economía, especialmente la de los Estados Unidos en la época de Tesla, de 1870 a 1920, había dependido de conseguir la mezcla correcta de creatividad e innovaciones adaptativas. Sin embargo, obtener la mezcla correcta no es ni automático ni obvio y, así, una de las grandes cuestiones a la que se enfrentan los historiadores de la empresa y la tecnología es comprender cómo las respuestas creativas y adaptativas aúnan esfuerzos.

Las percepciones creativas de Tesla en el parque nos dan la oportunidad de desarrollar una segunda idea que Schumpeter tenía sobre innovación. Sugería que había dos tipos de pensamientos subyacentes en las respuestas creativas y las adaptativas de los emprendedores y los gerentes, lo que llamó «dos tipos de racionalidad». Para el hombre de negocios o el gerente, había racionalidad *objetiva* en el sentido de que el gerente salía, observaba el mercado, medía la demanda y actuaba en consecuencia; era objetivo en el sentido de que la lógica de lo que hacía provenía del mundo «ahí fuera». Por el contrario, Schumpeter pensaba que los emprendedores empleaban racionalidad *subjetiva*, pues la lógica que los guiaba provenía de ellos mismos, de sus propios pensamientos, sentimientos y deseos, y sus acciones se basaban en esfuerzos de imponer esta lógica interna en el mundo exterior.

Para explicar la racionalidad subjetiva, Schumpeter describía un encuentro hipotético entre un hombre de negocios y un ingeniero de la eficiencia. Como el hombre de negocios prestaba atención a dar a los clientes lo que querían, tenía poco interés en las sugerencias del ingeniero para mejorar la eficiencia de sus operaciones que estaban basadas en la teoría y los cálculos. Con sus ojos en las señales externas del mercado, el hombre de negocios no podía apreciar la lógica interna del ingeniero que recurría a las ciencias y las matemáticas; por otro lado, el ingeniero fracasaba en entender la importancia de la demanda del consumidor. Schumpeter concluía:

> Menciono esta clase de casos no solo porque son importantes por sí mismos y la fuente de muchas interpretaciones inadecuadas, sino también porque como mínimo la racionalidad del ingeniero es un excelente ejemplo de racionalidad subjetiva y por la importancia de prestarle atención. [Una] racionalidad de ingeniero se vuelve contra finales percibidos con una claridad ideal. Se maneja en medios concebidos por esfuerzos conscientes e idealmente racionales. Reacciona de inmediato a un nuevo impulso puramente racional, por ejemplo, un nuevo cálculo publicado en una publicación profesional. Está comparativamente libre de consideraciones superfluas. Es decir, funciona de un modo particular debido a la cualidad «consciente» de su lucha intencionada por la racionalidad.[52]

En mi opinión, uno puede fácilmente sustituir «ingeniero» por «inventor» en la cita previa. Muchos inventores trabajan a partir de una lógica interna que tiene sentido para ellos y se esfuerzan por manifestar estas ideas internas en términos de un nuevo artilugio.

Como correctamente observó Schumpeter, no hemos interpretado de forma adecuada el papel que la racionalidad subjetiva tiene en la vida económica. Más que seguir la pista de cómo inventores o emprendedores desarrollan tecnologías disruptivas, tanto académicos como profanos asumen que las fuentes de las nuevas ideas son inescrutables y las atribuimos a la intuición, la genialidad o las «corazonadas».

Sin embargo, la carrera de Tesla plantea una oportunidad para comprender mejor qué significa la racionalidad subjetiva. La visión de Tesla de un campo magnético rotatorio vino de su interior, pero no apareció de la nada. Más bien, la percepción fue creciendo de su ingeniería mental en curso y fue tomando forma gracias a la combinación de ideas, sentimientos e impresiones que tuvo por entonces. Quizás el término racionalidad de Schumpeter no es la mejor palabra para describirlo, pero Tesla estaba realizando algún tipo de proceso cognitivo. Todavía más importante es que, a medida que avancemos en la historia, veremos que lo que cuenta con la racionalidad subjetiva es que los inventores como Tesla llegan a creer en sus ideas tan intensamente que están decididos a reordenar el mundo externo para hacer de sus ideas una realidad. Al imponer sus ideas al mundo, los inventores crean la tecnología revolucionaria que desencadena la destrucción creativa del capitalismo. Pero antes de que eso pueda suceder en el caso de Tesla, él tenía que aprender mucho más sobre los negocios de la tecnología eléctrica.

3

Aprendiendo con la práctica (1882-1886)

CORRIENTE ALTERNA EN INDUSTRIAS GANZ

Armado con su conocimiento sobre el uso de un campo magnético rotatorio en su motor, Tesla reanudó su ingeniería mental. Recuerda con cariño:

> Durante un tiempo me abandoné totalmente al placer intenso de imaginar máquinas y concebir formas nuevas. Era un estado mental de felicidad casi tan absoluto como jamás he conocido otro en la vida. Las ideas venían en un torrente ininterrumpido y la única dificultad que tenía era agarrarlas rápido. Las piezas del aparato que concebí eran, para mí, totalmente reales y tangibles en cada detalle, incluso las marcas más pequeñas y los signos de desgaste. Me encantaba imaginar los motores funcionando constantemente, porque de este modo regalaban a la imaginación una visión más fascinante. Cuando una inclinación natural se desarrolla en deseo apasionado, uno avanza hacia su objetivo en botas de siete leguas.[1]

Mientras Tesla disfrutaba estando en el flujo creativo de visualizar su motor ideal, sus esfuerzos recibían gran ayuda de lo que aprendió sobre corriente alterna (CA) mientras trabajaba o visitaba la gran fábrica de Industrias Ganz en Budapest en 1882.[2] Fundada en 1844 por Abraham Ganz, en sus inicios esta compañía fue una fundición especializada en ruedas para vagones, en cañones y balas. Tras la muerte de Ganz, la firma se expandió para dedicarse a la producción de turbinas de agua y equipamiento para el procesado de la harina y, en 1878, al nuevo campo de la luz eléctrica. Bajo la dirección de Károly Zipernowsky, Industrias Ganz empezó a construir e instalar sistemas que alimentaban tanto lámparas de arco eléctrico como incandescentes. Por tanto, para un joven inquieto por la electricidad, la planta de Ganz habría sido un lugar ideal para trabajar o tan solo para dar una vuelta.[3]

Mientras Tesla estaba en la planta de Ganz, observó un transformador con forma de anillo, toroidal, roto que estaba tirado en una esquina del taller. Con toda probabilidad, este dispositivo se había usado para alimentar lámparas de arco eléctrico en un circuito en serie de CA. En un circuito en serie, si una lámpara fallaba, todas las demás se apagaban; para solucionar este problema, Paul Jablochkoff había instalado de modo ingenioso un transformador similar en su sistema de alumbrado en París, de modo que la energía podría desviarse alrededor de cualquier lámpara defectuosa y hacer que el resto de lámparas siguiesen encendidas. Pero mientras Jablochkoff había usado un transformador con dos bobinas enrolladas alrededor de un cilindro de hierro, el transformador roto de Ganz consistía en un gran anillo de hierro con dos bobinas enrolladas a cada lado.[4] En algún momento, Zipernowsky y los otros ingenieros de Ganz empezaron a estudiar este transformador toroidal para averiguar por qué no funcionaba adecuadamente. A lo largo de los siguientes años, investigaciones de dispositivos como este transformador toroidal llevaron a Zipernowsky, Ottó Bláthy y Miksa Déri a desarrollar uno de los primeros sistemas de energía de CA usando transformadores para distribuir la energía por un área amplia. (Para una discusión más a fondo, véase el capítulo 4.) De hecho, los primeros transformadores instalados en 1885 por la compañía Ganz conservaban la forma de anillo (imagen 3.1).

Pero en 1882, Tesla no sabía que Zipernowsky, Bláthy y Déri serían pioneros en la transmisión de CA. En su lugar, para Tesla el transformador toroidal roto era un dispositivo maravilloso para observar y considerar. Mientras la corriente llegaba al anillo gracias a un generador de CA, Tesla, en un momento de curiosidad, colocó una bola de metal en la superficie de madera de la parte superior del transformador. Para su deleite, la bola empezó a girar mientras se aplicaba co-

Imagen 3.1. Primer transformador desarrollado por Zipernowsky, Bláthy
y Déri en 1884-1885 en el Museo de Artes Aplicadas, Budapest.
Fuente: http://en.wikipedia.org/wiki/File:DBZ_trafo.jpg.

rriente. Viendo la bola girar, Tesla dedujo que debido a que las bobinas
variaban en sus bobinados, estas producían dos tipos diferentes de corrientes alternas.[5] Al igual que vimos con el motor de Baily en el capítulo anterior, estas dos corrientes creaban un campo magnético rotatorio que a su vez provocaba que la bola girase. Esta era la confirmación
de la corazonada que Tesla había tenido mientras paseaba por el parque con Szigeti; que la corriente alterna podía crear el campo magnético rotatorio que quería para su motor.

Sin lugar a dudas, la bola girando en la cima del transformador toroidal roto no reveló a Tesla cómo controlar varias corrientes alternas
de modo que estas creasen un campo magnético rotatorio; de nuevo, la

bola girando solo confirmó que la idea de Tesla del motor era posible. Tesla pasaría los siguientes cinco años adquiriendo el conocimiento y las habilidades necesarias para conseguir que la electricidad hiciese lo que le ordenaba. Pero, como veremos, durante este tiempo de aprendizaje, la bola girando y el transformador toroidal se convirtieron en un modo clave para que Tesla representase su idea. Cuando pensara en ello o tuviera la oportunidad de experimentar con su nuevo motor, usaría un anillo similar enrollado con varias bobinas y en medio del anillo colocaría diferentes objetos de metal esperando que ellos, también, girasen en el campo magnético rotatorio.[6]

INGRESO EN LA ORGANIZACIÓN EDISON EN PARÍS

No obstante, las cavilaciones de Tesla sobre bolas girando y campos magnéticos rotatorios llegaron a su fin de modo abrupto cuando Ferenc Puskás finalmente pudo contratarle para ayudarle a instalar la nueva centralita telefónica. Tesla se dedicó por completo a mejorar la centralita e incluso desarrolló un nuevo repetidor telefónico o amplificador.[7]

Una vez que la centralita de Budapest estaba construida y en funcionamiento, Ferenc Puskás la vendió a un hombre de negocios local para obtener beneficios. Mientras se construía la centralita de Budapest Tivadar Puskás había permanecido en París para ayudar a introducir el sistema de iluminación incandescente de Edison. Tivadar invitó a Tesla y Szigeti a ir a París y les consiguió trabajos en la organización de Edison.[8]

Debido a que la ley francesa establecía que cualquier invento patentado en Francia debía ser también fabricado allí, Edison había enviado a su socio más próximo, Charles Batchelor, a Francia en 1881 para organizar una compañía para manufacturar e instalar los sistemas de iluminación de Edison. Para imitar cómo la organización de Edison estaba estructurada en América respecto a los sistemas de iluminación, Batchelor estableció tres compañías separadas en Francia: la Compagnie Continentale Edison (que controlaba las patentes), la Société Industrielle & Commerciale (que fabricaba los equipos) y la

Société Electrique Edison (que instalaba los sistemas). Para fabricar lámparas incandescentes y dinamos, Batchelor construyó una fábrica en Ivry, a las afueras de París.[9] Parece que Tesla fue contratado principalmente por la Société Electrique Edison (SE Edison).[10]

Al trabajar en la planta de Edison en Ivry, Tesla adquirió conocimientos prácticos de ingeniería sobre dinamos y motores. Hasta este momento, había hecho principalmente ingeniería mental, visualizando en su cabeza cómo un motor de CA funcionaría de modo ideal. Ahora Tesla aprendió de primera mano los problemas de convertir los inventos de la mente en máquinas reales. Para crear una dinamo o un motor que funcionase, uno tenía que pensar cuidadosamente en las proporciones adecuadas para el rotor y las bobinas del estátor; para asegurarse una salida de una corriente concreta, uno tenía que planear la longitud y el diámetro de las bobinas, el calibre y el número de giros del alambre, y la velocidad a la cual la máquina rotaría. A principios de la década de 1880, nada de esta información se había codificado en fórmulas o reglas diseñadas, más bien el diseño de máquinas eléctricas estaba basado en ensayo y error y conocimiento artesano. Trabajando para la organización de Edison, Tesla aprendió mucho de lo que entonces se sabía sobre el diseño de dinamos y motores, y este conocimiento lo situó en posición de empezar a pensar en convertir su motor ideal en una máquina real.

Mientras Tesla adquiría conocimientos de la organización Edison, también hizo su propia contribución a la compañía. La mayoría de los hombres de Edison habían aprendido acerca de las máquinas eléctricas trabajando, tanto en la industria del telégrafo como en talleres mecánicos, y pocos tenían alguna educación formal en ciencia o matemáticas.[11] Por el contrario, Tesla había recibido una educación exhaustiva en física y matemáticas en Graz, y el gerente francés de SE Edison, R. W. Picou, se dio cuenta de la habilidad de Tesla para aplicar la teoría y hacer cálculos. Poco después de unirse a la compañía, Tesla trabajó diseñando dinamos para instalaciones de luz incandescente; se le pagaban trescientos francos al mes.[12]

Mientras estaba en la planta de Edison en Ivry, Tesla continuaba pensando en sus ideas para un motor. «Estábamos juntos casi constantemente en París en 1882 —testificó más tarde Szigeti— y Tesla estaba muy excitado con las ideas que tenía entonces sobre motores en funcionamiento.»[13] Una tarde resumió sus planes para un motor de CA para Szigeti y cuatro o cinco hombres de Edison y dibujó diagramas en la tierra con un palo. Recuperando las ideas que tuvo en Budapest acerca de que varias corrientes alternas deberían ser capaces de producir un campo magnético rotatorio, Tesla describió a sus colegas de Edison un sistema complejo en el cual el generador producía tres corrientes alternas separadas que llegaban al motor a través de seis cables diferentes (imagen 3.2). En sus patentes y conferencias posteriores, Tesla explicó que estas tres corrientes alternas tendrían que estar desfasadas entre sí en 120° para así crear un campo magnético rotatorio, pero no hay nada que indique que en 1882 comprendía la importancia de tener las corrientes desfasadas. «Mi idea —explicó Tesla— era que cuantos más cables usase, más perfecta sería la acción en el motor.»[14]

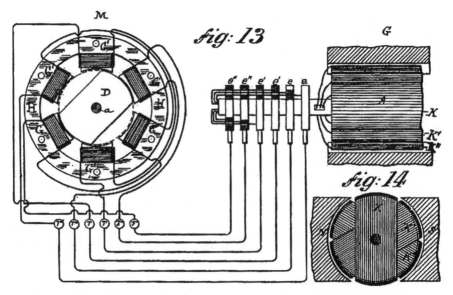

Imagen 3.2. Diagrama de una patente posterior de Tesla mostrando su sistema en el cual el generador produce tres corrientes alternas separadas que se envían al motor a través de seis cables diferentes.
Figura 13 en la patente de EE. UU. n.º 381.968, «Electric Magnetic Motor» (concedida el 1 de mayo de 1888).

Tesla estaba decepcionado porque los hombres de Edison no estaban impresionados con su invento. Desde un punto de vista comercial, probablemente no les interesaba porque veían las principales oportunidades en el desarrollo de un sistema para la luz eléctrica y no en la transmisión de energía para hacer funcionar motores eléctricos. Solo después de 1886 otros pioneros en electricidad como Frank Sprague fueron capaces de convencer a los ingenieros de la estación central de que podrían proporcionar electricidad para ambos, iluminación y motores.[15]

Pero desde un punto de vista técnico, el plan de seis cables de Tesla probablemente les parecía erróneo a estos hombres, no porque usaba CA, sino porque usaría también mucho cobre en los múltiples cables. Una de las mayores preocupaciones a las que se enfrentó la organización de Edison a principios de la década de los ochenta del siglo XIX fue desarrollar sistemas de distribución que utilizasen la menor cantidad posible de cobre. Porque el alambre de cobre suponía con frecuencia el mayor coste en una instalación nueva, el propio Edison dedicó un esfuerzo sustancial a desarrollar estrategias de cableado más económicas. A principios de la década de 1880, Edison introdujo su sistema de tres cables para reemplazar su sistema alimentador-cable principal. En contraste con el sistema de tres cables de Edison, el de seis cables propuesto por Tesla probablemente pareciese despilfarrador respecto al alambre de cobre que necesitaría. Por supuesto, los sistemas eléctricos que utilizan CA pueden funcionar a voltajes mayores y por tanto tener conductores más pequeños, pero no está claro que Tesla o los hombres de Edison comprendiesen esto en 1882.

Solo un hombre de Edison, David Cunningham, un superintendente de Edison Lamp Works, mostró algún interés en el invento de Tesla. Edison había enviado a Cunningham al otro lado del océano para ayudar a Batchelor a instalar equipos en la Exposición Universal Eléctrica de París en 1881, y Cunningham se quedó para supervisar la fabricación de dinamos en Ivry. Cunningham, recuerda Tesla, «ofreció formar una sociedad anónima. La propuesta parecía terriblemente cómica. Yo no tenía la más mínima idea de lo que eso significaba excepto que era un modo americano de hacer las cosas». La propuesta no pasó de ser tal, y en 1883 Tesla fue enviado por la compañía a trabajar como especialista en diagnóstico técnico a diferentes centrales de iluminación en Francia y Alemania.[16]

Entre estas asignaciones de viajes, Tesla encontró tiempo para desarrollar un regulador automático para las dinamos de Edison y su plan impresionó a Louis Rau, el presidente de SE Edison.[17] En consecuencia, cuando la compañía necesitaba enviar un experto para solucionar problemas en la nueva central en Estrasburgo, en Alsacia, escogió a Tesla.

UN MOTOR EN ESTRASBURGO

En Estrasburgo, SE Edison estaba intentando instalar un sistema de iluminación incandescente en la nueva estación de tren. Durante la guerra franco-prusiana de 1870-1871, Estrasburgo había pasado de manos francesas a manos alemanas. Tras la guerra, el Imperio alemán estableció su presencia en Estrasburgo erigiendo una serie de importantes edificios públicos nuevos, incluyendo una estación central de ferrocarril.[18] Según Tesla, las autoridades alemanas estaban bastante molestas con la compañía de Edison, ya que el cableado en la planta sufrió un cortocircuito y apagó una gran parte de la muralla durante una visita a la estación de tren del emperador Guillermo I.[19] Para aplacar a los alemanes, la compañía necesitaba enviar a un ingeniero que hablase alemán para acabar el cableado en la nueva planta. Dadas sus habilidades con los idiomas, Tesla fue enviado a Estrasburgo en octubre de 1883 para reinstalar el cableado y tratar con los alemanes molestos. Tesla se llevó con él a Szigeti como asistente para que lo ayudara con su trabajo.[20]

En Estrasburgo, Tesla encontró que SE Edison estaba instalando un sistema grande y ambicioso. Consistía en cuatro generadores que alimentaban mil doscientas bombillas. Además del equipo de Edison, el productor de electricidad alemán Siemens & Halske estaba montando cinco generadores de CC y sesenta lámparas de arco eléctrico. El cableado para ambas, las bombillas incandescentes y las de arco eléctrico, se situaba en conductos bajo tierra; al tratarse de una práctica relativamente nueva, probablemente era la causa de los problemas que Tesla tenía que solucionar.[21]

Pronto Tesla trabajó día y noche en el sistema de Edison, a pesar de lo cual encontró tiempo para llevar a cabo experimentos en su motor de CA. En la central eléctrica de la estación de tren había un generador de CA de Siemens que probablemente se había usado para alimentar un sistema de arco eléctrico anterior con velas Jablochkoff.[22] Con la ayuda de Szigeti, Tesla construyó un pequeño motor al que podía proporcionar electricidad con el generador de CA de Siemens. Preocupados por mantener el secreto, Tesla y Szigeti lo probaron en un armario adonde podían derivar el circuito de CA.[23]

Para este motor, Tesla hizo el estátor enrollando alrededor del exterior de un anillo de latón alargado alambre con aislamiento (imagen 3.3).[24] Los bobinados del estátor estaban conectados al generador de Siemens. Para el armazón, Szigeti hizo un disco de hierro de cinco pulgadas que se montaba en un eje horizontal.[25] Según la ingeniería mental de Tesla, la CA del generador debería producir un campo magnético rotatorio en el estátor. A su vez, el campo magnético rotatorio induciría corrientes en el disco, las corrientes inducidas serían repelidas por el campo magnético rotatorio y así el disco giraría. «Era —afirmaba Tesla— el motor más simple que podía concebir. Como ves, tenía un único circuito, y no bobinados en el armazón o los campos. Era de una simplicidad extraordinaria.»[26]

Este motor era tan simple que no funcionó en el primer intento de Tesla. Cuando sujetó la bobina del estátor alrededor del disco, el disco no giraba porque había enrollado la bobina del estátor alrededor de un núcleo de latón que no podía ser imantado.[27] Para solucionar este problema, Tesla insertó una lima de acero en la bobina. Ahora la corriente alterna producía un campo magnético en la lima de acero que a su vez inducía corrientes en el disco de hierro. Pero el disco todavía no rotaba, de modo que Tesla lo intentó con la lima en diferentes posiciones relativas al disco. Finalmente encontró una posición en la que el campo magnético en la lima y las corrientes inducidas en el disco estaban en la misma dirección, de manera que se repelían entre sí y provocaban que el disco rotase lentamente. Tesla estaba entusiasmado al ver el disco girar: «Finalmente tenía la satisfacción de ver la rotación llevada a cabo por corrientes alternas de diferentes fases y sin contactos corredizos o un conmutador, como yo había concebido un año antes. Era un

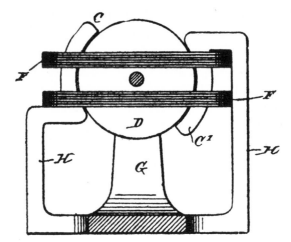

Imagen 3.3. Diagrama del motor de CA
que Tesla construyó en Estrasburgo en 1882.
Este motor consistía en un rotor de hierro con forma de disco (*D*)
que se montaba en un eje. El estátor (*F*, *F*) consistía en dos bobinas de
cables con aislamiento montadas en un anillo de latón. Tesla conectó
el estátor a un generador de CA e inicialmente asumió que la CA produciría
un campo magnético rotatorio e induciría corrientes de Foucault en el rotor.
Sin embargo, como las bobinas del estátor estaban envueltas alrededor
de anillos de latón que no se imantaban, Tesla se vio forzado a insertar
una lima de acero en la bobina (esto habría sido el equivalente de *C* o *C'*
en el diagrama). La CA imantaba entonces la lima e inducía corrientes
de Foucault en el disco; como el campo producido por las corrientes de
Foucault era en la dirección opuesta al campo magnético en la lima,
el disco rotaba. Tesla patentó una versión más elaborada de este motor
y este diagrama es de esa patente.
Véase NT, «Electro-Magnetic Motor», patente de EE. UU.
n.º 424.036 (presentada el 20 de mayo de 1889,
concedida el 24 de marzo de 1890).

placer exquisito pero no comparable con el delirio de alegría que siguió a la primera revelación.»[28]
 El motor de Estrasburgo fue un punto de inflexión importante para
Tesla porque este motor templaba su pensamiento idealizado con una
fuerte dosis de funcionalidad. Antes de este motor, Tesla había realiza-

do solo ingeniería mental y había dado por hecho que lo que evocaba en su cabeza, fácilmente podía funcionar en el mundo real. En Estrasburgo, Tesla se dio cuenta por primera vez de que los materiales contaban: el núcleo del estátor tenía que hacerse de hierro o acero, no de latón. A pesar de que más tarde insistiría en que era capaz de diseñar máquinas perfectas en su cabeza que luego funcionarían a la perfección cuando fuesen construidas, está claro que, como todos los inventores, se topó con problemas cuando llegó el momento de convertir sus ideas en dispositivos que funcionasen.[29]

Durante su estancia en Estrasburgo, Tesla de nuevo intentó obtener respaldo financiero para su invento. Gracias a su trabajo en la planta de Edison, conoció a M. Bauzin, un exalcalde de la ciudad. Según Tesla, Bauzin «tomó gran cariño» a Tesla y en consecuencia este le reveló que poseía «un invento que revolucionaría la industria de las máquinas de dinamo». Bauzin lo consultó con un hombre de negocios local adinerado, Benjamin, pero este rechazó invertir en el invento de Tesla. Entonces Bauzin ofreció a Tesla un préstamo de veinticinco mil francos que Tesla devolvería cuando alcanzase el éxito perfeccionando su motor. Sin embargo, Tesla quería que Bauzin se convirtiese en su socio, probablemente para compartir los beneficios a largo plazo que, esperaba, proporcionarían su invento. Sin saber nada sobre la electricidad o los inventos, Bauzin rechazó asociarse con Tesla, de modo que este dejó Estrasburgo decepcionado.[30]

VUELTA A PARÍS, HACIA NUEVA YORK

Tesla volvió a París en febrero de 1884, esperando recibir una bonificación de la compañía Edison por resolver los problemas en la planta de Estrasburgo. Desilusionado cuando su recompensa no se materializó, Tesla intentó que unos cuantos parisinos se interesasen en él y lo apoyasen en el desarrollo de su motor, pero, de nuevo, el esfuerzo no dio ningún fruto. Sin embargo, el trabajo de Tesla mejorando dinamos había llamado la atención de Charles Batchelor, que había sido director de las compañías francesas de Edison. En la primavera de 1884, Edison volvió a llamar a Batchelor para dirigir la Edison Machine

Works en Nueva York. Con la intención de mejorar las dinamos producidas en las compañías de Edison, Batchelor solicitó que Tesla fuese a América para continuar allí su trabajo en dinamos. Para facilitar su entrada en la organización de Edison en Nueva York, Tesla obtuvo una carta de presentación de Tivadar Puskás dirigida a Edison, en la que se afirmaba: «... conozco a dos grandes hombres, y tú eres uno de ellos, el otro es este joven».[31]

Tesla embarcó en el *City of Richmond* con destino a Nueva York y llegó el 6 de junio de 1884. Como sucedía con muchos inmigrantes, el agente de aduanas tenía problemas para comprender al joven nervioso que tenía enfrente, y registró a Tesla como un nativo de Suecia cuando con toda probabilidad le dijo al agente que su lugar de nacimiento era Smiljan. Años más tarde recordaba que su proceso de entrada formal en Estados Unidos consistió en un empleado vociferándole «Bese la Biblia. ¡Veinte céntimos!».[32]

Tras haber vivido en ciudades cosmopolitas como Praga, Budapest y París, Tesla estaba inicialmente sorprendido por la crudeza y vulgaridad de América. Como escribió en su autobiografía, «Lo que había dejado era bello, artístico y fascinante en todos los sentidos; lo que veía aquí era mecanizado, hostil y nada atractivo. Un policía corpulento jugueteaba con su porra, que me parecía tan grande como un tronco. Me acerqué a él con educación y le solicité que me diese indicaciones (a una dirección). "Seis bloques calle abajo, luego a la izquierda", dijo, con el asesinato escrito en sus ojos. "¿Esto es América?", me pregunté con sorpresa dolorosa. "Su civilización está un siglo por detrás de Europa"».[33]

Pero a Tesla no le afligieron los contrastes entre Europa y América; pronto estuvo ocupado haciéndose sitio en la organización Edison de Nueva York. Al igual que en París, buscó trabajo como especialista en diagnóstico técnico. La organización Edison acababa de instalar dos dinamos en el SS *Oregon*, que en ese momento poseía la Banda Azul por ser el trasatlántico de pasajeros más rápido. Por desgracia, las dinamos fallaron, lo cual retrasó la salida del barco de Nueva York. Valiéndose de su experiencia en la reparación de problemas en las centrales de alumbrado en Europa, Tesla se presentó voluntario para llevar un equipo de trabajo al *Oregon* y hacer los arreglos necesarios. Trabajando toda la noche, Tesla y su equipo pusieron las dinamos de nuevo en funcionamiento; el *Oregon* salió de Nueva York el 7 de junio de 1884, para establecer un nuevo récord en su travesía rumbo al este.[34]

Al volver a las oficinas de Edison en Manhattan a las 5 de la mañana del día siguiente, Tesla se encontró con Edison, Batchelor y otros cuantos hombres que regresaban a casa. Según Tesla, Edison dijo: «Aquí está nuestro parisino correteando en la noche». Como respuesta, Tesla dijo a Edison que justo había acabado de reparar las dinamos del *Oregon*. Edison se alejó en silencio, pero cuando pensó que estaba fuera de alcance del oído de Tesla comentó: «Batchellor [sic], este es un j... o buen hombre». Tras conseguir impresionar a Edison, Tesla empezó a trabajar en Edison Machine Works el 8 de junio, solo dos días después de haber llegado a América.[35]

En Edison Machine Works, Tesla se puso a trabajar rediseñando las dinamos Mary-Ann «piernas largas» de Edison, reemplazando sus imanes largos con diseños más eficientes de núcleo más corto. Tesla aseguraba que sus dinamos mejoradas producirían una potencia de salida triple usando la misma cantidad de hierro. Aunque Tesla trabajó largas horas en Machine Works, desde las 10:30 de la mañana hasta las 5:00 de la mañana siguiente, se tomó su tiempo para disfrutar de buenas comidas y jugar el billar. Sin saber que Tesla había jugado al billar de estudiante, el secretario personal de Edison, Alfred O. Tate, observó: «Hace un bonito juego. No es quien consigue mayores puntuaciones, pero sus disparos a la banda muestran una habilidad igual a la de un representante profesional de este arte».[36]

Mientras estaba en Edison Machine Works, Tesla siguió pensando en su motor de CA, pero no intentó desarrollarlo. Quizás recordando cómo los hombres de Edison en París habían sido indiferentes a sus ideas, Tesla escogió permanecer en silencio. En una ocasión, Tesla estuvo a punto de hablar a Edison sobre su motor. «Estaba en Coney Island —recuerda Tesla— y justo cuando iba a explicárselo, alguien vino y estrechó la mano de Edison. Esa tarde, cuando llegué a casa, tenía fiebre y la resolución de no hablar libremente de ello a otra gente reapareció.»[37]

Después de trabajar en el diseño de dinamos, lo siguiente que se le pidió a Tesla fue ayuda para desarrollar un sistema de iluminación con lámparas de arco eléctrico para así poder competir con sus principales competidores, la Thomson-Houston Electric Company, la Brush Electric Light Company y la United States Electric Lighting Company. Estas rivales habían crecido fabricando e instalando iluminación con lámparas de arco eléctrico y luego expandieron su línea de productos añadiendo sistemas de luz incandescente. Aunque los sistemas de iluminación incandescente eran apropiados para la iluminación de interiores de casas y oficinas, no eran particularmente efectivos para exteriores o el alumbrado de calles. En consecuencia, a medida que los pueblos y ciudades establecían nuevas centrales para proporcionarles luz eléctrica tanto en hogares como en las calles, la organización de Edison perdía contratos frente a Thomson-Houston o Brush, ya que estas firmas podían instalar tanto iluminación incandescente como de arco eléctrico.

En respuesta a su necesidad competitiva, Edison diseñó una lámpara de arco eléctrico y registró una patente para ella en junio de 1884. Tesla recuerda que Edison le dio el plan básico para su sistema de iluminación con lámparas de arco eléctrico pero le dejó a él trabajar en los detalles.[38] Tesla desarrolló un sistema completo, y de nuevo esperó ser premiado generosamente por sus esfuerzos. Sin embargo, una vez completó el sistema, nunca llegó a usarse.

Con toda probabilidad, Edison y su compañía pospusieron el sistema de Tesla por razones técnicas y de negocio. En este momento, la organización de Edison se enfrentaba al problema de vender e instalar centrales. La dificultad era que la mayoría de las nuevas empresas de servicios locales que deseaban comprar sistemas de iluminación eléctrica carecían del capital para adquirir el sistema y la experiencia técnica para instalar el equipamiento; en respuesta, los productores de electricidad experimentaron varias estrategias de mercado por medio de las cuales pudiesen ayudar a los clientes a comprar sus sistemas minimizando sus riesgos financieros.[39] Después de supervisar la construcción de centrales eléctricas para Thomas. A. Edison Construction Department (y perder dinero en el proceso), Edison decidió, a principios de 1885, dejar los problemas de instalación de sus sistemas a otros. Consecuentemente, su organización llegó a un acuerdo con Edward H. Goff y la American Electric Manufacturing Company (AEM). Goff se había hecho un nombre promocionando y construyendo centrales de iluminación con lámparas de arco eléctrico y deseaba acceder al mercado de la iluminación incandescente. La organización de Edison y AEM alcanzaron un acuerdo por el cual cuando AEM viese una oportunidad de instalar un sistema de luz incandescente, vendería al servicio local un sistema de Edison; a cambio, cuando la organización de Edison quisiera instalar un sistema de lámparas de arco eléctrico, usaría el sistema inventado por James J. Wood y del que era propietario AEM.[40] En las negociaciones con Goff, la organización de Edison quizás hubiese sido capaz de usar el sistema de lámparas de arco eléctrico de Tesla y las patentes de lámparas de arco eléctrico de Edison como bazas para negociar términos favorables. Sin embargo, cuando este trato se completó, la organización de Edison ya no tenía ninguna necesidad del sistema de arco eléctrico desarrollado por Tesla.

La segunda razón de por qué la organización de Edison no utilizó el sistema de lámparas de arco de Tesla fue que otros ingenieros de la compañía habían desarrollado una iluminación incandescente alternativa. Conocida como «sistema municipal», esta alternativa podía usarse para el alumbrado en las calles, ya que usaba bombillas incandescentes mayores y estas se colocaban en un circuito en serie de alta tensión.[41] Así, cuando el proyecto de lámparas de arco eléctrico se pospuso, Tesla no fue compensado y dimitió indignado. Como última entrada en su cuaderno de Edison, garabateó: «¡Adiós a Edison Machine Works!». En total, Tesla trabajó para Edison Machina Works en Nueva York durante seis meses.[42]

LÁMPARAS DE ARCO ELÉCTRICO EN RAHWAY

De nuevo solo, Tesla no estaba sin recursos. Nada más dejar la organización de Edison, Tesla fue abordado por Benjamin A. Vail, de Rahway, y Robert Lane, un hombre de negocios de East Orange (Nueva Jersey). Descendiente de una vieja familia cuáquera, Vail había estudiado en Haverfrod College y ejercía la abogacía en Rahway. Activo en el Partido Republicano estatal, Vail sirvió en el Ayuntamiento de Rahway en 1875 y fue elegido para la Asamblea de Nueva Jersey y el Senado.[43] Entusiasmados por las posibilidades de la luz eléctrica, Vail y Lane ansiaban adentrarse en este nuevo campo. En diciembre de 1884, Vail y Lane contrataron a Tesla y organizaron la Tesla Electric Light and Manufacturing Company. Aunque la compañía emitió acciones de hasta 300.000 dólares, empezó con Vail abonando 1.000 y otros 4.000 vinieron de otros inversores en Rahway.[44]

Recurriendo a lo que había aprendido mientras trabajaba para Edison, Tesla propuso que esta compañía desarrollase su propio sistema de lámparas de arco eléctrico. Solemos afirmar que la industria eléctrica creció en torno a las bombillas incandescentes de Edison, pero en realidad el segmento de la industria eléctrica que creció más rápido a mediados de la década de 1880 fue el de las lámparas de arco eléctrico. Según un comentarista, el número de lámparas de arco eléctrico instaladas se dobló cada año entre 1881 y 1885. Aunque la industria estaba dominada por las compañías Brush y Thomson-Houston, también había numerosas nuevas y pequeñas compañías en ciernes; en 1886, al menos había cuarenta firmas manufacturando sistemas de lámparas de arco eléctrico. Por todo el país, docenas de hombres de negocios como Vail y Lane estaban intrigados con la nueva industria eléctrica, y fundaron nuevas compañías para producir equipamiento de lámparas de arco eléctrico.[45]

Para ayudar a esta nueva compañía a entrar en el campo de las lámparas de arco eléctrico, en la primavera de 1885 Tesla preparó solicitudes de patentes cubriendo mejoras en generadores, lámparas de arco eléctrico y reguladores. Mientras su lámpara de arco eléctrico y su regulador eran similares a los inventados por Charles Brush y Elihu Thomson, su generador incorporaba varias mejoras que reducían pérdidas de energía causadas por el calor y las corrientes de Foucault.[46] Para que le ayudase con el registro de estas patentes, Tesla recurrió a Lemuel W. Serrell, el principal abogado de patentes de Edison en Nueva York. Mientras trabajaban en estas solicitudes de patentes, Tesla ganaba 150 dólares al mes. Tesla se planteó tratar de convencer a Vail y Lane de que podía desarrollar otros inventos eléctricos (como su motor de CA), pero pronto se dio cuenta de que solo estaban interesados en las lámparas de arco eléctrico (imagen 3.4).

Como otros emprendedores en lámparas de arco eléctrico, Vail y Lane anticiparon que los beneficios podían venir tanto de la fabricación del equipamiento como de montar sistemas de iluminación. En consecuencia, se aseguraron un acta constitutiva que les permitiese hacer los dos.[47] Durante 1885, Tesla trabajó en ambos, en fabricar su

Imagen 3.4. Tesla en 1885. De DKS, Instituto Smithsonian.

sistema y en hacerlo funcionar desde una central. Probablemente contó con la ayuda de Szigeti, así como de un joven, Paul Noyes, que había reclutado de Gordon Press Work en Rahway.[48]

En 1886, el sistema de Tesla se usaba en Rahway para iluminar algunas de las calles del pueblo y varias fábricas. La compañía recibió una notificación favorable de la revista profesional neoyorquina *Electrical Review*, que publicó un artículo en portada sobre el sistema de Tesla en agosto de 1886. A cambio, la compañía de Tesla publicó anuncios en *Electrical Review* sobre «el sistema de iluminación con lámparas de arco eléctrico automático y autorregulador más perfecto jamás producido».[49]

Como se concedieron las patentes para su sistema de lámparas de arco eléctrico, Tesla cedió a Tesla Electric Light and Manufacturing Company participaciones en acciones. Sin embargo, una vez el sistema estuvo completo, Vail y Lane abandonaron a Tesla y crearon una nueva firma, Union County Electric Light and Manufacturing Company. Quizás Vail y Lane decidieron quedarse al margen de la fabricación de la industria de las lámparas de arco eléctrico porque esa parte del negocio se estaba haciendo muy competitiva e intensiva en capital. Al final de la década, la fabricación de los equipos de lámparas de arco eléctrico estaba dominada por una única firma, Thomson-Houston. En su lugar, Vail y Lane escogieron concentrarse en operar como una compañía de luz para Rahway y los alrededores. En esta situación, el papel de Tesla como inventor era superfluo, ya que Vail y Lane no necesitaban mejorar el sistema para ser competitivos en el negocio de los servicios.[50] Al haber asignado las patentes a la compañía, Tesla se quedaba en una posición en la que no podía usar ya sus propios inventos. Todo lo que tenía para mostrar sus esfuerzos en Rahway era «un certificado de acciones de valor hipotético grabado primorosamente».[51]

Abandonado por los mecenas de su negocio en Rahway, llegaron tiempos difíciles para Tesla, que fue incapaz de encontrar trabajo como ingeniero o inventor. Después de varios trabajos de reparación de equipamiento eléctrico, tuvo que trabajar de jornalero, cavando zanjas. Como recordaría Tesla años más tarde, «viví todo un año de terrible angustia y lágrimas amargas, mi sufrimiento intensificado por necesidades materiales, [sintiendo que] mi elevada formación en varias ramas de la ciencia, mecánica y literatura era un burla».[52]

4

Dominio de la corriente alterna (1886-1888)

Un motor termomagnético

En las brumas de la adversidad, Tesla hizo acopio de las fuerzas necesarias para registrar una solicitud de patente para un motor termomagnético en marzo de 1886. Al igual que sus inventos de lámparas de arco eléctrico lo salvaron tras dejar Edison, esta nueva solicitud le ayudó a volver a ponerse en marcha.

Es probable que Tesla empezase a pensar en la relación entre magnetismo y calor mientras trabajaba en Edison Machines Works, ya que entonces Edison estaba experimentando con un generador piromagnético que directamente produciría electricidad a partir de carbón ardiendo. En un experimento dramático en 1884, Edison calentó carbón hasta que estaba incandescente y luego introdujo un gas con la esperanza de que se ionizase debido al carbón encendido. Aunque Edison obtuvo una corriente muy fuerte, el gas explotó e hizo estallar las ventanas de su laboratorio.[1]

Quizás prestando atención al desastre de Edison que sobrecalentó el carbón, inicialmente Tesla se centró en el hecho de que imanes de hierro perdían su fuerza magnética cuando se calentaban. Para aprovecharse de este fenómeno, Tesla diseñó un pequeño motor que consistía en un imán, un brazo pivotante de hierro, un muelle, un quemador Bunsen y un volante (imagen 4.1). A una temperatura normal, el imán fijo era suficientemente fuerte para tirar del brazo pivotante y comprimir el muelle. Sin embargo, cuando el brazo pivotante se desplazaba hacia el imán, se aproximaba con la llama del quemador Bunsen. La llama calentaba el brazo pivotante y provocaba la pérdida del magnetismo inducido en el brazo por el imán fijo. La fuerza del muelle comprimido, ahora mayor que la fuerza del campo magnético, provocaba que el brazo pivotante oscilase hacia el lado contrario del imán fijo. Como el brazo pivotante estaba conectado por una manilla al volante, el movimiento del brazo pivotante hacía que el volante girase. A medida que el brazo pivotante se balanceaba lejos de la llama, se enfriaba y de nuevo era atraído por el imán. Ahora la fuerza del campo magnético era mayor que la fuerza del muelle, y esto causaba que el brazo pivotante oscilase de nuevo hacia el imán y la llama. En la solicitud de esta patente, Tesla describió no solo el principio básico de este motor sino también siete variaciones.[2]

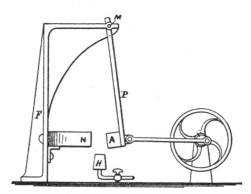

Imagen 4.1. Motor termoeléctrico de Tesla, 1886.
Leyenda: *N* imán fijo; *A* imán en movimiento; *P* brazo pivotante de hierro; *FM* muelle; *H* quemador de Bunsen.
De *The Inventions, Researches, and Writing of Nikola Tesla,* de T. C. Martin, 2.ª ed. (1894, reimp. en 1995). Figura 240, p. 428.

RESCATADO POR PECK Y BROWN

La patente del motor termoeléctrico resultó ser un punto de inflexión en su carrera, porque gracias a ella se encontró con los dos hombres que se convertirían en sus mentores durante el proceso de perfeccionamiento de su motor de CA. Mientras cavaba zanjas, Tesla le contó al encargado que lo contrató sus intentos con los inventos, y este encargado a su vez le presentó a Alfred S. Brown (1836-1906).[3] Brown había entrado en el servicio de telégrafos en 1855 y en 1875 había conseguido llegar hasta el puesto de superintendente del distrito metropolitano de Nueva York de Western Union.[4] Considerado como un «ingeniero eléctrico de primera clase y experto en el trabajo subterráneo del telégrafo», Brown era el responsable de supervisar la instalación de cables que conectaba la oficina principal de Western Union con la centralita de suministro y mercancías situada en el bajo Manhattan; esto explica la posibilidad de que un encargado de supervisar el cavado de zanjas para estos cables bajo tierra pudiese presentar a Brown a Tesla.[5] Como gerente sénior de Western Union, Brown había visto a Edison demostrar varios de sus avanzados inventos, incluyendo sus sistemas dúplex (dos mensajes) y cuádruplex (cuatro mensajes) y un teléfono mejorado.[6] Un indicador de la relevancia de Brown en los círculos del telégrafo es que fue uno de los portadores del féretro de William Orton, el poderoso presidente de Western Union, durante su funeral en 1878.[7] Basado en su experiencia en Western Union, Brown sabía bien cómo compañías e individuos podían usar inventos para remodelar radicalmente una industria.

Presintiendo una oportunidad con el motor termomagnético de Tesla, pero dándose cuenta de que necesitaría un experto en negocios para convertir este invento en una propuesta comercial, Brown recurrió a Charles F. Peck (fallecido en 1890). Abogado de Englewood (Nueva Jersey), Peck estaba interesado en el telégrafo y temas relacionados con la electricidad, y contaba con otro inventor eléctrico, William Stanley Jr., como amigo de la familia.

Peck había comenzado a involucrarse en el telégrafo en 1879 cuando John O. Evans y él buscaron establecer una conexión telegráfica entre Washington D. C. y Chicago. En el transcurso de intentar establecer esta línea, Peck descubrió que había bancos y comerciantes que estaban interesados en alquilar cables en exclusiva para así llevar sus negocios con seguridad. Para aprovechar esta demanda de alquiler de telégrafo, Evans y él organizaron Mutual Union Telegraph Company en 1880 con un capital de 1,2 millones de dólares para construir líneas entre las principales ciudades que pudiesen proporcionar este servicio especializado. Evans era presidente de esta nueva compañía mientras Peck actuaba como secretario. Mutual Union construyó una línea nueva entre Boston y Washington y luego inmediatamente alquiló cables individuales a variedad de grupos. Peck y Evans obtuvieron cuantiosos beneficios de la venta de estos alquileres. Juntos hacían un buen equipo, como un historiador de la industria del telégrafo escribió: «Evans era vivo, rápido y aventurero. Peck era activo y precavido».[8]

Pero Peck y Evans se dieron cuenta pronto de que harían beneficios incluso mayores si usaban Mutual Union para acosar a Western Union. Desde que a finales de la década de 1860 se convirtiese en la firma dominante en la industria del telégrafo, Western Union se había enfrentado a la amenaza de una adquisición o bien por el Gobierno federal o bien por los financieros de Wall Street. Para luchar contra estas amenazas, el presidente de Western Union, William Orton, usó hábilmente una mezcla de presión política, astutas rebajas en las tasas, levantar líneas a lo largo de las principales líneas ferroviarias y, sobre todo, animar a inventores como Edison y Elisha Gray a desarrollar instrumentos de telégrafo más eficientes. Sin embargo, estas tácticas no eran infalibles; si financieros rivales podían asegurar sus patentes para inventos nuevos o derechos de paso nuevos para las vías de tren, podían fácilmente atacar a Western Union e intentar una opa hostil. Jay Gould siguió esta estrategia dos veces, primero sin éxito en 1874-1877 y luego con éxito en 1879-1881. «En cada ataque —señaló el historiador Richard R. John, Gould— montaba una campaña política para eliminar los privilegios legales de Western Union, provocando oscilaciones fuertes en el precio de mercado de las acciones de Western Union, en las cuales se aprovechaba de información avanzada de las tendencias de mercado, y construía una corporación telegráfica (Atlantic & Pacific en 1874, American Union en 1879) que Western Union encontraba oportuno comprar.»[9]

En 1881, justo como Gould había hecho, Peck y Evans decidieron ampliar Mutual Union para crear su propia red de telégrafo rival. Con la promesa de adquirir «nueve décimos del negocio telegráfico rentable del país» Peck y Evans emitieron acciones y bonos por 10 millones de dólares, convencieron al banquero de Wall Street George F.

Baker para unirse a la empresa y empezaron a construir líneas nuevas. Ganaron una fortaleza significativa cuando Baltimore & Ohio Railroad alquiló sus líneas de telégrafo a Mutual Union. Para supervisar las operaciones, Peck se llevó de Western Union a Brown y lo contrató como director general de Mutual Union. Ansiosos por tener las últimas tecnologías, en Mutual Union contrataron a John Wright y John Longstreet como ingenieros eléctricos de la compañía y se les animó a desarrollar una cinta de cotizaciones de bolsa o un telégrafo imprimible. Todo esto se hizo con tanta energía que en dos años Mutual Union tenía más de veinticinco mil líneas en veintidós estados. Mutual Union presumía de que la capacidad de ganancia anual de la red sería de 1,5 millones de dólares y los dividendos anuales probables serían del 12 %.[10]

Gould no estaba por la labor de ver esta ruina advenediza de Western Union, y contraatacó con las mismas tácticas que había usado en sus ataques a Western Union. Inicialmente Gould compró el 30 % de las acciones de Mutual Union y propuso a Baker que compartiesen el control de la compañía. Cuando Baker lo rechazó, Gould contraatacó involucrando a Mutual Union en una serie de procesos legales. El acta constitutiva de Mutual Union limitaba su capitalización a 1,2 millones de dólares, de modo que el asunto de los 10 millones de dólares de acciones y bonos era ilegal. Incitados por Gould, inversores molestos demandaron que el fiscal general de Nueva York anulase el acta constitutiva de la compañía. (Contrariado, el fiscal general consideró cancelar las actas de ambas: Mutual Union y Western Union.) Western Union demandó a Mutual Union por infringir una patente que poseía para la transmisión de telégrafo inventada por Charles G. Page (discutida más adelante en este capítulo). Mientras tanto, el Ayuntamiento de Chicago rechazó permitir a Mutual Union levantar postes en las calles, y Detroit amenazó con hacer lo mismo. Agobiado por estos eventos, el presidente de Mutual Union, Evans, murió el día de Navidad de 1881.[11]

Pero Peck sabía que esos problemas eran parte del juego de acoso de Western Union; había que ser paciente y esperar que Western Union quisiese hacer las paces. Finalmente se dio cuenta de que no podía permitirse hacer que Mutual Union se convirtiese en el punto de reunión de sus enemigos en la industria del telégrafo. Gould llegó a un acuerdo con Mutual Union en 1885. Después de mucha discusión, Western Union estuvo de acuerdo en alquilar las líneas de Mutual Union. Los términos del alquiler eran que Western Union pagaba un 1,5% al año sobre los 10 millones de dólares de las acciones de Mutual Union y el interés sobre los 5 millones de dólares en bonos, para lo cual 50.000 dólares se asignaban anualmente a un fondo de amortización. Con este acuerdo, Brown volvió a unirse a Western Union como superintendente.[12] Peck había ganado a Gould en su propio juego y salido con una fortuna.

Sobre la base de su experiencia con Mutual Union, Peck y Brown eran los apropiados para hacer de mentores de Tesla en el mundo de promover inventos. Al trabajar en los más altos niveles de la industria de telégrafo, habían aprendido cómo explotar la innovación tecnológica para su beneficio. Sabían cómo crear compañías, promover nuevas tecnologías y el cambio necesario. Peck y Brown identificaron para Tesla oportunidades clave en la industria eléctrica y posicionaron sus inventos de modo que recibieran una publicidad significativa y recompensa financiera. Tesla tenía una gran consideración por ambos hombres, de quienes dijo: «Estaban en todos los acuerdos conmigo los personajes más nobles y más excelentes que he conocido en mi vida».[13]

Intrigado por el motor termomagnético y otras cuantas ideas de Tesla, Peck propuso en el otoño de 1886 que Brown y él asegurasen los esfuerzos de Tesla para convertir estos inventos en artilugios prácticos. Para permitir que Tesla empezara a perfeccionar sus inventos, Peck y Brown alquilaron un laboratorio en el bajo Manhattan en otoño de 1886. Estuvieron de acuerdo en compartir los beneficios: Tesla recibiría un tercio, Peck y Brown se dividirían otro tercio y el tercio restante se reinvertiría en desarrollar futuros inventos. Peck y Brown cubrieron todos los gastos relacionados con asegurar las patentes y pagaban a Tesla un sueldo mensual de 250 dólares. En abril de 1887, Tesla, Peck y Brown formaron la Tesla Electric Company. En mayo de 1887, Szigeti se trasladó a Nueva York para trabajar como asistente de Tesla.[14]

El primer laboratorio de Tesla estaba situado en el distrito financiero de Nueva York, en el número 89 de la calle Liberty, justo a la vuelta de la esquina de las oficinas de Mutual Union, en el 120 de Broadway. En la planta baja estaba Globe Stationery & Printing Company y Tesla ocupaba una habitación en el primer piso. En el laboratorio solo había una mesa de trabajo, un fogón y una dinamo manufacturada por Edward Weston. Para proporcionar energía a la dinamo, Peck y Brown llegaron a un acuerdo con la Printing Company. Como Globe usaba su motor a vapor para hacer funcionar las imprentas durante el día, la compañía podía proporcionar electricidad a Tesla por la noche. En consecuencia, Tesla adquirió el hábito de trabajar en sus inventos por las noches.[15]

En este acuerdo con Peck y Brown, Tesla prometió desarrollar varios inventos diferentes, no solo el motor de CA con el que había soñado durante tanto tiempo. Inicialmente se puso a trabajar sobre los problemas provocados por los conmutadores en los motores y las dinamos. Había estado pensando acerca de los conmutadores durante años y, a pesar de que prefería eliminarlos de la maquinaria eléctrica, elaboró varias mejoras, incluyendo un motor de CA con un conmutador de circuito corto y un conmutador de dinamo que reducía las chispas.[16]

EL GENERADOR PIROMAGNÉTICO

Mientras Tesla registraba debidamente una patente para el conmutador de la dinamo, a Peck y a Brown les intrigaban mucho más sus ideas sobre convertir directamente el calor del carbón ardiente en electricidad.[17] Les atraía esta idea porque estaban muy interesados en la electricidad. Conscientes de la demanda creciente en la industria americana de energía barata, a Peck y Brown se les había dirigido previamente un ingeniero que les proponía generar vapor gracias a la diferencia de temperaturas en el océano. En determinadas situaciones, la diferencia de temperatura entre las aguas frías de las profundidades y las aguas templadas de la superficie del océano puede ser de 60°. Un modo de aprovecharse de este diferencial de temperatura era emplear el principio plasmado en el crióforo, un artilugio desarrollado por el científico inglés W. H. Wollaston. Mientras estudiaba la naturaleza del calor, Wollaston había conectado dos recipientes por un tubo y luego bombeado todo el aire. Colocó agua a temperatura ambiente en un recipiente y el otro lo puso en un baño de hielos. Para sorpresa de Wollaston, el diferencial de temperatura entre los dos recipientes provocó que el agua en el primero se convirtiese en vapor y se trasladase a través del tubo al segundo recipiente donde se condensaba. Sobre la base de esta idea, el ingeniero calculó para Peck y Brown cómo un sistema a gran escala de tuberías, bombas, motores, calentadores y condensadores podría usarse para generar un suministro de vapor del océano aparentemente inagotable, el cual podía ser canalizado a través de máquinas de vapor. Aunque a Peck y a Brown este plan les pareció interesante, les preocupaba la enorme cantidad de capital que requería construir la planta piloto propuesta. Al mismo tiempo, se preguntaban cómo distribuirían toda la energía que una planta de vapor de gran tamaño podría generar, cómo podría la energía transmitirse a numerosas fábricas, tiendas y hogares.[18]

Por su interés en este plan ambicioso del vapor del océano, a Peck y a Brown les atraían las ideas de Tesla sobre convertir el calor del carbón ardiendo directamente en electricidad. La posibilidad de generar electricidad directamente del calor resultaba muy atrayente para los inventores e inversores debido al coste y la complejidad de usar motores de vapor y dinamos. Para obtener electricidad en la década de los ochenta del siglo XIX (o incluso hoy en día), había que quemar carbón, el cual calentaba un calentador y producía vapor. Luego el vapor era utilizado por un motor que giraba la dinamo. En cada paso en este sistema, se perdía energía en forma de calor desaprovechado o fricción. Si podían eliminarse todos estos pasos e ir directamente de quemar carbón a la electricidad, entonces se dispondría de un invento eficiente incluso más revolucionario que la dinamo. (Tesla recuperó esta idea de incrementar la generación de electricidad unos años más tarde con su oscilador mecánico; véase el capítulo 10.)

Para su generador piromagnético, Tesla combinó el principio que había empleado en su motor termomagnético con la ley de Faraday de la inducción electromagnética. En el motor termomagnético, Tesla averiguó que al calentar un imán provocaba que su campo magnético de debilitase o cambiase. Como Faraday había indicado, cuando un campo magnético cambia, induce una corriente eléctrica en un conductor situado en el campo que cambia. Por tanto, si se coloca un conductor en el campo de un imán que está siendo alternativamente calentado y enfriado, se inducirá una corriente en el conductor.[19]

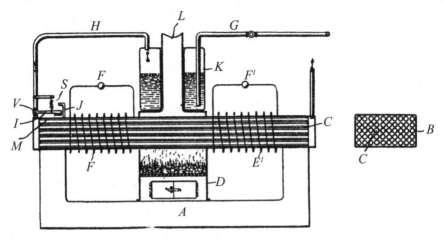

Imagen 4.2. Generador piromagnético de Tesla de 1886-1887.

Leyenda:

A   imán con forma de herradura
B   caja de metal aislada térmicamente
C   tubos huecos de hierro, dentro de *B*
E', *F* dos bobinas de alambre
D   caja de combustión que calienta los tubos de hierro
K   calentador
H   tubería que conecta el calentador con el núcleo de modo que el vapor pueda circular por dentro de los tubos de hierro
V   válvula que controla la circulación del vapor en el núcleo

De TCM, *The Inventions, Researches, and Writings of Nikola Tesla*, 2.ª ed. (1894; reimp. en 1995). Figura 242, p. 430.

Para combinar estos dos principios en un generador piromagnético real, Tesla empezó con un gran imán con forma de herradura (imagen 4.2). En los polos de este imán, colocó un núcleo especial que consistía en una caja de metal aislada térmicamente en la que había varios tubos de hierro huecos. Debido a que el núcleo estaba en el imán de herradura, estos tubos de hierro estaban imantados. Alrededor del exterior del núcleo había atadas dos bobinas de alambre. Bajo el centro del núcleo había una caja de combustión, la cual calentaba los tubos de hierro, y sobre el centro del núcleo había un calentador, el cual estaba conectado por una tubería al núcleo de modo que el vapor podía circular dentro de los tubos de hierro. Para controlar cuándo el vapor circulaba en el núcleo, Tesla colocó una válvula en la tubería entre el calentador y el núcleo.[20]

Cuando estaba en funcionamiento, el carbón ardiendo en la caja de combustión calentaba los tubos de hierro hasta que estaban candentes, alrededor de los 600 ºC. A esta temperatura, los tubos de hierro se desinmantarían y el campo magnético cambiante induciría una corriente en las bobinas. Luego, la válvula se abría, y el vapor (que estaba a 100 ºC) circulaba dentro de los tubos y bajaba su temperatura. Este proceso de enfriado permitía que el campo magnético se restaurase en los tubos de hierro y, de nuevo, el campo magnético cambiante induciría otra corriente en las bobinas. Como calentar y enfriar induciría corrientes moviéndose en direcciones opuestas, el generador piromagnético de Tesla producía corriente alterna.

Tesla consideraba este generador piromagnético como un «gran invento» y trabajó enérgicamente en él desde el otoño de 1886 hasta finales del verano de 1887.[21] Con toda probabilidad, se encontró con problemas al obtener un diferencial de temperatura suficiente entre calentar y enfriar. Con el propósito de generar una cantidad de electricidad significativa, la temperatura del núcleo tendría que ascender y descender drásticamente; si el núcleo retenía su calor latente, entonces se habría generado poca electricidad. Tesla solicitó una patente para este invento, pero no se le concedió.

Consternado por no ser capaz de perfeccionar este invento, Tesla temía que Peck y Brown lo abandonasen, al igual que Vail y Lane habían hecho en Rahway. Sin embargo, Peck tenía gran confianza en Tesla y, en lugar de abandonarlo, le animó a seguir inventando. Cuando parecía claro que el generador piromagnético no iba a funcionar, Tesla recuerda: «... me encontré con Peck justo en la puerta del edificio en el que tenía su oficina, y me habló muy amablemente y dijo: "Ahora no te desanimes porque este gran invento tuyo no esté dando el resultado adecuado, puede que al final tengas éxito. Quizás sería bueno que cambiases a alguna de tus otras ideas y dejases esta durante un tiempo. Sé por experiencia que ese es un buen plan". Volví a animarme».[22]

Aprendiendo a usar dos corrientes desfasadas

Siguiendo el consejo de Peck, Tesla pasó su atención del generador piromagnético a los motores eléctricos. Volvía ahora a la idea que le había surgido en Budapest cinco años antes: un motor con un campo magnético rotatorio (véase el capítulo 2). Como un primer paso para lograr esta idea, Tesla tenía que comprobar su corazonada de que varias corrientes alternas podían producir un campo magnético rotatorio. Había pensado mucho sobre cómo podrían combinarse varias corrientes alternas, pero nunca había intentado ponerlo en práctica.

Tesla empezó modificando la dinamo de CC de Weston en el laboratorio de modo que podía producir dos, tres o cuatro corrientes alternas separadas.[23] Para sus primeros experimentos, usaba un gran anillo laminado para el estátor, parecido al de su motor en Estrasburgo. En vez de tener un único bobinado alrededor del anillo, como hizo en Estrasburgo, ahora Tesla dividía el bobinado en cuatro bobinas separadas, una en cada cuadrante. Hacía que el generador de CA entregase dos corrientes separadas a las bobinas en lados opuestos del anillo (imagen 4.3). Para el rotor del motor, ponía sobre un alfiler una lata de abrillantador de zapatos en equilibrio en el centro del anillo. Para alegría de Tesla, el campo magnético rotatorio provocaba que la lata pudiese girar.[24]

Con este motor, finalmente Tesla había averiguado cómo combinar corrientes alternas para crear un campo magnético rotatorio en el estátor del motor. Para ello, las corrientes distribuidas a cada par de bobinas tenían que estar desafasadas entre sí. En el caso de dos corrientes, mientras una estaba en su valor positivo máximo, la otra estaba en su valor negativo máximo. Si se piensa en las corrientes alternas como curvas del seno, entonces se puede decir que estas dos corrientes están desfasadas 90°. Ahora, al comprender la importancia de tener las corrientes desfasadas, Tesla podía construir un motor eléctrico a escala real usando el campo magnético rotatorio que había imaginado en Budapest.

EL ASCENSO DE LA CORRIENTE ALTERNA A FINALES DE LA DÉCADA DE 1880

Entusiasmado con este avance en motores, Tesla invitó a Brown, su patrón con mentalidad técnica, a presenciar una demostración a finales del verano de 1887. Aunque Brown vio que la lata podía girar en este prototipo, Tesla ahora se enfrentaba al reto de convencer a sus patrones de que este campo magnético rotatorio podía usarse como la base de un

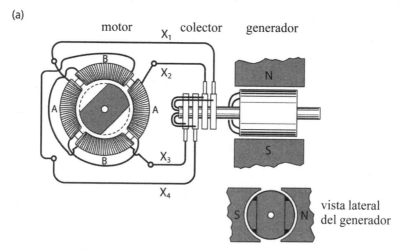

Imagen 4.3. Motor de CA de Tesla en 1887.

Como la mayoría de los ingenieros eléctricos, Tesla usaba una combinación de bobinas electromagnéticas estáticas (el estátor) y bobinas electromagnéticas rotatorias (el rotor) para convertir el movimiento en corriente eléctrica y viceversa en su generador y motor. El diagrama (*a*) muestra cómo Tesla usó cuatro alambres ($X1, X2, X3, X4$) para conectar su motor a un generador de CA. Como se muestra en la vista lateral, el estátor de generador consistía en dos bobinas (N, S) y su rotor, en dos bobinas montadas en ángulo recto entre sí. Este generador producía dos corrientes alternas separadas que se distribuían al motor vía dos pares de colectores. Las dos corrientes viajaban al motor a lo largo de los cuatro alambres y cada corriente alimentaba un par de bobinas en el estátor del motor (bien *AA* bien *BB*). El rotor en el motor es el rectángulo gris dentro de las cuatro bobinas, pero en sus experimentos de 1887 usaba una lata de abrillantador de zapatos redonda.

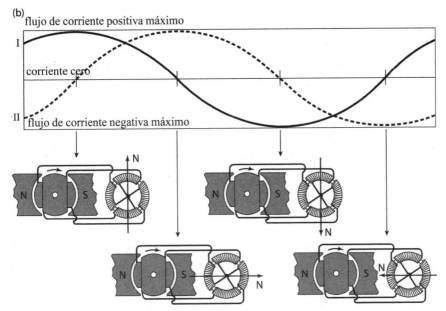

El diagrama (*b*) muestra cómo las dos corrientes alternas separadas (*I*, *II*) estaban desfasadas 90 grados entre sí, lo que quiere decir que cuando una estaba en su máximo, la otra estaba en cero. Las imágenes debajo del gráfico de la corriente muestran cómo el campo magnético en el estátor del motor rotaba a medida que las corrientes ascendían y descendían en el tiempo, con la flecha marcada *N* girando en sentido de las agujas del reloj. A medida que el campo magnético giraba en el motor, inducía una fuerza magnética opuesta en el rotor, provocando que el rotor girase. El rotor se muestra en el motor en el diagrama (*a*) pero no está incluido en las imágenes más pequeñas en el diagrama (*b*), ya que sería difícil mostrar ambos, el rotor y el campo magnético rotatorio.

motor de CA real y comercial. ¿Por qué debían invertir dinero en una lata que podía girar? Aunque para nosotros quizás parezca obvio desarrollar un motor de CA, no lo era para los expertos eléctricos en 1887. Para comprender por qué este era el caso, necesitamos discutir la situación en la industria eléctrica a mediados de la década de 1880.

Por un lado, Peck y Brown probablemente se sentían cómodos con Tesla investigando sobre los motores debido a la discusión cada vez mayor en los círculos eléctricos de usar motores en las centrales. A mitad de la década de los ochenta del siglo xix, a medida que el número de centrales crecía y la industria de servicios se hacía más competitiva, los directores de las centrales comenzaron a interesarse en expandir su clientela añadiendo servicio de motores. Mientras podían seguir proporcionando electricidad para dar luz por las noches, los directores de las centrales vieron los motores como el medio por el cual podían ahora vender energía a las fábricas y las líneas de tranvía durante el día. Como respuesta, las compañías de producción eléctricas añadieron motores a sus líneas de producto y en 1887 había quince firmas en el campo, con un resultado total de diez mil motores.[25] Y si las centrales podían usar motores para distribuir energía a las fábricas, entonces quizás un nuevo motor eficiente permitiría a Peck y Brown distribuir energía a partir de su ambicioso plan de vapor oceánico.[26]

Por otro lado, Peck y Brown desconfiaban mucho de las ideas de Tesla sobre desarrollar un motor de CA, ya que a mediados de la década de 1880 practicamente todas las centrales en Estados Unidos estaban usando CC, no CA.[27] A finales de la década de los setenta del siglo xix, unos cuantos inventores del campo de la electricidad en Francia, así como Elihu Thomson en América, habían experimentado con el uso de la CA en sus sistemas de lámparas de arco eléctrico. La corriente alterna resultaba atractiva a estos inventores, ya que les permitía usar un transformador rudimentario para resolver el problema básico de cómo conseguir que una única dinamo alimentase varias lámparas de arco eléctrico de una vez; esto era lo que los ingenieros eléctricos en la década de 1870 llamaban la «subdivision de la luz eléctrica». Sin embargo, una vez que Charles Brush de Cleveland introdujo su sistema de lámparas de arco eléctrico con CC con una dinamo mejorada y un regulador, los ingenieros eléctricos americanos cambiaron al desarrollo de sistemas con CC. Usando la CC, los emprendedores eran capaces de establecer centrales para bombillas de luz incandescente y de arco eléctrico en docenas de ciudades americanas.[28]

Aunque en Europa la CA no se relegó y los inventores mejoraron el transformador, al atar dos bobinas diferentes en un único núcleo de hierro, advirtieron que podían subir y bajar el voltaje de la corriente alterna, y rápidamente empezaron a usar este nuevo dispositivo de diversas maneras. Por ejemplo, en Londres en 1883, Lucien Gaulard y John Gibbs usaron uno de los primeros transformadores para conectar tanto las lámparas de arco eléctrico como las incandescentes en serie a un único gran generador.[29] Más o menos en la misma época en Budapest, los ingenieros que Tesla había conocido en Industrias Ganz, Zipernowski, Bláthy y Déri (ZBD), vieron la CA como un modo de desarrollar un sistema de luz incandescente que podía dar servicio a un área más amplia. Al tener su generador que producía CA de alta tensión, se dieron cuenta de que podía distribuir energía a lo largo de distancias mayores usando alambres pequeños de cobre. Para proteger a los clientes de la alta tensión, usaban un transformador para reducir el voltaje antes de que la corriente entrase en casas y tiendas. En pocos años, el sistema de ZBD se estaba usando para iluminar varias ciudades europeas. Ambos sistemas, el de Gaulard y Gibbs y el de ZBD, empleaban CA de una única fase, ya que eso era lo que necesitaban para asegurar el cambio de voltaje deseado.[30]

El trabajo en Europa en transformadores de CA pronto fue apreciado por astutos emprendedores americanos en electricidad. Durante un viaje al extranjero en 1885, Charles Coffin de Thomson-Houston conoció el sistema ZBD y, en cuanto regresó, urgió a Thomson a reanudar su trabajo en CA. En 1886, los agentes de Edison en Europa avisaron de que estaban compitiendo contra Industrias Ganz por contratos de luz, y convencieron a la organización de Edison para asegurar una opción en los derechos de la patente americana del sistema de ZBD.[31]

Pero el emprendedor americano al que más le intrigaba el transformador de CA era George Westinghouse (1846-1914). Formado en el taller neoyorquino de su padre en Schenectady, Westinghouse poseía una mezcla única de genio técnico y perspicacia para los negocios. No solo fue capaz de desarrollar frenos neumáticos y mejorar los sistemas de señal de las vías de tren, sino que estaba igualmente dotado para llevar las compañías necesarias para manufacturar y vender estas innovaciones a gran escala. En 1884, Westinghouse comenzó a interesarse en la luz eléctrica, inicialmente como un modo de diversificar su Union Switch and Signal Company. Como primer paso, Westinghouse contrató a William Stanley Jr, que había patentado una lámpara incandescente y una dinamo autorreguladora.

Al principio, Westinghouse simplemente intentó desarrollar un sistema de CC similar al de Edison, pero en la primavera de 1885 comenzó a sentir curiosidad por el sistema de transformador de CA de Gaulard y Gibbs, después de leer sobre él en la revista *Engineering*.[32] Sintiendo que habría remuneraciones limitadas al desarrollar un sistema de CC más, Westinghouse decidió atacar desde una nueva dirección. En concreto, sospechaba que la CA podía usarse para establecer centrales en municipios a los que la organización de Edison no podía dar servicio. Debido al alto coste de sus generadores y redes de distribución de cobre, la organización de Edison podía vender sistemas solo a pueblos y ciudades en las cuales hubiese un centro de población denso, pues para que una central de Edison fuese rentable, necesitaba estar localizada donde pudiese dar servicio a docenas de casas y negocios. Westinghouse creía que con la CA, uno podría lograr economías de escala; al emplear transformadores, podía incrementar el voltaje, distribuir energía a lo largo de una región más amplia y, por tanto, dar servicio a más clientes. Su sistema de CA podría diseñarse y ser rentable en pueblos y ciudades en las cuales la población estuviese dispersa.

Una vez vio el potencial para la CA, Westinghouse se movió con decisión. Envió un asociado, Guido Pantaleoni, a Europa a asegurar una opción en el sistema de Gaulard y Gibbs. En el verano de 1885, Westinghouse ordenó el envío de varios transformadores de Gaulard y Gibbs a su fábrica en Pittsburgh, y pidió a Stanley que diseñase un sistema de luz incandescente de CA.[33] Trabajando en un pequeño laboratorio en Great Barrington (Massachusetts), Stanley desarrolló un diseño real para un transformador y confirmó la idea de que los transformadores deberían conectarse al generador en paralelo, no en serie, como Gaulard y Gibbs habían hecho. Para demostrar el valor de su transformador, Stanley colgó cables en árboles a lo largo de las calles de Great Barrington para hacer llegar CA a casas y negocios en marzo de 1886.[34] Basándose en el sistema de demostración de Stanley, Westinghouse instaló su primer sistema comercial de CA en Buffalo (Nueva York) en noviembre siguiente. Determinado a seguir el ritmo de Westinghouse, Thomson-Houston instaló un sistema de CA en la Lynn Electric Light Company en mayo de 1887, y para final del año Thomson-Houston había instalado otros veintidós sistemas.[35]

La comunidad de ingenieros eléctricos seguía con interés el rápido desarrollo de los sistemas de luz de CA durante 1887. Mientras los transformadores de CA habían recibido solo una mención de pasada en la revisón anual de tecnología punta *Electrical World* en enero de 1887, la revista consideraba el desarrollo de los sistemas de luz usando transformadores como uno de los más importantes avances en enero de 1888.[36]

La fraternidad eléctrica estaba fascinada con la CA, no porque estuviesen seguros de que era la tecnología del futuro, sino porque veían un hueco serio entre la idea y la realidad. Idealmente, la CA debería permitir a las centrales distribuir energía a un número mayor de clientes, pero siendo realistas esto todavía había que lograrlo. Tal y como estaban las cosas a finales de 1887, la CA presentaba tanto oporunidades comerciales como problemas técnicos y riesgos significativos. Aunque los transformadores podían subir y bajar el voltaje, para los ingenieros de Westinghouse y Thomson-House resultaba difícil diseñar un transformador eficiente. Otros críticos estaban preocupados por los costes de grandes centrales de CA. Westinghouse afirmaba que la mayor ventaja de la CA era que uno podía erigir una gran planta en las afueras de una ciudad y podía generar electricidad de manera barata. Familiarizados con las dificultades de reunir capital para construir centrales, tanto Edison como muchos directores de centrales creían que las plantas grandes de CA serían muy costosas de construir y los cargos del interés por la inversión eliminarían cualquier beneficio de explotación.[37]

Aunque otra preocupación era segura. Edison y sus asociados habían pasado una gran parte de tiempo tratando de identificar mejores materiales aislantes para sus sistemas de bajo voltaje, y simplemente no creían que Westinghouse pudiese proteger de modo seguro a la gente de sus descargas de alta tensión.[38] Finalmente, varios comentaristas señalaron que los sistemas de CA ofrecidos por Westinghouse y Thomson-Houston no eran tan convenientes o versátiles como los sistemas de CC: ambas compañías carecían de un contador para medir cuánta electricidad se usaba por cada individuo, así como de un motor para proporcionar energía a fábricas y tranvías. Después de completar un estudio meticuloso de los pros y los contras de la CA, Edison resumió los problemas con la CA señalando que simplemente «no merecía la atención de los hombres prácticos».[39]

EL HUEVO DE COLÓN

Peck y Brown eran conscientes de estas tendencias en la industria eléctrica. Sabían que mientras hubiese un interés creciente en los motores eléctricos, nadie estaba seguro de que el futuro perteneciese a la CA. Por tanto, aunque Peck y Brown animaban a Tesla a investigar los motores eléctricos, no les entusiasmaba el hecho de que trabajase en un motor de CA. Hasta donde ellos sabían, la CA podría ser solo una moda pasajera, interesante, sí, pero demasiado difícil para ser perfecta. Quizás fuera mejor que Tesla se centrase en un motor de CC para el cual había un mercado listo.

Tras varias reuniones desalentadoras con Peck y Brown para discutir sus planes para un motor de CA, Tesla se dio cuenta de que necesitaba una demostración espectacular. No era suficiente mostrar a Brown una lata de abrillantador de zapatos girando en un campo magnético rotatorio; Tesla necesitaba hacer algo que pudiese atrapar la imaginación de sus mecenas.

En consecuencia, en su siguiente encuentro, Tesla preguntó a Peck y Brown si conocían la historia del huevo de Colón. Según la leyenda, Cristobal Colón venció las críticas de la corte española de la reina Isabel la Católica retando a sus miembros a mantener un huevo en equilibrio sobre uno de sus extremos. Después de que quienes se burlaban no fuesen capaces de conseguir mantener el huevo en equilibrio, Colón hizo que el huevo se quedase vertical cascando ligeramente su base. Impresionados de que Colón hubiese sido más astuto que sus críticos, Isabel la Católica empeñó sus joyas para financiar los barcos del navegante.[40]

Cuando Peck y Brown admitieron que habían oído la historia, Tesla les dijo que él podía hacer que un huevo se quedase vertical sin romper la cáscara. Si podía mejorar lo hecho por Colón, ¿estarían Peck y Brown dispuestos a suscribir sus experimentos con CA? «No tenemos joyas de la corona para empeñar —respondió Peck—, pero hay unos pocos ducados en nuestros pantalones de ante y quizás podríamos ayudarte.»[41]

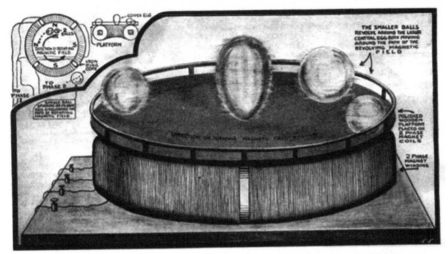

Imagen 4.4. Aparato del huevo de Colón de Tesla, hacia 1887.
De «Tesla's Egg of Columbus», *Electrical Experimenter* 6: 774-775 y ss.
(marzo de 1919), p. 774.

Para ganar esos ducados, Tesla ató su imán de cuatro bobinas a la
parte inferior de una tabla de madera y obtuvo un huevo chapado en
cobre y varias bolas (imagen 4.4). Cuando Peck y Brown llegaron al
laboratorio, Tesla colocó el huevo de cobre en la parte superior de la
mesa y aplicó dos corrientes desfasadas al imán. Para su asombro, el
huevo se mantenía sobre un extremo, y Peck y Brown se quedaron
estupefactos cuando el huevo y las bolas giraban por sí mismas encima
de la mesa. Mientras lo miraban como algo mágico, Tesla rápidamente
explicó a Peck y Brown que el huevo y las bolas estaban girando por el
campo magnético rotatorio. Muy impresionados por esta demostración, Peck y Brown se convirtieron en defensores apasionados del trabajo de Tesla en motores de CA.

Este episodio enseñó a Tesla que la invención requeriría un grado
de maestría escénica para crear la ilusión correcta sobre sus creaciones.
La gente no invierte en inventos construidos a partir de latas, sino que
lo hace en proyectos que cautivan su imaginación. Para atraer a la gente, con frecuencia hay que echar mano de metáforas, historias y temas
que tienen poder en una cultura concreta, y eso es lo que Tesla hizo

invocando la historia de Colón. Una vez los atrajo, Tesla pudo conseguir que Peck y Brown pensasen en el potencial comercial de su motor.

Desarrollo de motores polifásicos

Una vez había convencido a Peck y Brown gracias a su huevo de Colón, Tesla siguió adelante con motores que utilizaban un campo magnético rotatorio. Con ayuda de Szigeti, fabricó dos motores de CA básicos que usaba en casi todos sus experimentos en 1887 y 1888. El primero era una elaboración del aparato del huevo de Colón, el cual consistía en un gran anillo laminado (el estátor) con un disco de hierro (el rotor) rotando en su centro (imagen 4.5).[42] En el segundo motor, Tesla de nuevo usó un anillo laminado, pero esta vez colocó cuatro bobinas en salientes dentro del anillo. En su segundo motor, Tesla intentó varios rotores diferentes incluyendo tanto un disco como uno con forma de cilindro.[43] Averiguó que ambos diseños de motores funcionaban y que cuando invertía las conexiones eléctricas, los motores cambiaban las direcciones instantáneamente. Tesla estaba muy satisfecho con estos motores, ya que «eran exactamente como los había imaginado. No hice ningún intento de mejorar el diseño, sino simplemente reproduje las imágenes que aparecieron en mi visión y la operación fue siempre como yo esperaba».[44]

Como estos motores usaban dos o más corrientes alternas que estaban desfasadas entre sí, Tesla se refería a ellos como sus motores polifásicos. No era el único inventor que trabajaba en motores de CA en esa época, pero sus motores polifásicos eran significativamente diferentes a los desarrollados por Elihu Thomson y otros rivales. Primero, Tesla mantuvo su motor simple, y se concentró en encontrar un modo de hacer que el rotor girase induciendo corrientes de Foucault en él, más que haciendo llegar corrientes a él. Segundo, desarrolló el motor alrededor de un fenómeno que no era necesariamente evidente en la naturaleza, un campo magnético rotatorio. Y tercero, a diferencia de sus contemporáneos, Tesla estaba dispuesto a usar varias corrientes alternas para crear el campo magnético.

A finales de 1887, Peck y Brown reconocieron que Tesla había inventado un nuevo motor de CA extraordinario y le urgieron a patentar

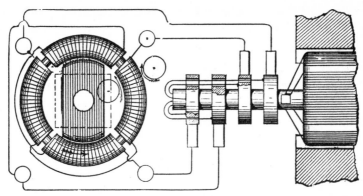

Imagen 4.5. Arreglo experimental básico de Tesla para experimentar
con motores de CA en el otoño de 1887.
A la izquierda está el motor y a la derecha está el generador. El generador
produce dos corrientes alternas separadas, como muestran los cuatro
colectores en su eje rotor. El motor consistía en el estátor, que es una bobina
con forma de anillo y un rotor de acero rectangular en el centro de la bobina
de anillo. El estátor tenía cuatro bobinas separadas que estaban conectadas en
pares al generador. Cuando las dos corrientes producidas por el generador
estaban desfasadas 90°, producían un campo magnético rotatorio en el estátor.
Este campo, a su vez, provocaba que el rotor girase sobre su pivote.
De TCM, *The Inventions, Researches, and Writings of Nikola Tesla*, 2.ª ed.
(1894, reimp. en 1995). Figura 9, p. 6.

sus ideas. Peck envió a Tesla a consultar con el despacho de abogados
Duncan, Curtis & Page. Peck tenía una muy buena opinión de este
despacho y le aseguró a Tesla que le garantizarían patentes adecuadas
para sus inventos. En Duncan, Curtis & Page, el trabajo en las patentes
de Tesla fue llevado a cabo por uno de los socios del despacho, Parker
W. Page (1862-1937). Educado en Harvard, Page probablemente tenía
un interés especial en los motores de Tesla, ya que su padre, Charles
Grafton Page, había trabajado sobre motores eléctricos, e incluso en
una locomotora a escala real alimentada con baterías, en las décadas de
los cuarenta y los cincuenta del siglo xix. Además, las patentes eran
importantes para la familia de Page. A finales de su vida, Charles Grafton Page obtuvo una patente especial del Congreso para cubrir la forma
general de una bobina de inducción y, tras su muerte, su viuda, Prisci-

lla, convenció a Western Union para comprar los derechos de esta patente por 25.000 dólares más royalties pagados con títulos de licencia. Entre el trabajo de su padre en motores eléctricos y el éxito de su madre en la venta de una patente de éxito a Western Union, Parker Page era el abogado ideal para trabajar en las patentes de motores de Tesla.[45]

Las oficinas de Duncan, Curtis & Page estaban localizadas en el 120 de Broadway, en el mismo edificio que la oficina de Peck, y justo al girar la esquina desde el laboratorio de Tesla en la calle Liberty. Tesla visitaba regularmente la oficina de Page y le llevaba bocetos y descripciones técnicas de sus ideas. Tesla preparó cuidadosamente sus descripciones escritas como si fuesen informes técnicos, no solo porque los consultaba mientras estaba experimentando, sino porque estaba esperando escribir un libro titulado *The History of a Thousand and One Alternating Current Motors* (La historia de los mil y un motores de corriente alterna). Según Page, Tesla enfatizaba principios generales en sus descripciones, no diseños de motor específicos. Usando los informes y bocetos de Tesla, Page redactó solicitudes de patentes, que Tesla veía y revisaba.[46]

Trabajando juntos, Page y Tesla se enfrentaban ahora a una decisión estratégica: ¿cómo debería proteger su invento? Hasta este momento, Tesla había seguido la costumbre de la mayoría de los inventores y solicitado patentes indicando el diseño de los componentes individuales; por ejemplo, con su sistema de lámparas de arco eléctrico, registró solicitudes separadas para su dinamo, lámpara y regulador. Sin embargo, para su motor polifásico, Page y Tesla decidieron que una serie de solicitudes para los diseños individuales del motor no captaría la esencia del invento. Desde sus días de estudiante, Tesla había estado pensando en su motor como un sistema y ahora quería revelar su invento al mundo como tal. Por lo tanto, Page y Tesla optaron por la valiente estrategia de rellenar solicitudes reclamando un sistema que usaba motores polifásicos para transmitir energía.

Convencido de que su motor debería ser visto como un sistema completo, Tesla registró una solicitud de patente exhaustiva el 12 de octubre de 1887.[47] En esa solicitud, Tesla reclamaba no solo la invención de un nuevo motor de CA, sino también de un nuevo sistema de transmisión de energía eléctrica. Anticipándose al hecho de que quizás los examinadores de la oficina de patentes no comprendiesen cómo funcionaba su nuevo motor, Tesla explicó su teoría de cómo un campo magnético rotatorio provocaba que el rotor girase.

Durante el otoño, Tesla y Page consolidaron la amplia solicitud con cuatro presentaciones más a la oficina de patentes que cubrían varias ideas para motores que se remontaban a sus días de estudiante en Praga.[48] Sin embargo, la oficina de patentes consideró demasiado amplias todas esas solicitudes; en concreto, los examinadores no querían que Tesla solicitase su motor y su sistema de transmisión de energía en la misma patente. Así las cosas, en marzo de 1888, Page y Tesla se vieron obligados a dividir tres de las solicitudes en presentaciones separadas para el motor y los diseños de los sistemas. Como resultado, Tesla acabó con siete patentes cubriendo sus ideas polifásicas y todas se resolvieron el 1 de mayo de 1888.[49]

ALGO MÁS PRÁCTICO: MOTORES DE FASE PARTIDA

Tesla estaba bastante orgulloso de su motor polifásico y sus ideas de transmisión de energía, e invirtió una gran cantidad de tiempo escribiendo estas solicitudes de las patentes. A Tesla le cautivaba la idea de desarrollar sistemas completos para la transmisión de energía eléctrica, sistemas en los cuales el motor y el generador combinasen el uno con el otro. Tesla tenía confianza en que, desarrollando sistemas completos, sería capaz de producir motores y generadores eficientes en el sentido de que tendrían el mejor resultado posible para su peso.[50]

Pero Brown, el patrocinador de mentalidad técnica de Tesla, no estaba totalmente convencido de que la estrategia de los sistemas fuese el mejor modo de desarrollar motores de CA. Brown estaba preocupado porque el plan polifásico de Tesla necesitaba cuatro, o hasta seis, cables para funciones entre el generador y el motor. En las instalaciones de lámparas de arco eléctrico de Brush a finales de la década de 1870 había usado cuatro o más cables para conectar las lámparas a la dinamo, pero dado el alto coste del alambre de cobre, los ingenieros eléctricos habían pasado a finales de la década de 1880 a planteamientos de dos y tres cables para la luz eléctrica.[51] El sistema polifásico de Tesla simplemente no se correspondía con los sistemas de dos cables que Westinghouse y Thomson-Houston construían y con los que trabajaban. Como sus motores polifásicos estaban diseñados para funcionar con cuatro o seis cables, no era posible conectar un motor polifásico de Tesla a un sistema eléctrico existente. Si una central iba a emplear el sistema polifásico de Tesla, tendría que empezar de cero e instalar un generador especial y una red de cableado. Por tanto, Tesla quizás pensase que su sistema polifásico era ideal, pero en opinión de Brown tenía un potencial comercial limitado.[52]

En septiembre de 1887, justo después de que Tesla mostrase el motor con la lata de abrillantador de zapatos, Brown preguntó a Tesla si podría diseñar un motor de CA que pudiese funcionar en circuitos monofásicos existentes, un motor que necesitaría solo dos cables para conectarse al generador. Ensimismado como estaba con la creación de su idea para un sistema polifásico de transmisión de energía, a Tesla no se le había ocurrido que alguien quisiera motores que funcionasen con líneas de CA existentes.[53]

Sin embargo, en pocos días, Tesla empezó a mostrar a Brown motores que podían funcionar con dos cables usando CA monofásica. Para estos motores, Tesla dividió la CA entrante en dos circuitos que eran bifurcaciones y luego usó varias técnicas para provocar que la corriente en una bifurcación fuese desfasada con respecto a la otra. Para hacer que una corriente fuese desfasada, Tesla colocó bobinas de resistencia, condensadores y bobinas de inducción en una rama del circuito que iba al motor. Cada uno de estos circuitos estaba conectado a bobinas en los lados opuestos del estátor en el motor y las corrientes desfasadas creaban un campo magnético rotatorio. Cuando Brown expresó preocupación acerca de que los dispositivos extra como las bobinas de resistencia producían pérdida de calor y bajaban la eficiencia del motor, Tesla las eliminó empleando dos tipos de cable en las bobinas de estátor. Usando alambre grueso con una resistencia baja para un grupo de bobinas del estátor y alambre fino con alta resistencia para el otro grupo, producía dos corrientes desfasadas y, por lo tanto, un campo magnético rotatorio justo como el de sus motores polifásicos.[54]

Impresionado por la habilidad de Tesla para generar un montón de motores de fase partida, Brown le animó a preparar solicitudes de patentes para todas sus ideas. Con su vista para las novedades en la industria de servicios eléctrica, Brown sentía que las patentes para motores de CA que podían añadirse a las redes de distribución existentes serían valiosas. Sin embargo, Tesla no estaba de acuerdo con Brown, y argumentaba que necesitaba dar con un diseño de fase partida tan eficiente como sus motores polifásicos. Claramente a Tesla le fascinaba su sistema polifásico ideal y estaba mucho más interesado en cómo este sistema podía transmitir energía de un punto a otro. Estaba seguro de que podía alcanzar la eficiencia de sus motores de fase partida, pero, hasta conseguirlo, registraría solo solicitudes de patentes para sus invenciones polifásicas. Como resultado, Tesla decidió no registrar ninguna solicitud para los motores de fase partida que construyó durante el otoño de 1887.[55]

Durante los meses siguientes Tesla continuó preparando sus solicitudes polifásicas y no comunicó nada a su abogado, Page, sobre sus motores de fase partida, aunque, en abril de 1888, Page preguntó a Tesla sobre estos motores. Mientras trabajaba con Tesla en la solicitud para usar un transformador para regular la relación de fases entre dos corrientes, Page se interesó acerca de si el motor descrito en esta solicitud podría funcionar con dos cables. Cuando respondió afirmativamente, Tesla recuerda que «Page me miró sorprendido y me pidió que se lo explicase con más detalle. Lo recuerdo muy bien, porque casi me muero del susto». Page no podía creer que Tesla no estuviese al corriente de la demanda creciente de un motor de CA práctico y que no se hubiese molestado en revelar que había inventado un motor de dos cables. Mientras tanto, a Tesla le preocupaba que si Page conocía estos diseños de dos cables podía no tomarse su sistema polifásico en serio. Como Page recordó, Tesla «no me había contado intencionadamente su conocimiento sobre estos motores (de dos cables) por temor a que si sabía que sus motores polifásicos podían funcionar en un único circuito como cualquier otro motor, yo creería que el invento (es decir, el sistema polifásico) no serviría para nada y, en consecuencia, no redactaría buenas solicitudes».[56]

Una vez recuperó la compostura, Page se dispuso a garantizar patentes fuertes para los motores de fase partida de Tesla. La situación era complicada porque las extensas solicitudes de los polifase en la oficina de patentes estaban listas para expedirse el 1 de mayo de 1888. Anticipándose a esto, Page había estado preparando solicitudes para media docena de inventos de polifase específicos adicionales y necesitaba registrar estas solicitudes pendientes antes de que las patentes generales se resolviesen.[57] Si no lo hacía así, los examinadores podían rechazar los diseños específicos, argumentando que estos inventos estaban ya cubiertos por las patentes más amplias. Además, Page había registrado solicitudes de patentes en varios países extranjeros, entre ellos Inglaterra y Alemania, y ahora estaba preocupado porque las patentes de polifase extranjeras tenían que estar basadas en lo que estaba cubierto en las patentes americanas. Si Page revisaba las solicitudes de polifase para incluir los motores de fase partida de Tesla, corría el riesgo de retrasar significativamente las patentes extranjeras. Para resolver estas complicaciones, Page hizo un viaje relámpago a la oficina de patentes en Washington, y en cuanto regresó, empezó a hacer un borrador de las solicitudes de un motor con dos cables para que Tesla la revisase.[58]

Hubiera sido fácil concluir de la reticencia de Tesla a patentar sus motores de fase partida que, como otros inventores, Tesla tendía a tener un punto ciego sobre las implicaciones comerciales de su trabajo. Elihu Thomson, por ejemplo, fracasó totalmente en apreciar la importancia de desarrollar un sistema de CA monofásico usando transformadores y solo registró patentes en 1885 cuando lo instó su patrocinador, Charles A. Coffin.[59]

Sin embargo, este episodio con los motores de fase partida revela una característica todavía más fuerte del estilo de Tesla como inventor. Ansiaba desarrollar su sistema polifásico porque encarnaba un principio ideal. A lo largo de su trabajo en el motor de CA, estaba fascinado por la simetría de su sistema de CA; al igual que varias corrientes alternas se producían cuando el rotor atravesaba el campo magnético del generador, así las corrientes alternas de múltiples fases podían producir movimiento en el motor por medio de un campo magnético rotatorio. Tesla podía capturar y utilizar esta simetría ideal en su sistema polifásico, pero no podía hacer lo mismo con los motores de fase partida. Podía dividir la corriente usando una variedad de trucos ingeniosos, pero estos trucos no eran lo mismo que emplear un bello principio.

Como veremos, a lo largo del curso de la carrera de Tesla, su fortaleza era identificar una gran idea y buscar cómo desarrollar un sistema alrededor de ella. La dificultad con esta aproximación era que significaba que Tesla esperaba que los hombres de negocios y los consumidores se ajustasen a sus sistemas, basados en un ideal, más que Tesla ajustase sus sistemas a las necesidades y deseos de la sociedad. En el caso de sus motores polifásicos frente a sus motores de fase partida, significaba que Tesla pensaba que la sociedad debía adoptar su bello sistema polifásico incluso si ello significaba reemplazar los sistemas monofásicos de dos cables con redes más caras de cuatro cables necesarias para los polifásicos. Las consideraciones prácticas y los costes significaban poco para Tesla en comparación con un ideal. En esto Tesla era como Steve Jobs, quien frecuentemente exhortaba a sus ingenieros a no preocuparse por los costes sino a, en su lugar, diseñar productos absurdamente geniales con nuevas capacidades.[60]

El resultado de este desacuerdo y esta confusión con Brown y Page fue que Tesla acabó obteniendo dos grupos de patentes; un grupo cubriendo sus ideas para motores y sistemas polifásicos de múltiples cables, y un segundo grupo que cubría los motores más prácticos de fase partida o dos cables. Tesla se equivocó al retrasar el registro de las solicitudes de fase partida porque ese retraso debilitó sus reivindicaciones prioritarias y le llevó a un litigio de patentes que duró los siguientes quince años. Como veremos, al tener patentes cubriendo tanto principios amplios como diseños prácticos, Tesla dio a sus patrocinadores una baza fuerte para jugar en las negociaciones con los fabricantes eléctricos.

Venta del motor (1888-1889)

ESTRATEGIA DE NEGOCIO

Empujado por Brown y Page, Tesla pasó abril y mayo de 1888 trabajando a un ritmo febril. Comprendía la necesidad de hacer pruebas y preparar solicitudes de patentes para todos los diseños de motor de fase partida que fuera posible. «Hacía experimentos a diario —recuerda— e improvisaba ... modelos a partir de piezas de láminas de hierro y discos y rotores de varias formas colocados en orientaciones temporales. Hasta donde yo recuerdo, puede que posiblemente tuviera veinte modelos acabados que estuviesen completos.» A medida que sus experimentos progresaban, Tesla daba a Page informes orales a partir de los cuales este preparaba solicitudes de patentes. Fuera de la plétora de los motores experimentales, Page y Tesla decidieron concentrarse en el método más prometedor, e inicialmente registraron solicitudes cubriendo un motor de fase partida que tenía las bobinas del estátor enrolladas con cable grueso y fino (descrito en el capítulo 4).[1]

Mientras Tesla permanecía en el laboratorio, Peck y Brown no estaban ociosos. Como se hizo evidente que Tesla ciertamente había inventado varios motores de CA prometedores, empezaron a pensar cómo podían obtener dinero de los inventos de Tesla. Dado que Peck y Brown sabían de sus anteriores aventuras, había tres estrategias básicas que seguir. Primera, podían usar las patentes para crear su propio nuevo negocio en el que fabricar o usar sus inventos. Como las patentes impedían a otros fabricar el producto o usar el procedimiento, el inventor ganaba beneficios de esta situación de monopolio. Un ejemplo de esta estrategia es cómo George Eastman usó su sistema patentado de enrollar el carrete para levantar Eastman Kodak a principios de la década de los ochenta del siglo xix.[2]

Segundo, los inventores podían conceder licencias a un fabricante establecido. Bajo la licencia, se podría solicitar al fabricante que pagase al inventor royalties por cada ítem fabricado. Por ejemplo, tras obtener una patente para una «locomotora de la calle» en 1895, George B. Selden cobró a los fabricantes de automóviles una tasa de 15 dólares por cada automóvil fabricado en Estados Unidos. Finalmente Selden fue derrotado en los juzgados en 1911 por Henry Ford.[3]

Y tercero, podían vender los derechos de sus patentes a otro emprendedor o a otra compañía. El inventor obtendría un beneficio inmediato y evitaría los riesgos de tener que fabricar y comerciar su invento. Elmer Sperry, por ejemplo, desarrolló un proceso electrolítico para hacer plomo blanco en 1904 que vendió a Hooker Electrochemical Company.[4]

En su mayor parte, los historiadores se han concentrado en cómo los inventores del siglo xix seguían la primera estrategia (fabricación) principalmente porque esa estrategia llevó a la creación de firmas duraderas como General Electric o Eastman Kodak. Sin embargo, para un inventor medio del siglo xix esta estrategia entrañaba un alto riesgo de capital y probablemente solo compensase a largo plazo. Además, requería que el inventor dominase las complejidades de la fabricación y la venta, y muchos inventores carecían de estas habilidades de negocio. Sospecho que algunos inventores decidieron establecer un negocio de fabricación o uso de sus inventos solo tras haber agotado las posibilidades de venta o dar licencia de sus patentes. Por ejemplo, Bell y sus patrocinadores inicialmente trataron de vender la patente del teléfono a Western Union en 1876, y solo después de que Western Union rechazase comprarla crearon American Bell Telephone Company y empezaron a construir centralitas.[5]

Dado el riesgo asociado a la fabricación, muchos inventores del siglo xix preferían o bien vender o bien dar licencias de sus patentes. Durante la década de 1870, Munn & Company, la agencia de patentes afiliada con Scientific American, urgía a sus clientes inventores a perseguir la estrategia de la licencia.[6] En concreto, dar licencias se veía como algo muy beneficioso, ya que uno podía conceder un gran número de licencias a diferentes firmas en distintos territorios. Con su sistema de luz incandescente, Edison Electric Light Company hizo un espléndido beneficio concediendo licencias a compañías eléctricas en docenas de ciudades. Sin embargo, como estrategia, dar licencias tenía un inconveniente en el que el inventor tenía que estar siempre atento a los competidores infringiendo sus patentes, no fuera que las licencias perdiesen su posición de monopolio. Al no defender con contundencia sus patentes a mediados de la década de 1880, Edison Electric Light Company permitió involuntariamente surgir a varios competidores, y uno de ellos, Thomson-Houston Electric Company, finalmente se hizo con el control de Edison Company para formar General Electric en 1892.[7]

En este contexto Peck y Brown elaboraron su estrategia de negocio para los inventos de Tesla, que puede resumirse como patente-promoción-venta. A medida que Tesla creaba inventos eléctricos nuevos, los patentaba. Sus patrocinadores le proporcionaban el dinero necesario para cubrir los gastos del laboratorio y las tasas de las patentes. Una vez que sus inventos tenían la patente, Tesla los promocionaría ampliamente a través de entrevistas, demostraciones y conferencias para así atraer a los hombres de negocios. Para ganar beneficio con su inversión, Peck y Brown luego buscaban vender o dar licencias de las patentes a fabricantes establecidos u otros inversores, que montarían nuevas compañías. Por tanto, el nombre del juego para Tesla y sus benefactores no era manufacturar sus inventos, sino venderlos o dar licencias de ellos.

La estrategia de vender o dar licencias de patentes planteaba distintos retos para el inventor y sus patrocinadores. Había que conocer gente que pudiese estar buscando una nueva tecnología, luego había que generar interés y excitación sobre las patentes que estaban en venta y, finalmente, negociar términos favorables. Estas negociaciones conllevaban mucho regateo, ya que el vendedor (es decir, el inventor) pedía el mayor precio posible para así recuperar los costes de desarrollar el invento, mientras que el comprador buscaba minimizar su riesgo manteniendo el precio bajo (¿cuánto costará convertir el invento en un producto?, ¿venderé el producto?). Al mismo tiempo, el inventor también tenía que tener en mente que quizás no tuviese las únicas patentes en venta y que pedir un precio demasiado alto podría enviar al comprador a otros inventores. Por tanto, para obtener el mejor precio posible y no ahuyentar al comprador, el inventor y sus patrocinadores podían usar todo tipo de argumentos para persuadir al comprador de que el invento en cuestión era la mejor versión posible y ofrecía un gran potencial. Para el inventor y sus patrocinadores, la persuasión era esencial en el arriesgado negocio de vender o dar licencias de patentes.[8]

PROMOCIONANDO LOS MOTORES DE TESLA

Una vez establecida su estrategia de patente-promoción-venta, Peck y Brown tenían que promocionar los inventos de Tesla enérgica pero cuidadosamente. La gente adecuada, los directores al frente de las compañías de fabricación eléctrica, tenían que aprender acerca de sus inventos del modo correcto, científica y objetivamente. En la década de 1880, docenas de inventores presentaban cientos de patentes eléctricas, muchas de las cuales no tenían demasiado valor. Por ejemplo, Thomson-Houston Company estaba inundada con ofertas de patentes de inventores, incluida una para un dudoso producto llamado «agua eléctrica».[9] Por lo tanto, Peck y Brown tenían que trazar una trayectoria a través de la cual pudiesen captar la atención de los fabricantes eléctricos y convencerlos del potencial comercial de las patentes de Tesla. Al igual que el inventor había captado su atención con el huevo de Colón, ahora Peck y Brown tenían que conectar con la imaginación de los fabricantes eléctricos.

En la elaboración de sus esfuerzos promocionales, Peck y Brown tenían que vencer la oscuridad de Tesla. Desde su llegada a América en 1884, Tesla se había mantenido aislado y no se había unido a ninguna de las organizaciones del campo de la electricidad recientemente formadas, como el American Institute of Electrical Engineers, la National Electrical Light Association o el Electrical Club of New York.[10] Exceptuando los ingenieros eléctricos que se había encontrado trabajando en la organización de Edison, Tesla conocía a poca gente en esa comunidad. Al carecer de información acerca de Tesla, los ingenieros eléctricos se preguntaban cómo un joven de treinta y dos años de una parte poco conocida del este de Europa podía haber desarrollado un motor de CA tan prometedor. ¿Era todo lo que él sostenía que era?

Para conseguir que circulase el «rumor» correcto sobre los motores de Tesla, Peck y Brown buscaron el respaldo de un experto, el profesor William Anthony. Formado en la Universidad de Brown y en Sheffield Scientific School de Yale, Anthony era un experto en electricidad y óptica. Entre 1872 y 1887 fue profesor de física en la Universidad de Cornell. Mientras estaba en Cornell, Anthony había probado dinamos y establecido el primer programa de ingeniería eléctrica en Estados Unidos. Como deseaba perfeccionar sus propios inventos eléctricos, dejó Cornell en 1887 para convertirse en el ingeniero eléctrico (el ingeniero jefe) en Mather Electric Company en Manchester (Connecticut). Al poseer tanto credenciales académicas como experiencia comercial, a Peck y Brown Anthony debió de parecerles la persona ideal para evaluar los motores de Tesla.[11]

En marzo de 1888, Peck y Brown enviaron a Tesla a visitar al profesor Anthony en Manchester. (Tesla hizo ese viaje justo durante la gran tormenta de nieve de 1888 y estuvo atrapado durante varios días en Manchester.) Tesla preparó dos motores especiales para que Anthony los probase. Ambos eran diseños polifásicos, no máquinas de fase partida, ya que Peck y Brown estaban preocupados por desvelar demasiado de lo que Tesla había logrado. Las pruebas fueron bien, y Anthony concluyó que los motores de CA de Tesla eran tan eficientes como los motores de CC que estaban disponibles en ese momento. Anthony no estaba especialmente preocupado por el hecho de que los motores polifásicos necesitasen cuatro cables, ya que asumía que se instalarían en situaciones industriales especiales donde la necesidad de energía compensase el coste de los cables extra.

Después de realizar las pruebas, Anthony visitó el laboratorio de Tesla en Nueva York. Allí, Anthony y Tesla discutieron problemas de diseño concretos, tales como el modo de construir un rotor que respondiese mejor a las corrientes de Foucault y la relación entre la velocidad del motor y el número de bobinados en el rotor. Asombrado por las credenciales académicas de Anthony, Tesla era reservado con el profesor y trataba de no mostrarse en desacuerdo con él.[12]

Anthony estaba muy impresionado con los inventos de Tesla. Como escribió a Dugald C. Jackson, que estaba enseñando ingeniería eléctrica en la Universidad de Wisconsin:

> Yo [he] visto un sistema de motores de corriente alterna en Nueva York que promete grandes cosas. Fui llamado como experto y me mostraron las máquinas bajo la promesa de secreto, ya que las solicitudes están todavía en la oficina de patentes... He visto toda una armazón [rotor] que pesaba 12 libras girando a 3.000 [r. p. m.], que cuando uno de los circuitos (de CA) se invertía de pronto, invertía su rotación tan repentinamente que difícilmente podía ver que lo hacía. En todo esto, entiendes que no hay un conmutador. El armazón no tiene conexión con nada fuera...
>
> En mi opinión fue un resultado maravilloso. Por supuesto, quiere decir que hay dos circuitos separados del generador y no es aplicable a los sistemas existentes. Pero en la forma del motor que describí primero, no hay absolutamente nada parecido a un conmutador; las dos (CA) repeliéndose la una a la otra alrededor del campo lo hacen todo. No hay nada que poner excepto las dos direcciones.[13]

Anthony no solo divulgó las noticias sobre los motores de Tesla entre sus colegas ingenieros, sino también discutió los logros de Tesla en una conferencia que dio ante la MIT Society of Arts en Boston en mayo de 1888.[14]

Después de recibir la evaluación favorable de Anthony, Peck y Brown contactaron con la prensa técnica. Al saber que las patentes de los polifásicos se expedirían el 1 de mayo de 1888, invitaron a los editores de los semanales de electricidad a visitar el laboratorio. En las últimas semanas de abril de 1888, Tesla enseñó su motor polifásico a Charles Price de *Electrical Review* y a Thomas Commerford Martin de *Electrical World*. Tanto Price como Martin se quedaron impresionados favorablemente, y Price publicó una historia sobre los motores de Tesla justo después de que se concediesen las patentes.[15]

LA CONFERENCIA EN AIEE

La pieza central de la campaña de promoción era la conferencia de Tesla para el Instituto Americano de Ingenieros Eléctricos (AIEE, por sus siglas en inglés, American Institute of Electrical Engineers) el 16 de mayo de 1888. Como Anthony era un vicepresidente y Martin un antiguo presidente del instituto, animaron a Tesla a exponer un trabajo sobre sus inventos polifásicos. Exhausto y enfermo por sobrecarga de trabajo, Tesla inicialmente declinó dar la conferencia. Sin embargo, ante la insistencia de Anthony y Martin, Tesla escribió la conferencia apresuradamente la víspera por la noche.

Para apoyar su conferencia, Tesla mostró los dos motores que Anthony había examinado. Aunque normalmente Martin actuaba como moderador en este tipo de actos, esta vez lo organizó para poder participar en la discusión que seguía a la charla, y pidió a Francis R. Upton, vicepresidente de AIEE y tesorero de Edison Lamp Company, que presidiese la reunión.

Tesla tituló su conferencia en AIEE «A New System of Alternate Current Motors and Transformers» («Un sistema nuevo de transformadores y motores de corriente alterna»). Aunque el título era modesto, inmediatamente hizo afirmaciones atrevidas para la CA polifásica: «Ahora tengo el placer de traer a vuestro conocimiento ... un sistema novel de distribución eléctrica y transmisión de energía por medio de la corriente alterna ... que estoy seguro establecerá de inmediato la adaptabilidad superior de estas corrientes para la transmisión de energía». Para apoyar sus afirmaciones, Tesla empezó usando diagramas de paso a paso de su primera patente de polifase para explicar cómo dos corrientes alternas separadas podían crear un campo magnético rotatorio. Para convencer a su audiencia de ingenieros de que el campo magnético rotatorio ejercía una fuerza de atracción uniforme en el rotor del motor, ofreció un breve análisis matemático de las fuerzas involucradas. Luego describió su motor polifásico básico, consistente en un anillo con cuatro bobinas separadas para el estátor y un disco de acero para el rotor (imagen 4.5). Este motor, enfatizaba, podía ser fácilmente invertido y también síncrono, es decir, funcionar a la misma velocidad que el generador. Anticipándose a la posibilidad de que alguien plantease que sus motores polifásicos no podían funcionar en sistemas de CA existentes, Tesla argumentó que sería relativamente simple cambiar las conexiones en las bobinas del rotor y la disposición del colector de modo que los generadores podían producir varias corrientes alternas con la relación de fases adecuadas. Tesla también pensó que si las centrales de energía instalaban grandes generadores multipolares (con 64 o 128 bobinas en el rotor y el estátor), sería relativamente simple diseñar motores que funcionasen a cualquier velocidad que se necesitase. (Como se verá en el capítulo 9, ninguna de estas aproximaciones era especialmente simple, y ambas requerían mucho esfuerzo de ingeniería.)[16]

A la conferencia de Tesla siguió una discusión. Para reforzar la presentación del inventor, Martin tomó la palabra e invitó a Anthony a informar sobre la eficiencia de los motores de Tesla. Enfatizando que los dos motores que él probó eran pequeños y de tipo experimental y que los motores pequeños tendían a ser menos eficientes que los grandes, Anthony afirmó que los motores polifásicos de Tesla tenían una eficiencia del 50 al 60%.[17]

A Anthony le siguió Elihu Thomson, que desde 1884 había estado trabajando en motores de CA en los cuales usaba un conmutador para hacer llegar la CA al rotor. Al tener el conmutador que interrumpía diferentes bobinas del rotor en el momento correcto, Thomson era capaz de crear una fuerza magnética repulsiva entre el rotor y el estátor, de modo que el rotor girase. Con la esperanza de afianzar el motor de CA como su invento, Thomson había dado una charla ante el AIEE en junio de 1887 en la cual enunciaba su principio de inducción-repulsión.[18] Ahora se enfrentaba con las reivindicaciones de Tesla de haber desarrollado un motor de CA real, Thomson recordó a la audiencia sus propios esfuerzos y prometió informar sobre su motor en una reunión futura. De hecho, Thomson estaba avisando educadamente a Tesla de que no era el único que estaba trabajando sobre motores de CA y que podía esperar competencia en la oficina de patentes y el mercado. Aunque Tesla era el recién llegado y era muy consciente de la habilidad de Thomson como inventor, lejos de recular se mantuvo firme. Mientras reconocía a Thomson como «una persona líder en su profesión», Tesla respondió que él había construido un motor como el del

Thomson, pero que no había continuado desarrollándolo porque estaba seguro de que el mejor motor de CA sería uno sin conmutador.[19]

A pesar de los comentarios de Thomson, Tesla triunfó. Al final del encuentro, Upton comentó: «Creo que este motor, Tesla pueda corregirme si no estoy en lo cierto, es el primer buen motor de corriente alterna que se ha mostrado en público en el mundo, ¿es así, Tesla?». Luego Upton anunció que Tesla había invitado a la audiencia a ir a ver los motores en funcionamiento en el laboratorio de la calle Liberty.[20]

VENTA DE LAS PATENTES DE TESLA

Las ideas de Tesla captaban la imaginación de la comunidad de ingenieros eléctricos y todas las publicaciones importantes de ingeniería reprodujeron su conferencia. En respuesta a su artículo, varios expertos en electricidad escribieron cartas al editor comentando el motor de Tesla, cartas que también se reprodujeron. Con su motor polifásico «proclamado en los artículos como un avance en el arte», el escenario estaba ahora listo para que Peck y Brown ofreciesen las patentes de Tesla al mejor postor.[21]

Tesla confió las negociaciones relacionadas con la venta de las patentes de su motor a Peck y Brown. Inicialmente esperaba que vendieran sus patentes a Mather Electric Company, ya que Tesla pensaba que sería capaz de mejorar su motor con la ayuda de Anthony, de quien tenía una opinión positiva.[22] Peck y Brown invitaron a Mather a hacer una oferta sobre las patentes, pero al mismo tiempo contactaron con otros fabricantes eléctricos. A finales de abril de 1888, ofrecieron las patentes a Thomson-Houston, y Charles A. Coffin pidió a Thomson que las revisase. Al trabajar en su propio motor de CA y normalmente opuesto a comprar patentes de inventores externos, Thomson recomendó que Thomson-Houston no pujase por las patentes de Tesla, al considerar que las patentes de polifase de Tesla tenían tan poco valor que no merecían las tasas necesarias de la oficina de patentes.[23]

Peck se dirigió después a Westinghouse Electrical Manufacturing Company. Como hemos visto, George Westinghouse se había incorporado tarde a la industria eléctrica y había decidido apostar por la CA más que por la CC. Westinghouse y sus socios sabían que solo serían capaces de convencer a los servicios de las centrales de que comprasen su equipamiento de CA si eran capaces de ofrecerles a sus clientes un motor de CA. Por tanto, Westinghouse Company era un cliente muy probable para las patentes de Tesla.

Westinghouse trató con Peck sobre las patentes de Tesla a finales de mayo de 1888 porque su ingeniero eléctrico jefe, Oliver B. Shallenberger, había estado investigando los campos magnéticos rotatorios por su cuenta. En abril de 1888, Shallenberger había dejado caer accidentalmente el muelle pequeño de una bobina en la cima de un electroimán en una lámpara de arco eléctrica alimentada con CA. Sorprendido al ver cómo el muelle rotaba por sí solo, Shallenberger rápidamente advirtió que el campo magnético cambiante estaba provocando el giro. Shallenberger se dio cuenta de que este fenómeno podía usarse para crear un vatímetro y un motor de CA. Como la compañía tenía una gran necesidad de un medidor que midiese la energía consumida por cada cliente individual, Shallenberger se concentró en desarrollar un vatímetro más que un motor de CA.[24]

Aunque inicialmente el descubrimiento de Shallenberger entusiasmó a los ingenieros de Westinghouse, sus esperanzas se frustraron rápidamente cuando supieron que Shallenberger no era el primero en descubrir el campo magnético rotatorio.[25] A Shallenberger se le habían adelantado en el descubrimiento tanto Tesla como el físico italiano Galileo Ferraris. Unas pocas semanas después de que Shallenberger hiciese su descubrimiento con el muelle, Westinghouse supo que Ferraris también había investigado el modo en que la corriente alterna podía crear un campo magnético rotatorio. Como parte de su estilo emprendedor, Westinghouse solía echar un vistazo a las publicaciones de ingeniería para progresos que quizás aumentasen su control de tecnologías clave. Westinghouse localizó referencias en mayo de 1888 a un artículo de Ferraris en *Proceedings of the Royal Academy of Sciences of Turin.*[26]

Profesor de física aplicada del Real Museo Industrial de Turín, Ferraris había estudiado óptica y tenía un interés especial en analizar matemáticamente el comportamiento de las ondas de luz.[27] Después de probar los sistemas de CA de Gaulard y Gibbs en la Exhibición Eléctrica Internacional de Turín en 1884, Ferraris decidió estudiar transformadores.[28] En ese momento, los investigadores en electricidad no comprendían del todo la relación entre la corriente entrante (primaria) y la corriente saliente (secundaria) en los transformadores. Recurriendo a su conocimiento en óptica matemática, Ferraris formuló que debería haber una diferencia de fase de 90° entre las corrientes primaria y secundaria en un transformador. Luego estableció la hipótesis de que si había esa diferencia de fase, esas dos corrientes deberían producir un movimiento circular, al igual que dos ondas de luz desfasadas 90° creaban patrones de interferencia circulares.[29] Para probar esta hipótesis, en 1885 Ferraris construyó un aparato experimental que consistía en dos bobinas colocadas en ángulo recto entre sí (imagen 5.1). Entre las dos bobinas colocó un pequeño cilindro de cobre sobre un pivote y cuando conectó las bobinas a la corriente primaria y secundaria de un transformador de Gaulard y Gibbs, Ferraris averiguó que el cilindro rotaba. Ferraris estaba contento de que su aparato confirmase que había una diferencia de fase entre las corrientes primaria y secundaria en un transformador y compartió sin reservas sus resultados con otros investigadores en electricidad a través de conversaciones y correspondencia.

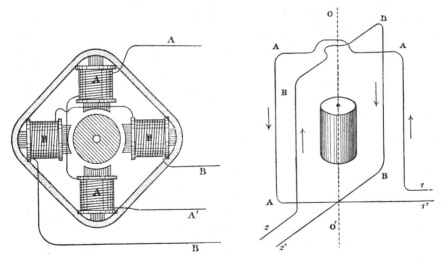

Imagen 5.1. Motor de CA de Ferraris, hacia 1885.
De S. P. Thompson, *Polyphase Electric Currents,* 2.ª ed. (1900)
figuras 332 y 333, p. 442.

Ferraris no publicó los resultados de sus experimentos de 1885 hasta 1888 y lo hizo solo después de leer acerca del motor de inducción-repulsión de Thomson. En su artículo de 1888, Ferraris revisaba sus hallazgos sobre la diferencia de fase en los transformadores, hacía comentarios sobre cómo sus ideas podían usarse para hacer que el disco giratorio del experimento Arago rotase y sugería que quizás sería posible usar su principio para desarrollar un vatímetro. También informaba de cómo había creado dos corrientes desfasadas colocando una bobina de inducción y una resistencia en dos ramas del circuito, la misma técnica que Tesla había usado en sus motores de fase partida en 1887.

Pero lo más importante, Ferraris discutía si un campo magnético rotatorio podría usarse para crear un motor práctico. Había construido un motor pequeño con un cilindro de cobre para el rotor y lo había conectado a un dinamómetro para medir cuánto trabajo mecánico realizaba el motor. En estas pruebas, Ferraris descubrió que a medida que la velocidad del rotor aumentaba, la cantidad de trabajo decrecía. Recurriendo de nuevo a la física matemática, Ferraris determinó que puesto que la velocidad del motor aumentaba, las corrientes inducidas en el cilindro de cobre creaban no solo un campo magnético sino también mucha pérdida de calor. Según el análisis de Ferraris, cuando el cilindro alcanzaba su velocidad máxima, las corrientes inducidas producirían cantidades iguales de trabajo mecánico y calor y, como resultado, el motor pasaría a no ser eficiente y empezaría a ralentizarse. Basado en sus pruebas y análisis matemático, Ferraris concluyó que «un aparato basado en el principio [de un campo magnético rotatorio] ... puede no tener relevancia como un motor industrial».[30]

A lo largo de los años ha habido un amplio debate sobre si debería reconocerse a Tesla o a Ferraris como inventor del motor de inducción de CA.[31] De algún modo, la confusión surgió al principio por el hecho de que los primeros informes en inglés del artículo de Ferraris de 1888 dejaban fuera su análisis de la pérdida de calor producida y así se creaba la impresión de que un motor factible seguiría sus investigaciones.[32] Pero, como hemos visto, Ferraris llegó exactamente a la conclusión opuesta en su artículo; no pensaba que se pudiese desarrollar un motor práctico usando un campo magnético rotatorio. En su lugar, a Ferraris se le debería atribuir el ser el primero en investigar cómo la corriente alterna puede crear campos magnéticos rotatorios. Incluso más importante, a Ferraris se le debería dar reconocimiento por introducir la noción de fase en la discusión de fenómeno de corrientes alternas. Gracias al análisis matemático de Ferraris, los ingenieros eléctricos fueron capaces de captar rápidamente las ideas que había tras un motor de CA y corrientes polifásicas. Sin embargo, fue Tesla quien construyó el primer motor de inducción de CA práctico.

Mientras tanto, volvamos a Westinghouse. Tras leer los informes sobre el artículo de Ferraris, Westinghouse decidió que sería mejor asegurar los derechos de cualquier patente que surgiese del trabajo de Ferraris. Por tanto, Westinghouse envió a su socio, Pantaleoni, a Turín, para comprar los derechos americanos de las ideas de Ferraris por mil dólares.[33] Al igual que había hecho un año antes al asegurar el control de patentes sobre los transformadores de CA, Westinghouse compró los derechos del trabajo de Ferraris para ganar amplia cobertura en el área de los motores de CA.

Al mismo tiempo que Westinghouse estaba aprendiendo acerca de Ferraris, Shallenberger expresó preocupación por el hecho de que las patentes de Tesla quizás impidiesen a la compañía desarrollar con éxito un motor de CA. En respuesta, Westinghouse envió a Henry M. Byllesby, vicepresidente de Westinghouse Electric, y Thomas B. Kerr, consejero general, a Nueva York a finales de mayo de 1888.

Peck pidió a Tesla que hiciese una demostración con sus motores polifásicos para Byllesby y Kerr en el laboratorio de la calle Liberty, y Byllesby informó a Westinghouse de que los motores parecían funcionar satisfactoriamente. Aunque Tesla les ofreció una explicación de su motor, Byllesby se quejó de que «su descripción no fue de una naturaleza para la cual yo estuviese capacitado para comprender del todo». Byllesby observó que los motores de Tesla necesitaban más de dos cables, lo que indica que Tesla y Peck escogieron contenerse y no revelar los diseños de fase partida. Después de todo, ¿por qué mostrar al cliente todo de una vez? Sobre todo, Byllesby estaba impresionado, y le dijo a Westinghouse que «los motores, hasta donde yo puedo juzgar a partir de la evaluación que fui capaz de hacer, son un éxito».

Sin duda, debido a su experiencia vendiendo Mutual Union a Jay Gould, Peck sabía que tenía que tirarse un farol para alcanzar el mejor trato posible con Westinghouse. En consecuencia, cuando Byllesby y Kerr expresaron su interés en comprar las patentes para Westinghouse, Peck le informó de que un capitalista en San Francisco les había ofrecido 200.000 dólares más un royalty de 2,50 dólares por cada caballo de potencia de cada motor instalado. «Los términos, por supuesto, eran monstruosos —le dijo Byllesby a Westinghouse— y así se lo dije a ellos... Les dije que no había ninguna posibilidad de que considerásemos el tema en serio... Para evitar dar la impresión de que el asunto era capaz de despertar mi curiosidad, hice una breve visita.»[34]

A pesar del alto precio de Peck, Byllesby y Kerr recomendaron a Westinghouse comprar las patentes de Tesla para garantizar una cobertura amplia del principio del uso de campos magnéticos rotatorios. Sin embargo, para forzar a Peck a aceptar un precio más bajo, Westinghouse decidió enviar a sus inventores estrella, Shallenberger y William Stanley Jr., para inspeccionar el trabajo de Tesla. Quizás podrían persuadir a Tesla y a Peck de que Westinghouse estaba en una posición técnica superior y que ellos deberían dar marcha atrás. Enviar a Shallenberger y a Stanley a ver a Tesla era algo parecido a los tratos de Steve Jobs con el Centro de Investigación en Palo Alto (PARC por sus siglas en inglés, Palo Alto Research Center) de Xerox en 1979. Determinado a que los científicos de PARC le mostrasen sus nuevas interfaces gráficas de usuario, Jobs lo había organizado para que la división de capital de riesgo de Xerox invirtiese en un Apple Computer todavía en ciernes, de modo que PARC tendría que cooperar. De la misma forma que el capital de Xerox era la «mano» necesaria para forzar a PARC a «levantar la tapa» y desvelar sus secretos, Shallenberger y Stanley eran la «mano» de Westinghouse.[35]

Shallenberger visitó el laboratorio de Tesla el 12 de junio de 1888 y Tesla le mostró sus motores funcionando con cuatro cables. Shallenberger se dio cuenta rápidamente de que Tesla no solo había descubierto la idea de usar un campo magnético rotatorio ocho meses antes que él, sino que había ido más allá y producido un motor usando este principio. Incapaz de debilitar a Tesla y a Peck, Shallenberger volvió a Pittsburgh y urgió a Westinghouse a que comprase las patentes.[36]

Al viaje de Shallenberger le siguió una visita de Stanley el 23 de junio. Como hemos visto, Stanley había ayudado a Westinghouse a desarrollar luz eléctrica monofásica de CA diseñando un transformador factible y confirmando la idea de que los transformadores deberían estar conectados al generador en paralelo, no en serie. Mientras los abogados de Westinghouse registraban patentes para el diseño del transformador de Stanley, George Westinghouse decidió que el principio de usar transformadores en paralelo debería estar incluido en el registro de una patente en nombre de Gaulard y Gibbs. Esta decisión enfadó mucho a Stanley, que sin embargo se quedó con Westinghouse para participar en la evolución de la CA. Considerando que Westinghouse era un pícaro, Stanley más tarde comentó que él siguió «el consejo de mi padre, quien decía que era mejor ponerse de parte de un pícaro si tus amigos estaban con él que tratar de escarmentarlo».[37]

Stanley entró en contacto con Tesla porque su padre era vecino de Peck en Englewood (Nueva Jersey). Peck conocía todo acerca de los problemas de un Stanley más joven con Westinghouse. Al saber que Stanley Jr. era un pionero en CA pero tenía bastante ego, a Peck le preocupaba que quizás Stanley estuviese trabajando en su propio motor de CA. Como Tesla explicó: «Peck pensaba que Stanley era un hombre que imaginaría que él había hecho el invento y posiblemente entrase en conflicto conmigo».[38] Para lidiar con Stanley, Peck decidió jugar a la ofensiva y mandó a Tesla que mostrase a Stanley tanto el motor polifásico como el motor en fase partida. Al hacerlo así, deberían ser capaces de contrarrestar cualquier reclamo de Stanley de que él había inventado un motor mejor que el de Tesla.

En cuanto llegó al laboratorio de la calle Liberty, Stanley enseguida anunció que los «chicos de Westinghouse» habían desarrollado un motor de CA e iban por delante de Tesla. En vez de picar en el anzuelo, Tesla preguntó tranquilamente a Stanley si le gustaría ver funcionar su motor con dos cables, el motor que Tesla y Peck no habían mostrado a Byllesby y Kerr.[39] En cuanto vio este motor, Stanley tuvo que admitir que ciertamente Tesla estaba por delante de los ingenieros de Westinghouse. «Hasta donde yo sé, toda forma de motor propuesta por Shallenberger o yo mismo ha sido tratada por Tesla», informó Stanley a Westinghouse. «Su motor es el mejor de los que he visto. Creo que más eficiente que la mayoría de los motores de CC. También creo que les pertenece.»[40]

Peck siguió presionando a Westinghouse, diciendo a Stanley que estaba a punto de vender las patentes a otra parte. Con esa noticia, Westinghouse decidió que no deberían esperar más, y Kerr, Byllesby y Shallenberger negociaron un acuerdo con Peck y Brown.[41] En julio de 1888, Peck y Brown acordaron vender las patentes de Tesla a Westinghouse por 25.000 dólares en efectivo y 50.000 dólares en pagarés, y unos royalties de 2,50 dólares por cada caballo de potencia en cada motor. Westinghouse garantizó que los royalties serían al menos de 5.000 dólares en el primer año, 10.000 en el segundo año y 15.000 en cada uno de los años sucesivos. Además, a Peck y Brown les resarció Westinghouse Company por todos los gastos que tuvieron durante el desarrollo del motor.[42] En números redondos, el acuerdo supuso que Westinghouse pagaría a Tesla, Peck y Brown 200.000 dólares durante un período de 10 años. A lo largo de la vida de las patentes (diecisiete años), Tesla y sus patrocinadores tuvieron la posibilidad de ganar al menos 315.000 dólares. Aunque no estaba especificado en el contrato. Tesla estuvo de acuerdo en ir a Pittsburgh y compartir con los ingenieros de Westinghouse lo que había aprendido sobre motores de CA.

Tesla no llegó a un acuerdo con Westinghouse y desapareció con 200.000 dólares, sino que compartió las ganancias con Peck y Brown. Como ellos habían manejado de manera astuta las negociaciones y asumido todo el riesgo financiero en el desarrollo del motor, Tesla dio a Peck y Brown cinco novenos de las ganancias tras el acuerdo, mientras que él se quedó con cuatro novenos. De este modo, Tesla reconoció el papel esencial que Peck y Brown habían tenido en el desarrollo del motor de CA.[43]

ESTANCIA EN WESTINGHOUSE

Tesla se mudó a Pittsburgh en julio de 1888 para poner los diseños de su motor AC en producción. Durante su estancia en Pittsburgh, Tesla dejó a Szigeti en Nueva York, donde este continuó trabajando en varias patentes de motor que el inventor no había cedido a Westinghouse.[44]

En Pittsburgh, Tesla trabajó muy de cerca con Shallenberger y los otros chicos de Westinghouse, y manifestó gran admiración por George Westinghouse. Tesla escribió:

Me gusta pensar en George Westinghouse como se me presentó en 1888... Una constitución poderosa, bien proporcionado con toda articulación en perfecto estado, ojos tan claros como un cristal, un paso rápido y ligero, un raro ejemplo de salud y fortaleza. Como un león en la jungla, respiraba profundamente y con delicia el aire lleno de humo de sus fábricas. Aunque acababa de cumplir cuarenta, todavía tenía el entusiasmo de la juventud. Siempre sonriendo, afable y educado, contrastaba de forma notoria con los hombres bruscos y espabilados que conocía. Ni una sola palabra censurable, ni un gesto ofensivo... Y aun así no había adversario más fiero con el que te pudieses cruzar que Westinghouse. Atleta en la vida ordinaria, se transformaba en un gigante cuando se enfrentaba a dificultades que parecían insalvables. Disfrutaba de la lucha y nunca perdía confianza. Cuando otros se rendían desesperados, él triunfaba. Si fuese llevado a otro planeta con todo en su contra, habría encontrado cómo salvarse.[45]

Al principio Tesla trabajaba para mejorar dos motores polifásicos que había llevado con él desde Nueva York, anticipando que Westinghouse desarrollaría todo un nuevo sistema polifásico usando cuatro cables para conectar los generadores y los motores. Dado que su motor funcionaba mejor en baja frecuencia, Tesla preparó sus motores para funcionar en 50 ciclos y experimentó con los nuevos diseños de transformador.[46]

Sin embargo, Westinghouse, esperaba que uno de los diseños de motor de Tesla pudiese usarse para alimentar tranvías y funcionar en los circuitos monofásicos de dos cables existentes. En ese momento, los sistemas de Westinghouse estaban usando 133 ciclos, de modo que los consumidores no se quejasen sobre parpadeos en sus lámparas incandescentes. Incluso aunque creía que su motor ideal era la versión polifásica funcionando a 50 ciclos, Tesla estuvo de acuerdo en trabajar en una versión de fase partida que pudiese ponerse en producción. Para adaptar este motor a su propósito, Tesla y los chicos de Westinghouse hicieron varios cambios de diseño, incluyendo el incremento de la cantidad de alambre de cobre en los rotores y la sustitución de los núcleos de hierro forjado del rotor y el estátor por maleable acero Bessemer. Solo el cambio a núcleos de acero dobló el trabajo que un motor típico podía realizar, y en Westinghouse Company se trató este descubrimiento como un secreto comercial que se guardó con celo durante años. Tesla también trabajó con el diseñador jefe de Westinghouse, Albert Schmid, para desarrollar un marco estándar para que el estátor pudiese modelarse y producirse con facilidad. Mientras trabajaban en estos cambios, Tesla preparó patentes para Westinghouse y, en 1889, el año más productivo en su carrera, registró quince solicitudes.[47]

Sobre la base de estos cambios de diseño, Westinghouse Company construyó entre 500 y 1.000 motores de fase partida de Tesla a principios de 1889, pero no está claro cuántos de estos motores se expidieron realmente. Más que instalarlos en tranvías, inicialmente Westinghouse los vendió para uso en máquinas para la minería.[48] Además, la compañía decidió utilizar rodamientos de grafito en estos motores, algo que en opinión de Tesla originaría el calentamiento y el consiguiente fallo. Cuando Westinghouse no siguió sus consejos y empezó a expedir estos motores, Tesla decidió que era el momento de marcharse.

Contrariado, Tesla dejó Westinghouse en agosto de 1889 y viajó a Europa para ver la exposición de París. Tesla recomendó a Westinghouse que para continuar el trabajo en sus motores de CA pusiese el proyecto en manos de su asistente, Charles F. Scott. Ingeniero graduado en la Universidad de Ohio, en sus inicios Scott había lubricado dinamos para Tesla, pero al inventor le impresionaron la diligencia y la mente ágil de Scott.[49] (Volveremos a la historia del motor de Tesla en Westinghouse en el capítulo 9.)

Algunas ideas sobre la ilusión

La experiencia de Tesla con los motores de CA revela el papel central que desempeña la ilusión en el proceso de cambio tecnológico. El motor de CA de Tesla no fue adoptado «automáticamente» por Westinghouse y la comunidad de ingenieros eléctricos solo porque fuese técnicamente superior a otros motores eléctricos; de hecho, el motor de Tesla necesitó varios años de ingeniería seria antes de que pudiese usarse en la industria. Más, Tesla y sus patrocinadores tuvieron éxito en promocionar su motor porque crearon el tipo correcto de ilusión sobre él. Guiado por Peck y Brown, Tesla registró las patentes «correctas», se aseguró el respaldo técnico «correcto» del profesor Anthony, dio el tipo de conferencia «correcto» ante la AIEE y generó la publicidad necesaria en la prensa técnica. Una vez tenían el «rumor» circulando, Peck sabía cómo actuar con Westinghouse y sus socios para vender las patentes al precio más alto posible. Claramente el motor de Tesla avanzó no a través de la revelación de hechos fríos y rígidos, sino a través de la cuidadosa orquestación de información seleccionada y sugestión sutil.

La historia de Tesla y el motor eléctrico sugiere que necesitamos desarrollar modos más sofisticados de pensar en las decisiones de negocios y elecciones tecnológicas. Al elegir ciertas tecnologías, los inventores y empresarios con frecuencia deben extrapolar a partir de lo que ellos saben actualmente sobre tecnología y mercados a lo que quizás suceda en el futuro. De los economistas, los historiadores han aprendido a hablar sobre su situación en términos de racionalidad limitada y dependencia del camino.[50] Esos conceptos han hecho mucho guiando nuestros esfuerzos para comprender cómo factores contextuales específicos influyen en decisiones clave en las cuales individuos como Tesla y Peck conscientemente buscan enmarcar la toma de decisiones tecnológicas. Al dar cuidadosa forma al discurso sobre el motor de Tesla, efectivamente alteraron los modos en los que los ingenieros eléctricos pensaban sobre motores en la industria de servicios y así crearon un «espacio» para el invento de Tesla. Una y otra vez, lo que cuenta no es lo que la gente dice, sino cómo lo perciben los otros. Las ilusiones desempeñan un papel significativo en guiar nuestra comprensión acerca del funcionamiento del mundo «real».

Búsqueda de un nuevo ideal (1889-1891)

En agosto de 1889 Tesla comenzaba a aburrirse y estaba listo para dejar Westinghouse. Había mostrado la idea perfecta para un motor de CA y podía dejar a otros trabajar en los detalles. Podía sumergirse en nuevas aguas.

Viviendo de lo que había ganado en Westinghouse, Tesla viajó a Europa al Congrès International des Electriciens ese verano como miembro de la delegación del Instituto Americano de Ingenieros Eléctricos. Este congreso se celebraba en la Exposición Universal de París, y de este modo Tesla pudo revisar las numerosas exhibiciones eléctricas y asistir a la inauguración de la Torre Eiffel.[1] Mientras estaba en París, Tesla fue testigo de una conferencia demostrativa de diafragmas vibrantes por parte del joven físico noruego Vilhelm Bjerknes. Es probable que Bjerknes introdujese a Tesla en el descubrimiento de Heinrich Hertz de las ondas electromagnéticas. En 1887, Hertz informó de que había detectado las ondas electromagnéticas que James Clerk Maxwell había predicho en su trabajo teórico sobre electricidad y magnetismo. Bjerknes había ido a París para asistir a las conferencias de Henri Poincaré sobre electrodinámica y posteriormente pasaría dos años en la Universidad de Bonn como asistente de Hertz. Juntos, Hertz y Bjerknes estudiaron la resonancia en circuitos osciladores.[2]

Exhausto del trabajo de ingeniería mundano en Westinghouse, Tesla encontró el descubrimiento de Hertz estimulante, «como un montón de bayas refrescantes encontradas en el camino por un viajero agotado». Las ondas electromagnéticas le parecían a Tesla un gran campo abierto, y como no escatimaba en poesía, en 1899 «el viaje no está acabado todavía, y el viajero está casi acabado. Anhela más bayas dulces y pregunta con ansia: "¿Pasó alguien por este camino antes?"».[3]

Durante los meses que había estado en Pittsburgh, Tesla había pagado el alquiler de su laboratorio, así que Szigeti tenía un lugar donde continuar probando artilugios para Tesla. Cuando Tesla volvió a Nueva York, se trasladó a trabajar en un laboratorio nuevo en el número 175 de la calle Grand. Consistía en una habitación dividida en particiones; el benefactor de Tesla, Brown, se quejó de que el espacio era demasiado pequeño para el trabajo que él pensaba que necesitaba hacerse. Además de trasladarse de laboratorio, Tesla también cambió su residencia al Astor House en Broadway, entre las calles Barclay y Vesey. Un «establecimiento chapado a la antigua y conservador», el Astor era el principal hotel del bajo Manhattan.[4]

Para ayudar con los experimentos en la calle Grand, Tesla formó un pequeño equipo de artesanos. Además de a un soplador de vidrio germano-americano, David Hiergesell, Tesla contrató a dos mecánicos, un húngaro llamado Charles Leonhardt y a F. W. Clark, que había trabajado para Brown & Sharpe Works. Tesla también contó con Paul Noyes, que le había ayudado con los sistemas de lámparas de arco eléctrico en Rahway.[5]

La persona clave entre estos trabajadores en la calle Grand era, por supuesto, Szigeti. Había estado con Tesla durante nueve años, le había seguido desde Budapest a París, Estrasburgo y Nueva York. Tesla valoraba el consejo de Szigeti en el laboratorio: «Era —explicaba Tesla— un hombre que tenía una considerable cantidad de ingenuidad e inteligencia, y [había] estado instalando aparatos eléctricos durante mucho tiempo antes de venir a América. No era exactamente un hombre teórico, como yo, pero podía entender cada idea por completo». En este momento, Szigeti era más que un empleado de confianza. Como Tesla afirmaría más tarde, «siempre que trabajó para mí era, debo decir, un amigo íntimo, y le traté tan bien como me era posible».[6]

Durante ese tiempo, Tesla continuó trabajando con Tesla Electric Company, la firma organizada por Peck y Brown. En marzo y abril de 1890, registró tres patentes adicionales sobre motores de CA y se las asignó a la compañía; a partir de entonces, todas las patentes de motor que siguieron fueron a nombre del propio Tesla.[7] Por desgracia para Tesla, Peck enfermó y se mudó a Asheville (Carolina del Norte), quizás con la esperanza de recuperar su salud. Peck murió en el verano de 1890.[8] Aunque Tesla continuó consultando a Brown durante unos cuantos años más, este carecía del juicio inteligente en los negocios con el que Peck contribuyó al éxito inicial de Tesla con los motores de CA.

Buscando un nuevo campo que explorar en su laboratorio de la calle Grand, Tesla consideró el desarrollo global de la ciencia y la tecnología eléctrica. En su opinión, la investigación eléctrica podía moverse en tres direcciones principales: alta tensión, alta intensidad o altas frecuencias. Como observó: «... había tensiones eléctricas exageradas, de millones de voltios, lo que destapaba posibilidades maravillosas si eran producibles de un modo práctico; había corrientes de muchos cientos de miles de amperios, lo cual era atrayente para la imaginación por sus efectos asombrosos, y lo más interesante y seductor de todo, había vibraciones eléctricas poderosas con sus acciones misteriosas a cierta distancia». De estas tres, Tesla decidió que la más prometedora era la menos investigada, esto es, el fenómeno de la alta frecuencia. Ahí sentía que podría hacer una contribución no solo a la tecnología sino también a la ciencia teórica. «¿Qué mejor trabajo podría hacer uno —se preguntó Tesla— que inventar métodos y concebir medios que posibilitaran a los hombres de ciencia dar un impulso a sus investigaciones hacia estas regiones prácticamente desconocidas?»[9]

Recurriendo al fenómeno de la alta frecuencia, Tesla podía valerse de máquinas que ya había empezado a desarrollar. Antes de ir a Pittsburgh en 1888, había empezado a pensar cómo hacer funcionar sus motores en los circuitos de Westinghouse existentes, los cuales usaban CA monofásica de 133 ciclos. Al mismo tiempo, Tesla quería incrementar la velocidad de sus motores. Para afrontar estos dos retos, Tesla diseñó un nuevo generador de CA. Para obtener frecuencias más altas, incrementó el número de bobinados en el estátor de cuatro a veinticuatro. Como sus motores eran síncronos, lo que quería decir que funcionaban a la misma velocidad que el alternador, Tesla tenía que diseñar el generador nuevo de modo que pudiese girar a velocidades relativamente altas. Al incrementar el número de bobinados y la velocidad de su alternador, era capaz de generar corrientes de 2.000 ciclos por segundo.[10]

Pero ahora, en la calle Grand, Tesla se preguntaba qué nuevos inventos se podían desarrollar usando la corriente con una frecuencia de 10.000 o 20.000 ciclos por segundo. Para alcanzar estas frecuencias, en 1890 Tesla construyó varios alternadores con cientos de electroimanes en sus rotores y estátores. La forma de estos electroimanes debía planearse con cuidado, ya que la inversión rápida de la corriente generaba calor no deseado en sus núcleos de hierro o acero; Tesla comparó la lucha entre maximizar la corriente mientras se minimizaba el calor con «una ópera verdaderamente wagneriana» en la que el inventor luchaba «entre Escila y Caribdis».[11] Para hacer funcionar estos generadores a velocidades de hasta 20.000 r. p. m., Tesla hizo algunos de sus rotores con la forma de una rueda con varios radios y jugueteó con los rodamientos y otros aspectos mecánicos. En este trabajo, Tesla recurrió a la experiencia que había adquirido en el diseño de dinamos y motores en Edison Machine Works y Westinghouse.[12]

Usó sus generadores de alta frecuencia para investigar aplicaciones potenciales relacionadas con las lámparas de arco eléctrico y la distribución de energía. A principios de la década de los noventa del siglo XIX, las lámparas de arco eléctrico, que se usaban de manera general para el alumbrado de las calles, solo podían funcionar en circuitos de CC; cuando funcionaban con CA, creaban un molesto sonido chispeante proporcional a la frecuencia de la corriente alterna. Sin embargo, cuando se usaba la CA de alta frecuencia, el chisporroteo se movía más allá del alcance de un oído ordinario y era posible que las lámparas de arco eléctrico funcionasen en circuitos de CA. Como resultado, Tesla patentó su primer generador de alta frecuencia como un método para hacer funcionar lámparas de arco eléctrico.[13]

Inventando la bobina de Tesla

Mientras desarrollaba sus generadores, Tesla repetía los experimentos de Hertz con ondas electromagnéticas. Durante su estancia en París, había «cogido el fuego del entusiasmo y ardía en deseos de contemplar el milagro con mis propios ojos».[14] Este entusiasmo lo llevó a uno de sus inventos más famosos, la bobina de Tesla.

En sus experimentos clásicos para generar y detectar ondas electromagnéticas, Hertz usaba una potente bobina de inducción conectada a una batería, un interruptor de corriente y un explosor (imagen 6.1). Aunque, para apreciar los experimentos de Hertz, primero es necesario comprender cómo funcionaba esta bobina de inducción. Normalmente conocida como «bobina de Ruhmkorff», la bobina de inducción consistía en dos bobinados, uno con alambre grueso y el otro con alambre fino, que estaban cuidadosamente aislados el uno del otro mediante parafina o gutapercha y enrollados alrededor de un núcleo de hierro común. Como en un transformador, el bobinado grueso se conocía como primario, mientras que el bobinado fino era el secundario. La batería y el interruptor de corriente estaban conectados al primario, y el explosor, al secundario.

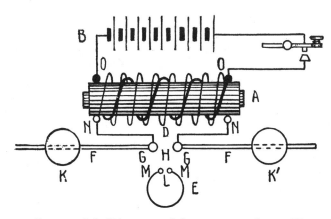

Imagen 6.1. Diagrama del aparato usado por Hertz para estudiar las ondas electromagnéticas.

Leyenda:
A: bobina de inducción con bobinados grueso y fino
B: batería
C: llave o interruptor de corriente
H: explosor
L: circunferencia de alambre con hueco que Hertz usó para detectar ondas
De *Hawkins Electrical Guide* (Nueva York: Theo. Audel, 1915), 9:2268, fig. 3104.

Como con un transformador, era un cambio en la corriente lo que hacía que la bobina de inducción produjese chispas de alta tensión. Por tanto, cuando el interruptor de la corriente abría o cerraba el circuito, la cantidad de corriente que fluía de la batería al bobinado primario cambiaba y provocaba que el campo electromagnético alrededor de la bobina primaria se expandiese o se contrajese. A medida que el campo del bobinado primario cambiaba, inducía una corriente en la bobina secundaria. Debido a la diferencia en el grosor del alambre, la bobina secundaria podía tener muchas más espiras que la bobina primaria; así incrementaba enormemente el voltaje de la corriente inducida en el bobinado secundario. Debido a que el voltaje producido en el bobinado secundario era tan alto, podía ionizar el aire en el explosor, permitiendo que la chispa saltase entre los dos extremos. Bobinas de inducción cuidadosamente construidas podían producir chispas capaces de saltar un hueco del explosor de dieciséis pulgadas.[15] Durante la mitad del siglo XIX, los físicos usaron las bobinas de inducción para generar grandes cantidades de carga eléctrica y estudiar así los efectos electrostáticos.

Volvamos ahora a Hertz. Antes de 1887, conducía varios experimentos con una bobina de inducción en la que generaba una serie de chispas en el bobinado secundario cuando el interruptor de corriente abría el circuito del bobinado primario en su aparato. Como el eminente historiador de la radio Hugh Aitken nos recuerda, estas chispas «representaban, por supuesto, una ráfaga repentina de la corriente eléctrica, precisamente el tipo de aceleración del flujo de corriente, que, según las ecuaciones de Maxwell, generaría una radiación electromagnética».[16] Hertz observó que cuando las chispas se producían en la bobina de inducción, podía también detectar chispas en otro lugar en su laboratorio usando una circunferencia de cobre con un explosor. Determinando cuidadosamente las proporciones del diámetro de esta circunferencia y ajustando las bolas de latón en cada lado del explosor en el secundario, Hertz era capaz de mostrar que su aparato estaba generando ondas electromagnéticas que se movían a través del espacio y eran detectadas por su circunferencia.[17]

En 1890, Tesla repetía los experimentos de Hertz y es muy posible que fuese el primer investigador en América que lo hacía. No satisfecho con el aparato que Hertz había usado, Tesla alteró la organización experimental (imagen 6.2).[18] Un paso obvio era reemplazar el interruptor de corriente mecánica con su generador de alta frecuencia. En vez de usar el aparato con los pocos de cientos de ciclos por segundo que producía el interruptor mecánico, ¿por qué no usar de 10.000 a 20.000 ciclos producidos por su alternador? Tesla pronto descubrió que a medida que incrementaba la frecuencia, también lo hacía la cantidad de calor generada que fundía el aislante de parafina o la gutapercha entre el bobinado primario y el secundario dentro de la bobina de inducción. Para resolver este problema, Tesla hizo dos cambios. Primero, se libró del aislante y en su lugar enrolló sus bobinas de inducción con un entrehierro entre el bobinado primario y secundario. Segundo, debido a que el núcleo de hierro que tenía la bobina de inducción se calentaba mucho, rediseñó su versión de modo que el núcleo de hierro podía moverse dentro y fuera de la bobina primaria. Al mover el núcleo, Tesla averiguó que también podía ajustar la inductancia del bobinado primario.[19]

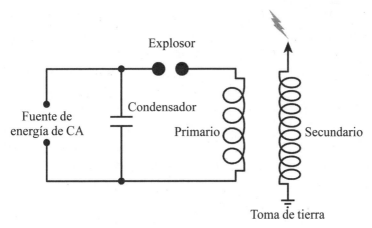

Imagen 6.2. Diagrama de la bobina de Tesla

Tesla también encontró problemas con el condensador que se usaba habitualmente con las bobinas de inducción. Para incrementar la fuerza de la chispa producida por la secundaria, los investigadores (comenzando por Armand Hippolyte Fizeau en 1853) normalmente colocaban una botella de Leyden o condensador de capacidad en paralelo alrededor del explosor del bobinado secundario. Con las alternancias rápidas de su generador de alta frecuencia, Tesla advirtió que su condensador a menudo contrarrestaba la autoinductancia de la bobina secundaria y agotaba la bobina. Como solución, movió el condensador de capacidad en su aparato entre el generador y el bobinado primario. También hizo este condensador regulable.[20] Juguetear con la colocación del condensador y las bobinas resultaba bastante natural para Tesla; cuando desarrollaba sus motores de fase partida, había usado combinaciones de bobinas de inducción, resistencias y condensadores para dividir y dar a la corriente entrante diferentes fases.[21]

Ahora Tesla se dio cuenta de que ajustando con cuidado el condensador y la bobina de inducción era posible aumentar la frecuencia a niveles todavía más elevados. Los científicos que trabajaban en electricidad inicialmente habían asumido que cuando el condensador se descargaba la electricidad simplemente fluía de una lámina a otra, de forma bastante parecida al agua corriendo fuera de una presa. Sin embargo, en 1856, el físico británico sir William Thomson probó matemáticamente que la descarga del condensador era en realidad oscilatoria.[22] Del mismo modo que un muelle aplastado va arriba y abajo cuando se suelta, la carga eléctrica se dispara de adelante atrás entre las láminas del condensador hasta que la energía almacenada se disipa y fluye a través del circuito en forma de una corriente de alta frecuencia.[23]

Para aprovechar al máximo el carácter oscilante de la descarga del condensador, después Tesla ajustó con cuidado la bobina de inducción. Al igual que se puede pensar en el condensador como un equivalente eléctrico a un muelle aplastado, una bobina de inducción puede verse como el equivalente a un péndulo. A medida que la corriente eléctrica fluye a través de la bobina primaria, la corriente inducida en la bobina secundaria oscila entre un valor máximo y uno mínimo, algo parecido a como el peso de un péndulo mecánico se balancea de un lado a otro. Tesla se dio cuenta de que si podía corresponder cada descarga electrostática o «empuje» de modo que coincidiese con cada máximo de la corriente inducida, podría incrementar el voltaje de la corriente producida por la bobina de inducción. Así como uno puede mantener un péndulo mecánico más tiempo en movimiento dándole un pequeño empujón justo cuando alcanza el final de su balanceo, Tesla ajustó el condensador y la bobina de inducción de modo que cada «empuje» se produjera justo cuando la corriente en la bobina de inducción alcanzaba su máximo. Al hacer esto, Tesla se servía del principio de resonancia: una porción del circuito fortalece la otra porción del circuito y así refuerzan el resultado. Al crear una resonancia ajustando el condensador y la bobina de inducción, Tesla pronto fue capaz de producir una corriente que alternaba hasta treinta mil veces por segundo.[24] Fascinado con el hecho de que la resonancia pudiera crear esos efectos potentes, Tesla buscó otros lugares en los que pudiese aprovecharse de la resonancia y rápidamente se convirtió en la nueva idea que guiaba sus esfuerzos con el fenómeno de alta frecuencia.

Al combinar su comprensión de la naturaleza oscilante de la descarga del condensador con el principio de resonancia, Tesla disponía de un invento que producía corrientes cuyo voltaje y cuya frecuencia eran mayores que los generados por otras máquinas. Tesla llamó a este invento «transformador oscilante», pero a medida que otros investigadores empezaron a emplear el término, pasó a conocerse como «bobina de Tesla». El transformador oscilante era fundamental en mucho del trabajo posterior de Tesla sobre la transmisión inalámbrica de energía eléctrica, y él creía que era uno de sus grandes descubrimientos. Como recordaría más tarde: «Cuando en 1900 conseguí descargas potentes de 100 pies y proyecté una corriente alrededor del globo, me acordé de la primera pequeña chispa que observé en mi laboratorio de la calle Grand y me emocioné con sensaciones similares a las que sentí cuando descubrí el campo magnético rotatorio».[25]

Al usar su generador de alta frecuencia y el transformador oscilante juntos, Tesla pronto aprendió sobre los efectos fisiológicos de las corrientes de alta frecuencia. Al principio en sus experimentos tocó accidentalmente los terminales de un transformador oscilante y la corriente de alta frecuencia pasó a través de su cuerpo. Para su sorpresa, no resultó herido. Tesla se dio cuenta de que, como consecuencia de la autoinducción de la bobina y la alta frecuencia, la corriente producida en la bobina secundaria tenía un voltaje alto pero un amperaje pequeño. Además, como se conoce hoy en día, corrientes en el rango de la radiofrecuencia viajan a lo largo de la superficie del cuerpo humano y no dañan los nervios ni los órganos internos en cortas exposiciones. Basado en sus propias experiencias, Tesla concluyó en febrero de 1891 que «cuanto más alta la frecuencia, mayor la cantidad de energía eléctrica que podría pasarse a través del cuerpo sin un serio malestar».[26] Esta conclusión tenía beneficios de seguridad potencial, ya que un modo de evitar ser electrocutado por CA de alta tensión sería incrementar la frecuencia usada en los sistemas de distribución existentes.[27] Preocupado desde hacía mucho tiempo por la seguridad de la CA, el rival de Tesla, Elihu Thomson investigó más a fondo los efectos fisiológicos de la corriente de alta frecuencia.[28] Mientras tanto, Tesla sacó provecho del efecto sobre la piel en sus demostraciones públicas: era capaz de sujetar los extremos de su aparato de alta frecuencia y hacer pasar decenas de miles de voltios a través de su cuerpo, energía suficiente para iluminar intensamente una bombilla o un tubo que sostenía en la mano.

¿Ondas hertzianas o empuje electrostático?

Cuando Tesla desarrolló su transformador oscilante, se enfrentó a la pregunta de cómo utilizar este nuevo artilugio. Claramente se prestaba a explorar las ondas descubiertas por Hertz, pero ¿cómo debería orientar sus investigaciones? Ahora sabemos que las ondas hertzianas pueden usarse para comunicaciones de radio, pero esta aplicación no era obvia para Tesla y otros de los primeros investigadores. Como con cualquier fenómeno nuevo, había diferentes vías por las que los investigadores podían explotarlo, y la elección de la vía refleja el conocimiento e interés de los investigadores.[29]

Una vía era concentrarse en las implicaciones teóricas del descubrimiento de Hertz. En Gran Bretaña, varios físicos e ingenieros, Oliver Lodge, Oliver Heaviside y George Francis Fitzgerald, estudiaron los experimentos de Hertz y se encargaron del análisis matemático necesario para conectar los resultados de Hertz con la teoría de Maxwell. Los miembros de este grupo, que se llamaron a sí mismos maxwellianos, estaban principalmente preocupados por avanzar con la teoría electromagnética.[30] Como Maxwell había hecho énfasis en que la luz visible y las nuevas ondas eran equivalentes, variando solo en la longitud de onda, al principio los maxwellianos llevaron a cabo experimentos ópticos para ver si las nuevas ondas se comportaban como luz. Por ejemplo, trataron de usar lentes hechos de diferentes materiales (tanto cristal como betún) para enfocar las nuevas ondas como ondas de luz. Mientras un maxwelliano, John Perry, habló en 1890 sobre la posibilidad de usar ondas hertzianas para la comunicación, los maxwellianos asumieron que cualquier sistema de comunicación usando las nuevas ondas funcionaría más como un sistema de luces parpadeantes que como un telégrafo eléctrico. De hecho, como Sungook Hong ha observado, los maxwellianos no estaban interesados en la práctica del telégrafo existente a comienzos de la década de 1890, y por tanto no estaban preparados para convertir el descubrimiento de Hertz en telegrafía inalámbrica.[31]

Tesla siguió el trabajo de Hertz y los maxwellianos leyendo las publicaciones sobre electricidad, pero no tenía ni la inclinación ni la experiencia para verse envuelto en las complejas discusiones matemáticas de los maxwellianos. (Incluso al propio Hertz le costó involucrarse en estas discusiones matemáticas, lo que en 1889 llevó a Heaviside a comentar: «veo que Hertz no es un maxwelliano aunque está aprendiendo a ser uno de ellos»).[32] En su lugar, la ruta seguida por Tesla a partir del descubrimiento de Hertz estuvo marcada por dos características. Primero, decidió centrarse menos en las ondas electromagnéticas y más en los efectos electrostáticos creados por su aparato. Segundo, como inventor ambicioso, Tesla buscó convertir este descubrimiento científico en una prometedora nueva tecnología.

Cuando los investigadores empiezan a investigar el nuevo fenómeno, con frecuencia lo hacen usando prácticas experimentales existentes para luego desarrollar nuevas técnicas a medida que se familiarizan con el fenómeno. Por tanto, al igual que los maxwellianos habían empezado realizando experimentos ópticos, Tesla comenzó estudiando su nuevo transformador oscilante repitiendo las demostraciones habituales realizadas con una bobina de Ruhmkorff. Los investigadores anteriores habían usado la bobina de Ruhmkorff para estudiar las chispas y los efectos de la carga eléctrica o lo que se llama «efectos electrostáticos».

Una demostración popular realizada con una bobina de Ruhmkorff era usar chispas eléctricas para mostrar gases incandescentes. Para llevar a cabo este experimento, los investigadores usaban tubos de cristal especiales de los que se evacuaba la mayoría del aire. Conocidos como «tubos de Geissler», tenían dos electrodos de platino, y cuando se conectaban a una bobina de Ruhmkorff, la alta tensión provocaba que el gas se ionizase y se hiciese luminiscente.[33] En sus experimentos con su transformador oscilatorio, Tesla conectó su bobina a un tubo de Geissler y averiguó que el tubo brillaba intensamente alrededor de los extremos mientras que la parte de en medio parecía, por comparación, oscura. Estos espacios oscuros los había estudiado previamente el químico británico sir William Crookes.[34]

Trabajando con los tubos de Geissler, Tesla hizo un descubrimiento importante. Cuando unió los extremos de su transformador oscilante a dos esferas, la chispa saltaba al punto donde el hueco entre las bolas era el más pequeño y luego subía hacia las esferas, para apagarse en la cima y volver a empezar en el punto más cercano. Los experimentadores modernos se refieren a esta demostración como la «escalera de Jacob», y a menudo se ve en el aparato usado por el científico loco en películas de monstruos y de ciencia ficción. Sin embargo, lo que Tesla encontró sorprendente fue que cuando la chispa generada por la bobina se extinguía, tal como ocurría al final del ascenso entre las esferas, los tubos de Geissler tumbados al lado se iluminaban y apagaban al unísono con la chispa. También observó que los tubos no se iluminaban cuando estaban en ángulo recto con los extremos de su bobina de inducción; para iluminarse, los tubos necesitaban estar en paralelo con los extremos y la chispa. Esto sugirió a Tesla que los tubos se encendían como resultado de un campo eléctrico producido por la chispa, no por las ondas electromagnéticas ya que, según su razonamiento, si las ondas estaban provocando que el tubo brillase, entonces la posición no habría importado. Tesla repitió el experimento con tubos de vacío sin ningún electrodo y se sorprendió al ver que estos también se iluminaban.[35]

Estas observaciones convencieron a Tesla de que Hertz y los maxwellianos estaban confundidos. Mientras que la bobina de Ruhmkorff acumulaba grandes cantidades de carga y generaba ondas electromagnéticas, en opinión de Tesla, la mayoría de la energía en el aparato se dedicaba a efectos electrostáticos y no a ondas electromagnéticas. Por lo que a él respecta, la acumulación de carga creaba un campo eléctrico en el espacio rodeando a la bobina, y cuando la chispa se apagaba, el voltaje de este campo se disipaba, provocando que los tubos de Geissler brillasen. Según Tesla, «empujes» electrostáticos, no ondas hertzianas, hacían que los tubos se iluminasen.

En su conferencia de mayo de 1891 sobre el fenómeno de alta frecuencia (descrito en el capítulo siguiente), Tesla dejó claro que estaba en desacuerdo con Hertz y Lodge. «Muchos se han dejado llevar por el entusiasmo y la pasión en descubrir, pero en su fervor por alcanzar resultados algunos se han engañado», escribió. «Empezando con la idea de producir ondas electromagnéticas, volcaron su atención, quizás demasiado, en estudiar los efectos electromagnéticos, y descuidaron el estudio del fenómeno electrostático... Por ello se ha pensado, y creo afirmado, que en dichos casos la mayoría de la energía se emite en el espacio. A la vista de los experimentos, los cuales he descrito más arriba, ahora no se pensará así. Me siento seguro afirmando que ... la cantidad de energía directamente emitida es muy pequeña.»[36]

Dado que ahora aceptamos la interpretación maxwelliana de las ondas electromagnéticas como cierta (se encuentra en todos los libros de física e ingeniería eléctrica) puede parecer ridículo que Tesla decidiese retar esta interpretación. Sin embargo, debemos tener en mente varias cosas. Primero, Tesla estaba siguiendo un principio bien establecido en ciencia: no se propone una nueva teoría cuando la teoría antigua parece explicar la mayor parte de lo que está sucediendo. Segundo, mucho del poder de esta interpretación propuesta por los maxwellianos recaía en su habilidad para representar matemáticamente fenómenos electromagnéticos y a continuación usar matemáticas para predecir el nuevo fenómeno. Tesla no estaba interesado en estos empeños matemáticos, que además no le convencían. Lo que contaba para él era el fenómeno que era capaz de producir y observar en su laboratorio.

De hecho, al haber observado cómo su transmisor oscilante provocaba que los tubos de Geissler brillasen, el siguiente paso de Tesla fue convertir este fenómeno en una demostración fascinante. Durante una sesión de trabajo de toda una noche, envió a sus hombres fuera a las 3 a. m. a buscar algo de comer. Cuando volvieron, lo encontraron de pie en medio del laboratorio, sujetando un tubo de vidrio largo con cada mano y sin conexión a su bobina de alta frecuencia. «Si mi teoría es correcta —les dijo Tesla—, cuando el interruptor se active, estos tubos se convertirán en espadas de fuego.» Luego ordenó que la habitación quedase a oscuras y accionar el interruptor e instantáneamente los tubos de cristal se iluminaron intensamente.

«Bajo la influencia de un gran júbilo —recuerda Tesla—, los moví en círculos alrededor de mi cabeza. Mis hombres estaban realmente asustados; así de nuevo y maravilloso era el espectáculo. No conocían mi teoría de la transmisión inalámbrica de luz, y por un momento pensaron que era algún tipo de mago o hipnotizador.» Con ese experimento, Tesla sabía que la transmisión inalámbrica de luz era una realidad y que él tenía una demostración que podía captar la atención del público y atraer nuevos inversores.[37]

Un mago de verdad (1891)

De un salto, [Tesla] se colocó a sí mismo a la altura
de hombres como Edison, Brush, Elihu Thomson
y Alexander Graham Bell. Aunque solo hace cuatro o cinco años,
después de un período de lucha en Francia, que este muchacho
de las sombrías montañas en la zona fronteriza austrohúngara
desembarcó en nuestras cosas, totalmente desconocido,
y pobre en todo salvo en genio, formación y coraje.

JOSEPH WETZLER en *Harper's Weekly*, julio de 1891

CONTRATOS ROTOS, CORAZONES ROTOS

Durante el invierno de 1890-1891, Tesla probablemente pensaba en cómo generar interés público y apoyo financiero para sus inventos porque su principal mecenas, Westinghouse, tenía problemas financieros graves. Gracias a la línea de producto de CA innovadora de la compañía, las ventas anuales de Westinghouse había crecido de 800.000 dólares en 1887 a 4,7 millones de dólares en 1890.[1] Cuando las ventas se dispararon, Westinghouse tuvo que contratar ingenieros y ampliar sus fábricas. Al mismo tiempo, Westinghouse se unió a Edison General Electric y Thomson-Houston en la compra de compañías más pequeñas y se vio envuelto en fuertes litigios de patentes. Westinghouse financió parcialmente esta expansión adelantando a la compañía 1,2 millones de dólares de su propio dinero, pero también pidió muchos préstamos. A mediados de 1890, la firma estaba vendiendo 3 millones de dólares adicionales en pasivos a corto plazo, cuando sus activos totales eran de alrededor de 11 millones de dólares y sus activos circulantes eran 2,5 millones de dólares.

El desastre llegó en noviembre de 1890 cuando la quiebra de una importante correduría de Londres, Baring Brothers, desencadenó el pánico financiero y motivó que los acreedores de Westinghouse pidiesen la devolución de sus préstamos. La Westinghouse Company se vio forzada a la bancarrota y George Westinghouse luchó durante los dos siguientes años para salvar a la compañía. Tras fracasar en conseguir apoyo de los banqueros de Pittsburgh, Westinghouse se dirigió al banquero de Wall Street August Belmont, que organizó un comité de poderosos inversores para reorganizar la compañía.[2]

Según John O'Neill, el biógrafo de Tesla en la década de los cuarenta del siglo xx, los inversores que respaldaron esta reorganización financiera insistieron en que si Westinghouse quería mantener el control de su compañía, tenía que acabar el contrato con Tesla, que exigía pagos de royalties de 2,50 dólares por caballo de potencia en cada motor instalado. O'Neill afirma que los inversores insistieron en acabar el contrato para evitar pagar a Tesla millones de dólares en royalties y que este dinero habría apoyado gran parte de su investigación posterior.[3]

Sin embargo, desde la perspectiva de principios de 1891, no es probable que los pagos de royalties de Tesla supusieran un coste importante para la compañía reorganizada. De acuerdo con los términos del contrato de 1888 con Tesla, Peck y Brown, Westinghouse habría pagado 105.000 dólares en 1891, y Tesla habría recibido alrededor de 47.000 dólares. Como había solo un puñado de sistemas de energía de CA que pudiesen emplear los motores de Tesla, Westinghouse había vendido muy pocos motores y probablemente no había pagado ningunos royalties significativos antes de 1891. Además, dado que los ingenieros de Westinghouse no habían resuelto las dificultades técnicas relacionadas con los diseños de motor de Tesla (véase el capítulo 10), ni Westinghouse ni los banqueros tenían ninguna razón para preocuparse porque los pagos de royalties de Tesla equivaliesen a millones de dólares.[4] El motor de Tesla demostró ser un éxito comercial a finales de la década de los noventa del siglo xix, pero no había modo de anticipar esto a comienzos de 1891.

Es más probable que los inversores insistieran en que Westinghouse acabase el contrato con Tesla porque sentían que Westinghouse había gastado demasiado dinero y energía desarrollando una nueva tecnología. Como uno de los banqueros de Pittsburgh se quejó: «... Westinghouse gasta demasiado en experimentación, y paga generosamente por lo que desea en forma de servicio y derechos de patentes; nosotros estamos asumiendo un riesgo muy grande si le damos vía libre con el fondo que nos ha pedido que le aumentemos. Deberíamos al menos saber qué va a hacer con nuestro dinero».[5] Al mismo tiempo, el comité de inversiones organizado por Belmont quería intervenir más en los asuntos de la reorganizada Westinghouse Company. Al ver a Westinghouse como «un mecánico brillante y fértil» que carecía de tacto y comprensión de las altas financias, los banqueros buscaban restringir su poder.[6] Por tanto, el requerimiento de terminar su contrato con Tesla probablemente partía más de un deseo por parte de los banqueros para controlar a Westinghouse que del temor de que los royalties de Tesla alcanzasen los millones.

Por tanto, de mala gana, Westinghouse se dirigió a Tesla y le pidió renunciar al contrato y ayudarle a mantener el control de la compañía. Según O'Neill, Tesla entonces rompió el contrato en pedazos, demostrando su lealtad a Westinghouse.[7] Aunque al mismo tiempo, quizás Tesla había pensado en su propio futuro y en quién controlaría sus patentes. Si Tesla mantenía el contrato, entonces estaría negociando con los inversores en vez de con Westinghouse, y quizás no estuviesen tan inclinados a gastar dinero en desarrollar o promover sus inventos. O'Neill sugiere que Tesla prefirió continuar tratando con Westinghouse de un modo informal y confiar en que el magnate de Pittsburgh siguiese apoyándole de algún modo. (Véase, por ejemplo, el capítulo 14.) Para Tesla, la lealtad personal contaba más que un contrato legal.[8]

En torno a la época en la que rompió su contrato con Westinghouse, Tesla tuvo que hacer frente a una decepción personal igual de grande. Después de permanecer al lado de Tesla durante nueve años, Szigeti lo dejó durante un tiempo en 1890 para desarrollar lo que pensaba sería su gran invento: una nueva brújula para conducir barcos. Cuando Szigeti volvió cinco o seis meses más tarde, Tesla le dijo que su invento de la brújula ya había sido desarrollado por sir William Thomson, y esto dio lugar a que Szigeti lo dejase por segunda vez en 1891. Tesla pensó que esta segunda vez Szigeti se había ido al sur, quizás a Sudamérica, para perseguir otra estrategia de invención. Profundamente herido porque Szigeti le había dejado, Tesla declararía veinte años más tarde: «Desearía tanto verlo, porque le habría querido».[9] Vemos que con Szigeti Tesla se sentía atraído por los hombres y buscaba formar relaciones de amistad íntima con ellos; exploraremos con más detalle esta faceta de la vida de Tesla en el capítulo 12.

BOMBILLAS NUEVAS PARA EL MUNDO

La pérdida de Szigeti y la ruptura de su contrato con Westinghouse supusieron que Tesla empezara a trabajar más duro para desarrollar y divulgar lo que había aprendido sobre el nuevo reino del fenómeno de alta frecuencia. Ya no podía contar con los ingresos de royalties de Westinghouse y ahora tenía que generar interés en sus nuevos inventos para atraer inversores. Siguiendo la estrategia de negocio de patente-promoción-venta que había aprendido de Peck, Tesla registró solicitudes de patentes, dio a conocer varios artículos en publicaciones de electricidad y una segunda conferencia importante durante la primera mitad de 1891.

A medida que experimentaba con su transformador oscilante, Tesla aplicaba sus descubrimientos sobre «empujes» electrostáticos para desarrollar nuevas formas de luz eléctrica. De algún modo los empujes electrostáticos estaban transmitiendo energía a través del espacio. ¿Cómo podría usar estos empujes para crear nuevos inventos? Sabiendo como sabemos que Marconi convirtió los descubrimientos de Hertz en telegrafía sin hilos, podría parecer desconcertante que Tesla escogiese concentrarse en la luz en vez de en las comunicaciones. Aunque esta elección tiene sentido a varios niveles. Durante años, a los científicos les fascinó que los tubos de Geissler convirtieran la electricidad en luz sin calor. Antes de la introducción de la luz eléctrica, la iluminación artificial, mediante velas o lámparas de aceite o alumbrado de gas, requería la existencia de una llama y la producción de calor. ¿Por qué el tubo de Geissler evitaba la producción de calor? Al mismo tiempo, Maxwell había hecho énfasis en su teoría de que la luz y la electricidad estaban relacionadas. ¿Por qué no seguir esta idea y buscar modos de convertir la electricidad directamente en luz?

El primer paso de Tesla en esta dirección fue seguir el experimento en el cual un fino alambre aislado se retorcía y brillaba intensamente cuando se unía a un extremo de su bobina oscilante. Para Tesla, el movimiento rápido y los chorros de luz en el alambre eran el resultado de empujes electrostáticos que provocaban vibraciones intensas en las moléculas del alambre. Para capturar mejor esta acción intensa, Tesla colocó un fino alambre de platino dentro de una bombilla y averiguó que giraba, creando un cono de iluminación.

Tesla sabía que el alambre de platino se hacía incandescente no por el metal en sí mismo, que tenía una alta resistencia, sino porque estaba usando un alambre muy fino. Sin embargo, sospechando que obtendría todavía mejores resultados usando un material muy resistente, Tesla hizo lo que había hecho Edison cuando desarrollaba su bombilla incandescente en 1879 y reemplazó el alambre de platino con carbono. En vez de usar un filamento, como Edison hizo en su bombilla, Tesla moldeó el carbono en un pequeño botón esférico que colocó al final del alambre; cuando lo conectaba a un extremo de su transformador oscilante, la corriente de alta frecuencia y alta tensión hacía que el botón se volviese incandescente y arrojaba una luz brillante.[10] Para enfocar la luz del botón incandescente, Tesla añadió un reflector de metal fuera de la bombilla. Como la bombilla necesitaba conectarse a la fuente de energía solo por un cable —normalmente las bombillas incandescentes requerían dos cables—, Tesla vio inmediatamente que este botón de carbono tenía potencial comercial, ya que reduciría el cableado necesario para la iluminación eléctrica a la mitad, y procedió a patentar diferentes variantes.[11]

La conferencia en el Columbia College

En la primavera de 1891, Tesla se dio cuenta de que sus nuevos dispositivos, su alternador de alta frecuencia, su transformador oscilante y sus bombillas nuevas, constituían una plataforma tecnológica que le permitía hacer un serie de afirmaciones: que Hertz y los maxwellianos estaban prestando demasiada atención a las ondas electromagnéticas; que la CA de alta frecuencia podía convertirse fácilmente en luz, y que estaba a las puertas de revolucionar la industria eléctrica con sus nuevas bombillas.

Tesla presentó sus primeros hallazgos en *Electrical Engineer* en febrero de 1891 y de inmediato Elihu Thomson lo retó en medios escritos. Él también estaba trabajando con corrientes de alta frecuencia, pero sus experimentos eran por debajo de los 10.000 ciclos, de modo que Thomson no siempre observaba los mismos efectos que Tesla. Sin estar dispuestos a ceder lo más mínimo uno y otro, Tesla y Thomson discutieron en una serie de artículos aparecidos en publicaciones de electricidad durante marzo y abril de 1891.[12]

Esta discusión con Thomson debió de revelar a Tesla que necesitaba hacer un movimiento drástico si quería establecerse como el líder experto en la investigación del fenómeno de alta frecuencia. Quizás porque Thomson había dado un discurso de apertura sobre el fenómeno de CA en el encuentro de primavera de 1890 del Instituto Americano de Ingenieros Eléctricos (AIEE), Tesla decidió dar una conferencia de nuevo en el instituto y, al igual que había introducido su motor de campo rotatorio presentándoselo a ese grupo tres años antes, ahora lanzaría sus ideas sobre la CA de alta frecuencia del mismo modo. Con toda probabilidad, fue capaz de meterse en el programa de primavera de 1891 porque William Anthony era en ese momento el presidente del instituto, y el conocido de Tesla T. C. Martin era el presidente del comité del instituto para artículos y reuniones.[13]

Como había hecho en 1888, Tesla se aseguró de que había protegido sus inventos registrando las solicitudes antes de la conferencia. A finales de abril y principios de mayo, registró dos solicitudes de patentes en EE. UU. para iluminación incandescente de alta frecuencia y un día antes de la conferencia presentó solicitudes de patentes para protección en Gran Bretaña, Francia, Alemania y Bélgica.[14]

Tesla habló la tarde del 20 de mayo de 1891 en el Columbia College en Nueva York en el auditorio de Theodore W. Dwight, decano de la facultad de Derecho. Aunque en 1889 se había establecido un departamento de ingeniería eléctrica en la Escuela de Minas de Columbia, el departamento no tenía sus aulas propias, y probablemente los dos profesores de ingeniería eléctrica, Francis B. Crocker y Michael Pupin, ansiaban atraer la atención sobre su nuevo departamento al acoger la conferencia de Tesla. Para proveer energía, Tesla instaló su alternador de alta frecuencia en el taller de electricidad del *college*, un modesto edificio de ladrillos apodado «el establo» y alimentado por un motor eléctrico; usando un interruptor en el escenario, Tesla podía regular la velocidad del motor y por tanto controlar la frecuencia producida por su alternador (imagen 7.1).[15]

Hablando en un «inglés nervioso y puro» a una audiencia grande y entusiasta, Tesla empezó llamando la atención sobre el hecho de que la ciencia moderna había sido capaz de hacer progresos rápidos al reconocer el éter como el medio en el cual las ondas invisibles viajan, pero que la naturaleza exacta de la electricidad era todavía desconocida. Tesla propuso que el fenómeno electrostático podría considerarse como el éter bajo presión mientras que la electricidad dinámica, o corrientes, debería verse como «el fenómeno del éter en movimiento». Haciendo alusión al trabajo de Hertz y Lodge, Tesla informó al público de que los efectos luminosos en los tubos de Geissler no estaban provocados por las ondas electromagnéticas, sino por los «empujes» electrostáticos.[16]

Para apoyar estas afirmaciones, Tesla proporcionó una serie de demostraciones. A medida que incrementaba el número de ciclos que llegaban a su transformador oscilante, el arco empezaba a «cantar», a emitir una nota aguda. Luego Tesla demostró que su bobina podía generar una variedad de serpentinas, chispas y llamas eléctricas. A conti-

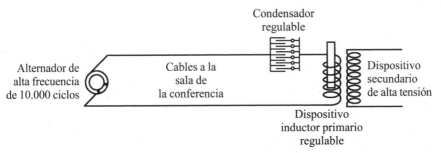

Imagen 7.1. Circuito usado por Tesla en su conferencia en el Columbia College en 1891. El condensador, el dispositivo inductor y el transformador de la derecha constituyen su transformador oscilante o bobina de Tesla. Redibujado a partir de NT, «The True Wireless», *Electrical Experimenter,* mayo de 1919, 28-30 y ss., en p. 29.

nuación mostró cómo su corriente de alta frecuencia podía usarse para iluminar los tubos de Geissler y sus bombillas nuevas.[17] «Aquí —informó *Electrical Review*— Tesla parecía interpretar el papel de un mago de verdad. Parecía haber poca diferencia si las bombillas estaban tumbadas en la mesa o si estaban conectadas a un extremo a un polo de la bobina o si el ponente cogía una bombilla en cada mano y ponía una contra cada polo de la bobina... En cada uno de los casos los filamentos se volvían incandescentes, para delicia suprema de los espectadores.»[18]

Para ayudar a la audiencia a apreciar todo el potencial de la CA de alta frecuencia para el alumbrado eléctrico, Tesla ofreció una demostración impresionante (imagen 7.2). Dos grandes hojas de zinc fueron suspendidas del techo con una distancia entre ellas de alrededor de quince pies y conectadas al transformador oscilante. Con las luces del

Imagen 7.2. Tesla mostrando sus bombillas inalámbricas ante el Instituto Americano de Ingenieros Eléctricos en mayo de 1891. De «Experiments with Alternate Currents of Very High Frequency and Their Application to Methods of Artificial Illumination», *Electrical World*, 11 de julio de 1891, pp. 18-19 (TC 3:86-87).

auditorio atenuadas, Tesla cogió un tubo largo relleno de gas en cada mano y se metió entre las dos hojas. Conforme agitaba los dos finos tubos, estos brillaban, cargados por un campo electrostático creado entre las dos láminas. Como Tesla explicó, la corriente de alta frecuencia hacía ahora posible tener luz eléctrica sin cables, tener bombillas que se pudiesen mover libremente alrededor de una habitación.[19]

Esta demostración causó sensación y fue mencionada en todos los artículos publicados sobre la conferencia de Tesla en Columbia. Cautivado con la idea de la iluminación sin calor o llamas, Joseph Wetzler predijo en *Harper's Weekly* que las bombillas de Tesla «traerían un país de hadas a nuestros hogares». «Es difícil apreciar qué querían decir esos fenómenos extraños en ese momento», dijo Tesla más tarde. «Cuando mis tubos se exhibieron por primera vez en público, se vieron con un asombro imposible de describir.»[20]

Por temor a que la audiencia se preocupase por la seguridad de las corrientes de alta frecuencia, Tesla siguió la demostración de luz inalámbrica con un experimento fisiológico. Sujetando una bola de latón en un extremo del transformador oscilante, Tesla reguló el potencial de la bobina de modo que un chorro de luz saliese del otro extremo de la bobina. Estimando que el potencial entre los terminales era de 250.000 voltios, Tesla llevó entonces una segunda bola de latón al otro extremo de la bobina y dejó que la corriente pasase a través de él. Gracias al efecto sobre la piel, la corriente permaneció en la superficie de su cuerpo y no sufrió daños.[21] Tesla concluyó la conferencia, que había durado tres horas, haciendo notar que había llevado a cabo más experimentos interesantes en su laboratorio pero que lamentaba no poder mostrarlos ya que se había quedado sin tiempo. Conocedor del mundo del espectáculo, Tesla sabía la importancia de mantener siempre al público hambriento con la promesa de darles más.

Como su conferencia de 1888, la de Columbia fue un gran éxito. «Todos quienes asistieron a la brillante conferencia de Tesla el miércoles por la tarde —observó *Electrical Review*— recordarán esa ocasión como uno de los placeres científicos de sus vidas.»[22] La conferencia se publicó en prensa técnica y en los periódicos de Nueva York. La versión escrita de la conferencia, preparada en las semanas siguientes a la presentación, se reimprimió en muchas ocasiones y un extracto apareció en *Literary Digest*.[23] En su mayor parte, la prensa estaba entusiasmada no solo por las demostraciones sensacionales, sino también por el potencial comercial de las bombillas eléctricas inalámbricas de Tesla. Sus experimentos con frecuencias altas parecían mostrar que la CA era «El Dorado de la electricidad», a través del cual sería posible producir luz eficientemente y sin pérdidas debidas al calor o las llamas.[24] «Es imposible leer el memorable artículo de Tesla sin admiración por la claridad de visión e ingenuidad de mente exhibida», señalaba *Telegraphic Journal and Electrical Review*. «Parecería que al fin estamos progresando bastante a través de medios para transformar energía en cualquier forma que deseemos sin una pérdida desastrosa de disponibilidad como la que ahora es inevitable, y en gran medida el crédito se le debe otorgar a Tesla por ayudar tanto a perseguir este gran fin.»[25] Confiando plenamente en la habilidad de Tesla para llevar la teoría a la práctica, *Electrical Engineer* comentaba: «Con el método ahora claramente señalado, creemos que llevará una cantidad de tiempo relativamente corta averiguar y presentar al público los detalles prácticos necesarios para la aplicación general de dicho sistema».[26]

Aunque la prensa estaba impresionada con los logros creativos de Tesla, nadie en el mundo de la electricidad estaba cautivado por el modo en que Tesla aparecía en ella. En concreto, la publicación inglesa *Industries* metió en vereda al inventor: «Pensamos, sin embargo, que cualquiera que haya leído muchos de los artículos de Tesla debe tener dificultad en comprender las frecuentes frases hechas y afirmaciones vagas que abundan. No creemos que sea demasiado pedir a alguien que trabaja en el mundo de la electricidad, ocupando una posición destacada como la que Tesla se ha ganado por sí solo en América, no omitir pasajes que podrían empañar su reputación, y permitirnos admirarlo todavía más. Si Tesla pudiese mantener ideas ilusorias sobre la teoría de la luz electromagnética, Hertz y el Dr. Lodge fuera de su trabajo, estamos seguros de que haría sus interesantes experimentos más claros».[27]

Sin embargo, la conferencia de Columbia estableció firmemente a Tesla como uno de los inventores eléctricos destacados en América, algo que además había conseguido en unos pocos años desde que desembarcara en Nueva York. «De un salto —se regocijó Wetzler—, [Tesla] se colocó a sí mismo a la altura de hombres como Edison, Brush, Elihu Thomson y Alexander Graham Bell. Aunque solo hace cuatro o cinco años, después de un período de lucha en Francia, que este muchacho de las sombrías montañas en la zona fronteriza austrohúngara desembarcó en nuestras cosas, totalmente desconocido, y pobre en todo salvo en genio, formación y coraje.»[28]

Disfrutando en el papel de pobre inmigrante que alcanzaba el éxito, Tesla decidió que era el momento de convertirse en ciudadano americano. En julio de 1891, registró una solicitud para la nacionalización en el Tribunal de Primera Instancia de Nueva York. Como su antigua nacionalidad, escribió «austriaco», y como ocupación, «ingeniero civil», especificando que había estudiado en Graz.[29] Tesla había recorrido un largo camino desde sus días de estudiante en Austria.

CONECTANDO A TIERRA SUS CIRCUITOS

Aunque Tesla disfrutaba de la publicidad que siguió a su conferencia en Columbia, estaba determinado a seguir dando forma a sus ideas como inventos prácticos. Estaba especialmente animado a seguir con la demostración en la que los tubos llenos de gas brillaban cuando se colocaban entre dos placas electrificadas. «Ese era un experimento que arrasó —recuerda Tesla—, pero para mí fue la primera evidencia de que estaba transportando energía a distancia, y era un estímulo tremendo para mi imaginación.»[30]

Durante el verano y el otoño de 1891, Tesla empezó a ampliar la demostración de su aparato. En el escenario había usado su alternador de alta frecuencia y transformador oscilante para transmitir energía entre dos placas separadas quince pies; ¿cuánto más lejos sería capaz de transmitir electricidad sin cables? Para averiguarlo, Tesla sustituyó por un gran bidón de metal una placa y la colocó en el tejado de su laboratorio de la calle Grand (imagen 7.3). En lugar de a la otra placa, Tesla conectó su aparato al sistema de tuberías de agua del edificio para conectarlo a tierra. Al configurar su sistema de esta manera, Tesla habría estado influenciado por un circuito patentado en 1886 por Amos E. Dolbear, de Tufts College. Conectando un terminal de una bobina de inducción a un gran condensador y conectando a tierra el otro terminal, Dolbear averiguó que era capaz de transmitir señales telefónicas del laboratorio del *college* a su casa, que estaba próxima.[31] Al hacer toma de tierra del circuito, Dolbear estaba usando una técnica ya común en la práctica en el telégrafo y la telefonía. Descubierta por primera vez por Carl August von Steinheil en 1838, los ingenieros eléctricos habían descubierto que era posible hacer funcionar un circuito de telégrafo con un cable uniendo el transmisor y el receptor y luego conectando ambos dispositivos a placas enterradas en la tierra, ya que la corriente podía moverse a través de la tierra y, por tanto, completar el circuito.[32] Con el bidón y la tierra conectados a los extremos de su aparato de alta frecuencia, la idea de Tesla «era que perturbaría el equilibrio eléctrico en las porciones de la tierra próximas y ese equilibrio perturbado podía entonces ser utilizado para hacer funcionar de algún modo algún instrumento».[33]

Al igual que había ajustado cuidadosamente los componentes en su transformador oscilante para así estimular el voltaje y la frecuencia

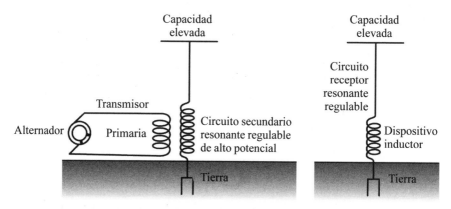

Imagen 7.3. Diagrama que muestra cómo Tesla hizo toma de tierra con su transmisor y receptor.
En su declaración en 1916, Tesla informó de que usó disposiciones como esta a principios de 1891. Tesla utilizó un gran bidón de metal para la capacidad elevada del transmisor.
Redibujado de NT, «The True Wireless», *Electrical Experimenter,* mayo de 1919, 28-30 y ss., en p. 29.

del resultado (véase el capítulo 6). Tesla encontró que el bidón elevado no proporcionaba suficiente capacidad para corresponder a la frecuencia del generador. Para remediar esto, introdujo una bobina de inducción regulable.[34] Sin embargo, en este momento no pensó en ajustar las bobinas de inducción en el transmisor y el receptor de modo que resonasen en la misma frecuencia y por tanto estuviesen sintonizadas (véase el capítulo 10). En su lugar, Tesla ajustó la bobina de inducción y el condensador para así crear una corriente eléctrica máxima en la tierra y por tanto iluminar potencialmente tantas bombillas inalámbricas como fuera posible.

En el extremo receptor, Tesla probó con varias bombillas. Como hemos visto en la conferencia de Columbia, algunas bombillas no necesitaban cables y simplemente brillaban, cargadas con el campo eléctrico establecido entre la tierra y el bidón. Tesla también obtuvo buenos resultados conectando las bombillas a una placa o a tierra. Estos resultados le dieron la esperanza de que, con el diseño de bombilla correcto, sería posible desarrollar un sistema de iluminación inalámbrico que podría competir con el sistema de luz incandescente de Edison. En consecuencia, Tesla mantuvo a su soplador de vidrio ocupado, ya que experimentaba con un amplio rango de lámparas, algunas con filamentos y otras con botones de carbono.[35]

Pero como inventor de un motor de CA, también tenía el propósito de transmitir energía. Para ese fin, Tesla recurrió al motor que era reminiscencia de sus experimentos en Estrasburgo, uno que consistía en un disco de cobre colocado al lado del núcleo de hierro de una bobina de inducción (véase la imagen 9.2). Cuando se alimentaba con CA, la bobina creaba un campo magnético cambiante que inducía corrientes de Foucault en el disco, y como las corrientes eran opuestas al campo magnético, hacían que el disco rotase.[36] Tesla advirtió que era posible proporcionar energía a este motor usando un único cable conectado a su transformador oscilante y a una placa suspendida. El circuito se completaba con el campo eléctrico establecido entre el bidón de metal en el lado del transmisor y la placa en el lado del motor. Como sabía que el motor necesitaba conectarse a un gran condensador y que el cuerpo humano ofrecía una gran capacidad eléctrica, Tesla averiguó que podía eliminar la placa y hacer que el motor funcionase simplemente sujetando un cable conectado al motor. Sorprendido gratamente por poder hacer que el motor funcionase con un solo cable, experimentó más allá con un motor «inalámbrico» en el cual el motor se conectaba a una placa y al suelo. Aunque Tesla podía hacer que el motor girase, la disposición sin cables no proporcionaba tanta energía como la de una única conexión.[37]

Estos experimentos sugerían a Tesla que podía transmitir electricidad para luz y energía a cierta distancia y que quizás fuese capaz de eliminar todos los alambres de cobre usados en el alumbrado eléctrico, el telégrafo y los sistemas de telefonía. Emocionado con esta posibilidad, Tesla buscó transmitir su visión a sus ayudantes. «Me habían visto llevar el cable a la parte de arriba del edificio, me habían visto trabajar continuamente con esas máquinas», testificó Tesla más tarde. «Les había mostrado resultados maravillosos, y les había dicho todo el tiempo que iba a transmitir energía sin cable[s], teléfono, telégrafo, tranvías y luz a cierta distancia, y que estos eran los primeros pasos para lograr ese fin. A cuántos de estos hombres... Soy incapaz de decirlo; pero, con seguridad, tenía muchos testigos siguiendo mi trabajo, y sabían lo que estaba haciendo.»[38]

Estos experimentos de 1891 podrían parecerse sospechosamente a la radio moderna y sugerir que Tesla inventó la radio antes que Marconi; de hecho, ese era el argumento que Tesla intentó dar años más tarde a través de su declaración y publicaciones.[39] Tesla era el primer investigador de ondas electromagnéticas que apreciaba la importancia de conectar a tierra el transmisor y el receptor, una idea fundamental que Marconi obtuvo en 1895.[40] Además, Tesla diseñó circuitos innovadores usando condensadores y bobinas de inducción, y sus circuitos los usaron y modificaron posteriormente Marconi y otros de los primeros investigadores de la radio para perfeccionar la telegrafía inalámbrica.

Pero aunque entendía la importancia de conectar a tierra para la explotación de las ondas electromagnéticas y diseñaba varios circuitos clave, deberíamos observar que, incluso en esta etapa temprana, Tesla estaba haciendo elecciones que le llevarían lejos de lo que habitualmente entendemos como radio. Primero y ante todo, Tesla no estaba particularmente interesado en crear un sistema de comunicaciones. Para él, la gran oportunidad no era imitar los sistemas de telégrafo, sino desarrollar la siguiente generación de tecnología para proporcionar luz y energía eléctrica; como veremos, fue Marconi quien quiso utilizar las ondas electromagnéticas para crear una alternativa inalámbrica al telégrafo. Segundo, aunque Tesla sabía que estaba generando ondas que se propagaban en el espacio, tenía más curiosidad en la corriente que pasaba a través del suelo, le fascinaba tener la tierra en sus circuitos. Y tercero, aunque se puede ajustar bien la capacidad eléctrica, bien la inducción de los circuitos, vemos que Tesla estaba ya concentrado en cambiar la inducción.

Por tanto, en vez de pensar en la historia de la radio como una carrera hacia un objetivo específico, deberíamos darnos cuenta de que un descubrimiento nuevo (como la existencia de ondas electromagnéticas) no tiene que llevar a una única nueva tecnología (como el telégrafo inalámbrico). En su lugar, lo que hace la historia de una tecnología como la radio interesante es que el mismo descubrimiento puede motivar a diferentes investigadores a seguir diferentes caminos. Con demasiada frecuencia, al centrarnos en el éxito comercial de Marconi con su telégrafo inalámbrico, pasamos por alto la diversidad de aproximaciones perseguidas por inventores rivales. En los capítulos que siguen, veremos que la personalidad, las habilidades y los conocimientos de Tesla le llevaron a dar forma a sus experimentos de 1891 como una tecnología que era claramente diferente del telégrafo inalámbrico al que se dedicaba Marconi. Como dijo el poeta Robert Frost: «Dos caminos divergen en un bosque, y yo, yo tomo el menos transitado, y eso ha hecho toda la diferencia».

8

El espectáculo en Europa (1891-1892)

En los meses que siguieron a la conferencia de Columbia, Tesla intentó ignorar la aclamación del público y concentrarse en sus experimentos de alta frecuencia. «Cuando mis tubos se expusieron por primera vez públicamente, fueron vistos con un asombro imposible de describir», recuerda Tesla. «De todas partes del mundo, recibía invitaciones urgentes y numerosos honores y me ofrecían otros alicientes halagadores, los cuales rechazaba.» Con bidones en el tejado y circuitos conectados a tierra, estaba obteniendo resultados prometedores y no tenía muchas ganas de interrumpir sus labores. Como *Electrical World* dijo en enero de 1892: «En sus habilidosas manos, los experimentos se han extendido más allá de sus mera importancia teórica en la dirección de aplicaciones prácticas importantes... Muchas de las dificultades prácticas que aparecieron al principio se han superado y quizás en poco tiempo veamos los resultados en un trabajo comercial».[1]

Aunque los desarrollos en Europa pronto sacaron a Tesla del laboratorio y lo llevaron de vuelta a la sala de conferencias. Durante varios años, las publicaciones de electricidad en Gran Bretaña periódicamente habían planteado la pregunta de si Ferraris había desarrollado un motor con un campo rotatorio, y Tesla seguía insistiendo en que él había registrado las patentes meses antes de que Ferraris publicase sus resultados (véase el capítulo 5). Mientras tanto, un ingeniero alemán, F. A. Haselwander, afirmaba que había inventado un motor trifásico de diez caballos de energía en el verano de 1887. Haselwander no consiguió que su motor funcionase realmente hasta el 12 de octubre de 1887, un mes después de la exitosa demostración de Tesla de su campo rotatorio usando la lata de abrillantador de zapatos. Asimismo, mientras Tesla registró inmediatamente las solicitudes de patente en octubre de 1887, Haselwander no registró ninguna solicitud para su diseño hasta julio de 1888.[2]

Pero incluso más preocupantes para Tesla fueron los eventos en la Exhibición de la Electricidad en Frankfurt (Alemania), en agosto y septiembre de 1891. Deseando establecer un sistema de energía eléctrica municipal e incapaz de determinar el mejor sistema para sus necesidades, la ciudad de Frankfurt encargó a un ingeniero eléctrico, Oskar von Miller, organizar una exhibición de modo que expertos pudiesen estudiar las tecnologías punta.[3] Con la esperanza de asegurar el contrato con Frankfurt, los principales fabricantes de dispositivos para la electricidad se exhibieron en Frankfurt y muchas compañías en sus expositores detacaron sus equipos de CA.

Pero además de las exposiciones, Von Miller también organizó una demostración espectacular del potencial de la CA polifásica para transmitir energía a larga distancia. Usando una estación hidroeléctrica, que había establecido en una planta de cemento en Lauffen en el río Neckar, Von Miller convenció a las autoridades postales del Imperio alemán para construir una línea de alta tensión que llevase electricidad a lo largo de 110 millas (175 kilómetros), de Lauffen a Frankfurt. En Lauffen, los generadores y transformadores estaban diseñados por Charles E. L. Brown, de la firma suiza Oerlikon. En el extremo de la línea que estaba en Frankfurt, Von Miller encargó a Michael von Dolivo-Dobrowolsky, el ingeniero jefe ruso de Allgemeine Elektricitats-Gesellschaft de Berlín, construir los motores. Recurriendo a patentes británicas que había registrado en 1890 y 1891, Dolivo-Dobrowolsky usó corriente de tres fases, pero redujo el número de cables necesarios para su sistema. Mientras la mayoría de los prometedores sistemas trifásicos de Tesla necesitaban seis cables para funcionar entre el generador y el motor, Dolivo-Dobrowolsky empleaba una conexión estrella que unía los tres cables saliendo del generador y los transformadores a una conexión a tierra común, reduciendo así el número de cables necesarios en su sistema. Para diferenciar sus ideas de los planteamientos monofásicos y polifásicos que existían, Dolivo-Dobrowolsky llamó a su sistema *drehstrom*, lo que significa «corriente rotatoria» en alemán.[4] Los ingenieros escépticos que esperaban que el sistema de Lauffen-Frankfurt fuese capaz de transmitir solo el 50 % de la energía generada en Lauffen, estaban estupefactos cuando el sistema funcionaba con una eficiencia de un 75 %. Basado en un cuidado trabajo de ingeniería de Von Miller, Brown y Dolivo-Dobrowolsky, la línea de Lauffen-Frankfurt demostró por primera vez todo el potencial comercial de la CA polifásica.[5]

Aunque la línea de Lauffen-Frankfurt confirmó sus ideas originales sobre el valor de la corriente polifásica, Tesla se sintió molesto al ver informes en las publicaciones de electricidad que daban crédito a Brown y Dolivo-Dobrowolsky por la idea de usar corriente trifásica. Aunque Brown afirmó sin rodeos: «... la corriente de tres fases como se aplica en Frankfurt es gracias a los trabajos de Tesla, y se encontrará claramente especificado en sus patentes», la situación de las patentes en Europa estaba lejos de ser clara.[6] Durante el desarrollo del motor de CA, Tesla había registrado solicitudes de patentes en diferentes países extranjeros, incluyendo Inglaterra y Alemania, pero no había expedido ninguna licencia a fabricantes europeos ni se las había hecho cumplir emprendiendo acciones legales contra quienes las infringían.[7] «Hay cierto rencor aquí —informó Carl Hering desde la Exhibición de Frankfurt— respecto a quién inventó este sistema, es decir, CA trifásica, y quién tiene derecho a usarlo, pero es bastante probable que se originase en los Estados Unidos y sea de propiedad pública aquí.»[8]

Preocupado porque no se le reconociese como el inventor de la CA polifásica y ansioso de consolidar su situación de patentes en Europa, Tesla decidió viajar a Europa para dar conferencias sobre su investigación en alta frecuencia y cuidar sus intereses en el extranjero. Dado que Westinghouse ya no le pagaba ningún royalty, Tesla también necesitaba generar ingresos dando licencias a las compañías eléctricas europeas para fabricar su motor. Sir William Crookes, el presidente de la Institution of Electrical Engineers, le había invitado a dar una conferencia en Londres y Tesla también había recibido una invitación para hablar en París ante la Société de Physique y la Société International des Electriciens.[9]

Después de París, Tesla planeó visitar a su familia en Croacia y Serbia. Estaba especialmente nervioso por ver a su madre. Como indicó en su autobiografía, la echaba muchísimo de menos pero había encontrado demasiado duro desvincularse del laboratorio para así viajar a casa y poder verla. Ahora, sin embargo, «un deseo por verla de nuevo que le consumía fue apoderándose de mí gradualmente. Este sentimiento se hacía tan fuerte que decidí saltarme todo el trabajo y satisfacer mi anhelo».[10]

Tesla embarcó en Nueva York en el *Umbria* el 16 de enero de 1892 y llegó a Inglaterra diez días más tarde. En Londres, sir William Preece, un distinguido ingeniero eléctrico y director del departamento de telégrafos de la Oficina de Correos Británica, invitó a Tesla a quedarse en su casa.[11] Decidido a «cambiar la actitud de los ingenieros y hombres de ciencia de manera considerable, tanto en lo que respectaba a la utilización de los motores de corriente rotatoria como el crédito que debería dársele a este interesante descubrimiento», Tesla se reunió enseguida con un reportero de *London Electrical Engineer*. Tres días después de su llegada, la publicación publicó un perfil de Tesla y detalló cómo su investigación sobre motores de CA precedió al trabajo de Ferraris, Haselwander y Dolivo-Dobrowolsky.[12]

Para ayudar a preparar el escenario para la conferencia en Londres de Tesla, Crookes publicó un artículo muy especulativo sobre la electricidad en *Fortnightly Review*. Además de discutir cómo la electricidad podía mejorar las cosechas, matar parásitos, purificar las aguas residuales y controlar el tiempo, Crookes presentaba a los lectores los últimos descubrimientos hechos por Hertz, Lodge y Tesla sobre ondas electromagnéticas. Como otros científicos británicos del ámbito de la electricidad, Crookes vinculaba las ondas hertzianas a la luz y asumía que se manipularían usando lentes. Al mismo tiempo, especulaba sobre cómo estas ondas se usarían para las comunicaciones.

> Los rayos de luz no atraviesan una pared, ni, como sabemos demasiado bien, la niebla de Londres. Pero las vibraciones eléctricas con una longitud de onda de una yarda o más, de las cuales he hablado, fácilmente atravesarán esos medios, que serán transparentes para ellas. Aquí, entonces, se revela la desconcertante posibilidad del telégrafo sin hilos,

postes, cables o cualquier otra de nuestras costosas aplicaciones actuales. Aceptando unos cuantos postulados razonables, todo el asunto entra bien en el reino de las posibles consumaciones. En la actualidad, quienes experimentan son capaces de generar ondas eléctricas de cualquier longitud de onda deseada desde una altura de pocos pies y mantener una sucesión de esas ondas radiando en el espacio en todas las direcciones... También un experimentador puede recibir algunos, si no todos, de estos rayos en un instrumento constituido adecuadamente y por mensajes de señales en el código Morse puede pasar de un operador a otro.

Crookes entró en detalles concretos de los experimentos de Tesla usando CA de alta frecuencia en lámparas de arco eléctrico sin usar cables, y prometió que pronto los hogares podrían alumbrarse con luminosas lámparas inalámbricas.[13]

LAS CONFERENCIAS EN LONDRES

Con el escenario así preparado, Tesla dio su conferencia ante la Institution of Electrical Engineer el 3 de febrero de 1892. Previendo una gran asistencia, los ingenieros eléctricos decidieron no dar la charla en el lugar habitual, la Institution of Civil Engineers (que tenía cabida para cuatrocientos), sino en la Royal Institution (que podía acoger a ochocientos). Para devolverles el favor, los responsables de la Royal Institution preguntaron si Tesla repetiría su conferencia la noche siguiente para sus miembros.[14]

Al principio Tesla era reacio a repetir la conferencia, y James Dewar, que poseía la cátedra fulleriana de Química en la Royal Institution, tuvo que convencerle para que lo hiciese. «Yo era un hombre de resolución firme, pero sucumbí fácilmente a los argumentos convincentes del gran escocés», recuerda Tesla. «Me sentó en una silla y me puso medio vaso de un fluido marrón maravilloso que centelleaba en todo tipo de colores tornasolados y sabía como néctar. "Ahora —dijo— estás sentado en la silla de Faraday y estás disfrutando del whisky que solía beber."[15] Honrado, estuve de acuerdo en dar una segunda conferencia.»

No pasó desapercibido para Tesla que estaría dando la conferencia en el mismo escenario donde en la década de los treinta del siglo XIX Faraday había presentado sus principios fundamentales de inducción electromagnética.[16] Pero a pesar de todo lo emocionante que era, también debía de resultar intimidante. El público en las conferencias de la Royal Institution lo constituía un grupo de eruditos y los encuentros eran tanto ocasiones sociales como científicas. Se vestía de gala y asistía un número sustancial de señoras. El auditorio era un anfiteatro, con los asientos subiendo escalonadamente frente al escenario. Tradicionalmente se esperaba que las conferencias durasen una hora, sin introducciones prolongadas o palabras de agradecimiento.[17]

Ante un auditorio a rebosar con la presencia de los principales ingenieros eléctricos británicos en primera fila, Tesla empezó alabando a Crookes, diciendo a la audiencia que «lo que tengo que contarles y mostrarles esta tarde concierne, en gran medida, al mismo mundo difuso que el profesor Crookes ha explorado tan hábilmente». Tesla indicó que cuando estaba en la facultad había leído un artículo en el cual Crookes describía sus primeros experimentos con materia resplandeciente y que esos experimentos le habían dejado una profunda huella.[18]

Tras mencionar a Crookes, Tesla prosiguió con varias demostraciones brillantes. Sujetando un tubo de vidrio largo y vacío en una mano, agarró un extremo de su transformador oscilante y el tubo «resplandeció con una brillante llama centelleante de un extremo a otro y recordó a todo el mundo la idea de la varita mágica de un mago». De pie en una plataforma aislada, puso su cuerpo en contacto con un terminal de su transformador oscilante y chorros de luz salieron despedidos desde el otro terminal. Volviéndose al público, Tesla preguntó: "¿Hay algo más fascinante que el estudio de las corrientes alternas?"».[19]

Aunque la publicación británica *Engineering* se quejó de que era «una brecha en los cánones dramáticos empezar con un experimento de tanta brillantez, y luego descender a otros de menos importancia», a la audiencia le encantó y prorrumpió en aplausos. Ahora con los ánimos enardecidos, Tesla usó su bobina para realizar más maravillas: chispas de seis pulgadas saltaron entre las bolas; dos cables largos, a un pie de distancia y estirados por el escenario del teatro, brillaron con un color azul a lo largo de toda su longitud, y entre dos círculos de alambre, él creó «un disco púrpura palpitante de gran belleza». En honor a lord Kelvin, el destacado físico británico, Tesla usó su bobina para iluminar una señal que deletreaba su nombre de pila, William Thomson (véase la imagen 8.1).[20]

Como Tesla «mostraba maravilla tras maravilla», escribió un comentarista en *Nature*, «el interés del público se transformó en entusiasmo». Cautivada por su modestia y encanto, la audiencia ignoró su «inglés chapucero y las explicaciones imperfectas no le restaron éxito. Su maravillosa habilidad como experimentador era evidente e inconfundible».[21]

Imagen 8.1. Dispositivo usado por Tesla en su conferencia de Londres de 1892 para iluminar el nombre de sir William Thomson.
De NT, *Experiments with Alternate Currents of High Potential and High Frequency* (Nueva York: McGraw Publishing Co., 1904; rep. Hollywood, Calif.: Angriff Press, 1986), fig. 9, en p. 27.

Tesla mostró entonces al público lo que había observado sobre el fenómeno de los rayos eléctricos en una bola de cristal de la que había extraído el aire y con un único electrodo dentro. Cuando se alimentaban con su bobina de alta frecuencia, una descarga luminosa, como un rayo, podía verse entre el electrodo y la pared interior de la bombilla. Hoy en día consideramos el rayo como un chorro de electrones. Tesla informó que había observado que el rayo podía manipularse con un imán y que rotaba en la dirección de las agujas del reloj como resultado del campo magnético terrestre. Impresionado por cómo el rayo

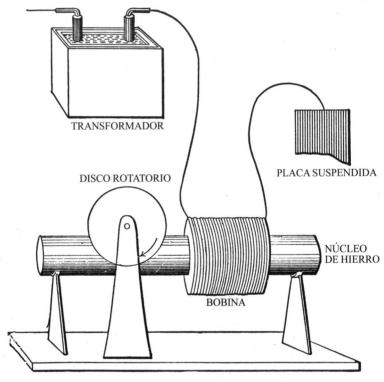

TRANSFORMADOR

DISCO ROTATORIO

PLACA SUSPENDIDA

NÚCLEO
DE HIERRO

BOBINA

Imagen 8.2. Motor de un solo cable mostrado por Tesla
en su conferencia en Londres en 1892.
De NT, *Experiments with Alternate Currents of High Potential and High Frequency* (Nueva York: McGraw Publishing Co., 1904; rep. Hollywood, Calif.: Angriff Press, 1986), fig. 17, en p. 55.

dentro de la bombilla respondía a ligeros cambios magnéticos y eléctricos, Tesla especuló que quizás «encontrase aplicaciones prácticas en el telégrafo. Con un rayo así sería posible enviar mensajes, por ejemplo, al otro lado del Atlántico, con cualquier velocidad; debido a su sensibilidad podría ser tan bueno que los cambios más leves le afectarían».[22] Tesla se estaba anticipando a los primeros tubos de vacío electrónicos de Lee de Forest y J. A. Fleming, que se usaron quince años más tarde para detectar y amplificar señales de radio débiles. Sin embargo, al hacer un tubo de radio práctico, De Forest y Fleming descubrieron que era necesario usar varios electrodos para manipular y controlar el chorro de electrones dentro del tubo.

Pero en la conferencia, Tesla no se detuvo en estas especulaciones y siguió con un tema que le tenía mucho más intrigado. «Una característica más curiosa que las corrientes alternas de frecuencia y potencial alto —dijo a la audiencia— es que nos permiten realizar muchos experimentos usando un único cable.» Tesla entonces demostró cómo su motor de disco podía funcionar con un cable conectado al transformador y otro conectado a una placa suspendida, y con valentía propuso la hipótesis de cómo este motor podría incluso funcionar sin cables, simplemente sacando energía de la atmósfera cargada con electricidad (imagen 8.2).[23]

A continuación Tesla mostró una variedad de bombillas de un solo cable. Estas bombillas consistían en un botón minúsculo de un material de alta resistencia como el carbono o carborundo que se volvía incandescente cuando se alimentaba con una corriente de alta frecuencia. Un observador estimó que las bombillas producían alrededor de cinco candelas.[24] Al enseñar sus lámparas, Tesla estableció teorías sobre las causas de la incandescencia y la fosforescencia y discutió la noción de Crooke de materia radiante, pero estas teorías no fueron lo principal de su intervención. Como A. P. Trotter, editor de *The Electrician*, rememora, «[Tesla] no escribió y leyó un artículo, ni dio una conferencia, y estaba tan ocupado en agitar en el aire largos tubos brillantes sin electrones e iluminar lámparas incandescentes ordinarias por una corriente a través de su cuerpo, que no tuvo tiempo para explicar "cómo lo hacía". Ni, creo, que pudiese».[25]

Tesla entonces repitió su celebrada demostración de colocar un tubo largo entre dos placas e invitó al público a imaginar bombillas inalámbricas parecidas alumbrando sus hogares.[26] Para su final, Tesla mejoró esta demostración introduciendo un tubo nuevo, el cual, como el radiómetro de Crookes, contenía un ventilador minúsculo con cuchillas de mica. Sin embargo, mientras el ventilador en el radiómetro giraba como resultado de la luz golpeando sus cuchillas, Tesla hizo que su ventilador girase cuando lo colocó en el campo electrostático entre las dos placas colgantes. Más que la lámpara resplandeciente, el ventilador minúsculo demostró a la audiencia el poder que se derivaba del campo electrostático. Cuando mostró el ventilador girar como resultado del campo invisible, el público estaba atónito. «Los científicos —recuerda Tesla— simplemente no sabían dónde estaban cuando lo vieron.»[27]

Como mencionó el *Electrical Engineer*:

> Durante dos horas completas Tesla mantuvo a su audiencia embelesada, con una relajada confianza en sí mismo y la manera más modesta posible de mostrar sus experimentos, y sugiriendo, uno tras otro, pronósticos para las aplicaciones prácticas de sus investigaciones... Incluso al final, Tesla informó de manera tentadora a sus oyentes de que les había mostrado solo un tercio de lo que estaba preparado para hacer, y todo el público ... permaneció en sus asientos poco dispuesto a dispersarse, insistiendo en que quería más, y Tesla tuvo que dar una conferencia adicional.[28]

Aunque no era costumbre, al final de la segunda actuación en la Royal Institution, lord Rayleigh, un destacado físico británico, insistió en dar las gracias a Tesla. Al alabarle, Rayleigh remarcó que «Tesla no ha trabajado a ciegas o aleatoriamente, sino que ha sido guiado por el uso adecuado de una imaginación científica. Sin el uso de esa guía apenas podemos esperar hacer nada de servicio real. Tesla tiene la genialidad de un descubridor, y esperamos que tenga una larga carrera de descubrimientos».[29]

Tesla se tomó los comentarios de Rayleigh como un gran cumplido y una fuente de inspiración. «Hasta esa vez —dijo Tesla— nunca me había dado cuenta de que yo poseía un don concreto para los descubrimientos, pero lord Rayleigh, a quien siempre consideré un hombre de ciencia perfecto, lo dijo.» Tesla interpretó el cumplido de Rayleigh de un modo particular, como si estuviese destinado no solo a inventar sino también a descubrir, y a partir de entonces vivió con eso. «Debería concentrarme en alguna gran idea.»[30]

La semana siguiente a las conferencias de Tesla, la prensa de Londres «estuvo llena de reportajess apasionantes sobre este mago que desafiaba a la explicación científica». Ansiosos por saber más sobre el hombre que había tras la magia, Trotter y varios ingenieros organizaron una cena informal para Tesla. «Éramos todos jóvenes y estábamos ilusionados por saber más sobre la atractiva personalidad de Tesla», recuerda Trotter. Durante la cena, Tesla deleitó a sus anfitriones británicos con historias de humor sobre la vida en América, incluyendo la siguiente: «Una mañana oí un ruido bajo la ventana de mi habitación en Westinghouse Works. Me asomé al patio y encontré a dos chicos discutiendo. "Te lo dije." "No lo hiciste. Eres un mentiroso." "No lo soy." "Eres un pequeño mentiroso apestoso, sabes que nunca lo dijiste." "Sí, lo hice, lo encontrarás en mi artículo de la British Association del último año."»[31]

Las conferencias de Tesla inspiraron a un ingeniero británico, J. A. Fleming, a fotografiar las chispas producidas por una bobina de inducción para determinar si verdaderamente oscilaban. Fleming invitó a Tesla a ver las fotografías resultantes y le dio la enhorabuena por sus conferencias. Al referirse a las funciones como «un gran éxito», Fleming dijo a Tesla que «nadie podía dudar de sus cualidades como mago de primer orden, concretamente la "Orden de la Espada Ardiente"».[32] (Nos encontraremos de nuevo con Fleming en 1901, cuando diseñó el transmisor que Marconi usó para sus pruebas trasatlánticas.)

Durante su estancia en Londres, Tesla también pasó tiempo con Crookes. Llevaron a cabo experimentos juntos y Tesla preparó una bobina para él. Discutieron el futuro de la electricidad, así como los intereses de Crooke en los fenómenos telepáticos y ocultos. Tras haber leído abundantemente sobre «espiritismo, demonología, brujería, mesmerismo, teología espiritual, magia y psicología médica», Crookes había investigado sesiones espiritistas y había llegado a creer que existían algunas bases para los reclamos hechos por médiums de ser capaces de contactar con la muerte. Hasta esta vez Tesla no había pensado mucho en estos temas, pero se quedó profundamente impresionado por el hecho de que un hombre de ciencia como Crookes se tomase el espiritismo tan en serio.[33]

CRISIS EN EL CONTINENTE

Desde Londres, Tesla viajó a París y reservó una habitación en el Hotel de la Paix. El 19 de febrero dio una conferencia ante la Société de Physique y la Société International des Electriciens (imagen 8.3).[34] Al encontrar sus demostraciones muy persuasivas, el ingeniero eléctrico francés Édouard Hospitalier comentó: «El joven científico es... casi como un profeta. Introduce tanta afabilidad y sinceridad en sus explicaciones y experimentos que la fe nos gana y, a pesar de nosotros mismos, creemos que somos testigos del amanecer de una revolución cercana en los procedimientos actuales de la iluminación». Al igual que en Londres, la actuación de Tesla generó mucho entusiasmo y alabanzas. «Los artículos franceses esta semana están llenos de Tesla y sus

Imagen 8.3. «París. Tesla dando una conferencia ante la Société de Physique y la Société International des Electriciens».
De «Mr. Tesla Experiments of Alternating Currents of Great Frequency»,
Scientific American, 26 de marzo de 1892, p. 195.

experimentos brillantes», informó *Electrical Review*. «Ningún hombre en nuestra época ha logrado tal reputación científica universal en una única zancada como este joven dotado ingeniero eléctrico.»[35]

Durante su estancia en París, Tesla se encontró con varios personajes importantes, incluyendo al físico André Blondel y al príncipe Alberto de Bélgica, que estaba interesado en mejorar los sistemas de energía eléctrica en su país. Decidido a generar algunos ingresos de sus patentes en el extranjero, Tesla se reunió con representantes de Schneider & Co. de Creusot (Francia), y con Helios Company de Colonia (Alemania), y dio licencia a estas compañías para manufacturar sus motores en Francia y Alemania.[36]

Para Tesla todas estas actividades —dar conferencias, encontrarse con gente importante, negociar con empresarios...— eran excitantes aunque estresantes. Cuando todavía estaba en Londres, Crookes observó que Tesla estaba a punto del agotamiento; preocupado, escribió a Tesla en París: «Espero que hagas una escapada a las montañas de tu tierra natal tan pronto como puedas. Estás sufriendo sobrecarga de trabajo, y si no te cuidas, te vendrás abajo. No respondas a esta carta o veas a nadie, solo coge el primer tren».[37]

Pero la carta de Crookes probablemente llegó demasiado tarde y Tesla estaba sobrepasado por el cansancio y la depresión. Como ocurría con frecuencia en sus episodios depresivos, Tesla se retiró a la habitación del hotel a dormir. Cuando se despertó, recibió noticias terribles sobre su madre, Djuka. Según recuerda Tesla: «[estaba] justo volviendo de uno de mis peculiares hechizos durmientes, que había sido provocado por el esfuerzo prolongado del cerebro. Imagina el dolor y la aflicción que sentí cuando golpeó mi mente un mensaje que se me daba en ese preciso momento con la triste noticia de que mi madre se estaba muriendo».[38]

Tesla viajó rápidamente de París a la casa de su familia en Gospić sin detenerse. Su temor de no llegar a tiempo para ver a Djuka con vida le provocó que un mechón de pelo en la parte derecha de su cabeza se volviese blanco durante la noche (en un mes había recuperado su color negro azabache). Cuando Tesla llegó a junto su madre, esta murmuró a su único hijo: «Has llegado, Nidzo, mi amor».[39]

Durante las siguientes semanas Tesla se mantuvo en vigilia al lado de la cama de su madre, solo para sufrir una crisis nerviosa. Como recordaba:

> Me había quedado completamente agotado por el dolor y la larga vigilia y una noche fui llevado a un edificio que estaba a dos manzanas de nuestra casa. Yací desamparado allí, pensé que si mi madre moría mientras yo no estaba con ella, seguramente me enviaría una señal... Mi madre era una mujer de genio y particularmente brillante con los poderes de la intuición. Durante toda la noche cada fibra de mi cerebro estaba en tensión por la expectación, pero no sucedió nada hasta la mañana temprano, cuando me quedé dormido, o quizás desmayado, y vi una nube portando figuras angelicales de una belleza maravillosa, una de las cuales me miraba fijamente con cariño y poco a poco adquiría los rasgos de mi madre. La aparición lentamente flotó a través de la habitación y se desvaneció, y me despertó una canción indescriptiblemente dulce de muchas voces. En ese instante de certeza, que no hay palabras que lo puedan expresar, yo supe que mi madre acababa de morir.[40]

Profundamente perturbado por su sueño clarividente, Tesla escribió a Crookes sobre ello, ya que parecía confirmar las ideas de este sobre el espiritismo. Tesla le dio vueltas a este sueño durante años y finalmente concluyó que la música que había oído provenía de una iglesia cercana donde se celebraba la misa de Pascua la mañana que su madre murió. Los ángeles se inspiraron en una pintura de Arnold Bocklin representando una de las estaciones y mostrando un grupo de figuras alegóricas en una nube; Tesla había visto esta pintura durante una visita a Múnich y le había causado una profunda impresión, ya que las figuras parecían flotar en el aire. Así fue capaz de explicar «todo satisfactoriamente en conformidad con hechos científicos».[41]

Djuka fue enterrada el Domingo de Pascua, al lado de su marido, en el cementerio Jasikovac de Divoselo. Como signo de la profunda implicación de las familias Tesla y Mandic en la Iglesia ortodoxa serbia, seis sacerdotes oficiaron el funeral. Tesla hizo los arreglos para la lápida con forma de obelisco blanco sobre las tumbas de su madre y su padre.[42]

Tesla se quedó en Gospić las siguientes seis semanas y pasó el duelo con su familia. «No tengo que decirte que estoy muy triste y resisto con autocontrol», escribió a su tío Pajo en abril de 1892. «Temía esto desde hace tiempo, pero el golpe ha sido duro.»[43]

Cuando Tesla recuperó su fortaleza, viajó por Croacia, a Plaski, para visitar a su hermana Marica; a Varazdin, para ver a su tío Pajo, y a Zagreb, donde dio una conferencia en la universidad. Desde Zagreb, Tesla se desplazó a Budapest para encontrarse con representantes de la compañía de fabricación eléctrica Ganz and Company.[44] Además de aprender sobre los esfuerzos actuales de la firma por construir un alternador de 100 caballos, Tesla negoció una licencia para que Ganz pudiese fabricar sus motores. Sobre todo, Tesla estaba bastante satisfecho de cómo iban las negociaciones de sus patentes, e informó a Westinghouse: «Las patentes están en manos de las tres compañías más poderosas, que cooperarán y son serias en su intención de dar un empujón a la fabricación. La introducción del motor en Europa en una amplia escala tendrá, sin duda, una influencia muy favorable sobre el valor de mis patentes en América, las cuales pertenecen a tu compañía».[45]

En mayo, Tesla fue a Belgrado, la capital de Serbia, donde fue recibido como un héroe. El rey Alejandro I le otorgó el título de gran oficial de la Orden de San Sava. El poeta serbio Jovan Jovanović Zmaj compuso un poema, «Pozdrav Nikoli Tesli», que leyó en la ceremonia en honor a Tesla. Como respuesta a estos parabienes de sus compatriotas serbios, Tesla agradeció al público, expresando tanto su ambición como su orgullo nacional: «Si llegase a ser suficientemente afortunado para producir al menos algunas de mis ideas, sería para el beneficio de toda la humanidad. Si estas esperanzas se hacen realidad algún día, mi mayor alegría provendrá del hecho de que este trabajo sería el trabajo de un serbio».[46]

De regreso a América, Tesla pasó por Alemania, donde se detuvo en Berlín para ver al físico Hermann von Helmholtz, y luego en Bonn, para hablar con Hertz.[47] Tesla había repetido los experimentos originales de Hertz usando su transformador oscilante, y mientras sentía que este estaba en lo correcto al mostrar que las ondas electromagnéticas se propagaban en el espacio, no coincidía con Hertz respecto a la forma de las ondas. En sus experimentos, Hertz había advertido que las ondas eran transversales, en el sentido de que las perturbaciones estaban en ángulo recto con la dirección de propagación. (Un ejemplo común de ondas transversales son las olas del mar.) Para demostrar esto,

Hertz había preparado pruebas que mostraban que las ondas podían reflejarse e interferir entre ellas, revelando así que las ondas electromagnéticas eran como luz. Al reproducir los experimentos de Hertz, Tesla concluyó que las ondas que observaba no eran transversales sino longitudinales, en el sentido de que su desplazamiento era paralelo a la dirección de propagación. (Un ejemplo sencillo de onda longitudinal sería el modo en que un tren se desplaza marcha atrás; a medida que la locomotora retrocede, cada vagón choca con el siguiente, así que una pulsación se mueve a través de la fila de vagones.) Para Tesla, las ondas electromagnéticas eran más como las ondas del sonido que como las ondas de luz. Si las nuevas ondas no eran transversales como las ondas de luz, entonces esto quería decir que Hertz no había proporcionado la prueba experimental para la teoría de Maxwell. No hace falta decir que las afirmaciones de Tesla habían alarmado a Hertz y, como Tesla recordaba «parecía decepcionado hasta tal punto que yo me arrepentí de mi viaje y partí con pena». Quizás no sorprenda saber que en el diario de Hertz no hay mención de su encuentro con Tesla.[48]

Aunque la muerte de su madre hizo de la última parte de su viaje a Europa «una dura experiencia muy dolorosa», Tesla regresó a América con un gran conocimiento. Como hemos visto, había dejado Londres retado por las alabanzas de lord Rayleigh a centrar sus esfuerzos en una gran idea, y esta idea le llegó mientras caminaba por las montañas de su tierra natal. Durante ese paseo, de repente se inició una tormenta y Tesla pudo encontrar un refugio antes de que empezase a llover. Como describió en su autobiografía:

> De algún modo la lluvia se retrasó hasta que de repente hubo un resplandor de luz y unos pocos segundos después una tromba de agua. Esta observación me hizo pensar. Era claro que los dos fenómenos estaban muy relacionados, como una causa y efecto, y un poco de reflexión me llevó a concluir que la energía eléctrica involucrada en la precipitación era insignificante; la función de la luz era parecida a la de un gatillo sensible. Esta era una estupenda posibilidad para una hazaña. Si podíamos producir efectos eléctricos de la calidad necesaria, todo el planeta y las condiciones de existencia en él podrían transformarse... La consumación [de esta idea] dependía de nuestra habilidad para desarrollar fuerzas eléctricas del orden de las de la naturaleza. Parecía un proyecto sin futuro,

pero me decidí a intentarlo e inmediatamente, a mi vuelta en Estados Unidos en el verano de 1892, comencé a trabajar lo que para mí era lo más atractivo de todo, porque se necesitaban unos recursos del mismo tipo para la transmisión inalámbrica de energía con éxito.

Al observar cómo la luz parecía provocar que la lluvia empezase, a Tesla le resultó fascinante la noción de «gatillo sensible»: que una pequeña fuerza, aplicada adecuadamente, pudiese usarse para aprovechar fuerzas tremendas en la tierra. Recordando sus experimentos con la toma a tierra de su transformador oscilante del otoño anterior, Tesla se dio cuenta de que si podía ampliar su transformador, podría tener sin problema el gatillo que necesitaba para aprovechar la tierra y «proporcionar energía motriz en cantidades ilimitadas».[49] Para Tesla, este era un reto merecedor de su talento y genialidad.

La corriente alterna se abre paso en América (1892-1893)

Tesla embarcó en el *Augusta Victoria* que partía de Hamburgo y llegó a Nueva York el 27 de agosto de 1892.[1] A su vuelta, cambió tanto de laboratorio como de residencia. Hizo más grande su laboratorio trasladándolo de la calle Grand a la Quinta Avenida sur, en el número 33-35 (actualmente LaGuardia Place) donde ocupó el cuarto piso en el anodino edificio de una fábrica. Situado justo al sur de Washington Square, su nuevo laboratorio estaba «en el corazón de ese vecindario pintoresco conocido como el Barrio Francés, rebosante de restaurantes baratos, tiendas de vino y edificios de apartamentos deteriorados». A finales de septiembre, Tesla se cambió de Astor House al Hotel Gerlach, en la calle 27, entre Broadway y la Sexta Avenida. Construido en 1888 con un coste de un millón de dólares, el Gerlach era un imponente edificio a prueba de incendios de once plantas, con ascensores, luz eléctrica y varios lujosos salones para cenas.[2]

Tras su vuelta a Nueva York, Tesla tenía ganas de seguir su nueva visión para sus inventos de alta frecuencia, pero también sentía la necesidad de mejorar sus motores de polifase y hacer todo lo que pudiese por convencer a Westinghouse para promocionarlos. Como Tesla había roto su contrato con Westinghouse, la compañía no tenía obligación de trabajar con él, pero el inventor ansiaba asegurarse de que en Estados Unidos no se ignoraran estos sistemas polifásicos. Tras hablar con los ingenieros de Industrias Ganz y otras firmas eléctricas en Europa, Tesla era muy consciente de que los europeos estaban avanzando rápidamente en el desarrollo de sistemas para transmitir energía usando corrientes de dos o tres fases.

Cuando dejó Westinghouse en 1889, a su antiguo asistente, Charles Scott, se le asignó la tarea de continuar desarrollando motores comercializables basados en las patentes de Tesla. Sin embargo, antes de que Scott y otros ingenieros en Westinghouse pudiesen hacerlo, la compañía quebró y a George Westinghouse le llevó la mayor parte de 1890 y 1891 asegurar nueva financiación para la compañía (véase el capítulo 7).

Mientras estaban esperando a que se resolviese la situación financiera de la compañía, Scott y sus asociados tomaron varias decisiones sobre la frecuencia y la fase de los futuros sistemas polifásicos. A corto plazo, decidieron construir sistemas de dos fases usando corriente alterna de 60 ciclos. Al hacer esto, serían capaces de combinar motor y cargas de alumbrado, ya que podían dividir la corriente bifásica en dos corrientes monofásicas separadas para circuitos de alumbrado y los ciclos de 60 no producirían un parpadeo notable en las lámparas incandescentes. Planeaban construir sistemas de energía trifásicos de 30 ciclos, que se ajustarían mejor a aplicaciones industriales. En concreto, Scott averiguó que era posible conectar generadores de dos fases con motores de tres fases usando su conexión del transformador especial en T. Como resultado, se hizo posible usar CA trifásica de 60 ciclos y que sirviese tanto para las cargas de alumbrado como de energía en una única red.[3]

Esta era la situación técnica al comienzo de 1892, cuando, tras haber conseguido estabilizar la empresa, George Westinghouse fue capaz de empezar a pensar qué era lo que su compañía debía hacer con la CA. Aunque Westinghouse poseía los derechos americanos de las patentes de Tesla para usar CA polifásica, durante la mayor parte de 1892 no le preocupó excesivamente el desarrollo polifásico. En su lugar, estaba mucho más interesado en dedicarse a la CA monofásica, ya que había un mercado listo para los sistemas de alumbrado usando monofase a 133 ciclos.[4]

La Westinghouse Company empleó CA monofásica y los motores de fase partida de Tesla para hacer su primera instalación de transmisión de energía en la mina de oro de Telluride, en Colorado. Incapaces de obtener energía en los alrededores, los propietarios de la mina habían pedido a Westinghouse que instalase una turbina en un arroyo a cuatro millas de distancia y levantara una línea de CA de 3.000 voltios sobre el terreno escabroso que llegase a un motor de 100 caballos en la mina. Al informar de que el sistema de Telluride estaba generando energía con una eficiencia del 83,5 % con plena carga, Scott se jactó con orgullo de que «trabajar en este campo es pasar rápido de la investigación experimental a la ingeniería práctica».[5] Pero Telluride era solo una planta aislada que usaba CA monofásica para transmitir energía unas pocas millas; en comparación con la línea de Lauffen-Frankfurt y otros trabajos que estaban funcionando en Europa, era una insignificancia.

En lugar de perseguir CA polifásica, una idea que parecía prometedora pero que no estaba confirmada, en la primavera de 1892 Westinghouse decidió concentrarse en promocionar CA intentando conseguir el contrato para proporcionar luz eléctrica para la Exposición Universal de Chicago de 1893. Westinghouse hizo esto porque necesitaba hacer algo drástico para volver a ganar visibilidad como destacado fabricante eléctrico. Mucha gente había asumido que Westinghouse, al haberse ido casi a pique, sería un jugador mucho menos relevante en la fabricación eléctrica. Al mismo tiempo, Westinghouse se enfrentaba ahora a un adversario todavía mayor, ya que Edison General Electric y Thomson-House Electric Company se habían fusionado en febrero de 1892 para formar General Electric (GE). En mayo de 1892, Westinghouse ganó el contrato para proporcionar luz eléctrica a la exposición al hacer una oferta sustancialmente menor que GE. Como los edificios de la exposición iban a ser decorados con doscientas mil luces incandescentes, la exposición era una oportunidad ideal para que Westinghouse demostrase cómo la CA podía usarse para alimentar a toda una ciudad.[6]

Pero Westinghouse había hecho una oferta tan baja que sus ingenieros se vieron forzados a diseñar alternadores más grandes y a trabajar con mayores voltajes que los usados anteriormente; como se describe en una historia sobre la exposición:

> Como Westinghouse Electric and Manufacturing Co. había conseguido el contrato para proveer este servicio inmenso por una cifra muy por debajo del coste por el que siempre se había hecho ese trabajo, se

hizo necesario diseñar un nuevo sistema más económico y al mismo tiempo más flexible. Esto se hizo. Diseñaron y construyeron en menos de seis meses máquinas más grandes que las que se habían construido para este trabajo hasta entonces, y en líneas radicalmente diferentes, incorporando los principios de los sistemas alternos de transmisión. Con este sistema se ahorraron cientos de miles de dólares en alambre de cobre, ya que era posible enviar la corriente bajo alta presión (es decir, voltaje) a su destino en cables pequeños, y luego convertirla a una más baja en el punto de servicio.[7]

Westinghouse no solo tuvo que preocuparse por el diseño de un nuevo equipo para la exposición, sino que también inventó una nueva bombilla incandescente. En octubre de 1892, tras una larga batalla legal, los tribunales ratificaron la patente de la bombilla original de Edison y dictaron sentencia a favor de GE. En respuesta, Westinghouse y sus ingenieros diseñaron una nueva bombilla con tapón que evitaba la patente de Edison. Aunque menos eficiente que la bombilla de Edison, este nuevo diseño permitía a Westinghouse completar la instalación de la Exposición Universal de Chicago

Por lo tanto, cuando Tesla volvió a Nueva York a finales de agosto de 1892, se encontró con que Westinghouse no estaba promocionando mucho sus motores o sistemas polifásicos. Aunque Westinghouse no se oponía a la polifase, no era la tecnología más apremiante que perseguía en ese momento. Concentrado en el diseño del equipamiento generador de energía eléctrica y las bombillas necesarias para satisfacer el contrato de iluminación para la exposición, Westinghouse ni siquiera pensaba en una muestra para la exposición en la que se pudiesen dar a conocer los motores de Tesla.[8] Aun así Tesla ansiaba asegurarse de que la mejor versión posible de su motor estaría disponible para la exposición. Como dijo a Westinghouse a mediados de septiembre:

> Tengo intención de ir yo mismo a Pittsburgh esta tarde si puedo arreglármelas para encontrar tiempo. Debo consultar con Schmid [el director general] sobre la rapidez llevando a cabo algunas mejoras en mis ... motores. Es necesario conseguir la máxima perfección para el motor antes de la exposición, ya que esta es de una importancia suprema. ... Por favor, solicita a tu personal que me ayuden todo lo que puedan. Mi convic-

ción es que un motor sin escobillas y conmutador es la única forma posible de un éxito permanente. Presentar otras formas lo considero como una... pérdida de tiempo y dinero.[9]

Al saber que la instalación de Telluride usaba solo monofásicos, a Tesla le preocupaba la mejora de sus diseños polifásicos pues unas pocas semanas más tarde tomó prestados varios transformadores, así como un alternador que producía corrientes de dos o tres fases.[10] Tesla probablemente investigó cómo patentar en torno a las conexiones en estrella usadas por Dolivo-Dobrowolsky en los generadores y motores en Frankfurt. Al mismo tiempo, también estudiaba qué compensaba en el uso de corrientes de dos o tres fases. Aunque había insistido en las corrientes de tres fases en sus patentes, también había escuchado lo suficiente en las discusiones con ingenieros europeos como para saber que dos fases podrían ser mejores para la transmisión de energía en algunas situaciones.

En ese momento de inquietud por sus motores polifásicos y su relación con Westinghouse, contactó con Tesla Henry Villard, un financiero alemán que había ayudado a encauzar capital alemán en el ferrocarril americano en la década de los ochenta del siglo xix. Había sido la fuerza impulsora tras la fusión de varias compañías de Edison en Edison General Electric en 1889. Pero en las negociaciones que llevaron a la formación de GE en 1892, Villard fue superado en astucia por Charles Coffin, de Thomson-Houston, que se convirtió en el presidente de GE.[11] Rechazado pero impertérrito, Villard todavía estaba determinado a desempeñar un papel en la industria eléctrica. En el otoño de 1892, Villard contactó con Tesla con algún tipo de plan. Aunque la correspondencia no lo recoge, el plan de Villard podría haber incluido ferrocarriles eléctricos en las calles, la promoción del sistema polifásico de Tesla o incluso una fusión de otras firmas eléctricas construidas en torno a Westinghouse Company, pues todas eran ideas que Villard había considerado durante los años previos.

Cualquiera que fuera el plan, intrigó a Tesla, pero suponía convencer a Westinghouse para que se embarcase en él. Tesla fue incapaz de persuadir a Westinghouse; como explicó a Villard en octubre de 1892:

Me he acercado a Westinghouse de numerosos modos y he intentado llegar a un entendimiento con él en el sentido de lo hablado en nuestra última conversación. Los resultados hasta ahora no han sido prometedores y me ha dado la impresión de que seguir con este tema requerirá más tiempo del que puedo prescindir en este momento.

Al darme cuenta de esto, y también considerar cuidadosamente las oportunidades y probabilidades de éxito, tengo que concluir que no puedo participar en el proyecto que usted contempla. Por el momento, estoy trabajando en un invento que, si solo en parte tuviese éxito, transformaría radicalmente el sistema actual de luz eléctrica, y el asunto requiere que concentre toda mi energía.[12]

La carrera por el contrato del Niágara

Westinghouse era indiferente a los planes de Villard porque, a medida que el otoño de 1892 avanzaba, podía ver cómo cobraban forma oportunidades todavía mayores. Junto con la iluminación de la inminente Exposición Universal de Chicago, Westinghouse decidió hacer otro gran movimiento: ir tras el contrato para el equipamiento energético que se usaría para aprovechar las cataratas del Niágara. Como veremos, el desarrollo energético exitoso en el Niágara resultó ser un punto de inflexión en los inventos de polifase de Tesla.

Gracias a la geografía y la población, las cataratas del Niágara eran un lugar ideal para llevar a cabo el desarrollo de la transmisión de energía. Al conectar el lago Erie con el lago Ontario, el río Niágara va con el caudal completo desde lo más alto de los Grandes Lagos y durante todo el recorrido del agua hasta el océano Atlántico vía el río San Lorenzo. Las cataratas se sitúan donde el lecho de rocas bajo el río de repente cambia de duro a blando y el río cae espectacularmente 160 pies. Pero en vez de estar aisladas en la naturaleza, las cataratas del Niágara estaban situadas muy cerca de la población industrial de Estados Unidos y Canadá. En 1890, alrededor de un quinto de todos los americanos vivían en un radio de cuatrocientas millas con relación a las cataratas del Niágara, y Buffalo, una ciudad de 250.000 habitantes, estaba veinte millas al sur.[13] Al norte, cruzando el río Niágara, en la provincia de Ontario, se encontraba gran parte de la población y la industria de Canadá.

Pero mientras las cataratas del Niágara contenían la promesa de generar cantidades de energía enormes, la belleza escénica de la catarata poseía un reto para aquellos que deseaban aprovechar esa energía. En 1885, los propietarios de industrias locales en la parte americana cavaron un canal para proporcionar energía hidráulica a varias fábricas al pie de las cataratas. Sin embargo, la preocupación por que dichos desarrollos industriales estropeasen la belleza de las cataratas, llevó al estado de Nueva York a declarar la tierra que quedaba cerca de las cataratas como reserva natural especial. El efecto de la reserva era eliminar permanentemente el uso de la tierra que habría sido ideal para un distrito industrial importante. Incapaces de construir fábricas justo donde estaban las cataratas, las industrias ahora tenían que situarse en torno a la reserva.

Un ingeniero civil, Thomas Evershed, desveló un plan en 1886 usando canales, pozos y un túnel para trasladar el agua alrededor de la reserva. Un amplio canal situado a una milla de las cataratas llevaría agua a una serie de canales que se bifurcarían y alimentarían 238 molinos de agua diferentes. Tras pasar por el molino de agua, el agua se sumergiría en un pozo de 150 pies en un canal de escape de 2,5 millas de largo. Esparcido bajo el pueblo de las cataratas del Niágara, este túnel llevaría el agua a la parte más baja del río.

Aunque el túnel tendría que hacerse a través de piedra caliza sólida, el plan de Evershed captó el interés tanto de inversores locales como de William Birch Rankine, un destacado abogado de Nueva York. De joven, Rankine había trabajado como asistente para un abogado en las cataratas del Niágara y se había quedado fascinado con la posibilidad de utilizarlas.[14] Al darse cuenta de que el plan de Evershed costaría millones, Rankine llevó la idea a J. P. Morgan. Aunque Morgan estaba interesado en invertir en el plan, le dijo a Rankine que el proyecto necesitaría un líder fuerte que sirviese como promotor. Ya que el proyecto requeriría finanzas e ingeniería, Morgan propuso a un colega banquero de Wall Street, Edward Dean Adams (1846-1931). «Si lo consigues a él —dijo Morgan a Rankine—, me uniré.»[15]

Brahmán de Boston y descendiente indirecto de dos presidentes, Adams había estudiado ingeniería en la Universidad de Norwich y el MIT. Llegó a Wall Street en 1878 y se unió a la casa de inversiones

Winslow, Lanier & Company. Como uno de sus primeros proyectos, Adams ayudó a organizar la Northern Pacific Terminal Company y la St. Paul & Northern Pacific Railway Company, y gracias a este trabajo conoció a Villard. Este era el representante americano de Deutsche Bank, y cuando en 1893 Villard dejó el cargo fue reemplazado por Adams; a lo largo de las siguientes décadas, Adams fue el responsable de dirigir millones de marcos alemanes hacia los ferrocarriles americanos y empresas del mundo de la industria. Más allá de eso, Adams se hizo un nombre al reestructurar las finanzas de los ferrocarriles y las compañías de manufacturación. Impresionado con su habilidad, Morgan pedía a menudo a Adams que participase en reorganizaciones de industrias. En 1896, Adams ganó puntos para Morgan, sobre todo al conseguir que el Deutsche Bank suscribiese un cuarto de los 100 millones de dólares que Morgan prestó al Tesoro de EE. UU. para salvar al dólar del colapso. Su biógrafo resumió el carácter de Adams del siguiente modo: «En una época cínica y materialista, es refrescante encontrar un hombre de negocios de este tipo: analítico, incansable y trabajador, aunque con toda la gracia y cultura refinada de los antiguos aristócratas».[16]

Interesado desde hacía tiempo en el potencial comercial de la electricidad, Adams había sido accionista en Edison Electric Light Company desde 1878. Entusiasmado por las posibilidades de Niágara, Adams organizó una corporación de capitalistas de Wall Street que puso 2,63 millones de dólares. Luego formó la Cataract Construction Company para desarrollar el potencial energético de las cataratas.[17]

Como presidente de esa compañía, Adams tomó una decisión inicial clave. En lugar de utilizar la energía generada en las fábricas nuevas en la pequeña población de las cataratas del Niágara, Adams pensó que la oportunidad real recaía en la transmisión de energía a las fábricas en Buffalo y otras ciudades. En ese momento, las fábricas de Buffalo estaban usando máquinas de vapor para generar 50.000 caballos a diario, así que claramente había una demanda de energía en esa ciudad ya preparada. Además, al utilizar la energía más allá de las cataratas del Niágara, Adams evitaría los gastos de canales bifurcándose y numerosos pozos en vertical necesarios para conectar cada uno de los molinos de agua con el canal de escape. Aunque esta idea era excitante, significaba que Cataract necesitaría encontrar un modo de transmitir grandes cantidades de energía a lo largo de veinte millas, entre Niágara y Buffalo.

Para determinar el modo más eficiente de transmitir energía a Buffalo, Adams consultó primero con Edison, quien, no sorprende, sugirió usar corriente continua. Adams recurrió luego a Westinghouse. Debido al bajo precio del carbón en Buffalo, Westinghouse tenía dudas de que la energía eléctrica pudiese competir con la energía generada con vapor en esa ciudad. También consciente de que los propietarios de las fábricas quizás se resistiesen al coste de reemplazar sus máquinas de vapor existentes con motores eléctricos, Westinghouse recomendó transmitir energía por medio de una tubería de aire comprimido. Westinghouse conocía el aire comprimido, ya que lo había usado en sus frenos de aire para el ferrocarril, y sugirió a Adams que ese sistema podría alimentar las máquinas de motor existentes. En general, Westinghouse estaba preocupado porque Adams estaba subestimando los problemas de encontrar suficientes clientes para toda la energía generada por las cataratas.[18]

Al enfrentarse con una mezcla de opiniones sobre la transmisión de energía, Adams consultó con ingenieros en Inglaterra, Alemania y Suiza. En junio de 1890, reunió a los principales expertos y estableció la Comisión Internacional de Niágara. La comisión anunció un concurso para determinar el mejor método para generar y transmitir energía en Niágara e invitaron a veintiocho empresas de ingeniería europeas y americanas a entregar sus propuestas. La comisión ofrecía 20.000 dólares en premios, con uno máximo de 3.000 dólares. Tan pronto como supo de la competición, un ingeniero de Westinghouse, Lewis B. Stillwell, se entusiasmó con la idea de participar y habló con su jefe. Enfadado porque la comisión estaba buscando información importante pero ofrecía premios irrisorios, Westinghouse rechazó participar. «Esta gente está intentando obtener información que vale 100.000 dólares ofreciendo premios, el mayor de 3.000 dólares», gruñó. «Cuando estén listos para hacer negocios, les mostraremos cómo hacerlo.»[19]

Westinghouse estaba en lo correcto al desconfiar, porque aunque la comisión recibió catorce propuestas, consideró que ninguna era satisfactoria y no entregó ningún primer premio. En su lugar la comisión extrajo información técnica de las propuestas y reenvió una serie de recomendaciones a Adams. Usando el túnel que Cataract había empezado a cavar en octubre de 1890, la comisión recomendó que la compañía colocase varias turbinas de 5.000 caballos de potencia en el túnel y las conectase a través de pozos de 150 pies de largo para alimentar generadores situados en la superficie en una central eléctrica. La comisión no podía decidir entre aire comprimido o electricidad para la transmisión, pero Adams se decidió por la electricidad debido a la eficacia demostrada en la línea Lauffen-Frankfurt. Determinado a seguir adelante, en diciembre de 1891 Adams invitó a seis compañías eléctricas: Westinghouse, Thomson-Houston, Edison GE y tres empresas suizas, a hacer un presupuesto del equipamiento eléctrico necesario en el Niágara.

En respuesta a la llamada de Cataract para hacer ofertas, la recién formada General Electric ofreció un plan en el otoño de 1892 que proporcionaría CC a la industria local en el Niágara y transmisión de CA a Buffalo. Mientras tanto, las empresas suizas, que estaban especializadas en el diseño de plantas hidroeléctricas, ofrecieron otros planes. Cataract rechazó las propuestas suizas, ya que los impuestos americanos del 40% en maquinaria importada hacían sus planes prohibitivamente caros. Además, como Tesla indicó a Westinghouse, las empresas extranjeras no podían traer equipos polifase a Estados Unidos sin infringir sus patentes.[20]

Se había resistido a participar en la carrera por el Niágara durante dos años, pero ahora Westinghouse se lanzó al combate. En diciembre de 1892, con la llamada de Adams para las ofertas yendo y viniendo, Westinghouse anunció con osadía que su compañía estaba lista para proporcionar equipos polifásicos para el Niágara. Lo que dio a Westinghouse confianza fueron los desarrollos que salían de su departamento de ingeniería. Continuando el trabajo empezado por Charles Scott de mejorar los motores polifásicos de Tesla, Benjamin G. Lamme había dado con nuevas organizaciones para las bobinas en el estátor, de modo que los diseños de Tesla ahora funcionaban tan bien como los motores *drehstrom* de Dolivo-Dobrolowsky. Además, las pruebas de estos nuevos motores sugerían un modo más eficiente de enrollar el rotor, y llevaron a lo que acabó siendo el diseño del rotor estándar: la jaula de ardilla. Y Lamme diseñó un convertidor rotativo nuevo, que consistía en un motor eléctrico y un generador en un único eje. Esta máquina podía convertir CA polifásica tanto en CC o CA monofásica. Usando el convertidor rotativo, una compañía energética podía usar CA polifásica para transmitir energía a grandes distancias y luego convertir la energía de modo que sus clientes podían usarla con sus equipos de CC o CA monofásicos. Westinghouse pronto vio que el convertidor rotativo significaba que las compañías energéticas serían capaces de encontrar clientes para toda la energía que pudiesen generar y transmitir.[21]

Estos desarrollos en ingeniería significaban que, por primera vez, Westinghouse podía hacer uso completo de los motores polifásicos de CA de Tesla, y la compañía empezó a enfatizar su posesión de las patentes del inventor. En enero de 1893, Westinghouse Company publicó un panfleto que incluía las veintinueve patentes de Tesla que poseía. En parte, el panfleto destacó la oportunidad de usar CA polifásica para transmitir energía de las cataratas a las ciudades, pero al mismo tiempo Westinghouse advertía a los clientes para que no comprasen equipos polifásicos de otros fabricantes, ya que podían ser demandados por Westinghouse por una infracción.[22]

Armado con estos desarrollos en ingeniería y las patentes de Tesla, Westinghouse persiguió incansablemente el contrato del Niágara. En enero de 1893, Adams y sus socios de Cataract visitaron la planta de Westinghouse en Pittsburgh, donde se les mostró los últimos equipos y los planes preliminares. El mes siguiente, Adams hizo un recorrido parecido por las fábricas de GE.

ADAMS Y LA POLIFASE

Pero Tesla no estaba satisfecho dejando que la elección del sistema de transmisión se negociase entre Westinghouse y Adams. Recordando el sueño de su infancia de emplear el Niágara, Tesla estaba determinado a que su sistema polifásico se usara para transmitir energía. Como explicó en 1917: «Cuando oí que autoridades como lord Kelvin y el profesor W. C. Unwin habían recomendado, uno el sistema de corriente continua y el otro el de aire comprimido, para la transmisión de energía de las cataratas del Niágara a Buffalo, pensé en el peligro de permitir que el asunto fuese más allá, y fui a ver a Adams».[23] Tesla se reunió con Adams y mantuvo correspondencia con él durante los primeros meses de 1893.

Tras el encuentro con Adams, Tesla revisó los planes para la central y sugirió que Cataract no debería hacer que sus turbinas y generadores funcionasen a 150 r. p. m. (como sugería Unwin) sino a 250 r. p. m. (como recomendaba Schmid, de Westinghouse). Tesla argumentó que la baja velocidad estropearía la espléndida visión de las dinamos dentro de la central: «Si se redujera la velocidad, se necesitaría ... que el diámetro de la dinamo se hiciese considerablemente más grande, lo cual dejaría todavía un pequeño espacio entre la pared y la máquina, y esto creo, con una maquinaria tan magnífica, que será vista por reyes, sería sin duda malo».[24]

Aunque Adams conocía de cerca la industria eléctrica, interrogó a Tesla sobre los desarrollos en el campo. Por ejemplo, a Adams le confundía la razón por la que las empresas eléctricas europeas de repente habían cambiado de dar impulso a la polifase a promocionar CA monofásica. ¿No habían usado Oerlikon y Allgemeine Elektricitats-Gesellschaft la polifase en Frankfurt? Para Tesla, la respuesta era que ahora sus patentes estaban siendo usadas por Helios Company en Alemania para demandar a quienes las infringían. «No tengo la más mínima duda —escribió Tesla a Adams en febrero de 1893— de que todas las compañías excepto Helios, que ha adquirido los derechos de mi compañía, tendrán que dejar de fabricar motores [poli]fásicos. Helios Co. ha emprendido acciones jurídicas contra los infractores de la manera más activa posible. Por esta razón nuestros enemigos se están decantando por los sistemas monofásicos y los cambios rápidos de opinión.»[25]

Al considerar útiles las respuestas de Tesla, Adams le pidió que revisase varios artículos de publicaciones de ingeniería eléctrica sobre la CA. Tesla descartó los planes propuestos por otros por ineficientes o poco prácticos, y de manera regular enfatizaba las virtudes de su motor. Como explicó a Adams:

Es mucho más fácil hacer funcionar [mi] máquina, que no tiene conmutador o escobillas ... que una máquina de corriente continua. ... Por no
hablar de las ventajas de la simplicidad ideal que estas máquinas ofrecen
a largo plazo.

En condiciones frecuentes en la práctica sería totalmente imposible
para cualquier sistema competir con esta idealmente sencilla. ... Esta es
la tercera forma de mi motor. Esta forma nunca ha sido criticada por los
adversarios de mi sistema y por una buena razón, porque es la forma más
eficiente de máquina eléctrica que se ha producido hasta hoy. He mostrado que en estas máquinas, en condiciones favorables, se puede obtener
una eficiencia de un 97 %.[26]

Mientras Tesla consideraba sus cartas a Adams una oportunidad de
avance de su sistema polifásico, para Adams la correspondencia era un
modo de obtener información desde dentro. En marzo de 1893, Adams
estaba cada vez más preocupado por la situación de las patentes. Aunque Westinghouse Company estaba reclamando que las patentes de
Tesla le daban control exclusivo sobre la CA polifásica, la situación no
era necesariamente tan clara. GE había estado desarrollando su propia
tecnología polifásica, recurriendo a la investigación de Elihu Thomson y comprando las patentes de CA de varios inventores, incluido
Charles S. Bradley. La ambigüedad de la situación de las patentes alar-
maba al abogado de patentes responsable de Cataract, Frederick H.
Betts, que en marzo de 1893 advirtió a Adams que si usaba las patentes
de Tesla podría verse envuelto en un litigio de patentes con GE.[27]

Para ganar algo de perspectiva sobre la situación de las patentes,
Adams recurrió a Tesla. El día después de que Betts advirtiera a Adams,
Tesla proporcionó a Adams su evaluación de las patentes de Thomson
y Bradley para GE:

La patente de Thomson ... no tiene absolutamente nada que hacer
frente a mi descubrimiento del campo magnético rotatorio y las características radicalmente innovadoras de mi sistema de transmisión de energía revelados en mis patentes base de 1888. ...

En cuanto a las patentes de Bradley ... creería justo para todos los interesados que se haga un examen minucioso de su historia y relevancia.
Ese examen, que yo mismo he hecho sin el más mínimo prejuicio, le con-

vencerá de que en la primera patente no hay el más mínimo rastro de un método de transmisión de energía que sea innovador.[28]

Mientras Adams probablemente desconfiaba de los reclamos de Tesla respecto a la revisión de las patentes de Bradley «sin el más mínimo prejuicio», la carta le indicaba que Tesla y Westinghouse creían que tenía la posición legal más fuerte y que defenderían activamente sus patentes.

Adams también se preguntaba por qué Westinghouse abogaba por un sistema bifásico y GE por un sistema trifásico en los planes entregados por cada compañía en marzo de 1893. En un sistema bifásico, los generadores producen dos corrientes que están desfasadas 90º, mientras que en un sistema trifásico, los generadores producen tres corrientes que están desfasadas 60º. En cualquiera de esos sistemas, estas corrientes serían transmitidas a través de circuitos separados y luego combinadas para hacer funcionar un motor en el punto de uso. En respuesta a la pregunta de Adams, Tesla recomendó dos fases. En sus patentes y publicaciones, Tesla previamente había hecho énfasis en las tres fases, sobre todo porque había averiguado que tres corrientes habían producido un campo magnético rotatorio más uniforme en sus motores de lo que lo hacían dos. Debido a sus patentes, Tesla tenía interés personal en abogar por las tres fases. Sin embargo, dijo a Adams que había ventajas prácticas en el uso de dos fases. Como Tesla indicó, una ventaja clave para las dos fases era que Westinghouse había advertido que cada una de las dos corrientes podía separarse y usarse para alimentar luces incandescentes monofásicas. Para Cataract, esto significaba que todavía habría otro modo de vender la enorme potencia de salida de la nueva planta del Niágara y, como resultado, la compañía finalmente se inclinó por la corriente bifásica para la distribución local y tres fases para la transmisión a larga distancia.[29]

Pero como sonsacó a Tesla información sobre el asunto de los sistemas bifásicos frente a los trifásicos, Adams mantenía sus opciones abiertas. La historia oficial del proyecto Niágara indica: «El tipo de corriente que se generaría se decidió en el último momento para tener la pauta de las últimas experiencias locales y extranjeras». Para gran consternación de Tesla, Adams estaba todavía considerando la posibilidad de usar CC, ya que a 10.000-20.000 voltios es posible transmitir energía de modo eficiente una cierta distancia. Ese plan, que Adams envió a Tesla, lo estaba proponiendo un «destacado defensor». Adams bien podría haber estado convenciéndose de tomar el plan de la CC en serio, ya que el miembro de la comisión lord Kelvin seguía promoviendo la CC y Kelvin telegrafió a Adams, en mayo de 1893, «Confío en ti para evitar el error gigantesco de la adopción de la corriente alterna».[30]

Para Tesla, sería un error todavía mayor si Cataract adoptase la CC. Para persuadir a Adams de esto, Tesla primero argumentó que la generación y la transmisión de energía eléctrica eran fundamentalmente alterna:

> Espero que no esté considerando seriamente la afirmación del «destacado defensor». Para hacerse una idea de la inexperiencia infinita del hombre y la absurdez de su visión, solo necesita darse cuenta de que todas las transmisiones de energía son alternas. El proceso en el sistema continuo es este: generamos en la máquina corrientes alternas (esto es cierto para cualquier máquina en uso), que recuperamos por medio del conmutador y las escobillas. Las corrientes continuas, que van a través de la línea, no pueden manejar un motor, deben hacerse de nuevo alternas por el conmutador y las escobillas en el motor. Ahora lo que mi sistema ha ofrecido es librarse del conmutador y las escobillas tanto en el generador como en el motor; por lo demás, la acción es la misma. Esto vuelve el sistema más simple, más barato y más eficiente en general. Pero estas son solo ventajas secundarias. La ganancia mayor consiste en estas características: velocidad absolutamente constante, facilidad de aislamiento para voltajes altos, fácil conversión a cualquier voltaje y facilidad de [palabra poco clara] a los cables en todos los puntos a lo largo de la ruta donde se necesita la energía. Estas características son prácticamente inalcanzables en el sistema continuo, especialmente cuando se contemplan transmisiones de grandes distancias. De hecho, creo que ese plan, si alguna vez se llevase a cabo, no podría sino ser un fallo comercial y quizás también técnico. Por supuesto, con desembolso de capital suficiente cualquier plan, aunque absurdo, puede llevarse a cabo, pero la cuestión aquí es lograr un éxito comercial real y deberían emplearse los mejores y más seguros aparatos por todos los medios.

Después, recurriendo a su propia experiencia práctica, Tesla argumentó que un sistema de CC con un voltaje alto se encontraría con problemas serios: requeriría mucho aislante adicional, sería difícil evitar variacio-

nes de corriente, necesitaría equipamiento extra y, probablemente, serían necesarios conjuntos de motor-generador para adaptar la corriente
a diferentes aplicaciones de energía y alumbrado.

> Supongo que muy pocos ingenieros le han dado vueltas a máquinas
> de corriente continua de 10.000 voltios. Mi experiencia con esas máqui-
> nas, que construí con tales propósitos experimentales, fue que siempre se
> averían. La razón es que debido a la presencia del conmutador es muy
> difícil aislar. Se ha encontrado impracticable hacer que máquinas de lám-
> paras de arco eléctrico funcionen con éxito (con continua más allá
> de 4.000 voltios y con 20.000 voltios las dificultades son, hablando en
> sentido figurado, 25 veces mayores). Cuando se emplea un aislante muy
> grueso, la máquina pierde [sic] eficiencia, y lo que es peor, se convierte
> en muy poco regulable e inadecuada para el propósito. La energía que
> suministraría con dichas máquinas sería inexistente para muchos usos,
> por ejemplo, luz eléctrica. Podría haber, y es muy probable que las haya,
> variaciones del 20 %, y no podría permitirse un 2-3 %, por lo cual esto le
> daría una luz insatisfactoria y produciría variaciones considerables en
> máquinas más pequeñas. Suponga que vence todas las dificultades de esa
> naturaleza, pues todavía estaría muy lejos del éxito comercial. No sería
> capaz de llevar a cabo su plan de hacer conexiones a lo largo de la ruta, al
> menos sería muy difícil, y en ese caso tendría que usar dos máquinas en
> cada lugar, porque no podría esperar tener dos bobinados en una máqui-
> na, sería impracticable y peligroso. El coste del mantenimiento sería un
> punto importante. Creo que es justo estimar que posiblemente no podría
> hacer funcionar ese sistema con la seguridad adecuada con el doble de
> desembolso de capital, por no hablar de las insuperables dificultades
> mencionadas. Permita al «destacado defensor» llevar a cabo ese sistema
> y recibirá el pago que se merece.

Para concluir, Tesla jugó con el sueño de Adams de transmitir energía
del Niágara no solo a Buffalo sino a todo el estado de Nueva York, incluso a la ciudad de Nueva York; Tesla le recordó que estaba al tanto
de que Adams «tenía intención de planes para la utilización de la energía a una distancia mucho mayor que Buffalo, y es solo ese caso el que
he estado considerando. Con el sistema alterno tendrá un éxito absoluto e incuestionable».[31]

En mayo de 1893, Adams y la Cataract Company anunciaron sus decisiones sobre la tecnología que usarían en Niágara. Influido por los argumentos de Tesla, Adams declaró que Niágara usaría CA bifásica.[32] Y aunque había concluido que Westinghouse estaba mejor preparado para construir el equipamiento de gran escala necesario, Adams rechazaba una vez más tanto los planes presentados por GE como por Westinghouse. En parte, este rechazo tal vez estaba provocado por el hecho de que los anteproyectos para los diseños de Westinghouse habían sido descubiertos en las oficinas de ingeniería de GE, con acusaciones de espionaje industrial en el aire; Adams podría haber querido mantenerse alejado de ambas compañías. Pero otra razón para rechazar los planes era que otro miembro de la Comisión de Niágara, el profesor George Forbes, había estado desarrollando su propio diseño para los generadores, y estaba haciendo campaña en Cataract para seguir su plan.

Todavía determinado a cerrar el contrato con Niágara, Westinghouse Company usó todos sus recursos en la Exposición Universal de Chicago durante el verano de 1893 y mostró un sistema de CA totalmente integrado. En la exposición, Tesla tuvo su propio expositor personal que resaltaba la magia y el potencial de la CA mostrando sus primeros motores, el aparato del huevo de Colón, el transformador oscilante y un surtido de sus nuevas bombillas.[33] La exhibición personal de Tesla ayudó a dirigir la atención de los visitantes a todo el equipamiento de Westinghouse que estaba siendo usado para alimentar la exposición. Para suministrar energía eléctrica para toda la iluminación incandescente de la exposición, Westinghouse instaló veinticuatro generadores monofásicos de 500 caballos de potencia y 60 ciclos. Estos generadores se instalaron en parejas en ejes únicos, con el fin de proporcionar CA bifásica para los circuitos de los motores de Tesla. Para proporcionar energía para su ferrocarril eléctrico, los ingenieros de Westinghouse usaron un convertidor rotativo para cambiar la CA a CC de 500 voltios. Los transformadores también se usaron en la red para incrementar o reducir el voltaje, según se necesitase para las diferentes aplicaciones usando motores de Tesla. La primera instalación en usar corriente alterna para cubrir tanto alumbrado eléctrico como aplicaciones energéticas, la exhibición de Westinghouse en la Exposición

Universal, convenció a los ingenieros eléctricos tanto de América como de Europa de que la CA estaba allí para quedarse.[34]

Al mismo tiempo, Tesla continuó su campaña con Adams en nombre de la CA polifásica. El resultado fue que Adams adjudicó a Westinghouse el contrato para la construcción de generadores en octubre de 1893. Una vez los planes de Forbes llegaron a Westinghouse, fueron revisados sustancialmente por Lamme. Para asegurar que podrían hacer uso de los principales fabricantes eléctricos en el futuro, Adams adjudicó otro contrato a GE para construir la transmisión de veinte millas entre Niágara y Buffalo. Incluso, aunque tenían que compartir el negocio de Niágara con GE, no pasó desapercibido para los ejecutivos de Westinghouse que Tesla había ayudado a obtener el negocio. Como uno de los gerentes de Westinghouse felicitó a Tesla en noviembre de 1893: «Debe de ser ciertamente gratificante para ti pensar que la mayor fuente de energía hidroeléctrica en el mundo se va a utilizar con un sistema que originó tu ingenuidad. Tus éxitos te están llevando poco a poco a la primera fila... Permitamos que el buen trabajo continúe».[35]

De 1893 a 1896, Adams y Rankine fueron totalmente absorbidos por la supervisión de la construcción de la central que finalmente llevaría diez generadores de Westinghouse, cada uno de 5.000 caballos. Para diseñar la construcción de la central así como varias docenas de casas para empleados, Adams contrató al destacado arquitecto Stanford White. Como la nueva central proporcionaría cuatro veces la cantidad de electricidad que cualquier planta eléctrica previa, Adams y Rankine empezaron a ver más allá y a usar la corriente polifásica para distribuir energía a una región más amplia, primero a otras ciudades además de Buffalo en el estado de Nueva York, y luego a zonas todavía más lejanas. Como Rankine proclamó: «Si es practicable transmitir energía con beneficio comercial en estas cantidades moderadas a Albany, el coraje del hombre práctico no se detendrá ahí, sino que, inclinado a seguir la promesa audaz de Nikola Tesla, estaría dispuesto a colocar 100.000 caballos en un cable y enviarlos a 450 millas a Nueva York en una dirección y a 500 millas en la otra a Chicago, y cubrir la necesidad de estas grandes comunidades».[36] Como veremos, Adams y Rankine estaban suficientemente impresionados con la pericia técnica de Tesla como para ayudarle a montar una compañía para la promoción de sus inventos de transmisión inalámbrica de energía eléctrica en 1895 (véase el capítulo 11).

La central de Niágara empezó a transmitir energía a Buffalo en noviembre de 1896, y durante la siguiente década la energía de Niágara hacía funcionar las máquinas a lo largo del estado de Nueva York. Excitado por las posibilidades reveladas por Cataract Company, Rankine constituyó una segunda compañía para construir una planta de energía similar en el lado canadiense de las cataratas. Debido al éxito de la planta de las cataratas del Niágara, los servicios americanos y europeos cambiaron a la CA polifásica, que constituye la corriente estándar distribuida en la mayor parte del mundo en la actualidad.[37]

La grandiosidad natural de las cataratas del Niágara había sido suplantada por la maravilla tecnológica de la CA, y la prensa americana se puso elocuente acerca de la energía de Niágara y Tesla.[38] Bastante comprensiblemente la gente comenzó a pensar que Tesla, trabajando con Westinghouse Company, había diseñado este sistema nuevo. Aunque Tesla no diseñó el sistema usado en Niágara, sin duda desempeñó un profundo, pero sutil, papel en el aprovechamiento de las cataratas. Al haber articulado la idea de usar CA polifásica para transmitir cantidades significativas de energía, Tesla emprendió la tarea de dar forma al pensamiento de la persona que tomó la decisión clave, Edward Dean Adams. A través de sus cartas y encuentros con Adams, Tesla no solo proporcionó datos técnicos, sino que movilizó las creencias y los valores necesarios para poner a Adams a favor de la CA. A través de su correspondencia y sus conversaciones con Adams, Tesla tuvo un papel decisivo en conseguir que la CA se usase en Niágara y, por tanto, en el mundo.

Aunque los periodistas no sabían necesariamente lo duro que había trabajado Tesla entre bastidores para convencer a Adams de que usase CA polifásica, reconocieron que en la práctica había introducido en la ingeniería eléctrica la idea fundamental del uso de CA polifásica para enviar grandes cantidades de energía a distancia. En lo que respecta al aprovechamiento de Niágara como «el triunfo sin igual de la ingeniería del siglo XIX», el *New York Times* publicó en julio de 1895:

Quizás la parte más romántica de la historia de esta gran empresa sería la historia de la carrera del hombre de entre todos los hombres que la ha hecho posible ... un hombre de nacimiento humilde, que ha logrado, casi antes de alcanzar la plenitud de la madurez, un lugar en la primera categoría de los mayores científicos e inventores del mundo: Nikola Tesla.
...
Incluso ahora el mundo tiende a pensar en él más como un productor de efectos experimentales raros que como un inventor práctico y útil. No es así para los científicos o los hombres de negocios. Por estas clases Tesla es apreciado, honrado, de la manera adecuada, quizás incluso envidiado. Porque ha dado al mundo una solución completa del problema que había retado las mentes y ocupado el tiempo de los grandes electrocientíficos de las dos últimas décadas, a saber, la adaptación exitosa de la energía eléctrica transmitida a través de distancias largas.[39]

Así, el éxito de la CA en Niágara desempeñó un papel importante en establecer la reputación de Tesla como uno de los principales inventores de América. Partiendo de su celebridad gracias a Niágara, el Mago estaba ahora listo para presentar un sistema de distribución de energía todavía más extraordinario.

Iluminación inalámbrica
y el oscilador (1893-1894)

Durante el invierno de 1892-1893, mientras mantenía correspondencia con Adams sobre Niágara, Tesla también estaba trabajando en su aparato de alta frecuencia. Al hacerlo, varios cabos sueltos de su reciente viaje a Europa cobraron sentido. Lord Rayleigh le había dicho que estaba destinado a descubrir grandes cosas, sir William Crookes había sugerido la posibilidad de usar ondas electromagnéticas para transmitir mensajes y había tenido un momento de clarividencia durante la tormenta acerca de que las fuerzas de la tierra de algún modo podrían aprovecharse. Entrelazando estos cabos sueltos, Tesla decidió ver si podía descubrir un modo de usar la tierra para transmitir tanto mensajes como energía eléctrica.

Conferencias en Filadelfia y San Luis

Pero antes de que pudiese ir demasiado lejos con los nuevos experimentos, Tesla estuvo de acuerdo con dar conferencias otra vez, primero en el Franklin Institute en Filadelfia, el 25 de febrero de 1893 y, de nuevo, la semana siguiente, en la National Electric Light Association en San Luis. En esta conferencia, Tesla siguió una estrategia similar a la que empleó en sus actuaciones en Londres y París, ofreciendo al público americano tanto reflexiones filosóficas sobre la relación entre electricidad y luz como demostraciones sensacionales.[1]

En San Luis, Tesla dio la conferencia en el Exhibition Theater, con capacidad para cuatro mil personas, pero el auditorio estaba atestado hasta la asfixia, ya que otros cuantos miles de personas se amontonaban allí, la mayoría de ellas esperando ver las demostraciones espectaculares de Tesla. La demanda de asientos era tan alta que las entradas se estaban revendiendo fuera del auditorio de tres a cinco dólares.[2] Tesla no decepcionó a la enorme multitud. En su primera demostración, permitió que 200.000 voltios pasasen a través de su cuerpo, como describió en la conferencia publicada:

> Ahora pongo a funcionar la bobina y me acerco al terminal libre con un objeto metálico (lo más probable es que sea una bola) en mi mano; esto simplemente evita las quemaduras. Cuando acerco el objeto metálico a una distancia de ocho o diez pulgadas, un torrente de chispas furiosas surge en el extremo del alambre secundario, que pasa a través de la columna de goma. Las chispas cesan cuando el metal en mi mano toca el alambre. Mi brazo está ahora atravesado por una potente corriente eléctrica, vibrando alrededor de un millón de veces por segundo. La fuerza electrostática se hace sentir a mi alrededor, y las moléculas de aire y partículas de polvo flotando actúan sobre ella y son golpeadas violentamente contra mi cuerpo. Tan grande es esta agitación de partículas que, cuando las luces se apagan, puede que se vean corrientes de una luz débil aparecer en algunas partes de mi cuerpo. Cuando esas corrientes se escapan de cualquier parte del cuerpo, produce una sensación como el pinchazo de una aguja. Si el potencial fuese suficientemente alto y la frecuencia de vibración bastante baja, la piel probablemente se quebrase bajo tremenda presión, y la sangre saliese volando con gran fuerza en la forma de un *spray* o chorro fino, tan fina que será como invisible...
>
> Ahora puedo hacer estas corrientes de luz visibles para todos, tocando con el objeto metálico uno de los extremos como antes y aproximando mi mano libre a la esfera de latón (conectada al otro extremo de la bobina). ... El aire ... se agita más violentamente y ahora se ven corrientes de luz surgir de la punta de mis dedos y de toda la mano ... Las corrientes no ofrecen ningún inconveniente concreto, excepto en los extremos de las puntas de los dedos donde la sensación es abrasadora.[3]

En el resto de la conferencia, Tesla revisó sistemáticamente los diferentes medios por los cuales la electricidad podía producir luz usando efectos basados en la electrostática, la impedancia, la resonancia y las altas frecuencias. Agitando tubos de diferentes formas en el fuerte campo magnético creado por su transformador oscilante, Tesla produjo «efectos extraordinariamente bellos ... la luz del tubo con forma de bucle parecía los radios blancos de una rueda de rayos de luna brillantes». Cerca del final de la actuación, Tesla izó en su mano una de sus bombillas fosforescentes y anunció que iluminaría esta lámpara tocando con su otra mano su transformador oscilante. Tesla recordaba que, cuando esta lámpara prendió luz, la audiencia estaba tan sorprendida que «hubo una estampida en los dos anfiteatros más altos y todos salieron corriendo. Pensaron que era algo del trabajo del diablo y corrieron. Ese era el modo en que mis experimentos eran recibidos».[4]

Tras la conferencia, a Tesla lo abordaron en el vestíbulo varios cientos de importantes ciudadanos de San Luis que acudieron a saludarlo y estrecharle la mano con fuerza. Como nunca fue fan de las multitudes, a Tesla el episodio le resultó agobiante. Como informó el *New York Times,* en San Luis «había esperado poca concurrencia de ingenieros eléctricos expertos, y aunque se enfrentó a la prueba con valentía, ningún poder en la Tierra le induciría a intentar algo como eso de nuevo».[5]

EXPERIMENTOS CON LA TRANSMISIÓN INALÁMBRICA

Aunque la conferencia de Tesla de 1893 cubría muchos de los mismos temas que sus conferencias previas, lo que era nuevo era que Tesla daba, por primera vez, una idea de sus esperanzas para la transmisión inalámbrica de energía eléctrica:

> Diría unas pocas palabras sobre un tema que constantemente ocupa mis pensamientos y que concierne al bienestar de todos. Estoy hablando de la transmisión de señales inteligibles o quizás incluso energía eléctrica a cualquier distancia sin el uso de cables. ... Mi convicción se ha vuelto tan fuerte que ya no considero este plan de transmisión de energía o inteligencia como una mera posibilidad teórica, sino como un problema serio en ingeniería eléctrica, el cual tiene que ser llevado a cabo algún día. ... Algu-

nos entusiastas han expresado su creencia de que la telefonía a cualquier distancia por inducción a través del aire es posible. Mi imaginación no da tanto de sí hasta el momento, pero sí que creo firmemente que es factible alterar por medio de máquinas potentes la condición electrostática de la tierra, y así transmitir señales inteligibles o quizás electricidad. De hecho, ¿qué es lo que hay en contra el llevar a cabo ese plan? Ahora sabemos que la vibración eléctrica quizás se transmita a través de un único conductor. ¿Por qué no intentar, entonces, hacer uso de la tierra para este propósito?[6]

Para Tesla, la transmisión inalámbrica no significaba usar las ondas descubiertas por Hertz, sino enviar energía a través de la tierra. Como hemos visto, había llevado a cabo experimentos que revelaban cómo las corrientes de alta frecuencia podían usarse para alimentar lámparas y motores que estaban conectados por su transformador oscilante por un único cable. Como la tierra es un conductor, se preguntaba Tesla, ¿por qué no conectar a tierra tanto el transformador como las bombillas y enviar la corriente a través de la tierra? Al hacerlo, sería capaz de eliminar todo el alambre de cobre caro que se usaba en las redes eléctricas existentes.

Tesla había intentado decir mucho más sobre sus ideas para el aprovechamiento de la tierra y había ido tan lejos como para escribir una descripción extensa de sus planes para la transmisión inalámbrica de energía eléctrica y mensajes, especulando con valentía sobre su potencial futuro. Sin embargo, en el último momento dejó de hacer comentarios temiendo ahuyentar a inversores potenciales. Como Tesla explicó más tarde: «Había preparado un capítulo elaborado sobre mi sistema inalámbrico, extendiéndome sobre sus usos variados y posibilidades futuras, pero Joseph Wetzler y otros amigos míos protestaron enérgicamente contra su publicación basándose en que esas especulaciones vagas e inverosímiles me perjudicarían para la opinión de los hombres de negocios conservadores. De modo que resultó que solo una pequeña parte de lo que había tenido intención de decir estaba plasmado en mi discurso».[7]

Aunque era cuidadoso con lo que decía en público respecto a la transmisión de mensajes y energía alterando la condición eléctrica de la tierra, en 1893 Tesla se ocupó en la persecución de ese sueño. «Un punto de gran importancia —escribió Tesla— sería primero saber qué es la capacidad [eléctrica] de la tierra. Y qué carga contiene si se electrifica.»[8]

Para responder a estas preguntas, Tesla recurrió a su nueva idea de resonancia. Al igual que era posible producir una onda de sonido exactamente a la frecuencia correcta de modo que las ondas provocasen que una copa resonase y luego se rompiese, Tesla había encontrado posible generar ondas electromagnéticas a una frecuencia concreta y entonces crear un circuito receptor que respondiera, esto es, resonara, con esa frecuencia. Para crear circuitos afinados, Tesla experimentó con varias disposiciones de bobinas y condensadores, emparejando la inductancia y capacitancia en el transmisor y el receptor.[9]

Usando resonancia, Tesla encaró el estudio sobre el modo en que las corrientes de alta frecuencia viajaban a través del suelo, y volvió al aparato que había montado en el otoño de 1891 (véase la imagen 7.3). De nuevo, su generador de alta frecuencia y transformador oscilante servían como transmisor. Con un terminal de su transformador oscilante conectado a tierra a través de las cañerías de agua, conectó el otro terminal a «un cuerpo de gran superficie aislado» (lo que llamaríamos una antena) en el tejado de su laboratorio en la parte baja de la Quinta Avenida sur. El receptor consistía en varios condensadores y un repetidor electromagnético. Cuando los condensadores se ajustasen a la frecuencia de la señal transmitida, el repetidor provocaría que un alambre bien estirado vibrase y produjese un zumbido audible. Tesla preparó estos componentes en una caja de madera de modo que le permitiera llevar el receptor bajo su brazo.[10]

Con el transmisor funcionando en el laboratorio, Tesla llevó el receptor a través de Manhattan, deteniéndose periódicamente para conectar a tierra el receptor y comprobar si emitía un zumbido y detectaba la corriente oscilante producida por el transmisor. Con frecuencia llevaba el receptor hacia la parte alta de la ciudad, hacia el Hotel Gerlach, y averiguaba que podía detectar la corriente allí, a unas 1,3 millas (2,09 kilómetros) de su laboratorio.

Sin embargo, en la transmisión entre su laboratorio y el Gerlach, Tesla se frustraba porque no solía detectar señal en su hotel, incluso aunque el generador estuviese funcionando perfectamente en el laboratorio. Descubrió que el generador no producía ondas a una única frecuencia sino a varias frecuencias. En concreto, no producía oscilaciones durante el mismo período de tiempo, y esto dificultaba afinar el receptor a la frecuencia correcta. Esta variación en la frecuencia la provocaban cambios ligeros en la velocidad de la máquina de vapor que dirigía el alternador.[11]

EL OSCILADOR

Para superar este problema, Tesla diseñó un nuevo generador de CA. En vez de generar una corriente haciendo que las bobinas rotasen a través del campo magnético (como era típico en los generadores eléctricos), construyó un generador usando el movimiento alternativo, o movimiento de un lado a otro, de un pistón. Su inspiración para este nuevo generador se remontaba a 1894. Poco después de llegar a América, Tesla había visitado la Exposición Eléctrica Universal organizada por el Franklin Institute en Filadelfia. En la exposición había jugado con una arandela de cobre grueso con asas, una que los visitantes podían mover dentro de un campo magnético fuerte; como el campo induciría corrientes de Foucault en la arandela a medida que se movía, los visitantes sentirían la resistencia mecánica en la dirección en que estaban manipulando la arandela. Al mover la arandela a través del campo, Tesla se dio cuenta de que sería posible crear un generador tan solo moviendo un conductor siguiendo un movimiento alternativo.[12]

Para hacerlo, Tesla combinó un motor de pistón con bobinas de generadores y un campo magnético (véase la imagen 10.1). Como el vapor o el aire comprimido movían adelante y atrás al pistón, una barra conectada al pistón movía a las bobinas de generadores a través del campo magnético. Al usar presión alta y mantener los golpes del pistón cortos, Tesla fue capaz de mover la bobinas mucho más rápido que en un generador rotativo tradicional y, por tanto, de producir corrientes con frecuencias mayores que las que eran posibles con anterioridad. Además, las oscilaciones producidas eran completamente isocronas, tanto que Tesla presumía de que podían usarse para hacer funcionar un reloj.[13] Tesla llamó a su nueva máquina oscilador y registró la solicitud de una patente que cubriera varias versiones en agosto y diciembre

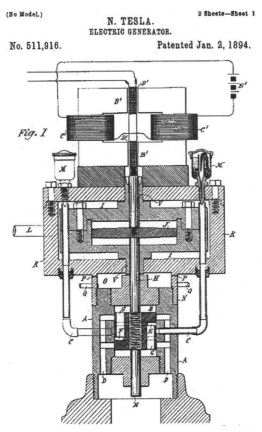

(No Model.)

N. TESLA.
ELECTRIC GENERATOR.

No. 511,916.   Patented Jan. 2, 1894.

2 Sheets—Sheet 1

Imagen 10.1. Oscilador de Tesla o la combinación
de una máquina de vapor y un generador.

Este dispositivo consta de tres unidades: un generador en la parte de arriba, un
muelle de aire en el medio y una máquina de vapor en la parte de abajo. Las
tres unidades están conectadas al eje que va en medio. Cuando el vapor (o aire
comprimido) se introduce en el cilindro de la máquina de vapor, un pistón en
el eje principal se mueve hacia arriba y empuja un segundo pistón más ancho,
constituyendo un muelle de aire. El aire comprimido tras este pistón más
ancho crea un amortiguador que finalmente es empujado hacia abajo sobre
los dos pistones, de modo que se invierte el movimiento del eje principal
(centro). Como este eje sube y baja, mueve las bobinas del generador dentro
y fuera del campo electromagnético, y produce así una corriente.
De NT, «Electrical Generator», patente de EE. UU. 511.916 (presentada
el 19 de agosto de 1893, concedida el 2 de enero de 1894).

de 1893. Desveló este invento nuevo en una conferencia que dio en la Exposición Universal de Chicago.[14]

Tesla descubrió que este nuevo invento proporcionaba las oscilaciones precisas que necesitaba para sus experimentos de alta frecuencia, e instaló uno en su laboratorio de la Quinta Avenida sur que funcionaba con una presión de 350 libras. Con este oscilador, Tesla podía alimentar cincuenta lámparas incandescentes, varias lámparas de arco eléctrico y una variedad de motores; a menudo lo mostraba a los visitantes al laboratorio.[15]

Sin embargo, Tesla pronto se dio cuenta de que su oscilador también podía promocionarse como una solución a la cantidad de energía consumida en las plantas de generación de energía eléctrica. Estimó que apenas el 5 % de la energía potencial en carbón se entregaba realmente en forma de luz o electricidad al consumidor; el restante 95 % se perdía debido a la ineficiencia térmica de los calentadores y las máquinas de vapor; aparecían pérdidas mecánicas al usar correas para conectar las máquinas a los generadores, y pérdidas eléctricas en transformadores y líneas de distribución. Mientras otros inventores trabajaban en aumentar la eficacia de cada componente en un sistema de generación de electricidad, Tesla prefirió ir al corazón del asunto y usar tan pocos componentes como le fuese posible para convertir vapor en electricidad. Por lo tanto, en su oscilador se esforzó por eliminar todas las partes extra que se encuentran habitualmente en una máquina de vapor: volantes, válvulas de control y reguladores, de modo que el oscilador estaba «despojado de todo, como en el peso de un boxeador, cada gramo cuenta». Gracias a su oscilador, Tesla predijo: «Vamos a tener en breve un medio al alcance para producir el doble de electricidad a partir del carbón de la que podemos producir en la actualidad».[16]

Al hacer esa afirmación sobre su oscilador, Tesla claramente esperaba tener otro invento importante que pudiese vender, que un emprendedor comprara las patentes y desarrollar los osciladores como un producto por derecho propio. Sin embargo, la comunidad de ingenieros no parecía estar impresionada con el oscilador de Tesla, ya que el reemplazo más prometedor para las máquinas alternativas de vapor en las plantas de generación de electricidad eran las turbinas de vapor, que ya estaban desarrollando Charles A. Parsons en Inglaterra y

Gustaf de Laval en Suecia.[17] Como las máquinas rotoras, estas turbinas podían acoplarse directamente a los generadores eléctricos existentes, eran probablemente más eficientes que el oscilador de Tesla, y lo más importante, podían aumentarse para hacer llegar energía a generadores cada vez mayores. Aunque Tesla siguió promocionando su oscilador durante los años siguientes, debería haber hecho caso al consejo de un destacado ingeniero en la Exposición Universal de Chicago. Tras escuchar la conferencia de Tesla sobre las maravillas del oscilador, el ingeniero le dijo: «Bien, no trabaje usted en máquinas de vapor. Ha hecho algún trabajo en electricidad. Si se apega a ello, hará un buen trabajo, pero si trabaja en máquinas de vapor, estará destinado al fracaso».[18]

EXPLOSORES, MALES ESTOMACALES Y TERREMOTOS ARTIFICIALES

Al mismo tiempo que estaba trabajando con el oscilador, Tesla llevaba a cabo otro conjunto de experimentos relacionados con el desarrollo de un sistema de alumbrado. Antes de ir a Europa, había centrado mucho de su trabajo de alta frecuencia en desarrollar nuevas bombillas para reemplazar las ineficientes lámparas incandescentes de Edison. Para alimentar estas nuevas bombillas, Tesla planeaba reemplazar los transformadores de CA tradicionales con su nuevo transformador oscilante; de hecho, la primera patente que muestra su transformador oscilante era para un sistema de luz eléctrica.[19]

Pero para crear un sistema de alumbrado funcional, Tesla tenía que hacer algo respecto al explosor conectado a los condensadores. En su transformador oscilante, el explosor desempeñaba el papel vital de servir como mecanismo de descarga para los condensadores. Inicialmente el explosor consistía en dos bolas de latón pulidas colocadas una cerca de otra con un espacio intermedio. Al principio de un ciclo de carga y descarga de los condensadores, ninguna corriente podía saltar el hueco entre las bolas, y la carga eléctrica se acumulaba en los condensadores. Una vez la carga era suficientemente alta, la carga en crecimiento ionizaría el aire entre las bolas de latón y una chispa saltaría el hueco. Como la corriente continuaba a través del hueco en forma de chispa, ondas electromagnéticas irradiaban del circuito. Una vez se agotaba la carga en los condensadores, la chispa se extinguía y el ciclo empezaba de nuevo. Por supuesto, para producir ondas con frecuencia alta, este ciclo de carga-descarga ocurriría miles de veces por segundo. Mientras estudiaba el explosor ordinario, como el que usaba Hertz, Tesla se dio cuenta que de que la serie de ondas electromagnéticas producidas por el transmisor era errática, porque a veces el aire entre las bolas de latón permanecería ionizado y la corriente pasaría de modo continuo en la forma de un arco eléctrico. Este arqueamiento era indeseable, porque significaba que la corriente estaba fluyendo a través del circuito en vez de aumentar en los condensadores. Por tanto, para crear una serie más regular de ondas, e incluso incrementar la frecuencia o el número de ondas producidas, era necesario controlar cuidadosamente las condiciones del explosor.[20]

Para conseguir una serie más regular de ondas electromagnéticas a partir de su transmisor, Tesla probó con una variedad de artilugios en el lugar del explosor. Ya que la chispa podía extinguirse cuando un fuerte imán fijo se le acercaba, fabricó un controlador en el que el explosor formaba ángulo recto con un imán con forma de herradura. Después Tesla probó usando varios huecos entre ruedas regulables (más tarde conocido como un explosor de chispas apagadas). Experimentó con sustituir el aire en el explosor con un gas como el hidrógeno que ionizaría más fácilmente y, por tanto, permitiría a las chispas saltar más frecuentemente; más tarde patentado por el pionero danés en temas inalámbricos Valdemar Poulsen, este diseño se conoce como «arco de Poulsen».[21]

Tesla también intentó regular las ondas producidas por su transmisor usando un oscilador mecánico que era similar a la combinación máquina de vapor y generador eléctrico descrita antes. En este dispositivo, inicialmente empleó muelles de acero muy fuertes que necesitaban varias toneladas de fuerza para comprimirse, y con cuidado hacía llegar esa fuerza usando un pistón manejado por vapor o aire comprimido. Sin embargo, cuando incrementaba la presión de aire o vapor para obtener ritmos más altos de vibración, Tesla se encontró con que el muelle de acero se rompía y lo reemplazó con un muelle de aire en el cual el pistón se hacía retroceder mediante una columna de aire que se comprimía y luego se liberaba.[22]

Su oscilador mecánico no era particularmente adecuado para regular el transmisor en el sistema de alumbrado inalámbrico de Tesla; no obstante, le fascinaba. Como indicó en la década de 1930:

> He instalado ... uno de mis osciladores mecánicos con el objeto de usarlo para el cálculo exacto de varias constantes físicas. La máquina fue atornillada en una posición vertical a una plataforma soportada sobre amortiguadores elásticos y, cuando funciona usando aire comprimido, realiza pequeñas oscilaciones totalmente isocronas, es decir, consumiendo rigurosamente intervalos de tiempo iguales. ... Un día, cuando estaba haciendo algunas observaciones, salté sobre la plataforma y las vibraciones impartidas a ella por la máquina se transmitieron a mi cuerpo. La sensación experimentada fue tan extraña como agradable, y pedí a mis asistentes que lo probasen. Lo hicieron y se quedaron tan desconcertados y satisfechos como yo.

Sin embargo, de repente, Tesla y sus asistentes tuvieron que responder a una llamada de la naturaleza: «Algunos de nosotros, quienes habíamos estado durante más tiempo en la plataforma, sentimos una necesidad atroz y apremiante que tuvo que ser inmediatamente satisfecha»; concretamente, necesitaron correr al cuarto de baño y tener movimiento en el intestino. Sin embargo, uno nunca pierde una nueva oportunidad; Tesla vio esto como una aplicación para su invento, ya que se dio cuenta de que las oscilaciones rápidas estaban ayudando a mover la comida más rápidamente a través de los intestinos y que la plataforma vibratoria quizás pudiera servir para curar males digestivos. «Una verdad maravillosa me iluminó» y, como resultado, «cuando empecé a practicar con mis asistentes terapia mecánica, solíamos acabar nuestras comidas rápidamente y correr de vuelta al laboratorio. Sufrimos de dispepsia y varios problemas estomacales, trastornos biliares, estreñimiento, flatulencias y otros desajustes, todos resultado natural de ese hábito poco ortodoxo. Pero solo tras una semana de aplicación, durante la cual mejoré la técnica y mis asistentes aprendieron cómo hacer el tratamiento para sacarle su mejor provecho, todas esas formas de enfermedad desaparecieron como por arte de magia y durante casi cuatro años, mientras la máquina estuvo en uso, gozamos de una salud excelente».[23]

Además de a sus asistentes, Tesla también invitó a los visitantes al laboratorio a intentar esta terapia mecánica, incluso a Mark Twain. Tesla había leído los libros de Twain mientras crecía en Serbia, y probablemente coincidió con el escritor cenando en Delmonico's o en su club, The Players (véanse los capítulos 11 y 12).

Por su parte, Twain estaba interesado en Tesla debido a su relación con un inventor llamado James W. Paige, que desarrolló una máquina de composición tipográfica automática. Twain estaba fascinado por la posibilidad de una máquina que pudiera establecer la fuente para libros y periódicos y consideraba que la máquina costaría millones. La primera vez que supo del invento de Paige fue en 1880, e inmediatamente invirtió 5.000 dólares para desarrollarla. Alrededor de 1887 había invertido un total de 50.000 dólares y dedicaba alrededor de 3.000 dólares al mes en la máquina tipográfica. Pero a la vez de duplicar las acciones de un tipógrafo humano, Paige pretendía que su máquina estuviese alimentada con un motor eléctrico, y convenció a Twain en 1887 para invertir 1.000 dólares en el desarrollo de un motor. «Lo intentamos con corriente continua y fracasó», dijo Twain. «Queríamos intentarlo con corriente alterna, pero carecíamos del aparato.» Por tanto, Twain estaba bastante interesado en aprender lo que Tesla había perfeccionado, un motor de CA, y apuntó en su diario en noviembre de 1888: «Acabo de ver los dibujos y descripciones de una máquina eléctrica recientemente patentada por Tesla y que vendió a Westinghouse Company que revolucionará todo el negocio eléctrico del mundo. Es la patente más valiosa desde el teléfono. Los dibujos y descripciones muestran que es precisamente la misma máquina que con todo detalle Paige inventó hace casi cuatro años».[24]

En algún momento a principios de la década de los noventa del siglo XIX, Twain se convirtió en un visitante regular del laboratorio de Tesla, donde probaba la cura mecánica de Tesla. «Vino al laboratorio en baja forma, con una variedad de angustias y enfermedades peligrosas —recuerda Tesla—, pero en menos de dos meses recuperó su antigua fuerza y su habilidad para disfrutar de la vida en toda su extensión.»[25]

Tesla llevó a cabo otro experimento con su oscilador mecánico pocos años más tarde en su laboratorio de la calle Houston, con el propósito de entender la resonancia, y el resultado fue un terremoto artificial. Hasta el momento había desarrollado una versión mucho más pequeña que «podías llevar en el bolsillo de tu abrigo». Explicó:

Estaba experimentando con vibraciones y tenía una de mis máquinas funcionando y quería ver si podía conseguir afinarla con la vibración del edificio. Fui aumentando su potencia poco a poco. Hubo un peculiar sonido como de un chasquido.

Pregunté a mis asistentes de dónde venía el sonido. No lo sabían. Aumenté la potencia de la máquina un poco más. Hubo un chasquido más fuerte. Sabía que me estaba acercando a la vibración del edificio de acero. Forcé un poco más la máquina.

De repente, toda la maquinaria pesada había empezó a moverse por todas partes. Cogí un martillo y rompí la máquina. El edificio se habría derrumbado en pocos minutos. Fuera en la calle, era un pandemonio. Llegaron la policía y las ambulancias. Les dije a mis asistentes que no dijeran nada. Contamos a la policía que debía de haber sido un terremoto. Eso es todo lo que ellos supieron sobre el incidente.[26]

UN SISTEMA PARA LA ILUMINACIÓN INALÁMBRICA

Pero aunque resultaba divertido experimentar con el oscilador mecánico, no era la solución que Tesla necesitaba para perfeccionar su sistema de iluminación inalámbrico. Por eso, en 1893 diseñó otro sustituto para el explosor insertando un ventilador o turbina giratoria entre los terminales del explosor; las chispas saltarían entre los extremos estacionarios y los álabes de la turbina, y la chispa sería más corta y más rápida como resultado del giro rápido de la turbina. Para minimizar cualquier posibilidad de arqueamiento entre las cuchillas y los extremos, Tesla sumergió todo el explosor en un tanque de aceite; bombeando el aceite por el tanque, el flujo del aceite giraría los álabes de la turbina que interrumpían la chispa. Usando este controlador del circuito, Tesla era capaz de producir frecuencias en un rango de 30.000 a 80.000 ciclos por segundo.[27]

Tesla estaba bastante orgulloso de este nuevo controlador del circuito, y registró una aplicación de patente para él en agosto de 1893. Sin embargo, no apreció todo su potencial para la transmisión inalámbrica de energía y mensajes hasta que hizo una demostración para el gran físico alemán Hermann von Helmholtz en la Exposición Universal de Chicago. Tras mostrarle este invento y describir sus esperanzas de usarlo para la transmisión inalámbrica de energía eléctrica, Tesla preguntó a Helmholtz: «Excelencia, ¿usted cree que mi plan es realizable?», a lo cual el distinguido científico respondió: «Bueno, ciertamente lo es, pero primero debes construir el aparato».[28]

Animado por Helmholtz, Tesla redobló sus esfuerzos para comprender qué estaba ocurriendo cuando los condensadores en su transformador oscilante se cargaban y descargaban rápidamente por el mando del circuito. A medida que estudiaba este fenómeno, Tesla se daba cuenta de que funcionaba como el análogo eléctrico del martinete. De la misma manera que se almacena más energía a medida que el peso pesado en el martinete se va levantando cada vez más alto, se puede controlar los condensadores para almacenar más energía con cada ciclo de carga-descarga. Y al igual que se suelta el martinete de repente de modo que entrega toda la energía almacenada con un golpe hacia abajo, se puede descargar un condensador en un intervalo corto de tiempo y distribuir una cantidad tremenda de energía eléctrica. «Por ejemplo —explicó Tesla—, si el motor (usado para alimentar el generador de CA) es de 200 caballos, extraigo la energía durante un intervalo de tiempo de un minuto, a razón de 5.000 a 6.000 caballos, luego la almaceno en un condensador y descargo este a razón de varios millones de caballos.»[29]

Para convencer a los visitantes de cuánta energía podían concentrar los condensadores en su transformador oscilante, Tesla a veces atravesaría su aparato.

... energía a razón de varios miles de caballos, pon una pieza gruesa de papel de aluminio en un palo y aproxímalo a la bobina. El papel de aluminio se derretirá y, no solo derretirá, sino que mientras todavía tenga forma, se evaporará y todo el proceso tendrá lugar en un intervalo tan pequeño de tiempo que será como el disparo de un cañón. Instantáneamente, lo ponía ahí y había una explosión. Era un experimento llamativo. Simplemente mostraba el poder del condensador y a la vez yo era tan imprudente que para demostrar a mis visitantes que mis teorías eran correctas, pegaba mi cabeza a la bobina y no me hacía daño, pero no lo haría ahora.[30]

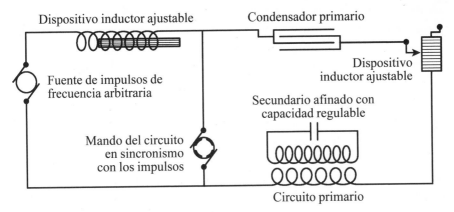

Dispositivo inductor ajustable

Condensador primario

Fuente de impulsos de frecuencia arbitraria

Dispositivo inductor ajustable

Secundario afinado con capacidad regulable

Mando del circuito en sincronismo con los impulsos

Circuito primario

Imagen 10.2. Circuito usado por Tesla para distribuir energía de modo inalámbrico a sus lámparas en su laboratorio de la Quinta Avenida sur (hacia 1894).
En la práctica, el circuito primario mostrado era un cable grueso alrededor del perímetro de la habitación principal y el secundario era la bobina movible.
Redibujado a partir de NT, «True History of the Wireless», p. 29.

A medida que Tesla empezó a apreciar cómo podía usar su transformador oscilante para concentrar energía, se dio cuenta de que podía modificar sus circuitos de distribución para transmitir energía a través de una habitación e iluminar bombillas sin usar cables. En sus patentes anteriores, Tesla había conectado su transformador oscilante a un transformador secundario que a su vez distribuía energía a sus bombillas. Ahora, gracias al aumento en la concentración de energía, podía separar los dos bobinados en su transformador secundario y transmitir energía entre ellos, incluso si estaban separados diez o veinte pies (imagen 10.3).

En la parte de transmisión de este nuevo sistema de alumbrado inalámbrico, Tesla usaba su oscilador para cargar un panel de condensadores, que a su vez estaban conectados a un cable largo que iba alrededor del perímetro del salón principal (que era de 40 × 80 pies) del laboratorio. En realidad una bobina con solo una vuelta del cable hacía el papel del bobinado primario del antiguo segundo transformador. En el extremo receptor, Tesla usó una bobina de tres pies de alta en lugar del bobinado secundario del antiguo segundo transformador. Montada sobre ruedecillas, esta bobina receptora podía circular alrededor del salón principal para ver dónde funcionaba mejor. Incluso más importante, podía ajustarse para que resonase a la frecuencia generada por el transmisor. A diferencia de la energía transmitida entre dos placas, como en sus conferencias en Columbia y la Royal Institution, ahora la energía se movía sin cables entre dos bobinas.[31]

Tesla tenía este sistema perfeccionado en febrero de 1894 y lo daba a conocer en demostraciones privadas espectaculares a amigos, grupos profesionales selectos y muy pocos periodistas.[32] Uno de estos afortunados reporteros describió su experiencia del siguiente modo:

> Eché una ojeada alrededor con cierto desconcierto tras oír a Tesla decir que tenía una sorpresa guardada para mí. De repente, llevando a la acción sus palabras, llamó a varios empleados del taller y emitió una sucesión de órdenes apuradas que seguí aunque vagamente. Sin embargo, de inmediato, las puertas se cerraron y las cortinas se corrieron hasta que toda apertura o fisura para la admisión de luz estaba oculta, y el laboratorio permanecía bañado en una oscuridad totalmente impenetrable. Esperaba los sucesos con intenso interés.
>
> El minuto siguiente señales luminosas exquisitamente bellas y artilugios de origen místico empezaron a destellar sobre mí con una frecuencia sorprendente. A veces parecían irisados, pero al rato de nuevo una cegadora luz blanca prevalecía.
>
> «Agárrate», dijo una voz, y sentí un tipo de mango clavado en mi mano. Entonces fui amablemente dirigido y se me dijo que lo agitase. Obedecí y se reveló la palabra «Bienvenido» resplandeciente ante mis ojos. Por desgracia, en ese momento era totalmente incapaz de apreciar el sentimiento generoso implícito.
>
> Una mano se me aproximó antes de que me hubiese recuperado, y sentí la punta de mis dedos ligeramente rozados, lo que me produjo una consternación terrible cuando inmediatamente experimenté un hormigueo agudo acompañado por una breve muestra pirotécnica que era sorprendente como mínimo. Cuando la luz del día así como mi compostura se recuperaron en parte, aprendí algo del significado de estos asombrosos experimentos, los cuales, debo decir, presagian en cierto modo la luz eléctrica del futuro.[33]

Como el periodista aprendió a continuación, los «artilugios de origen místico» que vio iluminarse en la oscuridad no eran otra cosa que una muestra de las muchas bombillas que Tesla había diseñado; algunas eran tubos con gases a baja presión y algunas tenían cubiertas fosforescentes (como los tubos fluorescentes modernos), pero ninguna tenía filamentos (imagen 10.3). Tesla creía que las oscilaciones o, como con frecuencia decía, los «empujes» electrostáticos que emanaban de su transmisor cargaban energía en el éter entre las dos bobinas. Debido a que había relativamente pocas moléculas de gas dentro de los tubos, las moléculas se agitaban fácilmente por los «empujes» y causaban el brillo. Como ni la bobina transmisora ni la receptora estaban conectadas a tierra, la energía no iba a través de la tierra, sino que más bien por medio de los «empujes» u ondas electromagnéticas se estaba moviendo a través del éter.

Por temor a que uno pensase que su plan de luz inalámbrica funcionaría solo con esos tubos nuevos, Tesla también demostró cómo lámparas incandescentes ordinarias podían alimentarse con su aparato. Para hacer esto, conectaba una lámpara estándar de dieciséis candelas a los extremos de la bobina resonante en el centro de la habitación y la alimentaba de modo inalámbrico con la energía generada por el transmisor.

En estas demostraciones cada vez más elaboradas, Tesla se sentía más y más seguro del potencial de su alumbrado inalámbrico y de que este pudiese competir con el reinante sistema incandescente de Edison. De hecho, Tesla quizás pensaba en su sistema de luz inalámbrico cuando escribió a su tío en noviembre de 1893: «¡Acabo de completar un invento nuevo que es sensacional! El éxito me sonríe en todos los aspectos excepto el del dinero. Ese vendrá pronto».[34]

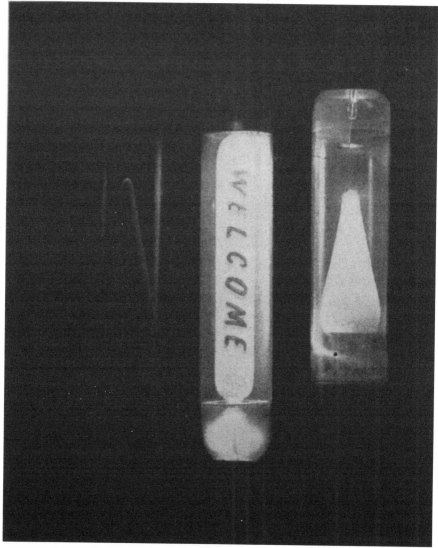

Imagen 10.3. «Tres bombillas fosforescentes en las que se está probando
valor actínico, fotografiadas por su propia luz.»
De TCM, «Tesla's Oscillator and Other Inventions», *The Century
Magazine* 49:916-933 (abril de 1895), figura 5.

Intentos de promoción (1894-1895)

Es difícil darte una idea de cómo soy respetado
aquí en la comunidad científica. Recibo muchas cartas
de algunas de las mentes más grandes proponiéndome que me quede
el curso. Dicen que hay suficientes hombres educados
pero pocos con ideas. Me inspiran en lugar de alejarme
de mi trabajo. He recibido muchos premios y
serán más. Piensa cómo son las cosas que recientemente
recibí una fotografía de Edison con la inscripción:
«Para Tesla de Edison».

TESLA a su tío Petar Mandic, diciembre de 1893

En 1894, basándose en su investigación de altas frecuencias, Tesla había encontrado un sistema nuevo de alumbrado eléctrico, así como un nuevo oscilador a vapor. Era el momento de empezar a promocionar estos inventos para atraer nuevos clientes para las patentes que había obtenido. Al igual que había hecho con Peck y Brown, cinco años antes, con el motor de CA, Tesla se dispuso a dar forma a las expectativas, las ilusiones, que la gente tendría para estos nuevos inventos. Para ello, decidió que necesitaba establecer su reputación como un inventor eléctrico destacado.

Es fácil asumir que las reputaciones en tecnología y ciencia crecen automáticamente fuera de los logros del individuo. Sin embargo, las reputaciones, como todo lo demás en tecnología y ciencia, las construyen activamente individuos y grupos. En concreto, individuos haciendo uso de las fuentes de su tiempo y lugar —su cultura— para construir una reputación que les hace creíbles.[1]

Durante el último cuarto del siglo XIX, era especialmente difícil construir una reputación creíble como inventor o científico en América. En las décadas que siguieron a la guerra civil americana, hubo un tremendo sentido de incertidumbre sobre profesiones y roles sociales; cualquiera que quisiera ser abogado o doctor o ingeniero podía simplemente anunciar que era un profesional en uno de estos campos y montar un negocio. Nadie estaba muy seguro de cuáles eran las reglas. ¿Se necesitaba un título universitario u otra credencial? ¿Habría que pertenecer a una organización profesional? ¿Era necesario publicar artículos o demostrar la competencia de algún otro modo? ¿Qué significaba ser una autoridad y qué significaba ser famoso?[2]

Para asegurarse, organizaciones en varios campos se movieron rápidamente para establecer estándares y clarificar el papel de los profesionales en su disciplina, pero se necesitó desde la década de 1870 a la de 1910 para que este trabajo estuviese completo.[3] Mientras tanto, en ese intervalo flexible, los individuos eran libres de experimentar con cómo sus personajes profesionales hacían uso de diferentes elementos de la cultura americana.

En este capítulo veremos cómo Tesla, con la ayuda de sus amigos, modeló su reputación. Ahora cultivaba una imagen de ser un genio brillante, incluso excéntrico. Le encantaba mostrar sus bombillas inalámbricas, y después de cenas en Delmonico's, invitaba a celebridades a demostraciones nocturnas en su laboratorio. Al igual que los periódicos habían cubierto las explosiones de Edison en Menlo Park en la década de los setenta del siglo XIX, acudieron en tropel al laboratorio de Tesla en la década de los noventa de ese mismo siglo a cubrir sus sensacionales descubrimientos. Como Edison, Tesla se deleitaba contando historias entretenidas y prometiendo grandes resultados para sus inventos.

T. C. MARTIN Y EL LIBRO

La promoción de Tesla tuvo mucho que ver con su amistad con Thomas Commerford Martin (1856-1924), el editor de *Electrical Engineer*, una de las publicaciones semanales de electricidad más destacadas. Martin actuaba como director de publicidad de Tesla a mediados de la década de 1890 e hizo más que nadie por dar a conocer el prestigio del inventor.

Nacido en Inglaterra, Martin pasó parte de su infancia viajando a bordo del gigantesco vapor *Great Eastern*, mientras su padre ayudaba a poner el cable telegráfico trasatlántico. Después de estudiar teología, Martin emigró a EE. UU. para trabajar con Edison en Menlo Park. Al observar que Martin tenía un don para la escritura, Edison animó al joven británico a publicar historias sobre el teléfono y el fonógrafo en los periódicos de Nueva York. En 1882 se incorporó como editor en la publicación sobre telégrafo *The Operator*, que pronto cambió su nombre a *Electrical World*. Además de desempeñar su trabajo editorial, Martin ayudó a fundar el American Institute of Electrical Engineering (AIEE) en 1884 y ejerció como presidente del instituto en 1887-1888.[4]

Como hemos visto, Martin conoció el trabajo de Tesla por primera vez en abril de 1888, cuando fue invitado a presenciar una demostración del motor de CA de Tesla en el laboratorio de la calle Liberty (véase el capítulo 5). Pocas semanas después, organizó la conferencia de Tesla ante el AIEE. Como sabía que los motores de CA representaban un avance para la industria de servicios, Martin y su compañero editor Joseph Wetzler publicaron un libro en 1889 sobre el desarrollo de los motores eléctricos.[5]

Martin observó con interés el creciente entusiasmo público estimulado por las conferencias de Tesla sobre la iluminación inalámbrica. En concreto, debió de observar que antes de la conferencia de Tesla frente a la National Electric Light Association (NELA) en San Luis, un joven emprendedor había impreso copias extra del boletín de la NELA que contenían un artículo biográfico sobre Tesla y que vendió cuatro mil copias en la calle antes de que Tesla empezara su exposición. Como informó el *New York Herald*, esto era «algo sin precedentes en la historia del periodismo sobre electricidad».[6] Si un panfleto sobre Tesla se había vendido tan bien, ¿por qué no intentarlo con un libro?

En la primavera de 1893, Martin y Tesla empezaron a pensar en un libro que reuniría todas las conferencias de Tesla, una descripción de sus inventos, un resumen de su trabajo en la iluminación con alta frecuencia y una reseña biográfica. Tras una desagradable disputa por el contrato con la editorial de *Electrical World*, Martin la había dejado en 1890 para editar la rival *Electrical Engineer*, y sin duda esperaba que el libro de Tesla le ayudase a atraer lectores de *Electrical World* a su nueva publicación.[7] Aunque Tesla podía confiar en Martin como «uno de los mejores escritores en el campo técnico», el proceso de composición de un libro en inglés le resultó dificultoso, a pesar de lo cual comprendió que esa publicación era esencial para establecer su reputación. Como explicó a un primo suyo que vivía en Serbia: «Además de todo mi trabajo, voy a escribir un libro. Va a ser extraordinariamente malo [Tesla posiblemente quería decir difícil o exigente]. Tengo intención de anunciar varios aparatos y experimentos que tengo en mente después de algunos años de trabajo. He recopilado todo, lo que he leído en revistas y lo que es nuevo. Puede dañarme o posiblemente ayudarme. Mi intención es aparecer no como un técnico, sino como un inventor».[8]

Publicado bajo el título de *The Inventions, Researches, and Writings of Nikola Tesla*, el libro apareció en enero de 1894. Como sugirió Martin, estaba dedicado a los compatriotas de Tesla en Europa del Este. En su reseña, el *New York Times* dijo que el ensamblaje de los materiales para el volumen no debía de haber sido «de ninguna manera [una] tarea fácil», pero que Tesla y Martin lo habían logrado con éxito.[9]

Emocionado de tener un libro que resumiera su trabajo, Tesla envió copias a su familia en Serbia, a amigos y a sus antiguos socios en Westinghouse. Esperando más vender el libro que regalarlo, Martin le dijo a Tesla que «su solicitud [de más copias gratis] es demasiado difícil. Me parece que los chicos de Pittsburgh, si le quieren, deberían animarse a gastar un poco de su dinero en el libro». Como Tesla tenía tantas ganas de enviar copias, Martin sugirió que «quizás le gustaría hacernos una oferta por toda la edición». Esperando compensar las pérdidas con la firma de Tesla, Martin acababa diciendo en broma: «Cuando me escriba, haga un autógrafo con tanta frecuencia como pueda. La gente está empezando a agotar las existencias».[10]

The Inventions, Researches, and Writings resultó popular. La primera edición se vendió en un mes, una segunda edición a finales de 1894 y la tercera edición salió en febrero de 1895. Tuvo buenas críticas en Europa así como en América, y hubo una edición alemana en 1895. El libro supuso una suma importante para Martin. Tesla convenció a su editor para que le prestase las ganancias de la publicación, pero nunca devolvió el dinero a Martin. En consecuencia, Martin se quejó décadas después: «Dos años de trabajo para nada».[11]

La queja de Martin fue posterior, pero en 1894 consideraba a Tesla una celebridad científica prometedora e hizo todo lo que pudo para ayudar a promocionar a este nuevo mago. En febrero, acompañó a Tesla al apartamento en Nueva York de Gianni Bettini, un precoz aficionado a la música que había hecho varias mejoras en el cilindro de fonógrafo de Edison. Recurriendo a sus conexiones sociales, Bettini grabó las voces de cantantes de ópera, presidentes y papas, y Martin ansiaba que la voz de Tesla formara parte de la colección de Bettini.[12] Martin organizó también una sesión para Tesla con un escultor llamado Wolff, y puso en contacto al inventor con S. S. McClure, que estaba buscando colaboradores para la revista epónima que acababa de crear. Tesla y McClure cenaron juntos, y como Martin informó a su protegido, McClure «sabe ahora ... personalmente ... que usted es un gran hombre y un tipo agradable». A McClure le hubiera gustado que Tesla colaborara en su revista, pero Tesla rechazó esa colaboración: «Aunque me gustaría mucho cumplir con su amigable propuesta, encuentro que en este momento me es imposible, ya que cada minuto de mi tiempo está ocupado por trabajo que debo acabar sin demora».[13]

«Los Filipov»: Robert y Katharine Johnson

Pero lo más importante que hizo Martin por Tesla fue presentarle a Robert Underwood Johnson (1853-1937) y a su esposa, Katharine (fallecida en 1924), en el otoño de 1893. Socialmente relevantes y refinados, Robert y Katharine se convirtieron en los amigos más cercanos del inventor.

Nacido en Washington, D. C., Johnson creció en Indiana. De adolescente trabajó como operador de telégrafo y a veces recibía mensajes de otro operador llamado Thomas Edison. Johnson se unió al personal de la popular revista *Scribner's Monthly* en 1873 y, de vez en cuando, visitaba a Edison en Menlo Park para cubrir sus inventos. En 1881, cuando *Scribner's* se convirtió en *The Century Magazine*, Johnson fue nombrado editor asociado y ejerció de editor jefe entre 1909 y 1913.

Para dar un empujón a la tirada de *The Century*, Johnson convenció a Ulysses S. Grant para que escribiese una serie de artículos sobre las campañas de la guerra civil. Con la ayuda de Mark Twain, luego convenció al general para que redactara sus memorias, que se convirtieron en un *best seller*. Johnson se casó con Katharine McMahon, de Washington D. C., en 1876, atraído por su pelo pelirrojo, sus orígenes irlandeses y su personalidad fogosa.[14]

Tesla hizo buenas migas con los Johnson inmediatamente, y en diciembre de 1893 los invitó a unirse a él en el estreno de *New World Symphony* de Antonín Dvořák. «En cuanto recibí su primera nota —escribió el Mago a Robert—, me aseguré los mejores asientos que pude para el sábado. Nada mejor que ¡la 15.ª fila! Lo siento mucho, deberemos usar catalejos. Pero creo que será mejor para la vívida imaginación de la Sra. Johnson. Cena en Delmonico's.» Katharine le respondió a Tesla enviándole flores el 6 de enero, el día en que los cristianos ortodoxos celebran la Navidad. «Tengo que agradecer a la Sra. Johnson sus magníficas flores», escribió a Robert. «Nunca hasta ahora había recibido flores, y estas produjeron en mí un curioso efecto.» En agradecimiento, Tesla envió a Katharine un radiómetro de Crookes, que él consideraba «desde el punto de vista científico, el invento más bello creado».[15]

En los años que siguieron, los Johnson invitaron regularmente a Tesla a cenas y fiestas en su casa en el número 327 de la avenida Lexington. Allí, Tesla conoció a muchas celebridades sociales e intelectuales, incluidos el escultor August Saint-Gaudens, el naturalista John Muir, la autora de publicaciones infantiles Mary Mapes Dodge, el pianista Ignace Padrewski y el escritor Rudyard Kipling. En una velada, una dama inglesa se dirigió al inventor y le preguntó: «Y usted, Sr. Tesla, ¿a qué se dedica?». «Oh, hago unos cuantos pinitos con la electricidad», respondió Tesla. «No me diga», le respondió la señora. «Siga con ello y no se desanime. Quizá termine haciendo algo algún día».[16]

Como sabía que Johnson era un poeta, Tesla recitaba poesía serbia para él, incluyendo el poema «Luka Filipov» de Jovan Jovanović Zmaj. En esta balada, Zmaj narra las hazañas heroicas de Luka y su muerte en una batalla entre los serbios y los turcos en 1874. Cautivado, Johnson hizo que Tesla preparase una traducción al inglés de este y otros poemas de Zmaj para *The Century*, e incluyó «Luka Filipov» en su antología, *Songs of Liberty*. Tras esto, Tesla siempre se refería a Robert como Luka y a Katharine como madame Filipov.[17]

Como Tesla no podía entretener a los Filipov en su apartamento de soltero en Gerlach, los llevaba a visitar su laboratorio al sur de la Quinta. «Con frecuencia nos invitaba a ser testigos de sus experimentos» recordaba Robert. «Destellos como de luz de fuego eléctrico de la longitud de quince pies eran un hecho del día a día, y sus tubos de luz eléctrica se usaban para hacer fotografías de muchos de sus amigos como un *souvenir* de sus visitas.»[18] Pero en lugar de permitir que las fotografías fuesen tan solo recuerdos para amigos, se preguntó John-

Imagen 11.1. «Primera fotografía jamás tomada por luz fosforescente. La cara es la de Tesla y la fuente de luz una de sus bombillas fosforescentes. Tiempo de exposición: ocho minutos. Fecha de la fotografía: enero de 1894.» De TCM, «Tesla's Oscillator and Other Inventions», *The Century Magazine* 49:916-933 (abril de 1895), figura 3.

son, ¿por qué no hacer fotografías especiales usando uno de los inventos de Tesla y publicándolas como una «primicia» en *The Century*? En concreto, Johnson estaba intrigado por los resultados de Tesla usando «luz fosforescente», lo que ahora llamaríamos «luz fluorescente», con fines fotográficos (imagen 11.1).

Con una reseña biográfica de Tesla recién publicada por Martin, Johnson sugirió a este que quizás él podría escribir otra historia para *The Century* sobre Tesla que incluyese retratos tomados desde esta nueva fuente de luz.[19] Martin estuvo de acuerdo de inmediato, pero recomendó que tomase precauciones para que no se filtrase la noticia de las fotografías. «Las guardaré bajo llave o las pondré en una cámara de seguridad, si lo deseas, hasta el momento de la publicación», dijo Martin a Johnson. «Pero quiero conseguir una de las primeras como un *souvenir* histórico.» Martin se dio cuenta de que la fuente más probable de filtración sería el propio Tesla y que tendría que instruir a su protegido, como escribió al inventor: «Creo que deberíamos tener una pequeña conversación respecto a dar a los periódicos alguna pista sobre que ha tenido éxito tomando fotos con fosforescencia. Se filtrará en algún momento y luego alguien ... con la arrogancia habitual la colocará en los periódicos ... Necesitamos tener nuestras prioridades establecidas. Creo que R. U. Johnson opina del mismo modo».[20]

Siguiendo el consejo de Martin de no decir nada sobre las fotografías, Tesla se puso a trabajar en preparar el aparato eléctrico necesario. Como escribió a Johnson en febrero de 1894:

> Ha sido un día de trabajo duro replanteando y ajustando. Creo que podríamos hacer algunas pruebas mañana.
>
> He preparado un tubo para usted, espero mostrárselo mañana también. ... Podríamos intentar obtener una foto del magnífico perfil del Sr. Clemens. No me he comunicado todavía con los fotógrafos porque tengo que intentar una cosa por la mañana. Inmediatamente le haré saber si todo es correcto. El mejor momento para venir sería a las 4 p.m.[21]

Los fotógrafos eran de Tonnele & Company, que habían hecho un trabajo anterior para *The Century*.[22] Además de a Mark Twain, Johnson invitó al actor Joseph Jefferson y al novelista Francis Marion Crawford a posar en las fotografías.[23] Tesla tenía a cada invitado que participaba sujetando

Imagen 11.2. Mark Twain en el laboratorio de Tesla en 1894. Tesla está al
fondo, a la izquierda.
De TCM, «Tesla's Oscillator and Other Inventions», *The Century
Magazine* 49:916-933 (abril de 1895), figura 13.

un gran círculo de alambre en sus manos. Cuando el círculo se colocaba sobre la bobina de resonancia en el centro del laboratorio, se transmitía de modo inalámbrico la corriente suficiente de la bobina al círculo para que se iluminasen dos o tres bombillas colocadas entre las manos de los invitados (imagen 11.2). «Por extraño que parezca —observó Martin— estas corrientes, de un voltaje cien o doscientas veces tan alto como el empleado en la electrocución, no causaba molestias al experimentador en lo más mínimo. La extrema alta tensión de las corrientes, que se ve cómo las recibe el Sr. Clemens, evita que le hagan ningún daño.»[24]

Cuando le llegaron las impresiones de Tonnele, Tesla estaba entusiasmado con todas ellas, pero le gustaba especialmente la de Jefferson, que le parecía «simplemente de gran belleza. Me refiero a la que lo muestra solo en la oscuridad. Creo que es una obra de arte». Para celebrar su exitoso proyecto, Katharine Johnson propuso una cena en Delmonico's antes de que Robert y ella se fuesen de vacaciones de verano a los Hamptons, en Long Island. Mientras Tesla se estaba volviendo más cuidadoso en lo referente a aceptar todas las invitaciones que recibía, no se pudo resistir una tarde con su pareja favorita: «Incluso cenar en Delmonico's tiene demasiado de vida de lujo para mí, y temo que si me desvío con mucha frecuencia de mis hábitos sencillos, acabaré mal. He tomado la firme decisión de no aceptar invitaciones, aunque sean tentadoras, pero en este momento recuerdo que el placer de su compañía se me denegará pronto (ya que seré incapaz de acompañarles a East Hampton, donde planean pasar este verano), un deseo irresistible se apodera de mí para ser uno de los participantes en esa cena».[25] Como habían planeado, Johnson y Martin esperaron al momento adecuado para mostrar las fotografías, y estas no aparecieron en *The Century* hasta abril de 1895.[26]

Notoriedad periodística y títulos honorarios

Durante 1894, Tesla empezó a disfrutar de más cobertura en los periódicos, principalmente debido a los esfuerzos de Martin y Johnson, que tenían contactos en varios periódicos. El *New York Herald* de James Gordon Bennett había estado cubriendo las proezas de Tesla durante varios años, pero el Mago era ahora tema de reportajes especiales en el *New York World* de Joseph Pulitzer (como se cuenta en la introducción), el *New York Times* y el *Savannah Morning News*. De hecho, desde que Tesla era tan popular, algunos periodistas recurrían a escribir historias falsas sin molestarse en entrevistar al inventor. «Por ejemplo —informó Martin—, una joven vivaz que trabaja en prensa, deseosa de ser instructiva, fue tan lejos como para retratarse a sí misma sometiéndose a una prueba eléctrica brillante que es posible solo con el cuerpo totalmente desnudo.» Ese episodio, como Martin aseguró a sus lectores, nunca ocurrió y era bastante improbable dada la reticencia de Tesla a tener mujeres cerca (véase el capítulo 12).[27]

Ilustrados con su retrato, estos reportajes especiales narraban los primeros años de Tesla, describían su apariencia física y comentaban su estilo de invención. Al hablar con los periodistas, Tesla era más como un atleta profesional moderno, que con frecuencia trata de encontrar un equilibrio entre vanagloriarse sobre sus capacidades (lo cual es, después de todo, el propósito de la entrevista) y mostrar algo de modestia sobre sus logros. «Me da vergüenza —dijo Tesla a un periodista— que mi trabajo haya atraído tanta atención pública, no solo porque creo que un hombre serio que ama la ciencia más que todo debería permitir que su trabajo hablase por él ... sino porque temo que alguno de los científicos cuya amistad valoro mucho sospeche que estoy alentado la notoriedad periodística.»[28]

Aunque sus colegas de profesión estaban sin duda recelosos de que Tesla estuviese cortejando a la prensa, también estaban impresionados con él como pionero, como alguien que les estaba retando a repensar la naturaleza de la electricidad y posibles nuevas aplicaciones. Cuando el Franklin Institute en Filadelfia entregó a Tesla la medalla de oro de Elliott Cresson en 1893 por su trabajo sobre formas nuevas de luz eléctrica, mencionó que había «desarrollado un campo nuevo y muy importante de investigación en una dirección en la que poco se había hecho antes, una que abría el camino a resultados muy valiosos, el más importante de los cuales es ... la generación racional de luz artificial o "luz fría", como se llama con frecuencia. Aunque todavía no había resuelto el problema de una postura comercial, ha ... abierto un camino probable para la solución de este problema tan importante y difícil».[29]

A la medalla Cresson le siguieron títulos honorarios. Varias universidades deseaban dar un reconocimiento a Tesla, ya que había sido «cubierto con honores en Inglaterra y Francia» y sería una vergüenza no reconocer a «un hombre que vive entre nosotros». Llegó una invitación procedente de la Universidad de Nebraska, pero Tesla probablemente no estaba interesado en dedicar el tiempo fuera de su trabajo que requería hacer el largo viaje en tren desde Nueva York a Lincoln. «Le he instado a aceptarla —se quejó Martin a Johnson—, y quiero que usted y la Sra. Johnson ejerzan su influencia sobre él también. Su encanto es ahora poderoso, me imagino que con él será todo lo poderoso que el encanto de una mujer puede ser, después del de sus hermanas.»[30]

Aunque ni Martin ni Katharine pudieron persuadir a Tesla para aceptar el título honorario de Nebraska, Robert sí escribió en nombre de Tesla a la Universidad de Columbia:

> Creo que ciertamente debería decirse que hay pocos hombres ... cuyo trabajo prometía más para la mejora de las condiciones duras de las clases más pobres. Habiendo visto mucho de Tesla durante los últimos seis meses ... nunca he oído un asunto de [importancia] científica mencionado en su presencia sobre el cual no pareciese estar completamente bien informado. Como sin duda sabe, tiene relación amistosa con Crookes, Helmholtz, lord Kelvin y otros. Hertz era su amigo...
>
> En lo referente a su cultura general, debo decir que sabe el idioma y está ampliamente leído en la mejor literatura de Italia, Alemania y Francia, así como mucha de los países eslavos, por no decir nada de griego y latín. Es particularmente aficionado a la poesía y está siempre citando a Leopardi o Dante o Goethe o los húngaros y rusos. Conozco pocos hombres con esa diversidad de cultura general o esa precisión de conocimiento.

Ese retrato, que habría enorgullecido al padre de Tesla, Johnson lo cerró describiendo el carácter de Tesla como «de dulzura distinguida, sinceridad, modestia, refinamiento, generosidad y fuerza». Convencida por la recomendación de Johnson, en junio de 1894 Columbia otorgó a Tesla el doctorado honorario, al que siguió otro de la Universidad de Yale.[31]

SALIDA A LA VENTA DE LAS PATENTES: NIKOLA TESLA COMPANY

Con la cobertura creciente tanto en periódicos como en prensa especializada, así como las medallas y títulos de los que presumir, era el momento de dar el siguiente paso en la estrategia de promoción y formar una compañía que vendiese y concediese licencias de sus patentes. Para crear esta compañía, Tesla recurrió a Edward Dean Adams. Como vimos en el capítulo 9, Adams era la fuerza impulsora tras la promoción de la central hidroeléctrica en Niágara. En un momento crítico en 1893, cuando su compañía tenía que decidir entre usar CA o CC para Niágara, Adams había seguido el consejo de Tesla.

Después de visitar el laboratorio y ver varias demostraciones, Adams estaba de acuerdo en promocionar los últimos inventos de Tesla, y en febrero de 1895 lanzaron juntos la Nikola Tesla Company. Adams se creía capaz de ayudar a Tesla notablemente; como su biógrafo expresó con entusiasmo, el financiero había ayudado a varios «genios en apuros que después vieron más nítidamente y desempeñaron su labor con gran entusiasmo y habilidad porque se dejaron aconsejar por Edward Dean Adams».[32]

Como esta nueva compañía no solo iba a promocionar las patentes recientes de Tesla relacionadas con alta frecuencia, sino también las asignadas con anterioridad a Peck y Brown, Adams y Tesla incluyeron a Alfred Brown como director en la compañía. Además, invitaron a otro promotor de Niágara, William Rankine, así como a Charles F. Coaney de Summit, Nueva Jersey, a ejercer como directores. Adams esperaba que su hijo Ernest, que acababa de publicar una historia sobre Tesla, se uniese a la compañía una vez acabase de estudiar ingeniería en Yale.[33]

Nikola Tesla Company planeaba «manufacturar y vender maquinaria, generadores, motores, aparatos eléctricos, etc.» y los directores se planteaban emitir acciones para capitalizar 500.000 dólares.[34] Si se suscribían totalmente por inversores, este nivel de capitalización ciertamente habría proporcionado a Tesla los fondos que necesitaba para desarrollar por completo sus inventos de alta frecuencia. Sin embargo, no habría sido suficiente para emprender la fabricación a escala comercial. Por tanto, a pesar de afirmar que iba a fabricar aparatos eléctricos, parece que Nikola Tesla Company era parte de una estrategia de promoción dirigida. Una vez se perfeccionaran el sistema de alumbrado de Tesla y el oscilador, bien las patentes, bien la compañía entera, se vendería, como Tesla había hecho con los derechos europeos para las patentes de su motor en 1892.[35] Aunque finalmente Adams invirtió alrededor de 100.000 dólares en el trabajo de Tesla, lo más probable es que se viese a sí mismo no como un inversor, sino como un promotor, alguien que hace su fortuna combinando la tecnología de Tesla con el dinero de otra gente en una empresa atractiva.[36] En esto consistía la carrera de Adams en Wall Street: era un maestro reorganizando compañías de ferrocarril y otras, de modo que la gente invirtiese en ellas.

Juntos, Tesla y Adams esperaron a que los inversores se les uniesen en Nikola Tesla Company, pero nadie aceptaba su oferta. ¿Por qué no había compradores para los inventos de Tesla hacia 1895?

En gran medida, Tesla estaba bloqueado por las condiciones del mundo de los negocios. En los cinco años siguientes al pánico de 1893, la economía americana estaba en recesión. Durante la mitad de la última década del siglo XIX, ni los fabricantes eléctricos existentes ni las compañías de servicios eran especialmente rentables.[37] Si las compañías que usaban los sistemas de luz incandescente de CC de Edison o el equipamiento energético de CA de Westinghouse no estaban ganando dinero, ¿por qué deberían los inversores correr el riesgo con la tecnología de siguiente generación de CA de alta frecuencia de Tesla?

Mientras parte del problema era la recesión, otra parte del problema era el propio Tesla. Tras lanzar Nikola Tesla Company con el propósito de vender o dar licencias de sus inventos, el paso siguiente era mostrar que estos inventos podían convertirse fácilmente en productos comercialmente viables. En esta fase, comúnmente llamada «desarrollo», el inventor tenía que saber cuándo pasar de generar un montón de diseños alternativos a centrarse en perfeccionar la versión más prometedora. En otras palabras, el inventor necesitaba cambiar de pensamiento divergente a pensamiento convergente.[38] Tanto para genios como para meros mortales, el pensamiento divergente resulta mucho más divertido que el pensamiento convergente; se disfruta mucho más soñando con nuevas alternativas que haciendo frente a las dificultades asociadas con hacer un dispositivo práctico, eficiente y rentable.

Tesla, sospecho, tenía un auténtico problema a la hora de hacer el cambio de pensamiento divergente a convergente. «Una facultad notable de la mente de Tesla es su intuición arrolladora», observó un periodista. «Le empiezas a hacer un pregunta o propuesta y antes de que la hayas medio formulado, ha sugerido seis modos de enfrentarse a ella y diez de esquivarla.»[39] A mitad de la década de los noventa del siglo XIX, Tesla parecía haber pospuesto su trabajo esencial de desarrollo. En sus conferencias, nunca estaba satisfecho con demostrar unas cuantas de las versiones más prometedoras de sus bombillas; se sentía en la obligación de mostrar una docena de variaciones. Además, cada pocos meses, Tesla permitía a los periodistas visitar su laboratorio, de modo que pudiesen escribir sobre su último descubrimiento. Era muy probable que Tesla hubiese pensado que la pura diversidad reflejaría el poder de su genialidad, pero lo cierto es que envió el mensaje equivocado a los inversores. Si iban a arriesgar capital en un inventor y sus patentes, los inversores necesitaban sentirse seguros sobre el inventor dispuesto a centrarse en la creación de productos vendibles.

Los socios de negocios de Tesla también tenían que ver en su fracaso de cambiar de pensamiento divergente a convergente en este momento. En el desarrollo del motor de CA, Tesla había dependido mucho de Peck para que le guiase en cómo patentar, promocionar y finalmente vender su invento. Por desgracia, Peck murió inesperadamente en 1890, justo cuando Tesla estaba empezando su trabajo en CA de alta frecuencia. Aunque el otro socio anterior de Tesla en el mundo de los negocios, Brown, estaba involucrado en Nikola Tesla Company, no parece haber tenido ninguna contribución importante en el desarrollo de los últimos inventos de Tesla. Tanto Adams como Rankine eran sin duda hombres de negocios astutos, pero estaban extremadamente ocupados y su experiencia era en finanzas, no en estrategia de patentes o ingeniería. Por tanto, no había nadie que pudiese ayudar a Tesla a centrar su trabajo en unos pocos diseños seleccionados y promocionar estos con fuerza ante inversores y emprendedores.

DE ILUMINACIÓN INALÁMBRICA A ENERGÍA RESONANTE

En respuesta al escaso interés de los inversores en su sistema de iluminación inalámbrico y su oscilador, Tesla empezó a repensar qué podría hacer con la CA de alta frecuencia. Y más que concentrarse en desarrollar un aspecto concreto, decidió expandir el alcance de sus esfuerzos: iría de iluminar unas pocas habitaciones a, ambiciosamente, dar energía a la tierra.

Aunque los visitantes estaban atónitos con sus demostraciones increíbles con las bombillas fosforescentes y el transformador oscilante, Tesla empezó a pensar que este aparato no representaba el camino a seguir. Aquí las ilusiones (los efectos especiales) estaban distrayendo a la gente de comprender del todo la idea que estaba evolucionando en la mente de Tesla. «No podían comprender estas manifestaciones de energía y verlo como una transmisión de energía genuina», explicó Tesla. «Les dije que estos fenómenos eran maravillosos, pero que un sistema de transmisión, basado en el mismo principio, era absolutamente inútil. Era transmisión por ondas electromagnéticas. La solución recaía en una dirección diferente.»[40]

Los problemas prácticos motivaron que Tesla rechazase la idea de transmitir energía eléctrica usando ondas electromagnéticas a través del éter o la atmósfera. Mientras construía aparatos de resonancia en su laboratorio, se frustró por el reto de sintonizar el transmisor y receptor exactamente a la misma frecuencia. «Sería tedioso —observó Martin— preocuparse por la dificultad experimentada con frecuencia en establecer la relación de "resonancia" y por la inmediatez con la cual puede ser alterada ... Esta coordinación se logra con destreza al variar alguno de los dos elementos que gobiernan principalmente la rapidez de vibración, concretamente, la llamada "capacidad" y la "autoinducción" (de los circuitos transmisores y receptores) ... En ajustes muy exactos, cambios pequeños alterarán completamente el equilibrio, y, por ejemplo, el último hilillo del fino alambre en la bobina de inducción que da la autoinducción romperá el encanto.» Aunque Tesla «podía coger alambre, enrollarlo y decir cómo sería la vibración sin ninguna prueba», la dificultad de armonizar los dos circuitos para que respondan a la misma frecuencia sugería a Tesla que no sería fácil convertir su equipo de demostraciones del laboratorio en un sistema comercial real.[41]

Pero desde un punto de vista teórico, Tesla empezó a dudar del valor de las ondas electromagnéticas pasando a través del éter o de la atmósfera. Observaba más de cerca los experimentos en los cuales su transmisor estaba conectado a una antena y a tierra (véase el capítulo 10). En su mente, pasaban dos cosas cuando la energía vibratoria fluía a través de su transmisor: las ondas electromagnéticas se expandían partiendo de la antena y una corriente pasaba a la tierra. Como Maxwell había argumentado, las nuevas ondas electromagnéticas y las ondas de luz eran lo mismo y, por tanto, como la luz, estas ondas se propagaban en líneas rectas. Pero esto significaba que las ondas viajaban en el espacio en todas las direcciones y se alejaban del receptor. «Esa energía que sale en forma de rayos —indicó Tesla— es ... irrecuperable, perdida sin esperanza. Puedes hacer funcionar un pequeño instrumento [receptor], que recoja la billonésima parte de ella, pero excepto esto, todo lo que va al espacio, nunca vuelve.»[42] Debido a que se perdía mucha energía con las ondas electromagnéticas, para Tesla no tenía mucho sentido investigarlas. (Lo que Tesla no sabía en ese momento era que las ondas electromagnéticas se propagan a través de la atmósfera terrestre haciendo rebotar una capa de partículas cargadas en la ionosfera, conocida como la «capa Kennelly-Heaviside». Esta capa se predijo en 1902 y se detectó en 1924.)

En lugar de preocuparse por las ondas electromagnéticas, Tesla decidió centrarse en la corriente de tierra producida por el transmisor. Después de todo, el *flash* de conocimiento de Tesla durante la tormenta en Serbia en 1892 había sido intentar aprovechar las fuerzas eléctricas en la tierra. ¿Por qué no, se preguntaba Tesla, hacer al transmisor que envíe ondas de corriente a través de la tierra a un receptor y luego usar las ondas electromagnéticas en la atmósfera para el circuito de retorno? (véase la imagen 11.3). Usando la corriente por tierra de este modo, Tesla creía que se podría enviar más energía del transmisor al receptor.

Al tomar esta decisión, vemos a Tesla pensando como un inconformista, ya que los otros primeros pioneros «inalámbricos» (Hertz, Lodge y Marconi) se centraron en transmitir ondas electromagnéticas a través del aire. Cuando, en una ocasión, estos pioneros hicieron toma de tierra en su equipo, no pensaron mucho qué podría hacerse con la corriente por tierra.[43] Al igual que Tesla había inventado su revolucionario motor de CA invirtiendo la práctica estándar, ahora con la transmisión inalámbrica de energía, pensaba ir más allá invirtiendo los papeles desempeñados por las ondas electromagnéticas y la corriente por tierra en su aparato de alta frecuencia. Al igual que en el motor de CA había decidido tener el cambio de campo magnético en el rotor en vez de en el estátor, ahora decidía que la corriente por tierra debería transmitir energía y las ondas electromagnéticas deberían simplemente servir como la respuesta necesaria para completar el circuito.

Por supuesto, en muchas aplicaciones modernas de radio, como FM o las comunicaciones con aviones, los circuitos transmisor y receptor no necesitan la toma a tierra. Al insistir en un circuito completo por tierra y volviendo a través de la atmósfera, Tesla mostraba que su pensamiento estaba basado más en prácticas del siglo XIX en energía e ingeniería telegráfica (que enfatizan en circuitos completos) y no en la teoría electromagnética que estaba siendo desarrollada por los maxwellianos (véase el capítulo 6) y que es ampliamente aceptada en la actualidad. Pensar como un inconformista tiene sus ventajas y sus desventajas.

Tras decidir maximizar la corriente por tierra y minimizar la radiación de ondas electromagnéticas en su aparato, Tesla ahora ajustaba los elementos básicos en sus circuitos, la capacidad eléctrica de los condensadores y la inductancia producida por las bobinas. Para conseguir una corriente por tierra mayor y energía mínima en ondas electromagnéticas, Tesla averiguó que lo mejor era usar una inductancia muy grande y una capacidad eléctrica muy pequeña en su circuito transmisor.[44]

En su primer experimento con corrientes por tierra, Tesla usó una bobina alta con forma de cono alimentada por una corriente de alta frecuencia a partir de un alternador y una serie de condensadores. Mientras un extremo de la bobina tenía la toma a tierra, el otro se quedaba libre en el espacio. Cuando la electricidad se activaba, maravillosos «efluvios morados de electricidad surgían de la tierra y eran puestos en el aire que había en el ambiente».[45]

Pero ¿qué provocaba este flujo de hilillos eléctricos? Para Tesla, eran la evidencia de que estaba aprovechando la energía eléctrica de la

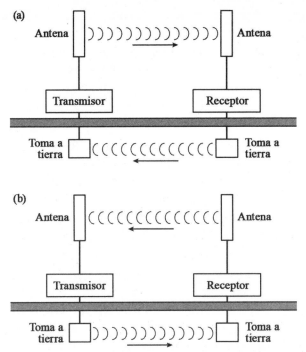

Imagen 11.3. Visión de Tesla de la transmisión inalámbrica de energía contrastada con sus contemporáneos en la última década del siglo XIX. El diagrama (*a*) representa cómo los primeros investigadores (como Marconi) pensaban que funcionaba la comunicación inalámbrica. Asumían que el transmisor generaría ondas electromagnéticas que se enviarían a través del aire al receptor. El circuito se completaría porque ambos, receptor y transmisor, tenían toma a tierra, y una corriente de vuelta viajaría desde el receptor al transmisor. El diagrama (*b*) muestra la visión de Tesla, en la cual el transmisor envía una corriente oscilatoria a través de la corteza terrestre al receptor. El circuito lo completan luego las ondas electromagnéticas fluyendo a través de la atmósfera del receptor al transmisor. Como veremos en el capítulo 12, más tarde Tesla decidió que el circuito del receptor al transmisor se completaba asumiendo que una corriente eléctrica podía conducirse a través de las capas altas de la atmósfera.

tierra. Si este era el caso, entonces más que simplemente enviar una corriente de un punto a otro en la superficie terrestre, ¿podría ser posible transmitir energía usando resonancia? Al provocar repetidamente oscilaciones eléctricas en tierra a la frecuencia de resonancia terrestre, Tesla pensaba que quizás fuese capaz de emitir energía por todo el planeta. Según Martin, Tesla explicó su gran visión usando una vívida metáfora: «Con esta bobina [Tesla] en realidad hace lo que uno estaría haciendo con una bomba metiendo aire en un balón de fútbol. En cada golpe alterno, el balón se expandiría y contraería. Pero es evidente que ese balón, si está lleno de aire, vibraría a su propio ritmo, cuando de repente se expandiese y contrajese. Ahora, si los golpes de la bomba están tan cronometrados que están en armonía con las vibraciones individuales del balón, se obtendrá una vibración intensa o una explosión».[46] Tesla hizo realidad la idea de un «detonante sensible» que había tenido durante la tormenta: una pequeña fuerza que, aplicada del modo adecuado, podría usarse para aprovechar las tremendas fuerzas de la tierra. Tesla creía que no necesitaría bombear cantidades enormes de energía eléctrica a la tierra; solo se necesitaría una pequeña cantidad, a la frecuencia correcta, para servir de detonante, y la resonancia haría el resto. Con toda la tierra latiendo como su metafórico balón, Tesla estaba seguro de que podía aniquilar distancias y enviar energía y mensajes por todo el mundo.

Para Tesla, era un momento sublime ver los filamentos púrpura saliendo de su bobina, combinando la satisfacción intelectual con la oportunidad de cambiar la existencia humana. «Uno puede imaginar el placer que siente el investigado [es decir, Tesla] cuando es premiado de este modo por un fenómeno único», escribió Martin.

> Tras buscar, trabajando duro y con paciencia durante dos o tres años un resultado calculado por adelantado, es compensado siendo capaz de ser testigo de una de las muestras más magníficas de filamentos intensos y descargas de luz apareciendo en la punta del alambre con el estruendo de un pozo de gas. Además de su profunda importancia científica y su embeleso asombroso como espectáculo, esos efectos señalan a muchas materializaciones nuevas hechas para el mayor bienestar de la raza humana. La transmisión de energía e inteligencia no es sino una cosa: la modificación de las condiciones climáticas, que podrían ser otras. Acaso hagamos de esta manera «una llamada» a Marte algún día; la carga eléctrica de ambos planetas siendo utilizada en señales.[47]

─── 12 ───

Búsqueda de alternativas (1895-1898)

A medida que el personaje público de Tesla crecía durante la última década del siglo xix, también lo hacía su círculo social. Además de T. Commerford Martin y los Johnson, podía ahora contar con Mark Twain y Joseph Jefferson como amigos, y otra nueva adquisición era el arquitecto Stanford White. El hijo de un catedrático de Shakespeare, White estudió arquitectura bajo la tutela de Henry H. Richardson. En 1879, se unió a Charles Follen McKim y William Rutherford Mead para formar la que se convirtió en una de las firmas más famosas en la historia de la arquitectura americana. Basándose en el movimiento Beaux Arts, McKim, Mead y White diseñaron muchos de los edificios públicos más importantes de su época. Las obras maestras propias de White incluyen el arco de Washington Square, el segundo Madison Square Garden, la biblioteca pública de Boston y la restauración de The Rotunda en la Universidad de Virginia. White diseñó casas para muchos ricos que incluían no solo sus «casitas de campo» en Newport (Rhode Island), sino también mansiones en la Quinta Avenida de los Vanderbilt y los Astor.[1]

Otro de los proyectos de White era la central eléctrica principal en Niágara y, por ello, es probable que Edward Dean Adams presentase White a Tesla. El arquitecto y el inventor se hicieron buenos amigos, y en 1894 White invitó a Tesla a unirse a su club, The Players, en Gramercy Park. Fundado por el actor Edwin Booth en 1888, The Players combinaba gente de las artes (actores, escritores, escultores, arquitectos y pintores) con banqueros, abogados y hombres de negocios. Al tener a artistas relacionándose con miembros del mundo de los negocios, Booth esperaba mejorar la situación de las artes en la sociedad de Nueva York. Cuando White se trasladó a una casa en Gramercy Park en 1892, The Players se convirtió en su club favorito y por tanto no es sorprendente que White preguntase a Tesla si quería unirse: «¿No me permitiría que le proponga como miembro? Es un club que no es caro y creo que le gustará el carácter de los hombres, y sé que me proporcionará una gran satisfacción encontrarlo allí de vez en cuando». Tesla aceptó de inmediato y White lo nominó, diciendo al club que «Nikola Tesla es uno de los mayores genios y de los hombres más destacados que han tenido que ver con la electricidad».[2]

The Players se convirtió para Tesla en un sitio que frecuentaba de modo regular, por el que pasaba a ver a Mark Twain, que era miembro, así como a Joseph Jefferson, que sucedió a Booth como presidente del club. Tesla también continuó viéndose con White. Por ejemplo, en febrero de 1895 White le invitó «a una pequeña cena para el artista Ned Abbey, en mi habitación en la Torre». Unas cuantas semanas más tarde, Tesla le devolvió la invitación haciendo una demostración en su laboratorio de la Quinta Avenida sur para White, su esposa y su hijo Lawrence.[3]

Al visitar el laboratorio de Tesla, White habría visto que el Mago estaba comprometido con cuatro líneas principales de investigación. Una era su oscilador (es decir, la combinación de la máquina de vapor y el generador eléctrico), que Tesla consideraba «como una máquina prácticamente perfeccionada, pero que, por supuesto, sugería muchas líneas nuevas de pensamiento cada día». Una segunda era su nuevo sistema de iluminación inalámbrico, mientras una tercera «era la transmisión inalambrica de inteligencia a cualquier distancia. Una cuarta, que es un problema siempre presente para todo ingeniero eléctrico, aborda el tema de la naturaleza de la electricidad».[4]

Pero al trabajar en cuatro líneas de investigación a la vez, Tesla estaba agotado, y durante su visita en marzo de 1895 White habría visto a un inventor estresado. En una entrevista a Tesla más o menos en la misma época, un periodista le describió de la siguiente manera: «Estaba un poco impresionado la primera vez que vi a Nikola Tesla, ya que apareció ante mí de repente ... se hundió en una silla aparentemente en un estado de abatimiento absoluto. Alto, serio, flaco y musculoso, su aspecto era de verdadero eslavo, con ojos azules claros y una boca pequeña y expresiva bordeada por un bigote de aspecto juvenil; no aparentaba sus treinta y siete años, parecía más joven. Pero lo que captó mi atención sobre todo en ese momento era su apariencia pálida, demacrada y ojerosa en la cara. Al observarlo con más cuidado claramente leí una historia de sobrecarga de trabajo y de estrés mental tremendo que pronto alcanzaría los límites de la resistencia humana».

Tesla era consciente de que debía descansar pero, como explicó al periodista, no podía dejar de trabajar: «Me gustaría hablar con usted, mi querido señor, dijo, pero no me siento nada bien hoy. Estoy completamente agotado, de hecho, y todavía no puedo dejar de trabajar. Estos experimentos míos son tan importantes, tan bellos, tan fascinantes, que difícilmente me puedo separar de ellos para comer, y cuando intento dormir, pienso en ellos constantemente. Espero continuar hasta que me venga abajo del todo».[5]

En este estado frenético Tesla recibió un terrible golpe emocional. A las 2:30 a.m. del 13 de marzo de 1895, se prendió un fuego en el edificio de su laboratorio. El fuego destruyó el 33-35 de la Quinta sur y Tesla perdió todo. «En una única noche —informó el *New York Herald*— los frutos de diez años de trabajo duro e investigación fueron borrados del mapa. La red de mil cables que bajo sus órdenes vibraban con vida se ha convertido gracias al fuego en una madeja enmarañada. Las máquinas, para cuya perfección dio todo lo mejor de una mente maestra, son ahora objetos sin forma, y los recipientes que contenían los resultados de experimentos pacientes son montones de esquirlas de tarros.» Junto con sus aparatos, Tesla perdió todas sus notas y papeles, ya que acababa de llevarlos al laboratorio para empezar a organizarlos. Tesla estimó que había invertido de 80.000 a 100.000 dólares en el laboratorio y, lamentablemente, no tenía seguro contra incendios.[6]

Tras el desastre, Tesla se deprimió seriamente: «Totalmente descorazonado y con el ánimo destrozado, Nikola Tesla, uno de los más grandes ingenieros eléctricos del mundo, volvió a sus habitaciones en el Gerlach ayer por la mañana y se acostó. No se ha levantado desde entonces. Está ahí tumbado, medio dormido, medio despierto. Completamente postrado».[7] Al saber de su estado mental delicado, los amigos de Tesla temieron por su bienestar. Tras varios días sin tener noticias de Tesla, Katharine Johnson escribió: «Hoy, con la profunda comprensión de este desastre y, en consecuencia, con preocupación creciente por usted, mi querido amigo, soy incluso más pobre en lágrimas, y estas no pueden enviarse en cartas. Por qué no viene a vernos ahora, quizá podamos ayudarle, tenemos tanto que dar como muestra de apoyo...».[8]

Los periódicos retrataron la pérdida de Tesla como de importancia tanto personal como pública. Como Charles A. Dana dijo en *New York Sun*: «La destrucción del taller de Nikola Tesla, con su contenido maravilloso, es algo más que una calamidad privada. Es una desgracia para el mundo entero. No es para nada exagerado decir que los hombres que viven en esta época y que son más importantes para la raza humana que este joven caballero pueden contarse con los dedos de una mano; quizás el pulgar de una mano».[9]

En los días que siguieron al fuego, Tesla volvió a las ruinas y organizó a sus hombres para trabajar salvando cualquier cosa que pudiesen. Con los periodistas, se puso su careta de valiente, pero su corazón no estaba por la labor. Algunas noches después, Tesla pasó por The Players, donde se encontró con la concurrencia habitual de actores, músicos y artistas. «Con rápida y amable simpatía —informó *The New York Times*— [el grupo] inmediatamente organizó un espontáneo "concierto benéfico" para su exclusiva satisfacción, con un grupo de talento que, si el público lo hubiese sabido, habría dado una donación sustancial para su nuevo laboratorio».[10]

Profundamente deprimido, Tesla se sentía bloqueado aunque sabía que tenía que encontrar su propia salida: «He sido abrumado con generosidad y simpatía esta semana, y esta amabilidad me llega a lo más profundo, incluso si no puedo responder a ella», dijo a *Electrical Review*. «Pero debo hallar mi salida a través o por encima de la montaña que de repente se ha plantado frente a mí.»[11]

La salida de Tesla a través de la montaña fue la electroterapia.[12] En sus trabajos iniciales con CA de alta frecuencia, Tesla había notado cómo esas corrientes afectaban al cuerpo y durante sus demostraciones espectaculares podría haber observado cómo las sacudidas alteraban su humor. Además, había una tradición en la medicina popular americana de la mitad del siglo XIX de usar *shocks* eléctricos a partir de una bobina de Ruhmkorff para tratar una variedad de males; el padre de Elihu Thomson, por ejemplo, se sometió a *electroshocks* como tratamiento médico en la década de los sesenta del siglo XIX.[13]

Durante los meses siguientes, Tesla se dio a sí mismo *shocks* de manera regular, probablemente usando una de sus bobinas oscilatorias, para así evitar «hundirse en un estado de melancolía». «Estaba tan triste y desanimado en esa época —dijo más tarde a un periodista— que no creía que pudiese soportarlo, si no fuese por el tratamiento eléctrico regular que me administré a mí mismo. Como ve, la electricidad pone en el cuerpo cansado justo lo que más necesita, fuerza viva, fuerza nerviosa. Es un gran doctor, se lo puedo asegurar, quizás el más grande de todos los doctores.»[14]

Cuando salió de su depresión, Tesla se autoimpuso un horario regular, esperando prevenir una recaída. «Es un hombre de hábitos regulares —observó *New York Sun*—, en lo que difiere de Edison, que trabaja cincuenta o setenta y cinco horas de un tirón, a veces más, cuando tiene entre manos algo que le interesa. Tesla se levanta cada mañana a las 6:30. Realiza un montón de ejercicios de gimnasia y va de uno a otro con regularidad. Se toma un desayuno ligero y luego tarda poco tiempo en ponerse a trabajar. Se toma una hora para su almuerzo a mitad del día y por la tarde está entregado al trabajo duro. Normalmente trabaja hasta las 8 de la tarde, pero con frecuencia se queda hasta la medianoche.»[15]

INVESTIGACIÓN DE LOS RAYOS X

Con su depresión finalmente disminuyendo, Tesla alquiló un laboratorio nuevo en dos plantas, en el número 46 de la parte este de la calle Houston, en julio de 1895. Contrató «un empleado que atiende a las visitas, mantiene alejados a los cascarrabias, lleva un álbum de recortes y vela para que a todo aquel que tenga un negocio real con el inventor se le proporcione la última copia de alguna publicación científica hasta que Tesla esté libre. También tiene una docena o más de mecánicos que le son leales, como los hombres de Edison lo son a él; pero la naturaleza de su trabajo y la magnitud de los problemas que se ha propuesto resolver no les permite prestarle el mismo tipo de asistencia que los hombres del Mago de Menlo Park (es decir, Edison) suministran a su patrono».[16]

Como perdió muchos de sus aparatos en el incendio, Tesla llevaba sus esfuerzos en nuevas direcciones. Mientras sigue promocionando la luz sin cables y el oscilador a inversores potenciales, ahora dedica más esfuerzos en desarrollar sus ideas para la transmisión inalámbrica de energía, así como a dos áreas nuevas: los rayos X y el radiocontrol.

Cuando se da cuenta de que inversores y fabricantes no están interesados en tener licencias o comprar las patentes para su sistema de luz inalámbrico (véase el capítulo 11), Tesla pasa de promocionar un sistema entero a hacer énfasis en algunos componentes. Durante 1895 y 1896, rediseñó su transformador oscilante (que otros ahora llaman «bobina de Tesla») en un dispositivo compacto que pudiese coger energía de circuitos eléctricos existentes y dar el salto a una tensión y una frecuencia altas. Tesla luego usó este transformador oscilante mejorado para alimentar una nueva válvula termoiónica, de la cual afirmaba que daba más luz y era más eficiente que las bombillas incandescentes de Edison o los fanotrones que estaba ofreciendo D. McFarlane Moore. Para demostrar la potencia de su nueva bombilla, Tesla posó para un retrato que, bajo esta nueva fuente de luz, requeriría una exposición de solo dos segundos. Tomado por Tonnele & Company, el retrato muestra a Tesla leyendo los artículos científicos de Maxwell mientras está sentado en una silla que le dio Edward Dean Adams; al fondo había una gran bobina que Tesla utilizaba en sus experimentos de energía inalámbrica.[17]

Aunque estaba trabajando en estos dos componentes, a Tesla también le entusiasmaba su reciente descubrimiento de los rayos X. Su relación con los rayos X empezó con dos oportunidades perdidas. A finales de 1894, Tesla decidió investigar si sus bombillas afectaban a las placas fotográficas del mismo modo que la luz que venía del sol u otras fuentes de iluminación. Para ello, buscó la ayuda de Dickenson Alley, un fotógrafo que trabajaba para Tonnele & Company. Durante varios meses, intentaron una gran variedad de bombillas fosforescentes, tubos de Crookes y válvulas termoiónicas con diferentes tipos de electrodos. Como no era un proyecto importante, Tesla y Alley trabajan en él periódicamente y Alley almacenó placas fotográficas de vidrio de repuesto en una esquina del laboratorio. No obstante, observaron que las placas que no se exponían a la luz tenían «incontables marcas y defectos» que indicaban que de algún modo se habían estropeado. Tesla se preguntó entonces si las placas podrían haberse visto afectadas por rayos catódicos, que eran un chorro de partículas cargadas que pasaban entre los electrodos en algunos de sus tubos de vacío cuando se aplicaba cierto voltaje a través de los electrodos. Tesla acababa de leer informes sobre cómo un estudiante húngaro de Heinrich Hertz, Philipp Lenard, estaba obteniendo resultados interesantes usando tubos con una ventana de aluminio que permitía a los rayos salir del tubo. Sin embargo, antes de que pudiese seguir esta intuición, se produjo el incendio en el laboratorio y la depresión alejó a Tesla del trabajo.[18]

La segunda oportunidad desaprovechada llegó unos pocos meses después. En 1895, Tesla estaba discutiendo estos experimentos fotográficos con Edward Ringwood Hewitt, que era hijo del alcalde de Nueva York Abraham Hewitt y hermano de Peter Cooper Hewitt, que inventaría la lámpara de vapor de mercurio en 1902. Gracias a la investigación de su hermano, Edward estaba familiarizado con los tubos de Crookes y, en el transcurso de la conversación, Tesla y Edward decidieron intentar hacer algunas fotografías usando estos tubos como fuente de luz. Quizás como sabía que Mark Twain había posado para fotografías parecidas (véase la imagen 11.2), Hewitt lo organizó para que Twain fuese al laboratorio. Debido a que la luz que provenía de los tubos de Crookes era débil, Twain tuvo que estar sentado y quieto durante los quince minutos que duró la exposición, con su cabeza apoyada en un reposacabezas; para mantener a Twain entretenido mientras estaba sentado, la señora Hewitt leía para él. Unos pocos días después, Hewitt se pasó para ver cómo había quedado el retrato, y Tesla le informó de que el experimento había fracasado, ya que la placa fotográfica de vidrio se había estropeado.[19]

Hewitt dejó pasar el tema hasta que unos meses más tarde oyó hablar sobre el descubrimiento de los rayos X. Los rayos X eran una forma de radiación electromagnética producida cuando, en un tubo de vacío, un chorro de electrones golpea un objetivo metálico. Situados más allá de la luz ultravioleta en el espectro electromagnético, fueron descubiertos por el físico alemán Wilhelm Conrad Roentgen. Como Lenard, Roentgen estaba investigando los rayos catódicos cuando, en noviembre de 1895, se sorprendió al averiguar que una pantalla de platino cianuro de bario se hacía fluorescente en presencia de un tubo de Crookes contenido en un escudo de cartón a prueba de luz. Roentgen dedujo que la fluorescencia estaba provocada por una radiación invisible, que llamó X Strahlen, o rayos X, para indicar que no conocía su naturaleza. Al explorar este nuevo fenómeno, averiguó que varios materiales eran transparentes a los rayos, pero que las placas fotográficas eran sensibles a ellos. Roentgen combinó estas dos observaciones para hacer una radiografía de los huesos en la mano de su esposa. Roentgen anunció su descubrimiento en una reunión de la Sociedad Físico-Médica de Wurzburg en diciembre, y las noticias de los rayos X de Roentgen se extendieron rápidamente. El 6 de enero de 1896, el *New York Sun* informó de que Roentgen había descubierto «la luz que nunca fue», que podía fotografiar cosas escondidas como los huesos dentro de un cuerpo.[20]

Tras leer sobre el descubrimiento de Roentgen, Hewitt corrió al laboratorio de Tesla y le suplicó ver la placa fotográfica que había hecho unos meses antes. Como contaba Hewitt:

> [Tesla] la sacó del cuarto oscuro y la puso a la luz. Ahí vi la imagen del círculo de unas lentes, con el tornillo de fijación a un lado, también manchas redondas, que representaban los tornillos para madera de metal en frente de la cámara de madera.
>
> Tesla le echó un vistazo. Luego tiró la placa al suelo, rompiéndola en mil pedazos y exclamando: «¡Maldito tonto! No lo vi».[21]

Lo que Tesla y Hewitt se habían perdido era que el tubo de Geissler había producido no solo luz visible, sino también radiación invisible, rayos X, que había estropeado la placa antes de que la tapa se sacase de la lente y empezase la exposición. Mark Twain había estado sentado inmóvil para nada y Tesla había perdido la oportunidad de hacer un descubrimiento científico importante. «Demasiado tarde —se lamentaba Tesla— me di cuenta de que el espíritu que me guiaba me había avisado una vez más y yo había fracasado en comprender sus señales misteriosas.»[22]

Enfadado por no haber sido el primero en observar los rayos X, Tesla buscó remediar su pérdida de tiempo. Como dijo al *New York Times* unas cuantas semanas después, empezó sus experimentos «en la media hora siguiente a que las noticias del descubrimiento del profesor Roentgen fuesen telegrafiadas a este país». Al igual que había hecho cuando había sabido de los experimentos de Hertz con las ondas electromagnéticas, Tesla ahora repitió los experimentos de Roentgen. Rápidamente observó que otros investigadores estaban limitados en sus resultados al usar solo bobinas de Ruhmkorff de baja potencia o generadores electrostáticos para alimentar sus tubos. Tesla empezó alimentando sus tubos usando su nuevo transformador oscilante compacto. Aprovechándose de los voltajes y frecuencias más altas generadas por este dispositivo, Tesla fue capaz de producir rayos X más potentes que los que podían conseguir muchos de sus contemporáneos. «Estoy produciendo sombras a una distancia de 40 pies. Repito, 40 pies e incluso más», informó Tesla en marzo de 1896.[23] Durante los meses siguientes, Tesla mantuvo ocupado a su soplador de vidrio, ya que experimentó con docenas de tubos diferentes, y se escribió con Hewitt sobre los modos de probarlos.[24]

Con su poderoso aparato, Tesla se concentró en hacer las mejores imágenes posibles, que llamó «sombragrafías», de partes del cuerpo humano. Una de sus sombragrafías era del hombro derecho de un hombre, y en ella se mostraban las costillas, los huesos del hombro y los huesos de la parte superior del brazo. Otra imagen era una fotografía de un pie con un zapato puesto, y «cada doblez del cuero, pantalones, calcetines, etc., es visible, mientras que la carne y los huesos destacan de manera pronunciada». Sin duda consciente de que Edison había visto solo «oscuridad curvilínea» cuando expuso a los rayos X el cerebro para el *New York Journal* de William Randolph Hearst, Tesla obtuvo el contorno de su cráneo exponiendo su propia cabeza entre veinte y cuarenta minutos. Durante la exposición, Tesla indicó: «... hay una tendencia a dormirse y el tiempo parece pasar rápidamente.

Hay un efecto relajante general, y he tenido la sensación de calor en la parte superior de la cabeza».[25]

Como otros investigadores, al principio Tesla consideró los rayos X como benignos. Sin embargo, tanto él como sus asistentes pronto experimentaron vista cansada, dolores de cabeza y quemaduras en la piel de sus manos. Tesla atribuyó estos daños al ozono producido cuando sometían los tubos a una tensión alta, pero acabó dándose cuenta de que los propios rayos estaban provocando el daño. Tesla se disgustó particularmente cuando «un querido y ferviente asistente» sufrió quemaduras severas en su abdomen tras estar expuesto durante cinco minutos a un tubo de rayos X situado a once pulgadas de su cuerpo. «Afortunadamente —informó Tesla—, baños calientes frecuentes, aplicación generosa de vaselina, limpieza y cuidados corporales generales pronto repararon los estragos del agente destructivo, y yo respiré tranquilo de nuevo.» No obstante, en sus artículos posteriores sobre rayos X, recomendaba usar un escudo de aluminio con toma de tierra alrededor del tubo de rayos X, que la gente evitase acercarse mucho al tubo y que los tiempos de exposición fuesen limitados.[26]

Durante 1896, Tesla produjo una oleada constante de informes sobre su investigación en rayos X, no para el *Electrical Engineer* de su amigo Martin, sino para el rival *Electrical Review*.[27] Sin embargo, el interés de Tesla en los rayos X pronto decreció. Inicialmente empezó a trabajar sobre este asunto porque, basándose en la habilidad que había adquirido al manipular los tubos de Crookes, creía que o bien haría un descubrimiento científico más profundo o bien desarrollaría rápidamente un nuevo producto. Para asegurarse, insistió en que su transformador oscilante compacto era ideal para proporcionar energía a los tubos de rayos X, pero no consiguió un tubo de rayos X viable desde el punto de vista comercial. En su lugar, las firmas que eran capaces de desarrollar productos de rayos X, ya fuesen fuentes de energía o tubos, eran aquellas que como General Electric tenían experiencia en la fabricación de lámparas incandescentes o fabricantes de instrumentos científicos pequeños que tenía una red de distribución que llegaba a científicos y doctores en medicina.[28] Por tanto, Tesla probablemente dejó la investigación en rayos X cuando tuvo claro que no podía competir con las compañías que se estaban moviendo en este campo nuevo.

También sospecho que Tesla dejó de experimentar con rayos X porque no eran un avance en los intereses que había desarrollado sobre la transmisión inalámbrica. Probablemente se fijó en los rayos X para ver si podían ser útiles para la transmisión de energía en los modos que había empezado a pensar antes del incendio (véase el capítulo 11), y pasó a temas nuevos cuando estos experimentos no contribuyeron con algo nuevo.

CREACIÓN DE BOTES RADIOCONTROLADOS

Aunque los rayos X no contribuyeron a sus ideas sobre la energía sin cables, Tesla estaba ya trabajando en un nuevo proyecto que sí lo hizo: el desarrollo radiocontrolado de autómatas. Aunque podríamos referirnos a estos dispositivos como robots (un término que el escritor checo Karel Čapek introdujo en 1920), Tesla acuñó su propia palabra para este nuevo campo: teleautomáticos.[29]

Los intereses de Tesla en los autómatas se remontan a su infancia. De niño, sufría pesadillas que venció desarrollando su autodisciplina. Convencido del hecho de que las visiones aterradoras con frecuencia eran el resultado de algunos estímulos externos que podía identificar, Tesla concluyó que todos los pensamientos y emociones eran el resultado de factores externos y que el organismo humano no era más que una «máquina autopropulsada, cuyos movimientos están gobernados por las impresiones recibidas a través del ojo». Sus esfuerzos por comprender y controlar sus intensas visiones, como explicó en su autobiografía, «me llevaron finalmente a reconocer que no era sino un autómata desprovisto de libre voluntad en pensamiento y acción y simplemente respondo ante las fuerzas del entorno».[30] Pero si él era simplemente un autómata, se preguntó Tesla, ¿por qué no construir uno?

«La idea de construir un autómata para respaldar mi teoría se me presentó al inicio», recordaba Tesla. Pero no la consideró en serio hasta que había empezado a perfeccionar sus inventos inalámbricos y se dio cuenta de que sus receptores podían servir como sustitutos del ojo u otros órganos sensoriales. Como explicó en 1898: «El intentar construir un modelo mecánico pareciéndose, en sus rasgos materiales y esencia, al

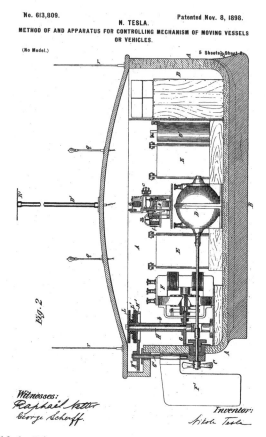

Imagen 12.1. Diagrama que muestra el interior del primer bote radiocontrolado de Tesla en 1898.

El bote recibía señales vía la antena (E') que se entregaban al cohesor (c) justo debajo de la antena. Luego las señales eran procesadas por el mecanismo de disco en la popa, marcado con (L). Dependiendo del número de veces que las señales se interrumpían, el disco (L) avanzaba un cierto número de «clicks» que a su vez regulaban la corriente que llegaba al motor (F) que controlaba el timón (F'). El bote era impulsado por otro motor (D) y la corriente a los motores era proporcionada por acumuladores (E). Los reflectores de señales están marcados por q y el espacio marcado por B era donde se podía transportar una carga de explosivos.

De NT «Method of and Apparatus for Controlling Mechanism of Moving Vessels or Vehicles», patente de EE. UU. 613.809 (presentada el 1 de julio de 1898, concedida el 8 de noviembre de 1898), figura 2.

cuerpo humano, me llevó a combinar un dispositivo de control o órgano sensible a ciertas ondas con un cuerpo provisto con mecanismos propulsores y de dirección, y el resto siguió de manera natural».[31]

En 1892 Tesla empezó a trabajar en un artilugio controlado de manera remota, el cual, como sus bombillas inalámbricas, estaba controlado por inducción eléctrica. Estos inventos iniciales los destruyó el incendio en su laboratorio y, tras el traslado a la calle Houston, diseñó algunos nuevos prototipos con los que fuese capaz de hacer «demostraciones más llamativas, en muchos casos realmente transmitiendo toda fuerza motriz a los dispositivos en lugar de simplemente controlar esta desde cierta distancia». Por desgracia, no se conservan descripciones de estos primeros prototipos.[32]

En 1897, Tesla empezó construyendo un modelo de prueba con la ayuda de uno de sus asistentes, Raphael Netter. Mientras anticipaba que su mecanismo de control podía usarse en cualquier tipo de vehículo o máquina voladora, él escogió construir el modelo en forma de bote como respuesta a la carrera armamentística naval que por aquel entonces estaba en marcha.[33] En 1889, la potencia naval dominante, Gran Bretaña, había decidido construir una nueva flota de barcos de guerra superiores a las flotas combinadas de sus rivales, Francia y Rusia. Como estas tres potencias competían en la construcción de nuevos barcos, Estados Unidos, Alemania, España y Japón las imitaron para protegerse.[34] Alimentados por nuevas máquinas de vapor de triple expansión y protegidos por un blindaje de acero endurecido, esta nueva generación de barcos de guerra llevaba baterías de cañones de doce pulgadas en torretas apoyados con baterías adicionales de cañones más pequeños. Rápidos, bien protegidos y repletos de armas, estos nuevos barcos de guerra parecían invencibles.[35]

Para atacar estos nuevos barcos, Tesla diseñó un bote no tripulado que podía llevar una carga de explosivos y ser dirigido con señales electromagnéticas (imágenes 12.1 y 12.2). Un visitante al laboratorio de Houston ofreció la siguiente descripción del bote y de cómo Tesla lo mostraba:

Colocado sobre unas maderas en una mesa en el centro del laboratorio, un modelo de una embarcación propulsada por tornillos, de cuatro pies de largo y en cierto modo desproporcionadamente ancha y profunda. Tesla explicó que era simplemente un modelo operativo que había hecho para mostrar al presidente McKinley y que no se había hecho ningún intento de seguir las líneas afiladas habituales de un bote torpedo. La cubierta era ligeramente arqueada y coronada por tres esbeltos estandartes, el central era considerablemente más alto que los otros dos, los cuales llevaban pequeñas bombillas incandescentes y una tercera bombilla estaba fijada en proa.

La quilla consistía en una enorme placa de cobre, la hélice y el timón estaban en sus posiciones habituales. Tesla explicó que el bote contenía la maquinaria propulsora, que consistía en un motor eléctrico impulsado por un acumulador en el compartimento de carga, otro motor para impulsar el timón y el delicado mecanismo que realizaba la función de receptor a través del estandarte central, los impulsos eléctricos se enviaban a la atmósfera desde estaciones de operaciones distantes, las cuales establecían el movimiento del motor impulsor y el de manejo; a través de ellos se iluminaban o apagaban las bombillas eléctricas y se prendía fuego a la carga de explosivos en la cámara de proa como respuesta a las señales enviadas por el operador.

«Ahora observen», decía el inventor, y se acercaba a una mesa en el otro lado de la habitación en la cual había una pequeño tablero, de alrededor cinco pulgadas cuadradas, con interruptores. Hizo un giro agudo sobre una palanca. Instantáneamente el pequeño propulsor de bronce empezó a dar vueltas a una velocidad frenética. «Ahora enviaré el bote a estribor», dijo y otro rápido movimiento de la palanca provocó en el timón un giro cerrado, y otro movimiento lo volvió a girar en el otro sentido rápidamente. Con otra señal, el tornillo propulsor paró y retrocedió.[36]

Para controlar su bote, Tesla hacía que el transmisor generase una onda electromagnética continua en una frecuencia, que el bote detectaba usando un cohesor que había sido inventado en 1890 por el físico francés Édouard Branly y luego mejorado por Oliver Lodge. En el transmisor, Tesla podía rotar la palanca, tocando uno de los cuatro contactos; al hacerlo, interrumpiría la señal que se estaba enviando al bote. Dentro del bote, estas interrupciones provocaban que un disco especial rotase e interaccionase con diferentes contactos en la superficie del disco; de este modo activaba el timón y el motor para la propulsión (imagen 12.1). Por ejemplo, rotando la palanca del transmisor a un primer

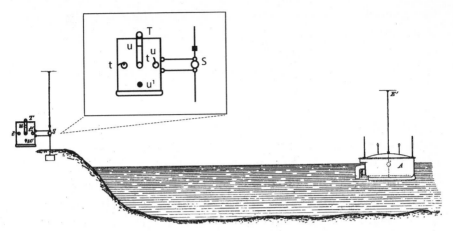

Imagen 12.2. Diagrama que muestra el bote radiocontrolado de Tesla y el transmisor.
S es un generador que produce ondas electromagnéticas continuas y está conectado a una antena. A su izquierda está la caja de control con una palanca (*T*). Esta palanca puede rotarse en una dirección, haciendo contacto con los contactos *u*, *t'*, *u'* y *t*.
De NT, «Method of and Apparatus for Controlling Mechanism of Moving Vessels or Vehicles», patente de EE. UU. 613.809 (presentada el 1 de julio de 1898, concedida el 8 de noviembre de 1898), figura 9.

contacto podría provocar que el timón girase a la derecha; moviéndola al siguiente contacto pararía el timón e iniciaría el propulsor, y cambiando la palanca al tercer contacto giraría el propulsor a la izquierda. Debido a que los contactos que controlaban el timón y el propulsor estaban colocados en una secuencia específica en el disco, Tesla no podía seleccionar una función y ejecutarla directamente; en su lugar, tenía que mover la palanca de un contacto a otro en orden para conseguir que el bote hiciese lo que quería. Por tanto, en el sentido técnico moderno, el primer bote de Tesla no era «de control remoto» sino «radiocontrolado», ya que el primer término describe situaciones en las cuales se envían diferentes señales para ejecutar diferentes funciones.[37]

A pesar de esta distinción, el bote radiocontrolado de Tesla era un logro destacable. Esquivando la limitación de enviar señales en una sola frecuencia, Tesla elaboró una solución electromecánica ingenio-sa. El mecanismo encontrado en este invento está entre los dispositi-vos más sofisticados que Tesla creó en su carrera. Hasta 1897 nadie había concebido el uso de ondas electromagnéticas para hacer funcio-nar un vehículo no tripulado. Tesla introdujo la idea en la cultura popu-lar y la práctica de ingeniería.[38]

La inspiración de Tesla para esta solución vino del telégrafo. A fina-les del siglo xix, el telégrafo se usaba no solo para enviar telegramas entre ciudades, sino también para solicitar chicos para recados, a la poli-cía o al departamento de bomberos usando lo que se llamaba un «telégra-fo del distrito». Buscando un mecanismo fiable para su bote, Tesla recu-rrió al sistema de circuitos usado normalmente en las cabinas del distrito:

Cómo dicho mecanismo, aparentemente complicado, puede hacerse funcionar y controlarse a una distancia de millas no es un misterio. Es tan simple como la cabina de mensajeros que se encuentra en casi cualquier oficina. Esto es una pequeña caja de metal con una palanca en su exterior. Al mover la manivela a cierto punto se produce un sonido vibrante, esta recupera su posición y su zumbido momentáneo llama a un mensajero. Pero mueve la misma manivela un tercio más allá en el disco y el zumbi-do será más largo y en breve aparecerá la policía, convocada por su lla-mada misteriosa. De nuevo, mueve la manivela esta vez lo más al límite que puedas del círculo y apenas ha sonado su más prolongado canturreo de retroceso cuando el aparato antiincendios de la ciudad corre a tu casa con su llamada.

Mi dispositivo de control del movimiento de un bote submarino dis-tante es exactamente similar. Solo que no necesito cables entre mi centra-lita y el bote submarino distante, ya que hago uso del principio ahora conocido de la telegrafía sin hilos.[39]

Seguro de que tenía un gran invento en sus manos, Tesla empezó a ha-cer un borrador de una solicitud de patente en 1897 para su bote radio-controlado. Al mismo tiempo, estaba encantado haciendo demostracio-nes con el bote en su laboratorio «a los visitantes que nunca cesan de maravillarse en sus actuaciones». Según una fuente, estos visitantes incluían a J. P. Morgan, William K. Vanderbilt, John Hays Hammond Sr. y Charles Cheever. Estas demostraciones privadas animaron a un visitante, el exitoso ingeniero de minas John Hays Hammond, a invertir 10.000 dólares en el proyecto.[40]

Mientras Tesla estaba trabajando en su bote de radiocontrol, Estados Unidos declaró la guerra a España en abril de 1898, y en consecuencia había mucha agitación sobre las nuevas armas para atacar los barcos de guerra. Entusiasmado por explotar la histeria de tiempos de guerra, otro emprendedor en el campo de la radio, W. J. Clarke, de United States Electrical Supply Company, organizó una demostración del equipo de su compañía en la Exposición Eléctrica que estaba teniendo lugar en Madison Square Garden en mayo. Su demostración mostró una mina submarina radiocontrolada que podía hacer explotar un barco. «Tocando un instrumento situado en la galería sur [de la exhibición] —informó el *New York Times*— un crucero español en miniatura anclado en el lago de la fuente en la planta baja, a 90 pies de distancia, saltaba por los aires, junto con una considerable cantidad de agua, que caía sobre los que no eran lo suficientemente rápidos en apartarse.» Esta espectacular demostración se hizo popular y Clarke pronto la estaba repitiendo cuatro veces al día.[41]

Mientras seguía la guerra con España, Tesla acabó y registró su solicitud de patente para el bote en julio de 1898. Incluso aunque había empezado a desarrollar sistemas de circuitos más avanzados usando «la acción conjunta de varios circuitos» (discutido más adelante en este capítulo), el abogado de Tesla, Parker Page, le avisó de enfatizar cómo empleaba una única frecuencia, ya que no había hecho un borrador todavía para patentes de circuitos más sofisticados. Como los examinadores en la oficina de patentes no se podían creer lo que Tesla afirmaba en su solicitud, el examinador responsable fue a Nueva York a ver por sí mismo cómo funcionaba el bote. Satisfecho, permitió que la patente de Tesla para el bote se aprobase en noviembre de 1898.[42]

ABOLICIÓN DE LA GUERRA Y FIN DE UNA AMISTAD

Con la patente en la mano, Tesla redobló sus esfuerzos en la publicidad, y pronto aparecieron historias en la prensa técnica y los periódicos populares sobre el bote radiocontrolado. Más que hablar de cómo su bote podía destruir barcos de guerra, Tesla insistía con valentía en que su bote traería el fin de la guerra. Como dijo a *New York Herald*:

> La guerra cesará posiblemente cuando todo el mundo sepa mañana que la más débil de las naciones puede suplirse inmediatamente con armas que harán sus costas seguras y sus puertos impenetrables a los asaltos de las armadas del mundo unidas. Los barcos de guerra dejarán de construirse y los más potentes acorazados y las artillerías flotantes más grandes no serán mucho más útiles que un montón de chatarra de hierro...
>
> Imagina, si puedes ... qué instrumento de destrucción tan irresistible tenemos; un bote torpedo que es controlado [remotamente], que podemos hacer funcionar día y noche en la superficie o bajo ella, y desde cualquier distancia que deseemos. Un barco al que se ataque así no tendría posibilidad de escapar...
>
> Pero no tengo ningún deseo de que mi fama surja de la invención de un artilugio simplemente destructivo, no importa lo terrible que sea. Prefiero ser recordado como el inventor que tuvo éxito aboliendo la guerra.[43]

Tesla confiaba en que todas las naciones, débiles y potentes, estarían interesadas en su invento. Como comunicó a Page en diciembre de 1898: «He recibido propuestas de numerosos países para los derechos sobre mi invento de controlar los movimientos y operaciones de cuerpos a distancia, y normalmente lo que se me pide es poner un precio. En vista de esto, es muy deseable para mí que las patentes para los principales países europeos se soliciten sin retraso». Durante el año siguiente, Page registró patentes del bote radiocontrolado en trece países.[44]

Al oír que Tesla estaba asegurando las patentes extranjeras para el bote, Mark Twain le escribió una rápida carta desde Europa:

> ¿Tiene las patentes inglesas y austriacas para ese terror destructivo que ha estado inventando? —y si es así, ¿les pondría un precio y me encargaría su venta? Conozco ministros en ambos países, y de Alemania, también, como Guillermo II ...
>
> Aquí, en el hotel, la otra noche, cuando algunos hombres interesados estaban discutiendo medios de persuadir a las naciones para unirse al zar y desarmarse, les aconsejé buscar algo más seguro que el desarme en un contrato de papel perecedero, invitar a los grandes inventores a planear

algo contra lo cual flotas y armadas estarían indefensos y de esta manera, a partir de entonces, hacer la guerra imposible. No sospechaba que usted ya estaba ocupándose de ello y preparándose para introducir en la tierra la paz y desarme permanentes de un modo real y obligatorio.[45]

Mientras *Electrical Review* predijo que el bote de radiocontrol de Tesla se convertiría en uno de los «factores más potentes en el progreso de civilización de la humanidad», Tesla se sorprendió cuando sus colegas de profesión criticaron su invento, al que no veían innovación o utilidad. Como el catedrático de física de Princeton, Cyrus F. Brackett se quejaba: «No hay nada nuevo en esto. La teoría es perfecta, pero la aplicación es absurda. ... ¿Cree que en el alboroto de una batalla sería posible ejecutar estos experimentos mecánicos diminutos y cuidadosamente ajustados, todo lo cual se presupone en su teoría, la cual requiere de la quietud de un laboratorio sin interrupciones para trabajar con éxito?». Más desagradables fueron las palabras de Amos Dolbear en Tufts College: «El anuncio es el más asombroso, y viniendo como viene de Tesla, los científicos están siendo muy cautelosos en cuanto a aceptarlo. Durante los últimos seis años, ha hecho tantos anuncios sorprendentes y ha llevado a cabo tan pocas de sus promesas que se está convirtiendo en el hombre que decía que venía el lobo hasta que todo el mundo dejó de escucharlo. Tesla ha fracasado con tanta frecuencia antes que no hay intención de creer estas cosas hasta que realmente las haga. Mientras tanto, todos estamos esperando con mucha paciencia y sin diligencia. Las creeremos cuando estén hechas».[46]

Pero la crítica más dura vino de su amigo T. Commerford Martin en *Electrical Engineer*. Preocupado por si su publicación estaba perdiendo cuota de mercado y sin duda enfadado porque Tesla estaba ahora enviando material a la publicación rival, *Electrical Review,* Martin atacó abiertamente a Tesla en un editorial en noviembre de 1898.[47] No era solo que Tesla no hubiera acabado inventos como el oscilador a vapor (que Martin ahora pensaba que estaba destinado al montón de la chatarra); Martin se quejaba con desprecio de que no había nada nuevo en el bote radiocontrolado de Tesla y que simplemente se había apropiado de la idea de la demostración de Clarke: «La primavera pasada la habilidad para hacer explotar torpedos flotantes bajo barcos desde cierta distancia y sin cables fue demostrada de manera brillante en Madison Square Garden varias veces al día durante un mes. Tomando esa idea, Tesla ha aplicado el mismo principio a la dirección electromecánica de torpedos». Para hacer más daño, Martin se dio prisa en imprimir, sin permiso de Tesla, un documento que recientemente había dado a la American Electro-Therapeutic Association.[48]

A Tesla le enfureció que Martin publicara su documento, pero todavía más que cuestionara su honestidad. Como respuesta, Tesla hizo notar a Martin no sus logros sino sus títulos académicos y honoríficos:

> Su comentario editorial no me concerniría en absoluto, no era mi labor tomar nota de ello. En más de una ocasión me ha ofendido, pero en mis cualidades, tanto de cristiano como de filósofo, siempre le he perdonado y solo me he compadecido de usted por sus errores. Esta vez, sin embargo, su ofensa es más grave que las anteriores, ya que se ha atrevido a poner en duda mi honor.
>
> No dudo de que debe de tener en su posesión, gracias a los ilustres hombres [es decir, Brackett y Dolbear] a quien cita, pruebas tangibles que apoyen su afirmación respecto a mi honestidad. Siendo portador de grandes honores de numerosas universidades americanas, es mi obligación, a la vista del agravio que ha lanzado hacia ellos, exigir de usted que en su próximo número los reporte, junto con esta carta, que, para hacerme justicia, enviaré a otras publicaciones de electricidad. En ausencia de esas pruebas, lo cual me pondría en situación de buscar enmiendas en otra parte, solicito que, junto con lo precedente, publique en su lugar una completa y humilde disculpa por su comentario insultante, que me afecta, así como a aquellos que me han otorgado honores.[49]

En el siguiente número de *Electrical Engineer*, Martin publicó la carta de Tesla, así como las «pruebas» que Tesla había demandado. Sin embargo, Martin abrió con un comentario muy revelador:

> Uno de los inventores eléctricos líder de este país, cuyo nombre es conocido en todo el mundo, ha tenido la amabilidad de decir que *The Electrical Engineer* creó a Tesla. Esto es una atribución que nosotros naturalmente dejamos de lado, ya que es el trabajo de un hombre lo que lo crea o descrea, pero nos declaramos culpables del hecho de que duran-

te los pasados diez años hemos hecho cualquier cosa que un mortal pudiese hacer para publicitar a Tesla y asegurarnos para él el reconocimiento que le era debido. No solo en las columnas de esta y otras publicaciones, sino en revistas y libros, nos hemos esforzado con toda la habilidad que poseemos en explicar las ideas de Tesla. La crónica está ante todos los hombres. Si hay una línea o una palabra en ello que buscase hacer a Tesla «un perjuicio serio», quien diga que nosotros hemos intentado alguna vez de palabra, por escrito o de pensamiento hacer a Tesla algún tipo de perjuicio, miente.

En el último año, o los dos últimos, Tesla, nos parece a nosotros, ha ido más allá de lo posible en las ideas que ha propuesto, y tiene hoy tras él una larga retahíla de inventos bellos pero inacabados. Mediante una crítica suave y una broma más suave, no siendo capaz de prestar a Tesla el apoyo cordial de años anteriores de logros reales, solo muy recientemente hemos intentado expresar nuestras dudas y urgirle a completar alguna de las muchas cosas deseadas e innovadoras que prometió. Nosotros creemos que esto es amistad verdadera.[50]

Sin embargo, desde la perspectiva de Tesla, la crítica constructiva no era algo que quería oír de sus amigos, y como resultado de este episodio, Tesla y Martin siguieron caminos separados.

Mientras mantenía esta disputa con Martin en las columnas de *Electrical Engineer*, Tesla había empezado a trabajar en un segundo bote de radiocontrol más grande (seis pies de largo). En concreto, se había comenzado a preocupar por la seguridad —que el bote respondiese solo a señales de su transmisor—. Tesla llegó a esta conclusión pensando en el bote, el autómata, como si fuese una persona:

El autómata debería responder solo a una llamada individual, como una persona responde a un nombre. Esas consideraciones me llevan a concluir que el artefacto sensible de la máquina debería corresponderse con la oreja más que con el ojo de un ser humano, porque en este caso sus acciones podrían controlarse independientemente de los obstáculos que intervengan, sin considerar su posición relativa a la distancia del aparato de control y, último, pero no por ello menos importante, permanecerá sordo e indiferente, como un sirviente fiel, a todas las llamadas excepto la de su maestro.

Y para conseguir que el sirviente fuese fiel a su maestro, Tesla volvió de nuevo su atención al problema de la sintonización: «Alcancé el resultado pretendido por medio de un circuito eléctrico situado en el bote y lo ajusté, o "sintonicé", exactamente a las vibraciones eléctricas de la clase adecuada transmitidas a él desde un "oscilador eléctrico" distante. Este circuito reaccionaba, aunque débilmente, a las vibraciones transmitidas, lo que influyó en los imanes y otros artilugios que controlaban los movimientos del propulsor y el timón, y también las operaciones de otras numerosas aplicaciones».[51]

Pero ¿cómo iba a estar seguro de que su bote respondía solo a sus señales? Como solución, Tesla tomó prestada una idea que había estado usando en sus demostraciones de iluminación inalámbrica. Para fastidio de Tesla, quienes acudían a la calle Houston con frecuencia indicaban que varias bombillas se encendían aunque ellos querían que solo una bombilla respondiese a su transformador oscilante. Para solventar este problema, Tesla hacía que su oscilador generase varias frecuencias diferentes y luego sintonizaba las bombillas de modo que tenían que recibir una combinación de dos frecuencias antes de encenderse.[52]

Tesla aplicó ahora esta técnica a su segundo bote, y en el laboratorio diseñó varios medios para transmitir dos señales al bote:

> Hice esto de dos modos: bien colocando, en el interior del bote, dos circuitos que ajusté y combiné de modo que provocasen el funcionamiento del mecanismo de control cuando ambos circuitos recibiesen energía a través de las vibraciones correspondientes, las cuales se pasaban a través de los cables alrededor de la habitación [es decir, el primario de su transformador oscilante] ... o, de otro modo, usando dos bobinas y conectando un extremo de cada a tierra y el otro a una placa de metal o un amasijo de alambres [los cuales habrían funcionado como dos antenas separadas] y luego excitándolas, ya fuese por medio de una gran bobina en forma de una espiral plana [visible en las imágenes 12.1 y 12.2] ... o por dos circuitos que fueron improvisados o adoptados para el experimento.[53]

Con esta técnica, Tesla se dio cuenta de que no estaba limitado a usar solo dos frecuencias, sino que podía generar docenas de ellas y usar varias combinaciones para controlar individualmente múltiples navíos. Por tanto, imaginó que uno o varios operadores podrían dirigir simultáneamente cincuenta o cien navíos a través de transmisores y receptores sintonizados de manera diferente.[54]

Aunque Tesla inicialmente prometió «exhibir un modelo de un bote torpedo en la [inminente] Exposición de París y dirigir todos sus movimientos desde mi oficina en Nueva York» (imagen 12.3), en su lugar hizo una demostración del segundo bote a los miembros del Chicago Commercial Club en mayo de 1899. Cuando los distinguidos invitados llegaron para asistir a su conferencia, se quedaron atónitos al ver un lago artificial en medio del auditorio y, en el lago, el bote de Tesla. Incluso el

WONDERS NIKOLA TESLA SAYS HE CAN PERFORM.
Shows How He Proposes by Electricity, Without Wires, to Control the Movements of a Model at the Paris Exposition from His Office
in New York, and by Similar Methods Blow Up Ironclads and Send Lifeboats to Shipwrecked Vessels.

Imagen 12.3. Ilustración del periódico mostrando cómo Tesla planeaba que fuese la demostración de su bote de radiocontrol en la Exposición de París. Mientras Tesla (izquierda) enviaba señales desde su laboratorio en Nueva York, el público (derecha) veía las maniobras del bote en un tanque de agua en París.
De «Tesla Declares He Will Abolish War», *New York Herald,* 8 de noviembre de 1898, en TC 13:138-140, en 139.

maestro del espectáculo, Tesla, invitó al público a hacer preguntas que su autómata respondería con el parpadeo de sus luces, girando el timón o haciendo explotar cartuchos. «Esto se consideraba magia en la época —recordaba Tesla—, pero era extremadamente simple, ya que era yo mismo quien daba las respuestas por medio del dispositivo.» En la conferencia que siguió, Tesla describió cómo había concebido este autómata e hizo énfasis en su potencial para abolir la guerra. Reflexionando sobre el hecho de que el bote parecía estar casi vivo, Tesla filosofó durante un rato sobre la naturaleza del pensamiento, vida y muerte humana.[55]

¿POR QUÉ TESLA NUNCA SE CASÓ?

Entre 1896 y 1898, cuando Tesla se entregó a su trabajo con rayos X y al bote radiocontrolado, todavía tenía episodios de melancolía. Durante un viaje en julio de 1896 al Niágara, Tesla dijo a un periodista: «Vine a las cataratas del Niágara para inspeccionar la gran planta de energía y porque pensé que el cambio me traería el descanso que necesito. He estado durante algún tiempo débil de salud, casi exhausto, y ahora estoy intentando alejarme de mi trabajo durante una breve temporada».[56]

Unas pocas semanas después, otro periodista se tropezó con un hundido Tesla en un café a una hora intempestiva, con aspecto demacrado y cansado. «Me temo —empezó Tesla— que no seré una compañía agradable esta noche. El hecho es que hoy casi soy asesinado.» A pesar de las precauciones que tomaba durante sus experimentos, acababa de recibir una descarga de 3,5 millones de voltios de una de sus máquinas. «La chispa saltó tres pies a través del aire —dijo Tesla— y me dio aquí, en el hombro derecho. Hasta hizo que me sintiera mareado. Si mi asistente no hubiese apagado la corriente de inmediato, podría haber sido mi fin. Tal es así que tengo para demostrarlo una marca extraña en mi pecho derecho, donde la corriente me golpeó, y el talón de uno de mis calcetines quemado por donde abandonó mi cuerpo. Por supuesto, la cantidad de corriente era extremadamente pequeña, de otro modo habría sido letal.»

El periodista continuó preguntando a Tesla si se deprimía con frecuencia. «Quizás no con frecuencia», respondió Tesla. «Todo hombre de temperamento artístico tiene recaídas del gran entusiasmo que lo mantiene a flote y lo arrastra hacia delante. En lo principal, mi vida es muy feliz, más feliz que cualquier vida que pueda concebir.» Tesla comprendió que algo de melancolía era el precio de experimentar la euforia del invento y dijo a su entrevistador: «No creo que haya ninguna emoción que pueda pasar a través del corazón humano como la que sienten los inventores cuando ven alguna creación del cerebro ir desarrollándose con éxito. ... Esas emociones hacen que un hombre se olvide de comer, de dormir, de los amigos, del amor, de todo».

Al encontrar a Tesla de un humor receptivo, el periodista siguió con una arriesgada pregunta personal. Sabía que Tesla estaba soltero y preguntó al Mago por el matrimonio. ¿Era el matrimonio apto para personas de temperamento artístico? Tras pensarlo un momento, Tesla respondió: «Para un artista, sí; para un músico, sí; para un escritor, sí; pero para un inventor, no. Los tres primeros deben conseguir inspiración de la influencia de una mujer y que su amor les guíe a logros más bellos, pero un inventor tiene una naturaleza tan intensa, con mucho en ella de calidad salvaje y apasionada, que al entregarse a una mujer que amase daría todo y, de ese modo, se llevaría todo del campo escogido. No creo que puedas nombrar muchos grandes inventos que hayan sido hechos por hombres casados [énfasis añadido]». Después de su respuesta, Tesla titubeó y concluyó la entrevista indicando: «También es una pena, a veces, sentirse tan solo».[57]

Durante las siguientes semanas, tanto los tabloides como los artículos de ingeniería le dieron vueltas a la explicación de Tesla, ya que pensaban que era una «condición emocional anormal» que no quisiera casarse. Desde entonces, los biógrafos de Tesla han continuado preguntándose por el celibato del Mago. «Tesla intentó convencer al mundo de que había tenido éxito en eliminar el amor y el romance de su vida —menciona el biógrafo John O'Neill—, pero no lo tuvo. Ese fracaso ... es la historia del capítulo secreto de la vida de Tesla.»[58]

Aunque quizás nunca sabremos exactamente por qué Tesla nunca se casó, las fuentes existentes sugieren varias explicaciones posibles. La primera es bastante simple: Tesla se sentía más atraído por los hombres que por las mujeres.

En lo que respecta a mujeres, está claro que Tesla tenía una actitud compleja hacia ellas. A veces, las ponía en un pedestal, y en sus últimos años escribió artículos populares sugiriendo que las mujeres bien podrían ser el sexo superior. Otras veces era claramente tímido, incluso miedoso, cuando estaba con mujeres, especialmente mientras fue joven. Como dijo a un periodista serbio en 1927: «Nunca he tocado a una mujer. De estudiante, y mientras estaba de vacaciones en casa de mis padres en Lika, me enamoré de una chica. Era alta, bella y tenía unos ojos extraordinariamente comprensibles». De modo similar, Martin dio a entender a Katharine Johnson en 1894 su temor de que Tesla «caiga en el engaño de que la mujer es genéricamente una Dalila que le cortará sus rizos. Si usted pudiera arreglarlo... Creo que sería un buen plan hacer que el doctor hable con él... Mi prescripción es una clase semanal de la señora RUJ».[59]

La señora RUJ parecía haber tenido alguna impacto positivo sobre el Mago, cuando aprendió a interactuar con mujeres de alta sociedad en casa de los Johnson y mientras estaba fuera de la ciudad. Entre las mujeres con las que Tesla se relacionó estaban la señora de John Jacob Astor, la señora Clarence McKay, la heredera Flora Dodge, Corinne Robinson (hermana de Teddy Roosevelt) y Anne, la hija de J. P. Morgan. Con el tiempo, Tesla empezó a sentirse lo suficientemente cómodo al hablar con las mujeres que se acercaban a él para ofrecerle dinero para sus inventos (véase el capítulo 15). No obstante, Tesla no desarrolló una relación profunda con ninguna de estas mujeres. Según una amiga femenina, la dramaturga Marguerite Merington, Tesla no salía nunca con ninguna mujer excepto con ella, y uno se pregunta si quizás esté presumiendo. Como John O'Neill dijo a Leland Anderson en la década de los cincuenta del siglo xx: «Por tanto, puedes ignorar cualquier historia que hayas oído a damas diciendo que Tesla estaba interesado en ellas. Para él todas eran como falsas parejas. Siempre las trató con el mayor respeto, sin embargo, tenía una fijación con su madre, una situación que es bastante comprensible».[60]

En contraste con sus relaciones con las mujeres, Tesla se sentía claramente atraído por los hombres. Como ya vimos, a Anthony Szigeti lo encontraba físicamente atractivo, se hicieron muy amigos y Szigeti siguió a Tesla desde Budapest a París y a Nueva York. En algún momento de 1891, Szigeti se fue y Tesla se sintió profundamente dolido. Años más tarde, Tesla se hizo amigo de un joven graduado, Emile Smith, que estaba interesado en la ingeniería y buscaba un puesto en Westinghouse Company. Tristemente, Smith murió de fiebre tifoidea solo unos pocos meses después de ir a Pittsburgh, y uno de los antiguos colegas de Tesla le escribió para contarle lo de Smith: «Como era un amigo personal suyo, creo que quizás estaría interesado en saber que ha fallecido».[61]

Uno se pregunta si la atracción de Tesla hacia los hombres era simplemente platónica o si era también física. La única prueba que dice algo sobre este tema es de una conversación de 1956 que Leland Anderson tuvo con Richard C. Sogge, un miembro del American Institute of Electrical Engineers, al que pertenecía hacía mucho. Sogge estaba contento de que el instituto estuviese celebrando el centenario del nacimiento de Tesla y le dijo a Anderson: «¿Sabe? Es algo muy bueno que el instituto esté honrando a Tesla de este modo, será un largo camino hasta hacer desaparecer su fama de voyerista que incomodó a los miembros de más edad. Las historias de los episodios sexuales de Tesla fueron durante un tiempo el cotilleo del instituto, y no sabemos cómo trataríamos el tema si de algún modo se hubiese hecho público. Debe de saber, por supuesto, que nunca salió con mujeres. ... De cualquier modo, los miembros más mayores del instituto están falleciendo y esas historias también acabarán muriendo».[62] Los comentarios de Sogge podrían ayudar a explicar por qué la implicación de Tesla con AIEE se deterioró en la década de los noventa del siglo XIX. Tras ser elegido vicepresidente en 1892-1893, Tesla no se convirtió en presidente. Solo fue reconocido por el instituto por sus contribuciones en 1917, cuando fue nombrado socio y recibió la medalla Edison.[63]

Respecto a buscar pistas sobre la homosexualidad en documentos históricos, uno tiene que tener en mente las diferencias en el modo en que se usaba el lenguaje en el siglo XIX y en la actualidad. Sin lugar a dudas, los hombres en la América victoriana a menudo desarrollaban amistades emocionales cercanas y, a veces, usaban lenguaje sexual y romántico que en la América del siglo XXI se reserva para relaciones heterosexuales; por ejemplo, Stanford White incluyó lenguaje sexual explícito y dibujos anatómicos en su correspondencia con el escultor Augustus Saint-Gaudes.[64] Además, ya que la degeneración sexual, como la pobreza, se veía como prueba de que los pobres eran inferiores, los individuos de clase media solían ser cuidadosos de no revelar nada que pudiese interpretarse como inusual en su conducta sexual.[65] Por lo tanto, no es necesariamente fácil saber cómo interpretar los documentos que han sobrevivido buscando pistas sobre la orientación sexual de Tesla. Sin lugar a dudas, no hay nada en el escaso material relacionado con Szigeti que indique si Tesla y él eran amantes.

Por el contrario, la historia es más complicada con otro hombre amigo de Tesla, Richmond Pearson Hobson (1870-1937) (imagen 12.4). Nacido en Alabama, Hobson asistió a la Academia Naval de EE. UU. en Annapolis, donde era un estudiante destacado. Sin embargo, como lo encontraban terco y con aires de superioridad, sus compañeros guardiamarinas se negaron a hablar con él durante sus dos últimos años en la academia. Tras su graduación, Hobson fue seleccionado para convertirse en constructor naval y pasó siete años estudiando arquitectura naval en Europa.

Cuando estalló la guerra entre EE. UU. y España, Hobson fue asignado a servir con el almirante William T. Sampson en el *New York* y partieron hacia Cuba para enfrentarse con la flota española en el puer-

Imagen 12.4. Richmond P. Hobson.
De http://www.history.navy.mil/photos/images/h00001/h00127.jpg.

to de Santiago de Cuba. Con la esperanza de retener los barcos de guerra españoles en el puerto, Sampson decidió en junio de 1898 barrenar el barco carbonero *Merrimac* en la entrada del puerto, y Hobson se ofreció voluntario para llevar a cabo esta misión suicida. Hobson y su tripulación hundieron el *Merrimac*, pero no en la localización correcta y por lo tanto los españoles los capturaron. Sin embargo, el barco hundido forzó a la flota española a tener que maniobrar lentamente para salir del puerto y pocas semanas después los barcos de Sampson fueron capaces de destruir cada barco español que intentaba escapar. Los españoles liberaron a Hobson en julio y volvió a EE. UU., donde la prensa lo proclamó héroe de guerra.[66]

Siempre alerta buscando material nuevo para *The Century Magazine*, Robert Underwood Johnson contactó con Hobson poco después de su regreso, para convencerle de escribir un libro sobre la misión *Merrimac*.[67] En agosto de 1898, Johnson escribió al joven teniente, invitándole a comer y encontrarse con Tesla: «¿Conoce a Tesla? Si no, ¿no le gustaría visitar su laboratorio mañana conmigo? Es un tipo encantador y, por supuesto, tienen mucho en común. Es uno de mis mejores amigos».[68]

Johnson debía de saber que Tesla encontraría interesante a este guapo héroe de guerra. Su esposa, Grizelda, describía a Hobson así:

> Siempre con sus músculos físicamente en forma. Hombros inclinados y poderosos y brazos parejos, torso muy marcado, abdomen plano, pesados muslos muy musculados, potentes pantorrillas bien formadas. Su poder físico se veía a través de sus ropas. Verlo habría hecho que un luchador dudase de tener una pelea con él. Por otro lado, el gran intelecto que mostraba en su cara y cabeza, combinado con una amabilidad dulce en sus gestos que reflejaba su carácter real era cualquier cosa excepto una invitación a pelearse. En traje de baño podría haber posado como Tarzán. Toda su estructura sugería potencia controlada: física, mental y espiritual.[69]

Durante los siguientes meses, Tesla tuvo la oportunidad de coincidir con Hobson en cenas y fiestas con los Johnson. Tesla simpatizó con este oficial de la Marina y escribió a Johnson en broma: «Recuerda, Luka, Hobson no pertenece en exclusiva a los Johnson. Debería vengarme de la señora Filipov por presentárselo a la señora Kussner y olvidarse de alguien».[70]

Todavía oficial en activo, Hobson fue asignado a servir en Hong Kong y Manila a finales de 1898, de modo que Tesla no vio mucho a su nuevo amigo. Una vez Hobson volvió a Estados Unidos en septiembre de 1900, fue asignado al Astillero de la Armada en Brooklyn y luego al Departamento de la Marina en Washington. Cenaban a menudo con amigos comunes en Nueva York, y Tesla y Hobson se hicieron muy amigos, como ilustra una nota sin fecha de Hobson:

> Mi muy querido Tesla:
> Muchas gracias por su considerada y amable nota. Le he comprometido para una cena mañana con los Van Beuren. ... Son grandes amigos míos y de mi hermano. La cena es a las 7:30. ...
> Ahora, mi querido compañero, si no va a hacer nada durante los siguientes tres cuartos de hora, puede pasarse y conversamos un rato. Siento que no he sabido ni la mitad sobre usted en esta visita y tengo tanto de lo que hablar con usted... Pero si se tiene que levantar temprano, por supuesto, ni siquiera se lo piense.
> Devotamente suyo,
> Richmond

Y para celebrar el primer día del siglo xx (considerando que empezó en 1901 y no en 1900), Tesla escribió a Hobson:

> Mi querido Hobson:
> Este, mi primer y el más cordial saludo de hoy, es para usted.
> En la nueva página en la historia de la humanidad que se acaba de abrir, ya ha escrito su nombre con caracteres imperecederos.
> Quizá el año tenga todavía grandes oportunidades y logros reservados para usted.
> Esperando verle pronto, permanezco con renovados buenos deseos.
> Suyo muy sinceramente,
> N. Tesla

Tesla y Hobson continuaron reuniéndose con los Johnson, y Tesla envió a la hija de estos, Agnes, una tarjeta de Año Nuevo firmada a modo de broma como «Nikola Hobson».[71]

Hobson no dudó en usar sus contactos en la Marina para ayudar a promocionar el bote radiocontrolado de su amigo. En mayo de 1902, recomendó que el bote se incluyese como parte de la exhibición de la Marina en la Exposición Panamericana en Buffalo, y urgió a Tesla a escribir a la Marina, ya que: «... creo que es una buena oportunidad para llamar la atención a la Marina sobre tus patentes sin las habituales dificultades de las formalidades. Creo que estas patentes tienen gran valor para nuestra Marina y nuestro país y, por tanto, mi querido Tesla, no fracase en este asunto que es el primer paso referente a su introducción». Los esfuerzos de Hobson por promocionar los inventos de Tesla fueron, por desgracia, poco útiles; aparentemente el invento fue revisado por varios oficiales de alto rango pero rechazado porque dos de ellos estaban enzarzados en una amarga enemistad personal.[72] A pesar de la decepción, Hobson y Tesla siguieron siendo amigos íntimos, lo que ilustra que Tesla se sentía atraído por los hombres y trabajaba para desarrollar una amistad íntima.

La naturaleza salvaje e intensa de un inventor

De modo que, una respuesta a la pregunta de por qué Tesla nunca se casó fue que se sentía más atraído por los hombres que por las mujeres. Si iba a tener una relación sentimental, entonces era más probable que la tuviese con un tipo atractivo como Hobson. Sin embargo, hay una segunda respuesta que también hay que tener en cuenta: el matrimonio no encajaba con la aproximación de Tesla al modo de ser inventor.

Para ello, volvamos a la noche de verano en el café con el periodista y consideremos las palabras de Tesla, que un inventor, al menos como él, «tiene una naturaleza tan intensa con mucho en ella de calidad salvaje y apasionada». Inventar para Tesla era un baile complejo entre el pensamiento riguroso y una imaginación vívida, y lo que lo hacía intenso y salvaje para él era estar moviéndose entre pensamiento y sueños.

Tesla explicó cómo pensamiento y sueños para él eran parte del proceso creativo en otra entrevista que dio unas pocas semanas más tarde en el verano de 1896. Ahí ofreció una explicación de su proceso creativo en el transcurso de la discusión de sus ideas sobre la «transmisión de visión mediante cables», o lo que ahora llamaríamos «televisión por cable». La idea de Tesla suponía usar una serie de tubos largos con espejos dentro que reflejarían el programa desde la fuente al espectador. Esta entrevista, sin embargo, es mucho más interesante por lo que nos dice acerca del estilo cognitivo de Tesla, y él empezó con una discusión de cómo una idea, el principio fundamental para una invención, evolucionaba en su mente:

> Ahora soy capaz de indicar, de un modo general, lo lejos que he ido en la solución del problema. Tras muchos esfuerzos sin resultado, he concebido una idea. Durante mucho tiempo la he indagado y la he encontrado acorde con todos los hechos establecidos que conozco; por tanto, hasta donde soy capaz de decidir, es posible. Después, he examinado las dificultades que tendré que superar al llevar la idea a la práctica y he averiguado que no son insuperables; por tanto mi plan es factible. Luego he buscado los medios de llevarla a cabo y un análisis detenido de estos me ha hecho llegar a la conclusión de que mi idea probablemente se llevará a cabo.
>
> ...
>
> Digo que concebí una idea. En realidad he concebido muchas, pero en beneficio de mis colegas y de mí mismo nunca se conocerán. Eran o bien equivocadas o impracticables, producto de la acalorada imaginación de un inventor. Pero esta idea en concreto es de diferente clase.
>
> Resistió mi examen crítico durante semanas, meses y años. Ahora cuando pasa tanto tiempo y no puede encontrarse ningún defecto en la idea, cuando pasan todas las fases de excitación y luego de relajación y mantiene su firmeza resistiendo sobre la razón; cuando a medida que el conocimiento del tema es mayor y el deseo de lograrlo crece más intenso por aproximarse a la realización, vuelve tras un período de agotamiento con la fuerza incrementada, entonces esta idea es una verdad. Eso es, es una verdad hasta donde el observador individual puede llegar, luego hay todavía un escrutinio superior de muchos [es decir, otros expertos] que podrían descubrir errores que él [es decir, el inventor] era incapaz de percibir.

Es importante observar que Tesla dice que lo que constituye una «idea» es solo cierto para él y que otros podrían no entender la idea del inventor y quizás criticarla. Para un inventor como Tesla, la idea, o ideal, servía como un principio de organización que podía usar para dar forma y guiar sus investigaciones.

En la entrevista, Tesla sostuvo que los inventores y científicos no deberían apresurarse a anunciar sus ideas, pues todavía podría haber problemas acerca de cómo la idea debería realizarse y errores que podrían cometerse. En su lugar, sugería que la idea debe procesarse usando la imaginación y empezó una digresión revelando cómo funcionaba la suya:

¿Se ha abandonado alguna vez al embeleso de la contemplación de un mundo que usted mismo crea? Quiere un palacio, y ahí está, construido por arquitectos mejores que Michael Angelo [sic], sí, incluso mejores que mis amigos McKim, Mead y White. Lo llenará con cuadros maravillosos y colecciones de estatuas y todo tipo de objetos de arte. Puede evocar hadas si le apasionan. Ahora, quizás, quiera sentarse en un trono, y ahí está su trono, ¡más grande que el de Gran Bretaña! Y todos sus súbditos alrededor, incontables súbditos. Nadie corre tras de usted con una pistola, como la gente hace tras personajes ilustres como William y Nicholas o Li Hung Chang. Y si lo hacen, ¿a quién le preocupa? Puede parar las balas en el aire.

Ahora camina por las calles de una ciudad maravillosa. Por ventura, es una de mis ciudades. Entonces puede que vea que todas las calles y portales están iluminados por mis bellos tubos fosforescentes, y que todos los ferrocarriles urbanos elevados están impulsados por mis motores, que todas las compañías de tranvías de tracción reciben suministros de mis osciladores, o también que mis amigos de Cataract Construction Company están transmitiendo toda la energía por mi sistema desde un remoto Niágara. Y ahora, quizá, se encuentre con un vagabundo en la calle y le dé algo. ¿Cree que cinco céntimos? No, señor, le da no menos de 5.000.000 de dólares.

Aunque, por extraño que parezca, en lugar de sufrir un colapso debido a su generosidad, le mira de manera insolente y le devuelve el dinero y dice con desprecio: «Quédeselo, maldito tacaño». Entonces usted tira su insignia real y empieza a forcejear con él. Usted está dotado de una fortaleza enorme, y él tampoco es un tipo que deba tomarse a broma. En todo caso, el asunto es incierto. Podría ser más fuerte, y entonces, bien, usted se despertaría, se salvaría, pero terminaría en mal estado. Si lo vence, entonces le recompensaría regiamente dándole su insignia y su trono, y continuaría su viaje de aventuras en paz y satisfecho.

De repente, se lanzaría a sí mismo en el rugir de la batalla, rebanaría cabezas y toda una armada de nobles caballeros huiría. Y ahora algo se mueve en los arbustos y usted, que no conoce el miedo, huye. Entonces puede que sea testigo de una escena terriblemente impactante sucedida hace años. Es testigo de la muerte de su padre o su madre y ahora pasa por toda esa agonía de nuevo. Sabe que es imposible que vuelvan, pero no importa, inventará algo, descubrirá alguna fuerza que reunirá esas moléculas separadas y hará que den forma a esas adorables figuras tan queridas para usted.

Y ahora, de pronto, viene un cambio repentino, y están lanzando un palo a un gato en un patio. Lo echa de menos también, circunstancias molestas. Pero años después puede decir el punto exacto en la pared, puede decir cada marca en el palo, y ve exactamente cómo se cepillaba el pelaje del gato de un modo u otro. De modo que su imaginación le lleva de la pena a la alegría, del trabajo al juego, y todo este mundo está siempre presente, siempre listo para su placer y deleite, y bajo sus deseos y órdenes.[73]

Para desarrollar una idea como la de la transmisión de visiones por cable, Tesla argumentó de este modo que se debe complementar un análisis riguroso con el ejercicio de la imaginación. Para inventar, se debe ser capaz de imaginar el nuevo artilugio en un mundo en el cual encaje. Solo haciendo eso, se puede perfeccionar el invento y pulir la idea. Al mismo tiempo, el mundo de la imaginación puede dar lugar a deseos, anhelos y visiones (las ilusiones) que pueden usarse para convencer a otros aceptar un invento.

Para Tesla, entonces, inventar requiere del inventor tener una naturaleza intensa y salvaje; intensa en el sentido de que requiere pensamiento riguroso para pulir una idea, salvaje en el sentido de que hay que ser capaz de emplearla y explorarla libremente en la imaginación. Ambas actividades requieren soledad y, en consecuencia, el matrimonio no necesariamente encajaría con un inventor como Tesla.

Tesla quizás hubiese llegado a la conclusión de que un inventor necesita soledad recurriendo a su experiencia religiosa ortodoxa. Para ser capaz de discernir el logos en los mundos natural y creado por el hombre, hay que aprender a no distraerse con las tentaciones de la vida (véase el capítulo 1). Para estar abierto al logos, hay que estar dispuesto a perfeccionar todas las facultades propias, la mental, la física y la espiritual; de modo que se es un instrumento tan perfecto como es posible para experimentar el orden divino. Quizás para Tesla esta preparación quería decir evitar compromisos duraderos como el matrimonio. A diferencia de la cristiandad occidental, donde uno supera esas distracciones y se prepara para la iluminación a través del ascetismo y el rechazo del cuerpo, la tradición ortodoxa no presume que dicha dicotomía rigurosa de mente y espíritu se requiera necesariamente; más bien, la plenitud puede lograrse viviendo en el mundo y disfrutando de las comodidades materiales como regalos de Dios.[74] Por tanto, la preparación espiritual de Tesla no significaba apartarse de la buena vida de Nueva York, sino tratar esto cuidadosamente, de modo que no interfiriese en sus esfuerzos por pulir sus facultades racionales e imaginativas para percibir ideas.

FIN DEL BLOQUEO: RESOLUCIÓN DEL ROMPECABEZAS
SOBRE EL CIRCUITO DE RETORNO

Tesla se apoyó en una combinación de pensamiento riguroso e imaginación para perfeccionar sus ideas de la transmisión de energía inalámbrica. Como vimos en el capítulo 11, a principios de 1895, Tesla había llegado a un plan básico para la transmisión inalámbrica de energía alrededor del mundo. Como las ondas electromagnéticas viajaban en línea recta y solo era probable que una cantidad pequeña de energía llevada por ellas alcanzase el receptor, Tesla había decidido minimizar las ondas generadas por su aparato y maximizar la corriente a tierra que pasaba entre su transmisor y su receptor (véase la imagen 11.3). Además, Tesla había establecido la hipótesis de que si podía generar una corriente a tierra a la frecuencia de resonancia de la tierra, entonces la energía producida por su transmisor podría viajar fácilmente a receptores localizados alrededor del mundo.

Por muy prometedora que pareciera la idea de la corriente de tierra, Tesla todavía tenía que «determinar las leyes de propagación de las corrientes a través de la tierra y la atmósfera».[75] Trabajando con el transmisor en su laboratorio de la calle Houston, Tesla se dispuso a determinar cómo las oscilaciones eléctricas se transmitían a través de la tierra llevando, una vez más, un pequeño receptor por Manhattan. Estas pruebas locales, informó, «me permitían simplificar a fórmulas o reglas simples de la electrodinámica, la determinación de los efectos producidos a distancia. Al comprobar que estas leyes se cumplían rigurosamente en ciertos aspectos, más comprobaciones de este tipo se hacían innecesarias, y la idea dominante pasó a perfeccionar un transmisor potente».[76]

Pero mientras Tesla estaba contento de hallar fórmulas para la transmisión por tierra, también estaba desconcertado por lo que sucedía en la atmósfera. Estaba seguro de que las corrientes por tierra podían llevar energía de un transmisor a un receptor, pero ¿qué completaba el circuito desde el receptor de vuelta al transmisor? Si uno rechazaba las ondas electromagnéticas como medio por el cual el circuito se completaba en la atmósfera, entonces ¿qué hacía que el sistema funcionase?

Alrededor de 1896-1897, Tesla estaba bloqueado, no tenía una respuesta. Como dijo en la entrevista de agosto de 1896 que mencionamos antes: «... finalmente, tras un largo estudio, principalmente experimental, de todos los medios y condiciones, he llegado a unos pocos datos precisos, con los suficientes elementos involucrados en una demostración práctica, y aquí estoy atascado, atascado desde hace tres años».[77] Había cosas que podía hacer con la transmisión inalámbrica, pero no podía resolver el rompecabezas del circuito de retorno.

Las patentes presentadas en 1896 muestran que Tesla se concentró no en desarrollar un sistema empleando corrientes de tierra, sino en mejorar su oscilador de modo que pudiese usarse para la iluminación inalámbrica y dar energía a tubos de rayos X. También experimentó con un montón de interruptores para ajustar la frecuencia mediante la cual podía cargar y descargar los condensadores en su sistema.[78]

Como varios de estos proyectos se beneficiaban de elevar la tensión de sus corrientes de alta frecuencia, Tesla continuó mejorando sus bobinas en espiral hechas de numerosas vueltas de un alambre fino.[79] Usando estas bobinas en espiral, Tesla registró una patente en marzo de 1897 para un sistema de transmisión de energía nuevo usando un cable entre el transmisor y el receptor (imagen 12.5). Este sistema presentaba un transmisor y un receptor, y ambos eran esencialmente trans-

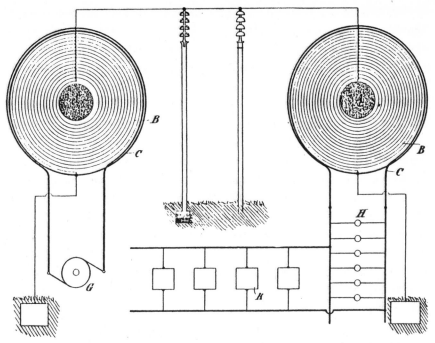

Imagen 12.5. NT, «Electrical Transformer» (Transformador eléctrico), patente de EE. UU. 593.138 (presentada el 20 de marzo de 1897, concedida el 2 de noviembre de 1897).
El transmisor estaba a la izquierda y el receptor a la derecha.
Leyenda:
G – generador de CA
C – bobina primaria del transformador del transmisor
B – bobina secundaria del transformador del transmisor
B' – bobina secundaria del transformador del receptor
C' – bobina primaria del transformador del receptor
H – bombilla incandescente
K – motores eléctricos

formadores. El transmisor empleaba un generador que producía CA de alta frecuencia. Al igual que había hecho en los circuitos de su oscilador (véase la imagen 10.3); Tesla alimentó, con esta corriente de alta frecuencia, el primario del transformador, que consistía en unas pocas vueltas de un cable pesado. El secundario del transformador en la parte transmisora era la bobina de espiral. Usado unas cuantas vueltas de alambre grueso para el primario y muchas vueltas de alambre fino para el secundario en el transmisor, Tesla era capaz de hacer subir la tensión a un nivel muy alto. Mientras el extremo en el exterior de la bobina de espiral estaba conectado a tierra, el extremo en el centro de la bobina estaba conectado a la línea de transmisión que llevaba la energía al receptor. En el receptor, Tesla creó un transformador similar, solo que esta vez la bobina de espiral servía como primario y el cable pesado como secundario. Esto provocaba que el voltaje bajase de modo que se pudiese usar en bombillas incandescentes y motores comunes.[80]

Con el sistema configurado de esta manera, Tesla empezó de nuevo el rompecabezas del circuito de retorno. ¿Cómo podía eliminar el alambre conectando el transmisor y el receptor para crear un verdadero sistema de energía inalámbrico? Para resolver este rompecabezas, Tesla volvió a pensar en por qué los tubos de Crookes y Geissler producían luz cuando se conectaban a una fuente eléctrica. Con la presión atmosférica la mayoría de los gases resistían el paso de electricidad y funcionaban como un aislante, sin embargo, para hacer que sus tubos se iluminasen, Crookes había vaciado casi todo el gas de sus tubos de vidrio. Con presiones bajas, el gas brillaba cuando era atravesado por una corriente de alta tensión. Razonando por analogía, Tesla reemplazó el alambre entre el transmisor y el receptor con lo que realmente era un tubo de Crookes gigantesco. En su laboratorio de la calle Houston erigió una tubería de vidrio de cincuenta pies entre su transmisor y su receptor. Usando una bomba de vacío, Tesla bajó la presión a 120-150 mm de mercurio (la presión de la atmósfera a una altitud de cinco millas) y descubrió que podía crear un circuito de retorno del receptor de vuelta al transmisor.[81] Mientras que la energía se movía del transmisor al receptor a través de la tierra, Tesla hizo hipótesis sobre que el circuito de retorno se creaba en una tubería en la que se hacía vacío, ya que el aire enrarecido permitía el paso de una corriente desde el receptor de vuelta al transmisor. Por tanto, para Tesla, el secreto para la transmisión inalámbrica no recaía en las ondas electromagnéticas (es decir, radiación) pasando a través de la atmósfera, sino que una corriente oscilante podía conducirse a través de un gas a baja presión. «La transmisión de la energía eléctrica —declaró Tesla en octubre de 1898— es una de verdadera conducción, y no debe confundirse con el fenómeno de la inducción o la radiación eléctrica, que, hasta ahora, ha sido observado y con el que se ha experimentado.»[82] Insistiendo en que las oscilaciones eléctricas se movían a través de la atmósfera vía conducción, Tesla se distanciaba de nuevo de la mayoría de inventores y científicos que creían que las ondas hertzianas eran una forma de radiación moviéndose a través del éter.

Lo que realmente entusiasmaba a Tesla sobre este experimento mostrando cómo corrientes oscilantes podían moverse a través de gases a baja presión era que el proceso era tan eficiente que, si la tensión y la frecuencia eran lo suficientemente altas y la presión atmosférica suficientemente baja, se podía transmitir muchísima energía. Para Tesla, «el descubrimiento de estas nuevas propiedades de la atmósfera no solo abría la posibilidad de transmitir, sin cables, energía en grandes cantidades, sino lo que era todavía más importante, ofrecía la certeza de que la energía podía transmitirse de esta manera económicamente. En este sistema nuevo, importa poco, de hecho, casi nada, si la transmisión se hace desde una distancia de pocas millas o de unas cuantas miles de millas».[83] Como veremos, esta creencia de que la distancia era irrelevante aparecía en la interpretación que Tesla hacía de los resultados de las pruebas que llevó posteriormente y los pronunciamientos sobre su sistema.

Si podía montar un circuito de retorno en un tubo casi vacío, razonó que entonces podía hacer lo mismo a grandes altitudes donde el aire era más fino.[84] Todo lo que necesitaba ahora era conectar las bobinas de espiral en el transmisor y el receptor a globos con una gran superficie metálica (imagen 12.6). Flotando alto en el aire, estos globos permitirían a una corriente pasar desde un receptor de vuelta al transmisor. Para representar el nuevo sistema inalámbrico de Tesla, *Pearson's Magazine* publicó una ilustración mostrando globos flotando sobre el cielo de una ciudad (imagen 12.7).

Para evitar tener globos con ataduras de una milla de longitud, Tesla creía que podía hacerlo en dos pasos: primero, subiendo la energía de su sistema a millones de voltios y, segundo, colocando su transmisor y receptor en la cima de una montaña. Con respecto a lo primero, Tesla empezó a experimentar con el aumento de energía de su transmisor en el laboratorio de la calle Houston. Usando un primario que consistía en dos vueltas de un alambre pesado alrededor del perímetro de la habitación principal y su bobina de espiral preferida, Tesla era capaz de llevar la tensión hasta 2,5 millones de voltios y generar chispas de dieciséis pies. Hizo pruebas más a fondo de la potencia del sistema llevando un receptor fuera del laboratorio y viajando en bote por el río Hudson hasta West Point, para ver si podía recibir las oscilaciones desde su laboratorio. Tesla averiguó que era capaz de detectar oscilaciones a treinta millas del laboratorio. Durante estas pruebas, Tesla se concentró en ver

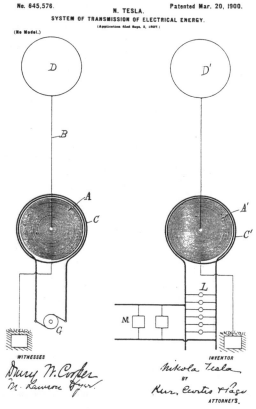

Imagen 12.6. NT, «System of Transmission of Electrical Energy» (Sistema de transmisión de energía elécrica), patente de EE. UU. 645.675 (presentada el 2 de septiembre de 1897, concedida el 20 de marzo de 1900). D y D'son globos conectados al transmisor y al receptor.

Imagen 12.7. «Tesla's proposed arrangement of balloon stations for transmitting electricity without wires.» (Disposición propuesta por Tesla de estaciones de globos para la transmisión inalámbrica de electricidad). De Chauncey Montgomery McGovern, «The New Wizard of the West», *Pearson's Magazine*, mayo de 1899, 470-476, en 470, en TC 14:105-111.

si podía detectar las ondas continuas generadas por su transmisor y no usó la señal para enviar un mensaje en código Morse o de voz.[85]

Aunque reveladores, estos experimentos no le indicaban dónde era mejor situar su transmisor. ¿A qué voltaje y altitud funcionaría su sistema? ¿Qué requeriría crear «un transmisor de potencia adecuada» que pudiese «conectar las distancias terrestres más grandes»?[86] Tesla se dio cuenta de que para responder a estas preguntas tendría que moverse más allá de los confines de su laboratorio de Nueva York y construir una planta piloto.

PRETENDIENDO A JOHN JACOB ASTOR IV

Moverse más allá de los límites de su laboratorio de Nueva York y ampliar su sistema significaba dinero. Al principio Tesla probablemente asumió que los fondos vendrían a través de la Nikola Tesla Company, que había creado con Adams en 1895. A través de esta compañía, Adams y Tesla esperaban persuadir a hombres de negocios que comprarían o pedirían licencias de las patentes del sistema de iluminación inalámbrico de Tesla y así poner el sistema en producción. Entonces Tesla sería capaz de invertir los beneficios del trato para desarrollar sus nuevos inventos. Pero como hemos visto, a mediados de la década de los noventa del siglo XIX, Adam y Tesla no tenían compradores para esta nueva empresa (véase el capítulo 11).

En consecuencia, Tesla buscó recolectar los fondos necesarios de otro modo. Junto con las demostraciones de su nuevo sistema en agosto de 1898 para el príncipe Alberto de Bélgica (con quien se había encontrado anteriormente en París), Tesla se aseguró un préstamo de 10.000 dólares de Crawford, un socio en la firma de productos textiles de Simpson and Crawford.[87] Pero Tesla fijó su objetivo en un pez gordo: el coronel John Jacob Astor IV (1864-1912), que había servido con Teddy Roosevelt y los Rough Riders en la guerra de Cuba.

El heredero de una fortuna de 100 millones de dólares, el coronel Astor, era el nieto de John Jacob Astor, que se había hecho rico primero con comercio de pieles y luego en el negocio inmobiliario en la ciudad de Nueva York. Como una de las familias más adineradas en América, los Astor regían la sociedad neoyorquina; de hecho, la élite social a finales del siglo XIX en América comenzó a llamarse *The Four Hundred* (los Cuatrocientos) porque ese era supuestamente el número de invitados que cabían en el salón de baile en la casa de Nueva York de la señora Astor, la madre del coronel. Educado en Harvard, Astor siguió la tradición familiar e invirtió en el mercado inmobiliario de Manhattan. Envidioso del éxito que su primo, William Waldo Astor, estaba teniendo con un nuevo hotel, el Waldorf, Astor construyó su propio hotel de lujo en la puerta de al lado en 1897, el Astoria. El complejo pronto se hizo conocido como el Waldorf-Astoria y, en la época, era el hotel más grande del mundo.[88]

Pero junto con la construcción de un gran hotel, Astor estaba fascinado por la ciencia y la tecnología. Trabajando en un laboratorio en Ferncliff, propiedad familiar, Astor jugueteaba con varios inventos, incluyendo un freno de bicicletas, un «desintegrador vibratorio» usado para producir gasolina a partir de turba, y una máquina neumática para mejorar caminos de tierra. En 1894, publicó una novela de ciencia ficción, *A Journey in Other Worlds*, la cual describe la vida en el año 2000 y viaja de Saturno a Júpiter. En esta novela, Astor especula sobre las nuevas tecnologías, tales como una red telefónica alrededor del mundo, energía solar e incluso un plan para modificar el tiempo climatológico ajustando el eje de inclinación terrestre.[89] Claramente un entusiasta de la tecnología, Astor debía parecerle a Tesla el mecenas más prometedor.

Astor estaba familiarizado con el trabajo de Tesla, ya que era uno de los directores en Cataract Construction Company, la firma que había construido la planta de energía en el Niágara. Astor regaló a Tesla una copia de su novela en febrero de 1895, y Tesla le dio las gracias por «un recuerdo interesante y agradable de nuestra relación».[90] Además, Tesla cenaba de modo regular en Delmonico's para así ser visto por los ricos y poderosos de Nueva York, y puede que se encontrase con el coronel mientras cenaba. (*A Journey in Other Worlds* se inicia con un encuentro en Delmonico's de la Terrestrial Axis Straightening Company.) En el otoño de 1898, Tesla se trasladó al Waldorf-Astoria, y eso, también, podría haberle dado acceso a Astor.

Tesla había invitado a Astor a comprar acciones en Nikola Tesla Company en diciembre de 1895, pero Astor no había mostrado ningún interés.[91] Ahora, tres años después, Tesla estaba determinado a atraer a Astor y empleó una estrategia retórica similar a la que había usado diez años antes con Peck y el huevo de Colón (véase el capítulo 4). Como Colón, Tesla estaba a punto de descubrir nuevos mundos a través de sus inventos, pero así como Colón había contado con la reina Isabel la Católica, Tesla también necesitaba un mecenas fuerte. Tesla esperaba que ese papel atrajese al coronel. En enero de 1899 Tesla escribió:

> Mi querido Astor:
> Siempre ha sido mi firme creencia que tiene un interés genuino y amigable en mí como persona así como en mis trabajos. ... ahora le pregunto francamente, cuando tengo un amigo como J. J. A., un príncipe entre los hombres pudientes, un patriota preparado para arriesgar su vida por su país, un hombre que quiere decir cada palabra que dice, quien da tanto valor a mis trabajos y quien ofrece repetidamente respaldarme, [¿] no tengo las bases para creer que me apoyaría cuando, tras varios años de trabajo duro, finalmente he encontrado la perfección comercial en algunos inventos importantes que, incluso desde el punto de vista más conservador, deben de estar valorados en varios millones de dólares[?].

Aunque Westinghouse le había dado 500.000 dólares para su sistema polifásico de CA y Adams había invertido 100.000 dólares para desarrollar «14 patentes estadounidenses y muchas en el extranjero» relacionadas con su oscilador, Tesla explicó que había todavía un «hermandad poderosa» que se oponía a él (aunque no está claro quién era exactamente esta hermandad). «Y es sobre todo por esta razón por la que quiero que unos pocos amigos, como usted —continuaba— me den en este momento su valioso apoyo financiero y moral.»

Habiendo establecido que estaba buscando que Astor fuese su mecenas, Tesla introdujo sus inventos maravillosos y cómo revolucionarían el mundo. Primero, ensalzó las virtudes de su sistema de iluminación:

> Ahora produzco una luz muy superior a la de las bombillas incandescentes con un tercio del gasto de energía, y como mis bombillas durarán para siempre el coste de mantenimiento será insignificante. El coste del cobre, que en los viejos sistemas es un elemento muy importante, en el

mío se reduce a una mera nimiedad, ya que puedo usar el alambre de una bombilla incandescente para más de 1.000 de mis bombillas y dar 5.000 veces más luz. Permítame preguntarle, coronel, ¿cuánto vale esto solo cuando considera que hay cientos de millones de dólares invertidos en luz eléctrica en varios de los principales países en los cuales he patentado mis inventos en este campo?

La estrategia de Tesla seguía siendo todavía desarrollar las patentes para su sistema de iluminación en el punto donde pudiesen venderse con beneficio a compañías que a cambio las producirían. «Más tarde o más temprano —dijo a Astor— mi sistema será comprado por el sindicato Whitney [que estaba desarrollando tranvías eléctricos], GE o Westinghouse, porque de otro modo serán expulsados del mercado.» Después Tesla presentó todos sus otros inventos:

> Luego considere mis osciladores y mi sistema inalámbrico de transmisión de energía, mi método de dirigir el movimiento de cuerpos a distancia por telegrafía sin hilos, la fabricación de fertilizantes y ácido nítrico desde el aire, la producción de ozono... y muchas otras líneas de producción importante como, por ejemplo, refrigeración y fabricación barata de aire líquido, etc. Y verá que, poniendo una estimación justa en todo, no puedo ofrecer vender ninguna cantidad considerable de mi propiedad por menos de 1.000 dólares la participación. Estoy perfectamente seguro de que seré capaz de hacerme acreedor de ese precio tan pronto como alguno de mis inventos esté en el mercado.

Para enfatizar que sus inventos eran una buena inversión, Tesla recordó a Astor que había negociado contratos con «Creusot Works en Francia, Helios Company en Alemania, Ganz & Company en Austria y otras firmas» para la fabricación de sus motores. Tesla no solo presumió de que su investigación en el pasado había «pagado de media 1.500 dólares por cada 100 dólares invertidos», sino que añadió: «Estoy totalmente seguro de que la propiedad que tengo ahora en mis manos se pagará mucho mejor que esta».

Tras abrir el apetito de Astor, Tesla se pasó a la venta, e invitó al coronel a invertir 100.000 dólares. «Si no muestra demasiado interés, me pondrá en una gran desventaja», escribió Tesla, y esperaba que si

Astor participaba, también lo harían los socios del coronel, Clarence McKay y Darius Ogden Mills. Para acabar, Tesla tranquilizó a Astor diciendo que si «después de seis meses tiene alguna razón para estar descontento, será mi primera obligación satisfacerlo».[92]

Pocos días después de recibir esta cuidadosa charla promocional, Astor firmó un acuerdo con Tesla. Al haber «depositado fe» en Astor, Tesla había comprado acciones suficientes en Nikola Tesla Company, de modo que tenía el control mayoritario, y dejaba a Adams, Rankine, Brown y Coaney con intereses menores.[93] A cambio de quinientas acciones, Astor prometió invertir 100.000 dólares y se convirtió en directivo de la compañía. Cuando todas las acciones fueron transferidas a Astor, el coronel dio a Tesla un pago inicial de 30.000 dólares e inmediatamente partió de viaje a Europa.[94]

ANIMADO POR MARCONI

Aunque Astor estaba interesado principalmente en que Tesla perfeccionase un sistema de iluminación usando su oscilador y nuevas bombillas, el inventor prestó poca atención a los deseos de su mecenas. En su lugar, Tesla usó el apoyo de Astor para perseguir su visión de la transmisión inalámbrica de energía.

Especialmente ansioso por esta cuestión, Tesla empezaba a preocuparse, ya que un joven italiano, Guglielmo Marconi (1874-1937), estaba trabajando en un sistema inalámbrico. Como Tesla, Marconi se había quedado fascinado con el aparato de Hertz y empezó a experimentar con él en el ático de la casa de sus padres a las afueras de Bolonia en 1894. Desde el principio, Marconi buscó desarrollar un sistema que pudiese enviar mensajes telegráficos y se centró en incrementar la distancia a la que podía enviarlos. Para financiar y promocionar su sistema, Marconi viajó a Inglaterra en 1896 donde pudo aprovecharse de los contactos de negocios gracias a la familia de su madre, los Jameson, que destacaban en el negocio del whisky y los cereales. Marconi mejoró constantemente su aparato y, en el otoño de 1898, podía enviar mensajes a distancia de entre ochenta y cien millas.[95] A diferencia de Tesla, que hacía demostraciones de su aparato de modo privado a amigos y en ocasiones a periodistas, Marconi ofrecía demostraciones regulares públicas de su sistema.

Impresionados por estas demostraciones, los periódicos en Inglaterra y América empezaron a pregonar el telégrafo sin hilos de Marconi como un gran avance. Esta cobertura positiva de Marconi molestaba a Tesla, ya que desde su perspectiva, Marconi no había hecho nada nuevo. Desde 1890 Tesla había estado experimentando con aparatos inalámbricos, y en su conferencia de 1893 había mencionado cómo se podía enviar mensajes a distancia. Teniendo cuidado en evitar usar el nombre de Marconi, Tesla se quejó en *Electrical Review* en enero de 1899 de que «no se puede evitar admirar la confianza y la entereza de los experimentadores, que presentan sin cuidado sus visiones y que, con unos pocos días, por no decir horas, de experiencia con un dispositivo, se expresan ante sociedades científicas, aparentemente desconsideradas con la responsabilidad de ese paso, y avanzan sus resultados imperfectos y opiniones formadas apresuradamente. Las chispas pueden ser grandes y brillantes, la muestra interesante de presenciar y el público podría estar encantado, pero uno debe dudar del valor de esas demostraciones». Y Tesla no pudo resistir mofarse de lo modesto del aparato de Marconi. A diferencia de los sistemas sofisticados y potentes de Tesla, el invento de su rival era «una trampa sin valor de corrientes que se interrumpen, que normalmente consume nueve décimos de la energía y es ... solo apropiado para el entretenimiento de niños pequeños, que están empezando su experiencia eléctrica con pilas Leclanché y bobinas de inducción de 1,50 dólares».[96]

Aunque Tesla evitó mencionar a Marconi en *Electrical Review*, los periodistas sospecharon que estaba preocupado sobre este joven rival italiano. De hecho, la revista de cotilleos *Town Topic* se mofó de Tesla, usando el punto de vista de que mientras Tesla estaba haciendo promesas, Marconi estaba obteniendo resultados:

> Tesla, el inventor no inventando único y propio de América, el científico del Delmonico's y el Waldorf-Astoria Palm Garden, está en ello de nuevo. Esta vez las noticias del éxito del joven Marconi en telegrafiar a través del espacio arrojan sobre Tesla hazañas hasta ahora no soñadas, y él llena columnas en el *Herald*, cuyo periódico, me temo, se inclina a

ayudar a Tesla a hacer el ridículo, con babeos profundos sobre voltios y resistencias y circuitos y amperios y cosas y cosas. Tesla dice que puede hacer todo lo que Marconi ha hecho. Por supuesto, realmente no lo hace, pero eso podría ser porque tiene miedo de que alguien averigüe cómo se hacen. Sabe todo sobre la teoría y la maquinaria práctica de los mensajes de Marconi a través de millas de distancia y podría probarlo, si el viejo Bill Jones levantara la cabeza. De hecho, los resultados reales de los métodos de los dos inventores muestran solo esta ligera diferencia: Marconi telegrafía a través del espacio y Tesla habla a través del espacio.[97]

En marzo de 1899, Marconi envió con éxito un mensaje a través del Canal de la Mancha, desde Wimereux en Francia al faro en South Foreland en Inglaterra. Para no ser superado, Tesla anunció que estaba preparado para enviar mensajes instantáneamente alrededor del mundo. Como presumió en *New York Journal*:

> La gente de Nueva York puede tener sus comunicaciones inalámbricas privadas con amigos y conocidos en varias partes del mundo.
> No será una sorpresa mayor tener una torre de cable [con un globo atado a ella] de lo que es ahora tener un teléfono en casa.
> Será capaz de enviar 2.000 letras desde Nueva York a Londres, París, Viena, Constantinopla, Bombay, Singapur, Tokio [sic] o Manila en menos tiempo del que se tarda ahora en marcar «central».[98]

Tras haber prometido la telegrafía sin cables alrededor del mundo, Tesla sabía que tenía que mostrar resultados. Para ello, decidió usar el dinero de Astor para construir la planta piloto que necesitaba para averiguar los detalles de funcionamiento de su sistema inalámbrico. Para construir esta planta, Tesla se dirigió al oeste, a Colorado.

—13—

Ondas estacionarias (1899-1900)

Todo lo que puedas imaginar, es real.

PABLO PICASSO

En la primavera de 1899, todos los elementos necesarios para alcanzar su sistema de energía inalámbrica ideal estaban encajando para Tesla: había perfeccionado el sistema de circuitos necesario para crear un transmisor potente de alta tensión y alta frecuencia, había descubierto cómo sintonizar el transmisor y el receptor ajustando la capacidad eléctrica y la inductancia, y se había convencido de que la atmósfera podía servir como el circuito de retorno para su sistema.

Aunque para hacer este sistema práctico, varias áreas necesitaban una investigación más a fondo. Primero tenía que «establecer las leyes de propagación de corrientes a través de la tierra y la atmósfera» para asegurar que su sistema podía enviar energía o mensajes desde un punto a otro. Después Tesla buscó «desarrollar un transmisor de gran energía», lo que quería decir que tenía que averiguar cómo construir bobinas y condensadores capaces de funcionar a millones de voltios. Y finalmente, como sabía que necesitaría entregar electricidad o mensajes a usuarios específicos, Tesla buscaba mejorar sus métodos de sintonización, o como él decía: «Perfeccionar los medios para individualizar y aislar la energía transmitida».[1]

Para abordar estos retos, Tesla decidió trasladarse más allá de los confines de su laboratorio en la ciudad de Nueva York y se reubicó en Colorado Springs, donde trabajó de mayo de 1899 a enero de 1900. En Colorado, Tesla estaba en la cima como experimentador creativo, pero el exceso de confianza en el sistema ideal que había estado desarrollando en su imaginación se interpuso en el camino de comprobar rigurosamente sus ideas y recoger las evidencias que necesitaría más tarde para defender sus patentes y atraer inversores. Enamorado del sistema que había ideado, Tesla se aferró a las primeras pistas de éxito, ilusiones, en vez de afrontar los problemas y retos que inevitablemente aparecieron al pasar la idea de la imaginación al mundo material.

TRASLADO A COLORADO SPRINGS

Situado sesenta y tres millas al sur de Denver y a una altura de seis mil pies, Colorado Springs se fundó en 1871 como un refugio de montaña de lujo (imagen 13.1) Con su belleza escénica natural (el pico Pike está justo al oeste de la ciudad), con altitud, clima seco y aguas ricas en flúor, Colorado Springs atraía a una clientela adinerada que buscaba asistencia para una variedad de males, incluyendo la tuberculosis. Además de los turistas ricos, los distritos cercanos con minas de oro de

Imagen 13.1. Colorado Springs a principios del siglo xx.
De la colección de postales de Jane Carlson.

Cripple Creek y Victor producían cantidad de millonarios que construían casas refinadas en Colorado Springs.[2]

El artículo de un periódico sugería que Tesla había hecho una breve visita a Colorado Springs en 1896 para llevar a cabo unos cuantos experimentos inalámbricos; el traslado de 1899 fue una recomendación de Leonard E. Curtis, que había sido un socio de Parker Page, el abogado de patentes de Tesla.[3] Curtis se había trasladado a Colorado Springs para recuperar su salud e invitó a Tesla a ir y llevar a cabo experimentos allí. En el rural Colorado Springs, Tesla podía levantar sistemas más grandes de los que tenía en su laboratorio de Nueva York y realizar experimentos de manera segura a voltajes más altos. «Mis bobinas [en Nueva York] están produciendo 4.000.000 de voltios —dijo Tesla a Curtis—, y chispas saltando desde las paredes al techo son un riesgo de incendio.» Además, al estar en las montañas, Tesla podía estudiar cómo se conducían las corrientes tanto a través de la corteza terrestre como de la atmósfera a grandes altitudes.

Atraído por la oportunidad de trabajar lejos de la prensa, Tesla aceptó la invitación de Curtis para trasladarse temporalmente y explicó sus necesidades: «Esto es una prueba secreta. Debo tener energía eléctrica, agua y mi propio laboratorio. Necesitaré un buen carpintero que seguirá instrucciones. Me financian en esto Astor y también Crawford y Simpson. Mi trabajo se hará por la noche, tarde, cuando la carga de energía sea mínima». Encantado de tener la visita de Tesla, Curtis lo organizó para que el inventor obtuviese energía gratuita del servicio eléctrico local, El Paso Power Company.[4]

Tesla viajó a Colorado Springs pasando por Chicago, donde paró a dar una conferencia ante el Commercial Club, cuyos miembros constituían la élite de los negocios de la ciudad del viento. A pesar de que el punto más relevante de la conferencia era una demostración de su bote radiocontrolado (véase el capítulo 12), Tesla contó a su audiencia sus planes de emisión de energía, señales a Marte y uso de la electricidad para convertir el nitrógeno en la atmósfera en fertilizante. Aunque el periodista del *Chicago Tribune* estaba decepcionado porque Tesla pronunció su conferencia «en voz baja y con un acento defectuoso», el periodista del *Times-Herald* lo encontró cautivador cuando le realizó una entrevista personal: «Los ojos brillantes de Tesla resplandecían cuando hablaba de los fines de su trabajo. Inclinándose hacia delante, mirando casi en todo momento a los ojos de su entrevistador para estar seguro de que lo que quería decir se estaba entendiendo, demostró ser un conversador que no permite que bajo su influencia un hombre pierda el hilo de lo que está diciendo».

Hablando con el periodista del *Times-Herald*, Tesla explicó sus pensamientos sobre la comunicación interplanetaria:

> ¿Enviar señales a Marte? Tengo un aparato que puede conseguirlo sin lugar a dudas. Si desease enviar una señal a ese planeta, podría estar perfectamente seguro de que los efectos eléctricos serían lanzados exactamente adonde yo desease tenerlos. ... Más allá de esto, tengo un instrumento por el cual puedo recibir con precisión cualquier señal que pueda hacerse a este mundo desde Marte. Por supuesto, esto no es lo mismo que decir que podría establecer comunicación con seres en Marte, pero si ellos supiesen que les estoy haciendo señales y tuviesen una inteligencia aproximadamente similar a la nuestra, la comunicación no sería imposible.

Tesla usó la entrevista en *Times-Herald* para posicionarse de nuevo *vis-à-vis* con Marconi sin mencionar el nombre de su rival. Mientras Marconi perseguía aplicaciones simples por dinero, Tesla argumentaba que él estaba buscando los principios subyacentes en esta nueva rama de la tecnología.

> Lo que estoy haciendo es desarrollar un nuevo arte. ¿No es eso más importante que el intento de elaborar un arte viejo en alguna de sus fases? Quiero pasar a la posteridad como el fundador de un nuevo método de comunicación. No me preocupo por los resultados prácticos en el presente inmediato. Cuando tengo tiempo, paro y desarrollo la aplicación sobre los principios que he anunciado, pero esa es la parte del trabajo que normalmente es más segura dejar a otros. Lo harán porque proporciona dinero. Para mí mismo, estoy contento de encontrar los nuevos principios a través del conocimiento a partir del cual son posibles las aplicaciones.[5]

Tras dejar Chicago en tren, Tesla llegó a Colorado Springs el 18 de mayo de 1899. En su hotel, el Alta Vista, fue inmediatamente abordado por un periodista que le preguntó acerca de sus planes: «Me he propuesto enviar un mensaje desde el pico Pike a París», respondió Tesla con osadía. «No veo razón por la que debería seguir manteniendo esto en secreto», continuó. «He estado preparando durante largo tiempo mi visita aquí y llevar a cabo estos experimentos que significan tanto para mí. Estoy aquí para hallar un sistema de transmisión a distancia. Me propongo propagar perturbaciones eléctricas sin cables.»[6]

Para realizar estas investigaciones, Tesla empezó inmediatamente la construcción de estaciones experimentales en la parte este de las afueras de la ciudad. Situada en un pasto vacío conocido como Knob Hill, la estación se localizaba entre State Deaf, Blind Institute y Printer' Union Home. (Hoy es la intersección de las calles Kiowa y Foote.) Desde Knob Hill, Tesla tenía vistas espléndidas del pico Pike al oeste y llanuras ondulantes al este.

Construida por un carpintero local, Joseph Dozier, la estación experimental era un granero de madera de sesenta por setenta pies; consistía en una habitación principal y dos pequeñas oficinas en la parte delantera. Sobre la habitación principal, Tesla hizo que Dozier fabricase un tejado que pudiese abrirse y cerrarse, así como un balcón para poder ver el campo. Aunque inicialmente planeaba usar globos para tener sus antenas en lo alto, Tesla pronto se dio cuenta de que los globos existentes no podían levantar el peso de tantos metros de alambre. Por lo tanto, diseñó un mástil telescópico que podía elevar una bola de 30 pulgadas cubierta en cobre a una altura de 142 pies. Para estabilizar el mástil, Tesla añadió una torre de veinticinco pies al tejado de la estación.

Tesla ansiaba especialmente mantener su trabajo en la estación experimental en secreto. Dozier había incluido una única ventana en la pared de la parte posterior de la estación, pero los niños lugareños no dejaban de asomarse a ella, de modo que Tesla tuvo que cubrirla con paneles. Para mantener a otros curiosos alejados, Tesla ordenó que se levantase una valla alrededor de la estación, con avisos de «NO ENTRAR. GRAN PELIGRO». Uno de los asistentes de Tesla añadió un aviso final en la puerta, una cita del Infierno de Dante: «Oh, vosotros los que entráis, *abandonad toda esperanza*».[7]

Para equipar su estación experimental, Tesla recurrió a dos asistentes que venían de su laboratorio de Nueva York: Fritz Lowenstein (1874-1922) y un asistente llamado Willie. Nativo de la región de Karlovy Vary (hoy parte de la República Checa), Lowenstein había estudiado ingeniería en Europa antes de emigrar a América en 1899 y empezar a trabajar para Tesla. A Tesla enseguida le gustó Lowenstein y pronto fue alguien de su confianza, con quien compartió ideas clave sobre la transmisión inalámbrica de energía. Willie, por el contrario, era un mecánico que trabajaba para Tesla en su laboratorio de la calle Houston. Sin embargo, pronto decepcionó a Tesla y fue despedido; para reemplazarlo, contrató a un adolescente del lugar, Richard B. Gregg, cuyo padre conocía a Curtis. En el otoño de 1899, Lowenstein dejó Colorado Springs y Tesla tuvo otro mecánico, Kolman Czito, que vino de su laboratorio en Nueva York para ayudarle con los experimentos.[8]

Bajo la dirección de Tesla, Lowenstein y Gregg construyeron un transmisor amplificador enorme. En la habitación principal de la estación, construyeron una pared circular de madera de alrededor de seis pies de alto y 49,25 pies de diámetro. Alrededor de la cima de esta pared, enrollaron dos vueltas de alambre grueso para así crear el bobinado primario del transmisor. En el centro de la habitación, construyeron la bobina secundaria usando un centenar de vueltas de alambre fino.[9] Un extremo de la bobina secundaria podía conectarse bien al terminal esférico dentro del laboratorio o a la bola de cobre en la cima del mástil, mientras el otro extremo estaba conectado a tierra.

Para proporcionar CA al transmisor, Tesla accedió la línea de tranvía que paraba justo en el límite de la pradera de Knob Hill. Incrementó su corriente de 500 voltios empleando un transformador de 50 kilovatios de Westinghouse que rebobinó de modo que convertía la corriente entrante a una de 20.000 o 40.000 voltios.[10] El transformador estaba conectado a un gran banco de condensadores que se interrumpían automáticamente (y, por tanto, se descargaban) por un volante motorizado. Rodeando al equipo había varias bobinas grandes que podían moverse de un lado a otro entre el secundario y el primario.[11]

El pulso de la tierra

A medida que la estación experimental tomaba forma, Tesla empezó a apreciar no solo la belleza natural, sino también el potencial científico de Colorado Springs. «Solo llevaba allí unos pocos días —escribió más tarde— cuando me felicité a mí mismo por la feliz elección y empecé la tarea, para la cual me había estado preparando, con agradecimiento y lleno de esperanza inspiradora. ... A esto se añadía la influencia estimulante de un clima glorioso y un singular agudizamiento de los sentidos. Los objetos podían verse claramente a [grandes] distancias ... [y] estruendos de truenos [podían oírse] a setenta y ocho kilómetros de distancia.»[12]

A finales de junio y principios de julio, mientras Lowenstein y Gregg continuaban equipando la estación, Tesla empezó a hacer observaciones en el entorno claro y fresco. Como tenía intención de que su transmisor enviase corrientes a través de la tierra a un receptor a cierta distancia, una tarea inmediata era estudiar el potencial eléctrico de la tierra y observar cómo variaba. Debido a que los numerosos sistemas en Nueva York (para el telégrafo, el teléfono, la luz y el transporte) producían demasiadas interferencias eléctricas, Tesla no había sido capaz de hacer ninguna medición fiable de si la tierra poseía un potencial o carga eléctrica natural. Si estaba sin carga, entonces Tesla tendría que usar su transmisor amplificador para introducir una cantidad tremenda de energía de modo que hiciese que la tierra vibrara eléctricamente y transmitiera energía a distancia. Usando la metáfora del balón (vista en el capítulo 11), una tierra sin carga sería lo mismo que un balón con poco o nada de aire en su interior. Sin embargo, si la tierra ya poseía un potencial eléctrico, entonces Tesla solo necesitaría añadir una pequeña cantidad de electricidad para transmitir energía; una tierra con carga sería el equivalente a un balón totalmente inflado.[13]

Para estudiar el potencial eléctrico de la tierra, Tesla improvisó un instrumento compuesto de un cohesor con un grabador de tinta. El cohesor consistía en un tubo de vidrio con un relleno de limaduras de hierro sueltas entre dos extremos; cuando el tubo detectara una alta tensión, algo como una chispa o una onda electromagnética, las limaduras se alinearían para crear un camino conductor entre los dos extremos. Debido a que las limaduras tendían a quedarse en posición después de detectar una señal, algunos experimentadores añadieron un pequeño martillo que agitaba las limaduras, en su diseño; Tesla añadió un reloj que rotaba el cohesor de manera regular.[14]

Para incrementar la sensibilidad de su cohesor, Tesla lo colocó en el circuito secundario de un transformador, mientras el primario del transformador se conectaba a tierra y a un terminal elevado de capacidad ajustable. Esto quería decir que fuera cual fuera la variación del potencial eléctrico en la tierra, esta provocaría sobrecargas eléctricas en el bobinado primario, que a su vez induciría corrientes en el bobinado secundario y por tanto en el instrumento. Usando este arreglo, Tesla averiguó que «la tierra estaba... literalmente viva con vibraciones eléctricas y pronto me vi absorbido por esta interesante investigación».[15]

Agradado de haber descubierto que la tierra sí tenía un potencial eléctrico, Tesla después necesitó saber cómo las corrientes eléctricas fluían a través de la corteza terrestre. Para determinar esto, monitorizó cuidadosamente las vibraciones con sus receptores, y pronto se dio cuenta de que sus receptores se veían mucho más afectados por las descargas de rayos que tenían lugar en tormentas alejadas que por los rayos de tormentas cercanas; el sentido común sugeriría que cuanto más distantes fueran las descargas eléctricas, más débil sería la señal que recogería el receptor. «Esto me confundió mucho», recordaba Tesla. «¿Cuál era la causa?»[16]

Tesla pronto tuvo una corazonada. Una tarde, cuando volvía paseando al hotel con Lowenstein, de repente se dio cuenta de que las variaciones podrían provocarse si los relámpagos creaban ondas estacionarias en la corteza terrestre. Una onda estacionaria se crea cuando dos ondas viajando en direcciones opuestas se suman en fase para crear una nueva y única onda cuya amplitud es estacionaria en el tiempo.[17] Un ejemplo simple de onda estacionaria es lo que sucede cuando se agita un extremo de una cuerda mientras el otro extremo está atado a una pared; ahí la onda se refleja a lo largo de la cuerda. Si se ajustan las vibraciones entrantes de modo que estén en la frecuencia resonante de la cuerda, entonces las dos ondas se juntarán para crear una sola onda cuyos picos y valles parezcan quedarse quietos. Al igual que las vibraciones mecánicas pueden viajar a lo largo de la cuerda, Oliver Lodge había demostrado en 1887 que las oscilaciones electromagnéticas pueden viajar a lo largo de un alambre o conductor, reflejarse en algún punto y crear una onda estacionaria.[18]

En el caso de las descargas de rayos, Tesla supuso que los rayos desencadenaban una onda electromagnética en la corteza de la tierra que se reflejaba a sí misma para crear una onda estacionaria. Mientras preparaba su conferencia para el Franklin Institute en 1893, Tesla había pensado primero que las ondas estacionarias electromagnéticas podrían establecerse en la tierra, pero en ese momento «lo descartó por absurdo e imposible». Ahora, en Colorado, Tesla observó: «Mi instinto se había despertado y de algún modo sentía que estaba cerca de una gran revelación».[19]

Tesla confirmó su corazonada siguiendo el desarrollo de una tormenta espectacular el 3 de julio de 1899. Esa tarde, una tormenta violenta irrumpió en las montañas al oeste, pasó sobre Colorado Springs y luego se trasladó rápidamente a las planicies del este. Según Tesla, la tormenta produjo una «muestra extraordinaria de relámpagos, no menos de 10.000 o 12.000 descargas de las que fuimos testigos durante dos horas. El resplandor era casi continuo, e incluso más tarde, por la noche, cuando la tormenta había amainado, fueron testigos de 15 a 20 descargas por minuto. Algunas de las descargas producían un destello maravilloso y mostraban a menudo 10 o el doble de ramas».

Para mediar estas descargas de rayos, Tesla conectó su cohesor rotante a tierra y a la placa elevada. Para amplificar cualquier efecto eléctrico transmitido a través de la tierra, insertó el condensador entre el cohesor y esta. Y para registrar cada descarga de un rayo, el cohesor provocaba que un relé telegráfico sonase. Como señaló en sus notas: «el relé no estaba ajustado de manera muy sensible; no obstante, empezó a sonar cuando la tormenta estaba todavía a una distancia de 80-100 millas, esto es, calculando la distancia según la velocidad del sonido. A medida que la tormenta se acercaba, el ajuste tenía que volverse menos y menos sensible hasta que se alcanzó el límite de la longitud del muelle, pero incluso entonces sonaba con cada descarga».[20]

Cuando la tormenta pasó sobre ellos, Tesla montó rápidamente un segundo instrumento. Conectó un timbre eléctrico a la tierra y el extremo elevado, de modo que sonaba como respuesta a cada descarga de un rayo. Este arreglo era similar al detector de relámpagos usado por el físico ruso Alexander Popov en 1895.[21] A este instrumento Tesla le añadió un pequeño explosor cuyos extremos se conectaban por una chispa brillante cuando se producía un relámpago. Para hacerse una idea de la fuerza de la corriente pasando entre la tierra y la placa elevada, Tesla puso sus manos en el hueco del explosor y sintió la sacudida que venía con cada relámpago.

Pero «cuando la tormenta se alejaba», anotó Tesla, «se hizo la observación más interesante y más valiosa». Cuando la tormenta continuaba hacia el este sobre las planicies, Tesla volvió a usar su cohesor rotatorio y el relé. Como registra en sus notas:

El instrumento era de nuevo ajustado a fin de ser más sensible y responder de inmediato a cada descarga que fuese vista u oída. Lo hizo durante un rato, hasta que de repente paró. Pensé que los relámpagos estaban ahora demasiado lejos, puede que alrededor de 50 millas de distancia. Y de repente, el instrumento empezó otra vez a funcionar, incrementando continuamente su fuerza, aunque la tormenta se estaba alejando rápidamente. Después de algún tiempo las indicaciones cesaron de nuevo, pero media hora más tarde el instrumento empezó otra vez a registrar señales. Cuando cesó una vez más, el ajuste aparentaba ser más delicado, muy considerablemente delicado, de modo que el instrumento no reaccionaría, pero en media hora más o menos empezó a tocar y aunque ahora el muelle estaba muy tenso en el relé, todavía indicaba las descargas. Esta vez la tormenta se había movido muy lejos de nuestra visión. Al reajustar el instrumento y prepararlo de nuevo para que fuese muy sensible, empezó a sonar de nuevo periódicamente después de un rato. La tormenta estaba ahora a una distancia de 200 millas como mínimo. Más tarde el instrumento sonaba y paraba repetidamente en intervalos de aproximadamente media hora, aunque casi todo el horizonte estaba claro en ese momento.[22]

Para explicar por qué las señales empezaban y se detenían cada media hora, Tesla concluyó que estaba observando ondas electromagnéticas estacionarias. Razonó que los relámpagos creaban una onda electromagnética en la corteza terrestre que luego se reflejaba de vuelta sobre sí misma para crear la onda estacionaria. Tesla no estaba seguro de dónde se reflejaban las ondas. «Sería difícil creer que se reflejan desde el punto opuesto de la superficie terrestre, aunque podría ser posible», indicó. «Pero me inclino a pensar que se reflejan en el punto de la nube donde la ruta conductora empieza; en este caso, el punto donde el relámpago golpea la tierra sería un nodo.»[23] Como este nodo cambiaría a medida que la tormenta continuase moviéndose mientras que el receptor de Tesla estaría en un único lugar, el receptor respondería periódicamente cuando un pico de una onda estacionaria pasase a través de la tierra bajo el receptor.[24]

Como vemos, es posible crear ondas estacionarias electromagnéticas, no necesariamente en la corteza terrestre, sino entre la ionosfera y la superficie terrestre, en lo que se conoce como «cavidad Schumann». Usando ondas de frecuencia extremadamente baja (ELF, por sus siglas en inglés *extremely low frequency*), la Marina de EE. UU. descubrió que las ondas estacionarias penetran profundamente en el océano y hacen posible mantener contacto por radio con submarinos nucleares. Desde la década de los ochenta del siglo xx hasta el 2004, la Marina tenía estaciones en funcionamiento en Clam Lake (Wisconsin) y Republic (Michigan), que transmitían señales ELF a submarinos. Para transmitir señales ELF, estas estaciones necesitaban una antena bajo tierra que se extendía veintiocho millas.[25] El proyecto ELF de la Marina sugiere que Tesla probablemente detectó ondas estacionarias producidas por relámpagos. Sus observaciones estaban basadas en fenómenos físicos reales.

Tesla consideraba el descubrimiento de ondas electromagnéticas estacionarias como «de inmensa importancia», porque ahora sabía no solo que la tierra estaba cargada eléctricamente sino cómo las ondas electromagnéticas viajaban a través de ella. Antes de su descubrimiento, Tesla pensó que la tierra podría comportarse «como una vasta reserva u océano que, mientras podía alterarse localmente por una conmoción de algún tipo, permanecía indiferente e inactivo en gran parte o del todo». En este caso, las ondas electromagnéticas, como las producidas por los relámpagos, viajarían a lo largo de una distancia y luego simplemente se extinguirían, de modo muy similar a las ondas creadas cuando se tira una piedra al océano: las ondas son marcadas alrededor del punto donde la piedra golpea el agua y luego se disipan en círculos concéntricos. Sin embargo, la existencia de ondas estacionarias sugería a Tesla que la tierra no se comportaba como un océano cuando se trataba de ondas electromagnéticas. «Aunque parezca imposible —explicaba Tesla—, este planeta, a pesar de su vasta extensión, se comporta como un conductor de dimensiones limitadas.» Y si las ondas estacionarias pueden crearse por relámpagos, concluía, entonces «es seguro que pueden producirse con un oscilador».[26] En los experimentos que siguieron en Colorado Springs, Tesla se esforzó en generar ondas de baja frecuencia para imitar a las que había detectado durante las tormentas.

Para Tesla, el descubrimiento de ondas estacionarias significaba que su sistema tendría mucho más alcance que el aparato de Marconi. Marconi había enviado mensajes a través del Canal de la Mancha, pero ahora Tesla sentía que podía transmitir tanto mensajes como energía alrededor del mundo. «No solo era viable enviar mensajes telegráficos a cualquier distancia sin cables —escribió Tesla más tarde—, sino también grabar por todo el planeta las modulaciones ligeras de la voz humana, y todavía más, transmitir energía, en cantidades ilimitadas, a cualquier distancia terrestre y casi sin pérdida.»[27]

Las tormentas no solo permitieron a Tesla descubrir ondas estacionarias, sino que durante los siguientes meses continuó siguiendo el rastro de tormentas para determinar la distancia que su transmisor debería alcanzar. Así lo explicó:

> Esto lo hice por comparación con las descargas de relámpagos que ocurrían casi cada día y que me permitían determinar el efecto de mi transmisor y establecer experimentalmente la energía que era capaz de transmitir, cuando lo comparaba con la energía que era transmitida desde una cierta distancia por la descarga de un rayo. Podía hacer un seguimiento de estas a distancias de muchos cientos de millas y podía en cualquier momento decir de modo preciso cuánto de una fracción de vatio obtendría con mi transmisor en un circuito situado en cualquier punto del globo. La energía determinada por la medición concordaba exactamente con la determinada por los cálculos.[28]

Tesla estaba razonando por analogía. Observaba el movimiento de un relámpago, determinaba lo lejos que estaba y medía con sus instrumentos cómo variaba la fuerza de las ondas estacionarias con la distancia. Entonces asumía que si una tormenta podía transmitir tanta energía sobre tal o cual distancia, no debería haber problema en usar su transmisor para enviar energía a la misma distancia. «Con estas estupendas posibilidades a la vista —escribió Tesla— emprendí con fuerza el desarrollo de mi transmisor amplificador; ahora, sin embargo, no tanto con la intención original de producir uno de gran potencia, sino más bien con el objeto de aprender cómo construir el mejor.»[29] Pero antes de que acometiese esta tarea, sus instrumentos detectaron otro conjunto de señales interesantes.

¿UN MENSAJE INTERPLANETARIO?

Entusiasmado por haber averiguado que las ondas estacionarias eléctricas podían crearse en la corteza terrestre, Tesla continuó mejorando sus instrumentos para detectar perturbaciones eléctricas débiles hasta una distancia de 1.100 millas. En concreto, Tesla conectó el cohesor al segundo oscilador que inyectaba un voltaje en radio frecuencia (RF) al circuito de modo que el cohesor estaba muy cargado y listo para activarse en respuesta al más pequeño cambio en el voltaje. Con este voltaje de RF inyectado, Tesla podía conectar un teléfono receptor al circuito cohesor de modo que oiría un *bip* cada vez que el cohesor detectase oscilaciones electromagnéticas.[30] En parte, lo hizo así pensando que un instrumento tan sensible podría usarse para seguir el rastro de la velocidad y la dirección de las tormentas. Consciente de que Gran Bretaña, Alemania y Estados Unidos estaban construyendo sus armadas (véase el capítulo 12), Tesla pensó que los barcos de guerra podrían usar un dispositivo de seguimiento de tormentas para evitar el mal tiempo.[31]

Sin embargo, este receptor tan sensible provocó otro descubrimiento. Trabajando una noche, Tesla se quedó fascinado al detectar oscilaciones débiles que consistían en *bips* regulares: primero uno, luego dos y finalmente tres *bips*. «Mis primeras observaciones [de estos *bips*] me aterrorizaron positivamente —recordaba Tesla más tarde—, ya que en ellos había algo misterioso, por no decir supernatural. ... Sentía como si estuviese presenciando el nacimiento de un conocimiento nuevo o la revelación de una gran verdad.»

Desconcertado porque los *bips* tenían «una muy clara sugerencia de número y orden». Tesla al principio consideró que eran «perturbaciones eléctricas como las producidas por el sol, auroras boreales y corrientes terrestres y estaba tan seguro como podía estarlo de que estas variaciones no se debían a ninguna de estas causas. La naturaleza de mis experimentos descartaba la posibilidad de los cambios que se producían por alteraciones atmosféricas». Al rechazar estas posibles causas solares o terrestres, Tesla parecía no haber sido capaz de determinar la causa de estas señales inusuales mientras estuvo en Colorado. A lo largo del año siguiente más o menos (1899-1900), continuó pensando en estas observaciones inusuales hasta que «la idea se proyectó en mi cabeza; las perturbaciones que había observado podrían ser debidas a un control inteligente. Aunque no podía descifrar su significado, era imposible para mí pensar en ellas como algo completamente accidental. El sentimiento de que había sido el primero en oír el saludo de un planeta a otro cada vez me convencía más».[32] A finales de 1900, concluyó que el *bip* realmente debía provenir de otro planeta, y anunció esta conclusión en una carta a la Cruz Roja Americana en enero de 1901 (véase el capítulo 14).

En las primeras entrevistas sobre los *bips*, Tesla insistía solo en que las señales eran de naturaleza extraterrestre, pero los periodistas rápidamente asumieron que las señales debían de venir de Marte.[33] Al estudiar Marte a finales de la década de los setenta del siglo xix, el astrónomo italiano Giovanni Virginio Schiaparelli había observado una red de caminos o canales largos y rectos, a los que llamó *canali* en su mapa del planeta rojo. Mucha gente llegó a la conclusión de que los canales de Schiaparelli no podían haber sido provocados por fuerzas naturales y eran un indicador de vida inteligente en Marte. La idea de que Marte estaba habitado la llevó más lejos el astrónomo aficionado americano Percival Lowell, que construyó un observatorio en Flagstaff (Arizona) específicamente para ver los canales de Marte. En su libro de 1895 sobre Marte, Lowell razona que el planeta estaba sufriendo una sequía severa y que los canales eran una respuesta ingeniosa de los marcianos para dirigir el agua de las capas de hielo polar a las partes centrales del planeta.[34]

Las ideas de Lowell sobre la vida inteligente en Marte recibieron amplia cobertura en los periódicos y revistas, y con certeza, Tesla estaba al tanto de estas teorías. Como ya hemos visto, Martin había especulado en su artículo de 1895 acerca de que el oscilador de Tesla pudiera usarse para «llamar» a los marcianos (véase el capítulo 11) y Tesla había trabajado sobre estas posibilidades cuando dio su conferencia en Chicago en mayo de 1899.

Aunque Tesla pidió a George Scherff que le enviase un libro de astronomía durante el verano de 1899, no hay mención de estas señales extraterrestres en las notas que llevaba en Colorado. En consecuencia, hay confusión entre los biógrafos de Tesla sobre qué podía haber detectado realmente con su sensible receptor. ¿Qué podría haber oído Tesla con su receptor que pensó que era un mensaje desde Marte?

Una explicación avanzada por el biógrafo Marc Seifer era que Tesla recogió señales de los test que Marconi estaba realizando con las marinas británica y francesa en julio de 1899.[35] La dificultad de esta explicación es que el receptor de Tesla no estaba sintonizado con las frecuencias que estaba usando Marconi. Según Kenneth L. Corum y James F. Corum, mientras Marconi estaba transmitiendo en una frecuencia RF, el receptor de Tesla estaba preparado para detectar ondas de frecuencias muy bajas (VLF, por sus siglas en inglés *very low frecuency*) en el rango de 8 a 22 KHz.[36] Tesla estaba trabajando con ondas en este rango porque creía que las ondas con frecuencia baja se propagarían más eficientemente a través de la corteza terrestre. Además, alimentados solo con pilas, los transmisores de Marconi en 1899 probablemente no tenían suficiente potencia para generar ondas que pudiesen viajar de Inglaterra a Colorado. De hecho, para transmitir a través del Atlántico en 1901, Marconi había desarrollado un sistema consistente en una máquina de vapor de 25 caballos llevando un generador de CA que producía 2.000 voltios que a su vez se aumentaban a 20.000 voltios.[37]

Al rechazar la explicación de que Tesla simplemente había recogido las señales de Marconi, los hermanos Corum en su lugar sugerían que Tesla, de hecho, sí había detectado señales de radio extraterrestres. Después de establecer que el receptor de Tesla estaba funcionando en el rango VLF, los Corum investigaron qué tipo de señales VLF podían haber venido del espacio durante el verano de 1899. Resulta que una de las lunas de Júpiter, Ío, emite una señal de 10 KHz cuando pasa a través de un toro de partículas de plasma cargadas que rodea al planeta (imagen 13.3). Detectadas por primera vez en 1955, las radioseñales de Ío a menudo llegan como una serie de pulsaciones. Para probar su explicación, los Corum reconstruyeron el receptor de Tesla, lo usaron durante una tormenta de radio en Júpiter en 1996 y registró una serie de *bips* similares a los que Tesla indicó que había oído en 1899.

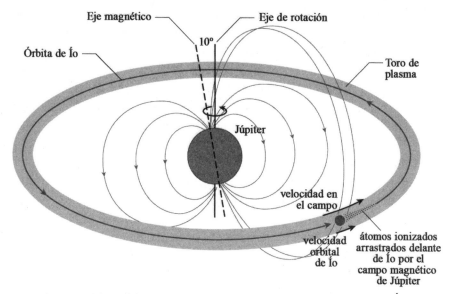

Imagen 13.3. Diagrama que muestra cómo la luna de Júpiter, Ío,
pasa a través de un toro de partículas cargadas.
Las ondas electromagnéticas se generan cuando Ío empuja partículas
cargadas hacia el campo magnético de Júpiter. Debido a que el eje de
rotación de Ío no es paralelo al eje del campo magnético de Júpiter, Ío
atraviesa partes más fuertes y más débiles del campo magnético, lo que
provoca pulsaciones en las ondas que genera. Adaptado de http://physics.
uoregon.edu/~jimbrau/BrauImNew/Chap11/FG11_20.jpg.

Finalmente, para explicar por qué Tesla asociaba estas señales con
Marte, los Corum usan *software* de astronomía para determinar dónde
Júpiter y Marte habrían estado en el cielo nocturno de Colorado
Springs durante el verano de 1899. Con este *software* averiguaron que,
durante varias noches de julio de 1899, Júpiter habría emitido una señal durante parte de la noche, pero habría parado justo cuando Marte
estaba poniéndose en el cielo occidental. Si Tesla hubiese mirado fuera
de las puertas de la estación experimental cuando oía que los *bips* pa-
raban, habría visto desaparecer a Marte detrás de las montañas, lo cual
le habría facilitado conectar el planeta rojo con el cese de las señales.
Al igual que Tesla detectó ondas estacionarias formándose en la cavi-

dad de Schumann, los Corum argumentan que de nuevo Tesla estaba observando un fenómeno real.[38]

EL TRANSMISOR AMPLIFICADOR EN FUNCIONAMIENTO

A finales de julio, cuando sus asistentes acabaron de ensamblar el transmisor amplificador. Tesla pasó de escuchar a la tierra y el cielo a investigar el mejor modo de hacer funcionar esta gran máquina. En su laboratorio de la calle Houston, Tesla había sido capaz de alcanzar los 3 millones de voltios y producir descargas de 16 pies; con este transmisor amplificador mayor en Colorado, esperaba generar 50 millones de voltios y producir rayos artificiales de entre 50 y 100 pies de largo.[39]

Para Tesla, un día típico en la estación experimental empezaba con un paseo en calesa desde el Alta Vista Hotel a Knob Hill. Pasaría la mañana en su oficina en una esquina del laboratorio, haciendo cálculos, planeando la siguiente ronda de experimentos y enzarzándose en largas discusiones con Lowenstein. A mediodía, Tesla y Lowenstein disfrutaban de un almuerzo enviado desde el hotel. Como el negocio primario de El Paso Electric Company era proporcionar luz eléctrica, probablemente no hacía funcionar sus generadores durante el día, y por tanto, Tesla tenía que esperar hasta que la energía llegaba al final de la tarde para empezar sus experimentos con el transmisor amplificador.[40] Cuando Tesla accionaba el interruptor, su asistente adolescente, Gregg, recuerda que «chispas enormes caían entre las bolas en lo alto. Con frecuencia las chispas eran de 15 o 20 pies de largo, justo como rayos. Tenían un gran colisión que hacía eco dentro del laboratorio y podía oírse a cierta distancia».[41]

Al hacer funcionar el transmisor amplificador, Tesla buscaba generar una corriente potente que pudiese enviarse a través de la tierra. Para ello, necesitaba elevar el voltaje todo lo alto que fuera posible y determinar la frecuencia óptima de transmisión a través de la tierra. Para subir el voltaje y ajustar la frecuencia, Tesla variaba los valores para cada componente que proporcionaba energía a la vuelta primaria del transmisor magnificador (estos componentes pueden verse en la imagen 13.2). En momentos diferentes, subía el voltaje que provenía del transformador de Westinghouse, modificaba la velocidad de la rueda de corte, que controlaba la descarga de los condensadores, cambiaba el tamaño de los condensadores que alimentaban la bobina primaria y a veces usaba uno o dos bobinados en el primario (imagen 13.3). Además, Tesla experimentaba con los componentes dentro de la pared circular; probaba varias bobinas diferentes para el secundario así como «bobinas extra» que se colocaban en el circuito del transmisor de modos diferentes. Durante los primeros meses que estuvo en Colorado, tanto el secundario como la bobina «extra» estaban situadas hacia el centro del círculo de cincuenta pies, pero en los últimos meses, Tesla creó un nuevo secundario dando veinte vueltas a la pared circular y en su lugar colocó la bobina extra en el centro del círculo.[42]

Tesla también varió la capacidad eléctrica del circuito secundario conectando el secundario y la bobina extra a bolas cubiertas de cobre de diferente tamaño. Para sintonizar el circuito secundario a la frecuencia deseada, Tesla ajustó la altura del extremo esférico y pronto advirtió que tenía que elevar la bola a través del tejado de la estación para sintonizar claramente el transmisor. En consecuencia, en septiembre, instaló el mástil telescópico que le permitía subir la bola hasta una altura de 142 pies. Durante los meses de otoño, Tesla midió cuidadosamente cómo la capacidad eléctrica del circuito secundario variaba con la altura de la bola.

Para el ingeniero eléctrico moderno, acostumbrado a los componentes electrónicos estándar, ya sea en un tablero de circuitos o en una simulación por ordenador, es fácil variar los componentes y jugar con diferentes configuraciones de circuitos. Sin embargo, Tesla trabajaba en el transmisor amplificador en 1899, y necesitamos recordar que entonces ni había componentes estándar ni ningún instrumento conveniente para medir el valor de componentes como bobinas o condensadores. Cada bobina, como hemos mencionado, tenía que ser cuidadosamente enrollada, medida y luego ajustada de modo que tuviese la inductancia necesaria. Además, dados los voltajes y frecuencias que perseguía Tesla, muchos de estos componentes eran enormes (cuando se los compara con dispositivos electrónicos modernos) y podían necesitarse días para modificarlos. Por ejemplo, más de una vez, Tesla incrementó el tamaño de los condensadores en el transmisor am-

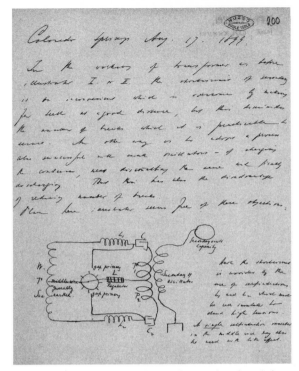

Imagen 13.4. Boceto en la libreta de un circuito típico usado
por Tesla en Colorado Springs.

Leyenda:

W. T.   secundario del transformador de Westinghouse
$L1$, $L2$ bobinas de inductancia
$C1$, $C2$ condensadores
$P1$, $P2$ bobinado primario del transmisor amplificador

De NT, 17 de agosto de 1899, CSN, MNT

plificador; para ello, sus asistentes tenían que construir más tanques,
rellenarlos con salmuera y luego añadir el número requerido de botellas de vidrio. Para determinar cuántas docenas de botellas, y si deberían ser botellas de *champagne* o las usadas para embotellar aguas del
cercano Manitou Springs, Tesla tenía que calcular las propiedades die-
léctricas para la forma de la botella. En consecuencia, podía llevar días
hacer los cambios en el transmisor amplificador.[43]

Para hacer funcionar el transmisor amplificador, Tesla tenía que ajustar cuidadosamente todas las bobinas (la primaria, la secundaria y la extra), de modo que cada una resonaba con la bobina que le precedía y por tanto incrementaba el voltaje de la manera deseada. Al mismo tiempo, para ajustar la longitud de onda de las oscilaciones, Tesla descubrió una regla general: la longitud de los bobinados en la bobina secundaria o la extra deberían ser un cuarto de la longitud de onda deseada.[44]

Para estimar el voltaje al que el transmisor amplificador estaba funcionando, Tesla accionaría y cerraría rápidamente el interruptor que llevaba energía al lado primario del transmisor; interrumpiendo la corriente de este modo provocaba que enormes chispas volasen a la esfera conectada en la bobina secundaria o extra. Según el ingeniero e investigador sobre Tesla Aleksandar Marincic, cuando las chispas alcanzaban entre dos y cuatro metros de longitud, el transmisor probablemente operaba a dos millones de voltios, pero pronto Tesla estaba haciendo funcionar el transmisor de modo que producía hilos luminosos que saltaban huecos de dieciséis pies. Debido a que Tesla había calculado las dimensiones del edificio de modo que se ahorrase todo el dinero posible en la construcción, los hilos se quedaban solo a seis o siete pulgadas de las paredes del edificio, y más de una vez, estos rayos artificiales prendieron fuego a la estación.[45]

En una ocasión Tesla fue sepultado por los hilos de alta tensión mientras estaba dentro de la pared circular que ubicaba la bobina primaria del transmisor. Como recuerda:

> Para manejar las corrientes pesadas, tenía un interruptor especial. Era difícil de activar y tenía un muelle organizado de modo que solo con tocar la manilla saltaría. Envié a uno de mis asistentes al pueblo y estaba experimentando solo. Levanté el interruptor y me fui tras la bobina para examinar algo. Mientras estaba ahí el interruptor saltó, y de repente toda la habitación se llenó de hilos luminosos; no tenía modo de salir. Intenté romper la ventana pero fue en vano, no tenía herramientas y solo podía tumbarme boca abajo y pasar por debajo [de los hilos]. El primario llevaba 500.000 voltios, y tenía que reptar a través de un hueco estrecho [es decir, en la pared circular] con los hilos moviéndose. El ácido nitroso era tan fuerte que apenas podía respirar. Estos hilos rápidamente oxidaron el

nitrógeno debido a su enorme superficie, que compensaba que fuesen escasos en intensidad. Cuando llegué al espacio estrecho, me cortaron el paso por detrás [los hilos]. Me escapé y apenas me las apañé para abrir el interruptor cuando el edificio empezó a arder. Cogí un extintor y conseguí sofocar el fuego.

A pesar de lo aterrador de la experiencia, Tesla se sentía cautivado por las fuerzas con las que había luchado. Como escribió a su amigo Robert Underwood Johnson sobre su época en Colorado Springs: «He tenido experiencias maravillosas aquí, entre otras cosas, domestiqué a un gato salvaje y no soy otra cosa sino una masa de rasguños sangrantes. Pero en los rasguños, Luka, yace una memoria. MEMORIA».[46]

Mientras los hilos demostraron ampliamente la potencia del transmisor, Tesla generalmente evitaba producirlos no solo por razones de seguridad, sino porque gastaban la energía del transmisor amplificador y le impedían transmitir energía de modo eficiente a través de la tierra. Como explicó: «Los hilos, por supuesto, provocan pérdida por fricción y por tanto disminuyen la economía del sistema y perjudican la calidad de los resultados. También provocan una pérdida de presión, al igual que escapes en el aire o tuberías de agua». Según el constructor de bobinas de Tesla, Robert Hull, si fuéramos a ver el transmisor amplificador operando por la noche, los hilos no volarían a la esfera situada sobre el tejado; en su lugar, veríamos un rayo azul subiendo recto sobre la estación, el resultado de un halo de finos hilos rodeando el mástil y la esfera. Como Tesla recuerda: «Por la noche, esta antena, cuando encendía toda la corriente, se iluminaba por completo y era una visión maravillosa».[47]

PROPUESTAS NAVALES

Incluso cuando Tesla estaba profundamente comprometido con sus experimentos en Colorado, no dejaba de mantener un ojo atento ante nuevas fuentes de financiación, y las fuerzas armadas eran un patrocinador potencial. Esta vez no solo Marconi estaba ocupado cultivando contacto con varias marinas alrededor del mundo, sino que, como hemos visto, Hobson, el amigo de Tesla, había intentando interesar a los oficiales navales americanos en el bote de radiocontrol de Tesla. Aunque la mayor interacción de Tesla con la Marina de EE. UU. fue a través de la comisión permanente de faros.

Integrada por oficiales de la Marina y científicos civiles, esta comisión era responsable del mantenimiento de los faros del Gobierno federal y otras ayudas a la navegación. La comisión se tomó un interés especial en el uso de las nuevas tecnologías para mejorar la navegación; por ejemplo, en 1886, usó luces eléctricas para iluminar la Estatua de la Libertad, de modo que podía servir de referencia para los barcos que navegaban en el puerto de Nueva York.

En mayo de 1899, la comisión permanente de faros preguntó a Tesla si podía establecer un sistema de telegrafía sin hilos entre el buque faro *Nantucket* y la costa a sesenta millas de distancia.[48] El buque faro era la primera referencia que los trasatlánticos se encontraban cuando se acercaban a la costa de los Estados Unidos, y ayudaría a los mercantes y las compañías navieras tener información anticipada sobre qué barcos estaban a punto de llegar al puerto de Nueva York u otros puertos.[49] Al principio Tesla estuvo de acuerdo en proporcionar un aparato experimental para probar en el buque faro, y aconsejó a Scherff a forzar algunos trabajos del laboratorio de Nueva York, «ya que me estoy preparando para la planta en Nantucket (para el Gobierno) y quiero tener tanto trabajo hecho como sea posible antes de que regrese» de Colorado Springs.[50]

La relación de Tesla con la comisión permanente de faros se deterioró en pocos meses, en concreto cuando descubrió que su aparato inalámbrico iba a ser comparado con el sistema de Marconi. En septiembre de 1899, los periódicos iban cargados de noticias sobre la inminente llegada de Marconi a Nueva York para cubrir la regata de la Copa América y la comisión comenzó a preocuparse por los rumores de que Marconi se encontraría con el Cuerpo de Señales de la Armada y no con la Marina. Ante el temor de que fuese un motivo de crítica si se retrasaban en la adopción de tecnología inalámbrica, la comisión pidió a Tesla incrementar sus esfuerzos para instalar el equipo en el buque faro *Nantucket*. En su solicitud, la comisión enfatizaba que deseaba trabajar con Tesla, y prefería «el talento local al extranjero», pero que «lo que quiera que tuviese que hacerse, debería hacerse rápido».[51]

Sin embargo Tesla no respondió rápido a esta solicitud y, tras darle vueltas durante casi dos semanas, envió una carta airada a la comisión. Desde su punto de vista, la comisión no debería darle ninguna ventaja local especial ya que él era el «primer pionero» que había «establecido ciertos principios innovadores sobre la "telegrafía sin hilos"» y ahora estaba ocupado perfeccionando dispositivos basados en estos principios. Como pionero en este campo, a Tesla le molestaba que la gente lo viese como compitiendo con el advenedizo Marconi, que poseía «más empresas que conocimiento y experiencia». Si su equipo iba a ser comparado con el de Marconi, entonces Tesla necesitaría el dinero necesario para construir aparatos que se pudiesen probar adecuadamente. En consecuencia, dijo a la comisión: «Cuando me escribieron por primera vez, no sabiendo nada de la competición, me convencí a mí mismo de que debería proveerles algo previsto solo para un servicio temporal y no libre de defectos, pero ahora que el número de otros está sobre el terreno, preferiría proponer un equipo que sea capaz de pasar pruebas cruciales. Pero situado como estoy [en Colorado Springs], no podría llevar a cabo ese trabajo a menos que puedan darme una orden para, digamos, doce equipos como mínimo, en cuyo caso podría dedicarme a la tarea de suministrarles los aparatos tan rápido como fuera posible».[52] La comisión declinó hacer este gran encargo, Tesla y la Marina siguieron caminos distintos y, en 1902, la Marina compró su primer equipo inalámbrico a varias compañías francesas y alemanas.[53]

AJUSTES PARA «OCULTAMIENTO, INMUNIDAD Y SELECTIVIDAD»

Al hacer funcionar el transmisor amplificador en Colorado Springs, Tesla dedicó gran parte del esfuerzo a perfeccionar técnicas para ajustar, lo que proporcionaría «ocultamiento, inmunidad y selectividad».[54] Para desarrollar un sistema de comunicaciones a gran escala intensivo en capital, Tesla dedujo que sería necesario hacer que los mensajes fuesen seguros y privados. Como explicó unos años después, mientras estaba en Colorado pensó en enviar mensajes a través del océano, «y, a mayor distancia, más importante y más esencial... era asegurar la privacidad y la no interferencia de los mensajes; en distancias pequeñas no importa tanto si el funcionamiento de un dispositivo es interferido, pero cuando aparatos costosos, como los que sería necesario emplear en el proyecto que contemplaba, se usaban para producir señales a grandes distancias, el valor de una planta y de toda la inversión se destruiría si el mensaje no podía mantenerse privado».[55]

Aunque Marconi podía enviar mensajes desde su transmisor a un receptor en 1899, no podía proteger estos mensajes de interferencias de otros transmisores que estuvieran funcionando cerca. Por ejemplo, durante la regata de la Copa América de 1901 en Nueva York, Greenleaf Whittier Pickard de American Wireless Telephone & Telegraph Company envió una serie de transmisiones de diez segundos que interfirieron con las señales que estaban siendo enviadas por Marconi y Lee de Forest cuando intentaban cubrir la regata.[56] Igualmente, los primeros usuarios de la radio estaban preocupados sobre sus mensajes que recibían otros receptores que podían estar escuchando, lo cual era un problema serio para una armada o una marina que usase el sistema de Marconi para enviar mensajes, ya que significaba que el enemigo podía interceptarlos. Y los usuarios comerciales de un sistema telegráfico inalámbrico querían estar seguros de que sus mensajes estaban igual de seguros que los telegramas enviados con la red de cable existente.

Para crear un sistema seguro en Colorado, Tesla desarrolló el trabajo que había hecho en Nueva York usando dos frecuencias con su segundo bote radiocontrolado. Como vimos, los visitantes del laboratorio de la calle Houston a menudo observaban que varias bombillas se encendían al mismo tiempo cuando Tesla estaba transmitiendo energía y el inventor solucionó este problema sintonizando las bombillas de modo que tenían que recibir una combinación de dos frecuencias antes de encenderse.

Recurriendo a esta solución, Tesla trazó una estrategia general para sintonizar sus circuitos inalámbricos. Ávido lector del sociólogo inglés Herbert Spencer, se había quedado encantado con «la exposición clara y sugerente de Spencer del mecanismo nervioso humano». En sus *Principios de psicología*, Spencer le había dado vueltas a la pregunta de cómo el cerebro con «un número limitado de fibras y células [puede] convertirse en la sede de relativamente un número de percepciones ilimitado». Spencer proponía que el cerebro solucionaba este problema teniendo fibras nerviosas que eran sensibles no solo a un único impulso sino a numerosos y variados impulsos. Spencer comparó los nervios en el cerebro a teclas en un piano; aunque tenía solo un número limitado de teclas (cada una sonando según su propia nota), el piano podía producir una gran número de acordes complejos cuando se presionaban múltiples teclas. Basándose en Spencer, Tesla opinaba: «Somos capaces de recibir innumerables impresiones distintas porque las fibras nerviosas que lo controlan se prestan a innumerables combinaciones, y podemos distinguir un individuo de todos los demás gracias a muchos rasgos característicos que no existen en ningún otro individuo».[57]

Inspirado por Spencer, Tesla empezó a pensar sobre sus circuitos sintonizados como fibras nerviosas. Si las fibras nerviosas respondían a múltiples combinaciones de impulsos, ¿por qué no hacer lo mismo con su transmisor y su receptor? En lugar de ver el hecho de que el transmisor generaba tanto una señal fundamental como armónicas como un problema, ¿por qué no diseñar un receptor que detectase señales complejas dadas por el transmisor? «En esto residía la esencia y la virtud de la invención», explicó Tesla. «El transmisor no se caracteriza de manera básica por una única nota, o peculiaridad, como hasta ahora, sino que representa una individualidad muy compleja y, por tanto, inequívoca, de la cual el receptor es el homólogo exacto, y solo como tal puede responder. Para ir un paso más allá, hice el funcionamiento de los instrumentos receptores dependiente no solo de un gran número de elementos distintivos combinados, sino también de su orden de sucesión y, si fuese necesario, llegaría hasta variar continuamente el carácter de los elementos individuales.»[58]

Ahora, en Colorado, Tesla estaba preparado para probar esta idea y ver si podía enviar y recibir señales empleando un número de elementos distintivos. Para el transmisor, Tesla usó el transformador de Westinghouse y una rueda para suministrar energía no a un único banco de condensadores sino a dos bancos separados, cada uno de los cuales estaba conectado a su vez a la vuelta del primario que iba alrededor de un círculo de cincuenta pies en la estación (imagen 13.5). Dentro del círculo, Tesla tenía dos bobinas secundarias separadas. Como cada bobina secundaria estaba enrollada con una longitud diferente de alambre, las oscilaciones generadas iban a diferente frecuencia. Y como todo el transmisor estaba conectado a tierra, ambas oscilaciones se enviaban a través de la tierra.[59]

En el extremo del receptor, Tesla usó una variedad de ordenaciones que involucraban uno, dos o incluso más receptores. Sin embargo, para probar su seguridad, a menudo usaba un receptor con dos circuitos separados, cada uno de los cuales se sintonizaba para detectar una de las dos frecuencias enviadas por su transmisor. En esta ordenación, el sonido del telégrafo respondía solo cuando recibía las señales de ambos circuitos de detección. Al enviar y recibir dos frecuencias de este modo, Tesla creía que sus mensajes serían seguros y privados.[60]

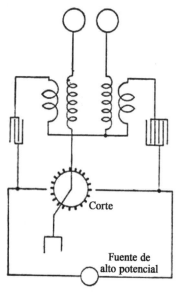

Imagen 13.5. Diagrama del circuito sintonizado usado por Tesla en Colorado Springs.

La fuente de su alto potencial era el transformador de Westinghouse y la rueda del corte es la misma que la del transmisor amplificador de Colorado Springs. Como se puede observar, la rueda está conectada a tierra. Justo sobre la rueda hay dos condensadores de tamaños diferentes. Estos están conectados a dos bobinas que son los dos bobinados en el primario del transmisor amplificador. Las otras dos bobinas son las secundarias.

De NT, 27 de junio de 1899, Colorado Springs notes, p. 55. Diagrama redibujado por los editores.

A medida que Tesla hacía progresos con esta nueva técnica de sintonizado, empezó a hacer el borrador de la solicitud de una patente y a criticar abiertamente a Marconi en entrevistas en los periódicos. En septiembre de 1899, Marconi viajó a Nueva York para usar su sistema y proporcionar cobertura a la regata de la Copa América. Tesla no dudó en indicar que el sistema de su rival no podía resolver los problemas con las interferencias, pero que su nuevo sistema sí podría, como dijo a los periodistas en Colorado Springs:

> Espero anunciar al mundo en una semana o dos, un sistema de telegrafía sin hilos que será casi perfecto.
>
> No menospreciaré el sistema de Marconi, pero todo sistema en uso en el presente tiene un defecto serio, ya que alteran su acción instrumentos similares en un radio de un número más o menos grande de millas. Además, doce palabras por minuto parece ser un tiempo muy rápido.
>
> Con el sistema que estoy a punto de completar, espero lograr por métodos mecánicos una velocidad de entre mil quinientas y dos mil palabras por minuto, y todavía más, tener instrumentos totalmente libres de alteraciones externas. He tenido éxito eliminando influencias externas y puedo hacer instrumentos que funcionan libres de otros casi con un toque.
>
> Los experimentos de Marconi son interesantes, pero no son nuevos. Estoy contento de que estén teniendo éxito al emplearse en regatas, pero no es para nada improbable que antes de que la siguiente regata internacional arranque, botes impulsados por transmisión inalámbrica de energía sigan las regatas y espero que los propios veleros tengan teléfonos inalámbricos a bordo.[61]

Tesla y los testigos

Aunque llevó a cabo algunos experimentos usando el transmisor amplificador para enviar mensajes, Tesla centró la mayoría de su atención en el problema de transmitir energía de manera inalámbrica, y se sintió satisfecho al descubrir que de hecho podía enviar corrientes oscilantes a través de la tierra. El 23 de julio de 1899, se dio cuenta de que los caballos en la pradera cercana a la estación experimental se alteraban cada vez que el transmisor amplificador estaba funcionando, presumiblemente porque el hierro de sus herraduras recogía la corriente de tierra. Al día siguiente, con la bobina secundaria del transmisor conectada a tierra, observó que los pararrayos en un circuito conectado a tierra separado soltaban chispas cuando la bobina secundaria se descargaba. «No había otro posible modo de explicar la existencia de estas chispas, —escribió Tesla con entusiasmo— que asumir que la vibración se propagaba a través de la tierra y siguiendo el cable de la tierra a otro lugar ¡saltó a esta línea! Esto es verdaderamente extraordinario porque muestra más y más claramente que la tierra se comporta simplemente como un conductor ordinario y que será posible, con aparatos potentes, producir las ondas estacionarias que ya he observado en las muestras de la electricidad atmosférica.» Tesla indicó que detectó las chispas a sesenta pies de distancia de la bobina secundaria; asumiendo que el transmisor amplificador estaba ya funcionando a 10.000 voltios, calculó que debería ser posible detectar estas chispas a 114 millas de distancia.[62]

Durante los siguientes meses, Tesla realizó pruebas adicionales para verificar que su transmisor amplificador estaba enviando corrientes por tierra y que podían detectarse. En agosto, intentó «disposiciones para telegrafía», y advirtió que «el aparato respondía libremente a pequeñas bobinas de bolsillo a una distancia de varios pies sin *ninguna capacidad agregada* y *ningún circuito ajustado*. En consecuencia, irá a gran distancia». Unas pocas semanas más tarde, llevó un receptor fuera y lo conectó a una tubería de agua bajo tierra; a 250 pies de la estación, provocó chispas de una pulgada, y a 400 pies obtuvo chispas de media pulgada. El 11 de septiembre de 1900, Tesla llevó un receptor a una milla de distancia de la estación, cerca del lago Prospect, donde fue capaz de medir que el transmisor amplificador estaba funcionando con una longitud de onda de alrededor de 4.000 pies.[63]

A mediados de diciembre, cuando estaba completando sus experimentos en Colorado, Tesla lo organizó para que el fotógrafo Dickenson Alley lo visitase desde Nueva York y fotografiase su transmisor amplificador en acción. (Estas fotografías se ven con más detalle más adelante.) Como parte de esta serie, Tesla hizo que Alley hiciese varias fotografías de bombillas encendidas por el oscilador fuera de la estación experimental. Para una imagen, Tesla colocó tres bombillas en el suelo y las conectó a un cuadrado de alambre de sesenta y dos pies de lado; este enorme cuadrado recogía corriente de tierra del oscilador y provocaba que las bombillas brillasen. Tesla informó que las bombillas estaban a sesenta pies de la bobina secundaria que estaba dentro de la estación. En una segunda fotografía tomada fuera, Tesla conectó una bombilla incandescente entre una bobina grande y la tierra y de nuevo la bombilla brilló. Para esta segunda imagen, Tesla no indicó lo lejos que estaba la bobina del transmisor.[64]

Estos son los únicos experimentos en las notas de Colorado publicadas de Tesla, en las cuales registraba la distancia a la que la energía se transmitía. En lugar de observar receptores funcionando a varias distancias respondiendo al transmisor, Tesla se basaba en cálculos para evaluar cómo actuaba el transmisor amplificador. «Cuando el aparato estaba en acción», explicó más tarde, producía «una corriente de muchos cientos de amperios» que pasaba «a la tierra y creaba una perturbación. Medía los efectos producidos y calculaba la distancia a la cual una cierta cantidad de energía, necesaria para el funcionamiento de un dispositivo receptor, sería transmitida».[65]

En los artículos que siguieron sobre su trabajo en Colorado, Tesla destacó que había probado que la energía podía transmitirse a través de la tierra, pero no especificaba en estos reportajes lo lejos que se había transmitido la energía. Mientras el biógrafo John O'Neill afirma que Tesla encendió doscientas bombillas incandescentes a veintiséis millas de Colorado Springs, no se ha encontrado evidencia que apoye esta afirmación.[66]

Un aspecto poco usual de las pocas pruebas sobre la distancia que Tesla realizaba era que no había testigos. A pesar de sus frecuentes encuentros con periodistas en Nueva York, Tesla evitó hablar a reporteros mientras estuvo trabajando duramente en Colorado; por tanto, los periódicos contemporáneos ofrecen pocas pistas sobre el trabajo de Tesla mientras estaba en el oeste.[67] Cuando se le preguntó durante la deposición si había visto los receptores funcionando durante las pruebas de transmisión, su asistente Lowenstein informó: «En cuanto al aparato receptor, Tesla nunca me encargó experimentar con él y siempre hizo esa parte él mismo mientras que me permitía trabajar con el transmisor». Según Lowenstein:

> Al principio Tesla iba con el aparato receptor a su habitación y experimentaba allí, mientras yo manejaba el oscilador. Luego, tras ciertos logros en la habitación, se llevaba todo el set en cajas portátiles e iba fuera del edificio, dejándome instrucciones para continuamente encender y apagar cada cierto intervalo. En estos casos, con frecuencia yo corría a la puerta para verle durante un momento, y vi que se alejaba, digamos, que mil o dos mil pies. No podía verlo de cerca, ya que tenía que permanecer donde el interruptor, y así resultó que a veces, cuando miraba fuera para verlo un momento, no podía verlo, y luego no sabía lo lejos que se iba, pero por la hora a la que volvía, siendo mi recuerdo de no más de la mañana o primera hora de la tarde, podría fácilmente hacerse una idea de lo lejos que podía haber ido Tesla mientras yo permanecía donde el interruptor.[68]

Como ingeniero entrenado, Lowenstein habría sido un testigo ideal, pero como Tesla insistía en tenerle manejando el transmisor amplificador y no yendo con él a ver los receptores, Lowenstein no podía informar de cómo resultaban los experimentos de transmisión.

Además, Tesla y Lowenstein tenían un desacuerdo importante, que acabó con Lowenstein dejando Colorado en septiembre de 1899 antes de que el inventor llevase a cabo algunos de los experimentos más importantes con el transmisor amplificador. En apariencia, parecería que Lowenstein se fue porque encontró que la gran altitud de Colorado Springs le hacía enfermar y porque quería volver a Europa a casarse con su prometida. Tesla consideraba a Lowenstein más que un mero asistente; discutía ideas con él, comía y cenaba con él y pasaba las tardes con él de vuelta al hotel.[69] Lowenstein podía estar convirtiéndose en el tipo de amigo y confidente que había sido Szigeti unos años antes. Sin embargo, Tesla encontró algunas cartas que Lowenstein había escrito o recibido, y eso lo llevó a concluir que Lowenstein no era la persona que Tesla pensaba que era. Una posibilidad es que Tesla se sintiera atraído por Lowenstein y se molestara al saber que Lowenstein quería casarse. Tesla más tarde perdonó a Lowenstein y lo volvió a contratar durante unos años al principio de 1902. Luego Lowenstein trabajó en una compañía que construía equipos de radio para la Marina de EE. UU. durante la primera guerra mundial. No obstante, sea lo que fuera que sucedió en Colorado Springs hizo que Tesla fuese reacio a usar a Lowenstein como testigo en procesos legales.[70]

La carencia de testigos en las pruebas a distancia en Colorado Springs es misteriosa, especialmente teniendo en cuenta que Marconi regularmente ofrecía demostraciones de su sistema inalámbrico a los periodistas e inversores potenciales. Años antes, Tesla había hecho buen uso tanto de demostraciones públicas como privadas para sus inventos. Con el motor de CA, Peck y Brown lo habían enviado a ver al profesor Anthony para así llevar a cabo pruebas rigurosas y asegurarse el respaldo de un experto De modo similar, en sus conferencias públicas a principios de la década de los noventa del siglo XIX Tesla no había dudado en mostrar a las audiencias sus sistemas de iluminación inalámbricos. Entonces, ¿por qué en Colorado Springs Tesla no emprendió pruebas a distancia más amplias que mostrarían que su sistema funcionaba tan bien como el de Marconi? Dado que sus apuntes de Colorado Springs informan de señales detectadas a una milla de la estación, ¿por qué Tesla no invitó a Lowenstein, a periodistas u otros testigos a confirmar que sus receptores estaban detectando corrientes del transmisor?

Esta carencia de testigos en las pruebas a distancia puede explicarse en dos niveles: el teórico y el personal. Desde un punto de vista teórico, Tesla no creía que esas pruebas fuesen necesarias. Había decidido que las ondas estacionarias en la tierra, a diferencia de las ondas hertzianas ordinarias o las ondas de luz, no perdían energía a medida que se propagaban; en consecuencia, si podían detectarse a distancias cortas del transmisor, estas ondas podían detectarse a cualquier distancia. De otro modo, Tesla también pensaba que, en el circuito de retorno a través de la atmósfera, el proceso de conducción era extremadamente eficiente y que habría apenas pérdidas. Si no había pérdidas cuando las ondas viajaban desde el transmisor al receptor y de nuevo de vuelta, entonces cualquier prueba para detectar las ondas, no importa lo pequeña que fuera la distancia, era suficiente para Tesla. Por tanto, concluyó que «la comunicación inalámbrica a cualquier punto del globo es factible ... y no necesitaría demostración».[71]

A nivel personal, la escasez de pruebas a distancia refleja la aproximación de Tesla a la invención. Cuando era niño, había desarrollado una imaginación potente, que le permitía evocar todo tipo de cosas asombrosas. Como inventor, había continuado recurriendo a su imaginación para visualizar cómo los nuevos dispositivos deberían funcionar y luego buscar la confirmación en experimentos escogidos. ¿No había imaginado su motor de CA en Budapest, solo para confirmarlo cuando construyó prototipos en Estrasburgo y Nueva York? ¿No fue suficiente para Tesla conseguir que una lata girase en un campo magnético rotatorio en 1887 para convencerse de que su idea era viable? Con la transmisión inalámbrica de energía, Tesla había pasado años refinando en su mente cómo sería posible transmitir energía a través de la tierra. Absolutamente confiado en su habilidad para imaginar nuevas tecnologías, necesitaba solo una pequeña cantidad de evidencias confirmatorias del mundo a su alrededor para convencerse de que lo que imaginaba era posible. Una vez había detectado ondas estacionarias en la tierra, y una vez había detectado chispas a una milla de distancia del transmisor, Tesla tenía todas las evidencias que él necesitaba para estar convencido de que su sistema funcionaba.

Como veremos, la consecuencia de no realizar pruebas de distancia adicionales o demostrar su sistema ante testigos fue que Tesla después se vio en apuros para convencer a otros sobre el valor de su sistema. Durante la siguiente década, cuando testificaba para defender sus patentes, Tesla era incapaz de proporcionar datos rigurosos mostrando que su sistema funcionaba. Tenía solo un testigo, Lowenstein, que podía hablar de Colorado Springs, pero Lowenstein nunca vio qué sucedía con los receptores. Asimismo, Tesla tenía poco que mostrar a inversores potenciales; estos tenían que fiarse de la palabra de Tesla de que el sistema era capaz de transmitir mensajes y energía a través de los mares y alrededor del mundo.

FOTOGRAFIANDO ENERGÍA

En vez de tener gente que atestiguara los resultados del transmisor amplificador, Tesla escogió recurrir a la fotografía para documentar su trabajo en Colorado Springs; las fotografías eran la ilusión elegida. A finales de otoño, telegrafió a Richard Watson Gilder, el editor jefe de

The Century Magazine (y el jefe de Robert Underwood Johnson): «razones amigables me motivan para preguntar si pagaría por enviar un fotógrafo aquí con el objeto de obtener material para ilustraciones, que aparecerían según usted gustase en *Century*, mis derechos posteriormente reservados. Si así fuese, me gustaría mucho que fuese Alley de Tonnele por la familiaridad y discreción. ¿Se uniría en los gastos a pesar de que él pueda hacer algún trabajo para mí? Tenga la bondad de responder a la estación experimental».[72]

Gilder y Johnson no tuvieron problema en compartir los costes y enviar al fotógrafo Dickenson Alley desde Nueva York. Alley había ayudado a probar los tubos de luz de Tesla en 1894 (véase capítulo 12) y había tomado las fotografías que aparecieron en *Electrical Review* en la primavera de 1899. Durante las dos últimas semanas de diciembre de 1899, Tesla y Alley crearon una serie excepcional de sesenta y ocho fotografías.[73]

Para crear estas imágenes, Alley usó placas de vidrio de 11 × 14 pulgadas que no solo expusieron a los hilos gigantes producidos por el transmisor amplificador, sino que se complementó con la iluminación de una lámpara de arco eléctrico o pólvora destellante. Como la energía de la compañía eléctrica local estaba todavía solo disponible por la noche, Alley y Tesla trabajaron toda la noche para instalar el equipo para estas fotografías, lo que con frecuencia significaba que lo hacían pasando un frío glacial. Con el viento silbando a través de las finas paredes de la estación experimental, Alley apareció en varias imágenes tapado con su pesado abrigo y sombrero de invierno.[74]

Tesla y Alley empezaron documentando el aspecto de la estación experimental por fuera y por dentro (véanse las imágenes 13.2).[75] Luego fotografiaron el transmisor amplificador funcionando a un nivel normal de excitación. Para crear varios tipos de hilos, Tesla conectó los extremos libres de la bobina extra a diferentes discos, bolas, un anillo con alambres salientes, así como un ventilador de alambres con estos hacia afuera; al mismo tiempo, Alley varió la posición de la cámara de modo que captase los hilos luminosos desde varios ángulos. Para poder generar hilos que fotografiar (recuerda que los hilos representan energía desperdiciada de modo que Tesla generalmente intentaba evitarlos), tenía a su asistente Czito abriendo y cerrando rápidamente el principal interruptor de energía 50, 100 o 200 veces. En el transcurso de estos experimentos, Tesla se deleitaba al ver que su transmisor podía provocar hilos que alcanzaban distancias en línea recta de 31-32 pies, pero cuya trayectoria curva podría ser de 128 pies.[76] Uno de los hilos se las apañó para golpear a Alley y a su cámara en una esquina de la estación, todo lo lejos que podían estar de la bobina extra. Entusiasmado, Tesla predecía con confianza que con más alambre de cobre en el transmisor y un edificio mayor podría haber generador hilos con trayectorias curvas de alrededor de 300 pies.

Tesla y Alley crearon varias imágenes en las cuales cada uno se sentaba en una silla al lado de la bobina extra. Debido a que habría sido demasiado peligroso para alguien sentarse durante la tormenta eléctrica capturada por la cámara, Alley usó un pequeño truco fotográfico. «Para dar una idea de la magnitud de la descarga, el experimentador está sentado ligeramente detrás de la "bobina extra"», explicó Tesla. «No me gusta esta idea, pero alguna gente encuentra interesantes esas fotografías. Por supuesto, la descarga no se estaba produciendo cuando el experimentador fue fotografiado, ¡como podría pensarse! Los hilos se imprimían primero sobre la placa a oscuras o con una luz débil, luego el experimentador se colocaba en la silla y se hacía una exposición con una lámpara de arco eléctrico y, finalmente, para marcar las características y otros detalles, se usaba un poco de pólvora destelleante.»[77] Por tanto, usando una exposición doble en una única placa fotográfica, Alley creaba una imagen memorable de Tesla tranquilamente leyendo mientras su transmisor amplificador liberaba un torrente de hilos luminosos.[78]

El inventor y el fotógrafo entonces experimentaron sobre cómo capturar la transmisión inalámbrica de energía.[79] Para ello, se concentraron en fotografiar bombillas incandescentes estándar de dieciséis bujías que estaban conectadas a una bobina receptora y a tierra para mostrar que las bombillas se encendían gracias a energía enviada a través de tierra desde el transmisor amplificador. Para el primer lote de fotografías, Tesla instaló las bombillas y la bobina receptoras en algún lugar fuera de la estación experimental ya que sabía que «tomadas de esta manera, sería sin duda mucho más interesante para los hombres de ciencia». Para estas imágenes, Tesla grabó cuidadosamente muchos de los detalles de funcionamiento pero no la distancia entre las bombillas y el transmisor. Mientras estas fotografías típicamente muestran entre tres y cinco bombillas encendidas, Tesla estimó que podía fácilmente encender hasta sesenta bombillas.[80]

De hecho, sospechando que un incremento de la capacidad eléctrica en el circuito receptor requeriría una corriente por tierra con un voltaje más bajo, Tesla hizo fotografiar a Alley una segunda serie de experimentos dentro de la estación mientras variaba la capacidad del circuito receptor conectando bolas de metal mayores así como el mástil telescópico. Estas pruebas confirmaron su hipótesis sobre la capacidad del circuito receptor, y llevaron a Tesla a predecir con valentía que, a potencia plena, su transmisor amplificador podría iluminar más de mil bombillas.[81]

En el transcurso de usar el transmisor amplificador para encender bombillas fuera del laboratorio, Tesla se las arregló para cortocircuitar el generador de la estación de energía de la compañía y cortar la luz al resto de Colorado Springs. El cortocircuito fue provocado por el hecho de que Tesla estaba generando ondas más cortas de lo normal y estas ondas rompieron el aislante en los bobinados del generador. Impresionado por la potencia de las ondas cortas, reflejó en sus apuntes que podrían usarse para enviar señales a miles de millas. Para apaciguar al director de la compañía de energía local, Tesla llevó a su equipo a la estación y reparó el generador dañado. No obstante, el resto del tiempo que estuvo en Colorado, la compañía eléctrica suministró electricidad a Tesla usando un generador auxiliar.[82]

Fue también mientras estaban haciendo estas fotografías cuando Tesla descubrió esferas luminosas o rayos globulares producidos por su transmisor amplificador. Junto con los hilos eléctricos, Tesla en algunas ocasiones veía esferas luminosas, de alrededor de 1,5 pulgadas de diámetro, que flotaban en el aire durante unos pocos segundos. Esferas luminosas como estas tenían una larga historia en la mitología, pero también habían sido mencionadas en literatura científica; por ejemplo, mientras recreando algunos de los experimentos de Benjamin Franklin con pararrayos en 1753, Georg Richmann, en San Petersburgo (Rusia), fue golpeado por una esfera luminosa que lo mató, dejó inconsciente a su asistente y arrancó de sus bisagras una puerta cercana.[83]

Las esferas luminosas son muy potentes y los científicos todavía debaten qué provoca que aparezcan.[84] Mientras Tesla inicialmente asumió que estas eran algún tipo de ilusión óptica, pronto desarrolló una explicación científica para su aparición. «El fenómeno de las esferas luminosas —escribió en sus notas— es producido por el calentamiento repentino a una incandescencia alta de una masa de aire u otro gas, como podría ser el caso, por el paso de una descarga potente.» Según Tesla, cuando una descarga eléctrica potente (como un hilo luminoso) pasa a través del aire, calienta y expande el aire en algunos lugares pero deja un vacío parcial en otros. La atmósfera naturalmente se da prisa en rellenar este vacío. Sin embargo, si uno de estos espacios parcialmente vacíos, que toma forma de una esfera, es golpeado por un segundo hilo potente, entonces el poco gas que hay en el vacío parcial pasa a tener una incandescencia muy alta. Estas bolas brillantes existen durante varios segundos porque alcanzan un estado de equilibrio temporal; como Tesla escribió: «No se pueden enfriar rápidamente por expansión, como cuando el espacio vacío se estaba formando, ni pueden desprender mucho calor por convección. ... Todas estas causas cooperan en mantener, por un período de tiempo comparativamente largo, el gas confinado en su espacio a una temperatura elevada, en un estado de alta incandescencia».[85] Tesla también observó que más esferas luminosas parecían crearse cuando el aire que rodeaba al transmisor amplificador se llenaba con carbono vaporizado, como cuando la alta tensión en el transmisor provocaba que el aislante de goma se rompiese. Fascinado, Tesla prometió en sus notas continuar estudiando las esferas luminosas usando un transmisor amplificador más potente y placas fotográficas más sensibles.[86]

Tesla estaba cautivado por las fotografías que Alley y él habían hecho; las encontraba bellas tanto estética como tecnológicamente. Sentía que, en efecto, estas imágenes representaban la cantidad de energía que podía generar y manipular con su transmisor amplificador. Durante los siguientes años, Tesla regaló copias de fotografías seleccionadas a individuos que tenía la esperanza de que lo apoyasen en su investigación. Reflexionando sobre uno de los experimentos que Alley había fotografiado, Tesla anotó pocos días antes de dejar Colorado que: «Nada podría expresar mejor la idea de la tremenda actividad de este aparato y ...

muestra que uno de los problemas analizado aquí, que es el estable-cimiento de comunicación con cualquier punto del globo independien-temente de la distancia, está muy cerca de su solución práctica».[87]

CONFIRMACIÓN, NO NEGACIÓN

En resumen, el descubrimiento de las ondas estacionarias, su detección de mensajes interplanetarios, su misteriosa indiferencia a las pruebas a distancia y su uso de la fotografía para documentar su trabajo revelan un aspecto importante de su estilo como inventor maduro. En Colora-do Springs, Tesla parecía haber buscado solo evidencias para confir-mar sus hipótesis y no buscar nada que podría negar sus teorías.

Los inventores, como los científicos, están siempre buscando evi-dencias confirmatorias, buscan que el dispositivo o el experimento realmente funcione. Para expresarlo de un modo más preciso, tanto inventores como científicos están buscando pruebas de que las ideas que tienen en su mente se confirman por la acción de objetos y fuerzas en el mundo material. Debido a que pocas ideas se correlacionan de inmediato con el mundo material, es comprensible que los inventores y científicos a menudo desarrollen una predisposición confirmatoria; quieren ver el éxito de sus ideas y, por tanto, son rápidos en aprovechar evidencias que las apoyen. Esa esperanza es esencial para el trabajo científico y tecnológico, ya que sin ella los inventores y los científicos carecerían de optimismo para seguir intentando nuevas cosas.

Aunque esta esperanza debe complementarse por un grado de se-veridad. Si un experimento parece mostrar que una hipótesis concreta es cierta, la tarea del científico es eliminar todas las otras hipótesis. Para ello, los científicos e inventores suelen intentar negar sus hipóte-sis, mostrar que no funcionan.[88] En la invención, la negación es quizás todavía más importante que en la ciencia. Primero, porque un inventor está prometiendo a sus mecenas que su creación funcionará de cierto modo y en ciertas condiciones, con frecuencia tiene que hacer pruebas de resistencia a un invento para establecer cuándo funciona y cuándo falla. Segundo, el fallo de un invento a menudo proporciona a un in-ventor pistas valiosas sobre cómo mejorar su dispositivo. Estudiando cómo funciona un dispositivo, un inventor puede identificar medidas necesarias para perfeccionar un invento. Como Edison indicó cuando su fonógrafo emitió un discurso grabado por primera vez en 1877: «Siempre tengo miedo de las cosas que funcionan a la primera», temía que, sin algo que fuese mal, no sabría cómo avanzar para mejorar el dispositivo.[89]

Pero en contraste con el trabajo de Edison sobre el fonógrafo, Tesla en Colorado Springs no buscó negar sus ideas sobre transmitir energía y mensajes a través de la tierra usando ondas estacionarias. Por ejemplo, no eliminó sistemáticamente todas las otras explicaciones de por qué había oído los *bips* «uno-dos-tres» en su receptor. Y Tesla no midió directamente lo lejos que realmente podía enviar energía a través de la tierra. En su lugar, ansioso de ver confirmadas sus teorías sobre la transmisión inalámbrica de energía, con impaciencia aprovechó las pruebas que apoyaban sus ideas. No buscó negar sus ideas mientras estuvo en Colorado Springs, someterlas a tests de resistencia para ver que realmente sabía qué funcionaba y qué no. ¿No revelan las fotografías de Alley que estaba controlando cantidades de energía increíbles? Esto no quiere decir que lo que Tesla descubrió en Colorado Springs de alguna manera fuese «erróneo»; de hecho, él estaba observando, mientras estuvo allí, fenómenos reales, como las ondas estacionarias creadas por tormentas o los latidos que llegaban desde Ío, la luna de Júpiter. Lo que es significativo, y básicamente trágico, sobre su época en Colorado es que Tesla permitió que una cantidad pequeña de evidencias confirmatorias fueran suficientes cuando necesitaba estar abierto a las alternativas. Altas esperanzas y una cantidad pequeña de evidencias confirmatorias crearon ilusiones en su mente.

14

Wardenclyffe (1900-1901)

Satisfecho en su propia mente sobre que la energía podía transmitir-se alrededor del mundo sin cables, Tesla volvió de manera triun-fante a Nueva York en enero de 1900. Con la transmisión inalámbrica de energía, Tesla estaba ahora en el mismo punto que había estado en 1887 con su motor de CA. En ambos casos había observado el fenó-meno y creía que eran ideas a las que dar forma como inventos impor-tantes. En 1887, acababa de tener éxito haciendo que una lata de lim-piazapatos girase en un campo magnético rotatorio, mientras que en 1900 Tesla estaba convencido de que podía generar ondas estacio-narias en la tierra y transmitir energía y mensajes. Era el momento de convertir el fenómeno que había observado en Colorado en un invento importante, y para hacerlo necesitaba crear una red de gente, ideas, dinero y recursos. Era el momento de implementar la estrategia de negocios que había aprendido de Peck y Brown: obtener patentes sóli-das, promocionar su trabajo para crear un interés público y luego ven-der al mejor postor. Era el momento de hablar sobre el potencial de la transmisión inalámbrica y hacer que la gente se entusiasmase.

Pero ¿iría todo bien esta vez como en 1887? ¿Llevaría la promo-ción a Tesla a obtener el dinero y finalmente el éxito? Para estar segu-ro, la situación a la que se enfrentaba Tesla en 1900 era diferente de la de 1887. Como Peck había muerto diez años antes, Tesla no podía ya recurrir a él para que le aconsejase, y no tenía una relación especial-mente cercana con Edward Dean Adams, su mecenas desde mediados de la década de 1890. ¿Quién podría servir como mentor y mecenas de su negocio? ¿Podía contar con John Jacob Astor, que parecía interesado en su trabajo? A diferencia de su motor, ¿tenía la transmisión inalámbrica de energía un componente clave en el que Tesla podía centrar sus esfuerzos y asegurar una cobertura de patente fuerte? De hecho, la transmisión inalámbrica era un sistema, y como tal, Tesla necesitaría no miles de dólares (lo cual había sido suficiente para su trabajo con el motor) sino cientos de miles para construir una planta de muestra. Además, ¿qué tipo de publicidad debería buscar? ¿Podía Tesla trabajar con la comunidad profesional de ingenieros eléctricos o debería aprovecharse de su celebridad en la prensa popular? Y sobre todo, en 1900, tenía que lidiar con rivales fuertes; con el motor Tesla fácilmente había sacado ventaja a Ferraris y Dolivo-Dobrowolsky, pero con la tecnología sin cables estaba compitiendo con Marconi, Reginald Fessenden y Lee de Forest. ¿Podía Tesla reunir una red de ideas y recursos lo suficientemente rápido que le permitiera batir a estos rivales? Estos eran los retos a los que se enfrentaría durante los siguientes cinco años.

PLANES VALIENTES

Mientras estaba contento de instalarse de nuevo en el lujoso Hotel Waldorf-Astoria tras su estancia en Colorado, Tesla estaba todavía más entusiasmado con la vuelta a su laboratorio de la calle Houston y empezar a preparar patentes. Como un primer paso para proteger sus descubrimientos en Colorado, Tesla hizo un borrador de una patente que resumía cómo su transmisor amplificador podía crear ondas estacionarias para así transmitir energía y mensajes a través de la tierra. Para ilustrar el potencial de su sistema, proponía una forma temprana de radionavegación y describía cómo su sistema podía generar dos ondas estacionarias de diferentes longitudes de onda que los barcos en el mar podían detectar y luego usar para calcular su posición. Estaba muy contento con esta patente, recuerda Scherff, y la consideraba como «una de las mejores que jamás he escrito». Una vez esta solicitud general estuvo lista, Tesla preparó tres solicitudes más detallando su método para sintonizar usando dos señales diferentes (véase capítulo 13).[1]

Cuando estaba haciendo el borrador de las solicitudes de sus patentes, Tesla tampoco dudó en decir al mundo qué planeaba hacer. Con valentía repetía el objetivo que había dicho a la prensa cuando había llegado a Colorado Springs en mayo de 1899, que enviaría mensajes a París: «Mis experimentos han sido en su mayoría exitosos y ahora estoy convencido de que seré capaz de comunicarme por medio de la telegrafía sin hilos no solo con París durante la próxima Exposición [de 1900], sino en un período corto de tiempo con todas las ciudades en el mundo».[2]

Cuando Tesla anunció su ambicioso plan para transmitir mensajes a través del Atlántico, su rival, Marconi, solo había sido capaz de enviar mensajes 86 millas y estaba esperando incrementar esa distancia a 150. En consecuencia, Marconi «no creía en la promesa de Nicola Tesla para comunicarse a través del Atlántico», informó una publicación de electricidad. «Él cree que la ciencia, mientras progresa gradualmente, será incapaz de obtener resultados tan buenos antes de que se haya vencido los resultados preliminares. Personalmente, no espera, todavía, abarcar el Atlántico.»[3]

Ignorando a Marconi, Tesla sabía que necesitaría diseñar y construir una planta comercial más grande para abarcar el Atlántico y alcanzar París. Tomando prestada una metáfora de Hobson, explicó: «La planta en Colorado estaba simplemente diseñada en el mismo sentido que un constructor naval diseña primero un modelo pequeño para confirmar todas las cantidades antes de embarcarse en la construcción de un gran navío».[4] Sobre la base de sus experimentos en las montañas, Tesla podía ahora calcular el tamaño de los componentes que necesitaba en su sistema para transmitir a través del Atlántico.

Como este sistema requeriría equipo de generación de CA a gran escala del tipo fabricado por Westinghouse Company, Tesla naturalmente recurrió a George Westinghouse en busca de ayuda. Su éxito en Colorado, presumió Tesla ante su antiguo patrón, «ha sido incluso mayor que el que anticipaba y, entre otras cosas, he demostrado totalmente la viabilidad del establecimiento de comunicación telegráfica a cualquier punto del globo». Pero para ir más allá, necesitaría la máquina a vapor de Westinghouse y la dinamo. Al saber el alto coste de este equipo y reconociendo que había en ese momento un «sentimiento de pánico por todo» Wall Street, a Tesla le preocupaba que fuese difícil reunir el capital necesario. Por tanto, preguntó a Westinghouse «si no confluiría conmigo en ciertos términos justos para proveerme la maquinaria, reteniendo la propiedad de la misma e interesándose hasta cierto punto» en la nueva empresa. «He estado tan entusiasmado por el resultado logrado y he trabajado con tanta pasión —confesaba Tesla— que he desatendido hacer dichas provisiones de dinero. ... Viéndome forzado a pedir dinero prestado, recurro a usted para preguntar si su compañía no me avanzaría digamos que 6.000 dólares en la garantía de mis royalties [del motor] de Inglaterra, o si lo prefiere, comprar completamente mis reclamaciones sobre los royalties por una suma de 10.000 dólares.»[5] Tesla explicó que prefería no vender sus derechos ya que al hacerlo podía dañar a sus antiguos socios Brown y Peck (presumiblemente a la viuda de Peck), que poseían cinco novenos de los derechos ingleses.

Aunque Westinghouse declinó hacer una inversión en la nueva empresa de Tesla, sí prestó a este el dinero; hacerlo así tenía sentido, ya que el préstamo estaba sujeto a la compra futura de equipo de Westinghouse.[6] Al mismo tiempo, Westinghouse probablemente quería congraciarse con Tesla ya que la compañía estaba envuelta en una serie de procesos judiciales sobre la validez de las patentes del motor de Tesla, y estaba contando con que Tesla testificase como un testigo experto en estos casos.[7]

Además de pedir a Westinghouse un préstamo, Tesla continuó pretendiendo a John Jacob Astor. Aunque Astor había estado de acuerdo en ayudar a financiar los experimentos de Tesla, parece que había hecho solo un pago. Durante su tiempo en Colorado, Tesla había esperado con ansia más dinero y regularmente preguntaba a Scherff por noticias sobre «JJA». Desde Colorado, había enviado a Astor un conjunto de fotografías mostrando el oscilador amplificador en acción.[8] Ahora, de vuelta en Nueva York, Tesla envió al coronel copias de sus patentes relacionadas con lo inalámbrico y le aseguró a Astor que estas patentes le daban un monopolio absoluto sobre la transmisión de energía y mensajes. Sin embargo, Astor había perdido interés en Tesla e ignoraba sus súplicas. En total, Astor invirtió solo 30.000 dólares en los experimentos inalámbricos de Tesla.[9]

¿PIEDRAS FILOSOFALES FRÍAS
O REALIDADES PALPITANTES CALIENTES?

Seguro de que otros inversores además de Westinghouse y Astor se-cundarían en tropel sus magníficos planes de transmisión inalámbrica, Tesla desdeñó a la prensa científica y en su lugar los promocionó en los periódicos y revistas populares. En concreto, volcó su energía en escribir el artículo que se había propuesto en el otoño de 1899 cuando había pedido al *The Century Magazine* que enviase a Dickenson Alley a Colorado para fotografiar su trabajo. Tesla presentó una primera ver-sión a finales de enero en una cena dada por los Johnson, pero como era demasiado breve, el artículo no pudo publicarse en el número de marzo o abril de la revista.[10]

Más que enfocar el artículo sobre sus recientes logros en Colorado, Tesla empezó a ampliarlo, decidido a mostrar cómo sus inventos cons-tituían un gran plan intelectual. Durante años había estado reflexio-nando cómo sus inventos cambiarían la historia y él ahora decidió que juntos representaban una manera completa de incrementar la energía física disponible para la humanidad. El artículo en *The Century* era su oportunidad de mostrar al mundo la importancia de su trabajo. «Sé —escribió Tesla con su confianza habitual— que el artículo pasará a la historia como lo entregué; por primera vez unos resultados ante el mundo que iban más allá de nada que jamás se hubiese intentando an-tes, ni por mí mismo ni por otros.»[11]

Pero como el artículo de Tesla creció en volumen, Johnson empezó a estar preocupado por si el Mago estaba ofreciendo un montón frío de piedras filosofales en lugar de un plato caliente de realidades palpitan-tes.[12] «Simplemente no puedo verte fracasar esta vez», escribió un in-quieto Johnson a Tesla. «Confía en mí y en mi conocimiento de lo que el público está impaciente por oír de ti. Deja tu filosofía para un trata-do filosófico y danos algo práctico sobre los propios experimentos.» Como respuesta, Tesla le escribió de vuelta: «Querido Robert, he oído que no te encuentras bien y espero que no sea mi artículo lo que te pone enfermo».[13]

El artículo estuvo yendo y viniendo del autor al editor, pasando de cuatro a dieciséis capítulos. Para satisfacer a Johnson, Tesla añadió secciones finales destacando la telegrafía sin hilos y sus planes para la transmisión de energía. Cuando finalmente apareció en el número de junio de *The Century Magazine*, el tratado de Tesla había alcanzado treinta y seis páginas y estaba ilustrado con fotografías de hilos eléctricos saliendo del transmisor amplificador, así como imágenes de bombillas incandescentes colocadas en la campiña de Colorado mientras recibían energía sin cables.[14] (Las ilustraciones de *The Century* incluyen la imagen 13.2.)

Titulado «The Problem of Increasing Human Energy» (El problema de incrementar la energía humana), el artículo era la interpretación de Tesla del papel de la energía en el transcurso de la historia de la humanidad. Con un florido lenguaje victoriano, empezaba:

> De toda la variedad sin fin del fenómeno que la naturaleza regala a nuestros sentidos, no hay ninguno que llene nuestra mente con mayor asombro que el inconcebiblemente complejo movimiento que ... designamos como vida humana. Su origen misterioso está velado en la bruma para siempre impenetrable del pasado, su carácter se vuelve incomprensible por su complejidad infinita, y su destino está escondido en las profundidades insondables del futuro. ¿De qué lugar proviene? ¿Qué es? ¿Adónde tiende? Son las grandes preguntas que los sabios de todos los tiempos han intentado responder.[15]

Tesla estaba inspirado para abordar dichas preguntas, tras leer *History of the Intellectual Development of Europe* de John William Draper. Recurriendo a su estudio de la psicología, Draper había buscado demostrar «que la civilización no actúa de manera arbitraria o por casualidad, sino que pasa a través de una sucesión determinada de etapas, y es un desarrollo acorde a pautas». Determinado a encontrar las leyes que guiaban el progreso humano, Tesla planteó su aproximación en términos mecánicos y matemáticos. «Muchos años —explicó Tesla— he pensado y reflexionado, me he perdido en especulaciones y teorías, considerando el hombre como una masa que se mueve por una fuerza, viendo su inexplicable movimiento bajo la luz de uno mecánico, y aplicando los principios simples de la mecánica al análisis del mismo.»[16]

Para su ley guiando el desarrollo humano, Tesla propuso la ecuación $E = mV^2/2$, donde E era el total de energía humana, m era la masa de la humanidad y V era la velocidad del cambio humano. Mientras estos términos eran hipotéticos, lo que contaba para Tesla era las relaciones plasmadas en esta ecuación. En concreto, la ecuación sugería a Tesla que había tres modos por los que la energía humana podía aumentarse: incrementando la masa humana (es decir, mejorando la sociedad), eliminando cualquier fuerza que demorase a la humanidad, e incrementando la velocidad (es decir, el ritmo del progreso). Tesla discutió cada una de estas tres aproximaciones en algún punto del artículo.

Para incrementar la masa humana, Tesla argumentó que era necesario prestar atención a la salud pública, la educación y la disponibilidad de agua potable y alimentos saludables mientras se suprimían los juegos de apuestas y el fumar. Estaba especialmente preocupado sobre la velocidad y la prisa con la que la mayoría de los habitantes de las ciudades experimentaban la vida. Para mejorar la purificación del agua, Tesla proponía usar el ozono producido por sus osciladores eléctricos para matar los gérmenes. Para aumentar el suministro de alimentos, Tesla recomendaba el vegetarianismo y describía cómo la electricidad podía usarse para capturar nitrógeno de la atmósfera y así crear fertilizante barato.[17]

Volviendo a las fuerzas que demoraban la masa humana, Tesla hizo una lista con ignorancia, mentira y guerra. En algún punto describió su bote radiocontrolado y cómo podía usar oscilaciones electromagnéticas para dar a los botes y otros dispositivos una «mente prestada». Representando el comienzo de un nuevo campo, teleautomáticos, Tesla argumentó que el desarrollo regular de dispositivos radiocontrolados daría como resultado guerras en las que lucharían máquinas, con pocas bajas humanas. El advenimiento de los teleautomáticos, escribió Tesla, «introduce en las guerras un elemento que nunca antes ha existido, una máquina de lucha sin hombres como un medio de ataque y defensa. El desarrollo continuo en esta dirección debe finalmente hacer de la guerra un simple concurso de máquinas sin hombres y sin pérdidas de vidas, una condición que habría sido imposible sin esta novedad y la cual, en mi opinión, debe alcanzarse como un paso preliminar a la paz permanente».[18] De hecho, Tesla creía que las futuras armas inalámbricas serían tan potentes y peligrosas que la humanidad estaría motivada para ilegalizar la guerra.

Para incrementar la velocidad de la humanidad, y acelerar el progreso, Tesla quería emplear cantidades mayores de energía. Argumentando que casi toda la energía disponible en la Tierra venía del Sol, Tesla estaba seguro de que la humanidad podría utilizar vastas cantidades de energía solar y convertirlas en electricidad barata. Entre los muchos modos de producir electricidad, Tesla habló de molinos, calentadores de energía solar, energía geotérmica, plantas hidroeléctricas y motores térmicos. A medida que la energía eléctrica se hacía más abundante, creía que la electricidad podía revolucionar la producción de hierro y acero ya que energía barata podía usarse para descomponer el agua en hidrógeno y oxígeno, el hidrógeno podía usarse como combustible en altos hornos, y el oxígeno podía venderse como un derivado. Tesla estaba igualmente entusiasmado con el potencial uso del aluminio, ya que podía fácilmente fundirse usando electricidad. Al saber que toda esta energía económica necesitaría transmitirse de modo eficiente, Tesla establecía el escenario para introducir sus planes para la transmisión inalámbrica de energía. En las secciones cercanas, describió sus descubrimientos en Colorado y cómo anticipó que podía enviar tanto energía como mensajes alrededor del mundo sin pérdidas. Totalmente convencido de la importancia de la transmisión inalámbrica de energía, Tesla concluía su artículo de *The Century* con una floritura poética de Goethe:

No puedo concebir otro avance técnico que tienda a unir los elementos variados de la humanidad de un modo más efectivo que este. ... Sería el mejor medio de incrementar la fuerza de aceleración de la masa humana. ...

Anticipo que alguna gente no está preparada para estos resultados ... Los considerarán todavía lejos de una aplicación práctica. ... Aunque el científico no pretende un resultado inmediato. No espera que sus ideas avanzadas sean emprendidas de inmediato. Su trabajo es como el de un sembrador, para el futuro. Su obligación es preparar las bases para los que están por venir y señalar el camino. Vive y trabaja y espera con el poeta que dice:

Trabajo diario, la profesión de mis manos.

¡Completarla es un gozo puro!

Permíteme, oh, permíteme ¡nunca flaquear!

¡No! No hay sueño vacío.

¡Mirad! Estos árboles, sino varas desnudas de apariencia aunque cederán tanto al alimento como al refugio.[19]

El artículo de Tesla en *The Century Magazine* suscitó gran interés en la prensa popular y aparecieron extractos en periódicos y revistas por toda Europa y América durante el verano de 1900.[20] La comunidad científica, sin sorpresa, recibía el artículo con escepticismo; en una carta a *Popular Science Monthly*, «Physicist» bramaba que el público debería estar protegido de esas especulaciones salvajes que pasaban por hechos científicos.[21]

Una respuesta mordaz a la historia de *The Century Magazine* vino del antiguo amigo de Tesla, T. Commerford Martin. Todavía enfadado con Tesla sobre su disputa de 1898 sobre el bote de radiocontrol y la publicación del artículo sobre electricidad y medicina de Tesla, Martin escribió al editor de *Science*: «He tenido tanta satisfacción con la revisión y crítica publicada recientemente en *Science* sobre el artículo Tesla sobre "Energía humana" que no puedo evitar hacer público el reconocimiento de mi agradecimiento por su justicia y oportunidad». Martin se dio cuenta de que la combinación de unos costes de publicación decrecientes y con la competencia incrementado entre los periódicos y revistas durante la década de los noventa del siglo xix había dado como resultado la publicación de un montón de reportajes científicos sensacionalistas y poco fidedignos. «Está surgiendo entre muchos otros males ... *Newspaper Science* —advirtió Martin—, al menos no está produciendo y manteniendo reputaciones falsas. La constante aparición de un nombre en conexión con el desarrollo de un arte dado, la ciencia, el descubrimiento o la invención crea una impresión que es difícil de destruir, y esto es cierto incluso entre las clases más inteligentes. Para encontrar aquellos que son realmente y verdaderamente eminentes en cualquier campo de la actividad humana, uno debe recurrir a especialistas en ese campo. El veredicto popular es más que probable que esté equivocado porque se basa en prestigios ficticios creados por los periódicos.»[22]

Por un lado, los comentarios de Martin podrían parecer poco sinceros, dado lo duro que había trabajado una década antes para construir la reputación de Tesla a través de historias estratégicamente colocadas y la publicación de un libro sobre Tesla. Por otro lado, Martin nos señala que el mundo de la tecnología eléctrica en 1900 era muy diferente del de 1890. Para establecer la electricidad como una tecnología comercial legítima, podría haber sido aceptable en 1890 para profesionales como Tesla hacer todo tipo de reclamos atrevidos; había una certeza ingenua y democrática en que el público y los inversores serían capaces de averiguar por sí solos qué reclamos eran dignos de confianza. En contraste, en 1900, la industria eléctrica estaba bien establecida y valía decenas de millones de dólares, cientos de ingenieros eléctricos profesionales estaban en puestos clave en esta industria. Decidido a proteger esta nueva industria y esta nueva profesión, personas al mando de la ingeniería eléctrica se veían ahora a sí mismos como los guardianes, a los que Martin se refería como los «especialistas», y como Martin, estaban preocupados por el daño que podían hacer publicaciones científicas sensacionalistas. Las primeras décadas del siglo xx serían la era de los expertos profesionales cuya autoridad estaba cimentada en formación científica, afiliaciones profesionales y evidencias sólidas.[23] Como veremos, durante los siguientes años Tesla encontró más y más difícil movilizar la evidencia que necesitaba para mantener su credibilidad con ingenieros y científicos profesionales.

Tesla prestó poca atención a las preocupaciones de Martin sobre el peligro de usar los periódicos para crear su reputación. Durante el verano de 1900, prosiguió la publicidad generada por la historia de *The Century* con pronunciamientos adicionales. En agosto, los periódicos informaron de que estaba probando su oscilador en pacientes con tuberculosis para ver si las altas frecuencias podían matar a la bacteria que provocaba la enfermedad. Pocas semanas después, Tesla anunció que había patentado un nuevo cable de transmisión eléctrica que usaba hielo para reducir las pérdidas de energía y que este nuevo cable podía permitir que la energía se transmitiese a través del océano desde las cataratas del Niágara a Londres.[24]

El Mago y el Gran Hombre

En noviembre de 1900, Tesla tuvo un golpe de suerte. Fue capaz de reunirse con el hombre más poderoso en Wall Street, J. P. Morgan (1837-1913) y convencerle de que le prestase 150.000 dólares para apoyar su trabajo relacionado con proyectos inalámbricos.

Hijo de un destacado financiero, Morgan fue educado en Boston y en la Universidad de Gotinga. Siguió el camino de su padre en la banca y en la década de 1870, recurrió a los contactos de su padre en los círculos financieros londinenses para obtener mucho del capital necesario para los ferrocarriles americanos. En la década de los ochenta del siglo xix, como los ferrocarriles se vieron envueltos en una competición despiadada que los llevaba a la bancarrota, Morgan aparecía a menudo para refinanciar y reorganizar estas líneas. Al hacerlo, protegía las inversiones hechas por su firma (así como las de sus clientes) y se quedaba con grandes cantidades de acciones y solicitaba puestos en las juntas directivas de los ferrocarriles que reorganizaba. A finales del siglo, Morgan controlaba la mayoría de los ferrocarriles que funcionaban en la parte este de Estados Unidos. De los ferrocarriles, Morgan se pasó a fusiones de industrias; en 1892, ayudó al banquero de Boston Henry Lee Higginson en la fusión de Thomson-Houston Electric Company y Edison General Electric para formar General Electric Company. En la época que Tesla se encontró con Morgan, este se había convertido en la figura dominante en el capitalismo americano.[25]

No está totalmente claro cómo Tesla se puso en contacto con Morgan, pero podría haber sido el resultado del interés temprano de Morgan y sus socios en desarrollar la telegrafía sin hilos. Como ávido regatista, Morgan probablemente se hizo consciente de la tecnología inalámbrica durante las regatas de la Copa América de 1899. Durante esta regata, Morgan era el comodoro del New York Yacht Club y el principal patrocinador del yate defensor, *Columbia*. Como vimos con anterioridad, Marconi vino a Nueva York para mostrar su sistema inalámbrico transmitiendo mensajes desde las regatas a los periodistas del *New York Herald*. Justo antes de la regata, Edward C. Grenfell y Robert Gordon de la sucursal en Londres de Morgan se dirigieron a los directivos de la compañía de Marconi, Wireless Telegraph & Signal Company, ofreciendo comprar las patentes americanas de Marconi por 200.000 libras.[26] Como parte del trato, los hombres de Morgan insistieron que incluyese los «derechos oceánicos» que podía ejercer «si en algún momento la telegrafía sin hilos podía comunicar Inglaterra con Nueva York». Los directivos de Marconi, sin embargo, no estaban satisfechos con el precio y no dejaban de cambiar los términos del acuerdo; los representantes de Morgan finalmente desistieron indignados.[27]

Incapaz de comprar las patentes americanas de Marconi, Morgan podría haber considerado a Tesla una alternativa para investigar esta nueva tecnología. En consecuencia, alrededor de un año más tarde, Morgan tuvo un breve encuentro con Tesla el 23 de noviembre y el 7 de diciembre de 1900 en su casa. Durante estas reuniones, Tesla introdujo a Morgan en su tecnología inalámbrica, y sugirió con osadía que reemplazaría tanto al telégrafo como al teléfono. Propuso que Morgan y él formasen una o dos compañías para desarrollar tecnología inalámbrica insistiendo en que Morgan tendría el control del 51 % de las acciones en estas nuevas empresas.[28]

Pero más allá de abordar estas ideas, Tesla parecía haber mantenido estos cortos encuentros con Morgan, quizás porque encontró difícil lidiar simultáneamente con el poder de la personalidad de Morgan y su nariz grande y deformada, a la que le había quedado una cicatriz de una rinofima y estaba cubierta con verrugas. Con respecto a la presencia poderosa de Morgan, Annette Markoe Schieffelin recuerda que cuando entraba en una habitación «sentía algo eléctrico; no era un hombre tremendamente grande, pero tenía un efecto simplemente tremendo, él era el rey. Lo era». Igualmente, el marchante de arte James Henry Duveen describió su primer encuentro con Morgan de la siguiente manera: «No estaba preparado para el encuentro. ... Había oído sobre una deformidad, pero lo que vi me alteró tan a fondo que por un momento no pude decir palabra. No grité, pero debí de cambiar de color. Morgan lo notó y sus ojos pequeños y penetrantes me paralizaron con una mirada maliciosa. Sentí que notaba mis sentimientos de lástima y durante algún tiempo que pareció siglos estuvimos de pie uno frente al otro sin decir palabra. No podía emitir ningún sonido y cuando finalmente me las apañé para abrir la boca, solo pude producir una tos ronca. Él gruñó».[29] Tesla habría sentido la misma aprensión sobre la nariz de Morgan.

Incapaz de presentar sus argumentos en persona, Tesla prosiguió cada encuentro con cartas. En la primera, Tesla dio sus argumentos para el desarrollo de su tecnología inalámbrica indicando que podía competir de manera efectiva con el cable telegráfico trasatlántico. Como sabía que Morgan confiaba en los mensajes enviados entre sus oficinas de Nueva York y Londres por cable submarino, Tesla informó de que ahora era capaz de manipular presiones eléctricas de un centenar de millón de voltios y cientos de miles de caballos de energía eléctrica de modo que ya no fuese necesario confiar a esos «cables largos y caros» el envío de mensajes. Implícitamente citando qué había aprendido al observar las ondas estacionarias generadas por tormentas en Colorado, Tesla aseguraba a Morgan: «Larga experiencia práctica con aparatos de este tipo y mediciones exactas que abarcan un rango de cerca de setecientas millas me permite construir plantas para comunicaciones telegráficas a través del Atlántico y, si fuese necesario, a través del Pacífico, con total garantía de éxito». Refiriéndose a su trabajo sobre sintonizar, informó a Morgan de que podía funcionar de modo selectivo «un gran número de instrumentos sin interferencias mutuas, y puedo garantizar la total privacidad de todos los mensajes». Tesla estimó que la construcción de dos estaciones temporales para transmitir a través del Atlántico costaría 100.000 dólares y requeriría entre seis y ocho meses de trabajo. Para abarcar el Pacífico, Tesla necesitaría 250.000 dólares y podía lograrlo en un año. Pero sobre todo, quería asegurar a Morgan que estaba dispuesto a confiar en él completamente. «Aunque el desarrollo de estos inventos ha consumido años de esfuerzo —escribió Tesla—, al saber que tengo que tratar con un gran hombre, no dudo en dejar el prorrateo de mis intereses y compensación totalmente a su generosidad [énfasis añadido].»[30]

En una segunda carta, Tesla discutía la situación de la patente. Ya había asegurado amplias patentes cubriendo sus inventos en América, Australia y Sudáfrica y era libre para hacer nuevos acuerdos para explotar estas patentes. En respuesta a las preguntas planteadas por Morgan en lo referente a Marconi y otros rivales, Tesla le aseguró al Gran Hombre que aunque el servicio de correos británico favorecía la tecnología de Marconi, esto demostraba, en todo caso, que había un mercado potencial para la tecnología inalámbrica. Más allá, Tesla proporcionó citas de científicos importantes —lord Kelvin, sir William Crookes y Adolph Slaby— alabando sus inventos previos y su genialidad. Seguro de su situación legal, Tesla dijo a Morgan que con «mis patentes este campo todavía virgen, debería adueñarse de ellas, se hará acreedor de un puesto que ... será legalmente más fuerte que el que poseen los propietarios de los inventos de teléfono de Bell o los propietarios de mis propios descubrimientos en transmisión de energía por corrientes alternas».

Al igual que con Peck y Astor, Tesla resaltó hábilmente el atractivo de apoyar a un pionero proporcionando tanto el dinero como la perspicacia de negocios necesaria para convertir sus ideas en nuevos inventos revolucionarios. El Mago dijo al financiero:

> Permítame recordarle que si hubiese habido solo gente cobarde y miserable en el mundo nada grande se habría hecho jamás. Rafael [sic] no podría haber creado sus maravillas, Colón no podría haber descubierto América, el cable del Atlántico no se habría extendido. Usted, de todos, debería ser el hombre que se embarque en esta empresa con valentía, solo arriesgada en apariencia, provocada por un entendimiento superior así como por el deseo de avanzar en un arte de inestimable valor para la humanidad.
>
> Llegando al tema financiero, por favor, recuerde. Estos inventos, los resultados alcanzables solo mediante ellos (los cuales ahora solo yo soy capaz de lograr) en sus fuertes manos, con su conocimiento consumado y maestría en los negocios, valen una cantidad incalculable de dinero.
>
> Aunque me he explicado en mi última carta, seré más explícito en lo relativo a mi parte y compensación. El control es suyo, la mayor parte es suya. En cuanto a mi interés, usted sabe el valor de descubrimientos y creaciones artísticas, sus términos son los míos.[31]

Inquieto porque todavía no había persuadido a Morgan, Tesla hizo un borrador de una tercera carta, de diez páginas, pero antes de poder enviarla, recibió la noticia de que el Gran Hombre estaba dispuesto a apoyarle.[32] Entusiasmado, Tesla escribió rápidamente una nota a Morgan el 12 de diciembre:

> ¡Cómo puedo empezar a agradecerle, en nombre de mi profesión y el mío propio, lo grande y generoso que es! ¡Mi trabajo pregonará alto su nombre al mundo!
>
> Pronto verá que no solo soy capaz de apreciar profundamente la nobleza de su acción, sino también de hacer que su inversión principalmen-

te filantrópica valga cien veces la suma que ha puesto a mi disposición de un modo tan magnánimo y espléndido.[33]

Aunque Morgan nominalmente estuvo de acuerdo en ayudar a Tesla en diciembre de 1900, no sellaron su acuerdo hasta dos meses después, probablemente porque Morgan estaba profundamente involucrado en la negociación de la creación de United States Steel con Andrew Carnegie.[34]

Mientras tanto, Tesla usó la ocasión de la apertura del siglo XX (considerando su comienzo el 1 de enero de 1901) para anunciar que mientras había estado en Colorado había recibido un mensaje interplanetario (véase el capítulo 13). Como respuesta a una encuesta de la Cruz Roja Americana preguntándole qué consideraba el desarrollo científico más importante que afectaría al nuevo siglo, Tesla dijo al grupo que el mayor reto por delante sería averiguar cómo los humanos podrían establecer contacto con otros mundos.[35] El Mago tuvo cuidado de no decir que los mensajes que había detectado habían venido de Marte, pero periodistas con iniciativa pronto interpretaron sus afirmaciones para decir que Tesla creía que había recibido emanaciones del planeta rojo. Tesla fue criticado de modo rotundo por científicos importantes por hacer estas afirmaciones, y solo cabe preguntarse qué pensaba Morgan cuando estos informes de marcianos aparecieron por todas partes en los periódicos y revistas.[36] ¿Estaba Tesla simplemente seguro de que Morgan iba a apoyarlo sin que nada importase? O ¿era que no pudo resistir la oportunidad de presentar una ilusión tan fascinante?

Mientras esperaba por Morgan en las primeras semanas de 1901, Tesla buscó usar el respaldo del Gran Hombre para persuadir a Astor de que apoyase sus inventos de iluminación inalámbrica. Desde su vuelta de Colorado, Tesla había estado jugueteando con sus bombillas inalámbricas que ahora habían tomado la forma de un tubo de vidrio que era una espiral rectangular. «Deseos cordiales para el nuevo año», escribió Tesla a Astor. «El generoso respaldo de Morgan, por el cual estaré agradecido toda mi vida, asegura mis triunfos en la telegrafía y la telefonía inalámbricas, pero soy todavía incapaz de poner mis inventos completos en el mercado. Me cuesta creer que usted, mi amigo desde hace años, dude de unirse a mí para darlos a conocer, por lo cual puedo ofrecerle diez veces mejores rendimientos en su inversión que nadie más.» A pesar de su larga amistad y promesas de enormes beneficios, Astor estaba receloso, había leído en los periódicos que Marconi y otros podrían tener patentes más fuertes en el campo de la radio que Tesla. «No se engañe con lo que los periódicos dicen, coronel», respondió Tesla. «Yo tengo los derechos mayoritarios. ¿Por qué no unirse a Morgan y a mí mismo?» Todavía receloso, Astor declinó cualquier implicación más allá con Tesla. Para compensar la retirada de Astor, Tesla lanzó de inmediato un bombardeo periodístico, enfatizando cómo su bombilla producía unos «rayos de sol artificiales» que purificaban la atmósfera, mataban gérmenes y ejercían «un efecto calmante sobre los nervios».[37]

Desconocedor de que Morgan estaba ocupado fusionando la mayoría de la industria del acero en una única «compañía fiduciaria de mil millones de dólares», Tesla comenzaba a preocuparse, a medida que pasaban las semanas y no había tenido noticias de su nuevo mecenas. Quizás para forzar la posición de Morgan, Tesla empezó una nueva campaña de publicidad para su sistema de telégrafo sin hilos a mediados de febrero. Tesla dijo a los periodistas que su sistema era ahora completo y que estaría transmitiendo mensajes a través del océano en un plazo de ocho meses. Otras historias indicaban que Tesla estaba pensando en situar su estación de transmisión en la costa de Nueva Jersey y que había enviado a un agente a buscar una localización para una estación receptora en Portugal. Aunque Tesla no había averiguado todavía los detalles del negocio, los periodistas indicaron que «era el más entusiasta con sus referenciadas veladas a la asistencia financiera que ha recibido».[38]

Nunca había sido fan de los tabloides de Nueva York, de modo que Morgan no estaba impresionado con la cobertura mediática de Tesla y quizás sí estaba molesto.[39] Como el *Literary Digest* escribió: «Los diarios tratan los variados pronunciamientos [de Tesla] cada uno a su modo, la prensa amarilla con imágenes aberrantes y grandes titulares, los más serios con párrafos escépticos».[40] Sin embargo, cuando las negociaciones con Andrew Carnegie y los otros magnates del acero llegaron a su fin, Morgan asignó a uno de sus socios, Charles Steele, para trabajar con Tesla. Steele pidió a Tesla hacer un borrador de una carta de acuerdo en la cual Morgan avanzaría fondos a Tesla en retorno por una participación de un 51 % en las patentes de tecnología inalámbrica de Tesla. No se hizo ninguna mención a formar ninguna compañía o compartir las acciones entre el Gran Hombre y el inventor. Tesla aceptó de inmediato «firmar cualquier documento aprobado por Morgan», pero pidió si el acuerdo podía cubrir no solo el desarrollo de la telegrafía sin hilos, sino también su sistema de iluminación inalámbrico. Tras encontrarse con Tesla de nuevo el 26 de febrero, Morgan aceptó incluir la iluminación junto con el telégrafo sin hilos en el acuerdo.[41]

En consecuencia, el 1 de marzo de 1901, Tesla envió una carta a Morgan resumiendo su acuerdo. Al haber pasado varios años trabajando para perfeccionar un sistema de luz eléctrico, así como investigando telegrafía y telefonía inalámbricas, Tesla estaba

ansioso ahora por construir el aparato necesario para poner mis descubrimientos e inventos en uso práctico y por continuar mis investigaciones en los temas nombrados.

Por esto que deseo conseguir la suma de [espacio en blanco] y, por la presente, si usted me avanzase dicha suma, estoy de acuerdo con lo que de aquí en adelante declaro. Le asignaré un interés de un cincuenta y uno por ciento en todas las patentes e inventos mencionados, y también en cualquier patente o invento que podría a partir de ahora obtener.

El 4 de marzo, el día después de que se anunciase la formación de United States Steel, Morgan aceptó la carta de Tesla y dio instrucciones a Steele para insertar 150.000 dólares en el espacio en blanco en la carta.[42]

Es importante pararse y considerar lo que este acuerdo probablemente significó para cada hombre cuando fue firmado. Para Morgan era, como Tesla recordaba más tarde, «una simple venta»: a cambio de 150.000 dólares, se asignaban a Morgan el 51 % de los derechos de las patentes de Tesla. La cantidad involucrada probablemente no era significativa para Morgan; en abril de 1901, compró sin verla la famosa pintura de *La duquesa de Devonshire* de Thomas Gainsborough por 150.000 dólares. Unos pocos meses más tarde, adquirió el retablo de Raphael *Colonna Madonna,* por 400.000 dólares, y tras ojear algunos planos arquitectónicos, dio de inmediato a la Escuela Médica de Harvard un millón de dólares para tres edificios.[43]

Mientras es frecuente asumir que Morgan invirtió en Tesla para así ganar control de la futura industria inalámbrica (y por tanto proteger sus inversiones en las existentes redes de telégrafo y teléfono), tomando control preventivo de la tecnología inalámbrica, no hay nada que apoye esta suposición. De hecho, si este hubiese sido el caso, es más probable que Morgan hubiese esperado hasta que la industria hubiese madurado más; por ejemplo, no trabajó con Higginson para formar General Electric hasta después de que otros hubiesen invertido mucho y convertido las compañías Edison y Thomson-Houston en empresas boyantes. Morgan no hizo su dinero invirtiendo en nuevas empresas de alta tecnología, sino consolidando y financiando compañías e industrias crecientes y bien establecidas.

En su lugar, la implicación de Morgan era, como Tesla dio a entender en su carta del 12 de diciembre de 1900, sobre todo «filantrópica». Morgan proporcionaba periódicamente dinero a varios individuos para que avanzasen en sus proyectos científicos y artísticos; por ejemplo, en 1902, pagó para que Bashford Dean se trasladase del Museo Americano de Historia Natural (donde había estudiado peces acorazados de la era devónica) al Museo Metropolitano de Arte, de modo que podía catalogar una colección de armaduras medievales.[44] Con toda probabilidad, Morgan vio a Tesla como un artista o académico interesante, y la telegrafía sin hilos, como una aventura de investigación prometedora, y como tal, Morgan no estaba especialmente preocupado sobre si el proyecto de Tesla tenía éxito comercialmente.

Aunque Tesla debía de estar encantado de asegurar los 150.000 dólares de Morgan, no obtuvo todo lo que quería en este acuerdo. Para Tesla, el acuerdo no se suponía que era sobre vender sus derechos de patente por 150.000 dólares, sino sobre formar compañías y establecer una sociedad. En la mente de Tesla, mientras él proporcionaba la magia técnica, Morgan se suponía que entregaba el genio de finanzas necesario para hacer su tecnología inalámbrica un nuevo negocio maravilloso. Lo que probablemente Tesla estaba esperando era que Morgan ocupase el lugar de Peck, su antiguo mecenas de los días del motor de CA, que Morgan se tomase el tiempo en entender los sueños de

Tesla, nutrirlos y ayudarle a conectar esos sueños con preocupaciones prácticas del mundo de los negocios. Cuando firmó el acuerdo, Tesla no se quejó a Morgan sobre este, bien porque estaba demasiado entusiasmado con obtener dinero, bien porque no quería ofender al Gran Hombre.[45]

Pero Tesla seguía angustiado por su relación con Morgan. Al aceptar los términos de este, Tesla escribió a Steele en marzo de 1901 que esperaba «que todas las maneras de transmitir una impresión equivocada a Morgan se eliminasen tras su amable aceptación de mi propuesta» y «que en un momento no distante podría ser capaz de probarme que soy merecedor de la confianza que ha depositado en mí».[46]

EL LABORATORIO EN WARDENCLYFFE

Tras haber asegurado los fondos de Morgan, Tesla comenzó a trabajar con impaciencia planeando un nuevo laboratorio para demostrar su telegrafía sin cables. Para diseñar este nuevo laboratorio, Tesla recurrió a su amigo Stanford White. White bosquejó un imponente edificio de ladrillo de una planta que era de noventa y seis pies cuadrados con una alta chimenea en el centro (imagen 14.1). Aunque el edificio era principalmente funcional, White estipuló ventanas con forma de arco y decoró la chimenea con una fuente de hierro fundido inspirada por una que había visto en Italia. White estimó que la construcción del laboratorio costaría alrededor de 14.000 dólares.[47]

Con planes entre manos, Tesla ahora tenía que escoger dónde construir su nueva instalación para la tecnología inalámbrica. Flirteó con la idea de situar este laboratorio cerca de las cataratas del Niágara para así transmitir el exceso de energía generado ahí, pero pronto se centró en coger una localización en la costa atlántica cerca de Nueva York. Cuando se extendió el rumor de que Tesla iba a ser pionero en un nuevo laboratorio, se dirigió a él James S. Warden, un abogado y banquero de Ohio, que se había trasladado al condado de Suffolk, en la costa norte de Long Island. Creyendo que el *boom* inmobiliario seguiría a la reciente extensión de la rama del norte del ferrocarril de Long Island, desde Port Jefferson a Wading River, Warden había adquirido 1.600 acres

Imagen 14.1. Laboratorio de Tesla en Wardenclyffe.
Reproducido con permiso de Christopher J. Bach, arquitecto.

de tierra de labranza cercana a la pequeña villa de Woodville Landing. La propiedad de Warden estaba situada a sesenta y cinco millas de Nueva York y podía llegarse por tren rápido en una hora y media. Esperando que pudiese resultar atractivo a los neoyorquinos como un retiro veraniego, Warden bautizó a su propiedad como Wardenclyffe.

Anticipando que Tesla podía emplear entre 2.000 y 2.500 trabajadores, muchos de los cuales necesitarían casas, Warden ofreció a Tesla 200 acres para su laboratorio al otro lado de la estación de tren. Tesla aceptó la oferta de Warden en agosto de 1901 y empezó la construcción el mes siguiente. Tesla hizo viajes regulares al sitio, llegando en tren a las 11 a. m. y quedándose hasta las 3:30 p. m., para así supervisar la construcción. En estos viajes de inspección, era frecuente que lo acompañase un sirviente serbio, que llevaba una cesta llena de comida preparada por los chef del Waldorf-Astoria. Una vez la construcción estuvo finalizada, Tesla se quedó en una casa de campo de alquiler.[48]

Tesla dividió el interior de su laboratorio en Wardenclyffe en cuatro grandes habitaciones; un taller, un cuarto de calderas, el cuarto del motor y la dinamo y la habitación de la electricidad. Situada en el lado del edificio que estaba enfrente de la estación de tren, el taller estaba ampliamente equipado con una fragua de herrero, tornos, perforadoras, una fresadora y una garlopa. Tesla instaló estas máquinas anticipando que necesitaría fabricar muchos de los componentes de su nuevo sistema. En la salas de calderas y del motor había dos calentadores que suministraban vapor a una máquina de vapor alternativa de Westinghouse de 400 caballos que estaba conectada directamente a una dinamo diseñada a medida. Además, la habitación de motor estaba equipada con otra dinamo para la luz, un compresor de aire y bombas de agua. Las fotografías que han sobrevivido indican que había una superficie abalconada en el centro del edificio, sobre el taller. Además, las fotografías revelan que Tesla insistió no solo en la alta calidad de los aparatos, sino también en detalles como un trabajo de carpintería bello.

Con gran diferencia, el espacio más importante dentro del laboratorio era la habitación de la electricidad que atravesaba la parte de atrás del edificio, en el lado más cercano a la torre. En esa zona el equipo incluía cuatro transformadores enormes de Westinghouse que podían funcionar a 60.000 voltios, cuatro grandes condensadores, un rectificador de mercurio motorizado y una unidad de control especialmente construida que, según Tesla, podía «dar toda regulación imaginable que quisiera en mis mediciones y control de energía». En el centro de la habitación, Tesla expuso docenas de piezas de aparatos experimentales.[49]

Una característica clave de Wardenclyffe era la gran torre situada a 350 pies del edificio del laboratorio. Tesla sabía que el alcance de la planta era proporcional al tamaño de la torre y por tanto dependía de la cantidad de dinero disponible: «Si sus capitalistas están dispuestos a rascar a fondo sus bolsillos, podría poner una antena enorme porque ... como mostré en 1893, ... los efectos serán proporcionales al capital invertido en esa parte».[50]

Al planear la torre, Tesla tuvo que tener en cuenta dos factores: la cantidad de energía eléctrica que podía almacenarse en el terminal elevado y la longitud de las ondas que esperaba transmitir por tierra. En Colorado, Tesla había usado bolas de madera enfundadas en metal como su terminal elevado. En Wardenclyffe, quería incrementar enormemente la cantidad de energía almacenada en el terminal elevado, de modo que pudiese transmitir energía alrededor del mundo. «Recurriendo a una vieja verdad, que fue reconocida hace doscientos años»

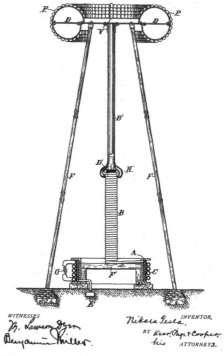

N. TESLA.
APPARATUS FOR TRANSMITTING ELECTRICAL ENERGY.
APPLICATION FILED JAN. 18, 1902. RENEWED MAY 4, 1907.

1,119,732.   Patented Dec. 1, 1914.

Imagen 14.2. Diagrama de la patente para la torre de Wardenclyffe con una versión del terminal elevado y del sistema de circuitos que Tesla planeaba usar.
Leyenda:
D es un extremo con forma de rosquilla salpicado de semiesferas, *P*
G es una fuente de corriente eléctrica (probablemente un condensador)
C es la bobina primaria del transmisor amplificador
A es la bobina secundaria del transmisor amplificador
B es otra bobina conectada a la bobina secundaria, A
E es la toma de tierra
Tesla no construyó el terminal en la cima de su torre con la forma de rosquilla mostrada aquí, pero prefirió usar esta forma en su patente «para ilustrar los principios». Véase NT, Declaración sobre la radio, 145. De NT, «Apparatus for Transmitting Electrical Energy», patente de EE. UU. 1.119.732 (presentada el 18 de enero de 1902, concedida el 1 de diciembre de 1914).

en ciencia eléctrica, Tesla sabía que era posible almacenar más carga eléctrica en una esfera que en otras formas geométricas; en consecuencia, planeó que la torre en Wardenclyffe estuviese coronada con un extremo de metal con un radio de curvatura tan grande como fuese posible y luego salpicó la superficie con numerosas semiesferas.[51] (Véase la imagen 14.2 para una versión con las semiesferas.) Con este fin, sus bocetos iniciales de mayo de 1901 muestran una cúpula curvada regulable con forma de champiñón (imagen 14.3).

Respecto a la longitud de onda, Tesla había aprendido en Colorado que la longitud del conductor en el secundario de su transmisor amplificador debería ser un cuarto de la longitud de onda que quería generar.

Imagen 14. 3. La torre en Wardenclyffe con el terminal hemisférico en la cima.
De DKS, Instituto Smithsonian.

Ya que inicialmente quería transmitir energía usando ondas de baja frecuencia largas, del orden de 2.400 pies, Tesla calculó que su secundario, que estaría alojado en la torre de Wardenclyffe, debería ser de 600 pies y, a su vez, sería la altura de la torre. A 600 pies, la torre propuesta por Tesla sería dos tercios el tamaño de la torre Eiffel, y White estimaba que podía costar 450.000 dólares.[52]

Alarmado por lo que podría costar la torre, Tesla pidió a Morgan más dinero en septiembre de 1901.[53] Morgan, sin embargo, rechazó prestar más dinero, y Tesla se vio forzado a reducir la escala de su diseño. «Una cosa es cierta —escribió Tesla a White—, no podemos construir esa torre como ideamos. No puedo expresar cuánto lo siento; según mostraban mis cálculos, con esa estructura podría llegar a cruzar el Pacífico.»[54]

Aunque consideró usar dos o tres torres más pequeñas juntas, Tesla se decidió por un diseño más pequeño coronado con una única semiesfera grande fabricada a partir de vigas de acero (imagen 14.3). Tesla planeó que su terminal estuviese cubierto con placas de cobre y quizás de nuevo salpicado con pequeñas semiesferas. Aunque la forma del terminal había cambiado, todavía poseía un gran radio de curvatura, lo que Tesla creía que le permitiría «producir con esta pequeña planta [en Wardenclyffe] muchas veces el efecto que podía producirse por una planta ordinaria de cien veces su tamaño».[55]

La construcción de la torre de Wardenclyffe empezó en noviembre de 1901, y las fotografías indican que la estructura estaba en su lugar en septiembre de 1902. Tesla no fue capaz de completar la torre tan rápido como le habría gustado porque Morgan aparentemente retrasó dos meses el pago de la cuota final de 50.000 dólares.[56]

Uno de los retos en la construcción de la torre era que, al margen de la forma que tuviese el terminal en la cima, era extremadamente pesado; la versión semiesférica final era de 68 pies (20,7 metros) de diámetro y pesaba 55 toneladas. Como añadido al peso, el terminal también tenía un área de la superficie grande, de modo que funcionaba como una vela respondiendo al viento que venía de Long Island Sound. Soportar el peso del terminal y compensar las fuerzas del viento significaba construir una torre grande y fuerte. Para lograr esta fortaleza, White recurrió a una forma octogonal que gradualmente se estrechaba al ir hacia arriba. Como el terminal tenía que estar aislado de la tierra, la torre no podía construirse usando vigas de hierro o de acero y White usó en su lugar madera natural de pino. De arriba abajo, la torre de Wardenclyffe medía 187 pies (57 metros) y podía verse desde New Haven (Connecticut), al otro lado del canal.[57]

Mientras que la torre era ciertamente imponente (un periodista del *New York Times* la definió como «muy "teatral" y pintoresca»), todavía eran más impresionantes el pozo y los túneles debajo de ella.[58] Como Tesla intentaba transmitir energía eléctrica a través de la tierra, era esencial que su sistema «controlase la tierra, de otro modo no puedo agitarla. Tiene que haber un control sobre la tierra de modo que todo este globo pueda agitarse y para ello [era] necesario llevar a cabo una construcción muy cara».[59] La conexión a tierra en Colorado Springs había consistido en varias placas de metal enterradas en el suelo de fuera; en Wardenclyffe, Tesla decidió que necesitaba hacer una conexión más fuerte con el nivel acuífero bajo la torre. Para lograrlo, cavó un pozo de diez por doce pies hasta una profundidad de 120 pies, muy por debajo del nivel acuífero. Para proporcionar acceso al pozo, había «un trasto de madera muy parecido a la escalerilla en un barco de vapor» en la base de la torre y una escalera circular al fondo.[60]

Mientras un extremo de la bobina secundaria del transmisor amplificador estaba conectado a la bobina extra y luego al terminal elevado en la cima de la torre, el otro extremo de la bobina secundaria del transmisor estaba conectado a tierra (imagen 14.2). Para hacer esta toma a tierra entre el transmisor amplificador en la base de la torre y el fondo del pozo, Tesla colocó «de nuevo un gran barra a través de la cual pasaba la corriente y esta barra estaba tan calculada para decir exactamente donde estaba el nodo, que podía calcular cualquier distancia. Por ejemplo, podía calcular exactamente el tamaño de la tierra o el diámetro de la tierra y medirlo exactamente a cuatro pies con esa máquina».[61]

Al fondo del pozo, Tesla completó la conexión a tierra uniendo la barra de metal que bajaba desde el transmisor amplificador con un sistema elaborado de tuberías horizontales. Como explicó: «el trabajo costoso de verdad era conectar la parte central (es decir, la barra de metal) con la tierra y para ello había montado máquinas especiales que empujaban estas tuberías de hierro una tras otra. Empujé estas tuberías de hierro, creo que dieciséis, trescientos pies y luego la corriente a través de estas tuberías se conectaba a tierra».[62] Tesla usó aire comprimido para llevar estas tuberías a tierra, de modo que colocó un compresor en la habitación del motor del laboratorio y transmitió el aire comprimido fuera del pozo por medio de una tubería especial que iba a lo largo del circuito eléctrico.

Un periódico informó de que en el fondo del pozo, Tesla planeaba tener agua templada, quizás esperando que esto mejorase la conexión a tierra.[63] Además tenía trabajadores cavando cuatro túneles recubiertos de piedra, cada uno de cien pies de largo; desde el fondo del pozo, cada uno ascendía gradualmente hacia la superficie. Al final de cada túnel había una salida de ladrillo como la de un iglú.[64] No está claro el papel que estos túneles desempeñaban en el plan general de Tesla.

¿Cómo pensaba Tesla que funcionaría Wardenclyffe?

A medida que la construcción continuaba en Wardenclyffe en 1902, Tesla empezó a ver que el desarrollo de la transmisión inalámbrica de energía supondría varios pasos distintos. Como explicó a Morgan, estos pasos consistirían en: «(1) la transmisión de cantidades pequeñas de energía y la producción de efectos débiles, apenas perceptibles por los dispositivos sensibles; (2) la transmisión de cantidades notables de energía obviando la necesidad de los dispositivos sensibles y permitiendo el funcionamiento seguro de cualquier tipo de aparato que requiera una cantidad pequeña de energía; y (3) la transmisión de energía en cantidades de importancia industrial. Con la finalización de mi proyecto actual, el primer pasó se realizará».[65] Dado este plan de desarrollo, ¿cómo planeaba Tesla usar Wardenclyffe para transmitir energía?

Aunque Tesla no dejó una descripción completa de cómo funcionaba la estación de Wardenclyffe, todas las indicaciones coincidían en que planeaba hacer funcionar la estación de modo similar a como había hecho funcionar su sistema en Colorado Springs, que estaba basado en los principios de las patentes fundamentales que había registrado en 1897 (véase la imagen 12.6).[66]

En Wardenclyffe, los calentadores producían vapor para la máquina de vapor combinada de Westinghouse y la dinamo de CA. La corriente de la dinamo se subía luego hasta 44.000 voltios gracias a los cuatro transformadores en la habitación de la electricidad que estaban organizados de modo que diesen energía en cuatro fases. Tesla usó esta corriente de alta tensión para cargar cuatro condensadores grandes en la habitación, y reguló la frecuencia de la corriente usando varias bobinas de inducción variables, cajas de resistencia y un interruptor de mercurio. Con estos controles, podía variar la frecuencia de 200.000 a 1.000 ciclos por segundo, y podía producir un flujo continuo de ondas amortiguadas.[67]

Estas corrientes de alta frecuencia y alta tensión eran conducidas fuera de la torre por cables en un conducto bajo tierra especial. Como se muestra en la imagen 14.2, Tesla instaló su transmisor amplificador en la base de la torre. Aunque las bobinas primaria y secundaria eran más pequeñas en diámetro que sus equivalentes en Colorado, la bobina extra parecía ser mucho más grande. Para conectar la bobina extra al terminal elevado, Tesla usó una barra de metal grande. Mientras estaba preocupado principalmente con el uso del transmisor amplificador para emitir energía, Tesla podía enviar mensajes de teléfono o telégrafo conectando un micrófono o una llave telegráfica a la bobina primaria del transmisor «tales que bien hablándoles o manejándolos con la mano o de otro modo, se producen variaciones en la intensidad de las ondas».[68] Tesla estimó que el transmisor amplificador de Wardenclyffe generaba 200 kilovatios.[69]

Funcionando a este nivel de energía, Tesla esperaba que el transmisor amplificador fuese capaz, mediante el pozo bajo la torre, de «coger el control de la tierra» y establecer una onda de corriente estacionaria en la corteza terrestre. Para conducir estas ondas de corriente desde el secundario del transmisor amplificador a tierra, Tesla usaba otra barra de metal grande que se extendía desde la base de la torre al fondo del pozo, y desde ahí, las ondas viajaban por la Tierra vía las dieciséis tuberías horizontales.

Tesla creía que esta onda producida por su transmisor amplificador viajaría a través de la Tierra a un punto opuesto a Wardenclyffe y se reflejaría sobre sí misma; si esta onda estaba en la frecuencia de resonancia de la tierra, entonces la onda que reflejaba estaría en fase con la onda original y así establecerían una onda estacionaria. Sobre la base de medidas hechas en Colorado, Tesla calculó que la frecuencia de resonancia más baja de la tierra era de 6 Hz. La teoría moderna predice su frecuencia en 10,5 Hz (omitiendo pérdidas), y medidas actuales dan un pico de resonancia en aproximadamente 8 Hz, lo que sugiere que Tesla estaba en el camino correcto en lo que a cálculos se refiere.[70]

Con el zumbido de la tierra en su frecuencia de resonancia electro-magnética, Tesla creía que la electricidad y los mensajes podían recogerse en cualquier punto de la superficie terrestre conectando un receptor a tierra. Mientras la energía se movía desde el transmisor amplificador a los receptores alrededor del mundo a través de la onda estacionaria establecida en la tierra, Tesla anticipó que el circuito en su sistema se completaría con terminales elevados de algún tipo, tanto en el transmisor como en el receptor. Como hemos visto, el terminal elevado de Wardenclyffe estaba diseñado para albergar una cantidad enorme de carga eléctrica. Antes de ir a Colorado, Tesla insistía en que el circuito de retorno implicaba una corriente moviéndose a través de la atmósfera (véase el capítulo 12), pero mientras estaba trabajando en Wardenclyffe nunca ofreció una explicación clara en lo referente a qué tipo de conexión eléctrica de retorno esperaba hacer entre el receptor y el transmisor para así completar el circuito. Recurriendo a ideas que Tesla más tarde presentó sobre haces de partículas (véase el capítulo 16), algunos seguidores de Tesla han especulado acerca de que él creó un circuito de retorno usando o bien rayos X o bien un láser para crear una ruta que fuese de la torre de Wardenclyffe a la ionosfera, señalando que había un agujero de cuatro pies de ancho en la cima del terminal elevado de modo que Tesla podía haber fácilmente emitido los rayos hacia el cielo.[71] Mientras tanto, otros especialistas en Tesla han sido capaces de transmitir electricidad a través de la tierra en distancias cortas usando transmisores amplificadores, pero no han podido decidirse por una explicación sobre lo que sucede en el circuito de retorno que pueda relacionarse con la teoría electrodinámica moderna.[72]

Como sugieren sus patentes fundamentales, Tesla inicialmente pensó que el receptor necesitaría ser una torre similar en tamaño al transmisor (véase la imagen 12.6). Sin embargo, en algún momento de su trabajo en Wardenclyffe, decidió que no era necesaria una gran torre receptora y que los mensajes y la electricidad podían recogerse usando dispositivos más pequeños. En su lugar, ahora proponía que las casas estuviesen equipadas con una toma a tierra y un terminal elevado pequeño, de modo que podrían recibir la electricidad necesaria para iluminar sus bombillas de válvulas termoiónicas. También diseñó una combinación de receptor y reloj que sería alimentado por energía inalámbrica y por tanto recibiría una señal de tiempo precisa, señalando que «la idea de imprimir sobre la tierra la hora de EE. UU. es fascinante y muy probable que se haga popular».[73]

De muchas maneras, Wardenclyffe era la realización de los sueños de Tesla. Durante casi una década había estado planeando en su imaginación un sistema para emitir electricidad alrededor del mundo y ahora ese sistema estaba tomando forma en el mundo real. Tesla estaba reuniendo eficazmente la red de gente, ideas, dinero y recursos que necesitaba para seguir adelante, y ponerse por delante de Marconi.

Pero ¿funcionaría realmente el sistema de Wardenclyffe? Hasta cierto punto, no creo que Tesla estuviese en absoluto preocupado, ya que tenía total confianza en sus habilidades como inventor; si podía imaginar Wardenclyffe funcionando, entonces estaba seguro de que funcionaría. Además, a finales de 1901, tenía todo el boato, las ilusiones, del éxito. Mientras viviese como un millonario en el Waldorf, tuviese el apoyo de J. P. Morgan, tuviese amplia cobertura en la prensa y siguiese construyendo una estación impactante, todo iría bien. Las ilusiones confirmaban las ideas que Tesla veía en su imaginación.

—15—

La torre oscura (1901-1905)

> Lograr un gran resultado es una cosa,
> lograrlo en el momento correcto es otra.
>
> Tesla a J. P. Morgan, 13 de octubre de 1904

Pillado por sorpresa por Marconi, traicionado por Martin

Durante el otoño de 1901, mientras Tesla supervisaba la construcción de su laboratorio y la torre en Wardenclyffe, estaba seguro de que estaba cerca del éxito. Como escribió a Katharine Johnson el 13 de octubre de 1901:

> 13 es mi número de la suerte y por tanto sé que accederá a mis deseos ... de venir al Waldorf. Y si lo hace, cuando yo transmita mis mensajes inalámbricos a través de los mares y continentes, usted conseguirá el sombrero más elegante jamás hecho [aunque] me arruine. ...
> He solicitado un almuerzo sencillo y usted debe venir en tropel. Debemos mostrarnos ante Hobson... Sé que le gusto yo más que usted.[1]

Al mismo tiempo, Tesla aseguró a Morgan que estaba haciendo progresos. Al resumir su trabajo para el Gran Hombre en noviembre, afirmó con confianza que sus últimas patentes cubrían la producción de «efectos eléctricos de prácticamente electricidad ilimitada, no obtenible de ningún otro modo hasta ahora conocido». Además, sus patentes cubrían técnicas para transmisión altamente eficiente. Mientras otros métodos de transmisión sufrían pérdidas proporcionales al cuadrado de la distancia cubierta, Tesla afirmaba que sus pérdidas eran significativamente menores y solo en proporcionalidad lineal a la distancia.

«Solo esta característica —informaba Tesla— deja fuera a toda la competencia.»²

Pero a la competencia, en concreto a Marconi, difícilmente se la disuadía con esas afirmaciones. Como vimos en el capítulo 12, Marconi había transmitido mensajes a través del Canal de la Mancha en marzo de 1899, provocando que Tesla emprendiese sus experimentos en Colorado Springs. Siete meses más tarde, Marconi había ido a Nueva York y usado su aparato para proporcionar informes de las regatas de la Copa América, esperando asegurarse contratos de periódicos neoyorquinos o de la Marina de EE. UU. Sin éxito en lo referente al contrato con la Marina, Marconi volvió a Inglaterra y continuó trabajando en incrementar la distancia de transmisión, así como desarrollando un modo de sintonizar sus transmisores y receptores para que operasen en una frecuencia concreta. A principios de 1900, podía cubrir distancias de hasta 185 millas y obtuvo una patente británica (n.º 7777 de 1900) para un sistema que usaba en particular chismes enrollados (o bobinas) en los circuitos de su antena que permitían sintonizarla.³

Mientras Marconi públicamente insistía en que todavía no era posible transmitir mensajes que cruzasen el Atlántico, en privado había decidido que debería intentar lograr esta meta lo más pronto posible. Tomó esta decisión porque estaba preocupado por la situación de su negocio. A pesar de sus mejores esfuerzos, la Wireless Telegraph and Signal Company de Marconi tenía todavía que firmar un contrato importante con la Marina británica o estadounidense, el servicio de correos o el grupo de seguros marino Lloyd's de Londres. Aunque los inversores londinenses estaban pujando más alto por las acciones de Marconi, la escasa venta de equipos significaba que la compañía se estaba quedando sin capital. Para solucionar estos problemas, Marconi defendía que lo que era necesario era una demostración a lo grande del potencial de su sistema inalámbrico; si podía abarcar el Atlántico, no solo su compañía podía establecer un monopolio de comunicación de barco a costa, sino que también podía empezar a competir con los rentables negocios de mensaje por cable. Aunque los directivos de la compañía inicialmente pusieron objeciones a este plan atrevido, Marconi fue capaz de convencerles de que la comunicación trasatlántica era factible, y en julio de 1900 la junta directiva le dio su aprobación.

Para emprender la «gran cosa» (el término de Marconi para la transmisión a través del Atlántico), Marconi estableció nuevas estaciones discretamente.[4] En Inglaterra puso una estación en Poldhu en Cornualles, y en América construyó una estación en Cabo Cod en Wellfleet Sur. En cada estación erigió una antena circular enorme compuesta de veinte mástiles de doscientos pies. Mientras buscaba localizaciones en Cabo Cod a principios de 1901, Marconi oyó rumores sobre los planes de Tesla, posiblemente que este estaba obteniendo apoyo de Morgan, y estas noticias provocaron que redoblase sus esfuerzos.[5]

Para abarcar el Atlántico, Marconi se dio cuenta de que necesitaba incrementar su sistema, no solo en cuanto al tamaño de la antena, sino también en la cantidad de energía empleada por el transmisor. Hasta 1900, Marconi había recurrido a transmisores pequeños que usaban bobinas de inducción y baterías; para lograr cruzar el Atlántico, sin embargo, necesitaba un transmisor mucho más potente. Para incrementar la energía, Marconi recurrió al nuevo asesor científico de la compañía, John Ambrose Fleming. Profesor al frente de la cátedra Pender de Tecnología Eléctrica en el University College de Londres, Fleming se había reunido con Tesla durante su visita a Londres en 1892. Totalmente familiarizado con la ingeniería eléctrica, Fleming diseñó un transmisor con un generador de CA de 25 kilovatios, transformadores de 20.000 voltios y condensadores de alta tensión. No solo era el equipo eléctrico similar en tamaño al aparato que Tesla tenía en Wardenclyffe, sino que Fleming organizó el circuito de forma parecida al que Tesla usaba con su transmisor amplificador tanto en Colorado como en Wardenclyffe. Usando este nuevo sistema diseñado por Fleming, Marconi y sus asociados fueron capaces de generar en Poldhu chispas con un tamaño de varios pies tan gruesas como la muñeca de un hombre.[6]

Fleming instaló este nuevo transmisor en agosto de 1901, pero antes de que pudiese probarlo vientos huracanados derribaron los mástiles de la antena en Poldhu. Marconi los reemplazó rápidamente, pero luego otra tormenta destruyó los mástiles en la antena de Cabo Cod. Todavía decidido a llevar a cabo la prueba trasatlántica, Marconi, George Kemp y P. W. Paget se embarcaron hacia San Juan de Terranova a finales de noviembre. Marconi escogió San Juan porque era el punto más cercano a Inglaterra en América del Norte (2.200 millas o 3.500 kilómetros). Antes de dejar Inglaterra, Marconi instruyó a los operadores de Poldhu para que transmitiesen «SSS» en código Morse entre las 3 y las 6 p. m. cada día a partir del 11 de diciembre.

Marconi y sus socios llegaron a San Juan el 6 de diciembre de 1901. Usando una antena suspendida gracias a una cometa volando durante una tormenta de invierno, tanto Marconi como Kemp oyeron la señal «SSS» el 12 y el 13 de diciembre mientras utilizaban un receptor telefónico sensible a la señal. El 14 de diciembre, Marconi hizo un anuncio en prensa y su logro fue ampliamente cubierto en los periódicos dominicales del día siguiente.[7]

En el *New York Times*, las noticias sobre las señales trasatlánticas de Marconi dominaban la primera página. Refiriéndose a su logro como «el avance científico más maravilloso de los últimos años», el artículo incluía una biografía de Marconi. Como Tesla «había dado a entender la posibilidad de "telegrafiar a través del aire y de la tierra"», el periódico preguntó a este sus impresiones. Tesla no solo recordó al periódico que él había discutido la posibilidad de telegrafía inalámbrica años antes, sino que sugirió que la transmisión de electricidad era mucho más importante que ser capaz de enviar unos pocos mensajes cortos. Para rellenar su primera página, el *New York Times* dio la última palabra a T. C. Martin, que, como editor de *Electrical World*, podía contextualizar el logro de Marconi. Ansioso por alabar a este como la nueva joven promesa de la tecnología, Martin señaló que estaba tan sorprendido como contento con el éxito de Marconi en cruzar el Atlántico. Con respecto a su antiguo amigo Tesla, Martin dijo que aunque había imaginado la telegrafía sin hilos, por desgracia no había sido capaz de llevarla a cabo y ser el primero en cruzar el Atlántico. Como Martin indicaba: «En un libro que publiqué hace alrededor de ocho años sobre el trabajo de Tesla está incluida una de sus conferencias en la cual presta a la telegrafía sin hilos una atención considerable. Expresaba su creencia en el tema tan claramente que decidió por mí. Por tanto, solo lamento que Tesla, que ha pensado y experimentado mucho sobre el tema, y a cuyas iniciativas se debe mucho del trabajo, no haya sido capaz de lograr esta hazaña maravillosa».[8]

Durante las siguientes semanas, escépticos cuestionaron si Marconi realmente había oído los tres puntos que indicaban una «S» en el código Morse. Como su inventor rival en el campo de lo inalámbrico Lee de Forest escribió en su diario: «Signor Marconi se ha anotado un tanto inteligente. Tanto si oyó o no los tres puntos que llegan de Inglaterra, o como esos que Tesla oía provenientes de Marte, si yo fuese un profeta diría que no oiremos más mensajes trasatlánticos durante un tiempo. En este arte, como en todas las otras invenciones, se avanzará con un crecimiento y una evolución lentos, no gracias a saltos magníficos de 100 a 2.000 millas».[9]

Ya que se suponía que las ondas hertzianas viajaban en línea recta como las ondas de luz, otros científicos se preguntaban, ¿cómo siguieron estas ondas la curvatura de la Tierra y no simplemente se perdieron en el espacio? (Ahora atribuimos esto al hecho de que las ondas de radio rebotan en la capa de Heaviside-Kennelly en la ionosfera, pero esta capa no se descubrió hasta 1924.) ¿Podían Marconi y Kemp, deseosos de oír los tres puntos, haber oído simplemente un chisporroteo atmosférico que imaginaron eran las señales de Poldhu? Además, no había testigos imparciales en el evento. Las únicas dos personas que oyeron las señales fueron Marconi y su socio Kemp; de hecho, el mundo tenía que aceptar la palabra de Marconi de que había oído una señal del otro lado del Atlántico.[10]

Pero a pesar de estas dudas, Martin decidió que Marconi era el hombre del momento y que debía salir en su defensa y mostrar que no estaba «siendo un farsante». Para ello, Martin dispuso que el joven italiano fuera el invitado de honor en la cena anual del American Institute of Electrical Engineers (AIEE) el 13 de enero de 1902. Como había sido presidente y maestro de ceremonias en muchos eventos del AIEE, Martin convenció fácilmente a la dirección del instituto para que estuviesen de acuerdo en homenajear a Marconi. Sin embargo, como no todo el mundo creía en las afirmaciones de este, a Martin le costó conseguir que la comunidad de ingenieros asistiese a la cena, y se vio obligado a pedir a Elihu Thomson que le diese su apoyo en el evento. A medida que se extendía el rumor de que Thomson estaba a favor del reconocimiento a Marconi, Martin fue capaz de llenar las trescientas sillas en la Galería Astor del Hotel Waldorf-Astoria.[11]

Para que la noche fuese realmente memorable, Martin trabajó para asegurar que todo resaltaba el logro de Marconi. El menú presentaba bocetos de las antenas de Marconi en dos faros, indicando la «S» con tres puntos cruzando todo el océano. En cada extremo de la sala de baile había colgadas dos grandes placas con «Poldhu» y «San Juan» en letras formadas de bombillas eléctricas. Conectando las dos mesas había un cable en el cual se insertaron grupos de tres bombillas en intervalos, diseñado para representar los tres puntos viajando a través del Atlántico y estas bombillas se iluminaban periódicamente durante la cena.[12]

Aunque Tesla residía en el Waldorf, no tenía ánimos para asistir a la cena en honor de Marconi y decidió pasar la noche fuera de la ciudad. Mencionando su ausencia, el maestro de ceremonias Martin leyó una carta en la cual Tesla felicitaba a Marconi, aunque de modo obvio dejaba fuera cualquier mención al mensaje enviado a través del Atlántico.

Tras leer unas cuantas cartas más de enhorabuena, Martin invitó a Marconi a dirigirse al grupo. Marconi hizo un resumen de los logros del sistema hasta el momento: setenta barcos equipados con sistemas inalámbricos y veinte estaciones costeras en Inglaterra. Describió sus experimentos en Terranova, incluyendo los problemas a los que se había enfrentado con las cometas volando en el tiempo invernal. Tras mencionar que esperaba que la telegrafía sin hilos permitiera enviar mensajes de modo más barato que la existente de cables submarinos, Marconi concluyó levantando la copa y brindando por el instituto.

Al discurso de Marconi siguieron los comentarios de Thomson y el profesor Michael Pupin de la Universidad de Columbia. Ambos hicieron énfasis en que aunque las pruebas para el logro de Marconi eran limitadas, aceptaban la palabra de este, ya que lo conocían y confiaban en él. Como Pupin lo expresó: «En el trabajo científico, nunca creemos nada hasta que vemos una demostración de ello. Creo que el señor Marconi ha transmitido los tres puntos a través del Atlántico, pero debo decir que le creo porque lo conozco personalmente. Si no lo conociese personalmente, no le creería, porque la prueba que el señor Marconi ha suministrado no es lo suficientemente fuerte desde un punto de vista puramente científico, pero al conocerlo como lo conozco, creo su afirmación». Pupin además ofreció un análisis del trabajo de Marconi con las ondas electromagnéticas, combinando física, matemáticas e ingeniería. Al hacerlo, asestó un golpe a Tesla por sus ideas sobre la transmisión de señales a través de la tierra:

> También oí a un hombre decir: «Hace años yo pensaba que transmitir señales de modo inalámbrico a través del temblor de la carga de la tierra». Bien, cualquiera de nosotros puede pensar planes como ese; cualquiera de nosotros que haya tenido alguna experiencia en la invención puede pensar en estrategias como esa tan rápido como las podemos escribir, para cualquiera que sepa que se pueden transmitir ondas eléctricas a cualquier distancia, esto es, matemática y físicamente posible. Pero ¿qué pasa con la parte de ingeniería de ello? Yo digo a este hombre: «Dime específicamente cómo es, desde el punto de vista de la ingeniería, ese aparato con el cual intentas hacer temblar la carga de la tierra, y luego te creeré; no antes».
>
> Ahora esto es lo que el señor Marconi ha hecho. Ha escrito unos requisitos para crear un aparato y hacer temblar la carga de la tierra y transmitir las señales entre cables.[13]

Gracias a los esfuerzos de Martin, la cena del AIEE ayudó a establecer a Marconi como el inventor de la telegrafía sin hilos en la mente de la gente. No obstante, al saber que su resultado trasatlántico en Terranova no era una prueba suficiente, Marconi emprendió una segunda demostración para probar su sistema. En febrero de 1902, se embarcó en Inglaterra rumbo a América en el barco de pasajeros *Philadelphia*, que estaba equipado con un sistema de radio de Marconi. Durante la travesía, Marconi recibía periódicamente mensajes en código Morse desde Poldhu, e invitaba al capitán y al primer oficial del barco a escucharlos y a indicar en una carta náutica el tiempo y el lugar donde los oían. Mucho más que la señal recibida en Terranova, esta carta con testigos del *Philadelphia* documentaba que Marconi tenía un sistema que podía transmitir a través del Atlántico.[14]

«TELEGRAFÍA MUNDIAL» PARA CONTRAATACAR

Con los periódicos llenos de historias sobre Marconi, Tesla no pudo resistir burlarse de su rival en una publicación. Cuando un periodista del *New York Sun* le preguntó si había alguna similitud entre su sistema y el de Marconi, Tesla sonrió y dijo: «Respeto rigurosamente los derechos de los demás, y cuando doy mi sistema al mundo, mi deber es preguntar a todos los profesionales técnicos que señalen cualquier característica de mi sistema... que no sea de mi propia creación. Admiro la habilidad y la iniciativa, y que mis mejores deseos de éxito acompañen a aquellos que venden zapatos ya hechos, pero yo prefiero no usarlos. Son baratos, pero criaron callos y juanetes».[15] Al hacerlo, Tesla estaba adoptando una actitud de superioridad en la que permitiría a sus colegas expertos decidir quién era el creador original de la nueva tecnología inalámbrica. Al mismo tiempo, la metáfora de zapatos ya hechos está revelando no solo que Tesla tiene estándares más altos que Marconi (en la vida real, Tesla insistía sobre los zapatos hechos a medida), sino que también sugería que la elección de Marconi de vender zapatos más baratos causaría problemas (es decir, callos y juanetes) para el usuario.

Pero mientras podía hacer burla de Marconi en la prensa, Tesla se dio cuenta de que necesitaba ofrecer alguna explicación a Morgan. A principios de enero de 1902, Tesla le escribió, empezando con una estimación de cuánto del equipo de Marconi se había desarrollado con la ayuda de Fleming:

> He examinado cuidadosamente los registros y encontrado que, en lo que el sindicato Marconi-Fleming está usando ahora, no hay vestigio del viejo aparato que patentó. ... Todos los elementos esenciales de estas nuevas disposiciones... se adelantan ampliamente en mis patentes de 1896 y 1897. ... Han adoptado mi transmisor de resonancia, que magnifica enormemente las corrientes transmitidas, y en esta conexión: mi circuito receptor o «multiplicador» conectado a tierra, mis circuitos de transformación en ambos extremos, mi «bobina de Tesla» y mi fuente moderna de lo mismo, «el transformador de Tesla», mi sistema de circuitos sincronizados dependientes y numerosas mejoras menores. Ahora no se puede hacer nada, pero el tiempo pondrá a todo el mundo en su sitio.

Aunque más que ponerse a la defensiva respecto Marconi, Tesla optó por ser optimista y valiente:

> No necesito decirle que he trabajado tan duro como he podido sin desmoronarme. He examinado y rechazado cientos de experimentos pre-

tendiendo una mejora en todos los sentidos y el logro del mejor resultado con el capital disponible, y estoy contento de decir que, gracias a avances lentos y constantes, me las he arreglado para idear una máquina, con la cual produciría una perturbación eléctrica de intensidad suficiente para ser perceptible en toda la tierra. Será débil en algunos lugares y me temo que inapropiada para un uso práctico, pero estoy seguro de que, cuando mi aparato esté ... en condiciones de dar su energía máxima, una media de un millón de caballos, con la primera activación del interruptor, debería enviar un saludo al mundo entero y por este gran triunfo le estaré siempre agradecido ¡a usted![16]

Pero más que tan solo enviar una señal, Tesla ahora presentó a Morgan un nuevo plan de negocio. Marconi podía escoger cubrir regatas y proporcionar comunicaciones de barco a costa, pero Tesla descartaba estas aplicaciones por poco rentables y difícilmente merecedoras del apoyo del Gran Hombre. De hecho, como explicó más tarde a Morgan: «Cuando descubrí, por accidente, que otros... estaban usando en secreto mi aparato, me encontré a mí mismo enfrentándome con circunstancias completamente imprevistas. ... No podía desarrollar el negocio lentamente al modo de una tienda de comestibles. No podía informar sobre regatas o señales que vienen de barcos de vapor. No había dinero en ello. No era negocio para un hombre de su posición e importancia».[17]

En su lugar, Tesla propuso a Morgan un plan para un «sistema de telegrafía mundial» en el cual un número de estaciones transmisoras recogerían noticias y emitiría a los clientes vía receptores individuales. Como alardeó ante Morgan:

> La idea fundamental subyacente en este sistema es emplear unas pocas plantas eléctricas, preferiblemente situadas cerca de grandes centros de civilización y cada una capaz de transmitir un mensaje a las regiones más remotas del planeta. Estas plantas estaban conectadas mediante alambres, cables y cualquier otro medio con los centros civilizados cercanos, y tan rápido como recibían las noticias, las pasaban a la tierra, a través de lo cual se extendía instantáneamente. Toda la tierra es como un cerebro, al igual que este, la capacidad del sistema es infinita, la energía recibida en pocos pies cuadrados de tierra es suficiente para hacer funcionar un instrumento, y el número de dispositivos que pueden ser acti-

vados es, para todos los propósitos prácticos, infinito. Verá, señor Morgan, el carácter revolucionario de esta idea, su fuerza civilizadora, su tremendo potencial para hacer dinero.[18]

Aunque Tesla no estaba realmente pensando en los ordenadores, *software* y la conmutación de paquetes que fueron necesarios para crear la World Wide Web, su idea fundamental de que todas las noticias serían recogidas y esparcidas alrededor del mundo sugiere las creencias que vinieron a ser la base de la World Wide Web en la década de los noventa del siglo xx. «La World Wide Web (w3) —indicaron los académicos mediáticos Noah Wardrip-Fruin y Nick Montfort— se desarrolló para ser una piscina de conocimiento humano, que permitiría a colaboradores en sitios remotos compartir sus ideas y todos los aspectos de un proyecto común.»[19]

Tesla creía que Morgan y él harían dinero manufacturando receptores, e imaginó varias versiones. Por ejemplo, el receptor podía ser una impresora que produciría un periódico para los clientes en su casa, y de este modo, su sistema de telegrafía mundial «acabaría no solo con los cables sino también con los periódicos, ¿por qué continuarían los periódicos como en la actualidad existiendo, cuando todo el mundo puede tener una máquina barata imprimiendo sus propias noticias?». Al mismo tiempo, Tesla estaba también desarrollando un receptor con un altavoz que le permitiría decir el nombre de Morgan «en un teléfono, y se repetirá en alto en todo el mundo en el tono de mi voz. Esto, debo decirle, lo he concebido hace tiempo como un medio de exonerarme a mí mismo apropiadamente de mi deuda con usted».[20]

Pero de lejos, la idea más imaginativa de Tesla para un receptor era un dispositivo portátil conectado a un alambre vertical en una vara corta o incluso el parasol de una dama de modo que pudiese recoger mensajes de voz en cualquier lugar del mundo (imagen 15.1). Como Tesla prometió en 1904: «Un receptor de poco coste, no mayor que un reloj, le permitirá escuchar en cualquier parte, en la tierra o en el mar, un discurso entregado, o música tocada en algún otro lugar, no importa a qué distancia».[21] Ahora, en los primeros años del siglo xxi, vemos a Tesla evocando una visión de un dispositivo muy parecido a un transistor o un teléfono móvil, con la promesa de pro-

Imagen 15.1. «Tesla's Wireless Transmitting Tower, 185 feet high, at Wardenclyffe, N. Y., from which the city of New York will be fed with electricity, and by means of which the camperout [sic], the yachtsman and summer resort visitor will be able to communicate instantly with friends at home.» (Torre de transmisión inalámbrica de Tesla, 185 pies de altura, en Wardenclyffe, N.Y. desde la cual la ciudad de Nueva York será alimentada con electricidad y por medios de los cuales el campista, el regatista y el veraneante serán capaces de comunicarse instantáneamente con amigos en casa.) De «Tesla's Tower», *New York American,* 22 de mayo de 1904, en TC 17:11.

porcionar acceso instantáneo a información en cualquier momento, en cualquier parte.

Al soñar con un receptor que sería usado por todo el mundo, Tesla fue un precursor de la cultura de consumo del siglo XX. A medida que ingenieros e inventores perfeccionaban la maquinaria para la producción masiva de bienes, gerentes astutos se dieron cuenta de que el reto sería estimular la demanda para el volumen enorme de bienes producidos. En otras palabras, si iban a aprovecharse de las economías de escala que vinieron con la producción en masa, las industrias tendrían que crear productos que fuesen deseados y usados por millones de consumidores. Un ejemplo clásico de producto producido en masa para esta nueva cultura del consumo fue el Ford T; como Henry Ford explicó, el Ford T fue pensado para ser «un coche a motor para la gran multitud ... suficientemente grande para la familia, pero suficientemente pequeño para que el individuo lo condujese y cuidase ... tan bajo en precio que cualquier hombre con un buen salario sería capaz de poseer uno».[22] Al igual que Ford imaginó a todo el mundo teniendo un Ford T, Tesla creía que todo el mundo pronto tendría un de sus receptores inalámbricos.

Visto desde la perspectiva del siglo XXI, puede parecer obvio que una cultura de consumo surgiría de la producción masiva y que una porción significativa de la economía global dependería del consumo masivo de productos como móviles, iPods y ordenadores portátiles. Aunque esta revolución de consumo no era del todo obvia en los primeros años del siglo XX y, de hecho, debe de haber parecido rara a los líderes de la industria y de la cultura de productor. Por ejemplo, como creían que el dinero se hacía al vender inventos y máquinas a compañías y no a consumidores individuales, a Edison le resultó difícil, después de 1900, comprender por qué la industria del cine estaba alejándose de la mejora de cámaras y proyectores para desarrollar nuevos tipos de películas.[23] De igual modo, a Morgan le debió de resultar difícil entender la visión de Tesla de vender millones de receptores. Morgan había hecho su dinero en el desarrollo de ferrocarriles y la industria del acero, el meollo de una cultura de producción. De la misma forma que nunca entendió el ascenso de la industria del automóvil (y por tanto nunca invirtió en ella), es probable que no valorase mucho la visión de Tesla de la telegrafía mundial. Por desgracia Tesla estaba intentando usar un argumento de cultura de consumo para convencer a alguien anclado en la cultura de producción.

Aunque le entusiasmaba la telegrafía mundial, Tesla no desatendió su visión de emisión de energía, ya que «la transmisión de energía en cantidades apreciables, permitiendo en cualquier punto del globo el funcionamiento seguro de innumerables artilugios» tendría un efecto tremendo sobre el avance de la humanidad. Mientras el potencial de la emisión de electricidad podía demostrarse con la planta de Wardenclyffe, la transmisión a gran escala requeriría una estación mayor, preferiblemente situada cerca de una fuente de energía eléctrica barata como las cataratas del Niágara. Por supuesto Tesla necesitaría más dinero, pero una vez más estaba seguro de que el trabajo podría hacerse rápido. Como explicó a Morgan: «Para hacer esto, se necesitaría una planta de cinco mil caballos de potencia. Esta potencia podría tenerse en Niágara. ... El trabajo preliminar, los planos, estimaciones, opciones, etc., todo el trabajo sobre papel no supondría un desembolso de más de veinticinco mil dólares. Para cuando mi planta actual esté completada y haya hecho demostraciones que le satisfagan todo este trabajo de preparación podría estar hecho y, si lo eligiese así, antes del próximo invierno la gran planta podría entrar en funcionamiento». Tesla sentía de verdad que una demostración de transmisión inalámbrica de electricidad era el mejor modo de responder a la atrevida apropiación de sus técnicas por parte de Marconi. Como escribió a Morgan algunos meses más tarde: «El único medio de protegerme totalmente era desarrollar un aparato de una potencia tal, que me permitiese controlar de modo efectivo las vibraciones a lo largo del globo».[24]

Por temor a que Morgan dudase sobre dar apoyo a su telegrafía mundial o a su nueva estación de transmisión de electricidad en Niágara, Tesla cerró su carta de enero de 1902 con una floritura vanidosa, recordando al financiero que estaba tratando con un genio que provocó revoluciones tecnológicas: «Ahora, señor Morgan, ¿estoy respaldado por el mejor financiero de todos los tiempos? Perdería grandes triunfos y una fortuna inmensa porque necesito una cierta cantidad de dinero. ¿No es un deber para honrar a este país que sea identificado con este logro? ¿No he contribuido a la grandeza y prestigio del país y no han ejercido mis inventos un efecto revolucionario sobre sus industrias? Estos no son mis reclamos, señor Morgan, solo mis credenciales».[25]

Las propuestas de negocio de Tesla aterrizaron en la mesa de Morgan justo cuando estaba entrando en otra época extremadamente ocupada; como Henry Adams dijo en abril de 1902: «Pierpont Morgan ... está portando cargas que harían tambalearse los nervios más sólidos». Durante los primeros meses de 1902, Morgan estaba organizando la compañía International Mercantile Marine, que unificaba cinco líneas de trasatlánticos para crear una flota de 120 barcos; tenía la esperanza de que podía crear un orden racional con los trasatlánticos al igual que había hecho con el ferrocarril. De los barcos, Morgan se pasó a la maquinaria agrícola y, en el verano de 1902, él y sus socios organizaron International Harvester fusionando McCormick Harvesting Machine Company con otras cuatro firmas. Además, Morgan encontró que su recién formada United States Steel estaba descapitalizada y pasó gran parte del año intentando reunir fondos para ella.[26]

Sin embargo, el mayor dolor de cabeza de Morgan en 1902 llegó de Washington. El verano anterior, había combatido una oferta pública de adquisición hostil de Northern Pacific Railroad y, para prevenir futuros asaltos, organizó la Northern Securities Company. Como *holding* empresarial, Northern Securities reunió a Northern Pacific, Great Northern Railroad y Chicago, Burlington, & Quincy, de modo que estas líneas principales importantes podían coordinar sus operaciones. Como Northern Securities ahora controlaba casi todo el tráfico ferroviario desde Minnesota al estado de Washington, su creación provocó una protesta pública. En respuesta, el presidente Theodore Roosevelt decidió ir tras Northern Securities para así demostrar que no tenía miedo de retar a grandes negocios.

Como estos proyectos requerían la mayoría de su atención, Morgan no parecía haber estado particularmente preocupado por Tesla. De hecho, el Gran Hombre incluyó a Tesla como invitado en un extravagante almuerzo en honor del príncipe Henry, el hermano del káiser Guillermo II.[27] Mientras tanto, Tesla seguía adelanta por sí solo. En febrero de 1902 contrató a Lowenstein de nuevo para ayudarle con Wardenclyffe. Para fortalecer su cartera de patentes, Tesla tuvo a su abogado Parker Page dedicado con entusiasmo a un caso de interferencia con Reginald Fessenden relativo a unas solicitudes de patentes de Tesla para la sintonización, y Tesla prestó testimonio durante el verano para apoyar su caso.[28] También empezó a planear una fábrica en Wardenclyffe, ya que ahora era «imperativo proporcionar instalaciones para fabricar un gran número de aparatos receptores».[29]

Antes de partir en su viaje anual a Europa en abril de 1902, Morgan se reunión con Tesla y le dijo al Mago que no quería verse envuelto personalmente en la construcción de una nueva estación de transmisión en Niágara o una nueva fábrica para manufacturar receptores. Sin embargo, aunque no quería invertir su propio dinero, Morgan indicó que estaría dispuesto a ayudar a Tesla a reunir fondos reorganizando la Nikola Tesla Company y emitiendo nuevos valores.[30]

En respuesta a esta «solución recibida favorable», Tesla pasó el verano de 1902 trabajando en dos tareas. Primero, ya que Morgan no apoyaría la nueva planta en Niágara, Tesla decidió presionar a su sistema para ver cuánta electricidad podía generar. Para perseguir esta tarea, Tesla y su secretario, Scherff, se trasladaron a Wardenclyffe durante el verano. «Mis esfuerzos serán en gran medida premiados —informó a Morgan—, forzando cada parte de mi maquinaria al máximo, seré capaz de alcanzar lo que considero casi el desempeño máximo posible con la potencia disponible, una tasa de energía entregada de 10 millones de caballos, más del doble que todas las cataratas del Niágara. Así las ondas generadas por mi transmisor serán la mayor manifestación espontánea de energía en la Tierra.»[31]

Contento con los resultados potenciales de llevar Wardenclyffe al límite (y así poner a Marconi en su lugar), Tesla se dedicó a identificar nuevos inversores potenciales. Recurriendo a sus contactos en los niveles más altos de la sociedad de Nueva York, Tesla juntó un grupo de donantes, «todo gente de categoría». Al saber que Morgan deseaba continuar manteniendo su implicación en secreto, Tesla fue cuidadoso de no mencionar al Gran Hombre a este grupo.[32]

A finales de septiembre de 1902, Tesla y Morgan se reunieron para diseñar un plan de captación de fondos creando una nueva compañía. Aquí Morgan estaba ayudando a Tesla ya que el negocio fundamental de un banquero especialista en inversiones es organizar compañías y emitir valores. La nueva compañía de Tesla iba a ser capitalizada en 10 millones de dólares y emitiría 5 millones en bonos, 2,5 millones en acciones preferentes y 2,5 millones en acciones comunes. Para asegurar el capital de trabajo necesario para equipar una nueva fábrica que manufacturase los inventos de Tesla (probablemente los receptores), el 50 % de las acciones y bonos emitidos se ofertaría a la venta de inversores externos. Otro 40 % de acciones y bonos sería para Tesla y sus antiguos socios en Nikola Tesla Company ya que la compañía «había incurrido en grandes gastos perfeccionando los inventos». Por su parte, Tesla planeaba vender algunos de sus bonos para así repagar los 150.000 dólares que le había adelantado Morgan, pero también tenía intención de dar un cuarto de sus intereses a un socio (probablemente Lowenstein) «en cuya habilidad e integridad creo, y quien se alía conmigo con todas sus energías, para lograr el mayor éxito posible para este proyecto, en el cual nuestro honor se verá comprometido». El restante 10 % de los nuevos bonos y acciones permanecerían sin emitirse, pero Morgan pensaba que debería llevarse un tercio de estos valores restantes por las patentes que le habían sido asignadas a él por Tesla. Como hacía con otras emisiones de acciones, J. P. Morgan & Company probablemente harían su dinero llevándose una comisión en los bonos y acciones que vendiesen a inversores externos.[33]

Con este plan a punto, Tesla reanudó sus esfuerzos para asegurar dinero de la élite social de Nueva York. Ofreciendo acciones de 175 dólares cada una, se dirigió a varias mujeres destacadas, incluidas Mary Mapes Dodge, E. F. Winslow y Caroline Clausen Schwarz, la esposa del magnate de la tienda de juguetes, F. A. O. Schwarz. Por desgracia, Tesla consiguió pocos compradores entre la élite, que parecía haber considerado invertir en su empresa una propuesta arriesgada. «Estoy cansado de hablar con gente pusilánime —se enfureció Tesla—, que se asustan cuando les pido que inviertan 5.000 dólares y les da diarrea cuando les digo diez.»[34]

Incapaz de atraer inversores pero decidido a seguir adelante en Wardenclyffe, Tesla reunió 33.000 dólares vendiendo propiedades personales y tomó prestados otros 10.000 dólares de un banco en Port Jefferson, la ciudad vecina a Wardenclyffe. También pidió a Scherff pequeños préstamos, que finalmente ascendieron a miles. No obstante, las facturas seguían aumentando: Tesla debía 30.000 dólares a Westinghouse por equipos, no había pagado a la compañía de teléfono por usar una línea especial fuera del laboratorio y James Warden lo demandó por no pagarle los impuestos sobre la propiedad. Preocupado por si las noticias de sus dificultades financieras asustaban a inversores potenciales, Tesla dijo a Scherff que mantuviese a los periodistas alejados.[35]

Como sus esperanzas para reunir dinero vendiendo acciones se habían evaporado, Tesla culpó a Morgan de sus problemas. Sentía que varias empresas de Morgan habían creado turbulencias en Wall Street y una inflación en general. El mercado de acciones, respondiendo a la huelga del sector del carbón en todo el país, estaba muy agitado durante el otoño de 1902, motivando que Morgan se uniese con otros banqueros para crear un fondo de 50 millones de dólares para apoyar el mercado en caso de emergencia. En abril de 1903, la Corte Federal de Apelaciones en St. Paul dictaminó que Northern Securities Company de Morgan era una combinación ilegal y este anuncio casi desató el pánico en la Bolsa de Nueva York. Unas semanas después de esta crisis en Wall Street, Tesla escribió quejándose: «Sr. Morgan, ha generado grandes agitaciones en el mundo industrial y algunas han golpeado a mi pequeño bote. Los precios han subido, en consecuencia, el doble, puede que hasta el triple, y hay demoras caras, la mayoría como resultado de actividades que usted estimuló».[36]

No obstante, Tesla esperaba que el Gran Hombre lo sacase de apuros. «Financieramente, estoy en un problema terrible», admitió a Morgan a principios de julio de 1903. «Pero si puedo completar este trabajo, podré mostrar de inmediato que por mi sistema inalámbrico la energía se puede transmitir en cualquier cantidad, a cualquier distancia deseada y de modo muy económico. De los trescientos caballos de potencia generados por mi oscilador en Long Island, doscientos setenta y cinco, quizás unos pocos más, pueden recuperarse tras recorrer la mayor distancia, en Australia.» Al saber que la transmisión de electricidad a través de la tierra desde Nueva York a Australia sonaba fantástica, Tesla aseguró a Morgan que era una apuesta que merecía la pena hacer, ya que este avance transformaría el mundo y Tesla poseía todo el control del invento: «Si le hubiese dicho esto antes, me habría echado de su oficina. Ahora, señor Morgan, ya ve en lo que trabajo. Significa una gran revolución industrial. Será la cosa merecedora de su atención, como siempre le he asegurado. No hay incertidumbre en esto, es un absoluto. Mis patentes confieren un monopolio. ¿Me ayudará o permitirá que mi gran trabajo, casi completo, se vaya al traste?».[37]

Aunque Morgan estaba inmerso en reorganizar la compañía fiduciaria International Merchant Marine (que también se había tropezado con dificultades políticas y financieras), estuvo de acuerdo en reunirse con Tesla. Sin embargo, tras esta reunión, Morgan decidió que ya no apoyaría al inventor. El 17 de julio de 1903, envió a Tesla una nota concisa: «He recibido su carta del 16 del presente mes, y en respuesta diré que no me siento dispuesto en este momento a hacer ningún otro adelanto».[38]

Enfadado, Tesla expresó su frustración redoblando esfuerzos en la electricidad en Wardenclyffe y lanzando relámpagos. Como el *New York Sun* informó, los vecinos de Tesla fueron testigos de «todo tipo de rayos ... desde la torre alta. ... Durante un tiempo el aire estuvo lleno de rayos de electricidad cegadores que parecían dispararse en la oscuridad con algún misterioso recado. La muestra continuó hasta la medianoche». Cuando le pidieron que explicase estos destellos, Tesla respondió: «Es cierto que algunos de ellos han tenido que ver con la telegrafía sin hilos» y que si la gente local «hubiese estado despierta en vez de dormida, en otras ocasiones habría visto cosas todavía más extrañas. Algún día, pero no esta vez, haré un anuncio de algo con lo que nunca había soñado».[39]

LA BURBUJA ESPECULATIVA INALÁMBRICA

¿Por qué Morgan decidió dejar de apoyar a Tesla en 1903? Si Morgan hubiese proporcionado al Mago quizás otros 100.000 dólares, el coste de un cuadro de uno de los grandes maestros, Tesla podía haber probado sus ideas y las patentes que había asignado a Morgan podrían haberse convertido en muy valiosas.[40] Morgan podía haber vendido con beneficios o dado licencias de estas patentes a alguien más que pudiese explotar esta tecnología comercialmente.

Morgan definitivamente no necesitaba una razón elaborada para negarse a continuar con su apoyo a Tesla. Ya había invertido 150.000 dólares en el proyecto y Tesla había prometido a finales de 1900 cruzar el Atlántico en entre seis y ocho meses y el Pacífico un año más tarde. Habían transcurrido dos años y medio, Marconi había transmitido a través del Atlántico y Tesla no había proporcionado todavía ningún tipo de demostración de su sistema. Morgan fácilmente pudo concluir que Tesla no era un riesgo recomendable.

La explicación que se ofrece con más frecuencia para la decisión de Morgan de retirar su apoyo a Tesla es que Morgan se había empezado a preocupar de que Tesla no tuviese un plan para hacer dinero de la electricidad inalámbrica y que su intención fuese dar la electricidad gratis. Quizás la versión más original de esta historia viene de Andrija Puharich, un inventor y físico que llevó a cabo una investigación en parapsicología: «Ahora, no sé esto de primera mano, no lo encontrará en ningún lugar impreso, pero Jack O'Neill me dio esta información como biógrafo oficial de Nikola Tesla. Dijo que Bernard Baruch dijo a J. P. Morgan: "Mire, este chico se está volviendo loco. Lo que está haciendo, quiere dar energía eléctrica gratis a todo el mundo y nosotros no podemos poner medidores en ello. Vamos a ir a la bancarrota apoyando a este tipo". Y de repente, de la noche a la mañana, el apoyo a Tesla cesó, el trabajo nunca se acabó».[41] Como hemos visto, en sus cartas a Morgan Tesla insistía en cómo usaría Wardenclyffe para las comunicaciones y en que tenía intención de hacer dinero manufacturando y vendiendo receptores. Aunque Tesla estaba entusiasmado con la idea de transmitir electricidad, sus cartas revelaban que sabía que era la idea más difícil de vender a Morgan.

En su lugar, una explicación más realista para la retirada del apoyo por parte de Morgan viene del propio Tesla. Cuando testificó en 1916 sobre su trabajo relacionado con el aspecto inalámbrico, Tesla recordó que «había despertado el interés de un gran hombre» y que había empezado a hacer preparativos «para un proyecto muy grande». Sin embargo, en el último minuto, su patrocinador se había retirado, preocupado por si la industria inalámbrica había entrado en una «fase de agiotaje de acciones» o especulación. Como consecuencia, el Gran Hombre dijo a Tesla que «no podía tocarlo con una vara de 20 pies». Como hemos visto, Tesla se refería a Morgan como el Gran Hombre para así esconder su implicación.[42]

De hecho, había una burbuja especulativa en torno a lo inalámbrico en la primera década del siglo XX. A medida que informes prometedores de las demostraciones de Marconi circulaban en 1900 y 1901, promotores turbios como G. P. Gehring y Lancelot E. Pike pasaron de acciones cuestionables en la minería vendidas a domicilio a ofrecer participaciones en nuevas compañías inalámbricas. Mientras Gehring compró los derechos de las patentes telefónicas de Amos Dolbear de la década de 1880 para crear American Wireless Telephone and Telegraph Company, Pike prometía dinero rápido comprando acciones en uno de los muchos subsidiarios de America Wireless. Para dar a este plan un aire de credibilidad, Pike alquiló una oficina amueblada con todo lujo de detalles en el mismo edificio en Manhattan que albergaba las oficinas principales de United States Steel Corporation donde cualquier inversor con dudas podía ver los instrumentos de Dolbear funcionando. Aunque Pike prometió establecer servicio inalámbrico entre Nueva York y Filadelfia, nunca se molestó en hacerlo y en su lugar se fugó con el dinero de los inversores.[43]

Los chanchullos de Pike fueron solo el inicio en la fiebre que rodeaba a lo inalámbrico y mucho más preocupante para Tesla debieron de ser las compañías formadas en torno a los inventos de Lee de Forest. Hijo de un pastor congregacionalista en Alabama, De Forest creció decidido a superar su pasado modesto. Siguiendo la tradición familiar, acudió a Yale. Mientras estudiaba física allí, De Forest leyó la biografía de Tesla y soñó con convertirse en su asistente. Con la ayuda de un compañero de clase, Ernest K. Adams (el hijo de Edward Dean Adams), De Forest consiguió una entrevista con Tesla en 1896, pero este lo rechazó. Imposible de disuadir, De Forest recibió su doctorado en 1899 —su disertación se titulaba «The Reflection of Short Hertzian Waves from the Ends of Parallel Wires» (La reflexión de ondas hertzianas cortas desde los extremos de cables paralelos)— y de nuevo solicitó un trabajo en el laboratorio de Tesla.[44]

Tras ser rechazado por segunda vez por Tesla, De Forest empezó a experimentar mientras trabajaba como ingeniero telefónico junior en Western Electric en Chicago. Como las limaduras en el cohesor de Marconi tenían que ser continuamente recolocadas por golpecitos, De Forest trabajó en un detector que las recolocase automáticamente. Con la ayuda de dos colegas en Chicago, De Forest inventó un detector electrolítico en 1901 y partió de viaje hacia Nueva York para mostrar su nuevo invento durante las regatas de la Copa América y encontrar patrocinadores.

Tras ser rechazado por varios inversores, De Forest se reunió con Abraham S. White, un promotor que había hecho fortuna en el mercado inmobiliario y vendiendo a domicilio productos químicos ignífugos en enero de 1902. White era claramente un estafador profesional y un periodista lo describió así: «El pelo y el bigote de White son de un rojo encendido; sus ojos de azul porcelana. Vestía zapatos de charol, un sombrero de seda, una flor en su ojal, una cadena de reloj de oro magnífica, un prendedor aperlado con forma de pera y un anillo de diamante que no era demasiado grande. Fumaba puros con forma de tirabuzón que repartía sin reservas, nunca estaba sin un gran fajo de certificados de oro de 100 dólares, que separaba con la indiferencia fácil de un actor manejando dinero de mentira».[45]

White fue rápido en apreciar el potencial del detector de De Forest y rápidamente montó American DeForest Wireless Telegraph Company. Valorada en 3 millones de dólares, White actuaba como presidente y De Forest vicepresidente y director científico. Para mostrar el invento de De Forest, White construyó un laboratorio en un ático con paredes de cristal sobre el tejado de un edificio en el número 17 de la calle State, al pie de Manhattan, a unas pocas manzanas de Wall Street. Enfrente del puerto de Nueva York, se erigió una segunda estación en el Castleton Hotel en Staten Island. Con inversores potenciales observando, De Forest enviaría y recibiría mensajes desde la calle State a Staten Island, tras lo cual White llevaría a los visitantes a comer. Durante estas comidas, White hablaría con elocuencia, boceteando para los inversores una visión de:

> estaciones inalámbricas por todo el litoral del este y el golfo de México, a través del continente desde los picos nevados de Alaska a Panamá. Todo barco que tocase la costa americana iba a pagar a De Forest Company un impuesto; las estaciones iban a competir con el teléfono y el telégrafo. La radio abarcaría el Atlántico y el Pacífico y el cable sería reemplazado.
>
> Compañías subsidiarias se establecerían en Canadá, Inglaterra, Europa, África, Oriente, Australia y América del Sur. En un tiempo razonable podían esperarse cincuenta de dichas subsidiarias, todas pagando derechos de patente a la patente americana. Los inversores comprarían millones de dólares en acciones. ...
>
> Animando su tema, White cogería un lápiz y ... calcularía cuánto podía ganar De Forest Company en un año. Asumiendo que solo cincuenta

barcos se equipasen con los instrumentos de De Forest en un año, a 5.000 dólares por barco, eso era 250.000 dólares. Mensajes a estos barcos y desde ellos, otros 250.000 dólares; mensajes trasatlánticos y traspacíficos, juntos, 4.000.000 dólares más. Además estaban las «10.000 islas en los océanos, ¡la radio sería una bendición para ellas! Y otros 500.000 dólares. Total, 5.000.000 dólares, esto es, hablando de modo conservador».[46]

Cautivados por esas perspectivas, los inversores agotaron las acciones de De Forest y White procedió a formar subsidiaria tras subsidiaria y reorganizar la empresa matriz una y otra vez, siempre invitando a los accionistas actuales a ser los primeros en comprar estas nuevas emisiones de acciones y de este modo expandir sus propiedades.[47] White permitió a De Forest montar un laboratorio y gastar algo del dinero entrante en experimentos. Con este apoyo, De Forest fue capaz de mostrar su equipo ante la Armada y la Marina de EE. UU. en 1903 y conseguir contratos de ambos.[48]

Sin embargo, White reservó mucho del dinero entrante para continuar sus esfuerzos de promoción, los cuales incluían un «automóvil inalámbrico» en febrero de 1903. Equipado con los transmisores de De Forest, cuatro de estos vehículos cruzarían Wall Street y pararían periódicamente para recoger precios de acciones de corredores de bolsa callejeros que eran luego transmitidas a las corredurías así como a las oficinas del *Wall Street Journal* (véase la imagen 15.2).[49]

Echando un vistazo desde la ventana de su oficina, Morgan no podía haber evitado ver los automóviles de DeForest Wireless creando un escenario. Igualmente, su personal sin duda le habría mantenido informado de varias modas especulativas pasajeras que iban y venían entre los inversores. Para Morgan estas modas pasajeras eran una molestia, ya que revelaban al público y al Gobierno la parte arriesgada de Wall Street. Dichas modas eran un problema no solo porque los promotores como Pike y White estaban juntando más capital del necesario y luego no invertían en desarrollar el negocio de la compañía, sino también porque los accionistas corrían el riesgo de perder todo cuando las acciones, compradas a precios exorbitados, inevitablemente se desplomaban en el mercado. Con la administración de Roosevelt atacando la

Northern Securities Company de Morgan y las quejas sobre la estructura inestable de International Mercantile Marine, Morgan difícilmente habría estado de humor en julio de 1903 para involucrarse más en la aventura inalámbrica de Tesla. Morgan simplemente no podía permitirse el riesgo de tener algo que ver con estas actividades cuestionables en la emergente industria inalámbrica. Dado lo que White estaba haciendo con DeForest Wireless, no debería sorprender que Morgan no quisiera tocar la aventura de Tesla ni con «una vara de 20 pies».

Imagen 15.2. Automóvil de DeForest Wireless en el distrito financiero de Nueva York en 1903.
De «A Perambulating Wireless Telegraph Plant», *Electrical World and Engineer*, 28 de febrero de 1903, p. 374.

Entonces Morgan retiró su apoyo a Tesla, no porque necesariamente dudase del inventor, sino porque estaba intranquilo por la especulación en la industria inalámbrica. De hecho, lo que le sucedió a Tesla en el momento crítico en su trabajo en el terreno inalámbrico fue que resultó penalizado por el comportamiento cuestionable de otros emprendedores en la industria. Sin duda, podría haber problemas técnicos con lo que Tesla estaba intentado hacer en Wardenclyffe (se verá más adelante), pero nunca tuvo la oportunidad de abordar estos problemas del todo, ya que las acciones de estafadores como Pike y White le negaron el capital que necesitaba.

Peleándose por efectivo

Aunque Morgan no estaba dispuesto a invertir más de su propio dinero en la empresa de Tesla, no se opuso a permitir que otros invirtiesen en Wardenclyffe, siempre y cuando pusiesen nuevo capital y él obtuviese lo que pensaba que era una porción razonable de cualquier acción emitida por la nueva compañía.[50] Por tanto, Tesla pasó los siguientes dos años cultivando otros inversores y buscando nuevos modos de reunir dinero para completar Wardenclyffe.

Al pelearse por efectivo, Tesla estaba en una posición difícil, ya que la tendencia de la opinión pública estaba ahora en su contra. Durante los quince años anteriores, Tesla había sido considerado como el mayor mago de la electricidad en la prensa popular. Mientras ingenieros y científicos profesionales había reprobado sus pronunciamientos frecuentes en los tabloides y criticado periódicamente sus ideas, sus opiniones no parecían afectar a la celebridad de Tesla. Ahora tanto la prensa como la comunidad científica se volvieron en contra de Tesla. Como Laurence A. Hawkins, un ingeniero asociado más tarde con General Electric, escribió en 1903: «Hace diez años, si a la opinión pública de este país se le hubiese pedido nombrar al ingeniero eléctrico que era la mayor promesa, la respuesta habría sido sin duda "Nikola Tesla". Hoy en día su nombre provoca pena, en el mejor de los casos, por que una promesa tan grande no haya sido satisfecha. En diez años, la actitud de la prensa científica ha pasado de expectación llena de admiración a bromas sin maldad y finalmente a un silencio caritativo». Hawkins continuaba cuestionando las afirmaciones de Tesla de haber inventado el motor de CA, listaba todas las predicciones frustradas que Tesla había hecho en la última década del siglo XIX y proporcionaba una crítica abrasadora de su artículo de 1901 en *Century*. Para Hawkins, la ruina de Tesla básicamente estaba causada por su debilidad por la publicidad: «Ni siquiera la brillantez de ... sus primeros trabajos, ni siquiera los esfuerzos persistentes de sus amigos poderosos, movidos por sus intereses comerciales para magnificar y exaltar el valor de sus inventos patentados, pudieron evitar el descrédito a su reputación como científico que provocó sobre sí mismo por sus esfuerzos salvajes por tener notoriedad. Ha sido condenado por sus propios alardeos extravagantes». Enfrentado con esta publicidad negativa, Tesla sabía que tenía que dar pasos valientes para restaurar su credibilidad. «Mis enemigos han tenido éxito en presentarme como un poeta y visionario —admitió Tesla a Morgan—: es absolutamente imprescindible para mí sacar algo comercial sin demora.»[51]

Como primera medida, Tesla buscó reunir efectivo desarrollando otros inventos. En el verano de 1903, formó Tesla Electric and Manufacturing Company para producir bobinas de Tesla pequeñas para uso en laboratorios científicos y proporcionar energía a tubos de rayos X. Con la compañía valorada en 5 millones de dólares, Tesla encontró difícil atraer inversores y por tanto esta empresa fue suspendida. Tesla seguía albergando la esperanza de poder hacer dinero de sus inventos y en 1905 intentó asociarse con Pearce, un fabricante de instrumentos eléctricos en Brooklyn, para producir bobinas por debajo de 50 dólares. Cuando este plan se hundió, Tesla diseñó un pequeño «ozonizador», un generador de ozono portátil que podía usarse para esterilizar habitaciones ya que el ozono mata a los gérmenes. Además, también empezó a trabajar en una nueva forma de turbina a vapor (véase el capítulo 16.)[52]

Como estos inventos requerirían tiempo para desarrollar un flujo de efectivo, Tesla buscó financiación a corto plazo a través de un préstamo de un banco en Serbia, asumiendo que su fama en su país de origen triunfaría. Sin embargo, las noticias de las demandas de las patentes de Tesla involucrando a las «grandes figuras capitalistas» de

América pusieron nerviosos a los banqueros serbios y estos rechaza-
ron su solicitud. Al darle a Tesla estas malas noticias, su tío materno,
Petar Mandic, escribió: «¡Querido Nikola! No te desanimes del todo;
eres, gracias a Dios, joven; no tienes que agacharte ante nadie o perde-
rás credibilidad».[53]

Decidido a no perder credibilidad, Tesla se dirigió de nuevo a John
Jacob Astor, que le había adelantado dinero para desarrollar sus ideas
de iluminación inalámbrica. Sin embargo, todavía molesto porque
Tesla no había gastado el adelanto en iluminación sino en investigar en
Colorado Springs, Astor declinó y escribió en octubre de 1903: «Mientras le deseo toda la suerte posible, no tengo ningún interés en entrar
yo mismo en la compañía».[54]

El siguiente financiero con el que Tesla cultivó su amistad fue Thomas Fortune Ryan, considerado como «el hombre más diestro, cortés
y silencioso» de Wall Street. Nacido en la Virginia rural, Ryan había
invertido en compañías de transporte público en la ciudad de Nueva
York, así como en tabacaleras en Virginia. En 1898, Ryan fusionó sus
intereses en el tabaco con la American Tobacco de James B. Duke para
crear Tobacco Trust. Tesla pidió a Ryan que invirtiese 100.000 dólares
en Wardenclyffe, esperando que la cantidad «fuese suficiente para alcanzar los primeros resultados comerciales» y «pavimentaría el camino a otros éxitos mayores». Aunque estaba interesado, Ryan finalmente escogió no invertir. «¡Muchísimas decepciones hoy!», comentó
Tesla a Scherff en noviembre de 1903. «Me pregunto durante cuánto
tiempo seguirá esto.»[55]

El rechazo de Ryan no le disuadió, Tesla seguía con su idea de transmitir electricidad de modo inalámbrico desde Niágara y se dirigió a su
antiguo socio de negocios, William B. Rankine. Rankine había trabajado con Adams para establecer la central de Niágara en la parte estadounidense de las cataratas, pero en 1892 fundó una segunda compañía,
Canadian Niagara Power, para aprovechar la canadiense Horseshoe
Falls. Tras años de discusiones con el Gobierno canadiense, Rankine fue
pionero en 1901 con una planta hidroeléctrica de 20.000 caballos de potencia que empezó a suministrar electricidad a principios de 1905. Sin
embargo, como no había mercado local para su electricidad adicional,
Rankine y Tesla empezaron a discutir la posibilidad de una estación ina-

lámbrica que pudiese transmitir hasta 10.000 caballos y presumiblemente ayudar a Canadian Niagara Power a llegar a nuevos clientes. Tesla pensaba que esta nueva estación «ofrecería grandes ventajas a todo el mundo» ya que la energía podría usarse para hacer funcionar relojes y cintas de cotizaciones de bolsa, cada una de las cuales consumiría solo un décimo de un caballo. Tesla estimaba que una estación a escala comercial costaría 2 millones de dólares y pidió a Morgan que invirtiese 500.000 dólares. Sin embargo, no está claro cómo Tesla o Rankine habrían asegurado los fondos restantes para la estación.[56]

En medio de la búsqueda desesperada de fondos, Tesla se animaba con las visitas de su amigo Richmond Hobson. Habiendo renunciado a la Marina y planeando presentarse al Congreso, Hobson pasó gran parte de 1903 en una gira de conferencias por todo el país. Al darse cuenta de que un candidato creíble tenía que ser un hombre casado, Hobson había empezado a cortejar a Grizelda Hull de Tuxedo Park (Nueva York). El cortejo de Hobson con la señorita Hull fue turbulento; por un lado, ella idolatraba a Hobson como un gran héroe de guerra, pero por otro lado, lo consideraba como alguien poco honesto que iba de flor en flor.[57] Tras ver a la señorita Hull durante la visita de Navidad de 1903, Hobson estaba teniendo problemas con sus sentimientos y fue a visitar a su viejo amigo. Como dijo a la señorita Hull:

El día concluía con nostalgia hasta que fui a ver a mi querido Tesla. Él me besó en la mejilla, como una vez ya antes, y cuando lo dejé a la una de la pasada noche, me sentía preparado y listo para otro año y para años futuros. Cuando hace tiempo me referí a los obstáculos grandes y complicados contra los que estaba luchando, él dijo: «Hobson, deseo que sean mil veces más grandes, mi único temor es que este mundo no pueda hacer obstáculos tan grandes como necesito y lleve tiempo encontrarlos».

Casi me hizo avergonzarme de mí mismo. Nunca me oirás referirme a los obstáculos de nuevo, a menos que sea en un pensamiento de impotencia por hacerme con ellos y desafiando su magnitud.

Y ahora *au revoir*, Grizelda, (¿no me permitirá llamarla Grizelda?) Me despido desde la costa. El horizonte está nublado, no puedo ver la tierra más allá. Pero mi alma está reforzada. ... He estado con usted y con Tesla.[58]

Tesla también estaba reforzado por la visita de Hobson. A principios de 1904, produjo un folleto detallado anunciando «que en conexión con la introducción comercial de mis inventos, prestaré servicios profesionales en la capacidad general de consultor de ingeniería y electricidad». Trabajando como ingeniero consultor, Tesla presumió ante Morgan que podía fácilmente ganar 50.000 dólares al año. El folleto incluía una lista de las patentes de Tesla, citas de sus conferencias y artículos, y una fotografía de Wardenclyffe (imagen 15.3). Impreso en papel de pergamino e introducido en un sobre cerrado con un gran sello de cera rojo con las iniciales «N. T.», este folleto fue considerado por *Electrical World* como «un manifiesto merecedor del genio original que lo publicaba».«Fue un trabajo duro sacarlo adelante», admitió Tesla a Scherff, pero esperaba que atrajese a nuevos inversores. Tesla pidió a Robert y Katharine Johnson que le diesen «una lista de gente casi tan importantes e influyentes como los Johnson, que deseasen introducirse en la alta sociedad» de modo que pudiese enviarles el folleto. Aunque el manifiesto era espléndido, Tesla debía de sentirse ya desanimado, ya que firmó su nota a los Johnson como: «Nikola, el fiasco».[59]

Sin embargo, Tesla siguió adelante. Para respaldar el folleto, dio varias entrevistas y publicó una descripción de su trabajo en Colorado Springs. Para disgusto del Gran Hombre, Tesla reconoció abiertamente en esta historia que había contado con el apoyo de Morgan. También anunció sus planes con Canadian Niagara Power Company para distribuir electricidad. Aunque entusiasmado por el potencial para los mensajes y electricidad inalámbricos, Tesla concluyó proclamando: «Cuando la primera planta sea inaugurada y sea mostrado que un mensaje telegráfico, casi tan secreto y sin interferencias como un pensamiento, puede transmitirse a cualquier distancia terrestre, el sonido de la voz humana, con todas sus entonaciones e inflexiones, fielmente e instantáneamente reproducido en cualquier otro punto del globo, la energía de una catarata proporcionará la luz, el calor o la fuerza motriz en cualquier sitio: en el mar, la tierra o alto en el aire; la humanidad será como un montón de hormigas que se remueve con un palo: ¡veamos como llega la agitación!».[60]

Aunque esas proclamaciones no removieron a los inversores. En la primavera de 1904, Tesla se reunió con Charles A. Coffin, presidente

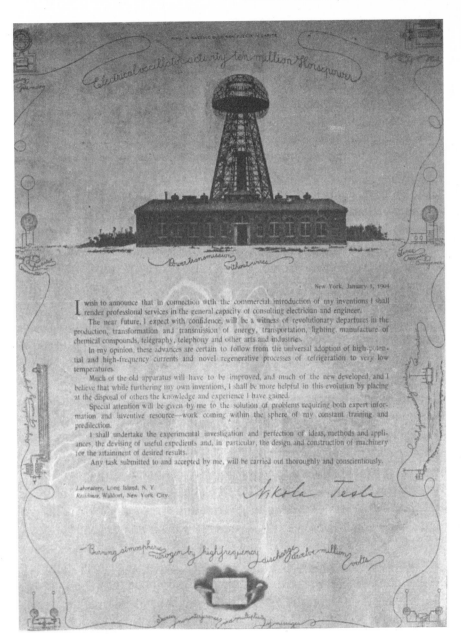

Imagen 15.3. Primera página del folleto de Tesla. Febrero de 1904.
De «A Striking Tesla Manifesto», *Electrical World* 43:256 (6 de febrero
de 1904), en TC 16:159.

de General Electric y sus socios, comentando que «si se niegan, están simplemente adormilados». Unas pocas semanas más tarde, Tesla lo intentó con John Sanford Barnes, otro financiero de Wall Street y presidente de St. Paul and Pacific Railroad. Graduado de la academia naval de Annapolis, Barnes había servido como oficial naval durante la guerra civil y había continuado escribiendo un libro sobre torpedos y guerra submarina.[61] Dado el interés de Barnes en tecnología naval, Tesla podría haber encontrado este inversor potencial mientras estaba trabajando en su bote radiocontrolado. Para persuadir a Barnes, Tesla tenía a su abogado Parker Page preparando un análisis legal de sus patentes inalámbricas, el cual hacía énfasis en que estas daban un control amplio de esta tecnología y valían fácilmente 5 millones de dólares. A pesar de su análisis de la patente, Barnes renunció a la oportunidad de invertir en Wardenclyffe. «Juro que —refunfuñó Tesla a Scherff—, si alguna vez salgo de este agujero, ¡nadie podrá pillarme sin efectivo!»[62]

Durante 1905, Tesla continuó buscando inversores importantes para Wardenclyffe, incluyendo el banquero Jacob Schiff, que había participado contra Morgan en el ataque a Northern Pacific en 1901.[63] Sin lugar a dudas, todos los individuos a los que Tesla se dirigía tenían los medios financieros para apoyarle, pero ¿por qué todos rechazaban su invitación?

Tesla parecía un riesgo debido al modo en que había estructurado el trato original con Morgan. (Recuérdese que Tesla, no Morgan, había hecho el borrador del acuerdo original.) A cambio de 150.000 dólares, Tesla había asignado a Morgan un 51 % de sus patentes inalámbricas. Mientras Tesla podía seguramente asignar su restante 49 % de las patentes a nuevos inversores y crear una nueva compañía, la nueva compañía no podía ejercer sus derechos sobre las patentes a menos que Morgan estuviese dispuesto a cooperar. (Para conseguir un monopolio, las patentes solo podían desarrollarse por una compañía, no dos compañías compitiendo.) Morgan aseguraba consistentemente a Tesla que cooperaría siempre y cuando los nuevos inversores pusieran capital nuevo y él obtuviese una porción razonable de cualquier acción emitida por la nueva compañía. De nuevo, Morgan no se oponía a ver el desarrollo de los inventos de Tesla, simplemente no quería invertir nada más de su propio dinero. Sin embargo, a los nuevos inversores esto les parecía un trato terrible, ya que ellos estarían asumiendo todo el riesgo (es decir, poniendo nuevo capital y desarrollando la compañía) mientras Morgan disfrutaría de ganancias sustanciales gracias a su inversión inicial de solo 150.000 dólares. Los inversores se preguntaban por qué deberían esforzarse solo para que Morgan se forrase. Una y otra vez, los inversores potenciales preguntaban a Tesla «si esto es algo bueno, ¿por qué Morgan no lo lleva a cabo?».[64] Por tanto, no importa lo bien que vendiese el potencial de la transmisión inalámbrica de electricidad, Tesla no podía convencer a los nuevos inversores de que lo que recibirían a largo plazo compensaría con creces los riesgos a corto plazo por montar una nueva compañía.

RECURRIENDO A MORGAN

Mientras Tesla se peleaba por persuadir a nuevos inversores para que se uniesen a la empresa de Wardenclyffe, también bombardeaba a Morgan con cartas, alternando entre exigir y suplicar más dinero. A veces arrogante y otras veces servil, Tesla admitió que estas cartas al Gran Hombre fueron a menudo «escritas en momentos de desánimo, cuando el dolor era demasiado difícil de soportar».[65]

Los argumentos de Tesla en estas cartas tomaban varias formas. A veces prometía a Morgan devoluciones fantásticas de su inversión, como explicaba en septiembre de 1903: «Si me diera su apoyo en forma de depósito en esto, podría tener ingresos mayores que Rockefeller de sus pozos de petróleo. Y tendría a su merced a los despiadados que están tratando de deshacer su trabajo y conseguir su reconocimiento. Solo necesito completar esta planta, señor Morgan, el resto se hará por sí solo». En otras cartas, buscaba convencer a Morgan afirmando que sus invenciones inalámbricas revolucionarían la vida diaria.

Nunca he intentado, señor Morgan, decirle ni una centésima de lo que puede lograrse de inmediato por el uso de ciertos principios que he descubierto. Si cree que he encontrado la piedra filosofal, no estaría lejos de la verdad. Provocarán una revolución tan grande que casi todos los valores y todas las relaciones humanas cambiarán drásticamente. Estos desarrollos nuevos no afectan a ningún país en concreto, sino al mundo entero y están en la línea con sus propios esfuerzos. Las posibilidades comerciales que ofrecen son simplemente infinitas y es el único hombre hoy que posee el genio y poder para forzar la adopción universal de estas ideas y esa es la razón por la que me dirigí a usted hace dos años.[66]

Al no dar esto resultado, Tesla buscó la piedad de Morgan. Al escuchar que Morgan se iba a encontrar con el arzobispo de Canterbury, Tesla escribió una larga carta en octubre de 1904 que concluía: «Desde hace un año, señor Morgan, difícilmente ha habido una noche en la que mi almohada no haya estado bañada en lágrimas, pero no debe pensar en mí como un hombre débil por eso. Estoy perfectamente seguro de que acabaré mi tarea, venga lo que venga. Solo lamento que, tras superar dificultades que parecían insuperables y adquiriendo un conocimiento especial que yo solo poseo y el cual, si se aplica de manera efectiva, hará que el mundo avance un siglo, deba ver mi trabajo retrasado».[67]

Morgan respondió a esta insinuación con un brusco «No», y Tesla empezó a mostrar su enfado. Como sabía que Morgan se veía a sí mismo como un anglicano devoto, Tesla le espetó:

Es un hombre como Bismarck. Grande pero incontrolable. Escribí a propósito la semana pasada esperando que su reciente asociación [con el arzobispo] pudiera haberle vuelto más susceptible a una influencia más suave. Pero usted no es para nada cristiano, es un musulmán fanático (es decir, un islamista). Una vez dice no, pase lo que pase, es no.

Quizás la gravitación repela en vez de atraer, quizá lo correcto se vuelva equivocado, toda consideración no importa cual sea debe fracasar debido a su brutal resolución. ...

Me deja luchar, debilitado por enemigos astutos, desanimado por amigos dudosos, financieramente exhausto, intentando sobreponerme a obstáculos que usted mismo ha puesto ante mí.[68]

A medida que el enfado de Tesla crecía, se empezó a mezclar con superstición, santos y salvación. Cuando escribió el 14 de diciembre de 1904, Tesla dijo a Morgan:

Debido a un hábito adquirido hace tiempo desafiando a la superstición, prefiero hace comunicados importantes en viernes y los 13 de cada mes, pero mi casa está en llamas y no tengo tiempo que perder.

Sabía que usted se negaría. ¿Qué posibilidades tengo de pescar al mayor monstruo de Wall Street con hilo de araña hecho de sentimiento?

Su carta me llegó el día de mi santo, el más grande de todos, san Nikola. Había un acuerdo silencioso entre san Nikola y yo, que permaneceríamos juntos. Él lo hizo bien durante un tiempo, pero durante los tres últimos años, se ha olvidado de mí, al igual que usted.

Dijo que cumpliría su contrato conmigo. No lo ha hecho.

Yo acudí a reclutarle por su genio y poder, no por su dinero. Debería saber que le he honrado al hacerlo, tanto como me he honrado a mí mismo. Usted es un gran hombre, pero su trabajo está forjado sobre algo transitorio, el mío es inmortal. Acudí a usted con la mayor invención de todos los tiempos. Tengo más creaciones que llevan mi nombre de las que ningún otro hombre ha tenido antes, excepto Arquímedes y Galileo, los gigantes de la invención. En la actualidad, seis mil millones de dólares se invirtieron en empresas basadas en mis descubrimientos en los Estados Unidos. Podría obtener directamente de usted un millón de dólares si usted fuera el Pierpont Morgan de antaño.

Cuando consignamos nuestro contrato, yo aporté: 1) derechos de patentes; 2) mi habilidad como ingeniero eléctrico; 3) mi buena voluntad. Usted iba a aportar: 1) dinero; 2) su habilidad para los negocios; 3) su buena voluntad. Le asigné derechos de patentes que en el peor de los casos valen diez veces su inversión. Avanzó el dinero, cierto, pero hasta esta primera cláusula de su contrato fue violada. Hubo un retraso de dos meses en aportar los últimos 50.000 dólares, un retraso que resultó ser fatal.

Yo cumplí escrupulosamente con la segunda y la tercera obligación. Usted ignoró las suyas deliberadamente. No solo esto, me desacreditó.

Hay solo un modo de resolverlo, señor Morgan. Deme el dinero para finalizar un gran trabajo, el cual adelantará un siglo al mundo, y refleje honor en todo lo que viene tras usted. O bien hágame un regalo y permítame trabajar en mi salvación.[69]

A medida que los meses pasaban y Tesla era incapaz de atraer nuevos inversores o convencer a Morgan, sucumbió al delirio máximo: que era el inventor del invento más importante de todos los tiempos. Como proclamó a Morgan en febrero de 1905:

Permítame decirle una vez más. He perfeccionado el mayor invento de todos los tiempos: la transmisión inalámbrica de energía eléctrica a cualquier distancia, un trabajo que ha consumido diez años de mi vida. Es la piedra filosofal tanto tiempo buscada. Necesito completar la planta que he construido y, de un salto, la humanidad avanzará siglos.

Soy el único hombre en esta tierra en la actualidad que tiene el conocimiento concreto y la habilidad de lograr esta maravilla y puede que no aparezca otro en un centenar de años. Ha habido un largo y doloroso retraso. Mis nervios no son de hierro y el mundo podría perder todo este conocimiento y habilidad. Ayúdeme a completar mi trabajo o elimine los obstáculos en mi camino.[70]

A pesar de su enfado, Tesla nunca abandonó la esperanza de que Morgan apoyase Wardenclyffe. En el verano de 1905, Tesla dijo a Scherff que tenía la corazonada de que Morgan contactaría con él cuando volviese de su viaje anual a Europa, pero, por supuesto, el Gran Hombre no llamó. Incluso todavía en 1911 Tesla mantenía la esperanza, cuando escribió a John Halls Hammond Jr. sobre una empresa conjunta para el bote radiocontrolado, Tesla dijo: «Hay un caballero que firma como J. P. M. que ya ha estado interesado en parte de mis inventos inalámbricos y mi amigo Astor está ahora esperando a que se complete mi planta para meterse en el negocio de la transmisión inalámbrica de energía, que sería un éxito colosal».[71]

¿La tierra como una bola de agua o como el océano?

Mientras Tesla tenía problemas encontrando nuevos inversores y persuadiendo a Morgan para que lo apoyase, nuevos problemas brotaban como hongos. Además de que el Port Jefferson Bank demandase los pagos del préstamo, James Warden emprendió acciones legales por el impago de la hipoteca sobre la propiedad de Wardenclyffe. Mientras tanto, un empleado de Wardenclyffe llamado Clark lo demandó por salarios no abonados. En mayo de 1905, después de diecisiete años (la vida regular de una patente), las patentes del motor de CA de Tesla expiraron; incluso aunque Tesla ya no recibía royalties de ella, podría haber sentido cierto pesar, ya que estas patentes representaban una contribución importante a la sociedad y la industria. «Los obstáculos en mi camino —confesó Tesla a Scherff— son una hidra. Justo cuando cortas una cabeza, crecen dos nuevas.»[72]

Mientras se peleaba con estos problemas, Tesla también recibió la triste noticia de que Hobson se iba a casar con Grizelda. «Sabe, mi querido Tesla —escribió Hobson—, que usted es la primera persona, fuera de mi familia, en la que pienso y aunque la celebración será sencilla, deseo contar con su presencia cercana en esta ocasión tan llena de significado en mi vida. De hecho, sentiría que la ocasión no sería completa sin usted. Ocupa uno de los rincones más profundos de mi corazón.»[73]

Aunque Tesla estaba aparentemente feliz por Hobson y fue uno de los testigos de la boda, por dentro debía de estar profundamente decepcionado, ya que este matrimonio significaba que Hobson había escogido a Grizelda y no a él. Aunque nunca se sabrá seguro si Tesla y Hobson tuvieron una relación física, es innegable que sí tenían una relación íntima emocional. Al igual que cuando Szigeti lo dejó quince años antes, ahora Tesla debió de sentirse abandonado por Hobson. Tesla y Hobson siguieron siendo amigos y en la década de los treinta del siglo XX se reunían con regularidad para ver una película y hablar durante horas.[74]

Quizás para aliviar este golpe emocional, Tesla se sumergió en su trabajo. Durante el verano de 1905, Scherff y él trabajaron haciendo una conexión eléctrica fuerte entre el transmisor amplificador y la tierra en el fondo de un pozo de 120 pies bajo la torre de Wardenclyffe. Esta conexión a tierra fue la clave para un sistema completo, ya que era ahí donde Tesla suministraría la energía eléctrica a la corteza terrestre para así crear ondas estacionarias y transmitir electricidad por todo el mundo.

Como hemos visto, Tesla planeaba controlar la tierra usando dieciséis tuberías que partían del fondo del pozo. Para empujar estas tuberías trescientos pies en la tierra, diseñó una maquinaria especial que usaba aire comprimido. Sin embargo, esta maquinaria presentaba todo tipo de problemas y las cartas entre Tesla y Scherff indican que tenían problemas para dar con válvulas prácticas y tuvieron que rediseñar partes de la maquinaria.

Estas cartas revelan a un Tesla que se movía entre el optimismo y una gran ansiedad. Con cada pequeño cambio, tenía la esperanza de

que «obtendremos resultados excelentes esta vez y pondremos las bases para un gran éxito». Aquí vemos un rasgo familiar, que Tesla podía
ver esperanza en los indicios más pequeños. Pero ahora había ansiedad, como confió a Scherff: «Los problemas y peligros están a su altura... Los fantasmas de Wardenclyffe me persiguen día y noche...
¿Cuándo acabará esto?».[75]

Pero el problema no eran simplemente las tuberías; el fantasma
real era cómo respondía realmente la tierra cuando la energía eléctrica
se bombeaba en ella. Basándose en sus experimentos en Colorado,
Tesla asumía que la tierra se comportaba eléctricamente como si estuviese rellena de un fluido que no se podía comprimir; si uno bombeaba
este fluido en la tierra desde un lado, saldría a borbotones de válvulas
antirretorno en el otro lado (imagen 15.4). Si se piensa en la tierra
como un globo lleno de agua, si se bombea agua desde un lado con la
frecuencia de resonancia del balón, entonces el agua saldrá a chorros
por las válvulas en el otro lado. Por tanto, si la tierra estaba rellena de
un fluido eléctrico que no se podía comprimir, realmente sería posible
transmitir energía eléctrica a través de la tierra con pérdidas mínimas.
Tesla tendría razón.[76]

Imagen 15. 4. La visión de Tesla de la tierra rellena de un fluido
que no se puede comprimir.
De NT, «Famous Scientific Illusions», *Electrical Experimenter,*
febrero de 1919, pp. 692-694 y ss.

Pero ¿y si este no era el caso? ¿Y si la tierra se comportaba como si estuviese rellena de un fluido comprimible? En esta situación, Tesla podría bombear energía eléctrica en la tierra y crear ondas eléctricas, pero estas ondas se disiparían y finalmente desaparecerían. Como ejemplo, considera qué sucede cuando una piedra se cae al agua del océano. Se forman pequeñas ondas a partir del punto en que la roca golpea el agua, pero como el océano es un fluido comprimible, estas ondas no viajan continuamente a través del océano hasta el otro lado. Por desgracia para Tesla, desde un punto de vista eléctrico, la tierra se comporta como si estuviese rellena de un fluido comprimible; más como un océano que como un globo de agua. Por tanto, es dudoso que la energía eléctrica pueda transmitirse a través de la tierra del modo que Tesla se lo imaginó.

Sin lugar a dudas, en la actualidad se sigue investigando cómo podrían haber funcionado las ideas de Tesla de la electricidad inalámbrica. Una aproximación es postular que Tesla estaba generando no solo ondas electromagnéticas ordinarias, sino también otras formas de radiación electromagnética. En concreto, algunos investigadores argumentan que las ecuaciones de Maxwell predicen que una carga eléctrica móvil produce una segunda forma de radiación popularmente conocida como ondas escalares que son longitudinales (justo como Tesla enfatizaba), no se disipan y viajan más rápido que la velocidad de la luz. Sin embargo, la mayoría de los físicos consideran que las ondas escalares no han sido probadas experimentalmente y, por tanto, no son parte de la teoría aceptada.[77] Mientras en el futuro puede que los investigadores prueben que Tesla iba por buen camino con la electricidad inalámbrica, estoy del lado de los físicos y adopto la teoría de que había un problema técnico en Wardenclyffe, una descoyuntura entre lo que Tesla pensaba que sucedería y cómo la tierra realmente funciona.

DESCENSO A LA OSCURIDAD

Tesla nunca abandonó sus ideas sobre transmitir electricidad a través de la tierra, pero el hecho de que no pudiese conseguir que sus ideas concordasen con la realidad durante su época en Wardenclyffe era profundamente inquietante. Estaba absolutamente seguro de sus poderes de descubrimiento e invención: «Mis ideas son siempre racionales —dijo en la década de 1930— porque soy un instrumento de recepción excepcionalmente preciso». De hecho, como dijo a un periodista en 1904, se volvería loco si dudase de sus capacidades.[78] Además, debido a su herencia de religión ortodoxa y su fe en la racionalidad de la ciencia, Tesla creía firmemente que había verdades fundamentales sobre el mundo natural que podrían ser descubiertas. Al igual que había identificado la idea de un campo magnético rotatorio y la había manifestado en el motor de CA, Tesla creía que lo que imaginaba sobre la transmisión de energía a través de la tierra debía de ser cierto; ambos eran producto de su mente. En este sentido, Tesla era como el matemático John Nash, ganador del premio Nobel, cuando se le preguntó cómo un matemático racional podía creer que los extraterrestres tal vez le estuviesen enviando mensajes; Nash explicó serenamente que «Porque las ideas que concebí sobre seres sobrenaturales acudieron a mí del mismo modo en que lo hicieron mis ideas matemáticas, y por esa razón las tomé en serio».[79]

Por tanto, cuando Tesla no pudo conseguir que Wardenclyffe funcionase del modo que él quería, debió de enfrentarse a un dilema serio: o bien estaba equivocado o la naturaleza estaba equivocada. Incapaz de aceptar ninguna alternativa, Tesla sufrió un colapso nervioso. Como informó en su autobiografía: «Ningún tema al que jamás me he entregado ha requerido tanta concentración y ha tensado hasta un nivel tan peligroso las fibras más finas de mi cerebro como el sistema del cual el transmisor amplificador es la base ... A pesar de mi rara resistencia física en esa época, los nervios de los que abusaba finalmente se revelaron y sufrí un colapso total, justo cuando la consumación de la larga y difícil tarea estaba casi a la vista [énfasis añadido]».[80]

Aunque Tesla estaba enfadado y deprimido durante 1904, el colapso total llegó en el otoño de 1905. En septiembre, el socio de negocios de Tesla, Rankine, murió repentinamente con cuarenta y siete años; Rankine había ayudado a organizar Nikola Tesla Company en 1895 y había sido fundamental en los intentos de negocio de Tesla con Canadian Niagara Power. En octubre, al sentirse sobrepasado por los problemas en Wardenclyffe, Tesla confesó a Scherff: «Los problemas son tantos que estoy ansioso por ver qué solución ha proporcionado el Señor. Esta vez tendrá que enviar a Santa Claus con un saco lleno».[81] En noviembre, Tesla pensaba que había convencido al antiguo socio de Carnegie, Henry Clay Frick, para que invirtiese en la electricidad inalámbrica, pero Frick, Tesla y Morgan nunca fueron capaces de ponerse de acuerdo en unos términos.[82] En diciembre, Tesla admitió que había estado peligrosamente enfermo durante el mes anterior y que fue tan grave como el brote de cólera que había sufrido de joven. En Nochebuena, T. C. Martin le envió una nota: «Lamento mucho oír sobre su reciente enfermedad, que escondió bien de sus amigos y el público, y también estoy contento de saber de su recuperación. Por favor, cuídese y manténgase fuerte».[83]

El colapso mental de Tesla continuó hasta bien entrado 1906, incluso en abril Scherff escribió a su jefe: «He recibido su carta y estoy muy contento de saber que está venciendo su enfermedad. Rara vez le he visto con tan pocas fuerzas como mostraba el pasado domingo, y estaba asustado».[84]

A lo largo de su vida, Tesla estuvo profundamente interesado en saber cómo funcionaba la mente y posteriormente describió su colapso al poeta y periodista George Sylvester Viereck, que publicó un conocido libro sobre la teoría del psicoanálisis de Freud en la década de 1920.[85] Durante su colapso, Tesla explicó a Viereck, luchó en sus sueños con sucesos traumáticos de su vida. Muchos de estos sueños involucraban a su madre, pero empezó con un recuerdo de la muerte de su hermano Dane o Daniel:

En mi lento retorno al estado normal de la mente, experimenté un anhelo sumamente doloroso tras algo indefinible. Durante el día, trabajé como normalmente y este sentimiento, aunque persistía, era mucho menos pronunciado, pero cuando me retiré, la noche, con sus monstruosas amplificaciones, hizo el sufrimiento muy agudo hasta que me di cuenta que de mi tortura era debida a un deseo incontenible de ver a mi madre.

Pensar en ella, me llevó a revisar mi vida pasada empezando con las impresiones más tempranas de mi infancia y me consternó averiguar que no podía recordar claramente sus características excepto en una escena. Era una noche lúgubre con la lluvia cayendo torrencialmente. Mi hermano, un joven de dieciocho años y un gigante intelectual, había muerto. Mi madre vino a mi habitación, me cogió en brazos y me susurró muy bajito: «Ven y da un beso a Daniel». Presioné mi boca contra los labios fríos como hielo de mi hermano sabiendo solo que algo terrible había pasado. Mi madre me llevó de nuevo a la cama, permaneció un rato y con las lágrimas corriendo por su cara dijo: «Dios me dio uno a medianoche y a medianoche se lleva al otro». El recuerdo era como un oasis en el desierto, seguía vivo en medio del olvido por alguna extraña burla de la mente.

Mis recuerdos fueron lentamente ganando claridad y tras semanas de pensamiento, las imágenes aparecieron definidas claramente y con una abundancia de luz que me sorprendió. Destapando más y más de mi vida pasada, comencé a revisar mis experiencias en América. Mientras tanto, mis ansias se habían vuelto insoportables y todas las noches mi almohada acababa bañada en lágrimas.[86]

En los sueños que siguieron, Tesla liberó el estrés de dar conferencias en Londres y en París en 1892, su viaje posterior a casa para ver a su madre moribunda, y la visión que experimentó en ese momento de ella falleciendo (véase el capítulo 8). Como dijo a Viereck, en el momento que recordó la visión de su madre flotando sobre una nube que iba hacia el cielo:

> un sentimiento de la certeza absoluta de que mi madre estaba muerta me azotó y, como era de esperar, una doncella vino corriendo a darme el mensaje. Este conocimiento fue para mí un *shock* terrorífico y de repente fui consciente de que ¡estaba en Nueva York! Mi madre había muerto hacía años pero ¡lo había olvidado! Cómo podía haber sucedido esto me pregunté a mí mismo horrorizado y con amargura, el dolor y la pena me inundaron. Mi sufrimiento había sido real aunque los sucesos fuesen reflexiones imaginarias de acontecimientos anteriores. Lo que experimenté no fue el despertar de un sueño, sino la recuperación de un departamento concreto de mi consciencia.

Como siempre, Tesla se negó a atribuir estas experiencias a ninguna causa psíquica o espiritual e insistió en que eran el resultado de exceso de trabajo y estímulos externos. Como explicó a Viereck:

> Estoy probando constantemente, con cada pensamiento y acción que hago, que no soy nada más que un autómata respondiendo a estímulos

externos y pasando a través de una infinidad de existencias diferentes, desde la cuna a la tumba.

La explicación de estos fenómenos mentales es, después de todo, muy simple. Debido a la larga concentración en un tema especial, ciertas fibras en mi cerebro, por la necesidad de suministro de sangre y ejercicio, se entumecen y no pueden ya responder adecuadamente a las influencias externas. Con la distracción de mis pensamientos, son gradualmente reanimadas y finalmente vuelven a su condición de normalidad ... El deseo de ver a mi madre fue debido a mi análisis de algunas telas artísticas tejidas por ella, las cuales han despertado en mí recuerdos tiernos poco antes de que empezase a concentrarme.

«La lección práctica de todo esto —dijo Tesla a Viereck en su despedida— es ser consciente de la concentración y estar contento con logros mediocres.»[87] Tristemente, Tesla parece haberse tomado esta lección muy en serio, porque tras su colapso en 1905 nunca volvió a intentar un proyecto tan ambicioso como la transmisión inalámbrica de energía en Wardenclyffe. Aunque vivió otros treinta y ocho años, su carrera como innovador atrevido había llegado a su fin.

Visionario hasta el fin (1905-1943)

La vida es una obra razonablemente buena
con un tercer acto mal escrito.

TRUMAN CAPOTE

Tesla vivió hasta bien entrado el siglo xx y falleció a la edad de ochenta y siete años en 1943. Siguió inventando, pero como John G. Trump, un profesor del MIT, indicó tras revisar los documentos de Tesla en 1943: «Sus pensamientos y esfuerzos durante al menos los últimos quince años eran principalmente especulativos, filosóficos y en cierto modo de carácter promocional (con frecuencia referidos a la producción y transmisión inalámbrica de energía) pero no incluyen nuevos buenos principios o métodos practicables para llevar a cabo dichos resultados».[1] Las ideas e ilusiones continuaron modelando la aproximación creativa de Tesla hasta el final.

TURBINAS SIN PALAS

Cuando se recuperó de su colapso nervioso en 1906, Tesla esperaba poder reanudar su trabajo en Wardenclyffe. Para juntar los fondos necesarios, pasó sus esfuerzos creativos de la electricidad a la ingeniería mecánica. Al hacerlo, retomó su antiguo sueño de volar.

Tesla había soñado con volar desde que era un niño y una de las aplicaciones que planeaba perseguir una vez que hubiese perfeccionado su sistema de transmisión inalámbrica de energía era transmitir energía a un aeroplano. Como explicó en 1911: «Hace veinte años, creía que sería el primer hombre en volar, que estaba en el camino de lograr lo que nadie más estaba cerca de conseguir... Mi idea era una máquina voladora impulsada por un motor eléctrico, con energía suministrada de estaciones en la tierra».[2]

Debido a que estaba concentrado en un aeroplano que funcionaba de modo eléctrico, Tesla prestó poca atención a cómo inventores tales como los hermanos Wright estaban utilizando motores de gasolina ligeros, los cuales, en parte, les permitieron volar su primer aeroplano en 1903.[3] Al darse cuenta de que tanto los automóviles como los aeroplanos necesitarían motores más potentes y más ligeros, Tesla se dedicó a investigar turbinas sin palas.

Tesla concibió la idea de una turbina sin palas haciendo una analogía con el campo magnético rotatorio en su motor de CA. Al igual que el campo rotatorio «arrastraba a la fuerza» el rotor en su motor, Tesla pensó que sería posible tener un elemento como el vapor o el aire comprimido arrastrando una serie de discos atados al eje de la turbina (imagen 16.1). Situando los discos muy juntos y colocándolos en ángulo recto con el flujo, Tesla averiguó que podía usar la viscosidad del fluido para hacer girar el grupo de discos. Todos los fluidos tienen la propiedad de la viscosidad, y los fluidos como la melaza tienen una viscosidad alta, mientras que los gases como el aire tienen unos valores bajos. Cualquiera que sea su viscosidad, todos los fluidos «se pegan» a las superficies sólidas; esto es, las moléculas del fluido directamente en contacto con la superficie se mueven a la velocidad de la superficie sólida. Al mismo tiempo, las moléculas que están más lejos de la superficie van más despacio por la interacción viscosa con las moléculas cerca de la superficie. Esto da como resultado una capa de transición entre la superficie «no resbaladiza» y la velocidad de la «corriente no perturbada» que se conoce como «capa límite».

Tesla descubrió que podía aprovecharse de la «viscosidad» de la capa límite (esa tensión entre las moléculas fluyendo libremente y las que ya están pegadas a la superficie) para transferir energía del fluido en movimiento a la pila de discos, eliminando la necesidad de palas complejas. En su lugar, ajustando cuidadosamente el hueco entre los discos de modo que combinase las características de la viscosidad y la velocidad del fluido usado, Tesla esperaba crear un motor eficiente. En el diseño de Tesla, la corriente del fluido entraba por la periferia de la turbina y salía por el eje central. Como el fluido hacía espirales hacia el centro, la energía se extraía del flujo al arrastrar los discos y provocaba que el eje girase. Más adelante Tesla averiguó que invirtiendo la corriente de modo que el fluido entrase en el centro y saliese en la periferia, su turbina también funcionaría como una bomba o un soplador.[4]

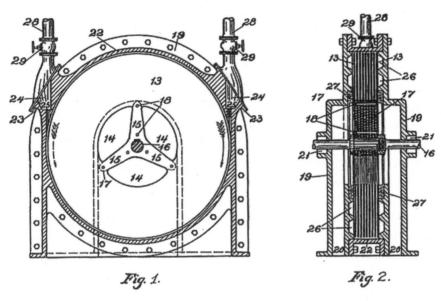

Imagen 16.1. Turbina de Tesla. En este diseño, el vapor o aire comprimido se introduciría bien por la válvula en la parte superior izquierda, bien por la de la parte superior derecha y de este modo se provocaba que los discos girasen en una dirección u otra.
De NT, «Turbine», patente de EE. UU. 1.061.206 (presentada el 21 de octubre de 1909, concedida el 6 de mayo de 1913).

Como sus otros inventos, la turbina sin palas estaba basada en una idea: que las dos propiedades básicas de cualquier fluido, viscosidad y adhesión, podían usarse para crear un motor perfecto. Usando solo discos sencillos en lugar de complejas palas de las turbinas axiales inventadas por Charles Parsons y Gustaf de Laval, Tesla creía que su turbina sería más barata de construir y mantener. Pero todavía más importante, estaba seguro de que su diseño proporcionaría más caballos de potencia por kilo de máquina, permitiendo que se usasen ampliamente en automóviles y aeroplanos. «He logrado lo que ingenieros mecánicos han estado soñando desde la invención de la máquina de vapor», alardeó Tesla en 1911. «Esto es el motor rotativo perfecto.»[5]

Pero al igual que Tesla necesitó años para ir desde la idea de un campo magnético rotatorio a un motor de CA que funcionase, la perfección de la turbina sin palas suponía una gran cantidad de ingeniería minuciosa. Tesla pronto se vio envuelto en probar diferentes configuraciones y materiales para los discos de su turbina. Julius C. Czito (el hijo del antiguo asistente de Tesla, Kolman Czito) construyó su primer prototipo en 1906 con ocho discos, cada uno de seis pulgadas (15,2 centímetros) de diámetro. La máquina pesaba menos de 10 libras (4,5 kilos) y proporcionaba 30 caballos. Tesla pronto descubrió que el rotor alcanzaba unas velocidades tan altas, hasta 35.000 revoluciones por minuto (r. p. m.), que los discos de metal se deformaban. En 1910 Czito construyó un modelo más grande para Tesla con discos de doce pulgadas (30,5 centímetros) y cuando limitaron esta máquina a 10.000 r. p. m., obtenían 100 caballos de potencia. En 1911 construyeron un tercer prototipo con discos de 9,75 pulgadas (24,8 centímetros) de diámetro. De nuevo, redujeron las r. p. m. a 9.000 y averiguaron que la potencia se incrementaba a 110 caballos. Impresionados con la cantidad de potencia producida en relación al tamaño del prototipo, Tesla dijo a los periodistas que su turbina representaba «una central eléctrica en un sombrero».[6]

Siguiendo su estrategia habitual de patente-promoción-venta, Tesla inicialmente esperaba ser capaz de vender su turbina a fabricantes y usar el dinero para acabar Wardenclyffe. En marzo de 1909, Tesla presentó su turbina a John Jacob Astor; una vez más, Astor rehusó invertir. Como consecuencia, montó Tesla Propulsion Company con Joseph Hoadley y Walter H. Knight. Hoadley estaba asociado con Alabama Consolidated Coal and Iron, la cual planeaba instalar las bombas de aire de Tesla para usar en sus altos hornos. Tesla entonces registró dos solicitudes de patente: una para una bomba de aire y otra para una turbina en octubre de 1909. Seguro del éxito potencial de este invento, alquiló una oficina en la nueva Metropolitan Life Tower, en Madison Square, por aquel entonces el edificio más alto del mundo.[7]

Para mostrar todo el potencial de su nuevo invento, Tesla organizó una demostración de su turbina en la Waterside Power Station de la New York Edison Company en 1911-1912. Para estas pruebas, construyó dos turbinas con discos de 18 pulgadas (45,7 centímetros) y cada una alcanzaba los 200 caballos de potencia a 9.000 r. p. m. Estas dos turbinas se instalaron en una única base con sus ejes conectados por un resorte de torsión (imagen 16.2). Cuando el vapor alimentaba a las turbinas, estas giraban en direcciones opuestas y el resorte de torsión medía la potencia desarrollada cuando las dos turbinas oponían resistencia la una a la otra. Aquí la ilusión que ilustraría la idea era que las dos má-

Imagen 16.2. Aparato de prueba de la turbina de Tesla en Edison Waterside Station, Nueva York en 1912. Obsérvese el resorte de torsión coloreado que conecta las dos máquinas.
De Frank Parker Stockbridge, «The Tesla Turbine»,
World's Work 23 (1911-1912): 543-548.

quinas se veían envueltas en un juego de tiro de cuerda. Sin embargo, los ingenieros observando la prueba no entendieron qué estaba haciendo Tesla con el resorte de torsión y esperaban ver las turbinas girando; cuando no vieron los ejes de estas girar, concluyeron que la prueba era un fracaso. Esta vez, la ilusión produjo un efecto no deseado.[8]

Cuando J. P. Morgan falleció en 1913, Tesla asistió al funeral del Gran Hombre y, dos meses más tarde, se dirigió al hijo de Morgan, Jack, en busca de apoyo. Todavía soñando con Wardenclyffe, Tesla esperaba que Jack invirtiese en la transmisión inalámbrica de energía eléctrica; sin embargo, cuando Jack no mostró interés en el proyecto, Tesla presentó sus planes de la turbina. Dispuesto a asumir un pequeño riesgo, Jack prestó a Tesla 20.000 dólares en cuatro pagos de 5.000 dólares cada uno. Usando este dinero, Tesla intentó vender la idea de su turbina a Sigmund Bergmann, un antiguo compañero de Edison, que

Imagen 16.3. Tesla en su oficina del edificio Woolworth,
alrededor de 1916.
Del Museo Deutsches.

había montado una gran operación de fabricación en Alemania. Decidido a mantener las apariencias, Tesla se trasladó a las nuevas oficinas en el edificio Woolworth, que había reemplazado a Metropolitan Life Tower como el edificio más alto del mundo (imagen 16.3). Por desgracia, la primera guerra mundial estalló en 1914 y Tesla fue incapaz de consumar un trato con Bergmann en Alemania. Al mismo tiempo, Jack Morgan perdió interés en el proyecto y pasó a involucrarse en ayudar a los franceses y británicos a financiar la guerra.[9]

Durante los siguientes diez años, Tesla trabajó en su turbina con ingenieros de Pyle National en Chicago, Allis-Chalmers en Milwaukee y Budd Company en Filadelfia. Estos no fueron capaces de solventar el problema que Tesla había observado en etapas tempranas: velocidades superiores a 10.000 r. p. m. sometían a tensiones increíbles los finos discos de la turbina, provocando que se deformasen. Aunque Tesla buscó aleaciones de acero mejores para usar en su diseño, no fue capaz de encontrar materiales lo suficientemente fuertes.

Además, el diseño de la turbina de Tesla parecía haber caído entre dos áreas separadas de la industria. Por un lado, para desarrollarla adecuadamente, Tesla necesitaba la ayuda de ingenieros de firmas como Allis-Chalmers o General Electric, donde estaban especializados en hacer maquinaria de rotación, pero su experiencia era principalmente en el área de turbinas axiales y no necesariamente relevante para la construcción de una turbina de capa límite mejor, que era el tipo de la de Tesla. Por otro lado, los principales mercados para una turbina ligera como la de Tesla habrían sido las industrias del automóvil y la aviación, pero estas compañías se estaban dedicando al desarrollo de motores de pistón de alto rendimiento y tenían poco interés en meterse en un motor de reacción.

Sin embargo, cuando se usaba como bomba, el diseño de Tesla funcionaba notablemente bien y, hoy en día, DiscFlo Corporation de Santee (California) fabrica bombas basadas en las ideas de Tesla. Además Phoenix Navigation and Guidance Inc. (PNGinc), en Munising (Michigan), está experimentando con turbinas de disco usando materiales avanzados como fibra de carbono, plástico impregnado con titanio y refuerzo de kevlar en sus discos. Y hay un devoto grupo de aficionados que continúan trabajando con las ideas de Tesla y comparten sus resultados a través de la Tesla Engine Builders Association.[10]

BANCARROTA Y OTRAS DECEPCIONES

Incapaz de encontrar inversores para su turbina después de Jack Morgan, las finanzas de Tesla de nuevo cayeron en picado. Se vio forzado a abandonar su oficina en el edificio Woolworth e irse a un espacio más modesto en el número 5 de la calle 40 en la parte oeste. En 1916, la ciudad de Nueva York lo llevó a juicio para cobrar 935 dólares en impuestos atrasados y Tesla tuvo que admitir que sus ingresos eran solo de entre 350 y 400 dólares al mes, lo cual apenas cubría sus gastos.

—¿Cómo vive? —preguntó el juez a Tesla.
—Sobre todo con créditos —respondió—. Tengo una factura en el Waldorf que no he pagado en años.
—¿Las otras sentencias son en su contra?
—La mayoría de ellas.
—¿Le debe alguien dinero?
—No, señor.
—¿Tiene usted joyas?
—No, señor, las aborrezco.

Tesla explicó que era todavía presidente y tesorero de Nikola Tesla Company pero que el 90 % de las acciones de la compañía habían sido prometidas entre 1898 y 1902 a banqueros, acreedores y amigos. Aunque la compañía tuvo una vez una cartera de valores de doscientas patentes, la mayoría había expirado. Para mantener la compañía en funcionamiento, Tesla había nombrado directores a dos antiguos empleados: Fritz Lowenstein y Diaz Brutrago. Tras comprobar que no poseía ni propiedad inmobiliaria, ni coche, el juzgado designó un administrador para organizar sus asuntos.[11]

En medio de estos problemas financieros, Tesla tuvo dos episodios con premios científicos importantes. En noviembre de 1915, el *New York Times* avanzó una información sobre que Edison y Tesla iban a compartir ese año el premio Nobel de Física; como Marconi ya había ganado el premio en 1909, parecía totalmente plausible que los dos magos compartiesen ahora el premio. Aunque aún no se había notificado oficialmente, Tesla dijo al periódico que «he llegado a la conclusión de que el honor se me ha otorgado en reconocimiento a un descubrimiento anunciado hace poco tiempo que se refiere a la transmisión de energía eléctrica de modo inalámbrico». Por desgracia, el *New York Times* estaba equivocado y el premio Nobel de Física en 1915 fue para William H. Bragg y su hijo W. L. Bragg. Decepcionado, Tesla racionalizó su pérdida en una carta a su amigo Robert Underwood Johnson: «En mil años, habrá muchos premiados con el Nobel, pero tengo nada menos que cuatro docenas de creaciones identificadas con mi nombre en la literatura técnica. Estos son honores reales y permanentes, que son otorgados, no por unos pocos que son propensos a equivocarse, sino por el mundo entero, que raramente comete fallos».[12]

Un año más tarde Tesla recibió noticias más alegres cuando supo que el AIEE deseaba hacerle entrega de su mayor honor, la medalla Edison. Como se ha indicado anteriormente (véase el capítulo 12), la relación de Tesla con el instituto podría haberse deteriorado porque los miembros temían la publicidad negativa si las historias de las tendencias sexuales de Tesla se hacían públicas, con el resultado probable de que Tesla raramente participaba en los asuntos del instituto después de haber ejercido como vicepresidente en 1892-1893. Aunque el premio se anunció en diciembre de 1916, la medalla no se entregó formalmente a Tesla hasta mayo de 1917 y el retraso podría haber sido provocado por la reticencia de Tesla a aceptar el premio de una organización de la que se sentía excluido socialmente. Como escribió con amargura a B. A. Behrend, el ingeniero sénior de Westinghouse que lo había nominado: «Usted propuso honrarme con una medalla que podría prender sobre mi abrigo y pavonearme durante una hora banal ante los miembros e invitados de su instituto. Conferiría una apariencia hacia el exterior de honra hacia mí, pero decorarían mi cuerpo y continuarían permitiendo que, por falta de alimentar con reconocimiento, pase hambre mi mente y sus productos creativos, que han proporcionado la base sobre la cual la mayor parte de su instituto existe. Y cuando acabe con la pantomima boba de honrar a Tesla, no sería honrado Tesla sino Edison, que previamente ha compartido gloria no ganada de todo premiado anterior de esta medalla».

Behrend fue capaz de persuadir a Tesla para aceptar la medalla, pero Tesla continuó teniendo una mezcla de sentimientos. En mayo de 1917, asistió al banquete en el club de ingenieros y fue encantador con sus colegas, pero momentos antes de la ceremonia de los premios desapareció. Desesperado, Behrend buscó a Tesla por todas partes, para encontrarlo en Bryant Park, al cruzar la calle desde el club. Tesla estaba ocupado dando de comer a las palomas. Cuando acabó, fue a la ceremonia con Behrend y pronunció un discurso inspirador narrando su vida temprana y describiendo su aproximación creativa.[13]

LITIGIO POR LA RADIO E INVENTOS MENORES

Alrededor de 1915, Tesla era tan pobre como lo había sido a mediados de la década de los ochenta del siglo xix, cuando se vio forzado a cavar zanjas (véase el capítulo 4). Aunque, como había hecho treinta años antes, se ocupó de inventos menores para sacarse a sí mismo del agujero financiero.

Primero, buscó maneras de ganar algo con sus patentes de tecnología inalámbrica. En 1903, ansioso porque los alemanes tuviesen una compañía fuerte para hacer frente a British Marconi, el káiser Guillermo II había animado a todas las compañías alemanas de radio a unirse como una única compañía: Gesellschaft für drahtlose Telegraphie System Telefunken. Además, para competir con Marconi en el mercado americano, Telefunken había organizado alrededor de 1911 una subsidiaria, Atlantic Communication Company, y esta compañía contrató a Tesla como consultor; hacer esto tenía sentido, ya que años antes uno de los investigadores alemanes líderes de Telefunken, Adolph Slaby, había llamado públicamente a Tesla el «padre de la radio» para así provocar a Marconi.[14]

Cuando la primera guerra mundial estalló, la Marina británica cortó inmediatamente todos los cables de telégrafo bajo el mar de Alemania y el único vínculo entre Alemania y Estados Unidos era las estaciones que Atlantic Communication había construido en Sayville en Long Island y la estación en Tuckerton (Nueva Jersey), creada por otra compañía alemana, HOMAG. Determinado a forzar el cierre de estas estaciones de modo que tendría todo el control de la información entre Europa y América sobre la guerra, en 1914, el Gobierno británico pidió a American Marconi que demandase a Atlantic Communication por infringir patentes. Ambas partes, el Gobierno británico y el alemán, Marconi y Telefunken, reconocieron los intereses de esta batalla legal e implicaron en ella a sus superestrellas; mientras Marconi viajó a Nueva York, Telefunken envió a dos físicos, Jonathan Zenneck y Ferdinand Braun (que había compartido el premio Nobel en 1909 con Marconi). Además, Atlantic Communication contrató al destacado abogado de patentes americano Frederick P. Fish para liderar el equipo de defensores y pidió a Tesla que actuase como testigo experto. En consecuencia, de 1915 a 1917 Telefunken pagó a Tesla alrededor de 1.000 dólares al mes. Confiando en Tesla, Braun y Zenneck, Atlantic Communication presentó una argumentación sólida contra Marconi, y en mayo de 1915 American Marconi pidió un aplazamiento. La razón dada por los abogados de Marconi fue que Italia había entrado en guerra y que los italianos necesitaban a Marconi en casa para así ayudar con los apoyos a la guerra; cabe preguntarse si American Marconi también daba la demanda por perdida.[15]

Animado por el desarrollo legal de los acontecimientos, Tesla inició su propia demanda contra Marconi por infringir patentes en agosto de 1915. En este caso, Tesla impugnaba la patente de EE. UU. concedida a Marconi en 1904. Tesla dio una declaración significativa en 1916, narrando con detalle su trabajo sobre la radio. Según el experto en Tesla Gary Peterson: «Nada significativo salió de este caso hasta 1916, cuando la propia Marconi Wireless Telegraph Company of America demandó a los Estados Unidos por presuntos daños como resultado del uso de la radio durante la primera guerra mundial». Este caso, *American Marconi v. the United States*, necesitó décadas para serpentear a través del sistema legal pero acabó en una resolución en 1935 por parte del Tribunal de Reclamaciones de EE. UU. que invalidó la patente fundamental de Marconi porque se le habían anticipado Tesla y otros inventores. Esta sentencia fue ratificada por el Tribunal Supremo de EE. UU. en 1943 y mucha gente siente que al menos le permitió a Tesla obtener una victoria legal frente a Marconi.[16]

Pero como este litigio no produjo ningún ingreso inmediato en la década de 1910, Tesla usó su investigación de la turbina para escindir varios inventos. Mientras realizaba pruebas en bombas de aire, había aprendido que a medida que disminuía el espacio entre los discos y la pared de la bomba, la relación entre el momento del fluido y su velocidad cambiaba de ser una función cuadrática a una lineal.[17] Recurriendo a su conocimiento, Tesla patentó mejoras en velocímetros, medidores de frecuencia y medidores de flujo.[18] Alrededor de 1918, Tesla dio licencias de estas patentes a Waltham Watch Company.[19] Recurriendo a su capacidad de fabricación haciendo relojes de precisión e instrumentos, Waltham introdujo una línea de «velocímetros científicamente construidos» que se instalaban en automóviles de lujo como Pierce-Arrow, Lincoln y Rolls-Royce. Para promocionar sus velocímetros, a veces Waltham Watch incluía el nombre de Tesla en sus anuncios.[20]

Además de desarrollar un velocímetro y otros instrumentos de medida, Tesla usó lo que aprendió sobre las fuerzas capilares y la tensión superficial en el trabajo de su turbina para desarrollar nuevos procesos para refinar metales. Alrededor de 1930, escribió un artículo titulado «Process of De-Gassifying, Refining, and Purifying Metals» (Proceso de desgasificado, refinamiento y purificación de metales), que se distribuyó a varias compañías, incluida United States Steel. Parece que Tesla había autorizado este proceso para el gigante de las minas de cobre American Smelting and Refining Company (en la actualidad ASARCO).[21]

FIESTAS DE CUMPLEAÑOS PARA UN SOLITARIO

Durante la década de los veinte del siglo XX, Tesla vivió de estos modestos royalties. Sin embargo, siguió encontrándose con dificultades financieras; por ejemplo, tras contratar un abogado, Ralph J. Hawkins, para ayudarle con algún trabajo legal, Tesla se negó a pagarle impuestos que ascendían a 913 dólares y Hawkins se vio obligado a llevar a Tesla a juicio en junio de 1925. Advertido por Hugo Gernsbac, el editor de *Electrical Experimenter*, de que sería terriblemente embarazoso si se conocía que Tesla estaba casi sin un céntimo, Westinghouse Company aceptó de mala gana en 1934 poner a Tesla en nómina como un «ingeniero consultor» y pagarle una pensión mensual de 125 dólares.[22]

Para complementar este ingreso, Tesla escribió artículos para revistas populares y su autobiografía apareció en varias entregas en el *Electrical Experimenter* de Gernsback en 1919. Siempre visionario, a

Tesla le encantaba especular sobre nuevas aplicaciones de la electricidad y la radio. Por ejemplo, en 1917 describió una estrategia para detectar barcos enfocando un potente rayo de impulsos de onda contra objetos y luego recogiendo la reflexión del rayo en una pantalla fluorescente; de este modo se anticipó al radar que fue desarrollado más tarde, en la década de 1930, usando electrónica de microondas. Uno de los primeros pioneros en el radar, Émile Girardeau, se inspiro en Tesla y recuerda que su primer sistema en Francia fue «concebido según los principios afirmados por Tesla».[23]

Poco después de la primera guerra mundial, se dirigió a Tesla un representante de la recién formada Unión Soviética. V. I. Lenin creía que la electrificación era esencial para el éxito del comunismo y uno de sus lemas era «El comunismo es el poder soviético más la electrificación del país entero». La electrificación nacional desempeñaba un papel prominente en GOELRO, un plan a diez años poco definido de la transformación industrial que Lenin introdujo en 1920.[24] Por tanto, Lenin estaba aparentemente interesado en contratar el sistema inalámbrico de energía de Tesla para distribuir electricidad a lo largo de las vastas distancias de la Unión Soviética. Como Tesla informó en 1919: «Muy recientemente un caballero de aspecto extraño me llamó con el objeto de contratar mis servicios en la construcción de transmisores mundiales en alguna tierra lejana. "No tenemos dinero —dijo— sino cargamentos de oro macizo, y le daremos una cantidad copiosa." Le dije que quería ver primero qué se haría con mis inventos en América y esto puso fin a la entrevista».[25]

Tesla nunca abandonó su sueño de transmitir electricidad desde Wardenclyffe y durante muchos años luchó para demorar sus créditos y mantener el control de la propiedad. En 1904, Tesla había hipotecado Wardenclyffe a George C. Boldt, el propietario del Waldorf-Astoria, de modo que podía continuar viviendo en el hotel. En 1917, los acreedores demolieron la torre para hacer chatarra y en 1921 los tribunales concedieron la propiedad al Waldorf-Astoria como compensación por la factura del hotel de Tesla vencida hace tiempo.[26]

Estas decepciones deprimieron a Tesla, que se convirtió en un ermitaño y pasó mucho de su tiempo caminando por las calles de Manhattan y dando de comer a las palomas. Particularmente le gustaban las palomas en Bryant Park, tras la Biblioteca Pública de Nueva York y, en la actualidad, un extremo del parque (en la Sexta Avenida y la calle 40 Oeste) se designa oficialmente «Nikola Tesla Corner» (esquina de Nikola Tesla). Tesla siguió viviendo en habitaciones del hotel, moviéndose de un hotel a otro cuando ya no podía pagar la factura y tras las quejas de que tenía demasiadas palomas en su habitación.[27]

Para celebrar el setenta y cinco cumpleaños de Tesla en 1931, Kenneth Swezey, un joven escritor científico, organizó una fiesta especial para el Mago. Swezey pidió a setenta destacados científicos e ingenieros de todo el mundo que enviasen cartas de felicitación, que presentó a Tesla en un tomo especial. En este libro había mensajes de Albert Einstein, sir Oliver Lodge, Robert A. Millikan, Lee de Forest y Vannevar Bush. Las cartas se reimprimieron en Yugoslavia y dieron lugar al establecimiento de la Institución de Nikola Tesla en Belgrado. La revista *Time* publicó una historia de portada en la cual el anciano inventor no dejaba de hablar de sus planes para refutar la teoría de la relatividad de Einstein, sobre la base de su creencia de que dividir el átomo no liberaba energía y la importancia de las comunicaciones interplanetaria.[28]

Disfrutando del calor de esta publicidad, Tesla a continuación llevó a cabo ruedas de prensa cada año en su cumpleaños (imagen 16.4) En la rueda de prensa de 1932, anunció que tenía un nuevo motor que funcionaría con rayos cósmicos. En su setenta y nueve cumpleaños, narró cómo había desarrollado un oscilador mecánico de bolsillo que podía destruir el Empire State Building (véase el capítulo 10). Con ochenta, Tesla informó a los periodistas de que movía los dedos de sus pies varios cientos de veces antes de irse a la cama como un modo de tonificar su cuerpo, de manera que viviría 135 años.[29] Y en la celebración del cumpleaños en 1937, Tesla fue premiado con medallas de oro por los gobiernos de Yugoslavia y Checoslovaquia.[30] Aunque un periodista del *New York World-Telegram* quizás resumió mejor estos eventos anuales cuando describió la fiesta de 1935: «Veintitantos periodistas abandonaron su fiesta de cumpleaños en el Hotel New Yorker ayer; la fiesta duró seis horas; sintiendo con vacilación que algo estaba mal, bien en la mente del hombre ya mayor o bien en las suyas, el Dr. Tesla estuvo sereno al modo antiguo del príncipe Alberto y cortés de una manera que parecía haber abandonado este mundo».[31]

Imagen 16.4. Tesla en la entrevista de su cumpleaños, 1935.
De http://www.pbs.org/tesla/ll/ww_teslab_pop.html.

ARMA DE HAZ DE PARTÍCULAS E INTRIGA MUNDIAL

Aunque las predicciones de cumpleaños de Tesla parecían a la vez triviales e improbables a los periodistas, el viejo ilusionista tuvo éxito captando su atención en la rueda de prensa de su cumpleaños en 1934. Durante la entrevista, Tesla anunció que estaba perfeccionando un arma de haz de partículas. Como explicó el *New York Times,* Tesla ahora reivindicaba que podía «enviar haces de partículas concentrados a través del aire, con una energía tan tremenda que hundirían una flota de 10.000 aviones enemigos a una distancia de 250 millas desde la frontera de la nación que se defiende y provocará que ejércitos de millones caigan muertos en su camino». Invocando el mismo tema que había usado en 1898 con su bote de radiocontrol (véase el capítulo 12), Tesla prometió que este nuevo invento acabaría con la guerra porque este haz de muerte «rodearía cada país como una muralla china invisible, pero un millón de veces más impenetrable. Haría que toda nación fuera inexpugnable contra ataques con aviones o por grandes ejércitos invasores».[32]

¿Diseñó Tesla un arma así? Durante muchos años, ingenieros y seguidores de Tesla no lo supieron seguro, pero en 1984 apareció un artículo que circuló entre los especialistas de Tesla y fue más tarde confirmado como genuino por el Museo de Tesla en Belgrado. Titulado «The New Art of Projecting Concentrated Non-dispersive Energy through Natural Media» (El nuevo arte de proyectar energía no dispersiva concentrada a través de medios naturales), este artículo explicaba a grandes rasgos un sistema para acelerar pequeñas partículas de wolframio o mercurio hasta velocidades muy altas. Todavía no convencido de la eficacia de las ondas hertzianas, Tesla insistía en usar partículas, no rayos: «Quiero afirmar explícitamente que este invento mío no contempla el uso de nada llamado «rayo de la muerte». Los rayos no son aplicables porque no pueden producirse en las cantidades requeridas y su intensidad se reduce rápidamente con la distancia».[33] Además, sin duda Tesla quería distanciarse de personajes independientes como Harry Grindell Matthews, que dijo a los periódicos ingleses en 1924 que había desarrollado un rayo de la muerte que podría derribar aviones, pero que se negaba a mostrar a los escépticos oficiales del Gobierno británico. En concreto, el ministro del Aire quería que Grindell Matthews probase que su rayo podía proporcionar energía suficiente para matar al piloto en un avión enemigo haciendo que su sangre hirviese.[34]

Entonces, en vez de usar rayos, el plan de Tesla era acelerar minúsculas partículas de mercurio a una velocidad de cuarenta y ocho veces la velocidad del sonido. Para energizar estas partículas, Tesla proponía un generador electrostático similar al diseño de Robert Van de Graaff, pero en lugar de un cinturón para transportar la carga, usaría un torrente circulante de aire seco propulsado por una bomba o ventilador de Tesla a través de un conducto cerrado herméticamente. Este torrente de aire pasaría dos puntos de descarga donde se ionizaría gracias a corriente continua de alta tensión. Luego, los iones se transportarían por la corriente de aire donde la carga se acumularía en un gran terminal esférico similar al usado en la cima de la torre de Wardenclyffe. Para incrementar la capacidad eléctrica del terminal esférico, estaba salpicado de bolas de vidrio vacías, cada una de las cuales contenía un electrodo con forma de paraguas. «Estoy seguro —escribió Tesla— de que se alcanzarán casi los cien millones de voltios con ese transmisor y se proporcionará una herramienta de valor inestimable para propósitos prácticos así como para investigaciones científicas.»[35]

Dentro de la esfera, Tesla mantendría un vacío alto en el cual introduciría millones de pequeñas partículas de mercurio. Aunque Tesla no especificó exactamente cómo sucedería, estas partículas estarían cargadas con la misma alta tensión de toda la esfera y luego aceleradas fuera de esta a través de un proyector diseñado especialmente. El proyector dispararía un único haz de partículas muy cargadas que llevaría cantidades prodigiosas de energía a lo largo de grandes distancias. De nuevo, Tesla no daba ninguna explicación de cómo mantendría las partículas en el haz evitando que se dispersasen cuando dejaban el proyector y se dirigían hacia el objetivo.

En cierto modo, el diseño de Tesla para esta arma reflejaba tecnología punta en ingeniería de alta tensión. Cuando se evaluó en 1943 por John Trump, quien obtuvo su doctorado en el MIT con van de Graaff, Trump indicó: «La estrategia propuesta muestra alguna relación con medios actuales para producir rayos catódicos de gran energía por el uso cooperativo de un generador electrostático de alta tensión y un tubo de vacío de aceleración de electrones».

Aunque el principio básico del uso de fuerzas electrostáticas para acelerar partículas es bueno (se usa en múltiples dispositivos que van desde los tubos de rayos catódicos de los televisores antiguos hasta los enormes aceleradores de partículas empleados en física nuclear), la descripción de Tesla no era suficientemente detallada para concluir que realmente podía haber construido esa arma. Citando de nuevo a Trump: «las revelaciones de Tesla ... no posibilitarían la construcción de combinaciones factibles de generadores y tubos incluso de energía limitada, aunque los elementos generales de esa combinación se describen de manera concisa».

En concreto, aceleradores de partículas modernos usan cantidades masivas de energía para impartir altas velocidades a partículas subatómicas como electrones y protones, y se requeriría todavía más energía para acelerar el tipo de partículas macroscópicas que Tesla tenía en mente, para así hacer que viajasen a cualquier distancia. Como concluye Trump: «Es sabido ... que esos dispositivos, aunque de interés científico y médico, son incapaces de transmitir cantidades grandes de energía en haces no dispersos a través de largas distancias».[36]

De hecho, Paul Nahin argumenta que para que el arma de haz de partículas de Tesla satisficiese los requerimientos del ministro de Aire británico de hacer que la sangre de un piloto hirviese, el haz debería ser de 36.960 vatios de potencia. Para destruir un ejército de un millón de soldados, como Tesla afirmaba que podía hacer su arma, se necesitarían 7,4 reactores nucleares, cada uno de 5.000 megavatios. Claramente la potencia requerida para esta arma sugiere incógnitas sobre su viabilidad.[37]

A pesar de su impracticabilidad, el arma de Tesla generó un montón de publicidad cuando fue anunciada en 1934. Sintiendo que tenía una oportunidad, Tesla contactó con varios gobiernos y permitió a un personaje turbio, Titus DeBobula, redactar planes arquitectónicos para mostrar el aspecto que tendría la nueva torre. Arquitecto húngaro, DeBobula se encontró con Tesla en Nueva York en la última década del siglo XIX, cuando Tesla «tomó al joven bajo su protección» y le ayudó a reservar un billete de vuelta a Hungría. DeBobula después volvió a América, se casó con una heredera y montó un estudio de arquitectura. Sin embargo, Tesla y DeBobula pronto se separaron, en 1935, cuando DeBobula intentó coger dinero prestado de Tesla y lo involucró en un trato de venta de armas a Paraguay. No obstante, algunos seguidores de Tesla creen que DeBobula ayudó a Tesla a montar un laboratorio secreto bajo el puente de la calle 59 en Manhattan.[38]

Tesla presentó al arma del haz de partículas a Jack Morgan, que le había prestado dinero con anterioridad para desarrollar su turbina. Como Tesla explicó a Jack en noviembre de 1934:

La máquina voladora ha desmoralizado completamente al mundo, tanto que en algunas ciudades como Londres y París, la gente tiene miedo mortal de un bombardeo aéreo. Los nuevos medios que he perfeccionado permiten protección total contra esta y otras formas de ataque.

Sabe cómo su padre me ayudó en el desarrollo de mi sistema inalámbrico. No recibió nada a cambio, pero estoy convencido de que, si viviese, le complacería saber que mis inventos se aplican de manera universal. Con gratitud todavía recuerdo el apoyo que usted me proporcionó aunque la guerra me privó del éxito que habría logrado...

Estos nuevos descubrimientos, que he llevado a cabo de modo experimental a una escala limitada, han creado una profunda impresión. Uno de los problemas más apremiantes parece ser la protección de Londres y estoy escribiendo a algunos amigos influyentes en Inglaterra con la esperanza de que mi plan se adopte sin retraso. Los rusos están ansiosos por hacer sus fronteras seguras frente a la invasión japonesa y les he hecho una propuesta, que se está considerando seriamente. Tengo muchos admiradores allí, especialmente debido a la introducción de mi sistema alterno a una extensión sin precedentes. Hace algunos años Lenin me hizo dos veces seguidas ofertas muy tentadoras para ir a Rusia, pero no podía apartarme del trabajo en mi laboratorio.

Las palabras no pueden expresar cuánta nostalgia siento de las mismas instalaciones que entonces tenía a mi disposición y de la oportunidad de saldar mi cuenta con la herencia de su padre y la suya propia. Ya no soy un soñador, pero soy un hombre práctico que ha ganado mucha experiencia en pruebas largas y amargas. Si obtengo ahora veinticinco mil dólares para asegurar mi propiedad y hacer demostraciones convincentes, podría adquirir en un período corto de tiempo beneficios colosales. ¿Estaría usted dispuesto a adelantarme esta suma si le doy como garantía estos inventos?[39]

Jack Morgan rechazó asegurar el trabajo de Tesla en el arma del haz de partículas, pero Tesla no dudó usar su haz de partículas en sus escaramuzas financieras en curso con la gerencia de los hoteles de Nueva York. Cuando los directores del Hotel Governor Clinton le demandaron para que pagase su factura de 400 dólares, Tesla ofreció un modelo operativo de su arma como aval. Ya que el modelo supuestamente valía 10.000 dólares, los directores aceptaron la oferta de Tesla y el viejo caballero firmó una nota de pagaré. Sin embargo, cuando Tesla entregó el modelo al recepcionista del hotel, advirtió con seriedad que la caja se detonaría si la abría una persona no autorizada; suficientemente atemorizado, el personal escondió el modelo en la cámara de la trastienda del hotel.[40]

Mientras tanto, varios países diferentes expresaron su preocupación e interés en esta arma de haz de partículas. Al oír que Tesla podría ofrecer su arma a la Sociedad de las Naciones en Ginebra, Breckinridge Long, el embajador de EE. UU. en Italia, advirtió que «si Tesla da su secreto a Ginebra, estará en manos de media docena de gobernantes en Europa y estos usarán el haz en vez de las pistolas para pelear los unos contra los otros. Si el Gobierno de Estados Unidos obtuviese el control de ella, ningún otro gobierno la obtendría y el Gobierno americano podría actuar como guardián».[41] Diplomático de carrera, Long había trabajado con Woodrow Wilson para ayudar a establecer la sociedad, pero el Departamento de Estado ignoró su advertencia y asumió la responsabilidad del arma de Tesla.

Después Tesla entró en negociaciones con los soviéticos. En abril de 1935, firmó un acuerdo con Amtorg Trading Corporation. Fundado por Armand Hammer en 1924, Amtorg en apariencia coordinaba el comercio entre Estados Unidos y la URSS, mientras recopilaba información sobre la ciencia y la tecnología americana para el ejército soviético. A cambio de 25.000 dólares, Tesla estuvo de acuerdo en «suministrar planes, especificaciones e información completa sobre un método y aparatos para producir altas tensiones de hasta 50 millones de voltios, para producir partículas muy pequeñas en un tubo abierto al aire, para incrementar la carga de partículas a la tensión máxima del terminal de alto potencial y para proyectar las partículas a distancias de cien millas o más. La velocidad máxima de las partículas era especificada como no menos de 350 millas por segundo». Científicos e ingenieros soviéticos estudiaron los planes de Tesla y mantuvieron correspondencia con él, pero no sabemos si los soviéticos probaron ese dispositivo en la década de los treinta del siglo xx.[42]

Mientras Tesla se involucraba en acuerdos con los soviéticos, también ofrecía su arma al Gobierno británico dirigido por Neville Chamberlain por 30 millones de dólares. Alrededor de 1935, Chamberlain buscaba crear una Europa estable adoptando una postura conciliadora hacia Adolf Hitler y Alemania, y Chamberlain podría haber esperado que adquiriendo (o incluso aparentando adquirir) el arma de Tesla, podría disuadir a Hitler de cualquier movimiento agresivo futuro. Por tanto, Tesla mantuvo correspondencia con el Gobierno británico en 1936 y 1937, pero en enero de 1938, educadamente, los británicos declinaron ir más allá con el asunto.[43]

Durante el período en el cual llevó a cabo estas negociaciones mundiales, Tesla afirmó que espías trataban de robar sus planes del arma del haz de partículas. Su habitación había sido asaltada y sus papeles examinados, pero los ladrones se fueron con las manos vacías. La razón para esto, explicaba el viejo hombre a O'Neill, era que no había puesto por escrito ninguno de los detalles claves, sino que los llevaba con él en su cabeza.[44]

Tras el estallido de la segunda guerra mundial en 1939, Tesla hizo otro intento de interesar al Gobierno de EE. UU. en la financiación de su arma del haz de partículas. En su ochenta y cuatro cumpleaños, en 1940, anunció que estaba listo para trabajar con Washington en presentar una nueva arma, su «telefuerza», que no estaba basada en sus inventos de energía inalámbrica sino en un nuevo principio. Como informó el *Baltimore Sun:*

> El haz, dijo, tendrá un calibre de solo una cienmillonésima de un centímetro cuadrado y podrá generarse desde una planta especial que no costaría más de 2.000.000 dólares y que podría construirse en tan solo tres meses. Una docena de estas plantas, situadas en posiciones estratégicas a lo largo de la costa, dijo, serían suficientes para defender el país contra todos los posibles ataques aéreos.
>
> El haz fundiría cualquier motor [de avión], de diésel o de gasolina, y también prendería cualquier explosivo a bordo. No se puede diseñar ninguna defensa posible contra esto, ya que atravesará todo, declaró.

Tesla informó a los periodistas de que estaba listo para trabajar para el Gobierno de inmediato y de que gozaba de buena salud. Sin embargo, si el Gobierno aceptaba su oferta, advirtió, «tendría que insistir en una condición: no debo sufrir interferencias de ningún experto. Deben confiar en mí». No sorprende que Tesla no tuviese respuesta de los funcionarios federales. Aunque en el FBI J. Edgar Hoover recibió un soplo sobre el último plan de Tesla, parece que Hoover fue indiferente a las predicciones del viejo Mago.[45]

UNA MUERTE SILENCIOSA Y UNA ILUSIÓN FINAL

A pesar de las afirmaciones de Tesla de que se encontraba bien, en 1940 su salud estaba deteriorada. Tres años antes, mientras daba su paseo diario alrededor de Manhattan, un taxi lo había golpeado. Tesla rechazó el tratamiento médico para las lesiones y nunca se recuperó del todo. Siempre había sido muy especial en cuanto a lo que comía, pero ahora insistía en una dieta estricta, primero de verduras hervidas y, luego, solo leche templada. El personal del Hotel New Yorker lo describía como de «temperamento vigoroso e ideas rotundas sobre la salud personal», lo cual incluía mantener a todo el mundo al menos a tres pies de distancia para evitar sus gérmenes. Preocupado por su salud, el Instituto de Nikola Tesla en Yugoslavia ordenó un estipendio mensual de 600 dólares, que empezó en 1939.[46]

En 1942, Tesla pasaba gran parte de su tiempo en la cama, mentalmente activo pero físicamente débil. Sufría algo de senilidad. En julio envió un mensajero de telégrafos para que entregase 100 dólares a Mark Twain (que había muerto en 1913) en el 35 de la Quinta Avenida sur, la dirección de su antiguo laborario.[47] Tesla se negaba a ver a la mayoría de sus visitas, pero por orden de su sobrino Sava Kosanović se encontró con el rey Pedro II, el gobernante exiliado de Yugoslavia. Tesla también pasó algún tiempo discutiendo su haz de partículas y otros inventos con un joven de Kansas llamado Bloyce Fitzgerald. Fitzgerald había estudiado ingeniería eléctrica y había mantenido correspondencia con Tesla desde 1935 sobre su propio cañón antitanques; algunos de los fans de Tesla creen que Fitzgerald fue personalmente señalado por el presidente Roosevelt para cuidar del inventor enfermo.[48]

Tesla murió tranquilamente mientras dormía la noche del 7 de enero de 1943 y la causa indicada en el certificado de su muerte fue trombosis coronaria o ataque al corazón. Su funeral tuvo lugar el 12 de enero en la catedral de San Juan el Divino en Nueva York y, como en los funerales de sus padres, el servicio fue presidido por varios sacerdotes destacados de la Iglesia ortodoxa serbia. Asistieron varios dignatarios científicos y dos mil dolientes. Entre ellos se encontraba en el funeral el compañero pionero en la radio, Edwin Howard Armstrong, que comentó: «Creo que el mundo esperará durante mucho tiempo por alguien a la altura de Tesla en logros e imaginación».[49]

En los días que siguieron, se recibieron condolencias del presidente y Eleanor Roosevelt, el vicepresidente Henry A. Wallace y varios ganadores del premio Nobel. El alcalde de la ciudad de Nueva York, Fiorello LaGuardia, ofreció un panegírico en la radio. Aunque no es tradición en la Iglesia ortodoxa serbia, Kosanović decidió que los restos de Tesla deberían ser cremados.[50]

En las semanas siguientes a la muerte de Tesla, el Gobierno de EE. UU. se preocupó momentáneamente por el haz de partículas de Tesla y, por tanto, por el contenido de sus papeles, desencadenando años de especulación sobre si de hecho había un arma y qué Gobierno la estaba ocultando.[51] En la década de los ochenta del siglo xx, bajo la Ley de Libertad de Información, el FBI liberó 250 páginas de documentos relacionados con Tesla y los seguidores del inventor han escudriñado estos papeles buscando una conspiración. Mi lectura de estos documentos me sugiere una historia curiosa de avaricia y políticas burocráticas, pero no una conspiración.

La mañana tras la muerte de Tesla, Kosanović fue a la habitación de Tesla en el Hotel New Yorker, aparentemente para ver si su tío había dejado un testamento. Entonces director de la junta de planificación de Europa Central y del Este para los Balcanes, Kosanović asumió que, como sobrino de Tesla, era el heredero legítimo de los papeles y pertenencias de su tío. Kosanović fue acompañado por su asistente, Charlotte Muzar, Bogoljub Jevtic, Boris Furlan, Kenneth Swezey y el historiador de la radio George Clark. Como la caja fuerte estaba cerrada, Kosanović llamó a un cerrajero para abrirla y cambiar la combinación. En presencia de tres asistentes de dirección del hotel, Kosanović y su grupo inspeccionaron los contenidos de la caja fuerte y encontraron la medalla Edison de Tesla y un llavero. Kosanović sacó unas pocas fotografías y el libro de cartas de cumpleaños de 1931 y luego cerró la caja fuerte de nuevo.[52]

Mientras sucedía esto, Abraham N. Spanel informó a Percy E. Foxworth en la oficina del FBI de Nueva York de que la agencia necesitaba comprobar los papeles de Tesla y Kosanović. Un emprendedor, Spanel, había nacido en Rusia y emigrado a Estados Unidos cuando tenía diez años. En la década de 1930, creó International Latex Corporation en Dover, Delaware, para fabricar fajas, sujetadores, ropa de niños y guantes de goma para Playtex. Demócrata liberal, Spanel tenía lazos cercanos con el vicepresidente Henry A. Wallace, y Spanel fue más tarde acusado por el columnista conservador sindicado Westbrook Pegler de ser comunista. Spanel advirtió a Foxworth de que supuestamente Tesla había sentido una aversión intensa hacia su sobrino y de que Kosanović pondría a disposición del enemigo los planes de Tesla de un arma, y uno de los asistentes del vicepresidente Wallace le había dicho que el Gobierno estaba interesado de forma vital en los papeles de Tesla.[53]

Spanel conocía los planes del arma de Tesla porque era conocido de Bloyce Fitzgerald. Al comienzo de la guerra, Fitzgerald había preparado un trato para vender su cañón antitanques a Remington Arms, pero sin decírselo a Fitzgerald; Spanel convenció a Remington de que no cumpliese con el trato. En su lugar, Spanel lo organizó para que Fitzgerald desarrollase el cañón con Higgins Boat Company en Nueva Orleans a cambio de que Spanel obtuviese el 80% de los beneficios. Entonces, ¿por qué contó Spanel al FBI los planes de Tesla? Mi suposición (y es solo una suposición) es que Spanel no quería que Kosanović consiguiese los planes con la esperanza de que Fitzgerald tuviese acceso a ellos, de modo que él y Fitzgerald pudiesen luego desarrollar un arma y venderla a un contratista militar.[54]

Las preocupaciones de Spanel eran parejas con las que ya había manifestado Fitzgerald a la oficina del FBI en Nueva York el 7 de enero de 1943, de modo que Foxworth envió un teletipo a la oficina del Director del FBI en Washington preguntando qué pasos debían seguir. D. Milton Ladd, unos de los dos asistentes del director, J. Edgard Hoover, opinó que no deberían confiar en Kosanović y sugirió que la oficina de Nueva York contactase con el fiscal del estado en Nueva York para ver si podían detener a Kosanović con los cargos de robo. Sin embargo, mientras tanto, otro agente del FBI, L. M. C. Smith, contactó con la oficina de la Custodia de Propiedad Extranjera (OAPC, por sus siglas en inglés de Office of the Alien Property Custodian); esta agencia estaba interesada en el caso porque, aunque Tesla era un ciudadano americano, Kosanović no lo era y, por tanto, los papeles eran ahora propiedad extranjera y podían ser confiscados por el Gobierno si era necesario. En lo que al FBI se refería, permitir que la OAPC se hiciese cargo era una solución perfecta; los papeles no caerían en manos de Kosanović (que no gustaba al FBI) y el FBI no estaría implicado. Como dijo el otro asistente del director del FBI, Edward A. Tamm: «L. M. C. está manejando esto con la Custodia de la Propiedad Extranjera, de modo que parece que no hay necesidad de que nos mezclemos en esto».[55]

Como consecuencia, Walter C. Gorsuch de la OAPC fue al Hotel New Yorker y se apoderó de toda la propiedad de Tesla en su habitación y el almacén adyacente. Esta propiedad, que consistía en dos camiones llenos de material, fue llevada a la Manhattan Storage Company, donde ya había ochenta barriles y bultos que Tesla había depositado nueve o diez años antes. Para determinar si había algo vital para la campaña de guerra, la OAPC llamó a John G. Trump para que examinase los papeles. Al trabajar sobre radares en el Laboratorio de Radiación del MIT y como experto en generadores de alta tensión, Trump era muy adecuado para emprender la revisión.[56] Además de Trump, la OAPC permitió a uno de los principales agentes de la Inteligencia Naval, Willis De Vere George, estar presente junto con dos soldados rasos.[57] El 26-27 de enero de 1943, Trump revisó los archivos de Tesla mientras el personal de la Marina microfilmaba los papeles que encontraban interesantes.

Después de dos días de rebuscar en los papeles en Manhattan Storage y no encontrar nada de interés, Trump decidió que deberían investigar la caja que Tesla había dejado en el hotel Governor Clinton. Al llegar al hotel, Trump y su grupo fueron escoltados al almacén donde los gerentes guardaron la caja; recordando las serias advertencias de Tesla de que la caja explotaría si la abría un individuo no autorizado, los gerentes dejaron de inmediato el almacén. Los agentes que acompañaban a Trump también retrocedieron, dejándolo solo al abrir la caja.

Según contó Trump, la caja estaba envuelta en papel marrón y atada con una cuerda. Cuando cortó la cuerda con su navaja, Trump pensó que era un día precioso y que podría estar fuera disfrutando del tiempo. Al quitar el papel, vio que la caja estaba hecha de madera pulida, típica en el uso para el almacenamiento de instrumental científico. Respirando profundamente, Trump levantó la tapa con bisagra, para descubrir que contenía una vieja caja de resistencias, del tipo usado para medir la resistencia usando la técnica del puente de Wheatstone. Desde la tumba, Tesla había llevado a cabo un truco final.[58]

Basándose en su revisión de los materiales, Trump informó al OAPC: «En mi considerada opinión no existen entre los papeles y posesiones del Dr. Tesla notas científicas, descripciones de métodos o dispositivos no desvelados hasta la fecha, o aparatos reales que podrían ser de un valor significativo para este país o los cuales constituyan un peligro en manos enemigas. Por tanto, no puedo ver razón técnica o militar por las que custodiar por más tiempo la propiedad». Como consecuencia, la OAPC devolvió los papeles a Kosanović.[59]

Muy involucrado en la política yugoslava (cuando estalló la guerra Kosanović era fiel al rey Pedro II, pero en algún momento cambió su lealtad al nuevo líder, el mariscal Tito), Kosanović no estaba en posición de hacer algo con los materiales de Tesla.[60] Sin embargo, apenas había dado la OAPC los papeles a Kosanović, el Departamento de Impuestos del estado de Nueva York los declaró confidenciales hasta que los impuestos impagados de Tesla se pagasen. Durante lo siguientes siete años, los materiales estuvieron en el Manhattan Storage Company mientras Charlotte Muzar pagaba la renta mensual.[61]

En junio de 1946, Kosanović volvió a América como embajador yugoslavo. Con fondos o bien del Gobierno yugoslavo o bien del Instituto Tesla, Kosanović contrató un abogado, pagó las facturas e impuestos pendientes de Tesla y lo organizó todo para que los papeles se trasladasen por barco desde Nueva York al nuevo museo que se estaba creando en Belgrado. Los papeles llegaron en otoño de 1951, y en febrero de 1957, Muzar llevó las cenizas de Tesla de vuelta a su país de origen. Se colocaron en el Museo Tesla en una urna esférica, la forma geométrica favorita del inventor.[62]

Aunque los papeles de Tesla finalmente fueron a Yugoslavia, eso no detuvo el interés de científicos del Gobierno. En octubre de 1945, el FBI recibió una petición de Bloyce Fitzgerald, que, mientras solo era un soldado raso en el ejército, supuestamente estaba dirigiendo un proyecto de alto secreto en Wright Field en Dayton (Ohio). El proyecto era perfeccionar el «rayo de la muerte» de Tesla, que el ejército consideraba como «la única defensa posible contra el uso ofensivo por parte de otra nación de la bomba atómica». Fitzgerald quería acceso a los papeles de Tesla en Manhattan Storage Company o al microfilm hecho por la Inteligencia Naval; el FBI rechazó ayudarle, diciendo en un modo ciertamente burocrático que no sabían nada sobre un microfilm que podría estar en posesión de otra agencia. Según una carta en el archivo FOIA, los científicos de la Marina y la Oficina de Servicios Estratégicos podrían haber pasado un mes revisando el microfilm, presuntamente en la década de los cuarenta del siglo xx. Durante los siguientes cuarenta años, numerosos individuos contactaron con el FBI sobre los papeles de Tesla y la respuesta estándar de la agencia era que no los tenían. Cuando científicos del Gobierno se interesaron en la década de los setenta en los rayos de Tesla como un modo de contener la fusión nuclear, de nuevo pidieron al FBI el microfilm de Tesla; curiosamente, nadie parecía saber qué había sido del microfilm. En mi opinión, la desaparición del microfilm no es fruto de una conspiración y «prueba» que los papeles de Tesla contenían planes de un arma secreta; como uno de mis profesores solía decir: «Nunca asumas que se trata de una conspiración cuando simplemente la ineptitud es suficiente como explicación».[63]

Durante la guerra fría, tanto Estados Unidos como la Unión Soviética investigaron armas de haces de partículas varias veces, creyendo que podrían usarse para inutilizar misiles nucleares atacantes. Muy notablemente, en 1977, el director retirado de la Inteligencia de las Fuerzas Aéreas, el general George J. Keegan, afirmó en *Aviation Week & Space Technology* que los soviéticos estaban construyendo un haz de partículas cargadas a gran escala en la zona de pruebas Semipalatinsk al noreste de Kazajistán.[64] Aunque las afirmaciones de Keegan fueron rotundamente negadas por el presidente Jimmy Carter y expertos científicos, el temor de una posible «brecha del rayo de la muerte» produjo el estímulo político para una expansión importante de la investigación americana en armas de rayos con base en el espacio.

Bajo la dirección de la Agencia de Proyectos de Investigación Avanzados de Defensa (DARPA, por sus siglas en inglés Defense Advanced Research Projects Agency), el trabajo empezó con el proyecto de laser químico ALPHA en 1978, el sistema de detección TALON GOLD y LODE (Large Optics Demonstration Experiment) en 1980.

Estos programas formaron las bases para una Iniciativa de Defensa Estratégica (SDI, Strategic Defense Initiative en inglés) que Ronald Reagan anunció públicamente en 1983. En la década de los ochenta, el Departamento de Defensa añadió varios programas al SDI, incluyendo láseres químicos y de rayos X, así como armas de haces de partículas neutrales; evocando las afirmaciones de la «muralla china» de Tesla, las armas del SDI estaban destinadas a crear una «cortina» que destruiría los misiles enviados por el enemigo. Mientras este trabajo estaba realizándose, científicos del gobierno pidieron de nuevo al FBI los papeles de Tesla, sobre todo porque creían que los soviéticos habían estudiado los materiales de Tesla en Belgrado y que una revisión de cualquier papel relacionado con Tesla en los Estados Unidos proporcionaría conocimiento sobre el programa de armas de haces soviético.[65]

Tras la caída de la Unión Soviética, expertos en armas americanos visitaron la zona de pruebas de Semipalatinsk, donde descubrieron que los soviéticos en absoluto habían estado trabajando en armas de haces de partículas, sino en cohetes de propulsión nuclear. Esta nueva información de Semipalatinsk motivó que John Pike de la Federation of American Scientists dijese que las afirmaciones de Keegan de un arma de haz de partículas soviética fuesen «uno de los mayores fallos de la inteligencia de la guerra fría».[66] Como, en principio, un arma de haz de partículas es posible, el ejército de EE. UU. podría continuar investigándolas; sin embargo, al igual que en la época de Tesla, estas armas necesitarían cantidades enormes de energía y plantean problemas formidables en lo referente a evitar que el haz se disperse.[67]

Epílogo

Malinterpreté a Tesla. Creo que todos malinterpretamos a Tesla.
Pensamos que era un soñador y un visionario.
Sí que soñó y sus sueños se hicieron realidad,
sí que tuvo visiones, pero eran un futuro real, no imaginarias.

JOHN STONE STONE, 1915

En las décadas posteriores a su muerte, Tesla ha disfrutado de un legado curioso. Por un lado, está reconocido por los ingenieros por sus contribuciones a la corriente alterna (CA) y en 1856, se adoptó «tesla» como nombre para la unidad de medida de la densidad de flujo de campos magnéticos. Por el otro lado, gracias a las muchas predicciones extravagantes que hizo sobre sus inventos, Tesla se ha convertido en una figura en la cultura popular. En estas páginas finales, quiero reflexionar no solo sobre Tesla como un referente cultural, sino, más importante, sobre lo que podemos aprender de él respecto al proceso de invención y el papel que la innovación tiene en la economía. Al hacerlo, estamos completando la tarea que Brisbane planteó esa noche de verano en 1894 cuando entrevistó a Tesla, que deberíamos buscar «descubrir a este nuevo gran ingeniero eléctrico totalmente, para interesar a los americanos en la personalidad [de Tesla], de modo que puedan estudiar sus logros futuros con el cuidado adecuado».[1]

TESLA EN LA CULTURA POPULAR

A diferencia de sus contemporáneos Edison y Marconi, Tesla no consiguió estar en los libros de historia de la segunda mitad del siglo XX. Sin lugar a dudas, su invento del motor de CA y su trabajo pionero con ondas electromagnéticas definitivamente justifican un hueco para él en la narrativa histórica general de América. Tesla está ausente de estos libros de historia, en parte, porque nunca creó una compañía epónima importante para fabricar sus inventos; hasta la reciente creación de Tesla Motors, no había ningún equivalente a Marconi Cable and Wireless o Consolidated Edison. Más que buscar sus beneficios de la fabricación, como hemos visto, Tesla prefería perseguir una estrategia de patente-promoción-venta. Por tanto, no había ninguna gran compañía como General Electric (quien ve a Edison como su fundador) o Radio Corporation of America (que está basada en las patentes de Marconi) que necesitase proponer a Tesla como «padre fundador». Westinghouse podría haber usado a Tesla de esta manera, pero los lazos del inventor eran sobre todo con George Westinghouse en lo personal y no con los gerentes que dirigían la compañía durante el tiempo que duró en el siglo XX.

Otra razón por la que Tesla no figura en los libros de historia de finales del siglo XX es que no fue una figura útil para la América de la guerra fría. A diferencia de Thomas Edison o los hermanos Wright, Tesla no nació en América y por tanto no podía representar la «Yankee ingenuity» (la noción popular de que los americanos por naturaleza son prácticos y tecnológicamente creativos.) Además, como la mayoría de la gente asumía que Tesla era un místico que no usaba la ciencia teorética para desarrollar sus inventos, difícilmente podía ser invocado por estos apóstoles de modernidad que creían que la tecnología crecía a partir de investigaciones realizadas por científicos en la universidad y laboratorios corporativos. Y, a diferencia de Edison o Henry Ford, ambos vistos como gente ordinaria que comprendieron las necesidades del hombre común y como respuesta crearon bienes producidos en masa como automóviles, bombillas eléctricas y películas, Tesla parecía amanerado, elitista y, bueno, excéntrico.[2] Entonces, durante la guerra fría, Tesla era mejor ignorado, un extranjero curioso que podía ser olvidado.[3]

Pero fue precisamente su estatus de extranjero, su naturaleza mística, sus rasgos poco prácticos, su rechazo a personajes establecidos como Edison y Morgan, lo que hizo de Tesla un héroe de la contracultura. ¿Cómo no podía esta amar todas las afirmaciones maravillosas de Tesla sobre energía eléctrica inalámbrica gratis, comunicaciones con

Marte, una raza de robots, la abolición de la guerra y rayos de la muerte? A comienzos de la década de los cincuenta, individuos poco convencionales acogieron a Tesla y resaltaron su interés en comunicaciones interplanetarias. Por ejemplo, Arthur H. Matthews afirmó que había trabajado con Tesla y que el Mago le había enseñado cómo construir un «teslascopio», para así comunicarse con alienígenas en otros planetas. Matthews también informó de que Tesla había nacido en Venus y que sabía esto porque los «venusianos» se lo habían dicho durante una visita a su casa en Canadá. No superado, Margaret Storm publicó un libro impreso en tinta verde que afirmaba que Tesla había venido en una nave espacial de Venus, acompañado por su «rayo gemelo», la paloma blanca. Storm también tenía su propio conjunto de radio especial para contactar con los extraterrestres.

Durante la crisis de energía del siglo xx en la década de los setenta, Tesla se convirtió en un héroe del movimiento por una energía libre. Los defensores de este movimiento creen que hay tecnología avanzada, con frecuencia basada en las ideas de Tesla, que todavía no ha sido definida adecuadamente por la física convencional que puede usarse para acceder a la energía en el universo. Los investigadores de la energía libre se toman en serio el lema de Tesla de que los humanos deberían ser capaces de utilizar energía «uniendo sus máquinas al dispositivo de engranaje de la naturaleza».[5] Algunos miembros de este movimiento creen que una conspiración corporativa, que se remonta a Edison y J. P. Morgan, es lo que impide que se desarrolle o adopte tecnología mejorada de la energía. Un ejemplo de investigador en energía inspirado por Tesla fue Robert Golka, que entre 1970 y 1988 intentó recrear los experimentos en Colorado de Tesla, para así generar esferas luminosas artificiales. Junto con otros científicos, Golka creía que las esferas luminosas podían usarse para desarrollar técnicas, contener plasma energético y dar lugar a la fusión nuclear.[6]

Para reunir a los investigadores de energía libre y otros individuos interesados en Tesla, los líderes científicos y de la comunidad en Colorado Springs organizaron el Primer Simposio de Tesla en 1984. Durante los siguientes catorce años, este grupo tuvo reuniones anuales, publicó conferencias, creó un museo y estableció la Internation Tesla Society. En un momento dado, la sociedad presumía de siete mil miembros en todo el mundo, pero como resultado de luchas políticas internas se declaró en quiebra en 1998. En la década siguiente, los aficionados de Tesla han encontrado refugio en Tesla Engine Builders Association, Tesla Memorial Society of New York y la web Cameron B. Prince's Tesla Universe.[7]

Tesla también ha resultado atractivo a seguidores de la filosofía New Age. Como subcultura alternativa, el pensamiento New Age ha sido descrito como «que recurre a tradiciones metafísicas y espirituales tanto de Oriente como de Occidente y las infunde con influencias de la autoayuda y psicología motivacional, salud holística, parapsicología, investigación consciente y física cuántica».[8] Dado su carisma personal (alto, moreno, guapo y misterioso), sus esfuerzos para desarrollar su fuerza de voluntad de niño y su supuesto interés en fenómenos físicos (el cual, creo, va en contra de su visión materialista del conocimiento), no sorprende que Tesla aflorase en las fuentes y prácticas de la New Age. Como hemos visto, su historia se aproxima bastante a la de alguien cultivando y perfeccionando su «naturaleza intensa y salvaje» (véase el capítulo 12), en la cual aprendió cómo inventar recurriendo a sus facultades racionales y a su imaginación; de hecho, muchas de las historias de Tesla pueden interpretarse como iluminación espiritual y desarrollo personal.[9]

Una manifestación de Tesla y las creencias de la New Age son las placas púrpura usadas por individuos para canalizar energía positiva y dirigirla a males físicos y emocionales. Las placas fueron introducidas por Ralph Bergstresser, quien conoció a Tesla durante los últimos seis meses de su vida y a continuación desarrolló las placas sobre la base de una de las patentes de Tesla.[10] Reflejando una mezcla de creencias científicas y espirituales, un proveedor de placas púrpura, el Swiss Tesla Institute, describe cómo estas placas de aluminio poseen una estructura enrejada diseñada «para oscilar a una frecuencia que resuena con la frecuencia del propio campo electromagnético de la tierra que penetra la cavidad entre la superficie de la tierra y la ionosfera. Este campo es conocido como "campo de resonancia de Schumann" y... se considera que está asociado con el biocampo (chi o qi, prana, orgon, etc.) y contiene toda la información esencial y energía necesaria para el funcionamiento apropiado, el crecimiento y la evolución de cualquier forma de vida».[11]

Mucho del interés de la New Age en Tesla refleja el hecho de que no todo el mundo está cómodo con la racionalidad en la vida moderna, particularmente con la suposición de que las innovaciones tecnológicas están dirigidas por la lógica inexorable del mercado o de la ciencia. Hoy en día, la explicación estándar para por qué una nueva tecnología se introduce es que es una respuesta a la demanda del mercado o el resultado de descubrimientos científicos. Aunque estos dos factores contribuyen a la tecnología, no son necesariamente significativos para todo el mundo; a alguna gente le gustaría creer que las nuevas tecnologías también deberían reflejar los valores, sueños y deseos de una cultura. La tecnología es tan importante en nuestras vidas que, para alguna gente, no puede simplemente reducirse a fuerzas impersonales del mercado o el laboratorio.

Para estas personas, Tesla es una alternativa bienvenida. Revela que hay más tecnología que economías implacables o racionalidad científica. Aunque educado como ingeniero, Tesla rechazó guiarse exclusivamente por los dictados de la ciencia o el mercado. En su lugar, su invento venía de sí mismo, y a través de sus inventos buscaba ordenar su propia vida y ampliarlo al mundo alrededor de él. En este sentido, Tesla era como un artista o un poeta, y sus contemporáneos sin duda muchas veces lo describen como tal. Así que, para gente que no quiere ver el mundo en términos exclusivamente racionales, Tesla es su hombre. Citando a Hamlet: «Hay más cosas en el cielo y en la tierra, Horacio, de las soñadas en tu filosofía» (acto 1, escena 5).

No estoy sugiriendo que los seguidores de la New Age estén estableciendo una dicotomía entre lo material y lo espiritual, que los tecnólogos no tienen alma.[12] Más bien que de lo que algunos individuos tienen sed es de una cultura en la que lo espiritual y lo material estén entrelazados. Tesla, como un héroe de la cultura, elimina esta dicotomía con esmero; creó una gran tecnología estando en contacto con su yo interior, y reveló que uno puede entretejer lo espiritual y lo material.

Algunas corporaciones han reconocido que Tesla representa una unión de lo espiritual y lo material. Esto es la genialidad tras la publicidad de los biplaza descapotables eléctricos fabricados por Tesla Motors; como su tocayo, han descubierto cómo producir un automóvil que simultáneamente hable tanto al espíritu, en el sentido de ser bueno para el medio ambiente, como a la parte materialista de la gente, en el sentido de ser rápido, moderno y de alta tecnología. Un eslogan con gancho en la web de la compañía proclama «Cero emisiones, cero culpabilidad». Como escribió uno de los fans del coche Tesla en el blog de Tesla Motors en 2009: «Estoy cansado de que la revolución ecologista sea todo brotes y bicicletas. Oh, sí, Tesla es ecológico con sabor... Mi filosofía es que no tienes que vestir Birkenstocks y comer nueces y bayas y sentarte con las piernas cruzadas durante horas y meditar... Un mundo más verde y más limpio no significa que necesitemos volver a la Edad Media».[13]

Como defensor de la vida extraterrestre, héroe de la energía libre y santo de la New Age, Tesla ha probado ser un personaje intrigante para la cultura popular. Une lo espiritual y lo material, reta lo establecido por las empresas e invita a dejar volar la imaginación hacia nuevas tecnologías y nuevos mundos. Por todas estas razones, aunque tal vez Tesla esté ausente de los libros de historia, puede encontrarse en todas partes en la cultura popular: como un grupo de *hard-rock*, en películas de Hollywood como *El truco final* (2006), en novelas como *The Invention of Everything Else* (2008), en obras de teatro y óperas como *Tesla's Letters* de Jeff Stanley e incluso personajes de videojuegos como «Dark Void Saga» Capcom Entertainment. A juicio de un portavoz de Tesla Motors: «Sabes que estás en la corriente dominante de la gloria pop cuando apareces en un videojuego dirigido a chicos de 18 años».[14]

TESLA Y LA INNOVACIÓN DISRUPTIVA

Pero más que ser una figura atractiva para la cultura pop americana, Tesla ofrece un entendimiento de la naturaleza de la innovación tecnológica desde el cual podemos extraer lecciones relevantes para hoy y el mañana.

A primera vista, esto podría parecer una afirmación sorpresa ya que sería fácil descartar a Tesla por ser *sui generis*, por ser un inventor muy excéntrico que trabajó hace cien años, y entonces, ¿qué podrían aprender los inventores, ingenieros y empresarios de él? La innovación en el siglo XXI se centra en extender rápidamente las fronteras científicas, grandes equipos de colaboración, capital de riesgo y mercados globales. ¿Qué podría enseñarnos un visionario voluble como Tesla que sea relevante para la economía moderna?

Para responder a este reto, necesitamos recordar la idea de Schumpeter de que la economía crece como resultado de dos tipos de innovación (véase el capítulo 2). Por un lado, hay respuestas creativas de emprendedores e inventores que introducen nuevos productos, procesos y servicios y, al hacerlo, cambian drásticamente la vida diaria y reordenan el mundo de la industria; como Clayton Christensen ha sugerido, esto puede llamarse «innovación disruptiva».[15] Por otro lado, hay respuestas adaptativas de gerentes e ingenieros que emprenden el trabajo regular y de incremento gradual de establecer estructuras colectivas, elaborando procedimientos y promocionando planes que permitan a los productos y servicios ser producidos y consumidos. Claramente el éxito de la economía depende de conseguir la mezcla correcta de innovaciones disruptivas y adaptativas.

Tesla introdujo dos innovaciones disruptivas que cambiaron la economía americana a finales del siglo XIX y principios del XX. Su motor de CA a finales de la década de 1880 hizo deseable para los servicios eléctricos pasar de CC a CA, de modo que podía proporcionar no solo servicio de alumbrado sino energía que podían usar la industria y los consumidores. Extendiendo los usos que las empresas de servicio eléctrico podían proporcionar, la energía de CA les permitió incrementar el tamaño de sus sistemas, perseguir economías de escala y hacer caer el coste de la electricidad a largo plazo. Igualmente importante, Tesla introdujo la idea de la energía polifásica, distribuyendo CA usando dos o tres fases, y los servicios eléctricos advirtieron que eran capaces de transmitir de manera eficiente más energía a lo largo de distancias mayores. En resumen, los inventos de CA de Tesla fueron esenciales para hacer que la electricidad fuese un servicio que se pudiera producir y distribuir en masa; sus inventos crearon el escenario para los modos en los que producimos y consumimos energía hoy en día. Por todas estas razones, se pueden encontrar versiones modernas de los motores de CA de Tesla haciendo funcionar electrodomésticos, alimentando maquinaria industrial e incluso haciendo girar los discos duros de un ordenador portátil.

Con la transmisión inalámbrica de energía, Tesla se vio a sí mismo como lanzando una segunda revolución eléctrica; con esta tecnología, estaba propiciando evitar el uso de las redes de cable existentes para el teléfono, el telégrafo y transmitir energía. Como hemos visto, Tesla no fue capaz de perfeccionar su sistema porque no pudo reunir los fondos necesarios tras la pérdida del apoyo de Morgan y porque no pudo conseguir un modo de introducir la energía eléctrica en la corteza terrestre; como consecuencia, las ideas de Marconi sobre la telegrafía sin hilos fueron seguidas por compañías en Europa y América. Sin embargo, también habría que tener en mente que mientras Marconi resolvió la telegrafía sin hilos de punto a punto, otros muchos inventores —Lee de Forest, Reginald Fessenden, John Stone Stone y Edwin H. Armstrong— contribuyeron con las innovaciones necesarias a crear la radiodifusión. La radio no fue inventada por Marconi, fue el resultado de un proceso evolutivo que implicó a una variedad de gente, incluido Tesla.[16]

Tesla desempeñó un papel fundamental en la evolución de la radio en dos sentidos. Primero, dio con ideas y dispositivos clave: la importancia de conectar a tierra los transmisores y receptores, ajustar la capacitancia e inductancia para así sintonizar los dispositivos y la bobina de Tesla; todos ellos fueron tomados prestados y adaptados por otros pioneros en la radio. Como su rival A. P. M. Fleming observó en 1943, Tesla «produjo casi casualmente toda una serie de aparatos que emplearon con éxito otros trabajadores luchando por finales menos ambiciosos. De haberle permitido su concentración primordial prestar más atención a las herramientas que su genialidad inventiva mejoraba libremente, la gran influencia que tuvo en el desarrollo de la radio habría sido obvia para todos».[17] Las radios, televisiones y móviles hoy en día emplean variaciones de ideas de Tesla sobre ajustar los circuitos para resonar a frecuencias concretas.

Segundo, Tesla fue importante para la evolución de la radio porque inspiró, de hecho incitó, a sus rivales a que actuasen. Tesla era uno de los primeros inventores en investigar ondas electromagnéticas y como su contemporáneo John Stone Stone enfatizó: «Hizo más por despertar el interés y hacer comprender de forma inteligente estos fenómenos en los años 1891-1893 que ningún otro».[18] Como hemos visto, Tesla fue una inspiración genuina para De Forest (aunque las acciones siguientes de de Forest dañaron los esfuerzos de Tesla) y Marconi y sus socios tenían un ojo puesto en lo que Tesla estaba haciendo. Como mínimo, los rivales de Tesla en la radio tenían que buscar medios de evitar sus patentes, ya fuese creando alternativas o peleándose con él en los tribunales.

TESLA Y EL PROCESO DE INVENCIÓN

Al igual que es útil observar qué inventó Tesla (los motores de CA y la transmisión inalámbrica de energía), todavía más importante es observar cómo inventó estas tecnologías disruptivas. Ambas facetas de su estilo creativo (ideas e ilusión) ofrecen entendimiento para inventores, ingenieros y emprendedores que deseen desarrollar innovaciones valientes de manera similar. En las escuelas de negocios y de ingeniería, se enseña a los estudiantes a analizar objetivamente la realización de máquinas y sistemas, estimar la demanda del consumidor y crear nuevos dispositivos sobre la base de lo que han medido, para crear lo que Schumpeter llamó «innovaciones adaptativas». Por el contrario, ¿qué sabemos realmente, como historiadores, empresarios o legisladores, sobre el otro tipo de innovación, la innovación creativa de Schumpeter o la disruptiva de Christensen? ¿De dónde vienen estas innovaciones? ¿Son las innovaciones disruptivas simplemente provocadas por fuerzas desconocidas misteriosas como la genialidad o la suerte? ¿Cómo se emplea la tecnología disruptiva de modo que tenga un impacto positivo en una compañía, la economía o la sociedad en toda su extensión? Estas son las preguntas que la historia de Tesla responde.

La gran fortaleza de Tesla es que estaba dispuesto a pensar como un disidente. Con su motor, por ejemplo, mientras la mayoría de los demás investigadores se preocupaban por cambiar la dirección de los polos magnéticos en el rotor, Tesla se las ingenió para crear un campo magnético rotatorio en el estátor (véase el capítulo 2). Cuando todo el mundo llama a la puerta principal, Tesla sugiere que un modo de ir más allá es rodear la casa y ver si hay una puerta trasera.

Aunque, para encontrar la puerta trasera, es necesario cultivar una gran imaginación. Se necesita estar dispuesto a dejar volar la imaginación largo rato, para hacer aparecer no sombras sino máquinas enteras y sociedades completas. No todos nosotros somos capaces de acceder a nuestra imaginación a este nivel y crear imágenes con la claridad visual de Tesla (admitámoslo, tuvo una infancia inusual en la que tuvo que desarrollar su imaginación); necesitamos cultivar, o al menos tolerar, amplias exploraciones a través de la imaginación. Si no asumimos el riesgo en nuestra imaginación, ¿cómo podemos siquiera empezar a buscar ideas o ideales inconformistas?

Aunque la imaginación es solo la mitad del proceso cognitivo como lo describía Tesla: era la parte «salvaje» de la naturaleza de un inventor, pero había también una parte «seria» (véase el capítulo 13). A pesar de la amplia literatura popular celebrando los momentos eureka, Tesla descubrió que una percepción, intuición o corazonada había que refinarla en la mente mediante pensamiento y análisis riguroso. Tesla habló de esta etapa de perfección cuando describió su proceso creativo en 1921:

> Esto es, en resumen, mi propio método. Tras experimentar el deseo de inventar una cosa en concreto, puedo pasarme meses o años con la idea en un rincón de mi cabeza. Cuando tengo ganas, deambulo por mi imaginación y pienso en el problema sin ninguna concentración intencionada. Este es un período de incubación.
>
> Luego le sigue un período de esfuerzo directo. Escojo cuidadosamente las posibles soluciones del problema que estoy considerando y gradualmente centro mi mente en un campo de investigación reducido [énfasis añadido]. Ahora, cuando deliberadamente pienso en el problema y sus características específicas, puede que empiece a sentir que voy a obtener la solución. Y la cosa maravillosa es que si siento esto, entonces sé que realmente he resuelto el problema y que encontraré lo que estoy buscando.[19]

Una pista pequeña pero visible del análisis serio es que en su laboratorio de la Quinta Avenida sur había «una pequeña pizarra que colgaba de la pared y muestra evidencias de mucho uso. El negro de la pizarra se ve en varios puntos, y el resto está cubierto con figuras y signos cabalísticos».[20] Tesla no estaba dibujando fantasías en esa pizarra, sino usando las matemáticas que sabía para pulir y mejorar una idea a la que había dado forma en su mente. Para Tesla, un ideal no aparecía de repente hecho y derecho, sino que era el resultado de dos actividades cognitivas: deambular por su imaginación y examinar cuidadosamente las posibles soluciones. Sin estas dos actividades trabajando juntas, en una tensión exquisita, sospecho que Tesla no habría inventado nada.

En nuestro pensamiento hoy en día sobre innovación y diseño, tendemos a dicotomizar la imaginación y el análisis. Asumimos que los inventores trabajan principalmente con la imaginación y que los ingenieros se basan en técnicas analíticas rigurosas que provienen de la ciencia y las matemáticas. Pocas veces admitimos que, para el desarrollo de las tecnologías disruptivas, ambas actividades son necesarias en su correcta medida. Se necesita soñar, pero también evaluar de modo crítico los sueños en términos de teoría científica, así como los materiales y técnicas disponibles.[21]

Mientras los inventores deben mantener la imaginación y el análisis en una tensión exquisita en sus propias mentes, los patrocinadores y mecenas también les ayudan a mantener un equilibrio útil entre los dos. Tesla fue extremadamente afortunado con su trabajo en CA cuando tuvo a Charles Peck y Alfred Brown como patrocinadores. Estos hombres animaron a Tesla a perseguir sus ideas para un motor de CA, pero al mismo tiempo proporcionaron al joven inventor comentarios valiosos sobre qué podría funcionar realmente y qué atraería a los hombres de negocios para que invirtiesen o comprasen sus patentes. Peck y Brown fueron el pedernal contra el cual el acero de Tesla se golpeaba, del cual las chispas de la genialidad podían prender el fuego de un descubrimiento.

Para Tesla, uno de los mayores «¿y si...?» era qué podría haber sucedido si Peck no hubiese muerto en 1890. Con la destreza en los negocios de Peck, ¿habría tenido Tesla la guía necesaria para dar forma a sus ideas de transmisión inalámbrica de energía en un conjunto fuerte de patentes que, a su vez, podrían haber sido transformadas en productos o servicios factibles? ¿Se habría desarrollado más la radio junto con las líneas de iluminación y aplicaciones energéticas en lugar de las comunicaciones? Por desgracia, los últimos patrocinadores de Tesla, Edward Dean Adams y J. P. Morgan, no estaban en una posición de trabajar tan de cerca con él dando forma a sus inventos. Sin alguien como Peck que proporcionaba una mezcla de ánimo y consejo crítico,

Tesla se intoxicó con la belleza de sus ideas para la transmisión inalámbrica de energía y no estaba dispuesto a ajustar su idea para amoldarse a consideraciones prácticas o de negocios.

La lección que se puede sacar de Tesla y Peck es que necesitamos comprender y apreciar cómo los inventores y los emprendedores forjan relaciones que fomentan un equilibrio entre la imaginación y el análisis: la persona de negocios pone los pies en el suelo a los sueños del inventor sobre la base de prácticas de negocio y expectativas existentes, pero al mismo tiempo el inventor inspira a la persona de negocios a ver las nuevas posibilidades de la tecnología. Alexander Graham Bell tuvo este tipo de relación con su suegro, Gardiner Hubbard, y Thomas Edison con William Orton, de Western Union, pero debemos hacernos la misma pregunta sobre las relaciones entre los pioneros de las máquinas de vapor James Watt y Matthew Boulton o Steve Wozniak y Steve Jobs con Mike Markula en los comienzos de Apple Computer.[22] Para dar con tecnologías disruptivas, los inventores deben encontrar un equilibrio entre su imaginación y el análisis, no solo en sus propias mentes sino también en relación con sus patrocinadores.

Pensando en cómo interactúan los inventores con sus patrocinadores, es ahora tiempo de transformar los ideales en ilusiones. Mi impresión es que incluso para un inventor como Tesla podría ser muy difícil captar totalmente un ideal; en cualquier momento dado, uno puede visualizar en la mente algunos aspectos del ideal, pero no necesariamente todos ellos. Los inventores aprenden cómo trabajar evitando esta dificultad y, de hecho, incluso aprovecharse de la ambigüedad en sus modelos mentales, ya que generan diseños alternativos.[23] Pero compartiendo un ideal con otros, los inventores tienen que afrontar a este problema de frente; si no pueden acceder totalmente a la idea, ¿cómo pueden convencer a amigos, mecenas, examinadores de patentes y clientes? En el caso de Tesla, hemos visto que recurría a usar imágenes, metáforas e historias, lo que he llamado «ilusiones» a lo largo del libro. Las ilusiones no son engaños, sino aproximaciones. Las ilusiones son el modo en que una idea escapa de la mente de un individuo y se mete en la de otra persona. Ningún ideal, ninguna idea, ninguna invención va a ninguna parte a menos que uno esté dispuesto a contar una historia sobre ella, una historia que otra persona encuentre interesante y convincente.[24]

Un importante punto de inflexión en la vida de Tesla fue convertir su motor de lata en el aparato del huevo de Colón para la demostración en 1887. El motor con la lata emocionó a Tesla porque era la confirmación física de su idea, pero este motor no significaba nada para Peck y Brown. Para que ellos viesen algo del ideal, Tesla tenía que vestirlo con la historia de Colón y crear una visión convincente para ellos. Con el aparato del huevo, Tesla creó la ilusión de una posibilidad para sus patrocinadores; ese motor podría ser algo que la industria eléctrica querría. A cambio, Peck y Brown trabajaron con Tesla para usar las patentes, los reportajes en la prensa técnica, su conferencia y las demostraciones en el laboratorio para crear más ilusiones, para vincular de modo efectivo el motor de Tesla con las necesidades y objetivos en la industria eléctrica de la época. A través de esta promoción hábil, Peck, Brown y Tesla generaron entusiasmo en torno al motor, tanto que convencieron a Westinghouse para firmar un contrato lucrativo.

Hasta cierto punto muy real, la promoción como estrategia de negocio es todo sobre el uso astuto de la ilusión. El promotor debe entusiasmar a la gente, dispuesta a invertir, pero no desconfiar. El invento debe caer en el punto correcto del espectro entre lo factible y lo improbable. Si es totalmente factible, entonces el invento quizá no sea tan innovador y, por tanto, no valga mucho; del mismo modo, si el promotor exagera el caso y el invento parece demasiado bueno para ser cierto, entonces los inversores podrían considerarlo como demasiado arriesgado y no invertir. Por tanto, conseguir la ilusión correcta, excitante pero factible, era un reto real para Tesla y sus patrocinadores; cuando buscaban inversores, los inventores y emprendedores contemporáneos se enfrentaban al mismo reto.

Con este contexto, es obvio que los inventores necesitan no solo estar controlando qué sucede en el reino técnico, sino también mantener un dedo en el pulso cultural. ¿Qué entusiasma a la gente? ¿Cuáles son los temas candentes del día? ¿Qué necesidades o sueños tiene la gente para los cuales podría haber conexión con un invento? Desde esta perspectiva, tiene sentido que Tesla se hiciese amigo de Robert Underwood Johnson y Mark Twain; ambos observaban cuidadosamente cómo la sociedad americana estaba tomando forma a medida que se entraba en el siglo xx. Aquí recuerdo una carta que Tesla envió en 1899 desde Colorado a Scherff en Nueva York, preguntando qué tipo de historias estaban circulando en los diarios; al sentirse aislado en las montañas, Tesla estaba hambriento por nuevos temas culturales y necesitaba dar forma a ilusiones.[25]

Para un inventor y sus patrocinadores, las ilusiones pueden ser bastante delicadas ya que necesitan averiguar lo grande que tendría que ser la ilusión. ¿Deberían unir un invento a las necesidades específicas e inmediatas de una industria?[26] ¿Deberían afirmar que el invento revolucionará toda la industria? O ¿deberían invocar deseos culturales más generales? En el caso del motor, Tesla y sus patrocinadores estaban cerca de las necesidades y expectativas de la industria eléctrica y tuvieron éxito en alcanzar el contrato con Westinghouse. Sin embargo, cuando Tesla maduró y fue influenciado por sus amigos, planteó progresivamente ilusiones mayores para sus inventos: su bote de radio-control acabaría con la guerra, su transmisión inalámbrica de energía revolucionaría las comunicaciones y toda la sociedad, su turbina era «el motor rotativo perfecto».

Un modo de ver a estas afirmaciones grandiosas es que Tesla simplemente permitió que el éxito se le subiera a la cabeza. Otro punto de vista es que se permitió a sí mismo ser excesivamente influenciado por sus amigos de la prensa como T. C. Martin y Johnson.[27] Pero también podemos hacer una pregunta contrafáctica: si Tesla hubiese mantenido sus ilusiones modestas, ¿habría alguien prestado atención a sus inventos a mediados de la década de los noventa del siglo XIX? Hasta cierto punto, Tesla estaba respondiendo al periodismo sensacionalista de su época. Cuando los grandes tabloides competían en los noventa del siglo XIX, buscaban historias con afirmaciones exageradas y cada vez que se contase después, las afirmaciones tenían que ser más exageradas.[28] Esta escala de las ilusiones de Tesla es, por tanto, un producto de su personalidad, así como el modo en que la cultura popular tomaba forma entonces.

TESLA Y EL ANSIA CREATIVA

Ideas e ilusiones nos dicen mucho sobre cómo un inventor inventa, sobre el proceso de creación de tecnologías disruptivas. Pero también podríamos preguntarnos de manera razonable sobre por qué un inventor inventa. Después de todo, esto es una biografía, y existe el derecho a preguntar sobre la motivación.

Me voy a centrar no en qué motiva la creatividad en todo tipo de individuos, sino en el caso concreto que Tesla representa: ¿por qué los individuos se meten en el problema de crear tecnología disruptiva? Para desarrollar una tecnología disruptiva, hay que tener oportunidades importantes, perseguir nuevos dispositivos y prácticas de negocios y, aunque los premios personales y financieros a veces son grandes, no hay garantías de éxito. Es muy duro decir en una etapa temprana qué tecnología disruptiva despegará y qué constituirá la innovación clave que un inventor o compañía podrían necesitar controlar para así beneficiarse de la disrupción. En consecuencia, no es una sorpresa que muchos ingenieros y emprendedores con talento escojan rutas más seguras de desarrollar tecnología como respuesta a la demanda de mercado existente; ahí, uno puede calcular las probabilidades y convertir las oportunidades en riesgos manejables. Más de una vez, Tesla dijo a los que le entrevistaban que podría haber tomado un camino más seguro y hacer fortuna desarrollando varios inventos para los cuales había una demanda inmediata, pero escogió ir tras los retos más grandes y más difíciles.

Una explicación que se ofrece frecuentemente para explicar las innovaciones disruptivas en una variedad de campos es que sea calificada de «argumento del marginado». Los individuos que están fuera de la jerarquía social, política y económica establecida escogen innovar a veces para así ganar acceso a la jerarquía, a veces para retar el *statu quo* y a veces por ambas cosas. Como marginados, estas personas creativas no ven las cosas del mismo modo que la gente dentro de la jerarquía y tienen poco que arriesgar y todo que ganar innovando.

Uno puede sin duda aplicar el argumento del marginado a Tesla. Mientras la comunidad de ingenieros eléctricos a finales del siglo XIX en América estaba constituida mayoritariamente por hombres nacidos protestantes de antepasados ingleses, alemanes u holandeses, Tesla era un inmigrante eslavo, un serbio, y sus antecedentes de la religión ortodoxa eran claramente diferentes de los del predominante protestantismo americano. Igualmente, tenemos indicios de que a sus compañeros heterosexuales les incomodaba la atracción por los hombres de Tesla.

Y como hemos visto, Tesla rehuía las normas profesionales emergentes de escribir las investigaciones en publicaciones científicas, que cambiaba prácticas más espectaculares de demostraciones públicas osadas y entrevistas animadas en los periódicos. Un indicador de cómo los contemporáneos de Tesla lo percibían como un marginado es la historia de que poco después de contratar a Tesla Edison preguntó si realmente era un caníbal.[29]

· El argumento del marginado es de ayuda, pero no capta totalmente lo que estaba pasando con Tesla. Tesla era un marginado buscando un lugar en la profesión de ingeniero eléctrico y en la respetable sociedad de Nueva York, pero en 1894, cuando fue entrevistado en Delmonico's, había logrado un estatus y respeto. ¿Qué le hizo seguir yendo tras eso? ¿Hemos captado totalmente su forma de ser?

A través de sus inventos, Tesla buscaba reordenar el mundo alrededor de él. Con su motor de CA, Tesla creía fervientemente en la idea de un campo magnético rotatorio, incluso si esa idea requería pasar de dos a cuatro o incluso seis alambres, cambiando la frecuencia en sistemas de CA de 110 a 60 ciclos, e incluso construyendo por completo nuevos sistemas para generar y distribuir energía bifásica y trifásica. Para Tesla, la idea del campo magnético rotatorio era tan convincente que más que tener que adaptar él su idea al mundo, el mundo debería reordenarse para hacer espacio para su idea. En cierto modo, Tesla esperaba que la gente encontrase su plan de transmisión inalámbrica de energía tan obviamente maravilloso que cambiarían de los sistemas alámbricos existentes a esta nueva idea.

Por tanto, ¿cómo desarrolló Tesla su deseo de reordenar el mundo para adecuarse a sus ideas? ¿Por qué siquiera creería que eso era posible? Creo que este deseo surge del modo en que desarrolló su imaginación de niño para así hacer frente a sus miedos. Desde la infancia, Tesla se enfrentaba con un mundo temeroso e indisciplinado a varios niveles; como serbios, su familia y sus parientes eran extraños en la tierra extraña de Krajina, la frontera militar austriaca; su familia se traumatizó con la pérdida de su hijo mayor, Dane; y el propio Tesla sufrió a causa de varias imágenes escalofriantes y pesadillas. Como hemos visto, Tesla hizo frente a este desorden desarrollando su fuerza de voluntad y aplicándola a su imaginación. En vez de ser controlado por imágenes temerosas, de niño Tesla aprendió a canalizar su imaginación en modos que le permitían sobreponerse a las pesadillas e ir a través de viajes mentales agradables.

A medida que ganaba dominio de su imaginación, Tesla aplicaba este nuevo talento para inventar con consecuencias emocionales importantes, las cuales le llevaron a otro importante punto de inflexión en su vida. Como podía volar en su imaginación, se preguntaba por qué no podría volar en la vida real; de modo que cuando tenía doce años experimentó creando una máquina voladora impulsada por una bomba de vacío. Nada emocionó a Tesla más que ver que la bomba casera funcionaba, incluso con un ligero movimiento confirmó que lo que había imaginado podía hacerse realidad en el mundo material, que los reinos imaginario y material estaban en realidad conectados. En otras palabras, si Tesla podía imaginar un mundo ordenado, entonces podría ser posible hacer que el orden se manifestase en el reino material. Esto fue un incentivo poderoso para inventar.

El descubrimiento de que el orden en la imaginación podría aplicarse a prácticas materiales se vio reforzado por lo que Tesla absorbió sobre el logos de la fe ortodoxa de su padre, que el universo material no es solo ordenado, sino que todo en él, natural y hecho por el hombre, tenía un principio subyacente que podría descubrirse. Entonces, debido a sus antecedentes religiosos, Tesla aprendió que había ideales que debería descubrir y aplicar al mundo material. A lo largo de su vida, se esforzó en refinar todas sus facultades: mental, física y espiritual; de modo que era un instrumento para detectar esos ideales, tan perfecto como era posible.

Esto nos lleva de vuelta a la noción de Schumpeter de racionalidad objetiva y subjetiva. El ingeniero y gerente típico usan racionalidad objetiva, ya que recurren a mediciones del mundo exterior; el orden está «ahí fuera» y solo necesitan encontrar el patrón. Por el contrario, para el inventor y el emprendedor, el orden viene de dentro y busca aplicar este orden al mundo exterior. Las nuevas ideas, la nueva tecnología disruptiva, llega cuando los inventores y los emprendedores buscan imponer ese orden interno al exterior, exactamente lo opuesto a como los pensadores objetivos ven el mundo. El admirador de Tesla Kenneth Swezey apreció la diferencia entre lo objetivo y lo subjetivo cuando escribió a Tesla en 1924: «He visto a reconocidos ingenieros burlarse de sus ideas, y dar a entender un estado de mente desequilibrado, pero una mente sin duda tiene que estar de algún modo desequilibrada para derrotar el momento de entusiasmo caprichoso o la inercia de un convencionalismo destructivo. Estos compañeros son tan equilibrados que pueden girar y girar y girar a un ritmo tan uniforme y firme que un movimiento excéntrico, la energía y potencia tras el nacimiento de un nuevo satélite (es decir, un invento), resulta imposible».[30]

¿Por qué Tesla buscó imponer sus ideas internas al mundo exterior? ¿Por qué emprender esta lucha? Aunque es indudable que para cada inventor y emprendedor es diferente, Tesla buscaba reordenar el mundo como un medio para compensar el desorden que sentía dentro. Mientras Tesla poseía una gran confianza en su «naturaleza salvaje y seria», sus poderes imaginativos y analíticos, podría haber sentido desorden dentro de sí mismo a lo largo de su vida adulta. Como hemos visto, podía ser encantador y sociable un día, e introvertido y taciturno el siguiente. Igualmente, Tesla atravesaba períodos de gran energía y entusiasmo, seguidos de épocas de depresión. Y aunque cada uno escoge interpretar la atracción de Tesla por los hombres, sus sentimientos sexuales podrían muy bien haber contribuido a su confusión interna. Por tanto, Tesla se esforzaba por inventar, por imponer sus ideales en el mundo material como respuesta al sentimiento de desorden interior. Si podía conseguir que el mundo exterior se alinease con los ideales que venían de su mente, de nuevo tendría algunas evidencias de sentido en el universo.

Con la transmisión inalámbrica de energía, Tesla se esforzaba especialmente por imponer su visión en el mundo material. De verdad creía que había descubierto la penúltima idea o, como dijo una vez a J. P. Morgan, la piedra filosofal. Basado en la evidencia confirmatoria que recogió mientras estuvo en Colorado, estaba profundamente convencido de que su sistema funcionaría. Durante los años siguientes Tesla dejó de preocuparse sobre la validez de su idea y en su lugar se centró en obtener las ilusiones correctas. Mientras viviese como un millonario en el Waldorf, tuviese el apoyo de J. P. Morgan, recibiese amplia cobertura de la prensa y trabajase en una estación impresionante en Wardenclyffe, todo iría bien. Del mismo modo que un mago se preocupa en crear la ilusión correcta en la mente del público, también Tesla se había convertido un poco en un mago. Wardenclyffe tenía que funcionar porque nunca estaba equivocado, lo que veía en su mente tenía su correspondencia en el mundo. Pero con Wardenclyffe, las ilusiones fueron por delante de la idea, y Tesla sufrió un colapso nervioso cuando fue incapaz de entender la descoyuntura entre cómo él pensaba que su sistema debería funcionar y cómo la tierra realmente respondía.

Para Tesla, su habilidad para descubrir una idea y encontrar las ilusiones necesarias para convencer de esa idea a otros era su gran fortaleza, pero también su mayor debilidad. Con el motor de CA y otros inventos, Tesla equilibró con éxito la idea y la ilusión en su mente y en sus interacciones con la sociedad. Trágicamente, con la transmisión inalámbrica de energía, Tesla se intoxicó con la belleza de su idea, pero se distrajo con sus ilusiones, no encontró un equilibrio entre las dos. Como señaló una vez: «Nuestras virtudes y nuestros defectos son inseparables, como la fuerza y la materia. Cuando se separan, el hombre ya no existe».[31]

En el apogeo de la aventura de Wardenclyffe, Tesla escribió a Morgan: «Mis enemigos han tenido éxito en mostrarme como un poeta y un visionario».[32] Al hacerlo, sus enemigos lo acusaban de no resolver los problemas técnicos y empresariales relacionados con este proyecto, y quizás tuviesen razón. Pero no deberíamos permitir que sus denuncias nos alejen de ver lo que Tesla nos enseñó sobre la tecnología disruptiva. La tecnología radicalmente nueva viene de dentro, de una disposición a discernir ideas y conectarlas a las necesidades y deseos de la sociedad. Tesla nos recuerda que, como los poetas, los tecnólogos necesitan pensar mucho y soñar con osadía. Solo haciendo ambas cosas, seremos capaces de usar la tecnología, para, como dijo Tesla, crear un poco de cielo aquí en la tierra.

--- • ---

Nota sobre las fuentes

Uno de los mayores placeres de escribir sobre inventores es que uno tiene la oportunidad de trabajar con un amplio abanico de materiales, todo, desde cartas de amor y diarios a cuadernos, bocetos y modelos para negocios y registros legales. Para crear el retrato de Tesla presentado en estas páginas, he entrelazado estos materiales entre sí, y aquí quiero resaltar las fuentes más útiles para que los futuros investigadores de Tesla sean capaces de tener una posición aventajada en sus investigaciones.

«El Dorado» para los estudios futuros sobre Tesla es el Museo Nikola Tesla en Belgrado (Serbia). Como relato en el capítulo 16, todo el material confiscado por la oficina de la Custodia de Propiedad Extranjera se donó en 1951 al pueblo yugoslavo, que a su vez creó este museo. Las colecciones incluyen no solo 160.000 páginas de correspondencia y apuntes técnicos, sino también ropa de Tesla, objetos personales y unos cuantos artefactos científicos. Para una descripción detallada de las colecciones del museo, véase Marija Sesic, ed., *Nikola Tesla Museum, 1952-2003* (Belgrado: Nikola Tesla Museum, 2003). Durante dos visitas al Museo Tesla (1998 y 2006), pude trabajar con los álbumes de recortes de Tesla, el testimonio legal publicado y su biblioteca personal. A lo largo de los años el museo ha compartido conmigo amablemente documentos y fotografías, y espero que sea capaz de proporcionar acceso en el futuro a otros de los manuscritos que posee.

Para complementar lo que estaba disponible en el Museo Tesla, consulté una variedad de archivos en Estados Unidos y en Europa, que están listados al final de este apartado. Encontré mucho material valioso en los artículos de Leland Anderson y Kenneth Swezey; ambos pasaron décadas localizando material relacionado con Tesla mientras escribían sus artículos sobre el Mago, ambos esperaban escribir biografías de Tesla. En la década de 1960, la Biblioteca del Congreso esperaba garantizar un microfilm completo de los artículos de Tesla que se habían ido a Belgrado, pero los archivistas yugoslavos solo hicieron siete carretes de prueba. Aun así, estos carretes ofrecen un valioso tesoro de cartas entre Tesla y George Westinghouse, J. P. Morgan, Robert Underwood Johnson, George Scherff y Mark Twain. La colección de la Universidad de Columbia incluye un gran número de cartas adicionales intercambiadas entre Tesla, Johnson y Scherff. Otra colección destacable es la de las cartas enviadas por Tesla a Edward Dean Adams durante la planificación del sistema de energía en el Niágara en 1893, y estas son parte de la colección Western New York en la National Grid. Para información sobre el arma del haz de partículas de Tesla, conté con los archivos del FBI que fueron liberados en la década de los ochenta del siglo XX bajo la Ley de Libertad de Información; la versión que usé puede descargarse de http://www.scribd.com/ con el título «Freedom of Information Act file for Nikola Tesla, Federal Bureau of Investigation». Para complementar mi investigación en estas colecciones de manuscritos, el Museo Henry Ford y el Museo de Ciencias de Londres poseen varios motores relacionados con Tesla.

Para escribir sobre inventores del siglo XIX, afortunadamente uno puede contar con materiales relacionados con patentes para averiguar el funcionamiento del proceso creativo. En concreto, tuve mucha suerte de encontrar el testimonio de Tesla de 1902 sobre su trabajo en motores de corriente alterna en el Museo Tesla. Además, Leland Anderson publicó el testimonio de Tesla relacionado con un caso de interferencia de patentes con Reginald Fessenden, y también un testimonio de Tesla de 1916 sobre un caso con Marconi. Se pueden encontrar citas de estos tres testimonios en las notas. Copias de las patentes estadounidenses de Tesla se pueden descargar fácilmente de Google

Patents, aunque Jim Glenn publicó un kit completo (New York: Barnes & Noble, 1994). Si se desean examinar las minucias legales de las patentes de Tesla, se puede consultar *Dr. Nikola Tesla Selected Patent Wrappers from the National Archives*, 4 vols. (Millbrae, CA: Tesla Book Company, 1980) de John T. Ratzlaff.

A lo largo de los años, el Museo Tesla ha publicado varios volúmenes de material de fuentes primarias del inventor. De ellos, el más valioso es *Colorado Springs Notes* (2008) de Tesla y el museo también elabora ediciones facsímiles de cuadernos previos de su trabajo en Estrasburgo y en Edison Machine Works; de nuevo, se pueden encontrar citas completas de estos cuadernos en las notas. Otra fuente primaria importante es la autobiografía de Tesla, que aparece por primera vez en 1919, y desde entonces ha sido reimpresa varias veces y publicada en la World Wide Web. La versión que usé la editó Ben Johnston (Williston, VT: Hart Brothers, 1982).

Junto con las fuentes manuscritas y el testimonio de las patentes, el recurso más valioso para mi investigación fue *The Tesla Collection: A 23 Volume Full Text Periodical/Newspaper Bibliography* (Nueva York: The Tesla Project, 1998) recopilada por Iwona Vujovic, con el apoyo y aliento del Dr. Ljubo Vujovic. Como sugiere el título, esta colección contiene miles de artículos relacionados con Tesla, seleccionados de docenas de periódicos, revistas y publicaciones técnicas estadounidenses. Abarca desde el año 1886 al 1920 y es, en la medida de lo que pudo decir, exhaustivo; hay poco publicado sobre Tesla que no aparezca en estos veintitrés volúmenes. La disponibilidad de esta publicación supuso una enorme diferencia en mi investigación. Fue también de utilidad, con relación a la búsqueda de materiales relacionados con Tesla, *Dr. Nikola Tesla Bibliography*, editada por John T. Ratzlaff y Leland I. Anderson (Palo Alto, CA, Ragusan Press, 1979).

Como cualquier otro biógrafo, para fuentes y pistas me he apoyado en libros publicados sobre Tesla. Como indico en el capítulo 11, la primera biografía de Tesla aparece en 1894 y la preparó su editor y amigo Thomas Commerford Martin (*The Invention, Researches, and Writings of Nikola Tesla*; repr., Nueva York: Barnes & Noble, 1995). Esta primera biografía incluye la famosa conferencia de Tesla sobre el motor CA y un trabajo temprano sobre lo inalámbrico. En 1943, John

O'Neill sacó una segunda biografía, *Prodigal Genius;* O'Neill fue el editor de ciencia para el *New York Tribune* y amigo personal de Tesla. O'Neill eligió retratar a Tesla como un superhombre nietzscheano con poderes místicos increíbles. Aunque útil, *Prodigal genius* es exasperante porque, como muchos libros sobre Tesla, carece de notas a pie de página. Margaret Cheney escribió dos biografías, *Nikola Tesla. El genial al que robaron la luz* (1986) y, con Robert Uth, *Tesla: Master of Lightning* (1999); ambos son buenos tratados populares de Tesla y el último está profusamente ilustrado. En 1996, Marc J. Seifer sacó *Wizard: the life and times of Nikola Tesla* (Nueva York: Birch Lane Press). Seifer descubrió nuevas cartas de Tesla en varios archivos y amablemente reprodujo textualmente muchas de ellas en su libro. En *Wizard,* Seifer se concentra en reconstruir las relaciones de Tesla con individuos famosos como Robert y Katharine Johnson, Mark Twain, John Jacon Astor y J. P. Morgan. *Nikola Tesla: The European Years* (Ottawa: Commoners' Publishing, 2004) de Dan Mrkich proporciona información fresca sobre los años de formación de Tesla, pero hay que usarlo con cuidado porque carece de notas a pie de página. Finalmente, uno debería saber que hay un montón de biografías populares y novelas de Tesla adicionales, con frecuencia basadas en la biografía de O'Neill, que propagan muchas ideas engañosas sobre Tesla.

COLECCIONES DE ARCHIVO

American Philosophical Society, Filadelfia, PA, EE.UU.
   Documentos de Elihu Thomson
Museo Bakken, Mineápolis, MN, EE.UU.
   Colección de manuscritos variados
Biblioteca de la Universidad de Columbia, biblioteca de libros raros y manuscritos, Nueva York, NY, EE.UU.
   Documentos de Nikola Tesla
Museo Deutsches, Múnich, Alemania
   Documentos de Jonathan Zenneck
Oficina Federal de Investigación (FBI), Washington, D. C., EE.UU.
   Archivo de la Ley de Libertad de Información sobre Nikola Tesla, disponible en http://scribid.com

Escuela de Negocios de Harvard, Biblioteca Baker Business, Boston, MA, EE. UU.

Colección R.G. Dun & Co.

Documentos de Henry Villard

Biblioteca Houghton, Universidad de Harvard, Cambridge, MA, EE. UU.

Documentos de Corinne Roosevelt Robinson

Documentos de Henry Villard

Museo Henry Ford, Dearborn, MI, EE. UU.

Colección de Westinghouse Motor

Centro de investigación Benson Ford, Museo Henry Ford, Dearborn, MI, EE. UU.

Tesla a George S. Viereck, 17 de diciembre de 1934

Colección de catálogos comerciales

Instituto de Ingenieros Eléctricos y Electrónicos, archivos, Piscataway, NJ, EE. UU.

Archivos biográficos

Institución de Ingenieros Eléctricos, Archives, Londres, Reino Unido

A. P. Trotter Reminiscences

Biblioteca del Congreso, sección de manuscritos, Washington, D. C., EE. UU.

Documentos de Elmer Gertz

Documentos de Richmond P. Hobson

Microfilm de Nikola Tesla

Museo Nacional de Historia Americana, centro de archivos, Instituto Smithsonian, Washington, D. C., EE. UU.

Colección George Clark Radioana

Documentos de Lloyd Espenshied

Documentos de Kenneth Swezey

Museo Nacional de Historia Americana, Biblioteca Dibner, Instituto Smithsonian, Washington, D. C., EE. UU.

Colección de Manuscritos

New-York Historical Society, Nueva York, NY, EE. UU.

Documentos de Edward P. Mitchell

Colección sobre la historia naval

Biblioteca pública de Nueva York, sección de manuscritos y archivos, Nueva York, NY, EE. UU.

Colección de *The Century Magazine*

Diversas colecciones personales

Museo Nikola Tesla, Belgrado, Serbia

Biblioteca de Nikola Tesla

Libro de recortes

Universidad de Oxford, Biblioteca Bodelian, Oxford, Reino Unido
    Archivos de Marconi
Museo de Ciencias, Londres, Reino Unido
    Tesla Motor, *ca.* 1888
Universidad de Virginia, biblioteca de colecciones especiales, Charlottesville, VA, EE. UU.
    Biblioteca Clifton Barrett
Western Pennsylvania Historical Society, Pittsburgh, PA, EE. UU.
    Documentos de Leland Anderson [Colección Anderson]

Abreviaturas y fuentes

Conferencia de 1892	Tesla, Nikola. «Experiments with Alternate Currents of High Potential and High Frequency», en Thomas Commenford Martin (TCM)
Ensayo de 1904	Tesla, Nikola. «Transmission of Electric Energy Without Wires», *Electrical World and Engineer,* 5 de marzo de 1904, pp. 429-431 en *The Tesla Collection* (TC) 16:166-168
«An Autobiographical Sketch», de 1915	Tesla, Nikola. «An Autobiographical Sketch», *Scientific American,* 5 de junio de 1915, 537 y 576-577. Reimp. en *Nikola Tesla: Lectures, Patents, Articles* (Belgrado: Museo Nikola Tesla, 1956), pp. A 195-199
Discurso de la medalla Edison	Tesla, Nikola. Discurso sobre recibir una medalla Edison, 1917. Caja 6, carpeta 21, documentos de Kenneth Swezey Papers (DKS)
Interferencia de Fessenden	Nikola Tesla. Declaración sobre la interferencia de la patente 21.701, *NT vs Fessenden,* en Leland I. Anderson, ed. *Nikola Tesla: Guided Weapons & Computer Technology* (Breckenridge, Colorado: Twenty-First Century Books, 1998). Martin, *The Inventions, Researches and Writings of Nikola Tesla* (Nueva York: *The Electrical Engineer,* 1894; reimp. Barnes & Noble, 1995), 198-293.

Mrkich,
«NT Father»

Mrkich, Dan «Nikola Tesla's Father-Milutin Tesla (1819-1879)». American Srbobran. Pittsburgh, marzo de 2001. http://www.serbnatlfed.org/Archives/Tesla/tesla-father.htm

EDA

Edward Dean Adams

GW

George Westinghouse

JJA

John Jacob Astor

JPM

J. P. Morgan

KJ

Katharine Johnson

DKS

Documentos de Kenneth Swezey Papers. Centro de archivos. Museo Nacional de Historia Americana. Instituto Smithsonian, Washington, D. C., EE. UU.

BC

Biblioteca del Congreso de EE. UU.

NT

Nikola Tesla

NT, CSN

Tesla, Nikola, *From Colorado Springs to Long Island: Reseach Notes. Colorado Springs, 1899-1900. New York, 1900-1901* (Belgrado: Museo Nikola Tesla [MNT], 2008).

NT, Declaración sobre el motor

Tesla, Nikola. Testimonio en *Complaint's Record on Final Hearing,* vol. 1: Testimony, *Westinghouse vs. Mutual Life Insurance Co. and H. C. Mandeville* (1903). Ítem NT 77, Museo Nikola Tesla, Belgrado, Serbia

NT, *My Inventions*

Tesla, Nikola. *My inventions: The Autobiography of Nikola Tesla,* ed. B. Johnston (Williston, Vt.: Hart Brothers, 1982)

NT, «The Problem of Increasing Human Energy»

Tesla, Nikola. «The Problem of Increasing Human Energy», *The Century Magazine* (junio de 1900), pp. 175-211 en *The Tesla Collection* (TC) 15:19-55. También disponible en http://www.pbs.org/tesla/res/res_art09.html

NT, Declaración
sobre la radio

Tesla, Nikola. *Nikola Tesla on His Work with Alternating Currents and Their Application to wireless Telegraphy, Telephony, and Transmission of Power: An Extended Interview,* ed. Leland Anderson (Breckenridge, Colorado: Twenty First Century Books, 2002).

MNT

Museo Nikola Tesla, Belgrado, Serbia

NY Herald, 1893

«Scientists Honor Nikola Tesla», *New York Herald,* 23 de abril de 1893, en *The Tesla Collection* (TC), 6:91-93

RUJ

Robert Underwood Johnson

TAE

Thomas A. Edison

TC

The Tesla Collection: A 23-Volumen Full-Text Periodical Newspaper Bibliography, Iwona Vujovic, comp. (Nueva York: Tesla Project, 1998)

TCM

Thomas Commerford Martin

Biografía de Tesla
de 1890

Thomas Commerford Martin (TCM), «Electrical World Portraits. XII. Nikola Tesla», *Electrical World* 15:106 (15 de febrero de 1890), en *The Tesla Collection* (TC) 2:42

•

Notas

En las páginas 467-469 se ofrece una lista de las abreviaturas usadas en las notas.

INTRODUCCIÓN

1. Oliver Carlson, *Brisbane: A Candid Biography* (Nueva York: Stackpole Sons, 1937).
2. Arthur Brisbane «Our Foremost Electrician», *New York World,* 22 de julio de 1894, en TC 9:44-48. A menos que se indique lo contrario, todas las citas de este apartado pertenecen a este artículo.
3. Citado en el libro de Lately Thomas, *Delmonico's: A Century of Splendor* (Boston: Houghton Mifflin, 1967), 244.
4. Laurence A. Hawkins, «Nikola Tesla, His Work, and Unfulfilled Promises», *Electrical Engineer* 30:99-108, en TC 16:111-120, p. 114.
5. *Ibid.,* 99.
6. Ilustra la popularidad de Tesla la existencia de la Tesla Memorial Society de Nueva York. De 1984 a 1999 existió una segunda organización, la International Tesla Society, que celebra conferencias anuales y publica ponencias. Hay también dos grupos aficionados dedicados a experimentar con sus inventos, la Tesla Coil Builders Association y la Tesla Engine Builders Association, así como docenas de páginas web dedicadas a Tesla.
7. Nick Francesco, «Who Is Nikola Tesla?», página web personal de Nick, http://nickf.com/tesla.php
8. Thomas P. Hughes, *Networks of Power: Electrification in Western*

Society, 1880-1930 (Baltimore: Johns Hopkins University Press, 1982); David E. Nye, *Electrifying America: Social Meanings of a New Technology* (Cambridge, MA: MIT Press, 1990); Harold C. Passer, *The Electrical Manufacturers, 1875-1900* (Cambridge, MA: Harvard University Press, 1953); Jill Jonnes, *Empires of Light: Edison, Tesla, Westinghouse, and the Race to Electrify the World* (Nueva York: Random House, 2003).

9. Este es el tema que desarrolla John J. O'Neill en *Prodigal Genius: The Life of Nikola Tesla* (Nueva York: Ives Washburn, 1944).

10. TCM, *The Inventions, Researches, and Writings of Nikola Tesla* (Nueva York: The Electrical Engineer, 1894; repr., Barnes & Noble, 1995); Slavko Boksan, *Nikola Tesla und sein Werk* (Viena: Deutscher Verlag für Jugend und Volk, 1932); Inez Hunt y Wanetta Draper, *Lightning in His Hand: The Life Story of Nikola Tesla* (Hawthorne, CA: Omni Publications, 1964); Margaret Cheney, *Nikola Tesla. El genio al que le robaron la luz* (Madrid: Turner Publicaciones, 2009); Marc J. Seifer, *Wizard: The Life and Times of Nikola Tesla* (Nueva York: Birch Lane Press, 1996); y Margaret Cheney y Robert Uth, *Tesla: Master of Lightning* (Nueva York: Barnes & Noble, 1999).

11. W. Bernard Carlson, «Invention, History, and Culture», en *Science, Technology, and Society,* ed. S. Restivo (Nueva York: Oxford University Press, 2005); W. Bernard Carlson, *Innovation as a Social Process: Elihu Thomson and the Rise of General Electric, 1870-1900* (Nueva York: Cambridge University Press, 1991); y W. Bernard Carlson y Michael E. Gorman, «Understanding Invention as a Cognitive Process: The Case of Thomas Edison and Early Motion Pictures, 1888-1891», *Social Studies of Science* 20 (agosto de 1990): 387-430.

12. Al afirmar que la naturaleza o un invento no está simplemente «ahí fuera» esperando que un inventor llegue y lo descubra, estoy recurriendo a ideas de la sociología del conocimiento científico. Véanse Bruno Latour, *Science in Action: How to Follow Scientists and Engineers through Society* (Cambridge, MA: Harvard University Press, 1987) y Harry Collins y Trevor Pinch, *The Golem: What Everyone Should Know about Science* (Nueva York: Cambridge University Press, 1993).

13. W. Bernard Carlson, «The Telephone as a Political Instrument: Gardiner Hubbard and the Political Construction of the Telephone, 1875-1880», en *Technologies of Power: Essays in Honor of Thomas Parke Hughes and Agatha Chipley Hughes,* ed. M. Allen y G. Hecht (Cambridge, MA: MIT Press, 2001), 25-55; Claude S. Fischer, *America Calling: A Social History of the Telephone to 1940* (Berkeley: University of California Press, 1992);

Wiebe E. Bijker *et al.*, eds., *The Social Construction of Technological Systems* (Cambridge, MA: MIT Press, 1987).

14. Thomas P. Hughes, *American Genesis: A Century of Invention and Technological Enthusiasm, 1870-1970* (Nueva York: Viking, 1989), 53-95.

15. Platón, *La república*, trad. Patricio de Azcárate (Barcelona: Austral, 2011), 292-294.

16. «Tesla-Inspiration», tarjeta, DKS.

17. NT, Discurso de la medalla Edison. Esta cita tan larga se ha dividido en dos párrafos para facilitar la lectura.

18. Obispo Kallistos Ware, *The Orthodox Way* (Crestwood, NY: St. Vladimir's Seminary Press, 1995), 32-33.

19. Geoffrey N. Cantor, *Michael Faraday, Sandemanian and Scientist: A Study of Science and Religion in the Nineteenth Century* (Basingstoke, Hampshire: Macmillan, 1993); Colin Russell, *Michael Faraday: Physics and Faith* (Nueva York: Oxford University Press, 2000).

20. Joseph A. Schumpeter, «The Meaning of Rationality in the Social Sciences», en *The Economics and Sociology of Capitalism*, ed. Richard Swedberg (Princeton: Princeton University Press, 1991), 316-338.

21. Michael E. Gorman *et al.*, «Alexander Graham Bell, Elisha Gray, and the Speaking Telegraph: A Cognitive Comparison», *History of Technology* 15 (1993): 1-56; W. Bernard Carlson, «Invention and Evolution: The Case of Edison's Sketches of the Telephone», en *Technological Innovation as an Evolutionary Process*, ed. J. Ziman (Nueva York: Cambridge University Press, 2000), 137-158.

22. Como ejemplo, considera cómo David Bowie interpretó a Tesla en la película *El truco final* (2006). Bowie no se disfraza totalmente como Tesla, sino que más bien selecciona unos cuantos rasgos clave que transmitirán a la audiencia que él era Tesla. También me ha inspirado acerca de esto Kenneth Silverman, *Houdini!!! The Career of Ehrich Weiss* (Nueva York: HarperCollins, 1996).

23. Arthur C. Clarke, *Perfiles del futuro* (Barcelona: Noguer y Caralt Editores, 1977).

24. David Lindsay, *Madness in the Making: The Triumphant Rise and Untimely Fall of America's Show Inventors* (Nueva York: Kodansha, 1997).

Capítulo i. Una infancia ideal

1. Schumpeter, «Rationality in the Social Sciences».

2. Nikola Tesla, «My Inventions», *Electrical Experimenter*, mayo-oc-

tubre de 1919; reimp. como NT, *My Inventions*. Los números de página usados en las notas se refieren a la edición de Johnson de 1982.

3. Tim Judah, *The Serbs: History, Myth, and the Destruction of Yugoslavia* (New Haven: Yale University Press, 1997), 5.

4. http://en.wikipedia.org/wiki/Lika.

5. http://en.wikipedia.org/wiki/Military Frontier (y la versión en castellano: http://es.wikipedia.org/wiki/Frontera_Militar).

6. *NY Herald*, 1893, 92. Véase también la nota en la crítica a Kosanović de O'Neill's mss., DKS.

7. http://en.wikipedia.org/wiki/Illyrian provinces (y la versión española: http://es.wikipedia.org/wiki/Provincias_Ilirias).

8. *NY Herald*, 1893.

9. Cheney y Uth, *Master of Lightning*, 5.

10. Mrkich, «NT Father». Véase también [Dan] Mrkich, *Nikola Tesla: The European Years* (Ottawa: Commoners' Publishing, 2004), 52-53.

11. Los franceses establecieron veinticinco escuelas en las provincias Ilirias; véase http://en.wikipedia.org/wiki/Illyrian_provinces (y la versión en castellano: http://es.wikipedia.org/wiki/Provincias_Ilirias).

12. Mrkich, «NT Father».

13. Mrkich, *Tesla: The European Years,* 53. Esta iglesia se quemó en 1941 y se restauró en la década de los ochenta del siglo xx, para ser destruida de nuevo durante los enfrentamientos de 1992 (Mrkich, «NT Father»). Fue reconstruida por el Gobierno croata en 2006.

14. NT, *My Inventions*, 28; Mrkich, *Tesla: The European Years,* 62.

15. NT, «A Story of Youth Told by Age», http://www.pbs.org/tesla/ll/story_youth.html.

16. Tras la muerte de Tesla, este libro pasó a su sobrino Sava Kosanović, que era el embajador de Yugoslavia en los Estados Unidos. En 1950, Kosanović regaló este excepcional volumen al presidente Harry Truman y ahora se halla en la Biblioteca Presidencial Truman en Independence, Misuri. Véase George C. Jerkovich, «An Unusual Treasure: Library's Serbian Book of Liturgy Found to Be a Rarity», *Whistlestop: Harry S. Truman Library Newsletter* 5, n.º 4 (otoño de 1977), y Mrkich, *Tesla: The European Years*, 67.

17. Mrkich, *Tesla: The European Years*, 54.

18. Entonces, como ahora, la Iglesia ortodoxa serbia seguía el calendario juliano; en el calendario gregoriano, Tesla habría nacido el 20-21 de julio de 1856. Véase *Nikola Tesla: Lecture before the New York Academy of Sciences, April 6, 1897*, ed. Leland I. Anderson (Breckenridge, CO: Twenty-First Century Books, 1994), ix.

19. Mrkich, *Tesla: The European Years*, 55-56.
20. NT, *My Inventions*, 46.
21. NT, «Story of Youth Told by Age».
22. NT, *My Inventions*, 30; NY Herald, 1893.
23. NT, *My Inventions*, 45.
24. *Ibid.*, 46.
25. *Ibid.*, 36, 31-32.
26. *Ibid.*, 28.
27. Durante la guerra de Croacia en la década de los noventa del siglo xx, Gospić sufrió enormemente. La ciudad fue tomada por las fuerzas del Gobierno rebelde croata mientras que las fuerzas serbias de la República Serbia de Krajina ocuparon posiciones directamente al este y con frecuencia bombardeaban la ciudad desde allí. Durante la Operación Tormenta estadounidense, el control del área finalmente fue para el Gobierno rebelde croata en agosto de 1995. Véase http://en.wikipedia.org/wiki/Gospić (y la versión en castellano: http://es.wikipedia.org/wiki/Gospi%C4%87).
28. Mrkich, «NT Father»; NT, *My Inventions*, 30.
29. NT, *My Inventions*, 46-47.
30. *Ibid.*, 28; Robert V. Bruce, *Bell: Alexander Graham Bell and the Conquest of Solitude* (Boston: Little, Brown, 1973), 66-69.
31. NT, *My Inventions*, 30.
32. *Ibid.*, 36.
33. *Ibid.*, 47.
34. *Ibid.*, 36.
35. Albert Tezla, *Hungarian Authors: A Bibliographical Handbook* (Cambridge, MA: Belknap Press of Harvard University Press, 1970), 256-262; «Hungarian Novels», *Foreign Monthly Review and Continental Literary Journal* (1839): 203, visto en GoogleBooks; *A History of Hungarian Literature: From the Earliest Times to the mid- 1970's*, capítulo 10, «Social Criticism and the Novel in the Age of Reform», http://mek.niif.hu/02000/02042/html/23.html.
36. NT, *My Inventions,* 36-37.
37. *Ibid.*, 34, 32-33.
38. M. K. Wisehart, «Making Your Imagination Work for You», *American Magazine* 91 (abril de 1921): 13 y ss., en 60.
39. NT, «The Problem of Increasing Human Energy», 184. Tesla postuló su teoría de que los humanos eran «máquinas de carne» en la conversación con su biógrafo, John O'Neill; véase *Prodigal Genius*, 261-262.
40. NT, *My Inventions*, 47-48.

41. *Ibid.*, 48.

42. *Ibid.*, 51.

43. Junto con la bomba de incendios, uno se pregunta si Tesla también había leído sobre la máquina de vapor atmosférica inventada por Thomas Newcomen en 1712, ya que este motor también usaba el vacío y la presión del aire para crear el movimiento.

44. O'Neill, *Prodigal Genius*, 26.

45. NT, *My Inventions,* 51-52.

46. *Ibid.*, 52.

47. Véase NT, *My Inventions,* 53. En otro lugar, Tesla sugirió que leyó el *Tom Sawyer* de Twain mientras se recuperaba del cólera en 1873; véase NT a Watson Davis, 27 de marzo de 1938, Tarjeta, DKS.

48. *NY Herald,* 1893; NT, *My Inventions,* 53-54.

49. NT, Discurso de la medalla Edison, 8.

50. NT, *My Inventions,* 54.

51. Mrkich, *Tesla: The European Years,* 73-74; O'Neill, *Prodigal Genius,* 36; NT, *My Inventions,* 55.

52. NT, *My Inventions,* 33; Wisehart, «Making Your Imagination Work for You», 60.

53. Ware, *The Orthodox Way,* 32-33.

54. Mrkich, *Tesla: The European Years*, 8-9. El documento citado por Mrkich tiene fecha del 22 de septiembre de 1876, pero Tesla empezó sus estudios en la Joanneum en el otoño de 1875, de modo que este documento podría ser del segundo año de la beca de Tesla.

55. *Nikola Tesla Museum, 1952-2003* (Belgrado: MNT, 2006), 108.

CAPÍTULO 2. SOÑANDO CON MOTORES

1. Josef W. Wohinz, Hg., *Die Technik in Graz: Aus Tradition für Innovation* (Viena: Böhlau, 1999).

2. Biografía de Tesla de 1890.

3. Copia de la transcripción del curso de Tesla, Caja 7, Carpeta 13, DKS.

4. «An Autobiographical Sketch» de 1915.

5. Michael Brian Schiffer, *Draw the Lightning Down: Benjamin Franklin and Electrical Technology in the Age of Enlightenment* (Berkeley: University of California Press, 2003).

6. Michael Brian Schiffer, *Power Struggles: Scientific Authority, and*

the Creation of Practical Electricity before Edison (Cambridge, MA: MIT Press, 2008), 49-74.

7. Según la transcripción de Tesla (citada en la nota 3), asistió a dos cursos con Pöschl en 1876-1877.

8. Durante el siglo XIX, los inventores desarrollaron dos formas de iluminación eléctrica: lámparas de arco eléctrico (o voltaico) y luz incandescente. En una lámpara de arco eléctrico, una fuerte corriente pasa a través de dos barras de carbono; a medida que las barras se apartan ligeramente la una de la otra, una chispa salta el hueco entre las barras y proporciona una luz brillante. Ver Carlson, *Innovation as a Social Process*, 80-82.

9. «The First Transmission of Power by Electricity», *Electrical World* 6 (12 de diciembre de 1885): 239-240; Silvanus P. Thompson, *Dynamo-Electric Machinery*, 3.ª ed. (Londres: E&FN Spon, 1888), 13.

10. «An Autobiographical Sketch» de 1915, 537.

11. NT, *My Inventions*, 57.

12. *Ibid.*; *NY Herald*, 1893.

13. Biografía de Tesla de 1890; «The Westinghouse Company Secures the Tesla Motor», *Electrical Review* (NY), 11 de agosto de 1888, en TC 1:83.

14. NT, *My Inventions*, 59.

15. Carlson, *Innovation as a Social Process*, 88-95.

16. *NY Herald*, 1893, 92.

17. NT, *My Inventions*, 56.

18. Mrkich, *Tesla: The European Years*, 10; NT, *My Inventions*, 37; O'Neill, *Prodigal Genius*, 43.

19. Mrkich, *Tesla: The European Years*, 10-11. Mrkich apunta que, con la esperanza de librarse de las obligaciones de su beca militar, Tesla primero escribió a *Queen Bee* en octubre de 1876 para pedir una beca.

20. Mrkich, *Tesla: The European Years*, 16; O'Neill, *Prodigal Genius*, 44.

21. NT, *My Inventions*, 37; Mrkich, *Tesla: The European Years*, 17.

22. Registro policial de Tesla en Maribor, marzo de 1879, en Mrkich, *Tesla: The European Years*, 18.

23. Mrkich, *Tesla: The European Years*, 76.

24. NT, *My Inventions*, 37.

25. Mrkich, *Tesla: The European Years*, 92, 98.

26. *Ibid.*, 77; Daniel Mayer, «Nikola Tesla in Prague in 1880 — Some Details from Tesla's Life, Until Now Unpublished», *Tesla III Millennium: Fifth Annual Conference Proceedings* (Belgrado, 1996), VI67-VI69; Seifer, *Wizard*, 19.

27. «An Autobiographical Sketch» de 1915, 537.

28. NT, *My Inventions,* 59.

29. «An Autobiographical Sketch» de 1915, 537.

30. Biografía de Tesla de 1890.

31. Mrkich, *Tesla: The European Years,* 100.

32. Para información biográfica de Tivadar Puskás, véase http://www.budpocketguide.com/TouristInfo/famous/Famous_Hungarians10.asp.

33. Edward Johnson a Uriah Painter, 17 de diciembre de 1877, *The Papers of Thomas A. Edison,* ed. R. A. Rosenberg *et al.* (Baltimore: Johns Hopkins University Press), 3: 676-679; Paul Israel, *Edison: A Life of Invention* (Nueva York: John W. Wiley, 1998), 148-149.

34. Puskás no fue el inventor de la centralita telefónica, pero sí uno de los varios emprendedores que vieron su potencial. La primera centralita telefónica la instaló en mayo de 1877 E. T. Holmes en Boston, cuando añadió los teléfonos a su existente red de alarmas antirrobo. Véase Carlson, «The Telephone as a Political Instrument», 25-55, p. 42.

35. Las citas son de NT, *My Inventions,* 59, y la biografía de Tesla de 1890. Es difícil establecer la secuencia exacta de los hechos en Budapest, ya que Tesla ofrece varias versiones en sus memorias. La secuencia que sigue aquí viene de la biografía de Tesla de 1890 y el boceto autobiográfico de 1915, y esta es que Tesla primero trabajó en la oficina de telégrafos y luego tuvo su momento eureka. Como alternativa, *My Inventions* (59, 65) sugiere que Tesla cayó enfermo mientras esperaba el puesto en la compañía telefónica de Puskás y solo fue a trabajar como diseñador a la oficina de telégrafo del Gobierno tras tener su momento eureka en el parque.

36. Biografía de Tesla de 1890; NT, Declaración sobre el motor, 191.

37. NT, *My Inventions,* 59.

38. 1915 Biographical Sketch, 537; NT, Declaración sobre el motor, 321.

39. NT, *My Inventions,* 60-61.

40. En su testimonio de la patente en 1903, Tesla no menciona los diagramas dibujados en la arena para Szigeti en Budapest en 1882. Sin embargo, sí que recuerda que dibujó diagramas en la tierra cuando explicó su motor a varios colegas de Edison Lamp Works a las afueras de París alrededor de 1883.

41. NT, *My Inventions,* 61.

42. Szigeti testificó en 1889 que Tesla le habló sobre un motor polifase en París en mayo de 1882, pero no dijo nada sobre el momento eureka en Budapest. Véase la deposición de Szigeti de 1889.

43. Sin lugar a dudas, hay un fuerte parecido entre el disco de cobre en el aparato de Arago y los rotores de disco usados por Tesla en sus primeros

motores, y este parecido llevó al autor de un libro de texto a concluir que «el motor de Tesla es una forma del experimento de Arago... en el cual un imán giratorio dibuja al girar un disco conductor». Véase G. C. Foster y E. Atkinson, *Elementary Treatise on Electricity and Magnetism* (Londres: Longman, Green, 1896), 490.

44. Silvanus P. Thompson, *Polyphase Electric Currents and Alternate-Current Motors* (Spon, 1895), 422-425.

45. *Ibid.*, 447.

46. *Ibid.*, 437-440.

47. «An Autobiographical Sketch» de 1915, 576.

48. De hecho, que yo sepa, el concepto de corrientes alternas sincronizadas o desfasadas la una con la otra no aparece en la literatura de ingeniería hasta la publicación en 1883 de un artículo de John Hopkinson en el que discute el problema de usar varios generadores de CA en un único circuito; véase «Some Points in Electric Lighting», en *Original Papers by the Late John Hopkinson,* ed. Bertram Hopkinson (Cambridge: Cambridge University Press, 1901), 1: 57-83, en 67-69.

49. «An Autobiographical Sketch» de 1915, A198.

50. Clayton M. Christensen, *El dilema de los innovadores: cuando las nuevas tecnologías pueden hacer fracasar a las grandes empresas* (Barcelona: Ediciones Juan Granica, 1999).

51. Thomas K. McCraw, *Prophet of Innovation: Joseph Schumpeter and Creative Destruction* (Cambridge, MA: Belknap Press of Harvard University Press, 2007).

52. Schumpeter, «Rationality in the Social Sciences», 329-330.

CAPÍTULO 3. APRENDIENDO CON LA PRÁCTICA

1. NT, *My Inventions*, 65.

2. Véase Osana Mario, «Historische Betrachtungen uber Teslas Erfindungen des Mehrphasenmotors und der Radiotechnick um die Jahrhundertwende», en *Nikola Tesla Kongress für Wechsel-und Drehstromtechnik,* ponencias de una conferencia que tuvo lugar en el Technical Museum en Viena, 6-13 de septiembre de 1953 (Viena: Springer-Verlag, 1953), 6-9, en 7. Mario oyó la historia de su profesor en la Universidad de Tecnología de Viena, Johann Sahulka, quien a su vez la había aprendido cuando se encontró con Tesla en la Exposición Universal de Chicago de 1893. Ni Mario ni Sahulka podrían determinar si Tesla trabajó en Ganz o fue solo como visitante.

3. «Foundry Museum, Budapest», http://sulinet.hu/oroksegtar/data/ kulturalis_ertekek_a_vilagban/Visegradi_orszagok_technikai_2/pages/an gol/003_mo_muszaki_muem_ii.htm; «Ganz Works» http://www.omikk. bme.hu/archivum/angol/htm/ganz.htm.

4. Carlson, *Innovation as a Social Process,* 88-91.

5. Tesla explicó más tarde que las dos corrientes diferentes habrían sido el resultado de las dos bobinas teniendo diferentes dispositivos inductores, pero es dudoso que en 1882 Tesla comprendiese totalmente el concepto de inducción. Lo que es importante es que de algún modo reconoció que se producían dos corrientes alternas diferentes en un campo magnético rotatorio. Véase Mario «Historische Betrachtungen», 7.

6. En el testimonio de su patente, Tesla nunca mencionó esta historia sobre el transformador con forma de anillo de Ganz, porque, con toda probabilidad, estaba preocupado por no sugerir a sus oponentes que había aprendido algo sobre CA de los ingenieros de Ganz, por temor a que luego se dijese que simplemente se había apropiado de la idea de usar CA para crear un campo magnético rotatorio. En mi opinión, gracias a su idea de campo magnético rotatorio, Tesla era probablemente una de las pocas personas que podían haber observado la bola girando en la cima del transformador toroidal y concebir un motor factible.

7. «1890 Biographical Sketch».

8. NT, Declaración sobre el motor, 186.

9. Walter L. Welch, *Charles Batchelor: Edison's Chief Partner* (Siracusa: Syracuse University Press, 1972), 50.

10. NT, Declaración sobre el motor, 195.

11. Paul Israel, *From Machine Shop to Industrial Laboratory: Telegraphy and the Changing Context of American Invention, 1830-1920* (Baltimore: Johns Hopkins University Press).

12. NT, Declaración sobre el motor, 187-188, 195, 306.

13. Deposición de Szigeti de 1889, A398.

14. Tesla describió su invento a David F. Cunningham, Milton F. Adams, Charles M. Hennis y James F. Hipple; véase NT, Declaración sobre el motor, 189-190, 274-275. Szigeti testificó que Tesla describió un sistema motor-generador de ocho cables similar en París en 1882. Véase deposición de Szigeti de 1889, A398-A401.

15. Frederick Dalzell, *Engineering Invention: Frank J. Sprague and the U.S. Electrical Industry* (Cambridge, MA: MIT Press, 2009).

16. Esta compañía probablemente no se organizó porque Cunningham era solo una figura menor en las compañías francesas de Edison y difícilmen-

te estaba en posición de conseguir dinero. Véase NT, *My Inventions*, 66; NT, Declaración sobre el motor, 274-275; Seifer, *Wizard*, 29; Francis Jehl, *Menlo Park Reminiscences* (Dearborn, MI: Edison Institute, 1938), 2:680, 682.

17. NT, *My Inventions*, 66-67.

18. Julius Euting, *A Descriptive Guide to the City of Strassburg and Its Cathedral*, 7.ª ed. (Estrasburgo: Karl J. Trübner, n. d.), 84-85.

19. Guillermo I visitó Estrasburgo en septiembre de 1879 y sus biografías no mencionan una explosión. Véase Paul Wiegler, *William the First: His Life and Times*, trans. C. Vesey (Boston: Houghton-Mifflin, 1929), 377 y Edouard Simon, *The Emperor William and His Reign* (Londres: Remington, 1888), 2:189.

20. NT, Declaración sobre el motor, 185-186; NT, *My Inventions*, 67. Sobre el cuaderno que Tesla tenía mientras estaba en Estrasburgo, véase NT, *Tagebuch Aus Strasburg, 1883-1884* (Belgrado: MNT, 2002); este cuaderno (pp. 249-250) muestra que Szigeti estuvo en nómina en Estrasburgo desde octubre de 1883 a febrero de 1884.

21. Alfred Ritter von Urbanitzky, *Electricity in the Service of Man*, ed. R. Wormell (Londres: Cassell & Co., 1886), 548-551.

22. NT, Declaración sobre el motor, 188; von Urbanitzky, *Electricity in the Service of Man*, 296-299; Thompson, *Dynamo-Electric Machinery*, 267-268.

23. Deposición de Szigeti de 1889, A400.

24. NT, Declaración sobre el motor, 181, 192.

25. Deposición de Szigeti de 1889, A400.

26. NT, Declaración sobre el motor, 220, 184; NT, «Electric Magnetic Motor» patente de EE. UU. 424.036 (presentada el 20 de mayo de 1889, concedida el 25 de marzo de 1890), especialmente imagen 3; TCM, *Inventions, Researches, and Writings*, 69.

27. NT, Declaración sobre el motor, 182; Benjamin Silliman, *Principles of Physics, or Natural Philosophy*, 2.ª ed. (Philadelphia: Theodore Bliss, 1863), 608.

28. NT, *My Inventions*, 67; NT, Declaración sobre el motor, 177-182, 284; deposición de Szigeti de 1889, A400.

29. NT, Discurso de la medalla Edison.

30. NT, Declaración sobre el motor, 190; NT, *My Inventions*, 67-68.

31. NT, Declaración sobre el motor, 186. En *Prodigal Genius*, p. 60, O'Neill atribuye esta carta de introducción a Batchelor, pero este ya estaba de vuelta en Nueva York. En su lugar, Barbara Puskás me informó de que ella había visto una carta como esta escrita por Tivadar Puskás en los archivos de su familia.

32. Notas en la caja 1, DKS; Walter Chambers, «Tesla Too Busy to Be Honored at Radio Show» 25 de septiembre de 1929, p. 26, DKS.

33. NT, *My Inventions*, 71.

34. Sobre el *Oregon*, véase http://en.wikipedia.org/wiki/SS_Ore gon_%281883%29.

35. NT, *My Inventions*, 71-72; NT, *Notebook from the Edison Machine Works* (Belgrado: MNT, 2003), 12.

36. NT, Declaración sobre el motor, 186, 195; NT, *My Inventions, 72*; Alfred O. Tate, *Edison's Open Door* (Nueva York: E. P. Dutton, 1938), 149.

37. Véase NT, Declaración sobre el motor, 195; «An Autobiographical Sketch» de 1915, A199.

38. TAE, «Arc Lamp», patente de EE. UU. 438.303 (presentada el 10 de junio de 1884; concedida el 14 de octubre de 1890); NT, Declaración sobre el motor, 193.

39. Carlson, *Innovation as a Social Process, 211-216.*

40. Israel, *Edison,* 221-225; Passer, *The Electrical Manufacturers*, 34-38; «Arc and Incandescent Interests Combined», *Electrical World* 5 (9 de mayo de 1885): 188. Desconociendo los tratos de Edison con AEM, Tesla pensó que su sistema de iluminación con lámparas de arco eléctrico se abandonó debido a un acuerdo que Edison alcanzó con Edison Illuminating Company. Véase NT, Declaración sobre el motor, 193.

41. «The Edison System of Municipal Lighting», *Electrical World* 9 (12 de febrero de 1887): 78.

42. NT, Declaración sobre el motor, 193. En *My Inventions* (p. 72), Tesla dice que se despidió cuando no se le pagaron los 50.000 dólares que él pensaba que se le habían prometido por rediseñar la dinamo. Véase también NT, Cuaderno de Edison Machine Works, 248.

43. William Edgar Sackett, ed., *New Jersey's First Citizens* (Paterson, NJ: J. J. Scannell, 1917), 1:507.

44. Entrada de Tesla Electric Light and Mfg. Co., Nueva Jersey, vol. 53, p. 159, R.G. Dun & Co. Collection, Baker Business Library, Harvard University (a partir de ahora citado como Tesla Co., R. G. Dun & Co. Collection).

45. TCM, «The Electric Light Industry in America in 1887», *Electrical World* 9 (29 de enero de 1887): 50.

46. Las patentes de lámparas de arco eléctrico de Tesla incluyen las de número 334.823; 335.786; 335.787; 336.961; 336.962; 350.954 y 359.748. Están convenientemente compendiadas en TCM, *Inventions, Researches, and Writings*, 451-464.

47. Tesla Co., R. G. Dun & Co. Collection.

48. NT, Discurso de la medalla Edison, 12.

49. Seifer, *Wizard,* 40-41; NT, Declaración sobre el motor, 193-195,

209; Tesla Electric Light and Manufacturing Company, anuncio publicitario, *Electrical Review*, 4 de septiembre de 1886, p. 14.

50. Vail y Lane no eran especialmente eficientes llevando un servicio; en 1890 ya no tenían el negocio. Véase Tesla Co., R. G. Dun & Co. Collection.

51. NT, *My Inventions*, 72.

52. O'Neill, *Prodigal Genius*, 65; NT al Instituto de Inmigrantes de Welfare, 12 de mayo de 1938 en John T. Ratzlaff, comp., *Tesla Said* (Millbrae, CA: Tesla Book Co., 1984), 280.

Capítulo 4. Dominio de la corriente alterna

1. Israel, *Edison*, 234.

2. NT, «Thermo-Magnetic Motor», patente de EE. UU. 396.121 (presentada el 30 de marzo de 1886, concedida el 15 de enero de 1889); TCM, *Inventions, Researches, and Writings*, 424-428.

3. Century Electric Company y Edwin S. Pillsbury contra Wagner Electric Manufacturing Co., Corte de apelaciones de EE. UU., distrito 8, N.º 3419, mayo de 1910, transcripción, vol. 2, p. 932 [ítem 342, MNT]; O'Neill, *Prodigal Genius,* 65-66; «Alfred S. Brown», [obituario], *New York Times*, 26 de septiembre de 1891.

4. John B. Taltavall, comp., *Telegraphers of To-Day: Descriptive, Historical, Biographical* (Nueva York: John B. Taltavall, 1893), 19-20.

5. Norvin Green a A. S. Hewitt, 1 de septiembre de 1887, Western Union Collection, Series 4, Box 204A, Archivos del Museo Nacional de Historia Americana, Washington, D. C. Estoy agradecido a Joshua Wolff por compartir esta nota conmigo. Véase también Arthur J. Beckhard, *Electrical Genius Nikola Tesla* (Nueva York: Julian Messner, 1959), 120, 125.

6. Véanse los siguientes documentos de *The Papers of Thomas A. Edison,* ed. Robert A. Rosenberg et al. (Baltimore: Johns Hopkins University Press, 1991): «Multiple Telegraph» [entrada de cuaderno], verano de 1873, 2:50-52, esp. nota 2; «Automatic Telegraphy», diciembre de 1873, 2:119-120; «Article in the Operator», 15 de julio de 1874, 2:239-241; y «Speaking Tel[e]g[rap]h», 20 de marzo de 1877, 3:271-274, especialmente nota 1.

7. «William Orton», *Chicago Daily Tribune*, 26 de abril de 1878, p. 2; Seifer, *Wizard,* 42.

8. James D. Reid, *The Telegraph in America and Morse Memorial*, 2.ª ed. (Nueva York: John Polhemus, 1886), 601-602; entradas para Mutual

Union Telegraph Co., 5 de noviembre de 1880 y 4 de marzo de 1881, Ciudad de Nueva York, vol. 391, p. 2625, R.G. Dun & Co. Collection.

9. Richard R. John, *Network Nation: Inventing American Telecommunications* (Cambridge, MA: Belknap Press of Harvard University Press, 2010), 149-170, p. 158.

10. Reid, *Telegraph in America*, 603-604; Israel, *From Machine Shop to Industrial Laboratory*, 127; Maury Klein, *The Life and Legend of Jay Gould* (Baltimore: Johns Hopkins University Press, 1986), 310-311.

11. Reid, *Telegraph in America*, 604; entrada para Mutual Union Telegraph Co., 27 de junio de 1882, Ciudad de Nueva York, vol. 391, p. 2625, R.G. Dun & Co. Collection.

12. Reid, *Telegraph in America*, 605; entrada para Mutual Union Telegraph Co., 1885, Ciudad de Nueva York, vol. 391, p. 2625, R.G. Dun & Co. Collection.

13. NT, Declaración sobre el motor, 196. Debido al respeto que Tesla sentía por Peck y Brown, es muy curioso que no los mencionase por su nombre en su autobiografía u otras colecciones. Véanse NT, *My Inventions*, 72, y NT al Instituto de Inmigrantes de Welfare, 12 de mayo de 1938, en Ratzlaff, *Tesla Said*, 280.

14. NT, Declaración sobre el motor, 196, 210-212, 247, 325-326; deposición de Szigeti de 1889, A398.

15. La dirección para Mutual Union está sacada de Ciudad de Nueva York, vol. 391, p. 2625, R.G. Dun & Co. Collection. Véase también testimonio de William B. Nellis, NT, Declaración sobre el motor, 122-123, 132.

16. Testimonio de Parker W. Page, NT, Declaración sobre el motor, 415-416. Aunque el motor nunca se patentó, Tesla sí presentó la patente, patente de EE.UU. 382.845, «Commutator for Dynamo-Electric Machines» (presentada el 30 de abril de 1887, concedida el 15 de mayo de 1888). Véase también Martin, *Inventions, Researches, and Writings*, 433-437.

17. NT, Declaración sobre el motor, 212.

18. NT, «Our Future Motive Power», *Everyday Science and Mechanics*, diciembre 1931, pp. 26-28 y ss., en Ratzlaff, *Tesla Said*, 230-236.

19. TAE, «On the Pyromagnetic Dynamo: A Machine for Producing Electricity Directly from Fuel», *Electrical World* 10 (27 de agosto de 1887): 111-113.

20. TCM, *Inventions, Researches, and Writings*, 429-431.

21. NT, Declaración sobre el motor, 207.

22. *Ibid.*, 213.

23. Probablemente Tesla usó una dinamo de CC que Weston había desa-

rrollado para galvanoplastia, que tenía un rotor con seis ejes salientes. Al reemplazar el conmutador de CC con colectores de CA, Tesla podía haber provocado dos o tres corrientes separadas de esta dinamo. Véase NT, Declaración sobre el motor, 200-201, 210, así como Thompson, *Dynamo-Electric Machinery*, 280.

24. NT 78, p. 21. «Defendant's Brief, Derivation Electric Motor», en *Westinghouse Electric and Manufacturing Company vs. Dayton Fan and Motor Company*, 1900, ítem 78, MNT, Belgrado, Serbia.

25. Louis C. Hunter y Lynwood Bryant, *A History of Industrial Power in the United States* (Cambridge, MA: MIT Press, 1991), 3:210.

26. Como Tesla contó años más tarde, Peck y Brown hicieron la conexión entre el plan del océano y sus motores: «Pensaban que si la energía podía ser transmitida de modo económico a lugares distantes usando mi sistema y el coste de la planta del océano se reducía sustancialmente, esta fuente inagotable (de vapor) podría explotarse con éxito» (NT, «Our Future Motive Power», 78). Animado por Peck y Brown, Tesla aparentemente estudió la termodinámica involucrada y más tarde concibió su propio sistema usando el calor de corteza terrestre en vez de la diferencia de temperaturas en el océano.

27. «Tesla's Egg of Columbus», *Electrical Experimenter* 6 (marzo de 1919): 774-775 y ss., en 775.

28. Carlson, *Innovation as a Social Process*, 81-82, 87-108.

29. Hughes, *Networks of Power*, 87-91.

30. *Ibid.*, 95-97.

31. Carlson, *Innovation as a Social Process*, 251-252; Passer, *The Electrical Manufacturers,* 172.

32. «Electric Lighting at the Inventions Exhibition», *Engineering* (Londres) 39 (1 de mayo de 1885): 454-460.

33. Passer, *The Electrical Manufacturers*, 131-132.

34. George Wise, «William Stanley's Search for Immortality», *American Heritage of Invention & Technology* 4 (primavera-verano de 1988): 42-49; Bernard A. Drew y Gerard Chapman, «William Stanley Lighted a Town and Powered an Industry», *Berkshire History* 6 (otoño de 1985): 1-40; Laurence A. Hawkins, *William Stanley (1858-1916): His Life and Work* (Nueva York: Newcomen Society, 1951).

35. Carlson, *Innovation as a Social Process*, 259.

36. En enero de 1887, *Electrical World* informaba: «El sistema de distribución por medio de generadores secundarios, es decir, transformadores, finalmente ha obtenido un apoyo en este país, donde si todo lo que se prometió

sobre él se corrobora, no será ya necesario imponerlo en favor del público». Véase Joseph Wetzler, «The Electrical Progress of the Year», *Electrical World* 9 (1 de enero de 1887): 2-3. Un año más tarde, Wetzler escribió: «El rasgo destacable del año en luz eléctrica es el número de sistemas de distribución por medio de transformadores de inducción, los cuales se han traído o elaborado. Destacable entre estos es el sistema de Westinghouse». Véase «The Electrical Progress of the Year 1887», *Electrical World* 11 (14 de enero de 1888): 18-19.

37. TAE a Villard, 11 de diciembre de 1888, LB881112, p. 354, Edison National Historic Site (ENHS), West Orange, NJ.

38. TAE, «Reasons against an Alternating Converter System», N860428, pp. 261-265, ENHS.

39. TAE a Villard, 24 de febrero de 1891, caja 63, carpeta 475, Documentos de Villard, Biblioteca Baker, Escuela de Negocios de Harvard, Boston.

40. Estudios actuales sobre Colón han concluido que aunque Isabel necesitó que la convenciesen para apoyar al navegante, no tuvo que empeñar sus joyas; véase John Noble Wilford, *The Mysterious History of Columbus: An Exploration of the Man, the Myth, and the Legacy* (Nueva York: Alfred A. Knopf, 1992), 93-95, y Miles H. Davidson, *Columbus Then and Now: A Life Reexamined* (Norman: University of Oklahoma Press, 1997), 168-170. En *Admiral of the Ocean Sea: A Life of Christopher Columbus* (Boston: Little, Brown, 1942), Samuel Eliot Morison dice (p. 361) que la historia del huevo se asoció por primera vez con Colón en una fuente italiana de 1565 y que el episodio tuvo lugar en 1493, después de que Colón volviese de su primer viaje al Nuevo Mundo y no antes de este.

41. «Tesla's Egg of Columbus», 775.

42. Este motor está ilustrado en dos de las patentes estadounidenses de Tesla para un «Electro Magnetic Motor»: 381.968 (presentada el 12 de octubre de 1887, concedida el 1 de mayo de 1888) y 382.279 (presentada el 30 de noviembre de 1887, concedida el 1 de mayo de 1888). Véase también NT, Declaración sobre el motor, 215.

43. NT, Declaración sobre el motor, 155, 159-160, 215, 218; NT, patente de EE. UU. 511.560, «Electrical Transmission of Power» (presentada el 8 de diciembre de 1888, concedida el 2 de enero de 1894).

44. NT, *My Inventions*, 72.

45. Robert C. Post, *Physics, Patents and Politics: A Biography of Charles Grafton Page* (Nueva York: Science History Publications, 1976), Israel,

From Machine Shop to Industrial Laboratory, 135-136; obituario de Parker Page, *New York Times*, 23 de enero de 1937, 18:4; NT, Declaración sobre el motor, 213.

46. NT, Declaración sobre el motor, 205-206, 289, 307-308, 314-315, 317.

47. NT, «Electric Magnetic Motor», patente de EE. UU. 381.968 (presentada el 12 de octubre de 1887, concedida el 1 de mayo de 1888).

48. NT, «Electro Magnetic Motor», patente de EE. UU. 381.969 (presentada el 30 de noviembre de 1887, concedida el 1 de mayo de 1888); «Electro Magnetic Motor», patente de EE. UU. 382.279 (presentada el 30 de noviembre de 1887, concedida el 1 de mayo de 1888); «System of Electrical Distribution», patente de EE. UU. 381.970 (presentada el 30 de noviembre de 1887, concedida el 1 de mayo de 1888); «Regulator for Alternate Current Motors», patente de EE. UU. 390.820 (presentada el 24 de abril de 1888, concedida el 9 de octubre de 1888); y TCM, *Inventions, Researches, and Writings*, 45-49.

49. La patentes separadas para la transmisión de energía incluían «Electrical Transmission of Power», patente de EE. UU. 382.280 (presentada el 12 de octubre de 1887, concedida el 1 de mayo de 1888); «Electrical Transmission of Power», patente de EE. UU. 382.281 (presentada el 30 de noviembre de 1887, concedida el 1 de mayo de 1888); y «Method of Converting and Distributing Electric Currents», patente de EE. UU. 382.282 (presentada el 23 de diciembre de 1887, concedida el 1 de mayo de 1888). Con la excepción de las concesiones para la transmisión de energía, estas patentes son duplicados de las patentes del motor polifásico de Tesla.

50. NT, Declaración sobre el motor, 160.

51. Carlson, *Innovation as a Social Process*, 87-88.

52. NT, Declaración sobre el motor, 160, 173-174, 210.

53. *Ibid.*, 329.

54. Véase NT, Declaración sobre el motor, 159, 174-175, 230, 289, 369-372. Para un resumen de muchas de estas técnicas, véase NT, patente 511.560.

55. NT, Declaración sobre el motor, 316-318, 329.

56. Estas citas son de NT, Declaración sobre el motor, 308-309, 420. Véase también NT, Declaración sobre el motor, 164-166, 175, 208, 310, 416-417, 423.

57. Estas aplicaciones incluían «System of Electric Distribution», patente de EE. UU. 390.413 (presentada el 10 de abril de 1888, concedida el 2 de octubre de 1888); «Dynamo Electric Machine», patente de EE. UU. 390.414 (pre-

sentada el 23 de abril de 1888, concedida el 2 de octubre de 1888); «Regulator for AlternateCurrent Motors», patente de EE. UU. 390.820 (presentada el 24 de abril de 1888, concedida el 9 de octubre de 1888); y «Dynamo-Electric Machine», patente de EE. UU. 390.721 (presentada el 28 de abril de 1888, concedida el 9 de octubre de 1888).

58. NT, Declaración sobre el motor, 416, 418, 426.

59. Carlson, *Innovation as a Social Process*, 251-252. Alexander Graham Bell también tardó en apreciar el potencial comercial del teléfono y fue guiado por su patrocinador y futuro suegro, Gardiner G. Hubbard; véase Carlson, «The Telephone as a Political Instrument» y Carlson, «Entrepreneurship in the Early Development of the Telephone: How Did William Orton and Gardiner Hubbard Conceptualize this New Technology?», *Business and Economic History* 23 (invierno de 1994): 161-192.

60. Walter Isaacson, *Steve Jobs* (Barcelona: Debate, 2011), 159.

Capítulo 5. Venta del motor

1. NT, Declaración sobre el motor, 208-209, 314, 322, 426-427; NT, «Electrical Transmission of Power», patente de EE. UU. 511.915 (presentada el 15 de mayo de 1888, concedida el 2 de enero de 1894), y «Alternating Motor», patente de EE. UU. 555.190 (presentada el 15 de mayo de 1888, concedida el 25 de febrero de 1896).

2. Reese V. Jenkins, *Images and Enterprise Technology and the American Photographic Industry, 1839 to 1925* (Baltimore: Johns Hopkins University Press, 1975).

3. William Greenleaf, *Monopoly on Wheels; Henry Ford and the Selden Automobile Patent* (Detroit: Wayne State University Press, 1961).

4. Thomas P. Hughes, *Elmer Sperry: Inventor and Engineer* (Baltimore: Johns Hopkins University Press, 1971), 91-93.

5. Carlson, «The Telephone as Political Instrument», 25-56.

6. *The Scientific American Reference Book* (Nueva York: Munn & Company, 1877), 47-50.

7. Passer, *The Electrical Manufacturers*, 151-164.

8. W. Bernard Carlson, «Nikola Tesla and the Tools of Persuasion: Rethinking the Role of Agency in the History of Technology» (artículo presentado en la Sociedad para la Historia de la Tecnología, Mineápolis, noviembre de 2005).

9. Carlson, *Innovation as a Social Process*, 244, 265.

10. NT, Declaración sobre el motor, 256.

11. «Electrical World Portraits—XI. Prof. W. A. Anthony», *Electrical World* 15 (1 de febrero de 1890): 70; NT, Declaración sobre el motor, 214.

12. NT, Declaración sobre el motor, 160, 168-170, 221-222, 247-249, 276-278.

13. W. A. Anthony a D. C. Jackson, 11 de marzo de 1888, citado en Kenneth M. Swezey, «Nikola Tesla», *Science* 127 (16 de mayo de 1958): 1147-1159, en 1149.

14. William Anthony, «A Study of Alternating Current Generators and Receivers», *Modern Light and Heat,* 24 de mayo de 1888, p. 549.

15. NT, Declaración sobre el motor, 252-253; biografía de Tesla de 1890.

16. NT, «A New System of Alternate Current Motors and Transformers», *AIEE Transactions* 5 (septiembre de 1887-octubre de 1888): 307-327 y reimp. en TCM, *Inventions, Researches, and Writings*, 9-25.

17. Discusión del artículo de Tesla, *AIEE Transactions* 5 (1887-1888): 324-325 en TC 1:23.

18. Elihu Thomson, «Novel Phenomena of Alternating Currents», *Electrical Engineer* 6 (junio de 1887): 211-215.

19. Discusión del artículo de Tesla, *AIEE Transactions* 5 (1887-1888): 325-327 en TC 1:24.

20. Comentarios del moderador, *AIEE Transactions* 5 (1887-1888): 350 en TC 1:25. Pocas semanas después de su conferencia, Tesla fue elegido miembro asociado de AIEE; véase «Secretary's Bulletin», junio de 1888, *AIEE Transactions* 5 (1887-1888).

21. NT, Declaración sobre el motor, 328.

22. *Ibid.*, 280.

23. Carlson, *Innovation as a Social Process*, 244; E. Thomson a Charles A. Coffin, 5 de mayo de 1888, en LB 4/88-4/89, p. 9, Documentos de Elihu Thomson, American Philosophical Society, Filadelfia.

24. Henry G. Prout, *A Life of George Westinghouse* (Londres: Benn Brothers, 1922), 128-129.

25. Testimonio de Thomas B. Kerr, NT, Declaración sobre el motor, 448.

26. «Electro-Dynamic Rotation by Means of Alternating Currents», *Industries*, 18 de mayo de 1888, 505-506, y *The Electrician*, 25 de mayo de 1888, en TC 1:26-27 y 30-31. Tesla testificó que no sabía nada del trabajo de Ferraris hasta que leyó estas noticias en 1888; véase NT, Declaración sobre el motor, 170.

27. Anna Maria Rietto y Sigfrido Leschiutta, «The First Electrical Engineers in Torino», en *Galileo Ferraris and the Conversion of Energy: Develo-*

pments of Electrical Engineering over a Century (actas del Simposio Internacional, Turín, octubre de 1997), 407-433.

28. Sigfrido Leschiutta, «The Torino-Lanzo Transmission Experiment», en *Galileo Ferraris and the Conversion of Energy*, 291-305.

29. Adolfo G. B. Hess, «The Monument to Galileo Ferraris in Turin», *Electrical World* 42 (8 de agosto de 1903): 215-218.

30. Traducción de Galileo Ferraris, «Electro-Dynamic Rotations Produced by Means of Alternate Currents», *Publications of Royal Academy of Sciences of Turin* 23 (1887-1888), en «Proofs on Behalf of Ferraris», Interferencia de la oficina de patentes de EE. UU. N.º 14.819, Slattery versus Ferraris, Documentos N.º 53. La copia consultada estaba en MNT, catalogada como NT 124. La cita es de la p. 22.

31. Por ejemplo, en su libro, Anthony J. Pansini reconoce a Ferraris como el inventor del motor de inducción de CA; véase *Basics of Electric Motors: Including Polyphase Induction and Synchronous Motors* (Englewood Cliffs, NJ: Prentice-Hall, 1989), 45. Para una discusión más extensa, véase Giovanni Silva, «Galileo Ferraris, the Rotating Magnetic Field, and the Asynchronous Motor», panfleto en inglés basado en un artículo italiano más largo en *L'Elettrotecnica*, septiembre de 1947.

32. Véanse artículos citados en la nota 26 de *Industries* y *The Electrician*.

33. Thompson, *Polyphase Electric Currents*, 444.

34. H. M. Byllesby a GW, 21 de mayo 1888, citado en Passer, *The Electrical Manufacturers*, 277-278.

35. NT, Declaración sobre el motor, 171; Isaacson, *Steve Jobs*, 148-149.

36. NT, Declaración sobre el motor, 330-331; testimonio de Kerr, NT, Declaración sobre el motor, 449.

37. Wise, «Stanley's Search for Immortality», 46.

38. NT, Declaración sobre el motor, 255.

39. *Ibid.*, 246-251

40. W. Stanley Jr. a GW, 24 de junio de 1888, en «Complainant's Record on Final Hearing, Volume II: Exhibits», Westinghouse Electrical and Manufacturing Company versus Mutual Life Insurance Company of New York, y H. C. Mandeville, juzgado de EE. UU., Distrito oeste de Nueva York, pp. 592-593. Catalogado en MNT como NT 74.

41. Testimonio de Kerr, NT, Declaración sobre el motor, 449-451.

42. «Agreement of July 7, 1888», en NT 74, 584-587; NT, Declaración sobre el motor, 327.

43. NT, Declaración sobre el motor, 326-327.

44. NT, «Electromagnetic Motor», patente de EE. UU. 524.426 (presentada el 20 de octubre de 1888, concedida el 14 de agosto de 1894; «Electrical Transmission of Power», patente de EE. UU. 511.559 (presentada el 8 de diciembre de 1888, concedida el 26 de diciembre de 1893); «System of Electrical Power Transmission», patente de EE. UU. 511.560 (presentada el 8 de diciembre de 1888, concedida el 26 de diciembre de 1893); NT, Declaración sobre el motor, 424.

45. [NT] a *Electrical World*, 1914, Caja 18, Carpeta 4, DKS.

46. NT, Declaración sobre el motor, 237-238, 365-366.

47. NT, Declaración sobre el motor, 333-334; NT, Declaración sobre la radio, 63-65.

48. «The Hercules Mining Machine and Tesla Motor», *Electrical World* 15 (1 de febrero de 1890): 77 en TC 2:40.

49. NT, Declaración sobre el motor, 233-234, 283-284, 363-364.

50. Herbert Simon, «A Behavioral Model of Rational Choice», en *Models of Man, Social and Rational: Mathematical Essays on Rational Human Behavior in a Social Setting* (Nueva York: Wiley, 1957); Paul David, «Clio and the Economics of QWERTY», *American Economic Review* 75 (1985): 332-337.

CAPÍTULO 6. BÚSQUEDA DE UN NUEVO IDEAL

1. Ralph W. Pope a NT, 15 de agosto de 1889, Tarjetas, DKS; Jill Jonnes, *Eiffel's Tower: And the World's Fair Where Buffalo Bill Beguiled Paris, the Artists Quarreled, and Thomas Edison Became a Count* (Nueva York: Viking, 2009).

2. O'Neill, *Prodigal Genius*, 99; NT, «On the Dissipation of the Electrical Energy of the Hertz Resonator», *Electrical Engineer* 14 (21 de diciembre de 1892): 587-588 en Ratzlaff, *Tesla Said*, 22-23; entrada para Bjerknes, *Dictionary of Scientific Biography*, 16 vols., ed. C. C. Gillespie (Nueva York: Scribner, 1970-1980), 2:167-169.

3. NT, «Some Experiments in Tesla's Laboratory with Currents of High Potential and High Frequency», *Electrical Review* (NY), 29 de marzo de 1899, 193-197, 204 en TC 14:74-83, http://www.teslauniverse.com/niko la-tesla-article-some-experiments-in-teslas-laboratory-with-currents-of-high-potential-and-high-frequency (de aquí en adelante citada como NT, «1899 Experiments»).

4. NT, Declaración sobre el motor, 323-325; *King's Handbook of New York City, 1893*, 2 vols. (Boston: Moses King, 1893; repr., Nueva York: Benjamin Blom, 1972), 1:233.

5. NT, Declaración sobre la radio, 12.

6. NT, Declaración sobre el motor, 320-321.

7. NT, «Alternating-Current Electro-Magnetic Motor», patente de EE. UU. 433.700 (presentada el 25 de marzo de 1890, concedida el 5 de agosto de 1890); «Alternating-Current Motor», patente de EE. UU. 433.701 (presentada el 28 de marzo de 1890, concedida el 5 de agosto de 1890); y «Electro-Magnetic Motor», patente de EE. UU. 433.703 (presentada el 4 de abril de 1890, concedida el 5 de agosto de 1890).

8. Testamento de Charles F. Peck, Testamentos del condado de Bergen 7893B, W 1890, Testamentos e inventarios, *ca.* 1670-1900, Departamento del Estado, Secretaría de la Oficina del Estado, Archivos del Estado de Nueva Jersey, Trenton, NJ.

9. NT, «1899 Experiments», 194.

10. NT, Declaración sobre la radio, 1.

11. NT, «Phenomena of Alternating Currents of Very High Frequency», *Electrical World* 17 (21 de febrero de 1891): 128-130, en 128 en TC 2:119-122.

12. NT, Declaración sobre la radio, 1-19.

13. NT, «Method of Operating Arc Lamps», patente de EE. UU. 447.920 (presentada el 1 de octubre de 1890, concedida el 10 de marzo de 1891), y «Alternating Current Generator», patente de EE. UU. 447.921 (presentada el 15 de noviembre de 1890, concedida el 10 de marzo de 1891).

14. NT, «The True Wireless», *Electrical Experimenter*, mayo de 1919, pp. 28-30 y ss., en 28.

15. Von Urbanitzky, *Electricity in the Service of Man*, 195-198.

16. Hugh G. J. Aitken, *Syntony and Spark: The Origins of Radio* (Nueva York: John Wiley, 1976; rep., Princeton: Princeton University Press, 1985), 52-53.

17. *Ibid.*, 53-57. El estudio definitivo de Hertz es *The Creation of Scientific Effects: Heinrich Hertz and Electric Waves* (Chicago: University of Chicago Press, 1994) de Jed Z. Buchwald.

18. NT, «The True Wireless», 28.

19. NT, «Alternating Currents of Short Period», 128, y NT, «Experiments with Alternate Currents of Very High Frequency and Their Application to Methods of Artificial Illumination», una conferencia dada ante la AIEE en Columbia College, 21 de mayo de 1891 en TCM, *Inventions, Researches, and Writings,* 145-197, en 170-171 (de aquí en adelante citado como NT, conferencia de Columbia en 1891).

20. Aitken, *Syntony and Spark*, 54; NT, «Alternating Currents of Short Period», 128; NT, «The True Wireless», 28.

21. En 1868, James Clerk Maxwell publicó un análisis matemático de la interacción de condensadores y bobinas de inducción en circuitos, pero no hay indicios de que Tesla estuviese al tanto de este trabajo previo; véase Julian Blanchard, «The History of Electrical Resonance», *Bell System Technical Journal* 20 (1941): 415-433, en 419-420, http://www.alcatel-lucent.com/bstj/vol20-1941/articles/bstj20-4-415.pdf.

22. *Ibid.*, 417-418.

23. NT, Declaración sobre el motor, 48-50; O'Neill, *Prodigal Genius*, 90. Tesla también registró una patente para la idea de la descarga oscilatoria de condensadores; véase «Method of and Apparatus for Electrical Conversion and Distribution», patente de EE. UU. 462.418 (presentada el 4 de febrero de 1891, concedida el 3 de noviembre de 1891).

24. Reginald O. Kapp usó la metáfora del péndulo electromagnético para explicar el transformador oscilante de Tesla en «Tesla's Lecture at the Royal Institution of Great Britain, 1892», en MNT, *Tribute to Nikola Tesla,* ed. V. Popovich (Belgrado: MNT, 1961), A300-A305, en A302.

25. NT, *My Inventions*, 75.

26. NT, «Phenomena of Alternating Currents of Very High Frequency», 128 en TC 2:119.

27. «Alternating Currents of Short Period», *Electrical World* 17 (14 de marzo de 1891): 203 en TC 2:138.

28. Elihu Thomson, «Physiological Effects of Alternating Currents of High Frequency», *Electrical World* 17 (14 de marzo de 1891): 214.

29. Soy cuidadoso en el uso de «radio» u «ondas de radio», ya que estos términos no fueron introducidos hasta mucho más tarde. Édouard Branly fue el primero en usar radio como un prefijo en 1897 en «radioconductor», su término para el cohesor que desarrolló para detectar ondas electromagnéticas. En 1907, Lee de Forest usó el término «radio» para describir telegrafía sin cables y la palabra fue posteriormente adoptada por la Marina de EE. UU., de modo que se hizo común en la época de las primeras emisiones comerciales en Estados Unidos en la década de 1920.

30. J. G. O'Hara y W. Pricha, *Hertz and the Maxwellians* (Londres: Peter Peregrinus, 1987); Bruce J. Hunt, *The Maxwellians* (Ithaca: Cornell University Press, 1991).

31. Sungook Hong, *Wireless: From Marconi's Black-Box to the Audion* (Cambridge, MA: MIT Press, 2001), 5-9.

32. O'Hara y Pricha, *Hertz and the Maxwellians*, 1.

33. Aunque estos tubos los producían varios fabricantes de instrumentos europeos, los mejores eran los de un soplador de vidrio, Heinrich Geissler, en Bonn (Alemania). Véase Joseph F. Mulligan, ed., *Heinrich Rudolf Hertz (1857-1894): A Collection of Articles and Addresses* (Nueva York: Garland, 1994), 57-58, n. 144, así como Falk Muller, *Gasentladungsforschung im 19. Jahrhundert* (Berlín: Diepholz, 2004).

34. William H. Brock, *William Crookes (1832-1919) and the Commercialization of Science* (Burlington, VT: Ashgate, 2008), 236-237.

35. «A Talk by Nikola Tesla», *New York Times*, 24 de mayo de 1891, y «Tesla's Experiments with Alternating Currents of High Frequency», *Electrical Engineer*, 27 de mayo de 1891, p. 597, ambos en TC 3:34-35.

36. NT, conferencia de Columbia en 1891, 173-174.

37. M. K. Wisehart, «Making Your Imagination Work for You», 64.

CAPÍTULO 7. UN MAGO DE VERDAD

1. «Statement from the Westinghouse Company», *Electrical World* 17 (24 de enero de 1891): 54.

2. Carlson, *Innovation as a Social Process,* 290-291; Jonnes, *Empires of Light: Edison,* 215-237.

3. O'Neill, *Prodigal Genius*, 78-82. En *Empires of Light* (224), Jonnes sugiere que los banqueros estaban también preocupados porque Westinghouse había pagado a Tesla tasas de consultoría importantes y estaba gastando dinero defendiendo las patentes de Tesla en los juzgados. No he encontrado evidencias que indiquen que Tesla recibió dinero de Westinghouse en 1890-1891. No hubo ningún litigio de patentes importante relacionado con las patentes de motor de Tesla hasta finales de la década de 1890.

4. Benjamin Garver Lamme, *Electrical Engineer: An Autobiography* (Nueva York: G.P. Putnam's Sons, 1926), 60-61; Henry G. Prout, *A Life of George Westinghouse* (Londres: Benn Brothers, 1922), 121-125.

5. Francis E. Leupp, *George Westinghouse: His Life and Achievements* (Boston: Little, Brown, 1918), 159.

6. Charles Fairchild a Henry L. Higginson, 6 de mayo de 1891, Caja XII-3, Carpeta 1891 CAC, Documentos de Henry L. Higginson, Biblioteca Baker, Escuela de Negocios de Harvard, Boston; Carlson, *Innovation as a Social Process,* 291.

7. O'Neill, *Prodigal Genius,* 81-82. El contrato original era entre Westinghouse y Tesla, Peck y Brown. Como Peck murió en 1890, Tesla

habría tenido que persuadir a Brown para consentir su decisión de romper el contrato.

8. Durante la declaración tomada en 1903 para defender las patentes del motor de CA, se preguntó a Tesla si había algún interés pecuniario en las patentes. Él respondió: «Espero que lo tuviese». Véase NT, Declaración sobre el motor, 153-154.

9. *Ibid.*, 235, 163-164.

10. Tesla experimentó con otros materiales de alta resistencia e ignífugos (es decir, resistentes al calor), incluyendo placas de rubí. Como los láseres usan tubos de rubí, varios biógrafos de Tesla han afirmado que Tesla inventó el láser; véase Seifer, *Wizard,* 87, y Hunt y Draper, *Lightning in His Hand,* 236-237.

11. «Tesla's System of Electric Lighting with Currents of High Frequency», *Electrical Engineer,* 1 de julio de 1891, p. 9 en TC 2:47; NT, «System of Electric Lighting», patente de EE. UU. 454.622 (presentada el 25 de abril de 1891, concedida el 23 de junio de 1891); NT, «Electric Incandescent Lamp», patente de EE. UU. 455.069 (presentada el 14 de mayo de 1891, concedida el 30 de junio de 1891).

12. NT, «Phenomena of Alternating Currents of Very High Frequency», 128 en TC 2:119-122; Elihu Thomson, «Notes on Alternating Currents of Very High Frequency», *Electrical Engineer,* 11 de marzo de 1891, 300 en TC 2:137; NT, «Experiments with Alternating Currents of High Frequency», *Electrical Engineer,* 18 de marzo de 1891, 336-337 en TC 2:140-141; NT, «Phenomena of Alternating Currents of Very High Frequency», *Electrical World,* 21 de marzo de 1891, pp. 223, 225 en TC 2:148-150; Elihu Thomson, «Alternating Currents of High Frequency—A Reply to Mr. Tesla», *Electrical Engineer,* 1 de abril de 1891, pp. 386-387 en TC 2:152-153; y NT, «Phenomena of Currents of High Frequency», *Electrical Engineer,* 8 de abril de 1891, pp. 425-426 en TC 2:157-158.

13. Para la conferencia de Thomson de 1890, también dada en el Columbia College, véase «Phenomena of Alternating Current Induction», *Electrical Engineer* (Londres), 25 de abril y 2 de mayo de 1890, 332-335, 345-346 en TC 2:60-65; «Annual and General Meeting of the American Institute of Electrical Engineers», *Electrical World* 17 (9 de mayo de 1891): 344 en TC 2:166; «Chairmen of the Institute's Committees», *Electrical Engineering* 53 (mayo de 1934): 828-331, en 830.

14. NT, «System of Electric Lighting», patente de EE. UU. 454.622 (presentada el 25 de abril de 1891, concedida el 23 de junio de 1891); NT, «Electric Incandescent Lamp», patente de EE. UU. 455.069 (presentada el 14 de

mayo de 1891, concedida el 30 de junio de 1891). Para una lista parcial de las patentes en el extranjero de Tesla, véase *Catalogue of Tesla's Patents* (Belgrado: MNT, 1987). La patente francesa fue presentada el 9 de mayo de 1891 y la alemana tiene fecha del 20 de mayo de 1891.

15. En 1891, Columbia College tenía su campus en la calle 49 entre la Cuarta avenida y la avenida Madison. De 1857 a 1891, mientras la facultad de Derecho nominalmente era parte de Columbia, la llevaba sin ayuda Dwight como propietario de la escuela; por tanto, en todas las descripciones de la conferencia de Tesla, la localización se da como habitación del profesor Dwight. Véase Robert A. McCaughey, Stand, *Columbia: A History of Columbia University in the City of New York, 1754-2004* (Nueva York: Columbia University Press, 2003), 138-140, 182-183. Sobre la historia de la ingeniería eléctrica en Columbia, véase Michael Pupin, *From Immigrant to Inventor* (Nueva York: Charles Scribner's Sons, 1922), 276-285, y James Kip Finch, *A History of the School of Engineering, Columbia University* (Nueva York: Columbia University Press, 1954), 68-70.

16. Joseph Wetzler, «Electric Lamps Fed from Space, and Flames That Do Not Consume», *Harper's Weekly* 35 (11 de julio de 1891): 524 en TC 3:104-106; «Tesla's Experiments with Alternating Currents of High Frequency», *Electrical Engineer*, 27 de mayo de 1891, p. 597 en TC 3:35.

17. NT, conferencia de Columbia en 1891, 155-187.

18. «Alternating Currents of High Frequency», *Electrical Review*, 30 de mayo de 1891, p. 185.

19. NT, conferencia de Columbia en 1891, 187-190. Tesla cubrió la idea básica tras esta demostración en la solicitud de patente que presentó antes de la conferencia; véase «System of Electric Lighting», patente de EE. UU. 454.622 (presentada el 25 de abril de 1891, concedida el 23 de junio de 1891).

20. Wetzler, «Electric Lamps Fed from Space», 524; NT, *My Inventions*, 82.

21. Al coger las bolas de latón, Tesla protegía sus manos de quemaduras. Aunque no se menciona en el texto publicado de la conferencia de Columbia, esta demostración fisiológica está descrita en los informes sobre la conferencia de los periódicos; véase «A Talk by Nikola Tesla», *New York Times*, 24 de mayo de 1891, y «Tesla's Experiments with Alternating Currents of High Frequency», 597, ambos en TC 3:34-35.

22. «Alternating Currents of High Frequency», *Electrical Review,* 30 de mayo de 1891, 184 en TC 3:37.

23. NT, «What Is Electricity?», *Literary Digest* 3 (18 de julio de 1891): 319-320 en TC 3:137-138.

24. «Alternating Current Phenomena», *Engineering,* 12 de junio de 1891, p. 710 en TC 3:46.

25. «Tesla's Experiments», *Telegraphic Journal and Electrical Review* 29 (24 de julio de 1891): 93-94 en TC 3:142-143.

26. «Mr. Tesla's New System of Illumination», *Electrical Engineer*, 1 de julio de 1891, p. 11 en TC 3:48.

27. «Mr. Tesla's High Frequency Experiments», *Industries,* 24 de julio de 1891, p. 86 en TC 3:169.

28. Wetzler, «Electric Lamps Fed from Space», 524.

29. «Naturalization Record of Nikola Tesla», 30 de julio de 1891, Naturalization Index, NYC Courts, http://www.footnote.com/spotlight/1093.

30. NT, Declaración sobre la radio, p. 7.

31. A. E. Dolbear, «Mode of Electric Communication», patente de EE.UU. 350.299 (presentada el 24 de marzo de 1882, concedida el 5 de octubre de 1886).

32. *Hawkins Electrical Guide* (Nueva York: Theo. Audel, 1915), 9:2264-2265.

33. NT, Declaración sobre la radio, 9.

34. *Ibid.*

35. Conferencia de 1892, 226-232, 237-274, 282-285.

36. NT, «Notes on a Unipolar Dynamo», *Electrical Engineer*, 2 de septiembre de 1891, p. 258 en TC 3:175, y TCM, *Inventions, Researches, and Writings*, 465-474.

37. Conferencia de 1892, 233-235.

38. NT, Declaración sobre la radio, 12.

39. NT, Declaración sobre la radio y «The True Wireless».

40. J. A. Fleming, *The Principles of Electric Wave Telegraphy* (Nueva York: Longmans, Green 1906), 426-427.

Capítulo 8. El espectáculo en Europa

1. NT, *My Inventions*, 82; «Progress of Mr. Tesla's High Frequency Work», *Electrical World,* 9 de enero de 1892, p. 20 en TC 4:72.

2. Thompson, *Polyphase Electric Currents*, 454-456; «Priority in Alternating Current Motors», *Electrical Engineer* (Londres), 24 de septiembre de 1891, p. 292 en TC 4:25.

3. Carl Hering, «Electrical Practice in Europe as Seen by an American-IV», *Electrical World* 18 (19 de septiembre de 1891): 193-195, en 194 en TC 4:4-8.

4. Dolivo-Dobrowolsky desarrolló tanto conexiones estrella como conexiones triángulos, habitualmente usadas en motores de inducción, pero las llamó conexiones de red; véase Thomson, *Polyphase Electric Currents,* 52-53, 456-458. Para una discusión de una práctica moderna, consultar Pansini, *Basics of Electric Motors*, 46-47.

5. Hughes, *Networks of Power*, 129-135; Thompson, *Polyphase Electric Currents*, 456-471; Georg Siemens, *History of the House of Siemens* (Munich: Karl Alber, 1957), 1:120-123.

6. C.E.L. Brown, «Reasons for the Use of the Three-Phase Current in the Lauffen-Frankfort Transmission», *Electrical World* 18 (7 de noviembre de 1891): 346 en TC 4:34.

7. «Mr. Tesla and Rotary Currents», *Electrical Engineer* (Londres), 29 de enero de 1892, pp. 111-112 en TC 4:78-79.

8. Hering, «Electrical Practice in Europe», 194. Véase también «Tesla Motors in Europe», *Electrical Engineer* (NY), 26 de septiembre de 1892, p. 291 en TC 5:149.

9. «Progress of Mr. Tesla's High Frequency Work», *Electrical World*, 9 de enero de 1892, p. 20 en TC 4:72; «Mr. Tesla's Experiments», *Electrical Engineer* (Londres), 18 de diciembre de 1891, p. 578 en TC 4:59; «Adoption of Report», *Journal of the Institution of Electrical Engineers* 20 (10 de diciembre de 1891): 600.

10. NT, *My Inventions*, 94.

11. Seifer, *Wizard*, 84.

12. «Mr. Tesla and Rotary Currents», *Electrical Engineer* (Londres), 29 de enero de 1892, pp. 111-112, en TC 4:78-79. Obsérvese que esta cita es del reportero y no de Tesla.

13. William Crookes, «Some Possibilities of Electricity», *Fortnightly Review* 102, n. s. (1 de febrero de 1892): 173-181, en 174 en TC 4:81-85. Para un análisis del contexto de este artículo, véase Graeme Gooday, «Liars, Experts, and Authorities», *History of Science* 46 (2008): 431-456, en 441-449.

14. «Notes», *The Electrician,* 5 de febrero de 1892 en TC 4:158; «Mr. Tesla's Lectures on Alternate Current of High Potential and Frequency», *Nature* 45 (11 de febrero de 1892): 345-347 en TC 4:166-167.

15. NT, *My Inventions,* 82. Sobre Dewar, véase su entrada en el *Dictionary of Scientific Biography*, 4:78-81.

16. Para una fotografía del aparato de Tesla en el escenario de la Royal Insitution en febrero de 1892, véase imagen 24, «Hidden in Plain Sight: Nikola Tesla's 'Radiant Energy' Devices», http://amasci.com/tesla/tesray1.html.

17. Reginald O. Kapp, «Tesla's Lecture at the Royal Institution of Great Britain, 1892», en *Tribute to Nikola Tesla*, pp. A300-A305, en A303.

18. «Alternate Currents of High Frequency», *Engineering*, 5 de febero de 1892, pp. 171-172 en TC 4:159-160. Las citas son de la conferencia de 1892, 198-199. El público incluía a J. J. Thomson, Oliver Heaviside, Silvanus P. Thompson, Joseph Swan, John Ambrose Fleming, James Dewar, sir William Preece, Oliver Lodge, sir William Crookes y lord Kelvin; véase «Mr. Tesla before the Royal Institution, London», *Electrical Review* (NY), 19 de marzo de 1892, p. 57 en TC 5:27. En *William Crookes,* William H. Brock (p. 264) concluyó que Tesla probablemente leyó el artículo de Crookes «On Radiant Matter» [conferencia en la British Association en Sheffield] en *Chemical News* 40 (29 de agosto y 16 de septiembre de 1879): 91-93, 104-107, 127-131.

19. «Alternate Currents of High Frequency», 171-172.

20. *Ibid.*; Conferencia de 1892, 212-216.

21. «Mr. Tesla's Lectures on Alternate Currents of High Potential and Frequency», *Nature,* 11 de febrero de 1892, p. 345 en TC 4:166.

22. Conferencia de 1892, 226-231, en 230. Probablemente Tesla se estaba refiriendo a mejorar el funcionamiento del cable del Atlántico y no a enviar mensajes que cruzasen el océano sin cables.

23. *Ibid.,* 232-236, en 232.

24. Conferencia de 1892, 236-287; «Alternate Currents of High Frequency», 172.

25. A. P. Trotter, «Reminiscences», SC MSS 66, p. 532, Archivos de la Institución de Ingenieros Eléctricos, Londres.

26. «Alternate Currents of High Frequency», 172; «Electric Light and Electric Force», *The Spectator*, 6 de febrero de 1892, p. 193 en TC 4:164.

27. Conferencia de 1892, 288-289; NT, Declaración sobre la radio, 95.

28. «Mr. Tesla and Vibratory Currents», *Electrical Engineer* (Londres), 12 de febrero de 1892, p. 157 en TC 4:168.

29. «Mr. Tesla's Lecture», *Electrical Review* (Londres), 12 de febrero de 1892, p. 192 en TC 4:173.

30. NT, *My Inventions*, 82.

31. Trotter, «Reminiscences», 536.

32. J. A. Fleming a NT, [5 de febrero] 1892, *NT Tribute*, LS-13.

33. W. H. Brock, entrada para William Crookes, *Dictionary of Scientific Biography*, 3:474-482, en 476; NT, *My Inventions*, 104.

34. E. Raverot, «Tesla's Experiments with Alternating Currents of High Frequency», *Electrical World* 19 (26 de marzo de 1892): 210-213 en TC 5:30-34.

35. «Mr. Tesla's Experiments of Alternating Currents of Great Frequency» [traducción del artículo de Hospitalier en *La Nature*], *Scientific American*, 26 de marzo de 1892, pp. 195-196 en TC 5:35-38; «Tesla's Experiments», *Electrical Review* (NY) 20 (9 de abril de 1892): 89 en TC 5:48.

36. A. Blondel a Monsieur le President, 20 de mayo de 1936, en *Tribute to Nikola Tesla*, LS-69; «Tesla Motors in Europe», *Electrical Engineer* (NY), 26 de septiembre de 1892, p. 291 en TC 5:149; NT a GW, 12 de septiembre de 1892, BC; NT a JJA, 6 de enero de 1899, en Seifer, *Wizard*, 210-211.

37. William Crookes a NT, 5 de marzo 1892, en *NT Tribute*, LS-12.

38. NT, *My Inventions*, 94-95.

39. O'Neill, *Prodigal Genius*, 101; Mrkich, *Tesla: The European Years*, 83.

40. NT, *My Inventions*, 104.

41. Para la explicación de Tesla de su sueño, véase NT a G. S. Viereck, 17 de diciembre de 1934, Centro de investigación Benson Ford, Museo Henry Ford, Dearborn, MI. Véase también NT, *My Inventions*, 105.

42. Mrkich, *Tesla: The European Years*, 85-86.

43. NT a Pajo Mandic, 20 de abril de 1892, en la edición serbia del MNT, *Nikola Tesla: Correspondence with Relatives* (Belgrado: MNT, 1993), 37. Para una traducción al inglés, véase Nicholas Kosanovich, trad., *Nikola Tesla: Correspondence with Relatives* (N.p.: Tesla Memorial Society, 1995), 26. En su sección de sociedad, *Electrical Engineer* informó de que Tesla había «sufrido una pérdida grave con la muerte de su madre». Véase *Electrical Engineer* (NY), 27 de abril de 1892, p. 439 en TC 5:78.

44. Pribic, «Human Side of Tesla», 25.

45. «Tesla Motors in Europe», *Electrical Engineer* (NY), 26 de septiembre de 1892, p. 291 en TC 5:149; Seifer, *Wizard*, 95; NT a GW, 12 de septiembre de 1892, Documentos de Tesla (microfilm), BC, Carrete 7.

46. «Honors to Nikola Tesla from King Alexander I», *Electrical Engineer*, 1 de febrero de 1893, 125 en TC 6:70; Pribic, «Human Side of Tesla», 25; A. P. M. Fleming, «Nikola Tesla», *Journal of the Institution of Electrical Engineers* 91 (febrero de 1944): 58 y ss., reimp. en *Tribute to Nikola Tesla*, A215-A230, en A215. La familia de Tesla no asistió a las ceremonias en Belgrado, pero leyeron acerca de ellas en el periódico; véase Marica Kosanović a NT, 4 de diciembre de 1892, en *Correspondence with Relatives*, 40-41 (ed. serbia) y 29 (ed. inglesa).

47. TCM, «Nikola Tesla», *Century Magazine* 47 (febrero de 1894): 582-585, en 584 en TC 9:1-4.

48. NT, «The True Wireless», 62; Johanna Hertz, arr., *Heinrich Hertz: Memoirs, Letters, Diaries*, 2.ª enl. ed., preparada por M. Hertz y C. Susskind,

trad. L. Brinner, M. Hertz y C. Susskind (San Francisco: San Francisco Press, 1977), 323-325. Tras visitar a Hertz en Bonn, Tesla asistió al encuentro anual de la British Association for the Advancement of Science; véase «The Edinburgh Meeting of the British Association», *Electrical World* 20 (1892): 114.

49. NT, *My Inventions*, 82-83.

CAPÍTULO 9. LA CORRIENTE ALTERNA SE ABRE PASO EN AMÉRICA

1. «Mr. Nikola Tesla», *Electrical Engineer* (NY), 31 de agosto de 1892, p. 202 en TC 5:145.

2. La época del traslado de Tesla del Astor al Gerlach se basa en membretes usados en la correspondencia del 12 y el 27 de septiembre de 1892 a GW; NT pidió que el equipo se moviese a la Quinta Avenida sur en la carta del 27 de septiembre. Sobre el nuevo laboratorio de la Quinta sur, véase Walter T. Stephenson, «Nikola Tesla and the Electric Light of the Future», *The Outlook*, 9 de marzo de 1895, pp. 384-386, en 384, en TC 9:116-118. Sobre el Hotel Gerlach, véase «Mr. and Mrs. Gerlach Assign. Owners of Hotel Unable to Carry Heavy Debts Any Longer», *New York Times*, 3 de junio de 1894 y Moses King, *King's Handbook of New York City, 1893,* 1:230. El Gerlach sigue todavía en pie y hoy se lo conoce como Radio Wave Building; véase «The Beautiful New York City Where Tesla Spent 60 Years of His Life», http://www.teslasociety.com/beautifulnyc.htm

3. Passer, *The Electrical Manufacturers,* 280-281; Thompson, *Polyphase Electric Currents,* 181-182.

4. Lamme, *An Autobiography*, 60-61; Passer, *The Electrical Manufacturers,* 279.

5. Charles F. Scott, «Long Distance Transmission for Lighting and Power», *Electrical Engineer* 13 (15 de junio de 1892): 601-603; Franklin L. Pope, «Electricity», *Engineering Magazine*, agosto de 1892, pp. 710-711, en TC 5:139.

6. Jonnes, *Empires of Light*, 247-261.

7. Trumbull White y William Ingleheart, *The World's Columbian Exposition: Chicago, 1893* (Filadelfia: Monarch Book Company, 1893), 305-306.

8. Como observaron White e Ingleheart: «Los de Westinghouse fueron lentos indicando lo que exhibirían, porque temían que el gran contrato de la lámpara incandescente emplease todo su tiempo y dinero». Véase *The World's Columbian Exposition*, 316.

9. NT a GW, 12 de septiembre de 1892, BC.

10. Véase NT a Westinghouse Electric Co., 27 de septiembre y 2 de diciembre de 1892, BC.

11. [Oswald] Villard, *Memoirs of Henry Villard,* 2 vols. (Westminster: Archibald Constable, 1904); Alexandra Villard de Borchgrave y John Cullen, *Villard: The Life and Times of an American Titan* (Nueva York: Nan A. Talese/Doubleday, 2001); Carlson, *Innovation as a Social Process,* 291-297.

12. NT a H. Villard, 10 de octubre de 1892, Documentos de Henry Villard, MS Am 1941-1941.3, Biblioteca Houghton, Universidad de Harvard.

13. Passer, *The Electrical Manufacturers,* 282.

14. deLancey Rankine, *Memorabelia of William Birch Rankine* (Cataratas del Niágara, NY: Power City Press, 1926).

15. Charles F. Scott, «Personality of the Pioneers of Niagara Power», 31 de marzo de 1938, materiales históricos del Nueva York occidental, National Grid USA, Syracuse, NY (de aquí en adelante citado como Colección de la National Grid).

16. «Edward Dean Adams», *Time,* 27 de mayo de 1929, http://www.time.com/time/magazine/article/0,9171,927947,00.html; Christopher Kobrak, *Banking on Global Markets: Deutsche Bank and the United States, 1870 to the Present* (Nueva York: Cambridge University Press, 2008), 70-71; Edward Everett Bartlett, *Edward Dean Adams* (Nueva York: impresión privada, 1926), 10-11.

17. Jonnes, *Empires of Light,* 283.

18. EDA, *Niagara Power: History of the Niagara Falls Power Company, 1886-1918* (Cataratas del Niágara: impresión privada para la Niagara Falls Power Company, 1927), 1:146; Steven Lubar, «Transmitting the Power of Niagara: Scientific, Technological, and Cultural Contexts of an Engineering Decision», *IEEE Technology and Society Magazine,* marzo de 1989, pp. 11-18, en 14.

19. Adams, *Niagara Power,* 2:191.

20. NT a GW, 2 de diciembre de 1892, BC.

21. Lamme, *Autobiography,* 60-64; Hughes, *Networks of Power,* 121-122.

22. Westinghouse Electric and Manufacturing Co., *Transmission of Power: Polyphase System, Tesla Patents* (catálogo de comercio, hacia enero de 1893).

23. NT, discurso de la medalla Edison.

24. NT a EDA, 9 de enero de 1893, Colección de National Grid. W. C. Unwin fue un profesor de ingeniería en Londres y, como Kelvin, un miembro de la Comisión Internacional de Niágara formada por Adams.

25. NT a EDA, 2 de febrero de 1893, Colección de National Grid.

26. NT a EDA, 6 de febrero de 1893, Colección de National Grid.

27. F. H. Betts a [EDA], 11 de marzo de 1893, citado en Adams, *Niagara Power*, 2:241.

28. NT a EDA, 12 de marzo de 1893, Colección de National Grid.

29. NT a EDA, 21 de marzo de 1893; NT a E. D. Adams, 12 y 22 de marzo de 1893, Colección de National Grid; Adams, *Niagara Power*, 2:235-236.

30. Adams, *Niagara Power*, 2:233-235.

31. NT a EDA, 26 de marzo de 1893, Colección de National Grid.

32. NT a EDA, 11 de mayo 1893, Colección de National Grid.

33. TCM, *Inventions, Researches, and Writings*, 477-485.

34. Passer, *The Electrical Manufacturers*, 281-282.

35. *Ibid.*, 290-292; Lamme, *Autobiography*, 64-66; Chas. A. Bragg a NT, 10 de noviembre de 1893, carpeta 7, caja 18, DKS.

36. P. M. Lincoln, «Some Reminiscences of Niagara», *Electrical Engineering*, Mayo 1934, pp. 720-725, en 720; Rankine, *Memorabelia of William Birch Rankine*, 28-30.

37. Norman R. Ball, *The Canadian Niagara Power Company Story* (Erin, Ontario: Boston Mills Press, 2006); William J. Hausman *et al.*, *Global Electrification: Multinational Enterprise and International Finance in the History of Light and Power, 1878-2007* (Nueva York: Cambridge University Press, 2008), 18.

38. David E. Nye, *American Technological Sublime* (Cambridge, MA: MIT Press, 1994), 13-15, 21-23, 135-137.

39. «Tesla's Work at Niagara», *New York Times*, 16 de julio de 1895.

CAPÍTULO 10. ILUMINACIÓN INALÁMBRICA Y EL OSCILADOR

1. NT, «On Light and Other High Frequency Phenomena», en TCM, *Invention, Researches, and Writings*, 294-373 (de aquí en adelante citado como NT, conferencia de 1893).

2. «The Tesla Lecture in St. Louis», *Electrical Engineer* 15 (8 de marzo de 1893): 248-249, en TC 6:75-76.

3. NT, conferencia de 1893, 318-320.

4. NT, Declaración sobre la radio, 87.

5. «The Tesla Lecture in St. Louis», 249; George Heli Guy, «Tesla, Man and Inventor», *New York Times*, 31 de marzo de 1895, en TC 9:140-142, en 142.

6. NT, conferencia de 1893, 346. Tesla quizás había estado acertado al referirse a Mahlon Loomis como el «entusiasta» de un teléfono de inducción atmosférica. En 1886, Loomis envió señales entre dos montañas en Virginia que recorrieron catorce millas. Había recibido una patente para su idea en 1872 y presionado sin éxito al Congreso para obtener fondos. Véase Orrin E. Dunlap Jr., *Radio's 100 Men of Science: Biographical Narratives of Pathfinders in Electronics and Television* (Nueva York: Harper & Brothers, 1944), 58-59.

7. NT, «The True Wireless», 29.

8. NT, conferencia de 1893, 346.

9. *Ibid.*, 341, 344-345.

10. *Ibid.*, 347; NT, Declaración sobre la radio, 23-26.

11. NT, Declaración sobre la radio, 23.

12. «Nikola Tesla's Lecture», *Electrical Industries*, 31 de octubre de 1893, pp. 5-6, en TC 8:92-93.

13. NT, Declaración sobre la radio, 36-47; TCM, «Tesla's Oscillator and Other Inventions», *The Century Magazine* 46 (abril de 1895): 916-933, en 920 en TC 9:143-159.

14. NT, «Reciprocating Engine», patente de EE. UU. 514.169 (presentada el 13 de agosto de 1893, concedida el 6 de febrero de 1894); «Electrical Generator», patente de EE. UU 511.916 (presentada el 19 de agosto de 1893, concedida el 2 de enero de 1894); «Steam Engine», patente de EE. UU. 517.900 (presentada el 29 de diciembre de 1893, concedida el 10 de abril de 1894); «Stages and Types of the Tesla Oscillator», *Electrical Engineer* 19 (3 de abril de 1895): 301-304, en TC 10:165-168; «Mr. Tesla's Lecture on Mechanical and Electrical Oscillators», *Electrical Engineer* 41 (30 de agosto de 1893): 208, en TC 8:59.

15. TCM, «Tesla's Oscillator», fig. 2.

16. Véase «Nikola Tesla's Work», *New York Sun*, 3 de mayo de 1896, en TC 11:64-65, en 64; TCM, «Tesla's Oscillator», 919-920; y comentarios de Tesla en «Meeting of the New York Electrical Society», *Electrical World,* 9 de diciembre de 1893, pp. 444-446, en TC 8:136-139, en 138.

17. W. Garrett Scaife, *From Galaxies to Turbines: Science, Technology, and the Parsons Family* (Filadelfia: Institute of Physics, 2000), 152-426.

18. Tesla comparó su oscilador con turbinas de vapor existentes en «Meeting of the New York Electrical Society», 138.

19. NT, «Method and Apparatus for Electrical Conversion and Distribution», patente de EE. UU. 462.418 (presentada el 4 de febrero de 1891, concedida el 3 de noviembre de 1891).

20. NT, «Means for Generating Electric Currents», patente de EE. UU. 514.168 (presentada el 2 de agosto de 1893, concedida el 6 de febrero de 1894).

21. Conferencia de 1892, 209-212; Elihu Thomson diseñó un dispositivo similar usando un imán para proteger a los circuitos de luz de iluminarse; véase David Woodbury, *Beloved Scientist: Elihu Thomson, Guiding Spirit of the Electrical Age* (Nueva York: Whittlesey House, 1944), 124-125.

22. NT, «Meeting of the New York Electrical Society», 138.

23. NT, «Mechanical Therapy», texto mecanografiado sin fecha, 184-187, en 185 en la carpeta «Tesla Papers, Columbia», caja 1, Colección Anderson y http://www.rexresearch.com/teslamos/tmosc.htm.

24. Véase Robert Pack Browning *et al.*, eds., *Mark Twain's Notebooks & Journals,* vol. 3, 1883-1891 (Berkeley: University of California Press, 1979), 431. En 1889 Twain compró los derechos de la máquina tipográfica de Paige y continuó apoyándole, pero la máquina de Paige no podía competir exitosamente con la linotipia de Ottmar Merganthaler. Junto con otras cuantas malas inversiones más, la máquina tipográfica de Paige llevó a la bancarrota a Twain en la década de los noventa del siglo XIX. Véase Stephen Railton, «MT and the Paige Typesetter», http://etext.virginia.edu/railton/yankee/cymach6.html y John H. Lienhard, «No. 50: The Paige Compositor», Engines of Our Ingenuity, http://www.uh.edu/engines/epi50.htm.

25. NT, «Mechanical Therapy», 186.

26. Earl Sparling, «Nikola Tesla, at 79, Uses Earth to Transmit Signals», *New York World-Telegram*, 11 de julio de 1935; «Nikola Tesla: Mechanical Oscillator», http://www.rexresearch.com/teslamos/tmosc.htm. El programa *Cazadores de mitos* de Discovery Channel examinó la afirmación de Tesla de que había creado una «máquina de terremotos» en el episodio dieciséis. Probaron el fenómeno físico conocido como «resonancia mecánica» en un puente construido en 1927. Incluso aunque sintieron que el puente vibraba a muchas yardas de distancia, no hubo efectos significativos. Véase http://dsc.discovery.com/fansites/mythbusters/episode/episode-tab-05.html.

27. NT, Declaración sobre la radio, 48-60; NT, «Means for Generating Electric Currents», patente de EE. UU. 514.168 (presentada el 2 de agosto de 1893, concedida el 6 de febrero de 1894). Con relación a los controladores, los esfuerzos de Tesla culminaron en una serie de interruptores de mercurio «en los cuales una fina franja centrífuga de mercurio gira un eje de tres veletas en un contacto rápido consigo mismo»; para un experto en Tesla, estos interruptores combinaron «un buen ajuste y una alta velocidad con total economía de las partes móviles». Véase NT, «Electric Circuit Controller»,

patente de EE. UU. 609.247 (presentada el 14 de marzo de 1898, concedida el 16 de agosto de 1898) y Jim Glenn, ed., *The Complete Patents of Nikola Tesla* (Nueva York: Barnes & Noble, 1994), 231.

28. NT, Declaración sobre la radio, 52.

29. *Ibid.*, 68, 62.

30. *Ibid.*, 62.

31. TCM, «Tesla's Oscillator», 927.

32. Los grupos profesionales incluyen la Society of Architects y la American Electro-Therapeutic Association. Véase NT, Declaración sobre la radio, 59, y «An Evening in Tesla's Laboratory», *Electrical Engineer* (NY) 18 (3 de octubre de 1894): 278-279, en TC 9:82-83.

33. Walter T. Stephenson, «Nikola Tesla and the Electric Light of the Future», *The Outlook,* 9 de marzo de 1895, pp. 384-386, en 385, en TC 9:116-118.

34. NT a Pajo Mandic, 30 de noviembre de 1893, en *Tesla Correspondence with Relatives*, 39.

Capítulo 11. Intentos de promoción

1. Wyn Wachhorst, *Thomas Alva Edison: An American Myth* (Cambridge, MA: MIT Press, 1981); Charles Bazerman, *The Languages of Edison's Light* (Cambridge, MA: MIT Press, 1999); Frederick Dalzell, *Engineering Invention: Frank J. Sprague and the U.S. Electrical Industry* (Cambridge, MA: MIT Press, 2010).

2. Stanley M. Guralnick, «The American Scientist in Higher Education, 1820-1910», en *The Sciences in the American Context: New Perspectives,* ed. N. Reingold (Washington, D. C.: Smithsonian Institution Press, 1979), 99-142; Graeme Gooday, «Liars, Experts and Authorities», *History of Science* 46 (diciembre de 2008): 431-456; Olivier Zunz, *Making America Corporate, 1870-1920* (Chicago: University of Chicago Press, 1990).

3. Burton Bledstein, *The Culture of Professionalism: The Middle Class and the Development of Higher Education in America* (Nueva York: W. W. Norton, 1976).

4. «T. Commerford Martin», *AIEE Electrical Engineering* 53 (mayo de 1934): 789.

5. TCM y Joseph Wetzler, *The Electric Motor and Its Applications* (Nueva York: W. J. Johnston Company, 1889).

6. «Scientists Honor Nikola Tesla», *New York Herald,* 23 de abril de 1893, en TC 6:91-93.

7. TCM, *Mr. Martin's Lawsuit: Its Object Cash, No Vindication. Wasted Exertion, How and Why It Failed* (Nueva York: Electrical World, 1891); National Reporter System, *New York Supplement* [of Decisions by New York State Superior, Appeals, and Supreme Courts], (1893-1894), vol. 26, pp. 1105-1108.

8. NT a Petar Mandic, 8 de diciembre de 1893, y NT a Simo Majstorovic (primo), 17 de mayo de 1893, ambos en *Tesla Correspondence with Relatives,* 41, 35.

9. TCM, *Inventions, Researches, and Writings;* «Tesla and His Researches», *New York Times,* 22 de enero de 1894, en TC 8:175.

10. TCM a NT, 6 de febrero de 1894, en Seifer, *Wizard,* 129.

11. «Third Edition of "The Inventions, Researches, and Writing of Nikola Tesla"», *Electrical Engineer* 19 (6 de febrero de 1895): 124 en TC 9:105; TCM, *Nikola Tesla's Untersuchungen über Mehrphasenströme und über Wechselströme hoher Spannung und Frequenz* (Halle: A. S. Knapp, 1895); TCM a Elihu Thomson, 16 de enero de 1917, en Harold J. Abrahams y Marion B. Savin, eds., *Selections from the Scientific Correspondence of Elihu Thomson* (Cambridge, MA: MIT Press, 1971), 352.

12. Sobre Bettini, véase http://en.wikipedia.org/wiki/Gianni_Bettini. Véase también TCM a NT, 6 de febrero de 1894, en Seifer, *Wizard,* 138.

13. Seifer, *Wizard,* 139; NT a S. S. McClure, 11 de marzo de 1893, Biblioteca Clifton Waller Barrett, entrada #13114, Biblioteca de Colecciones especiales, Universidad de Virginia.

14. «Robert U. Johnson, Poet, Is Dead at 84», *New York Times,* 15 de octubre de 1937.

15. NT a RUJ, 7 de diciembre de 1893, en Seifer, *Wizard,* 124; NT a RUJ, 8 de enero de 1894, DKS.

16. Seifer, *Wizard,* 123; RUJ, *Remembered Yesterdays* (Nueva York: Little, Brown, 1923), 401.

17. NT, «Zmai Iovan Iovanovich», *The Century Magazine* 48 (mayo de 1894): 130-131; «Luka Filipov: Paraphrased from the Servian of Zmai Iovan Iovanovich, after Literal Translation by Nikola Tesla», *The Century Magazine* 49 (febrero de 1895): 528-530; RUJ, *Songs of Liberty and Other Poems* (Nueva York: The Century Co., 1897).

18. RUJ, *Remembered Yesterdays,* 400.

19. TCM, «Nikola Tesla», *The Century Magazine* 47 (febrero de 1894): 582-586 en TC 9:1-4.

20. TCM a RUJ, 7 de febrero de 1894 y TCM a NT, 17 de febrero de 1894, en Seifer, *Wizard,* 129.

21. NT a RUJ, 15 de febrero de 1894, Museo de Electricidad Bakken, Mineápolis.

22. NT, conferencia en la Academia de Ciencias de Nueva York, 31.

23. Sobre Jefferson y Crawford, véase http://en.wikipedia.org/wiki/Jo seph_Jefferson y http://en.wikipedia.org/wiki/Francis_Marion_Crawford.

24. TCM, «Tesla's Oscillator and Other Inventions», 928.

25. NT a RUJ, 2 de mayo de 1894, en Seifer, *Wizard,* 128; NT a KJ, 2 de mayo de 1894, en Cheney, *Tesla: Man out of Time,* 95.

26. Martin, «Tesla's Oscillator».

27. Arthur Brisbane, «Our Foremost Electrician», *New York World,* 22 de julio de 1894, p. 1; John Foord, «Nikola Tesla and His Work», *New York Times,* 30 de septiembre de 1894; y Curtis Brown, «A Man of the Future», *Savannah Morning News,* 21 de octubre de 1894, todo en TC 9:44-48, 64-67, 84-87; TCM, «The Burning of Tesla's Laboratory», *Engineering Magazine,* abril de 1895, pp. 101-104, en 101, en TC 9:162-164.

28. Brown, «Man of the Future», 84-85.

29. Franklin Institute, notificación de la medalla Cresson, 6 de diciembre de 1893, en MNT, *Tribute to Nikola Tesla Presented in Articles, Letters, Documents* (Belgrado: MNT 1961), D3-D5.

30. H. G. Osborn a Seth Low, 30 de enero de 1894, y TCM a RUJ, 7 de febrero de 1894, ambos en Seifer, *Wizard,* 129-130.

31. RUJ a H.G. Osborn, 7 de mayo de 1894, caja 6, carpeta 9, DKS; *Tribute to Nikola Tesla,* D6, D7.

32. NT, Declaración sobre la radio, 72; Bartlett, *Edward Dean Adams,* 11.

33. Ernest K. Adams, «Nikola Tesla», *Yale Scientific Monthly,* febrero de 1895, pp. 217-220 en TC 9:102-105; O'Neill, *Prodigal Genius,* 124.

34. «The Nikola Tesla Company», *Electrical Engineer,* 13 de febrero de 1895, p. 149 en TC 9:109. Mientras *Electrical Engineer* informaba que la compañía estaba siendo capitalizada en 5.000 dólares, una mayoría de los directores publicaron una nota en el *New York Times* el 4 de febrero de 1895 (p. 11) convocando una reunión para subir la capitalización a 500.000 dólares.

35. Véase «Tesla Motors in Europe», *Electrical Engineer* (NY), 26 de septiembre de 1892, p. 291 en TC 5:149 y NT a GW, 12 de septiembre de 1892, BC.

36. NT a JJA, 6 de enero de 1899 en Seifer, *Wizard,* 210-211.

37. Passer, *The Electrical Manufacturers,* 328; Carlson, *Innovation as a Social Process,* 304.

38. W. Bernard Carlson, «Thomas Edison as a Manager of R&D: The Development of the Alkaline Storage Battery, 1899-1915», *IEEE Technology and Society* 12 (diciembre de 1988): 4-12.

39. Guy, «Tesla, Man and Inventor».

40. NT, Declaración sobre la radio, 56.

41. TCM, «Tesla's Oscillator», A28; NT, Declaración sobre la radio, 56.

42. NT, Declaración sobre la radio, 140.

43. De hecho, Lodge normalmente se oponía a conectar a tierra sus aparatos, ya que interfería con lograr su objetivo de sintonizar o armonizar, y aunque Marconi conectaba a tierra sus aparatos después de 1896, estaba mucho más preocupado por la transmisión a larga distancia, construyendo antenas más grandes e incrementando la potencia de su transmisor. Véase Aitken, *Syntony and Spark,* 193-197.

44. NT, Declaración sobre la radio, 72-73; NT, «Coil for Electro- Magnets», patente de EE. UU. 512.340 (presentada el 7 de julio de 1893, concedida el 9 de enero de 1894).

45. NT, Declaración sobre la radio, 73-74; TCM, «Tesla's Oscillator», A32.

46. TCM, «Tesla's Oscillator», A32.

47. *Ibid.*

Capítulo 12. Búsqueda de alternativas

1. Paul R. Baker, *Stanny: The Gilded Life of Stanford White* (Nueva York: Free Press, 1989); Leland M. Roth, *McKim, Mead & White: A Building List* (Nueva York: Garland, 1978).

2. Baker, *Stanny,* 135-37; Stanford White a NT, 25 de febrero de 1894, en Seifer, *Wizard,* 159-160; Stanford White a The Players, 25 de febrero de 1894, en Baker, *Stanny,* 137.

3. Stanford White a NT, 5 de febrero de 1895 y White a NT, 2 de marzo de 1895, en Seifer, *Wizard,* 160.

4. «Tesla's Laboratory Burned», *Electrical Review,* 20 de marzo de 1895, p. 145 en TC 9:127.

5. Stephenson, «Tesla and the Electric Light of the Future», 384.

6. «Fruits of Genius Were Swept Away», *New York Herald,* 14 de marzo de 1895, y TCM, «The Burning of Tesla's Laboratory», *Engineering Magazine,* abril de 1895, pp. 101-104 en TC 9:119, 162-164.

7. «Fruits of Genius Were Swept Away.»

8. KJ a NT, 14 de marzo de 1895, en Cheney y Uth, *Tesla,* 53.

9. *New York Sun*, 14 de marzo de 1895, en TC 9:121.

10. Guy, «Tesla, Man and Inventor», 142.

11. «Tesla's Laboratory Burned.»

12. Más que usar los términos «*electroshock*» o «terapia electroconvulsiva», los cuales se refieren a prácticas específicas en la psiquiatría moderna, deliberadamente he escogido usar el término más general «electroterapia», ya que no sabemos nada sobre los tratamientos concretos que siguió Tesla. La terapia de *electroshock* se introdujo en la década de los treinta del siglo XX y, aunque polémica, todavía se usa para tratar la depresión severa. Sobre la terapia electroconvulsiva, véase http://en.wikipedia.org/wiki/Electroshock_therapy (y la versión en castellano: http://es.wikipedia.org/wiki/Terapia_electroconvulsiva).

13. Carlson, *Innovation as a Social Process*, 29.

14. Jennie Melvene Davis, «Great Master Magician Is Nikola Tesla», *Comfort,* mayo de 1896, en Seifer, *Wizard,* 158; artículo sin fecha del *New York Herald* citado en Cheney, *Tesla: Man out of Time*, 107.

15. «Nikola Tesla's Work», *New York Sun,* 3 de mayo de 1896, en TC 11:64-65, en 64.

16. O'Neill, *Prodigal Genius,* 123; «Nikola Tesla's Work».

17. Sobre esta bobina de Tesla rediseñada, véase NT, Conferencia en la Academia de Ciencia de Nueva York 41-45. Para una fotografía de este dispositivo, véase http://www.electrotherapymuseum.com/2007/Oscillator/images/Tesla%20Oscillator%202.jpg. Véase también «Tesla's Electric Oscillator», 13 de septiembre de 1896, *New York Tribune*, en TC 11:120. Sobre el retrato, véase «Tesla's Important Advances», *Electrical Review,* 20 de mayo de 1896, p. 263, en TC 11:68.

18. NT, Conferencia en la Academia de Ciencia de Nueva York, 31.

19. Edward Ringwood Hewitt, *Those Were the Days: Tales of a Long Life* (Nueva York: Duell, Sloan and Pearce, 1943), 199.

20. Eugene W. Caldwell, «A Brief History of the X-Ray», *Electrical Review* 38 (12 de enero de 1901): 78-79; E. R. N. Grigg, *The Trail of the Invisible Light: From X-Strahlen to Radio(bio)logy* (Springfield, IL: Charles C. Thomas, 1965), 3-4, 9-10; David J. DiSantis, «Early American Radiology: The Pioneer Years», *American Journal of Radiology* 147 (octubre de 1986): 850-853, en 850.

21. Hewitt, *Those Were the Days*, 199.

22. NT, Conferencia en la Academia de Ciencia de Nueva York, 32.

23. NT, «On Roentgen Rays—Latest Results», *Electrical Review* 28 (18 de marzo de 1896): 147.

24. Edward R. Hewitt a NT, 18 de marzo [1896] y sin fecha, Caja 8, Carpeta 4, DKS.

25. NT, «Tesla on Roentgen Rays», *Electrical Review* 28 (11 de marzo de 1896): 131, 135 en TC 10:151-154; DiSantis, «Early American Radiology», 851.

26. NT, «On the Hurtful Actions of Lenard and Roentgen Tubes», *Electrical Review*, 5 de mayo de 1897, reimp. en Conferencia en la Academia de Ciencia de Nueva York, 90; Maja Hrabak *et al.*, «Nikola Tesla and the Discovery of X- rays», *Radiographics* 28 (2008): 1189-1192, en 1190-1191.

27. Véanse los siguientes artículos de NT en *Electrical Review:* «Roentgen Ray Investigations», 22 de abril de 1896; «An Interesting Feature of X- Ray Radiations», 8 de julio de 1896; «Roentgen Rays or Streams», 12 de agosto de 1896; NT, «On the Source of Roentgen Rays and the Practical Construction and Safe Operation», 11 de agosto de 1897; todos reimp. en NT, *X-Ray Vision: Nikola Tesla on Roentgen Rays* (Radford, VA: Wilder Publications, 2007).

28. Carlson, *Innovation as a Social Process,* 322-328.

29. Lisa Nocks, *The Robot: The Life Story of a Technology* (Westport, CT: Greenwood Press, 2007), 3.

30. NT, «Tesla Describes His Efforts in Various Fields of Work», *Electrical Review,* 30 de noviembre de 1898, pp. 344-345, disponible en http://www.tesla.hu; NT, *My Inventions,* 102.

31. NT, *My Inventions,* 106; NT, «Tesla Describes His Efforts».

32. NT a Benjamin F. Miessner, 29 de septiembre de 1915, en Misc. Mss. Collection, Tesla, BC, y reimp. en Leland I. Anderson, ed., *Nikola Tesla: Guided Weapons & Computer Technology* (Breckenridge, CO: Twenty- First Century Books, 1998), 227-229; Branimir Jovanović, «Nikola Tesla—Hundred Years of Remote Control», en Branimir Jovanović *et al.*, *Nikola Tesla: One Hundred Years of Remote Control* (Belgrado: MNT, 1998), 88-101, en 89.

33. NT a Miessner, 29 de septiembre de 1915.

34. Tesla quizá se hizo consciente de la carrera armamentística naval gracias a Theodore Roosevelt, que entonces era secretario adjunto de la Marina. En noviembre de 1897, Roosevelt dio un discurso en Delmonico's ante la Society of Naval Architects reclamando una Marina de EE. UU. más fuerte. Además, Tesla era amigo de la hermana de Roosevelt, Corinee Robinson, y sabemos que se encontró con Roosevelt al menos una vez en 1899, como dijo a Corinne: «Fue un gran privilegio encontrarme con su hermano y escuchar su ilustrada conversación». Véase «Roosevelt on the Navy», *New York Times*, 13 de noviembre de 1897, y NT a Mrs. Robinson, 6 de marzo de 1899,

Corinne (Roosevelt), Documentos de Robinson, MS Am 1785 (1362), Biblioteca Houghton, Universidad de Harvard, Cambridge, MA.

35. «Pre-dreadnought Battleship», http://en.wikipedia.org/wiki/Pre dreadnought (y la versión en castellano: http://es.wikipedia.org/wiki/Pre dreadnought).

36. «Tesla Declares He Will Abolish War», *New York Herald*, 8 de noviembre de 1898 en TC 13:138-140, en 139.

37. Estoy agradecido a Antonio Pérez Yuste por llamarme la atención sobre esta diferencia. Según Pérez Yuste, el pionero clave en el control remoto fue el ingeniero español Leonardo Torres y Quevedo; véase Pérez Yuste, «Early Developments of Wireless Remote Control: The Telekino of Torres Quevedo», *Proceedings of the IEEE*, 96 (enero de 2008): 186-189.

38. Pérez Yuste («Early Developments», 186) menciona que Marconi usó ondas hertzianas en 1896 para hacer sonar una campana en su recibidor y que en 1898 se registraron varias patentes británicas para el control remoto de torpedos y barcos.

39. NT, «My Submarine Destroyer», *New York Journal*, 13 de noviembre de 1898, disponible en http://www.tesla.hu.

40. NT a Miessner, 29 de septiembre de 1915. Mientras que Leland Anderson pensaba que Tesla debía de haber hecho demostraciones privadas en Madison Square Garden, las fuentes que cita podrían interpretarse como una lista de gente que vio demostraciones del bote en el laboratorio. Véase Anderson, *Guided Weapons and Computer Technology,* 129. Véase también O'Neill, *Prodigal Genius,* 175.

41. Véase Thomas H. White, «W. J. Clarke and the United States Electrical Supply Company», en sección 7, «Pioneering U.S. Radio Activities (1897-1917)», la historia temprana de la radio en Estados Unidos, disponible en http://earlyradiohistory.us/sec007.htm; «New Way to Fire Mines», *New York Times,* 7 de mayo de 1898; «Tesla's Electrical Control of Moving Vessels or Vehicles from a Distance»; y «High Frequency Oscillators for Electro-therapeutic and Other Purposes», *Electrical Engineer* 26 (17 de noviembre de 1898): 489-491 en TC 13:176-178. Varias biografías asumen que Tesla debió de mostrar su bote en la exposición en Madison Square Garden, pero yo, como los expertos del Museo Tesla, no he sido capaz de encontrar ninguna evidencia que apoye esta suposición. De hecho, la descripción del bote citada en el texto sugiere que, aunque Tesla tenía un prototipo que funcionaba en su laboratorio en noviembre de 1898, no tenía necesariamente un bote que pudiese funcionar en agua en el momento de la exhibición, en mayo de 1898. Véase Jovanović, «Hundred Years of Remote Control», 90.

42. NT, *My Inventions*, 107; NT a Parker W. Page, 19 de octubre de 1898, Caja 14, Carpeta 2, DKS.

43. NT, «Will Abolish War».

44. NT a Parker Page, 1 de diciembre de 1898, en Jovanović, «Hundred Years of Remote Control», 92-93.

45. Mark Twain a NT, 17 de noviembre de 1898, BC, y reimp. en Anderson, *Guided Weapons & Computer Technology,* 130-131.

46. «Doubts Value of Tesla Discovery» y «Chary about Tesla's Plans», *New York Herald*, 9 y 10 de noviembre de 1898, respectivamente, en TC 13:144-145.

47. Como Leland Anderson señaló, los problemas financieros forzaron a Martin a fusionar *Electrical Engineer* con *Electrical World* en marzo de 1899 y volver a trabajar para su antiguo jefe, W. J. Johnston; véase Anderson, Conferencia en la Academia de Ciencia de Nueva York, 6.

48. «Mr. Tesla and the Czar»; «Tesla's Electrical Control of Moving Vessels or Vehicles from a Distance»; y «High Frequency Oscillators for Electrotherapeutic and Other Purposes», *Electrical Engineer* 26 (17 de noviembre de 1898): 486-487, 489-491, 477-481, respectivamente, en TC 13:174-178.

49. NT, «Mr. Tesla to His Friends», *Electrical Engineer* 26 (24 de noviembre de 1898): 514 en TC 14:14.

50. «His Friends to Mr. Tesla», *Electrical Engineer* 26 (24 de noviembre de 1898): 514-515 en TC 14:14-15.

51. NT, «Problem of Increasing Human Energy», 186-187.

52. Interferencia de Fessenden, 18.

53. *Ibid.*, 40.

54. «Tesla Declares He Will Abolish War.»

55. *Ibid.*; NT, *My Inventions,* 109; NT a Samuel Cohen, 19 de marzo de 1916, DKS; Jovanović, «Hundred Years of Remote Control», 94-96; «Tesla's Visit to Chicago», *Western Electrician*, 20 de mayo de 1899 en TC 14:133-134.

56. Orrin E. Dunlap, «Nikola Tesla at Niagara Falls», *Western Electrician*, 1 de agosto de 1896 en TC 11:103.

57. Las citas son de un recorte del *New York Herald* sin fecha en Tesla Papers, Biblioteca Butler, Universidad de Columbia, y reimp. en Cheney, *Man Out of Time,* 105-107. El recorte podría datar del verano de 1896 porque se hace referencia a él en «Nikola Tesla and Matrimony», *Electrical Review* (Londres) 39 (14 de agosto de 1896): 193 en TC 11:112.

58. Cheney y Uth, *Master of Lightning*, 51; O'Neill, *Prodigal Genius,* 307.

59. «Mr. Tesla Explains Why He Will Never Marry», *Detroit Free Press,* 10 de agosto de 1924 y traducción de Dragislav Lj. Petkovich, «A

Visit to Nikola Tesla», *Beograd Politika* 24, n.º 6824 (27 de abril de 1927), ambos en Caja 1 de contextos, Carpeta sobre la homosexualidad, Anderson Collection; TCM a KJ, 8 de enero de 1894, en Seifer, *Wizard,* 126.

60. O'Neill, *Prodigal Genius,* 302; John J. O'Neill a Leland I. Anderson, 2 de mayo de 1953, ambos en Caja 1 de contextos, Carpeta sobre la homosexualidad, Anderson Collection.

61. NT a Alfred Schmid, 2 de julio de 1895 y Henry Floy a NT, 11 de octubre de 1895, microfilm de Tesla, carrete 6, BC.

62. Leland Anderson, «Notes on conversation with Richard C. Sogge», otoño de 1956, Caja 1 de contextos, Carpeta sobre la homosexualidad, notas de Sogge, Anderson Collection. Según el directorio de AIEE de 1961 en el IEEE History Center, Sogge se hizo miembro en 1935 y fue elegido socio en 1953. Sogge trabajaba para General Electric en Nueva York como consultor de estándares industriales.

63. «Nikola Tesla», *AIEE Electrical Engineering* 53 (mayo de 1934): 817.

64. Baker, *Stanny,* 280.

65. George Chauncey, *Gay New York: Gender, Urban Culture, and the Making of the Gay Male World, 1890-1940* (Nueva York: Basic Books, 1994), 36.

66. Richard Neil Sheldon, «Richmond Pearson Hobson: The Military Hero as Reformer during the Progressive Era» (Ph.D. diss., Universidad de Arizona, 1970).

67. Richmond Pearson Hobson, *The Sinking of the Merrimac* (Nueva York: Century Co., 1899; repr., Annapolis, MD: Naval Institute Press, 1987).

68. RUJ al teniente Richmond Hobson, 15 de agosto de 1898, Caja 22, Carpeta 1, Documentos de Richmond P. Hobson, BC.

69. Grizelda Hobson, notas sin título, Caja 72, Biografía-Anécdotas, Documentos de Hobson.

70. Véanse dos notas, KJ a NT, *ca.* 1898, una en Tarjetas, DKS, y la otra en Anderson, *Guided Weapons & Computer Technology*, 134. La cita es de NT a RUJ, 6 de diciembre de 1898, en Seifer, *Wizard,* 212.

71. Richmond [Hobson] a NT, n. d., Caja 8, Carpeta 6, DKS; NT a Hobson, 1 de enero de 1901, 13 de abril y 14 de mayo de 1901, todo en la caja 22, Carpeta 1, Documentos de Hobson; Seifer, *Wizard,* 259.

72. Richmond Hobson a NT, 6 de mayo de 1902, en Anderson, *Guided Weapons & Computer Technology,* 134-135.

73. «Nicola Tesla on Far Seeing», *New York Herald,* 30 de agosto de 1896 en TC 11:116-118, en 117-118.

74. Ware, *The Orthodox Way,* 114-119.

75. Ensayo de 1904.

76. Interferencia de Fessenden, 58.

77. «Nicola Tesla on Far Seeing», 117.

78. Véanse las siguientes patentes de Tesla: «Apparatus for Producing Electric Currents of High Frequency and Potential», patente de EE. UU. 568.176 (presentada el 22 de abril de 1896, concedida el 22 de septiembre de 1896); «Electrical Condenser», patente de EE. UU. 567.818 (presentada el 17 de junio de 1896, concedida el 15 de septiembre de 1896); «Apparatus for Producing Ozone», patente de EE. UU. 568.177 (presentada el 17 de junio de 1896, concedida el 22 de septiembre de 1896); «Method of Regulating Apparatus for Producing Currents of High Frequency», patente de EE. UU. 568.178 (presentada el 20 de junio de 1896, concedida el 22 de septiembre de 1896); «Method of and Apparatus for Producing Currents of High Frequency», patente de EE. UU. 568.179 (presentada el 6 de julio de 1896, concedida el 22 de septiembre de 1896); «Apparatus for Producing Electrical Currents of High Frequency», patente de EE. UU. 568.180 (presentada el 6 de julio de 1896, concedida el 22 de septiembre de 1896); «Apparatus for Producing Electrical Currents of High Frequency», patente de EE. UU. 577.670 (presentada el 3 de septiembre de 1896, concedida el 23 de febrero de 1897); «Apparatus for Producing Currents of High Frequency», patente de EE. UU. 583.953 (presentada el 19 de octubre de 1896, concedida el 8 de junio de 1897); «Manufacture of Electrical Condensers, Coils, & c.», patente de EE. UU. 577.671 (presentada el 5 de noviembre de 1896, concedida el 23 de febrero de 1897).

79. NT, «1899 Experiments»,76, 79-80.

80. NT, «Electrical Transformer», patente de EE. UU. 593.138 (presentada el 20 de marzo de 1897, concedida el 2 de noviembre de 1897).

81. NT, «System of Transmission of Electrical Energy», patente de EE. UU. 645.675 (presentada el 2 de septiembre de 1897, concedida el 20 de marzo de 1900).

82. «Tesla's System of Electric Power Transmission through Natural Media», *Electrical Review,* 26 de octubre de 1898 en TC 13:124-126, en 126.

83. NT, «Problem of Increasing Human Energy», 209-210.

84. *Ibid.*, 210.

85. Sobre las pruebas del transmisor en la calle Houston, véase «A Wonderful Possibility in Electric Power Transmission», *Electrical Review*, 26 de octubre de 1898, p. 262, en TC 13:127-128; «Tesla Would Use Air as Conductor», *New York Herald*, 27 de octubre de 1897, en TC 13:129. Sobre la prueba de la distancia desde West Point, que Tesla dice que ocurrió en 1897, véase NT, Declaración sobre la radio, 27-28, 67, 108.

86. Interferencia de Fessenden, 36-37.

87. Notas en recortes sobre el príncipe Alberto en *New York Journal* (22 de agosto de 1898) y *New York Herald* (París ed., 23 de agosto de 1898) en Tarjetas, DKS; O'Neill, *Prodigal Genius,* 175.

88. David Sinclair, *Dynasty: The Astors and Their Times* (Nueva York: Beaufort Books, 1984), 199-208.

89. John Jacob Astor, *A Journey in Other Worlds* (Nueva York: D. Appleton, 1894); «Appraisement of Estate Reveals Astor's Personality», *New York Times,* 22 de junio de 1913, p. SM2.

90. Marc J. Seifer, «Nikola Tesla and John Jacob Astor», en *Proceedings of the Sixth International Symposium on Nikola Tesla,* ed. A. Marincic and M. Stojic (Belgrado, 2006), 31-38, en 32.

91. NT a JJA, 20 de diciembre de 1895, en Seifer, *Wizard,* 162-163.

92. NT a JJA, 6 de enero de 1899 en Seifer, *Wizard,* 210-211.

93. Véase NT a JJA, 6 de enero de 1899. La correspondencia entre NT y Scherff indica que estos hombres siguieron implicados en la Nikola Tesla Company; véase NT a Scherff, 30 de mayo 1899; Scherff a NT, 29 de junio de 1899; NT a Scherff, 13 de julio de 1899; y Scherff a NT, 15 de julio de 1899, en John T. Ratzlaff y Fred A. Jost, eds., *Dr. Nikola Tesla ... Tesla/Scherff Colorado Springs Correspondence, 1899-1900* (Millbrae, CA: Tesla Book Company, 1979), 30, 86, 91-92.

94. Seifer, *Wizard,* 211; «Appraisement of Estate Reveals Astor's Personality»; O'Neill, *Prodigal Genius,* 176.

95. W. M. Dalton, *The Story of Radio, Part I: How Radio Began* (Bristol, Reino Unido: Adam Hilger, 1975), 88.

96. NT, «1899 Experiments», 76-77.

97. *Town Topics,* 6 de abril de 1899, p. 10 en TC 14:88; como ejemplo de los «babeos» de Tesla, véase «More Wonders Worked by Tesla». *New York Herald,* 30 de marzo de 1899 en TC 14:85.

98. «Tesla Says: ...», *New York Journal,* 30 de abril de 1899, en TC 14:97-104, en 102.

CAPÍTULO 13. ONDAS ESTACIONARIAS

1. Ensayo de 1904, 429.

2. Véase http://en.wikipedia.org/wiki/Colorado_Springs (y la versión castellana: http://es.wikipedia.org/wiki/Colorado_Springs_(Colorado).

3. «Earth Electricity to Kill Monopoly», *New York World,* suplemento dominical, 8 de marzo de 1896, p. 17 en TC 10:147-150.

4. NT a Leonard Curtis, sin fecha, citada en Aleksandar Marincic, prólogo a Nikola Tesla, *The Problem of Increasing Human Energy, with Special Reference to the Harnessing of the Sun's Energy* (Belgrado: MNT, 2006), 6; Hunt y Draper, *Lightning in His Hand*, 105-106.

5. «Tesla as "The Wizard"», *Chicago Tribune,* 14 de mayo de 1899, y «Tesla's Task of Taming Air», *Chicago Times- Herald,* 15 de mayo de 1899, ambos en TC 14:117-119.

6. «Nikola Tesla Will 'Wire' to France», *Colorado Springs Evening Telegraph,* 17 de mayo de 1899 en TC 14:121.

7. Richard L. Hull, *The Tesla Coil Builder's Guide to the Colorado Springs Notes of Nikola Tesla* (Richmond, VA: por el autor, 1996), A24-A26; «Tesla's Station Is Ready», *Colorado Springs Evening Telegraph*, 2 de junio de 1899 en TC 14:139; NT, Discurso de la medalla Edison; Hunt y Draper, *Lightning in His Hand,* 13, 110, 114; NT, Declaración sobre la radio, 117-119; Cheney y Uth, *Tesla: Master of Lightning,* 87.

8. Sobre Lowenstein, véase su testimonio en Anderson, *Guided Weapons & Computer Technology,* 110, 110; Benjamin Franklin Miessner, *On the Early History of Radio Guidance* (San Francisco: San Francisco Press, 1964), 6; «Inventor of Radio Devices Died with Praises Unsung», *Philadelphia Public Ledger,* 16 de noviembre de 1922, en Archivos biográficos, Archivos de IEEE, Piscataway, NJ. Sobre Willie, véase George Scherff a NT, 2 de junio de 1899, en Ratzlaff y Jost, *Tesla/Scherff Colorado Springs Correspondence,* 62. Sobre Gregg, véase su carta a la señora Nelson V. Hunt, 9 de octubre de 1962, en carpeta «Tesla's Lab», Colorado Springs series, Colección Anderson.

9. Hull, *Coil Builder's Guide to the Colorado Springs Notes*, A28; Cheney y Uth, *Tesla: Master of Lightning,* 87.

10. NT, Testimonio de Fessenden, 24.

11. Gregg a Hunt, 9 de octubre de 1962; «Tesla's Call from Mars?», *New York Sun,* 3 de enero de 1901, en TC 15:115.

12. Ensayo de 1904, 429.

13. O'Neill, *Prodigal Genius,* 179.

14. Aitken, *Syntony and Spark,* 103-106; J. A. Fleming, *The Principles of Electric Wave Telegraphy* (Londres: Longmans, Green, 1906), 357-361; NT, Interferencia de Fessenden, 66, 87-88. Tesla también reemplazó los rellenos de hierro con más virutas de níquel.

15. Ensayo de 1904, 429.

16. *Ibid.* Tesla menciona las ondas estacionarias de pasada en su entrada del 3 de julio de 1899 en CSN, 68.

17. Para una simulación, véase http://www.walter-fendt.de/ph14e/st waverefl.htm.

18. Dalton, *The Story of Radio*, 79-80;

19. Ensayo de 1904, 429.

20. NT, CSN, 4 de julio de 1899, 69.

21. Tesla se encontró con Popov en la Exposición Universal de Chicago en 1893, y podría haber leído su descripción de este detector en *The Electrician* en 1897. Sobre Popov, véase Fleming, *Principles of Electric Wave Telegraphy*, 362-363, 425, y James P. Rybak, «Alexander Popov: Russia's Radio Pioneer», *Popular Electronics,* agosto de 1982, disponible en http://www. ptti.ru/eng/forum/article2.html. Para el detector de relámpagos de 1895, véase R. Victor Jones, «The Branly-Lodge 'Coherer' Detector: A Truly Crazy Device That Worked!», disponible en http://people.seas.harvard.edu/~jones/ cscie129/nu_lectures/lecture6/coherers/coherer.html.

22. NT, CSN, 4 de julio de 1899, 69.

23. *Ibid.*, 70.

24. Leland Anderson sugirió que Tesla detectó estas señales periódicas como un resultado de las ondas siendo reflejadas por las montañas al oeste de Colorado Springs; véase Seifer, *Wizard,* 471.

25. «Extremely Low Frequency Transmitter Site Clam Lake, Wisconsin», Archivo de datos de la Marina de EE. UU., 28 de junio de 2001, disponible en http://www.fas.org/nuke/guide/usa/c3i/fs_clam_lake_elf2003.pdf; Lucy Sheriff, «U.S. Navy Cuts ELF Radio Transmissions» *The Register,* 30 de septiembre de 2004, http://www.theregister.co.uk/2004/09/30/elf_ us_navy/.

26. NT, CSN, 4 de julio de 1899, 70, patente británica de Tesla n.º 8200 de 1905, citada en James Erskine-Murray, *A Handbook of Wireless Telegraphy*, 2.ª ed. (Nueva York: D. Van Nostrand, 1909), 278.

27. Ensayo de 1904, 430.

28. NT, Interferencia de Fessenden, 75.

29. Ensayo de 1904, 430.

30. Kenneth L. Corum y James F. Corum estimaron que el receptor de Tesla era probablemente cien veces más sensible que los receptores usados por Marconi y otros de los primeros experimentadores inalámbricos. Véase «Nikola Tesla and the Planetary Radio Signals» (2003): 3-4, http://www.tes lasociety.com. Para un ejemplo de uno de los receptores más sensibles de Tesla, véase su entrada del 12 de julio de 1899, CSN, 89.

31. NT, «Talking with the Planets», *Collier's Weekly* 26 (9 de febrero de 1901): 4-5 en TC 15:157-162.

32. *Ibid.* Tesla indicó que oyó las señales en más de una ocasión en «A New Century Call-Up from Mars», *Electrical World and Engineer*, 5 de enero de 1901, en TC 15:120. Véase también «Tesla's Call from Mars?», *New York Sun*, 3 de enero de 1901, en TC 15:115.

33. Sin embargo, en los últimos años, Tesla solía afirmar que pensaba que las señales venían específicamente de Marte. Véase, por ejemplo, NT, «Signalling Mars—A Problem in Electrical Engineering», *Harvard Illustrated*, marzo de 1907, pp. 119-121, en TC 18:1-3.

34. En la actualidad los astrónomos creen que los canales en Marte fueron el resultado de psicología de la percepción y la resolución limitada de los telescopios disponibles a finales del siglo xix. Incapaces de obtener imágenes claras de la superficie marciana, los astrónomos permitieron a su imaginación convertir las imágenes borrosas que veían en canales o líneas rectas. Sobre una historia de los canales marcianos, véase William Sheehan, *The Planet Mars* (Tucson: University of Arizona Press, 1996), especialmente 71-77, así como W. G. Hoyt, *Lowell and Mars* (Tucson: University of Arizona Press, 1976).

35. Seifer, *Wizard,* 223-224.

36. Corum y Corum, «Tesla and Planetary Radio Signals», 1, 6.

37. Dalton, *Story of Radio*, 92.

38. Corum y Corum, «Tesla and Planetary Radio Signals», 8.

39. «Tesla's Call from Mars?», *New York Sun*, 3 de enero de 1901.

40. De hecho, para conseguir una cantidad extragrande de energía para sus experimentos más espectaculares, Tesla tenía que esperar hasta después de medianoche, cuando la compañía eléctrica ya no estaba proporcionando corriente para el alumbrado; solo entonces podía recurrir a todos los generadores de la planta local. Véase Leland Anderson e Inez Hunt, «Lightning over "Little London"», *Denver Post*, Empire Magazine, 11 de julio de 1976.

41. Gregg a Hunt, 9 de octubre de 1962.

42. Hull, *Coil Builder's Guide to the Colorado Springs Notes,* A28; Gregg a Hunt, 9 de octubre de 1962.

43. NT, CSN, 31 de julio de 1899, 119-120.

44. *Ibid.*; NT, «Problem of Increasing Human Energy», 206.

45. Véase el comentario de Marincic para 23 de agosto de 1899, CSN, 411. Más tarde Tesla afirmó en «Problem of Increasing Human Energy» (p. 208) que él había producido chispas de cientos de pies de longitud, pero no hay registro de chispas de esta longitud en CSN. Véase también Hull, *Coil Builder's Guide to the Colorado Springs Notes,* 90-91 y NT, CSN, 23 de agosto de 1899, 155.

46. NT, Discurso de la medalla Edison; NT a RUJ, 1 de octubre de 1899, BC.

47. Véase NT, CSN, 23 de octubre de 1899, 229 y NT, Declaración sobre la radio, 119. Tesla se dio cuenta de la importancia de evitar los hilos luminosos en su entrada del 30 de julio de 1899, CSN, 115. Véase también Hull, *Coil Builder's Guide to the Colorado Springs Notes*, 90.

48. «Lighthouses: An Administrative History», http://www.nps.gov/maritime/light/admin.htm; Francis J. Higginson a NT, 11 de mayo de 1899, Carpeta de correspondencia de la comisión permanente de faros, Caja 3, Colección Anderson. Esta correspondencia fue encontrada por Anderson en los Archivos Nacionales.

49. «The "Herald" to Report Steamships at Sea by Using Marconi's Wireless Telegraph», *New York Herald* (París), 9 de junio de 1901, tercera sección, p. 2, http://earlyradiohistory.us/1901nan.htm.

50. NT a George Scherff, 4 de julio de 1899, en Ratzlaff y Jost, *Tesla/Scherff Correspondence,* 88-89; véase también Thomas Perry a NT, 3 de agosto de 1899, Anderson Collection.

51. Thomas Perry a NT, 14 de septiembre de 1899, Anderson Collection.

52. NT a la comisión permanente de faros, 27 de septiembre de 1899, Anderson Collection.

53. L.S. Howeth, *History of Communications-Electronics in the United States Navy* (Washington, DC: Agencia de barcos y oficina de historia naval, 1963), capítulo. 4, http://earlyradiohistory.us/1963hw04.htm.

54. Testimonio de Lowenstein en Anderson, *Guided Weapons & Computer Technology,* 112.

55. NT, Testimonio de Fessenden, 80-81.

56. Howeth, *History of Communications-Electronics in the United States Navy*, 38-39.

57. Ensayo de 1904, 430; Herbert Spencer, *Principles of Psychology,* 2.ª ed. (Londres: Williams and Norgate, vol. 1, 1870; vol. 2, 1872), 1:563, citado en C. U. M. Smith, «Evolution and the Problem of Mind: Part I. Herbert Spencer», *Journal of the History of Biology* 15 (primavera de 1982): 55-88, en 73; NT a JPM, 5 de septiembre de 1902, BC.

58. NT, Testimonio de Fessenden, 6; NT a JPM, 5 de septiembre de 1902.

59. NT, Testimonio de Fessenden, 24.

60. *Ibid.*, 30 y NT, CSN, 27 de junio de 1899, 49-50. Leland Anderson ha sugerido que por el desarrollo de estas técnicas para usar dos frecuencias, Tesla debería ser considerado como el inventor de la puerta AND utilizada en

los circuitos lógicos de los ordenadores; véase Anderson, *Guided Weapons & Computer Technology,* 150-151.

61. NT, Testimonio de Fessenden, 31-33; «Friends of Tesla Said to Fear for His Health», *New York Herald,* 9 de octubre de 1899, en TC 14:159.

62. NT, CSN, 23 y 24 de julio de 1899, 103-105.

63. Véanse las entradas para el 22 de agosto, 5 de septiembre y 11 de septiembre de 1900, CSN, 154, 174-176, 179-180. Tesla menciona llevar el receptor cerca del lago en NT, testimonio de Fessenden, 75-76, 80. Hull también concluyó que la prueba de transmisión más larga en Colorado Springs fue de una milla; véase *Coil Builder's Guide to the Colorado Springs Notes,* 91.

64. NT, CSN, 2 de enero de 1900, 341, 343.

65. NT, Interferencia de Fessenden, 24-25.

66. NT, «Problem of Increasing Human Energy», 210; O'Neill, *Prodigal Genius,* 193.

67. Entre julio y octubre de 1899, Tesla dio solo dos breves entrevistas, y en una simplemente rehusó hablar al reportero; véase «Tesla Talks to the Telegraph», *Colorado Springs Evening Telegraph,* 29 de julio de 1899, y «Tesla's Work in Colorado», *New York Tribune,* 20 de septiembre de 1899, en TC 14:148, 150.

68. Testimonio de Lowenstein en Anderson, *Guided Weapons & Computer Technology,* 121, 122-123.

69. Hunt y Draper, *Lightning in His Hand,* 107.

70. Scherff a NT, 19 de septiembre de 1899, NT a Scherff, 13 de octubre de 1899, y Scherff a NT, 16 de octubre de 1899, en Ratzlaff y Jost, *Tesla/Scherff Correspondence,* 113-114, 124, y 127, respectivamente; «Inventor of Radio Devices Died with Praises Unsung».

71. NT, «Problem of Increasing Human Energy», 208.

72. NT a Richard Watson Gilder, sin fecha, Caja 100, Colección *Century,* División de manuscritos y archivos, Biblioteca Pública de Nueva York; NT a RUJ, 28 de noviembre de 1899, MSS 001452 A, Biblioteca Dibner, NMAH.

73. Aleksandar Marincic, prólogo de *The Problem of Increasing Human Energy,* 17.

74. Véanse las siguientes entradas en NT, CSN: 31 de diciembre de 1899 (p. 323), 329; Entrada para foto XL, 3 de enero de 1900 (p. 357); Lámina XIII (p. 324).

75. Láminas I-IV y XXXIII-XXXIX en NT, CSN, 298-304, 348.

76. Este es el hilo luminoso más largo del que Tesla informa en CSN;

véase su entrada para 31 de diciembre de 1899, pp. 325, 327. La mayoría de las fuentes afirman que Tesla creó un hilo de 135 pies, pero no he sido capaz de encontrar ninguna referencia a esta longitud.

77. NT, CSN, 3 de enero de 1900, 357.

78. Láminas XI-XIV en 318-328, 322 y XL-XLIII en 350, 357-363, CSN.

79. Láminas XV-XXX, CSN, 331-353.

80. NT, CSN, 2 de enero de 1900, 355, 341.

81. *Ibid.*, 351. No hay evidencia de que Tesla encendiese jamás un campo entero de bombillas, como muestra la película *El truco final.*

82. NT, CSN, 1 de enero de 1900, 333; O'Neill, *Prodigal Genius,* 187.

83. «Great Balls of Fire!», *The Economist,* 27 de marzo de 2008, http://www.economist.com/science/displaystory.cfm?story_id=10918140; Schiffer, *Draw the Lightning Down,* 165-166.

84. Paul Sagan, *Ball Lightning: Paradox of Physics* (Nueva York: iUniverse, 2004).

85. NT, CSN, 3 de enero de 1900, 359, 361.

86. Véase NT, CSN, 31 de diciembre de 1899 y 3 de enero de 1900, 327 y 363. Los hermanos Corum mencionaron que crearon bolas de fuego usando un transmisor amplificador; véase Kenneth L. Corum y James F. Corum, extracto de «Tesla's Production of Electric Fireballs», *TCBA News* 8, n.º 3 (1989), http://home.dmv.com/~tbastian/ball.htm.

87. NT, CSN, 2 de enero de 1900, 337.

88. Karl Popper, *La lógica de la investigación científica* (Madrid: Tecnos, 2008).

89. Henry Petroski, *La ingeniería es humana: La importancia del fallo en el éxito del diseño* (Madrid: Cinter Divulgación Técnica, S.L.L., 2007); Matthew Josephson, *Edison* (Barcelona: Plaza & Janes, 1962).

CAPÍTULO 14. WARDENCLYFFE

1. NT: «Art of Transmitting Electrical Energy through the Natural Mediums», patente de EE. UU. 787.412 (presentada el 16 de mayo de 1900, concedida el 18 de abril de 1905); «Method of Signaling», patente de EE. UU. 723.188 (presentada el 16 de julio de 1900, concedida el 17 de marzo de 1903); «System of Signaling», patente de EE. UU. 725.605 (presentada el 16 de julio de 1900, concedida el 14 de abril de 1905); y «Method of Insulating Electrical Conductors», patente de EE. UU. 655.838 (presentada

el 15 de junio de 1900, concedida el 14 de agosto de 1900); testimonio de George Scherff, Interferencia de Fessenden, en Anderson, *Guided Weapons & Missile Technology,* 93.

2. Elemento sin título, *The Electrician,* 19 de enero de 1900, p. 423 en TC 15:3.

3. Elemento sin título, *Electricity,* 24 de enero de 1900, p. 35 en TC 15:3.

4. NT, Testimonio sobre la radio, 170.

5. NT a GW, 22 de enero de 1900, BC. También disponible en Hunt y Draper, *Lightning in His Hand,* 133-134.

6. Seifer, *Wizard,* 238.

7. Véase, por ejemplo, «Decision in Favor of Tesla Rotating Magnetic Field Patents», *Electrical World and Engineer* 36 (8 de septiembre de 1900): 394-395 en TC 15:87-88.

8. NT a Scherff, 31 de mayo de 1899; Scherff a NT, 3 de junio de 1899; NT a Scherff, 10 de junio de 1899; Scherff a NT, 11 de septiembre de 1899; NT a Scherff, 14 de octubre de 1899, todo en Ratzlaff y Jost, *Tesla/ Scherff Colorado Springs Correspondence,* 70, 71, 73, 110-111, 125, respectivamente.

9. Seifer, *Wizard,* 241, 243-244.

10. Marincic, prólogo de *The Problem of Increasing Human Energy,* 7.

11. NT, Interferencia de Fessenden, 32.

12. O'Neill, *Prodigal Genius,* 195.

13. RUJ a NT y NT a RUJ, ambas del 6 de marzo de 1900, en Seifer, *Wizard,* 239-240.

14. NT, «Problem of Increasing Human Energy».

15. *Ibid.,* 175.

16. *Ibid.,* 177, 192-193; John William Draper, *History of the Intellectual Development of Europe* (Nueva York: Harper Brothers, 1891), 2:392. Draper (1811-1882) fue profesor de química y psicología en la Universidad de Nueva York.

17. NT, «Problem of Increasing Human Energy», 178-180.

18. *Ibid.,* 188.

19. *Ibid.,* 211. En el artículo, Tesla cita el poema de Goethe «Esperanza» en alemán y la traducción al inglés se daba en una nota a pie de página.

20. Para una muestra de esta cobertura, véanse los álbumes de recortes de periódicos, MNT.

21. Physicist, «Science and Fiction», *Popular Science Monthly* 58 (julio de 1900): 324-326, en TC 15:66-67.

22. TCM, «Newspaper Science», *Science* 12 (2 de noviembre de 1900): 684-685, en TC 15:110-111. Fiel a su palabra, como editor de *Electrical World*, a finales de 1900 Martin pidió a especialistas en ingeniería eléctrica que votasen quién era el mayor inventor y científico en su campo; véase «Twenty-Five Great Names in Electrical Science and Invention during the Nineteenth Century», *Electrical World and Engineer* 37 (5 de enero de 1901): 18-19 en TC 15:118-119. Las filas de miembros de AIEE colocaron a Tesla en el número 7, mientras que los profesores de ingeniería eléctrica lo situaron en el puesto 15 y «destacados» miembros de AIEE lo valoraron como el número 13.

23. Bledstein, *The Culture of Professions; Louis Galambos, The Creative Society—and the Price Americans Paid for It* (Nueva York: Cambridge University Press, 2012).

24. «Electricity a Cure for Tuberculosis», *New York Herald*, 3 de agosto de 1900; «Niagara's Power for City Wheels», 17 de agosto de 1900; [sin título], *The Electrician,* 24 de agosto de 1900, todo en TC 15:69, 73, 78.

25. Jean Strouse, *Morgan: American Financier* (Nueva York: Random House, 1999); Carlson, *Innovation as a Social Process,* 293-296.

26. Guglielmo Marconi, «Transmitting Electrical Signals», patente de EE. UU. 586.193 (presentada el 7 de diciembre de 1896, concedida el 13 de julio de 1897) y «Apparatus Employed in Wireless Telegraphy», patente de EE. UU. 647.008 (presentada el 13 de junio de 1899, concedida el 10 de abril de 1900).

27. [Henry Saunders] a los directivos de Wireless Telegraph & Signal Co., 15 de septiembre de 1899, en Declaraciones y correspondencia sobre actividades generales, 1899-1908, MS. Marconi 178, Archivos de Marconi, Biblioteca Bodleian, Universidad de Oxford.

28. NT a JPM, 13 de diciembre de 1904, BC.

29. Strouse, *Morgan,* 394-395; George Wheeler, *Pierpont Morgan and Friends: Anatomy of a Myth* (Englewood Cliffs, NJ: Prentice- Hall, 1973), 61-62.

30. NT a JPM, 26 de noviembre de 1900, BC.

31. NT a JPM, 10 de diciembre de 1900, BC.

32. NT a JPM, 12 de diciembre de 190[0], BC.

33. NT a JPM, 12 de diciembre de 1900, BC.

34. Strouse, *Morgan,* 401-403.

35. NT a la Cruz Roja Americana [7 de enero de 1901], Colección de Tesla, Biblioteca de Libros Raros y Manuscritos, Universidad de Columbia (de aquí en adelante citado como Colección de Tesla en Columbia).

36. «Tesla's Call from Mars?», *New York Sun*, 3 de enero de 1901; «Astronomers Discuss Tesla's Alleged Message from Mars», *New York Journal*, 4 de enero de 1901; «Discredits Tesla's Martian Theory», *New York Herald*, 5 de enero de 1901; «That Message from Mars», *Scientific American*, 19 de enero de 1901; «An Alleged Message from Mars», *Literary Digest*, 26 de enero de 1901, todo en TC 15:115-117, 121, 132, 137, respectivamente.

37. NT a JJA, 11 y 22 de enero de 1901, respectivamente, en Seifer, *Wizard*, 253-254; «Tesla's Wireless Light», *New York Sun*, 26 de enero de 1901, en TC 15:138; «Tesla's Vacuum Tube Light», *New York Tribune*, 27 de enero de 1901; «Vacuum Tube Lighting», *Electrical World and Engineer*, 2 de febrero de 1901, p. 201; «Tesla's Wireless Light», *Scientific American*, 2 de febrero de 1901; «Tesla's Vacuum- tube Lighting», *Western Electrician,* 2 de febrero de 1901, p. 79; «Nikola Tesla Duplicates the Light of Day», *New York Herald*, 3 de febrero de 1901; «Tesla's "Artificial Sunshine"», *Public Opinion*, 7 de febrero de 1901, 175, todo en TC 15:139, 143, 148-156, respectivamente.

38. «Mr. Tesla's Wireless Telegraphy», *New York Tribune,* 15 de febrero de 1901; «Tesla Ready to Try Transatlantic Talk», *New York Journal*, 22 de febrero de 1901; «Tesla's New Telegraph», *New York Sun*, 15 de febrero de 1901, todo en TC 15:167, 171, 166, respectivamente.

39. Herbert L. Satterlee, *J. Pierpont Morgan: An Intimate Portrait* (Nueva York: Macmillan, 1939; repr., Nueva York: Arno, 1975), 369-370.

40. «Tesla and Wireless Telegraphy», *Literary Digest* 22 (2 de marzo de 1901): 257 en TC 16:4.

41. Charles Steele a NT, 15 y 25 de febrero de 1901; NT a Steele, 18 de febrero de 1908, BC.

42. NT a JPM, 1 de marzo de 1901, y Charles Steele a NT, 4 de marzo de 1901, ambos en BC.

43. NT a JPM, 13 de octubre de 1904, BC; Strouse, *Morgan,* 412, 418, 426.

44. Strouse, *Morgan,* 495.

45. NT a JPM, 13 de diciembre de 1904, BC.

46. NT a Charles Steele, 5 de marzo de 1901, BC.

47. Detalles de la construcción del laboratorio, que todavía se conserva, fueron tomados de historias de *Port Jefferson Echo*, 2 de agosto de 1901 y febrero de 1902, citados en Natalie Aurucci Stiefel, *Looking Back at Rocky Point: In the Shadow of The Radio Towers*, vol. 1, http://www.teslasociety.com/warden.htm. Véase también Leland M. Roth, *McKim, Mead & White: A*

Building List (Nueva York: Garland, 1978), entrada 818, p. 148; Stanford White a NT, 26 de abril de 1901, en Seifer, *Wizard,* 262.

48. Mervin G. Pallister, «A History of the Incorporated Village of Shoreham», 4 de julio de 1976, y Mary Lou Abata, «History of Shoreham», 1979, ambos disponibles en http://www.shorehamvillage.org/Shoreham_History/ History_home.html; «Mr. Tesla at Wardenclyffe, L.I.», *Electrical World and Engineer* 38 (28 de septiembre de 1901): 509-510, en TC 16:40; *Port Jefferson Echo,* 2 de agosto de 1901, en Stiefel, *Looking Back at Rocky Point*; Leland I. Anderson, «Wardenclyffe—A Forfeited Dream», *Long Island Forum* (agosto y septiembre de 1968), http://www.teslascience.org/pages/ dream.htm; «Tesla Judgment Filed: Inventor Had Paid Lawyer with Promissory Note», *New York Times,* 14 de junio de 1925; O'Neill, *Prodigal Genius,* 205. El nombre Wardenclyffe resultó tener una corta vida y en 1906 el pueblo cercano al laboratorio de Tesla recibió su nombre actual, Shoreham.

49. «Tesla's Description of Long Island Plant and Inventor of the Installation as Reported in 1922 Foreclosure Appeal Proceedings», apéndice 2 en NT, Declaración sobre la radio, 191-198.

50. NT, Declaración sobre la radio, 143. Observa que cuando estaba trabajando en Wardenclyffe, Tesla se refería a la torre como un «terminal elevado» y que solo usó el término «antena» mucho después, como en esta cita de 1916.

51. Véase NT, Declaración sobre la radio, 145, y NT, «Apparatus for Transmitting Electrical Energy», patente de EE. UU. 1.119.732 (presentada el 18 de enero de 1902, concedida el 1 de diciembre de 1914). Robert van de Graaff también se dio cuenta de que una esfera era la mejor forma para almacenar grandes cantidades de carga eléctrica, y por tanto sus generadores electrostáticos eran coronados de modo similar con una esfera metálica. Como la torrre de Tesla, los generadores más grandes de Van de Graaff eran capaces de generar cargas del orden de 7 millones de voltios. Véase entrada para Robert J. van de Graaff en http://en.wikipedia.org/wiki/Robert_J._Van_de_ Graaff (y la versión castellana: http://es.wikipedia.org/wiki/Robert_J._Van_ de_Graaff).

52. NT, notas sin título, 29 de mayo de 1901, original en MNT, copia en carpeta de notas de NT, caja Wardenclyffe, Colección Anderson; NT, Declaración sobre la radio, 143.

53. NT a JPM, 13 de septiembre de 1901, BC.

54. NT a Stanford White, 13 de septiembre de 1901, Diversas colecciones personales, División de manuscritos y archivos, Biblioteca Pública de Nueva York.

55. «Tesla's Description of Long Island Plant», NT, 200-202. Varios dibujos de la torre acabada muestran el terminal semiesférico en la cima salpicado con semiesferas más pequeñas; véase, por ejemplo, Smithsonian Neg. 86-604066.

56. NT a JPM, 19 de diciembre de 1904, BC.

57. «Tesla and Telegraphy», *New York Tribune,* 27 de noviembre de 1901, y «A New Tesla Laboratory on Long Island», *Electrical World and Engineer* 40 (27 de septiembre de 1902): 499-500, ambos en TC 16:54 y 98; «Tesla's Description of Long Island Plant», 200-202; O'Neill, *Prodigal Genius,* 205.

58. «Cloudborn Electric Wavelets to Encircle the Globe», *New York Times,* 27 de marzo de 1904 en TC 17:3.

59. «Tesla's Description of Long Island Plant», 203.

60. «Cloudborn Electric Wavelets to Encircle the Globe.»

61. «Tesla's Description of Long Island Plant», 203.

62. *Ibid.*

63. *Port Jefferson Echo,* 22 de febrero de 1902, en Stiefel, Looking Back at Rocky Point.

64. Véase «Inventor Tesla's Plant Nearing Completion», *Brooklyn Eagle,* 8 de febrero de 1902, en TC 16:61; *Port Jefferson Echo,* febrero de 1902; y *Patchogue Advance,* marzo de 1902, ambos en Stiefel, *Looking Back at Rocky Point.* Leland Anderson pensaba que los cuatro túneles llevaban a un túnel circular exterior que «quizás se necesitaba para establecer una gran área de contacto con el sistema de aguas subterráneas»; véase «Wardenclyffe Design Mystery», en Carpeta de construcciones y túneles, Caja Wardenclyffe, Colección Anderson. Véase también «Dig for Mystery Tunnels Ends with Scientist's Secret Intact», *Newsday,* 13 de febrero de 1979, p. 24, y «Famed Inventor, Mystery Tunnels Linked», *Newsday,* 10 de marzo de 1979, p. 19, ambos disponibles en http://www.teslascience.org/pages/twp/tunnels.htm.

65. NT a JPM, 9 de enero de 1902. Estoy agradecido a Vladimir Jelenković del Museo Tesla por proporcionarme una trascripción de esta carta.

66. Véase NT, «Apparatus for Transmitting Electrical Energy», patente de EE. UU. 1.119.732 (presentada el 18 de enero de 1902, concedida el 1 de diciembre de 1914); «System of Transmission of Electrical Energy», patente de EE. UU. 645.675 (presentada el 2 de septiembre de 1897, concedida el 20 de marzo de 1900); y «Apparatus for Transmission of Electrical Energy», patente de EE. UU. 649.621 (presentada el 2 de septimbre de 1897, concedida el 15 de mayo de 1900). Los lectores que estén buscando una interpretación más completa de cómo podría haber funcionado la estación de

Wardenclyffe, pueden consultar Gary Peterson, «Nikola Tesla's Wireless Work», http://www.teslaradio.com/pages/wireless.htm.

67. Véase NT, Declaración sobre la radio, 152-155. En la imagen 13.4 se ofrece un diagrama de cómo Tesla conectaba estos componentes en Colorado Springs.

68. Entrada sobre Wardenclyffe, http://en.wikipedia.org/wiki/Wardenclyffe (y la versión castellana: http://es.wikipedia.org/wiki/Wardenclyffe_Tower).

69. No hay fotografías o diagramas del transmisor amplificador de Wardenclyffe que hayan sobrevivido, y esta descripción está basada en la patente de Tesla paara un terminal elevado: «Apparatus for Transmitting Electrical Energy», patente de EE.UU. 1.119.732 (presentada el 18 de enero de 1902, concedida el 1 de diciembre de 1914). Véase también NT, Declaración sobre la radio, 145.

70. A. S. Marinic, «Nikola Tesla and the Wireless Transmission of Energy», *IEEE Transactions on Power Apparatus and Systems* PAS-101 (octubre de 1982): 4064-4068, en 4066.

71. Alan Bellows, «Tesla's Tower of Power», http://www.damninteresting.com/teslas-tower-of-power/.

72. Gary Peterson, «Wireless Energy Transmission for the Amateur Tesla Coil Builder», http://www.teslaradio.com/pages/wireless_102.htm.

73. NT, Declaración sobre la radio, 155; Ensayo de 1904, 431.

Capítulo 15. La torre oscura

1. NT a la Sra. Johnson, 13 de octubre de 1901, en Seifer, *Wizard*, 272.

2. NT a JPM, 11 de noviembre de 1901, BC.

3. Gavin Weightman, *Signor Marconi's Magic Box: The Most Remarkable Invention of the 19th Century and the Amateur Inventor Whose Genius Sparked a Revolution* (Nueva York: Da Capo, 2003), 58-65, 75-76.

4. Josephine B. Holman a Marconi, 31 de diciembre de 1899 y 26 de octubre de 1900, Archivos de Marconi; Hong, *Wireless*, 59-61.

5. Fleming, *Principles of Electric Wave Telegraphy*, 451; Hong, *Wireless*, 58, 72-73.

6. Sungook Hong argumenta que Marconi solo fue capaz de transmitir a través del Atlántico porque Fleming diseñó un sistema potente (*Wireless*, 53-88). Como Tesla, Fleming usó un transformador regular para aumentar la corriente y cargar el gran condensador. Cuando este condensador

se descargaba, la corriente oscilatoria era enviada a través de un segundo transformador que funcionaba de un modo muy parecido al transformador amplificador de Tesla. A diferencia de Tesla, que añadió una bobina extra entre la secundaria de su transmisor amplificador y el terminal elevado, Fleming añadió otro condesandor y un transformador final que incrementaba la corriente antes de que llegase a la antena. Para obtener un sentido de similitud del equipo transmisor en Poldhu y el que usaba Tesla en Colorado Springs, compárese la foto del interior de la estación de Poldhu (Hong, *Wireless*, p. 75, fig. 3.6.) con el interior de Colorado Springs (imagen 13.2). Marconi afirmaba que no había nada nuevo en usar una bobina de Tesla de este modo y que este circuito se sugería en patentes presentadas por Oliver Lodge y Ferdinand Braun; véase G. Marconi, «Syntonic Wireless Telegraphy», conferencia dada en la Sociedad de Artes, 15 de mayo de 1901, MS 159, Artículos de Marconi. Véase también Weightman, *Marconi's Magic Box,* 91.

7. Weightman, *Marconi's Magic Box*, p. 101.

8. Véanse «Wireless Signals across the Ocean», «Signor Marconi's Career», «Nikola Tesla's Researches» y «T. C. Martin's Views», todo en el *New York Times*, 15 de diciembre de 1901.

9. Lee de Forest, *Father of Radio: The Autobiography of Lee de Forest* (Chicago: Wilcox & Follett, 1950), 129.

10. Para una discusión técnica moderna sobre lo que Marconi pudo haber oído (o no haber oído), véase John S. Belrose, «Fessenden and Marconi: Their Differing Technologies and Transatlantic Experiments during the First Decade of this Century» (artículo presentado en la conferencia internacional sobre cien años de la radio, 5-7 de septiembre de 1995), http://www.ieee.ca/millennium/radio/radio_differences.html.

11. TCM a [Elihu Thomson], 17 de octubre de 1919, en Abrahams y Savin, *Scientific Correspondence of Elihu Thomson,* 354-355; David O. Woodbury, *Beloved Scientist,* 235-236; Gordon Bussey, *Marconi's Atlantic Leap* (Coventry: Marconi Communications, 2000), 65.

12. Menú de la cena annual del AIEE, 13 de enero de 1902, MS 159, Archivos de Marconi; «Annual Dinner of the Institute at the Waldorf-Astoria, January 13, 1902, in honor of Guglielmo Marconi», *Transactions of the American Institute of Electrical Engineers,* 1902, pp. 93-121, http://earlyradiohistory.us/1902wt.htm.

13. Las tres citas anteriores son de la cena de Marconi en 1902.

14. Weightman, *Marconi's Magic Box*, 122-126; Bussey, *Marconi's Atlantic Leap*, 70-74.

15. «Tesla's Wireless Telegraph», *New York Sun,* 16 de enero de 1902 en TC 16:59.

16. NT a JPM, 9 de enero de 1902.

17. NT a JPM, 13 de octubre de 1904, BC.

18. NT a JPM, 9 de enero de 1902.

19. Noah Wardrip-Fruin y Nick Montfort, eds., *The New Media Reader* (Cambridge, MA: MIT Press, 2003), Sección 54, citado en http://en.wikipe dia.org/wiki/World_wide_web#cite_note-3

20. NT a JPM, 9 de enero de 1902.

21. NT, «Tesla Manifesto», en O'Neill, *Prodigal Genius,* 209.

22. Steven Watts, *The People's Tycoon: Henry Ford and the American Century* (Nueva York: Alfred A. Knopf, 2005), 119.

23. W. Bernard Carlson, «Artifacts and Frames of Meaning: Thomas A. Edison, His Managers, and the Cultural Construction of Motion Pictures», en *Shaping Technology, Building Society: Studies in Sociotechnical Change,* ed. W. E. Bijker y J. Law (Cambridge, MA: MIT Press, 1992), 175-198.

24. NT a JPM, 9 de enero de 1902; NT a JPM, 5 de septiembre de 1902, BC.

25. NT a JPM, 9 de enero de 1902.

26. Strouse, *Morgan,* 457, 418-469.

27. «Prince Welcomed by Chiefs of Industry», *New York Times,* 27 de febrero de 1902.

28. Véase Interferencia de Fessenden en Anderson, *Guided Weapons & Computer Technology.* Sobre la vuelta al trabajo de Lowenstein, véase su testimonio en Interferencia de Fessenden, 110. Tesla parece haber ganado este caso; véase NT a Scherff, 9 de agosto de 1902 [¿o 1903?], en Seifer, *Wizard*, 282.

29. NT a JPM, 5 de septiembre de 1902, BC.

30. *Ibid.*

31. J. P. Morgan & Co. a NT, 7 de junio de 1902 y NT a JPM, 5 de septiembre de 1902, BC; *Port Jefferson Echo*, 21 de junio de 1902, en Stiefel, *Looking Back at Rocky Point.*

32. NT a JPM, 17 de septiembre de 1902, BC.

33. Charles Steele a NT, 24 de septiembre de 1902 y 21 de octubre de 1902; NT a JPM, 17 de septiembre de 1902, todo en BC.

34. Seifer, *Wizard,* 289; NT a JPM, 1 de abril de 1903, BC.

35. NT a JPM, 3 de julio de 1903, BC; Seifer, *Wizard,* 291; NT a Scherff, 13 de octubre de 1905, Colección de Tesla en Columbia (yo usé copias de las cartas de Tesla-Scherff encontradas en la colección Anderson, pero los originales están en Columbia); NT a Scherff, 11 de abril de 1903,

listado en *The Teslian*, septiembre-noviembre de 1903, p. C6, en Documentos de Elmer Gertz, Caja 377, Carpeta 6, BC.

36. Satterlee, *Morgan*, 387-394, 401-402; NT a JPM, 22 de abril de 1903, BC.

37. NT a JPM, 3 de julio de 1903, BC.

38. Satterlee, *Morgan,* 403; J. P. Morgan & Co. a NT, 3 de julio de 1903, y JPM a NT, 17 de julio de 1903, ambos en BC.

39. «Tesla's Flashes Startling», *New York Sun*, 17 de julio de 1903 en TC 16:140.

40. Tesla estimó que necesitaba solo otros 100.000 dólares para completar su trabajo; véase NT a William B. Rankine, 19 de abril de 1904, Carpeta de construcciones y túneles, caja Wardenclyffe, Documentos de Anderson.

41. Seifer, *Wizard,* 300.

42. NT, Declaración sobre la radio, 106.

43. Frank Fayant, «Fools and Their Money», *Success Magazine*, enero de 1907, pp. 9-11, 49-52, http://earlyradiohistory.us/1907fool.htm.

44. Georgette Carneal, *A Conqueror of Space: An Authorized Biography of the Life and Work of Lee DeForest* (Nueva York: Horace Liveright, 1930), 75-83; de Forest, *Father of Radio,* 89-90; James A. Hijiya, *Lee de Forest and the Fatherhood of Radio* (Bethlehem, PA: Lehigh University Press, 1992), 41, 58; Scherff a NT, 26 de septiembre de 1899, Colección de Tesla en Columbia.

45. Samuel Lubell, «Magnificent Failure», *Saturday Evening Post.* El artículo de Lubell apareció en tres capítulos en enero de 1942: 17 de enero, pp. 9-11 y ss.; 24 de enero, pp. 20-21 y ss.; 31 de enero, p. 27 y ss. La cita es del 24 de enero, p. 21.

46. *Ibid.*

47. Frank Fayant, «The Wireless Telegraph Bubble», *Success Magazine,* junio de 1907, pp. 387-389 y ss., http://earlyradiohistory.us/1907fool.htm.

48. De Forest, *Father of Radio,* 130-135; Carneal, *Conqueror of Space,* 146-151.

49. «Wireless Stock Quotations» y «A Perambulating Wireless Telegraph Plant», *Electrical World and Engineer*, 14 y 28 de febrero de 1903, pp. 281 y 374, respectivamente.

50. JPM a NT, 14 de diciembre de 1905 y 16 de febrero de 1906, BC.

51. Hawkins, «Nikola Tesla, His Work, and Unfulfilled Promises», 99, 108 en TC 16:111-120; NT a JPM, 11 de diciembre de 1903, BC.

52. NT a William B. Rankine, 19 de abril de 1904 en la carpeta de construcciones y túneles, caja de Wardenclyffe, colección Anderson; NT a

Scherff, 14 de junio, 3 y 8 de agosto de 1905, Colección de Tesla en Columbia.

53. Petar Mandic a NT, 2 de septiembre de 1903, en Kosanovich, *Tesla Correspondence with Relatives,* 104.

54. JJA a NT, 6 de octubre de 1903, en Seifer, *Wizard,* 295.

55. Entrada para Ryan, http://www.vahistorical.org/exhibits/headsta les_inventory.htm#ryan; NT a JPM, 13 de octubre de 1904, BC; NT a Scherff, 16 de noviembre de 1903, Colección de Tesla en Columbia.

56. «Canadian Niagara Power, William Birch Rankine HydroElectric Generating Station», http://www.niagarafrontier.com/rankine.html; Frank G. Carpenter, «Wonderful Discoveries in Electricity», *Pittsburgh Dispatch,* 18 de diciembre de 1904 en TC 16:72-73; NT a JPM, 13 de enero de 1904, BC; Norman R. Ball, *The Canadian Niagara Power Company Story* (Erin, Ontario: Boston Mills Press, 2006).

57. Las cartas de amor de Hobson a Grizelda se pueden encontrar en la caja 1 de los documentos de Hobson, BC; véase, en concreto, Hobson a Miss Hull, 24 de noviembre de 1902, 27 de mayo de 1903, 25 de noviembre [¿1903?], 26 de noviembre de 1903, 26 de noviembre de 1904 y 30 de enero de 1905. Véase también Grizelda Hull a Hobson, 1 y 14 de diciembre de 1904.

58. Richmond [Hobson] a [Miss Hull], [22 de diciembre de 1903], Papeles de Hobson.

59. «Cloudborn Electric Wavelets to Encircle the Globe», *New York Times,* 27 de marzo de 1904; Alfred Cowles, «Harnessing the Lightning», *Cleveland Leader,* 27 de marzo de 1904, en Colección de Historia Naval, Sociedad Histórica de Nueva York, Nueva York; NT a JPM, 13 de enero de 1904, BC; «A Striking Tesla Manifesto», *Electrical World* 43 (6 de febrero de 1904): 256 en TC 16:159; NT a Scherff, 28 de enero de 1904, Colección de Tesla en Columbia; NT a RUJ, 24 de enero de 1904, en Seifer, *Wizard,* 289.

60. Ensayo de 1904, 431.

61. «John Sanford Barnes Dead», *New York Times,* 23 de noviembre de 1911; John S. Barnes, *Submarine Warfare, Offensive and Defensive: Including a Discussion of the Offensive Torpedo System, Its Effects upon Iron-Clad Ship Systems, and Influence upon Future Naval Wars* (Nueva York: D. Van Nostrand, 1869).

62. NT a Rankine, 19 de abril de 1904; Kerr, Page y Cooper a NT, 8 de abril de 1904 y NT a J. S. Barnes, 14 y 20 de abril de 1904, todas en Colección de Historia Naval; NT a Scherff, 21 de marzo de 1904, Colección de Tesla en Columbia.

63. Sobre Schiff, véase NT a Scherff, 25 de julio de 1905, en Seifer,

Wizard, 320. Además, Tesla invitó a los señores Andrews y Selon en el verano de 1905, pero he sido incapaz de determinar quiénes eran estos inventores; véase NT a Scherff, 31 de julio, 1 y 14 de agosto de 1905, Colección de Tesla en Columbia.

64. NT a JPM, 15 y 16 de febrero de 1906, JPM a NT, 16 de febrero de 1906, NT a JPM, 17 de octubre de 1904, todo en BC.

65. NT a JPM, 15 de diciembre de 1905, BC.

66. NT a JPM, 24 de septiembre de 1903 y NT a JPM, 13 de octubre de 1903, ambos en BC.

67. NT a JPM, 13 de octubre de 1904, BC.

68. NT a JPM, 17 de octubre de 1904, BC.

69. NT a JPM, 14 de diciembre de 1904, BC.

70. NT a JPM, 17 de febrero de 1905, BC.

71. NT a John Hays Hammond Jr., 18 de febrero de 1911, DKS.

72. Seifer, *Wizard,* 318-319; B. A. Behrend, «Tesla and the Polyphase Patents», *Electrical World* 45 (6 de mayo de 1905): 828 en TC 18:97; NT a Scherff, 23 de enero de 1905, Colección de Tesla en Columbia.

73. Hobson a NT, 1 de mayo de 1905, Box 8, Folder 6, DKS.

74. Hobson-Hull Wedding, *New York Times*, 26 de mayo de 1905; Grizelda H. Hobson, «Biographical Notes on the Life of R. P. Hobson», 1940, Caja 72, Carpeta biografía y anécdotas, Documentos de Hobson.

75. NT a Scherff, 12 y 14 de junio, 7, 14, y 18 de julio y 8 de agosto de 1905, Colección de Tesla en Columbia.

76. «Tesla on the Peary North Pole Expedition», *Electrical World* 46 (22 de julio de 1905): 130 en TC 17:121.

77. Para muestras de la discusión a favor y en contra de las ondas escalares, véase Hank Mills, «Tesla's Scalar Fields Still Beaming On!», http://pesn.com/2011/03/26/9501797_Teslas_Scalar_Waves_Replicated_by_Steve_Jackson y «Scalar Weapons: Tesla's Doomsday Machine?», http://skeptoid.com/episodes/4121.

78. NT a G. S. Viereck, 17 de diciembre de 1934, Centro de Investigación Benson Ford, Museo Henry Ford, Dearborn, MI; Frank G. Carpenter, «Wonderful Discoveries in Electricity», *Pittsburgh Dispatch*, 18 de diciembre de 1904.

79. Sylvia Nasar, *Una mente prodigiosa* (Barcelona: Random House Mondadori, 2012), 15.

80. NT, *My Inventions,* 93.

81. NT a Scherff, 11 de octubre de 1905, Colección de Columbia sobre Tesla.

82. Sobre el posible trato con Frick, véase JPM a NT, 14 de diciembre de 1905; NT a JPM, 24 de enero y 6 de febrero de 1906, BC. Las esperanzas de Tesla en cuanto al apoyo de Frick eran altas, como escribió a Scherff tras un breve encuentro con Frick: «Fue muy amigable y dijo que sentía tener que salir, pero que hablaría conmigo otro día. He encontrado a mi hombre, eso es tan cierto como la ley de la gravedad. Lo sabía». Véase NT a Scherff, 11 de noviembre de 1905, en Seifer, *Wizard,* 320.

83. NT a Edward P. Mitchell, 11 de diciembre de 1905, Documentos de Mitchell, New-York Historical Society; TCM a NT, 24 de diciembre de 1905, en Seifer, *Wizard*, 321.

84. Scherff a NT, 10 de abril de 1906, en Seifer, *Wizard*, 322.

85. Tom Reiss, «The First Conservative» [sobre Peter Viereck, hijo de G. S. Viereck], *New Yorker*, 24 de octubre de 2005, pp. 38-47, en 40.

86. NT a Viereck, 17 de diciembre de 1934. En la carta original, estos tres párrafos constituyen una porción de un párrafo muy largo, pero lo he partido para facilitar su lectura.

87. *Ibid.*

CAPÍTULO 16. VISIONARIO HASTA EL FIN

1. John G. Trump a Walter Gorsuch, 30 de enero de 1943, Archivo de la Ley de Libertad de Información (de aquí en adelante citado como FOIA, por sus siglas en inglés para Freedom of Information Act) para Nikola Tesla, Oficina Federal de Investigación (FBI), pp. 174-181, en 175, http://www.scribd.com/.

2. Frank Parker Stockbridge, «Will Tesla's New Monarch of Machines Revolutionize the World?», *New York Herald*, 15 de octubre de 1911, en Jeffrey A. Hayes, ed., *Tesla's Engine: A New Dimension for Power* (N.p.: Tesla Engine Builders Association, 1994), 22-36, en 35. A finales de la década de los ochenta del siglo xx, los investigadores canadienses volaron un modelo de avión que se alimentaba gracias a un rayo eléctrico; véase William J. Broad, «New Kind of Aircraft Is on Horizon as Designers Try Microwave Power», *New York Times*, 21 de julio de 1987.

3. Tom Crouch, *The Bishop's Boys: A Life of Wilbur and Orville Wright* (Nueva York: W. W. Norton, 1989), 244-245.

4. Esta explicación de la turbina de Tesla está basada en discusiones con mi amigo ingeniero Robert Ribando. Véase también William Harris, «How the Tesla Turbine Works», http://auto.howstuffworks.com/tesla-turbine.htm/printable.

5. Stockbridge, «Tesla's New Monarch of Machines», 27.

6. O'Neill, *Prodigal Genius,* 218-221.

7. NT a JJA, 22 de marzo de 1909, en Seifer, *Wizard,* 336; «Tesla Says He Has New Power Secret», *New York Herald,* 20 de mayo de 1909 en TC 18:146; «Southern Iron Merger Plan», *New York Times,* 2 de abril de 1911; NT, «Fluid Propulsion», patente de EE. UU. 1.061.142 (presentada el 21 de octubre de 1909, concedida el 6 de mayo de 1913), y «Turbine», patente de EE. UU. 1.061.206 (presentada el 21 de octubre de 1909, concedida el 6 de mayo de 1913).

8. O'Neill, *Prodigal Genius,* 222-224.

9. Seifer, *Wizard,* 362-366.

10. Véase http://www.discflo.com/; http://www.phoenixnavigation.com/ y http://www.teslaengine.org.

11. «Tesla Has Only Credit», *New York Times,* 18 de marzo de 1916.

12. «Tesla's Discovery: Nobel Prize Winner», *New York Times,* 7 de noviembre de 1915; NT a RUJ, 16 de noviembre de 1915, en Seifer, *Wizard,* 380.

13. O'Neill, *Prodigal Genius,* 229-237, con la cita en la 231. Para el retraso entre el anuncio y la entrega de la medalla, véase tarjeta «Tesla-Honors-1», DKS. Véase también NT, Discurso de la medalla Edison.

14. «Developments in Wireless Telegraphy», *Electrical World* 39 (29 de marzo de 1902): 540.

15. Friedrich Heilbronner, «Marconi and the Germans» (artículo presentado en Marconi09, Museo della Tecnica Elettrica, Pavía, Italia, octubre de 2009); Linwood S. Howeth, *History of Communications-Electronics in the United States Navy,* cap. 19, «Operations and Organization of the United States Naval Radio Service during Neutrality Period», sec. 3, «Operation of the Tuckerton and Sayville Stations», http://earlyradiohistory.us/1963hw19.htm.

16. «Tesla Sues Marconi on Wireless Patent», *New York Times,* 4 de agosto de 1915; NT, Declaración sobre la radio; la cita de Peterson es de http://www.tfcbooks.com/teslafaq/q&a_022.htm; Leland I. Anderson, *Priority in the Invention of Radio—Tesla vs. Marconi* (Breckenridge, CO: Twenty-First Century Books, n. d.); A. David Wunsch, «Misreading the Supreme Court: A Puzzling Chapter in the History of Radio», *Antenna* 11, n.º 1 (noviembre 1998), http://www.mercurians.org/1998_Fall/Misreading.htm.

17. Branimir Jovanović, «Nikola Tesla-Research Methodology in the Light of Facts Discovered during Reconstruction of His Work on Bladeless Pumps from 1908-1911» (artículo presentado en el encuentro ICOHTEC, Belfort, Francia, julio de 1998), 8.

18. NT, «Speed Indicator», patente de EE. UU. n.º 1.209.359 (presentada el 29 de mayo de 1914, concedida el 19 de diciembre de 1916); «Frequency Meter», patente de EE. UU. n.º 1.402.025 (presentada el 18 de diciembre de 1916, concedida el 3 de enero de 1922); «Speed-Indicator», patente de EE. UU. n.º 1.274.816 (presentada el 18 de diciembre de 1916, concedida el 6 de agosto de 1918); «Ship's Log», patente de EE. UU. n.º 1.314.718 (presentada el 18 de diciembre de 1916, concedida el 2 de septimbre de 1919); y «Flow-Meter», patente de EE. UU. n.º 1.365.547 (presentada el 18 de diciembre de 1916, concedida el 11 de enero de 1921).

19. Durante el tercer trimestre de 1918, Waltham Watch pagó a Tesla 165,80 dólares en royalties de 829 velocímetros vendidos; véase F. C. Graves a NT, 15 de octubre de 1918, DKS.

20. Anuncio del velocímetro de Waltham, *New York Times*, 8 de junio de 1921, http://blog.hemmings.com/index.php/2010/06/17/nikola-teslas-pound-per-horsepower-engine/#more-2549.

21. Exhibición C, Trump a Gorsuch, 30 de enero de 1943; NT a U.S. Steel, 26 de julio de 1931 y acuerdo entre NT y American Smelting and Refining Co., sin fecha, DKS.

22. «Tesla Judgment Filed: Inventor Had Paid Lawyer with Promissory Note», *New York Times*, 14 de junio de 1925; F. A. Merrick a NT, 2 de enero de 1934, BC; Hugo Gernsback, «Westinghouse Recollections», Westinghouse Broadcasting Company, *Engineering Contours* 5, n.º 1 (enero de 1960), en caja 18, carpeta 4, DKS. Además, Tesla fue demandado por New York Telephone Company en 1922 por no pagar una deuda que ascendía a 107,32 dólares y por Brentano's Book Stores en 1941 por un impago de 149 dólares; véase tarjeta «Tesla- Money-Debts», DKS.

23. H. Winfield Secor, «Tesla's View on Electricity and the War», *Electrical Experimenter* 5 (agosto 1917): 229 y ss.; la cita es de la entrada para Girardeau, http://en.wikipedia.org/wiki/%C3%89mile_Girardeau.

24. Jonathan Coopersmith, *The Electrification of Russia, 1880-1926* (Ithaca: Cornell University Press, 1992).

25. NT, *My Inventions,* 99-100. Tesla también menciona negociaciones con Lenin en su carta a J. P. Morgan Jr., 29 de noviembre de 1934, http://www.tfcbooks.com/tesla/1935-00 -00.htm.

26. NT, Declaración sobre la radio, 185.

27. Sobre Tesla y las palomas, véase O'Neill, *Prodigal Genius,* 307-317. Tesla dejó el Waldorf-Astoria en 1922 y se mudó a continuación al Hotel St. Regis, el Hotel Pennsylvania, el Hotel Governor Clinton y finalmente el Hotel New Yorker. Dejó el St. Regis en 1924 tras reunir una factura impa-

gada de 993,41 dólares, y en 1941 debía al New Yorker 172,85 dólares. Véase tarjeta «Tesla-Money-Debts», DKS.

28. Para una muestra de estas cartas, véase Vojin Popvic, *Tribute to Nikola Tesla Presented in Articles, Letters, Documents* (Belgrado: MNT, 1961), LS 25-63. Véase también «Foundation of the Nikola Tesla Institution in Belgrade, Yugoslavia (March 2, 1936)», http://www.teslasociety.com/ntinn.htm; «Science: Tesla at 75», *Time*, 20 de julio de 1931, http://www.time.com/time/magazine/article/0,9171,742063,00.html, y O'Neill, *Prodigal Genius,* 275.

29. David Dietz, «Tesla Wiggles Toes» recorte de periódico, 15 de julio de 1936, Caja 6, Carpeta 17, DKS.

30. El rey Pedro de Yugoslavia otorgó a Tesla la Cruz de Oro del Águila Blanca y el ministro de Checoslovaquia lo premió con la Cruz de Oro de la Orden del León Blanco.

31. Citado en Cheney y Uth, *Master of Lightning,* 151-152; véase también 142.

32. «Tesla at 78 Bares New Death-Beam», *New York Times*, 11 de julio de 1934.

33. NT, como dijo a George Sylvester Viereck, «A Machine to End War», *Liberty,* febrero de 1937, http://www.tfcbooks.com/tesla/1935-02-00.htm.

34. Grindell Matthews admiraba enormemente a Tesla y su biógrafo dijo: «Cuando tengo algún pequeño éxito que se me puede subir a la cabeza, siempre pienso en Tesla, y me doy cuenta de que soy un simple estudiante sentado a los pies de un gran maestro». E. H. G. Barwell, *The Death Ray Man: The Biography of Grindell Matthews, Inventor and Pioneer* (Londres: Hutchinson, 1943), 109; Jonathan Foster, «The Death Ray: The Secret Life of Harry Grindell Matthews», http://www.harrygrindellmatthews.com/theDeathRay.asp.

35. NT, «The New Art of Projecting Concentrated Non-dispersive Energy through Natural Media», sin fecha, http://www.tfcbooks.com/tesla/1935-00-00.htm.

36. Estas tres citas son de Exhibición F, Trump a Gorsuch, 30 de enero de 1943. Sobre los antecedentes de Trump, véase Louis Smullin, «John George Trump, 1907-1985», en National Academy of Engineering, *Memorial Tributes* (Washington, D. C.: National Academy Press, 1989), 3:332-337, http://www.nap.edu/openbook.php?record_id=1384&page=332.

37. Paul J. Nahin, *The Science of Radio,* 2.ª ed. (Nueva York: Springer-Verlag, 2001), 11-12.

38. Seifer, *Wizard,* 431-434; Leland Anderson, *Nikola Tesla's Residences, Laboratories, and Offices* (Denver: Boyle & Anderson, 1990).

39. NT a J. P. Morgan Jr., 29 de noviembre de 1934, http://www.tfcbo oks.com/tesla/1935-00-00.htm.

40. Foxworth a director, 9 de enero de 1943, archivo FOIA, 8-9; Cheney, *Man Out of Time*, 276.

41. Breckinridge Long al secretario de Estado, 12 de julio de 1934, en Cheney y Uth, *Master of Lightning*, 145. Sobre Long, véase http://www.breckinridge.com/breckbio.htm.

42. Exhibiciones Q y D, Trump a Gorsuch, 30 de enero de 1943. Sobre las actividades como espía de Amtorg, véase Frank J. Rafalko, *A Counterintelligence Reader,* vol. 3, *Post-World War II to Closing the 20th Century*, cap. 1, p. 22, http://www.fas.org/irp/ops/ci/docs/ci3/index.html.

43. John J. O'Neill, «Tesla Tries to Prevent World War II» (sin publicar cap. 34 de *Prodigal Genius*), http://www.pbs.org/tesla/res/res_art12.html; Exhibit H, Trump a Gorsuch, 30 de enero de 1943.

44. O'Neill, «Tesla Tries to Prevent World War II».

45. «Aerial Defense "Death Beam" Offered to U.S. by Tesla», *Baltimore Sun*, 12 de julio de 1940; William L. Laurence, «"Death Ray" for Planes», *New York Times*, 22 de septiembre de 1940, ambos disponibles en http://www.tfcbooks.com/tesla/1935-00-00.htm#1940-09-22; [Nombre borrado] a J. Edgar Hoover, 24 de septiembre de 1940, archivo FOIA, 3.

46. «Nikola Tesla Dies: Prolific Inventor», *New York Times*, 8 de enero de 1943; O'Neill, *Prodigal Genius,* 276.

47. Tarjeta «Tesla-Mark Twain-Sends $100», DKS.

48. E .E. Conroy al director, FBI, 17 de octubre de 1945, archivo FOIA, 170-173; «Purple Plates—Legacy of Nikola Tesla», http://www.es sentia.ca/PurplePlate/purpTesla.htm.

49. Citado en Aleksandar S. Marincic, «Excerpt: The Tesla Museum», http://www.teslasociety.com/tmuseum.htm.

50. Véase «2000 Are Present at Tesla Funeral», *New York Times*, 13 de enero de 1943. Sobre la decisión de Kosanović de cremar los restos de Tesla, véase «Commemoration for Nikola Tesla's Death Will Be Held by the Serbian Orthodox Church in Belgrade, in Saborna Crkva, on January 23, 2006», http://www.teslasociety.com/ntcom.htm.

51. El comienzo de esta especulación es que O'Neill afirma en *Prodigal Genius* (p. 277) que agentes del FBI habían accedido la habitación de Tesla el día después de su muerte y se habían llevado los papeles relacionados con un invento secreto por seguridad.

52. Charlotte Muzar, «The Tesla Papers», *The Tesla Journal*, n.os 2 y 3 (1981-1982): 39-42, en 39-40.

53. Foxworth fue asesinado en un accidente de avión pocos días después cuando volaba en una misión secreta a la Guayana Holandesa; véase Athan G. Theoharis, *The FBI: A Comprehensive Reference Guide* (Westport, CT: Greenwood, 1999), 326-327. Sobre Spanel, véase «A. N. Spanel, 83; Inventor, Manufacturer, Activist» [obituario], *Los Angeles Times*, 5 de abril de 1985. Véase también Foxworth al director, 9 de enero de 1943, y E. E. Conroy al director, FBI, 17 de octubre de 1945, archivo FOIA, 8-9 y 170-173.

54. E. E. Conroy al director, FBI, 17 de octubre de 1945.

55. Foxworth al director, 9 de enero de 1943; D. M. Ladd a [nombre borrado], 11 de enero de 1943, y Edw. A. Tamm a Ladd, 12 de enero de 1943, en archivo FOIA, 8-12. Sobre las carreras de Ladd y Tamm en el FBI, véase Theoharis, *The FBI*, 338, 356.

56. Smullin, «John George Trump».

57. George, especializado en contraespionaje, asaltos por la noche a oficinas, despachos y cajas fuertes de sospechosos de ser espías nazis y recolección de evidencias incriminatorias para la acusación, se convirtió en el instructor jefe de técnicas de entrada secretas para la Oficina de Servicios Estratégicos, y lideró su propio equipo de apertura de cerraduras con ganzúa y forzado de cajas fuertes en Europa durante la guerra. Véase su libro, *Surreptitious Entry* (Nueva York: Editions for the Armed Services, 1946), así como http://www.textfiles.com/anarchy/WEAPONS/crimecat.004.

58. Cheney, *Nikola Tesla: el genio al que robaron la luz*, 357.

59. Trump a Gorsuch, 30 de enero de 1943, p. 174.

60. Bogdan Raditsa, «Red Ambassadors: Sava Kosanovich of Yugoslavia», *Plain Talk,* marzo de 1948, pp. 6-10, en el archivo FOIA, 211-213.

61. E. E. Conroy al Director, FBI, 17 de octubre de 1945; Muzar, «The Tesla Papers», 40.

62. Muzar, «The Tesla Papers», 41-42.

63. E. E. Conroy al director, FBI, 17 de octubre de 1945; D. M. Ladd al director, 3 de abril de 1950; L. B. Nichols a Tolson, 30 de enero 1951; [Paul Snigier] a Clarence Kelly, 20 de abril de 1976; Lt. Col. Allan J. MacLaren, USAF, al director del FBI, 9 de febrero de 1981, todo en el archivo FOIA, 171-173, 195-196, 253-255, 107-110, 124-125, respectivamente.

64. Clarence A. Robinson Jr., «Soviets Push for Beam Weapon», *Aviation Week & Space Technology* 106 (2 de mayo de 1977): 16-23.

65. SAC, Cincinnati, al director, FBI, 18 de agosto de 1983, archivo FOIA, 133-135.

66. John Pike, «The Death-Beam Gap: Putting Keegan's Follies in Perspective», octubre de 1992, proyecto E-Print, Space Policy, Federation of American Scientists, http://www.fas.org/spp/eprint/keegan.htm.

67. David E. Hoffman proporciona una breve discusión de los problemas con armas de rayo láser en *The Dead Hand: The Untold Story of the Cold War Arms Race and Its Dangerous Legacy* (Nueva York: Doubleday, 2009), 276.

Epílogo

1. Brisbane, «Our Foremost Electrician».

2. Wachhorst, *Thomas Alva Edison; Watt, The People's Tycoon.*

3. Ilustrativo del estatus de extranjero de Tesla en la década de los cincuenta del siglo xx es que los biógrafos Kenneth Swezey y Leland Anderson encontraron extremadamente díficil conseguir que organizaciones importantes —la Academia Nacional de Ciencias, la Oficina de Correos, el Instituto Smithsonian— tuviesen algún tipo de interés en destacar el centenario del nacimiento de Tesla en 1956.

4. Arthur H. Matthews, *The Wall of Light: Nikola Tesla and the Venusian Space Ship, the X-12* (Pomeroy, WA: Health Research Books, 1971); Margaret Storm, *Return of the Dove* (Baltimore: Margaret Storm Publication, n. d.).

5. Conferencia de 1892, 236.

6. Paul Sagan, *Ball Lightning: Paradox of Physics* (Nueva York: iUniverse, 2004), 307-324.

7. Michael Riversong, «International Tesla Society in Review: People, Politics, and Technology», 2002, http://home.earthlink.net/~rivedu/14tesla.html; «Tesla Engine Builders Association», http://www.teslaengine.org; «Tesla Universe», http://www.teslauniverse.com/; «Tesla Memorial Society of New York», http://www.teslasociety.com/.

8. Nevill Drury, *The New Age: Searching for the Spiritual Self* (Londres: Thames and Hudson, 2004), 12.

9. F. David Peat, *In Search of Nikola Tesla,* rev. ed. (Londres: Ashgrove, 2003).

10. Seifer, *Wizard,* 460-461.

11. *Nikola Tesla: Discovering the Future* (Instituto Tesla suizo, 2008), p. 28, http://swisstesla.com/.

12. La crítica de que los tecnólogos no tienen alma es en su mayor parte un ataque de la contracultura de los sesenta, basado en una lectura sesgada de

The Two Cultures and the Scientific Revolution (Nueva York: Cambridge University Press, 1959) de C. P. Snow. Para un desafío a esta crítica, véase Samuel P. Florman, *The Existential Pleasures of Engineering* (Nueva York: St. Martin's Press, 1976).

13. Publicado por Mike, 12 de enero de 2009, en los comentarios de la entrada del blog «Feel the Heat: Tesla Roadshow Hits Miami during Art Basel», de Tesla Motors, http://www.teslamotors.com/blog3/?p=88.

14. Samantha Hunt, *The Invention of Everything Else* (Boston: Houghton Mifflin, 2008); Jeffrey Stanley, *Tesla's Letters: A Play in Two Acts* (Nueva York: Samuel French, 1999; Daniel Michaels, «Long-Dead Inventor Nikola Tesla Is Electrifying Hip Techies», *Wall Street Journal,* 14 de enero de 2010, p. 1. Para una lista de las películas, libros y videojuegos inspirados en Tesla, consultar «Nikola Tesla in Popular Culture», http://en.wikipedia.org/wiki/Nikola_Tesla_in_popular_culture.

15. McCraw, *Prophet of Innovation;* Christensen, *The Innovator's Dilemma.*

16. Sobre la historia de la radio, véase Hugh G. J. Aitken, *The Continuous Wave: Technology and American Radio, 1900-1932* (Princeton: Princeton University Press, 1985); Susan Douglas, *Inventing American Broadcasting, 1899-1922* (Baltimore: Johns Hopkins University Press, 1987); Tom Lewis, *Empire of the Air: The Men Who Made Radio* (Nueva York: Edward Burlingame Books, 1991); y Hong, *Wireless.* Sobre el cambio tecnológico como un proceso evolutivo, véase George Basalla, *The Evolution of Technology* (Nueva York: Cambridge University Press, 1988) y John Ziman, ed., *Technological Innovation as an Evolutionary Process* (Nueva York: Cambridge University Press, 2000).

17. «Nikola Tesla: Dr. A. P. M. Fleming's Address», *Electric Times,* 2 de diciembre de 1943, pp. 656-659, en 659.

18. Anderson, «Stone on Tesla's Priority in Radio» 40.

19. Wisehart, «Making Your Imagination Work for You», 62.

20. Curtis Brown, «A Man of the Future», *Savannah Morning News,* 21 de octubre de 1894, en TC 9:84-87, en 85.

21. Eugene S. Ferguson, *Engineering and the Mind's Eye* (Cambridge, MA: MIT Press, 1992).

22. Carlson, «Entrepreneurship in the Early Development of the Telephone»; Isaacson, *Steve Jobs.*

23. Para una explicación de cómo Alexander Graham Bell explotó la ambigüedad de pensar en el teléfono como el equivalente a la oreja humana, véase Michael E. Gorman *et al.,* «Alexander Graham Bell, Elisha Gray, and

the Speaking Telegraph: A Cognitive Comparison», *History of Technology* 15 (1993): 1-56.

24. David E. Nye, *Technology Matters: Questions to Live With* (Cambridge, MA: MIT Press, 2006), 3-6.

25. NT a Scherff, 6 de septiembre de 1899, en Ratzlaff y Jost, *Tesla/ Scherff Correspondence,* 109.

26. Aquí recuerdo una lección que aprendí de un ingeniero sénior en Corning Incorporated: los clientes siempre quieren que inventes algo que puedan usar el año próximo, pero la compañía solo hace dinero si inventa algo que los clientes necesitarán dentro de cinco años.

27. B. A. Behrend, «Dynamo-electric Machinery and Its Evolution during the Last Twenty Years», *Western Electrician,* 28 de septiembre de 1907, pp. 238-240 en TC 18:46-50, en 238.

28. George H. Douglas, *The Golden Age of the Newspaper* (Westport, CT: Greenwood, 1999), 95-116.

29. TCM, «Nikola Tesla» *The Century Magazine* 47 (febrero de 1894): 582-585, en 583.

30. [Kenneth Swezey] a NT, 7 de julio de 1924, Caja 17, Carpeta 9, DKS.

31. NT, «Problem of Increasing Human Energy», 182.

32. NT a JPM, 11 de diciembre de 1903.

Agradecimientos

Como dijo Hillary Clinton, citando un proverbio africano, «Para educar a un niño, hace falta la tribu entera». Bien, si hace falta una tribu para educar a un niño, entonces hacen falta las tribus de toda una región para escribir un libro como este, y mejor que toda la región sea hogar de una variedad de expertos y ¡que haya una biblioteca técnica decente!

He tardado quince años en escribir este libro, y he disfrutado del apoyo de diferentes fuentes. Primero y principalmente, estoy agradecido a la Alfred P. Sloan Foundation por la beca de investigación que cubrió dos años de investigación y escritura a tiempo completo. En la fundación, a Doron Weber por haberse dado cuenta pronto de la necesidad de una biografía fiable de Tesla y haber esperado pacientemente a que yo acabase este volumen. En la Universidad de Virginia, mi trabajo sobre Tesla ha sido apoyado por una beca del Fondo Bankard para Economía Política, por un Sesquicentennial Leave respaldado por mis colegas en el departamento de Ingeniería y Sociedad, así como por fondos proporcionados por la Escuela de Ingeniería y Ciencias Aplicadas. Los fondos de la Escuela de Ingeniería me permitieron mantener el impulso que había conseguido mientras trabajaba con la beca Sloan, y estoy agradecido a la catedrática Ingrid Townsend y al decano Richard Miksad por organizar este apoyo extra. Además, una beca concedida en el último minuto por James Aylor, el decano de la Escuela de Ingeniería y Ciencias Aplicadas de la Universidad de Virginia, ha cubierto la inclusión de las ilustraciones del libro en futuras ediciones impresas y digitales.

A lo largo de los años, he tenido la oportunidad de pasar tiempo en varias instituciones donde pude concentrarme de modo exclusivo en este proyecto. En el invierno de 1999, fui profesor invitado en el Programa de Ciencia, Tecnología y Sociedad de la Universidad de Stanford; mi agradecimiento a Tim Lenoir y Robert McGinn por organizar la visita. En otoño de 2005, el Centro Lemelson para la Invención e Innovación del Instituto Smithsonian me invitó a trabajar como investigador y durante esa estancia aprendí mucho de Arthur Molella, Joyce Bedi y Maggie Dennis. También durante el otoño de 2005 fui visitante en el Centro para la Historia de la Ciencia, la Tecnología y la Medicina en la Universidad de Manchester; mi agradecimiento para John Harwood por organizar la visita, así como para mi familia inglesa en Lymn, que me acogió y me mantuvo bien alimentado. En el verano de 2010 tuve la suerte de ser investigador visitante extranjero en el Museo Deutsches en Múnich, donde acabé el primer borrador de este libro; mi agradecimiento para Helmuth Trischler y Andrea Walther por hacer posible este puesto.

Este libro está basado en una investigación sobre documentos y artefactos encontrados en un gran número de archivos y museos. He enumerado la lista completa de lugares de investigación que he usado en «Notas sobre las fuentes», y aquí quiero dar las gracias a las instituciones y los individuos que me han ayudado a encontrar materiales relacionados con Tesla.

A la cabeza de esta lista debe estar el Museo Nikola Tesla en Belgrado (Serbia), que posee todos los documentos y el material que estaba en posesión de Tesla cuando murió en 1943. He sido beneficiario de la asistencia y guía del personal del Museo de Tesla, especialmente de varios de sus directores: Alexander Marincic, Branimir Jovanović, Marija Sesic y Vladimir Jelenković; todos me animaron en mis esfuerzos por comprender a Tesla y me proporcionaron muchísima información útil. Ivana Zoric, también del personal del Museo Tesla, ha sido una gran ayuda para obtener las fotografías que ilustran este libro.

Además de al Museo Tesla, agradezco la ayuda de varios archivistas y conservadores, especialmente Sheldon Hochheiser en los Archivos IEEE, Leonard de Graff en el Parque Histórico Nacional Edison y Marc Greuther en el Museo Henry Ford y Greenfield Village. También deseo agradecer a Jill Jonnes que me presentara a Robert Dischner de National Grid USA, quien a su vez me proporcionó copias de la correspondencia entre Tesla y Edward Dean Adams. En las primeras fases del proyecto, tuve la suerte de tener varios asistentes de investigación competentes, en concreto John Bozeman y Amie Loyer. Por la ayuda en la traducción de varias fuentes en alemán, estoy agradecido a Ingrid Townsend y Arthur Byrne. Y gracias a Bill Kelsh, Pam Lutz y Adarsh Ramkrishnan por su ayuda en la preparación de las ilustraciones.

También deseo agradecer todo el importante trabajo que Leland Anderson ha hecho respecto al hallazgo y la conservación de materiales relacionados con Tesla. A lo largo de cincuenta años, Leland ha dedicado mucha de su energía a asegurarse de que Tesla no es olvidado y detecté su silencioso esfuerzo trabajando en segundo plano ya que usé varias colecciones y publicaciones de archivo.

Como historiador, he recurrido a varios expertos técnicos para comprender cómo funcionaban los inventos de Tesla, y estoy agradecido por el asesoramiento recibido de Sean Grimes, Gary Peterson, Paul Nahin, Robert Ribando, David Wunsch y Antonio Pérez Yuste. Sé que hay opiniones diversas en lo que se refiere a cómo funcionaban (o no) las últimas invenciones de Tesla relacionadas con las comunicaciones; asumo toda la responsabilidad de las interpretaciones que se presentan en este libro.

En Princeton University Press, ha sido un placer tener a Ingrid Gnerlich como editora. Ingrid fue increíblemente paciente esperando que este libro llegase a buen puerto y fue siempre una fuente de ánimo y buenos consejos. El asistente de Ingrid, Eric Henney, hizo un trabajo excelente ayudándome a obtener los permisos para todas las ilustraciones. Jennifer Backer desempeñó un gran trabajo editando el manuscrito y Tobiah Waldron preparó un índice maravilloso. Debbie Tegarden ha proporcionado la experiencia necesaria para guiar el manuscrito a través del proceso de producción, asegurándose que todos los detalles encajaban para convertir esto en un libro que resulte un placer leer y poseer.

Muchos amigos y colegas han escuchado mis presentaciones sobre Tesla y me han ofrecido valiosos consejos. Entre estas personas figuran Margy Avery, Wiebe Bijker, Oskar Blumtritt, Paolo Brenni, Jack

Brown, Lynn Burlingame, Susan Douglas, Robert Fox, Mike Gorman, Anna Guagnini, Vigen Guroian, Meg Graham, Eric Hintz, Jeff Hughes, Richard John, Ron Kline, John Krige, Gunther Luxbacher, Keith Nier, David Nye, Bryan Pfaffenberger, Trevor Pinch, Klaus Plitzner, Stuart Sammis, Alex Wellerstein, Karin Zachmann y Olivier Zunz. Bernard S. Finn y Michael B. Schiffer revisaron el manuscrito para Princeton University Press y proporcionaron comentarios muy útiles. Mis hijas, Julia y Rachel, crecieron escuchando más discursos de la cuenta sobre Tesla a la hora de la cena, pero con frecuencia aportaban comentarios que me mantenían en ese estrecho camino que hay entre las ideas eruditas y las alocadas. Y estoy muy agradecido a uno de mis profesores, Robert Kohler, que en un punto crítico en el proceso de escritura me aconsejó no andarme con miramientos y desarrollar un marco razonado y convincente para comprender a Tesla.

Este libro está dedicado a dos personas que son muy importantes para mí. Tom Hughes ha sido un mentor, profesional y personalmente, durante treinta años y me ha enseñado mucho de lo que sé acerca de los inventores. En las primeras etapas del proceso, identificó la importancia de comprender el trabajo de Tesla y me dio un empujón para que este libro fuese una realidad. Finalmente, este libro también está dedicado a mi esposa, Jane, que ha desempeñado infinitos roles en este libro y en mi vida. En este libro, ha sido la consejera de mis teorías, la organizadora de mis viajes de investigación y una editora extraordinaria; en mi vida, Jane ha sido —y siempre será— esa ancla de amor y salvación que me hace seguir adelante. Jane me protege de falsas ilusiones y me anima a perseguir mis sueños e ideales.

Índice

Índice